图片1　摄于50年代

图片2　摄于1959年

图片3　家人合影　摄于1992年

图片4　中国社会科学研究院语音研究班合影（后排左起第6人）摄于1959年　北京

青山长忆　杜承武北方民族文物考古历史文集　文稿照片采撷

01

图片5 与集宁师范30班毕业生合影（第2排左起第5人） 摄于1959年 集宁

图片6 乌盟境内长城遗迹调查（左起第6人） 摄于70年代

图片7 丰镇县文化馆策展人员合影（前排左起第2人） 摄于70年代 丰镇

图片8 为内蒙古自治区领导同志介绍契丹女尸考古发掘现场工作（左1；右起第2人时任内蒙古自治区政府副主席布赫同志，右起第3人时任乌盟盟长太平同志） 摄于1981年 察右前旗豪欠营

图片9 为内蒙古自治区党政领导同志介绍契丹女尸展览（右1；左起第1人时任内蒙古自治区党委书记周惠同志，左起第3人时任内蒙古自治区党委副书记千奋勇同志，左起第4人为原内蒙古军区司令员黄厚同志） 摄于1983年 内蒙古博物院

图片10 文物考察（左起第2人）
摄于80年代 鄂尔多斯

图片11　海边　摄于80年代　北戴河

图片12　嘎仙洞　摄于80年代　呼伦贝尔

图片13　中国辽金及契丹女真史研讨会考察　摄于1985年　吉林松花湖

一九八五年八月六日，中国辽金及契丹女真史研究会第三次年会的全体代表，在松花湖上欢迎美国的程芳本参加年会的陶晋生、陈学霖二位教授，气氛热烈。笑捧堂呼，凑四句五言以纪游：

辽金开盛會
畅游松花湖
威仪迎远客
笑语满飞舟

图片14　全国第二次丝路货币研讨会考察　摄于1991年　吐鲁番交河故城

图片15　为宝音达来同志（右2，时任内蒙古自治区文化厅厅长）、张功平同志（左2，时任中国人民银行内蒙古分行行长）、周锦章同志（左1，时任内蒙古金融研究所所长）介绍"内蒙古历史货币展"　摄于1992年　呼和浩特

图片16　与考古学家陆思贤先生（左）会议考察期间合影　摄于1988年　黑龙江黑河

图片17　参观越南历史货币展　摄于1992年　北京

图片18　著名书法家杨鲁安先生撰写的挽联"求实探辽制东去悠悠谁与君研契丹物，考古巡丝路西行漫漫讵料永诀坦诚人"　1993年12月　呼和浩特

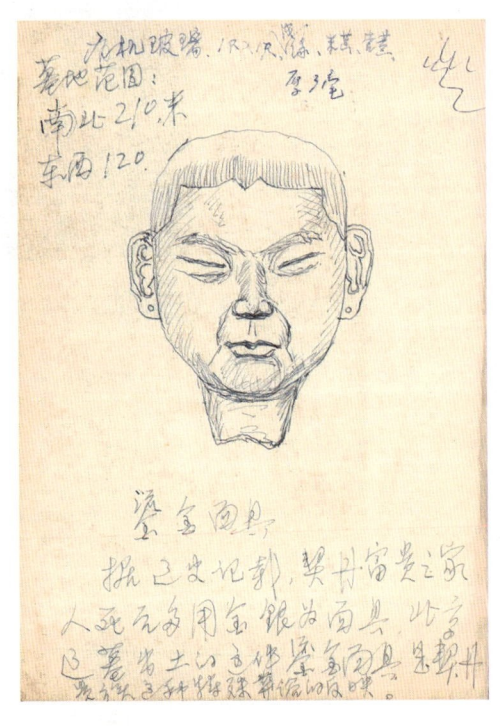

图片19　工作中绘制的契丹鎏金面具

图片20　母亲　彩色铅笔画　作于1955年

图片21　水彩画　作于1956年

图片22　人民公园　水彩画　作于1956年

图片23　人物素描　作于1970年

青山长忆　杜承武北方民族文物考古历史文集——文稿照片采撷

图片24　登黄山途中　摄于80年代

图片25　黄山速写-1　作于80年代

图片26　黄山速写-2　作于80年代

图片27　黄山速写-3　作于80年代

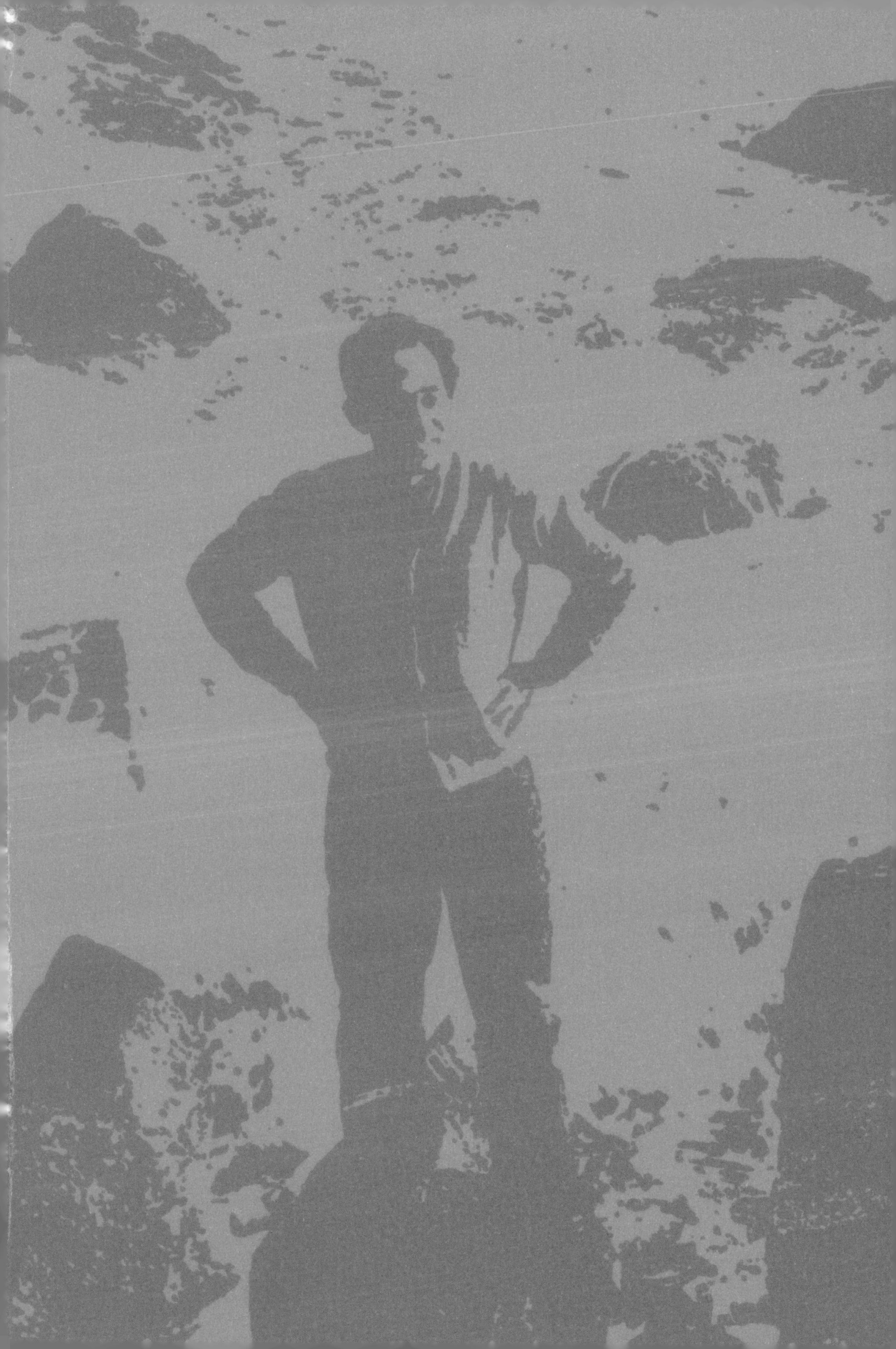

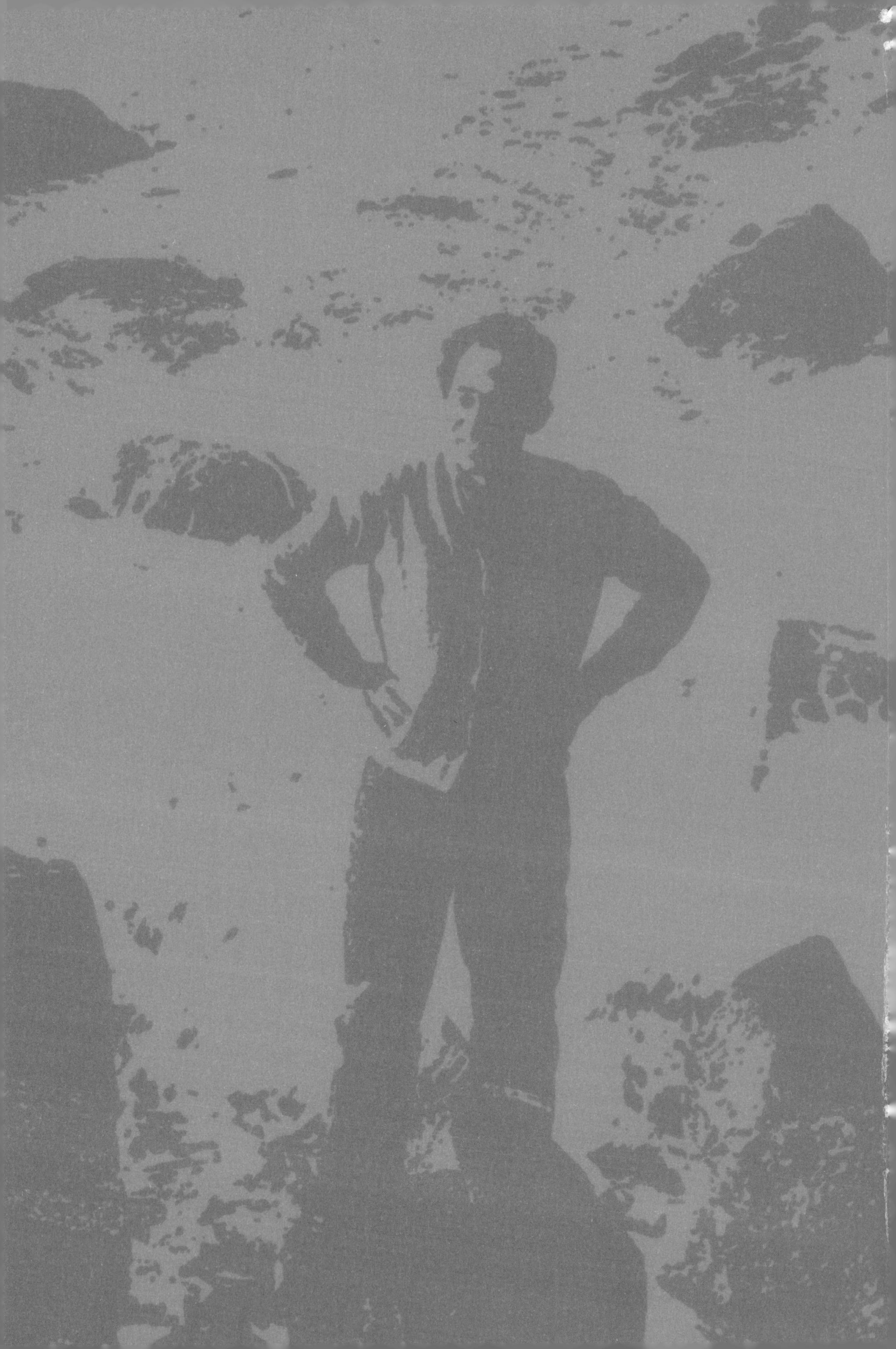

青山长忆

杜承武北方民族文物考古历史文集

杜承武 著

知识产权出版社
全国百佳图书出版单位
—北京—

图书在版编目（CIP）数据

青山长忆：杜承武北方民族文物考古历史文集 / 杜承武著 .—北京：知识产权出版社，2023.12

ISBN 978-7-5130-9110-7

Ⅰ.①青… Ⅱ.①杜… Ⅲ.①少数民族—历史文物—考古—乌兰察布市—文集 Ⅳ.① K872.263.04-53

中国国家版本馆 CIP 数据核字（2024）第 008772 号

内容提要

内蒙古乌兰察布地区是历史上北方游牧民族活动的重要区域，同时深受中原黄河文化影响，具有鲜明的地域特色。本书主要汇集了著者在 20 世纪 80 年代前后从城市遗址、墓葬、壁画、贸易、交通和货币等多方面对这一地区的考古考证研究，体现了著者从考古学和历史学角度对该地区社会、经济和文化的集中思考，是那个时代中国基层考古工作者所具有的爱国奉献、勤勉治学、吃苦耐劳、淡泊名利的精神缩影，具有样本意义和典型性，是中国百年考古学进程中的一个独特印迹。

本书适合考古从业者、相关专业大学生、研究生及文史和考古爱好者阅读。

责任编辑：张雪梅	责任印制：刘译文
封面设计：杨杨工作室·张冀	

青山长忆——杜承武北方民族文物考古历史文集
QINGSHAN CHANGYI——DU CHENGWU BEIFANG MINZU WENWU KAOGU LISHI WENJI

杜承武 著

出版发行：知识产权出版社有限责任公司	网　　址：http://www.ipph.cn
电　　话：010-82004826	http://www.laichushu.com
社　　址：北京市海淀区气象路50号院	邮　　编：100081
责编电话：010-82000860转8171	责编邮箱：laichushu@cnipr.com
发行电话：010-82000860转8101	发行传真：010-82000893
印　　刷：三河市国英印务有限公司	经　　销：新华书店、各大网上书店及相关专业书店
开　　本：787mm×1092mm　1/16	印　　张：32.75
版　　次：2023年12月第1版	印　　次：2023年12月第1次印刷
字　　数：652千字	定　　价：198.00元

ISBN 978-7-5130-9110-7

出版权专有　侵权必究
如有印装质量问题，本社负责调换。

怀念杜承武（代序）

火车逼近青城，白塔隐约可见。我的心情越来越沉重，因为我的好朋友杜承武已于去岁作古。

我与杜承武相识，是在1982年。当时，乌兰察布盟文物站正在北京自然博物馆举办契丹女尸展览，我陪同中国辽金史学会会长陈述先生前去参观。在展厅中遇到了杜承武，他详细地介绍了契丹女尸出土的情况，以及对契丹女尸的研究，并陪同观看了录像片。陈述先生对契丹女尸展览给予很高的评价，认为这是第一次通过展览的形式将辽代历史介绍给群众。

杜承武得知我是陈述先生的研究生，专门攻读辽金史以后，多次邀请我到北京自然博物馆。当时，杜承武、陈棠栋等人都住在博物馆前的小楼里。杜承武对我说，他原本是学中文的，对历史、考古比较外行，请陈述先生对契丹女尸的研究给予帮助。又有一次他对我说，关于契丹女尸的研究，准备编为一本书，国家文物局给予千元，资助出版，陈述先生能否写一篇序言。我把他的意见转达给陈述先生，陈述先生欣然允诺。在《契丹女尸》出版时，陈述先生写了一篇很长的序言，指出："契丹女尸的出土，形成了辽金考古的里程碑。"

当时，中国辽金史学会刚成立不久，会员还不多。陈述先生对我说，杜承武很能干，很有水平，应当吸收他当会员。我向杜承武转达了陈述先生的意见，杜承武很高兴地加入了中国辽金史学会，是早期的会员之一。后来，杜承武被推举为中国辽金史学会理事。

杜承武知道我是专攻辽金史的，所以经常同我切磋学问。他在研究契丹女尸的铜丝网络和铜面具时，曾多次把他的想法告诉我，征询我的意见。我见他很虚心、好学，就坦率地表达了我的看法。当时我正在受陈述先生的委托编辑《辽金史论集》，我鼓励他尽快写出文章。他的文章写出后，被编入《辽金史论集》第一辑。此后，杜承武又写了《契丹与阴山》《谈契丹小袖圆领衫为左衽》两篇文章，被编入《辽金史论集》第二辑和第三辑。

杜承武给我最深的印象是虚心好学。他每次到北京出差都来找我谈学问。杜承武非常尊重陈述先生和佟柱臣先生，每来北京必去拜访，拜访之后，常常对我谈感想。他常常说：我的研究工作起步晚，因此有好多问题要向老先生请教，要向你们请教。他有一次开玩笑说："我的考古学是同陆思贤学的，我的辽金史是同你学的。"我当时即反驳说，学问是你自己学来的，别人的帮助是次要的。杜承武这些"言过其实"的话反映出了他的虚心好学。杜承武在北京的时候不放过任何学习的机会，他每次都要抽出时间逛书店、参观博物馆，然后即向我讲述他的感想和收益。杜承武喜爱美术，中国美术馆也是他常去的地方。

杜承武有个良好的习惯，就是爱写日记，爱做笔记。他的笔记本上写得密密麻麻。拜访朋友，参观博物馆，他都做记录。他常常打开笔记本，向我介绍某人怎么说，某件器物如何，某书如何。人的记忆有限，笔记可以帮助记忆。杜承武的这个良好习惯，从一个侧面反映出他的虚心好学和严肃认真。

由于杜承武虚心好学，刻苦钻研，他无论从事什么研究工作，都能很快地进入角色。他在1992年调转到内蒙古金融研究所以前，曾找我分析过工作调转的利弊。这是工作的一大转折，古代钱币研究对他来说毕竟是一项陌生的工作。1990年我到呼和浩特去看他，他向我介绍说，正在收集钱币，准备搞内蒙古钱币展览。为此他曾多次到内蒙古各地出差，到外省收集资料。他很快地熟悉了古代钱币。有一次在北京他对我说，内蒙古出土的钱币分布范围很广泛，似与古代的草原丝绸之路有关。我认为他的思路很好，建议他将钱币、丝路联系在一起研究。1993年夏，由杜承武筹备的"内蒙古历史货币陈列"和"草原丝绸之路货币展"暨草原丝绸之路货币研讨会在呼和浩特举行，受到社会各界的重视，新华社为这个展览及会议发了通稿进行报道。

1993年9月23日，杜承武从南方出差归来，又到我家做客。他告诉我说，他已办了退休手续，又返聘经营钱币生意，当了经理。我问起工作进展情况，他说知识分子经商有些外行，不顺手，不过组织上既然委托负责这项工作，一定要干好。看来工作虽有困难，他还是很有信心。我送他乘电梯下楼，到汽车站，握手告别，想不到这竟是我们最后一次见面。1993年12月6日，杜承武因公殉职，享年61岁。

杜承武是土默特左旗人，为内蒙古的文化教育事业奋斗终身。杜承武对内蒙古的山山水水充满了感情。他同我谈起阴山、金界壕、豪欠营辽墓，常常注入他的感情，由此我知道他是一位非常热爱内蒙古河山的人。杜承武四十年如一日，勤之恳之地工作，多次被誉为先进工作者和优秀共产党员。与杜承武接触过的人，无不称赞杜承武的奉献精神。我在内蒙古的朋友很多，杜承武是我最知心的一位。杜承武的逝世使我非常丧沮，一走出火车站，仿佛就看到杜承武熟悉的面孔，看到杜承武向我走来……

朋友们都说杜承武是位好同志。好人不长寿，其可信欤？

景　爱
（中国文化遗产研究院研究员）

本文原写于1994年11月5日，谨以此纪念杜承武先生逝世30周年

父亲的遗产（代前言）

在有生之年，能够至少出一本自己的专著，是父亲生前一个很大的愿望，而这，竟是在他离开我们三十年后才得以实现。

整理和阅读父亲的遗稿文字，就仿佛是在与他进行着一场无声的对话。那些久远了的、已模糊的记忆也在他的字里行间变得清晰和鲜活起来。

父亲出生在内蒙古土默特左旗把什村的一个农民家庭。在我小时候，奶奶好像老怕我忘了似的，总是对我念叨，我们杜家的祖籍在山西太谷武家堡，门前有三棵松柏树，祖上还做过朝廷的官。我的爷爷奶奶就出生在土左旗的乡下。把什村是蒙汉杂居地区，早在清代就设有私塾和村学。听爷爷讲，父亲从小就喜欢读书，村子里的私塾先生特别嘱咐爷爷奶奶一定要让父亲好好念书。

父亲虽然喜欢念书，但受家境影响上学晚。父亲在 1950 年小学毕业时已经十八岁了。他还想继续上学，又不愿给家里增添经济负担，于是一个人背着干粮，从把什村徒步一百多里路到归化城（今呼和浩特）考学，考上了归绥师范学校[1]。三年后，父亲毕业做了小学老师。在读师范学校期间，从小喜欢画画的父亲又自学了素描、水墨和油画。1956 年，父亲参加高考，最初的志愿是中央美术学院，虽然成绩合格，但因为年龄偏大未被录取，于是他又报考了内蒙古师范学院，攻读汉语言文学专业。

父亲大学毕业后所从事的工作，可以用一个"杂"字来形容，但他对待工作的态度也可以用一个字描述，那就是"专"。在他的身上，体现了那一代许多人身上所具有的特质，就是坚决服从组织安排，对工作不挑挑拣拣，干一行爱一行，做一行精一行。

1958 年，父亲从内蒙古师范学院毕业。他先后在集宁师范学校、丰镇中等师范学校和丰镇中学当老师。为做好教学工作，在 1959—1960 年，父亲还参加了由教育部和中国社会科学院语言研究所举办的普通话语音研究班，专门对普通话语音和方言进行了学习。因为他的美术特长和写作能力，1968 年父亲被调到丰镇县文化馆（一度改为展览馆）工作。当时，县文化馆是在一个幽静的四合院里，里面还有个月亮门，这大概也是我对于中国古代建筑最早的认知。在这里，父亲又开始学习摄影。就在这座四合院一

---

[1] 1954 年 4 月 25 日，"归绥市"改称为"呼和浩特市"。

间改造的暗房里，童年的我跟随着父亲第一次接触到摄影，知道了什么是显影液、定影液。当我看到浸在液体里的白色相纸上渐渐显现出墨色的影像，就会觉得非常神奇有趣，待上大半天也不觉得枯燥。当年父亲在暗房里红色安全灯下冲洗相片的身影，至今依然定格在我的脑海里。

在县文化馆，父亲参与编辑《丰镇文艺》等刊物和一些书稿的同时，还为县里义务绘制宣传画。当年，县城火车站附近的巨幅宣传画《毛主席去安源》就出自父亲之手。此时，父亲还有一项重要工作，就是做展览。他除了给县里做各种宣传展览，还参与在内蒙古农业展览办公室和全国农业展览馆举办的展览，策展、文字编辑、美工设计和摄影这些工作他都做过。

1974年，父亲的职业又发生了转变。这时正值我国停滞多年的考古活动开始逐渐恢复。父亲被抽调参加内蒙古自治区举办的文物培训班，开始学习考古通论和技术，并参加了在和林格尔和凉城等地的田野实习。不久，丰镇县的上级行政主管单位乌兰察布盟（简称"乌盟"，今乌兰察布市）计划举办一次文物展览，并责成父亲起草了"乌盟文物展览提纲"。在此后的三年多时间里，父亲还主动请缨到丰镇新城湾、大庄科、老官坟、红砂坝和大青山革命根据地做文物调查和文物征集工作。父亲随身带着一台海鸥相机和笔记本，除了拍摄实景实物外，会把认为有价值的文物用素描的方式记录下来，再配上说明文字和当时的看法。父亲后来一直都保持着这个习惯，像这样的工作笔记就写了有20多本。

1978年，乌兰察布盟文物工作站成立，父亲被调去参与筹备工作，我们举家也从丰镇搬到了乌兰察布盟行政公署所在地集宁。

此后的十余年是父亲在同一领域工作相对稳定的一个时期。父亲虽然接触文物考古工作的时间不长，但他很早就意识到革命文物和民族文物的重要性。1977年，在内蒙古首届文物工作会议期间，父亲就到德胜沟和井儿沟等革命根据地进行查访，寻找文物线索。到乌盟文物工作站不久，父亲就主持举办了"乌盟地区大青山抗日游击根据地革命文物展览"。为办好展览，他多次到内蒙古博物馆向王晓华老师请教，还专门到北京、济南、镇江和南京等地的博物馆参观学习革命文物的调查、征集和陈列经验。他还走访了内蒙古西部十多个市县旗，向根据地的群众和当年在大青山战斗过的革命老同志进行文物调查与征集。由于单位没有专业展陈人员，父亲就承担了展览策划、布展设计、展览大纲和讲解词撰写等工作，展品说明牌上的文字也是父亲用小楷写成的。展览结束后，父亲又继续进行以大青山革命根据地为主的文物征集与调查工作。在随后的两年多时间里，父亲带着一台三洋牌磁带录放机（当时被称为"砖头机"），到丰镇、集宁、呼和浩特、武川、土默特左旗、包头、北京、西安、成都和重庆等地，对姚喆等在大青山战斗过的二十多位革命老同志进行访谈和记录，保存下了十几万字的大青山抗日根据地的口述史资料，征集到了一批珍贵的革命文物。

与此同时，父亲还对乌盟地区的历史文物展开了重点调查。为了进行田野调查，他几乎走遍了当时乌盟的所有旗县，并特别对和林县、清水河县、武川县、卓资县、凉城县、察右前旗、察右后旗、察右中旗、商都县、兴和县、丰镇县、达茂旗❶12个地区27个乡、苏木的古墓葬、古遗址、古长城和古建筑进行了重点调查，在集宁路遗址、商都石豁子、清水河喇嘛湾拐子上、察右前旗豪欠营、小淖和九窑等地征集到元代窖藏瓷器、"大员"铜壶和铁铧犁、吕不韦监造的刻有铭文的青铜戈和矛、元代"管女直侍卫亲军万户府"铜印及大批唐宋以来的钱币等，还发现了一些新的有研究价值的遗址，为乌兰察布地区古代史研究提供了可靠的实物资料。

这一阶段，父亲还自学了《考古学基础》《工农兵考古基础》《考古工作手册》《内蒙古文物参考资料》和北京大学考古学讲义。父亲想办法搜集阅读了《考古学报》《考古》和《文物》这三大刊物自创刊以来刊载的所有报告和论文，并深入研读了马王堆、满城汉墓、白沙宋墓、和林格尔壁画墓等考古报告，下功夫提升自己的专业理论知识。

乌兰察布盟文物工作站刚成立时只有4个人，到1980年底增加到12人。然而，新来的年轻人大多没有专业知识背景。针对这种情况，父亲提议为站内人员筹办文物培训班。这个培训班从课程设置、教师聘请到班级管理全由父亲一人承担。在三个月的时间里，除了主要安排文物考古专业知识的学习外，培训班还安排了中国古代史、中国近现代史、哲学常识和古文选读等课程。父亲邀请了内蒙古文物考古研究所的陆思贤、汪宇平等先生到集宁授课。有些老师不能亲临培训班，父亲就带领全体学员到呼和浩特市集中听讲，像吉发习、丁学芸、李逸友、王晓华和李荣等老师的课就是分别在他们的办公室讲的。大家还到白塔古城、十八台旧石器遗址等考古现场进行了调查实习。父亲在做这些具体的组织工作的同时还亲自为培训班上课。所有这些工作全是义务，并没有任何报酬。当时，我还在课余去过一次培训班听父亲讲《诗经》。记得他当时是讲《关雎》，父亲一边吟诵，一边在黑板上写下字句的注解旁证，并非常耐心地给学员们解答他们提出的一些听起来很幼稚的问题。父亲在讲台上一副很投入和享受的样子，仿佛完全沉浸在了自己的学术世界而忘却了其他。这也是我唯一一次看到父亲做老师的模样。

1984年，在敖汉旗文物普查工作经验交流会后，乌兰察布盟决定展开文物普查工作。然而，要想把全盟所辖旗县的文物普查和保护工作做好，没有相应的管理机构是很难办到的。为此，父亲提出应该在各旗县建立文管所，这个意见得到了上级领导的支持。从1985年底到1986年初，父亲开始筹备建立旗县文管所，并计划第一年就在3～6个旗县建立文

---

❶ 1995年11月，乌兰察布盟的和林格尔县、清水河县划归呼和浩特市管辖。1996年1月，达尔罕茂明安联合旗（达茂旗）由乌兰察布盟划归包头市管辖。1996年5月，乌兰察布盟武川县划归呼和浩特市管辖。

管所。根据各旗县的反馈情况，父亲首先选定了武川县，同时确定了文管所成立后的第一项任务就是进行文物普查登记。他还帮助武川县办了半个月的文物普查培训班，讲课十天，实习五天。为保证文物普查工作质量，父亲明确提出要对历史文物、革命文物、民族文物和古生物化石进行全面普查，不能像以往普查中只针对历史文物的情况。在一年多的时间里，父亲参与了各旗县文管所的各项筹建工作，并协助各旗县文管所完成了文物普查工作和普查资料的验收。随后，和林县、察右前旗、凉城县和达茂旗等地也先后建起了文管所，乌兰察布盟文物保护工作逐步走向正规化。

父亲在乌盟文物工作站期间还有一项重要的工作，就是参加了察右前旗豪欠营辽墓的考古发掘和研究。

1981年，一场秋雨后，豪欠营村的一位羊倌像往常一样去附近的湾子山放羊，突然发现了一处坍塌的洞穴，旁边还散落着一些砖石。羊倌把这一情况报告给村委会，村干部迅速联系了乌盟文物工作站。此后，以内蒙古自治区文物工作队陆思贤为领队、由乌盟文物工作站全体职工组成的考古发掘队对豪欠营村湾子山编号为六号的墓葬进行了发掘，发现了一具保存完整的契丹族女性干尸，轰动一时。据考证，女尸葬于辽代中期，身着当时贵族阶层流行的花罗透背轻罗衫和细绢透背薄绢，全身罩铜丝网络，面部着铜制面具，耳鼻口目齐楚，容貌安详。父亲全程参与了豪欠营辽墓的发掘，并且负责现场的绘图工作。由于当时保护条件有限，又值深秋，他怕墓葬壁画日久受损，就值守在发掘现场，点着蜡烛临摹壁画，画笔经常被冻成冰坨。

第二年，发掘工作持续进行。在我们保存的一封当年的家信中（当时我上初中，三哥大学暑假在家，姐姐和其他兄长均已工作）父亲这样写道，"凤翔（注：我母亲）、晓帆、晓东，暑假未能和你们一起欢度，甚为遗憾！可是实在没有办法。我这里工地上白天黑夜都很忙，每天得走二十多里路。老陆（指陆思贤）九日就回呼市了，这里只有我一人支撑着。除清理被破坏的墓葬外，还找到五个未破坏的，还准备再找几个。从已找到的看，还有些特点，对统帅整个墓地材料有了科学依据。不知晓帆何时开学，我这里争取在十天左右结束。"虽然发掘工地离家只有三十多公里的距离，但父亲担心影响工作，并不常回家，更多的是书信来往。

1982年11月，契丹女尸展览在北京举办。父亲不仅编写了这个展览的大纲、上版文字、录像解说文字、展览简介，设计和指导复制了全身铜丝网络葬衣，还指导完成了织品葬服残片的清洗、复原。当时，男女契丹复原人像所穿的服饰本来是要委托戏剧服装厂制作的，但是由于时间紧，厂方没敢承接。为不影响展览进度，父亲只好亲自选料找裁缝剪裁制作。然而，在制作中却遇到了一个难题，就是不清楚契丹小袖圆领衫男装是如何开衩的。为此，父亲请教了中国古代服饰史专家，但未得到解决。他又专程到沈阳、通辽、赤峰等地向辽代考古和辽史研究的同仁请教和探讨，也未得到满意的答复。

他只好自己查找各种历史资料,并最终从辽代壁画中找到"左衽"的确切依据,这才完成了契丹圆领衫的剪裁制作任务。

为建立乌盟自己的文物考古学术阵地,父亲推动了《乌兰察布文物》创刊。他一个人承担了创刊号和第二期的组稿、编辑、校审和出版工作。后来出版的《契丹女尸》一书,从组稿到审稿,甚至封面设计,也是他自己负责。为了保证这本书的出版质量,父亲专门到北京向辽史专家陈述先生征求意见,为写序的事也和陈先生书信往来多次。之后,父亲与他人合作在《文物》上发表了《察右前旗豪欠营第六号辽墓清理简报》和《契丹女尸的研究》,在《内蒙古社会科学》发表了《契丹女尸在民族史研究上的意义》等文章。对这些学术成果,《中国历史学年鉴》(1984年)从历史学、考古学和民族史等几方面都给予了肯定。父亲还很注意文物普及和对当下的作用,他在报刊发表了三十多篇兼具通俗性、趣味性和知识性的介绍文物的文章,还为当时的乌盟地区经济开发战略研讨会撰写了《从考古发现看古代乌盟地区的经济发展状况》长篇论文,受到了大会的好评和表彰。在20世纪80年代,父亲曾写下这样一段话看待自己的学术经历:"我五十年代中后期至六十年代的古典文学基础,为七八十年代的文物考古中查阅古文献资料提供了方便。从五十年代起,我在学术研究上就不愿随波逐流,人云亦云,当时曾与文学研究所的权威毛星(时任中国科学院文学研究所领导小组副组长、研究员)争鸣,实在有些自不量力矣!"

1990年,父亲在退休前两年,又被调往当时的内蒙古金融研究所古钱币研究室。一到新岗位,父亲就投身于内蒙古钱币史的研究,还主持策划了"内蒙古历史货币陈列"和"草原丝绸之路货币展"。同样,他又是自己编写大纲,亲自布展,并撰写了近万字的解说词。刚到呼和浩特时,由于还没有分到单位住房,父亲就和四五个年轻人住在一间集体宿舍,这样的生活持续了一年多,但我们从未听到父亲抱怨过什么。

父亲在生活上没什么要求,最喜欢吃的就是自家腌的芥菜疙瘩,有时他能就着一盘拌着辣椒面的芥菜丝看大半天的书。读书是父亲生活中最大的乐趣,他读的书种类比较多,文、史、哲方面的书都有涉猎,除了研读中国古典文学和哲学著作外,果戈理的《死魂灵》、屠格涅夫的《猎人笔记》、陀思妥耶夫斯基的《罪与罚》、黑格尔的《小逻辑》、宗白华的《美学散步》、朱光潜的《文艺心理学》等都是他偏爱的书籍。在我刚进入大学时,父亲就为我开出了一串长长的书单。父亲还喜欢逛书店、参观美术馆和博物馆。每到一个新地方,不管行程多紧张,他都一定会挤出时间到这些场所去转转。1982年,改革开放的大门刚刚打开不久,法国250年卢浮宫和凡尔赛宫原作展首次在中国美术馆举办,引发了全国关注,一时间观者如潮,盛况空前。父亲专门去北京排了大半夜的队看展览。父亲还带回了卢浮宫的油画集,一边翻阅,一边很兴奋地给我们讲述观展时的感受。在我的记忆里,父亲喜欢的中国画家有徐悲鸿、刘海粟,他还很喜欢荷兰画家伦勃朗的油画。父亲生前有很多计划，比如他曾想创作一部关于考古的探险小说，他还想等退休有了时间，完成一幅表现大海、印象派风格的油画挂在家里。现在想来，在父亲的内心深处一定藏有一片我们从未抵达过的大海。而这，我们也只能从他自己钟爱的一张照片去猜想：站在浪花拍打着的礁石上的父亲，双手叉腰，非常自信地仰天微笑。

在生活中，父亲表面上有些严肃和拘谨，而实际上他是很愿意与人交流的，也特别喜欢向别人请教。要是谈论起学问和对新鲜事物的看法，他会侃侃而谈，说到兴奋处还会拊掌大笑，甚至很幽默。父亲生性乐观豁达，但内心细腻柔软。在我上初中时，有一次中央乐团访问苏联演出，回国途经集宁时举办了一场音乐会。在当时，这在那座边塞小城是件难得的艺术盛事。父亲带着我观看了音乐会。就在听盛中国演奏的一首小提琴曲时，我注意到父亲感动地流下了眼泪。在我们的生活和事业上，父亲非常尊重我们自己的选择，从不横加干涉。如果有不同观点，他也是和我们平等交流，只给建议，不替我们做决定。那时，每年春节，在外学习、工作的哥哥们都回来团聚，也是我们全家最热闹的时候。这倒不是因为我们吃大餐，而是我们独有的家庭讨论会。我们全家经常会在晚饭后围坐在一起，对一个话题、一些社会现象、一部影视作品表达各自的看法，有时甚至能面红耳赤地争论到大半夜。即便我们和父亲的意见和看法相左，他也从不摆出家长的姿态让我们认同，只是摇摇头说持保留意见。

父亲生前总是说一句话：人活在世上，总应该在这个世界上留下点什么。然而，他并未给我们留下什么财物，只是留下了利用平时积蓄买下的几千册书。他写下的文字和说过的话，也已汇成了一条河，默默地流进了我们的心里。

曾看到过这样一段话：父母存在的意义，不是给予孩子舒适和富裕的生活，而是当想到他们时，内心会充满力量，感受到温暖，从而拥有克服困难的勇气和能力，获得人生真正的乐趣和自由。每当面对困难和迷茫的时候，我也总会问问自己，如果父亲在的话，他会希望我怎么做？他会为我这么做高兴吗？

青山不老，绿水长流。父亲离开这个世界三十年了，我们依旧很想他。

（文中部分内容参考了乌盟文化处1986年10月5日的印发材料《他在一块特殊的土地上耕耘——杜承武同志事迹》）

执笔人：杜晓东

目 录

北方民族考古发掘与研究

察右后旗三道湾鲜卑墓地 …………………………………………………………… 3
豪欠营辽墓附近遗址调查 …………………………………………………………… 41
察右前旗豪欠营第六号辽墓清理简报 ……………………………………………… 48
豪欠营辽墓第一次清理报告 ………………………………………………………… 59
豪欠营辽墓第二次清理报告 ………………………………………………………… 83
豪欠营第六号辽墓若干问题的研究 ………………………………………………… 100
契丹女尸考古的学术价值 …………………………………………………………… 107
豪欠营三号墓的仿木结构与壁画 …………………………………………………… 117
契丹女尸在民族史研究上的意义 …………………………………………………… 121
契丹女尸的服饰 ……………………………………………………………………… 128
契丹女尸的网络与面具 ……………………………………………………………… 134

北方民族文化研究

和林格尔县新店子公社东汉壁画墓 ………………………………………………… 151
鲜卑山·鲜卑石室·鲜卑带 ………………………………………………………… 155
契丹与阴山 …………………………………………………………………………… 162
辽代墓葬出土的铜丝网络与面具 …………………………………………………… 172

谈契丹小袖圆领衫为左衽——兼谈圆领衫的款式变化和衣衽关系 …… 188
契丹族的美术与书法 …… 195
契丹族的发式与服饰 …… 228
古代北方游牧民族的腰带 …… 249
面具与民俗——古今民俗现象之一 …… 256
朱元璋的"奉天诰命" …… 265

乌兰察布文物史地研究

乌盟地区的古代城市遗址——兼谈城址的历史沿革 …… 275
乌盟地区历史文物概述 …… 286
乌盟地区古代交通述略 …… 296
从考古发现看古代乌盟地区的经济发展状况 …… 319
乌盟境内鲜卑的活动与文化遗迹 …… 342
乌兰察布文物古迹掠影 …… 357

草原丝绸之路货币研究

鲜卑与草原丝绸之路贸易及货币 …… 363
鸦片战争与白银外流——从道光前五十两元宝罕见谈起 …… 382
呼和浩特地区历史货币述略 …… 388

人 物 传 记

密谋发动兵变的耶律元宜 …… 399
秉公执法的邢抱朴 …… 401
立决疑狱的耶律韩八 …… 404
矫情媚上怙宠专权的萧革 …… 406
从奴隶到宰相的姚景行 …… 409
政绩卓著的马人望 …… 411
亡国之君天祚耶律延禧 …… 415
叛立未遂的耶律章奴 …… 424
忠贞不贰的萧兀纳 …… 427

奸佞贪欲祸国殃民的萧奉先···431
宋濂传··436

附录 1　登黄山诗十三首和游杭州诗·····································499
附录 2　杜承武文章目录··503
附录 3　一份用四张半工作信笺拼接成的文物普查表

后记

北方民族考古发掘与研究

察右后旗三道湾鲜卑墓地

三道湾墓地位于乌兰察布盟察右后旗红格尔图乡光明行政村东北约3千米处，南距旗政府所在地白音查干镇30千米。墓地东侧2千米即为集（集宁）二（二连浩特）线。察右后旗地处高原，地势起伏不平，多为浅山丘陵地区，平均海拔为1300米左右，平均年降水量约300毫米，曾是古代北方游牧民族频繁活动的地带。在墓地北侧有一列绵延20余千米的小山丘，在察右后旗境内形成6条由北向南走向的沟谷，墓地即位于第三道沟谷之内，当地俗称墓地所处沟谷为三道湾。在调查中，相邻的二道湾发现有与墓地类似的陶器碎片，其余几道山谷内亦发现有陶器等遗物出土。20世纪60年代遭破坏的赵家房子墓地[1]就位于三道湾墓地南约5千米的开阔地带。20世纪50年代初发现的二兰虎沟墓地[2]位于该墓地西南约25千米的韩勿拉山中。

1983年7月中旬，墓地遭盗掘，乌兰察布盟文物工作站立即赶赴现场进行制止。同时，会同内蒙古文化厅、内蒙古文物考古研究所及察右后旗旗委、政府和公安部门组成联合调查组进行调查，追回了部分被盗掘的文物，并由杜承武同志组织文物站业务人员，对已遭破坏的墓地进行抢救性清理、发掘。至8月底，共发掘墓葬23座（编号M101～M123），清理破坏的残墓25座（编号M1～M25）。1984年8月，再次清理墓葬2座（编号M124、M125）。共计发掘清理墓葬50座（图1）。

一、墓地概况

三道湾是一条较为宽阔的山谷，墓地位于距沟口2千米处伸往东北的一条小山湾里。这里三面环山，西南是与大山谷相连的出口。小山湾内土层较厚，由于长年水土流失，墓地西侧被山水冲刷出一条宽深的冲沟，将墓地分为东西两区。西区在缓坡之上，土质为黄色原生土；东区在洼地里，其土质，上层有1～1.5米厚的黑灰色淤积土，下层为与西区相同的原生黄土。

墓地破坏十分严重，盗坑几乎遍布整个墓地，统计达300多个，人骨及残破的陶器随处可见。我们清理的25座墓大部在东区，从发掘情况看，墓葬方向基本在290°～326°，整个墓地的墓葬排列十分密集，有的两墓间距仅为30厘米（图1）。

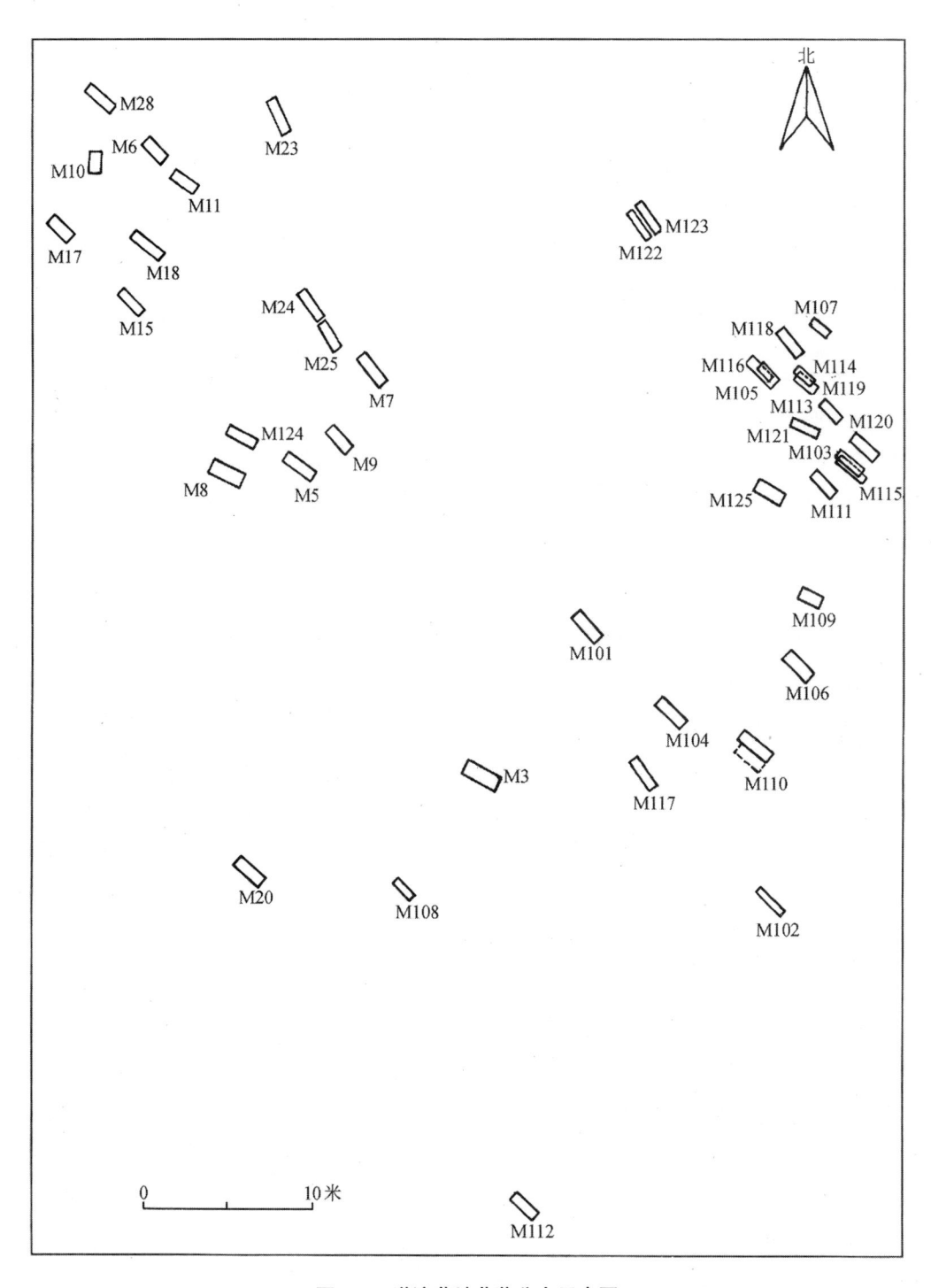

图 1　三道湾墓地墓葬分布示意图

二、墓葬形制

经过发掘的 25 座墓，多为长方形土坑竖穴墓，仅 M102、M110 为土坑竖穴与洞室相结合。其中，有 6 座墓葬被早期盗扰（M109、M115、M117、M120、M123、M124）。

葬式多为仰身直肢葬，此外还有仰身屈肢葬（M113）和有身无头葬（M104、M108）等。人骨大部分保存较好，多为单人葬，仅 M110、M123 为双人合葬墓。面向上或略偏向东、西两侧。25 座墓中，有木棺者 12 座（M101、M102、M109～M111、M113、M115、M118、M120、M122～M124）。

墓坑均为长方形，墓口略大于墓底；而两座土坑竖穴与洞室相结合的墓，是在土坑竖穴的基础上，从墓地向西侧挖进一横洞室。各墓大小不同，长 140～220 厘米、宽 40～87 厘米、深 112～237 厘米。最大的 M110 长 210 厘米，宽 80 厘米，深 237 厘米；最小的 M112 长 140 厘米，宽 60 厘米，深 120 厘米。

经过人骨鉴定的墓有 23 座，其中成年男性墓 9 座、成年女性墓 6 座、未成年墓 5 座、双人合葬墓 3 座（均为男女合葬）。年龄最大者 55 岁（M116），最小者 3 岁（M114），平均年龄 28～30 岁。

各墓的随葬品数量不等，多者（M102）40 余件，少者仅一两件，有的则无随葬品。经发掘的 25 座墓中，有 5 座有殉牲，多为羊头骨。一般数量较少，多为 1～3 个，均置于人头骨上方近墓壁处。陶器大多为 1 墓 1 件，多者（M113）有 3 件，还有一定数量的墓葬无陶器。此外，随葬品以铜器、铁器、珠饰为多，金器、骨器次之。铁器有剑、矛、刀等兵器和斧、铲等生产工具；金器和珠饰多为装饰品；骨器除装饰品外，还有一定数量的弓弭、弧形片状器等；还出土有少量的铜镜、铜钱、桦树皮器皿及皮革、丝织品残片等。

随葬陶器多置于头骨上方或侧面，少量的置于脚下。珠饰多见于头部或颈部；牌饰则主要出土于腰部；坠饰除在头部两侧外，个别亦在腰的后部同牌饰连在一起出土；铜环、铁环也多见于腰部；兵器、生产工具、弓弭等多葬于尸骨的侧面；铜镜多在尸骨头部出土，如 M104 人骨有身无头，铜镜就置于头骨部位。

下面以 6 座不同形制的墓葬为例，详加说明。

M104：长方形土坑竖穴墓，长 1.9 米，宽 0.7 米，深 1.55 米。方向 323°。死者仰身直肢，女性，年龄 16～18 岁。尸骨基本保存完好，不见头骨，在头骨部位置放连弧纹镜一面，左臂戴有铜镯，右指部出土铜指环一枚，右脚部有一铁刀，在尸骨之上出土有皮革及丝织品残片（图 2）。

M110：长方形横洞室墓，土坑竖穴长 2.1 米，宽 0.8 米，深 2.37 米。方向 310°。在竖穴底部略偏南，向西挖横洞室。因两具尸体均装有棺木，而棺木外部又有前后支架，故墓室底部有支架处，又向下挖成前后两个方坑。两坑的大小深浅不同，前坑横长50厘米，宽25厘米，深23厘米；后坑横长50厘米，宽33厘米，深14厘米；前后坑之间的腰底长67厘米。死者均为仰身直肢，右为女性，面向西，20～25岁；左为男性，面向东，12～16岁；两具人骨基本保存完好。女性头骨下有皮革，有长约30厘米的铁锈物，中有一"土"字形木块，中间夹一件长方形网格纹牌饰，牌下拴有皮条；颈下、胸上有2件镂孔驼形金牌饰；腰下侧有一件金坠饰。男性在胯部有铁刀，身下有铁环（图3）。

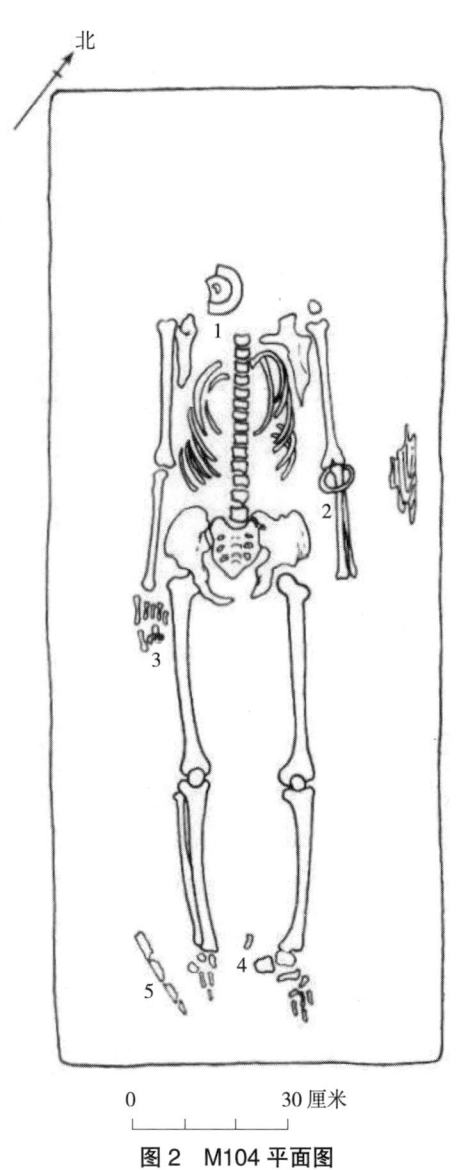

图2　M104平面图
1.铜镜；2.铜镯；3.铜指环；4.松石珠；5.铁刀

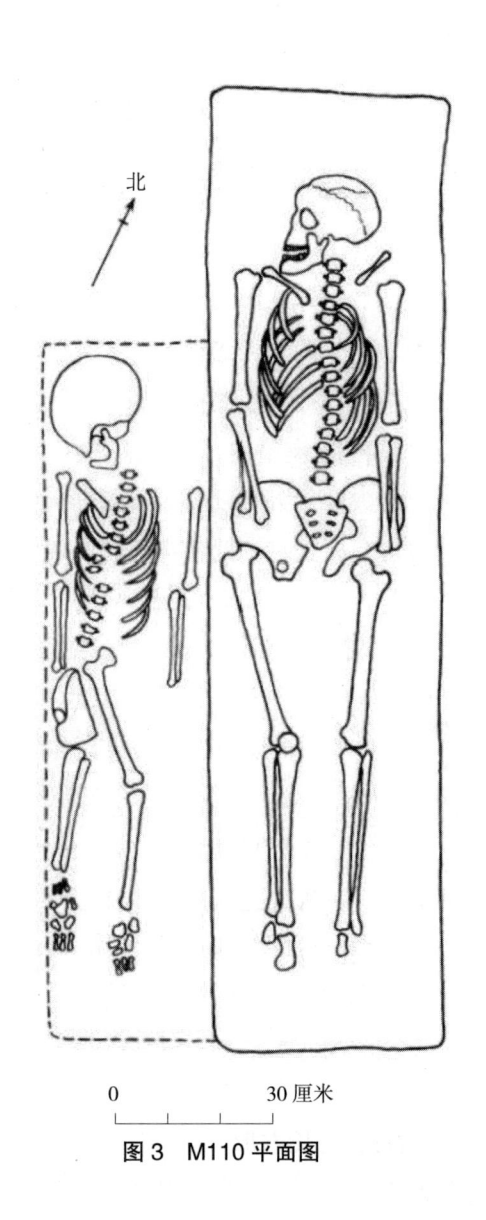

图3　M110平面图

M113：长方形土坑竖穴墓，长 1.7 米，宽 0.7 米，深 1.5 米。方向 314°。人骨仰身屈肢，头向右偏，男性，30 岁左右。在人头骨左上方随葬 1 件双耳陶罐，脚下也置放 2 件泥质陶罐，头骨前面有一残桦树皮器盖，紧挨头骨置四乳四禽铜镜 1 件，右臂部出土铜镯 2 件，右小腿置铁刀 1 件，头部出土绿松石珠饰 2 颗（图 4）。

M114：长方形土坑竖穴墓，长 1.25 米，宽 0.46 米，深 1.12 米。方向 304°。人骨仰身直肢，3 岁左右。无任何随葬品，在其左上方距头骨 23 厘米处殉有羊头骨 1 个（图 5）。

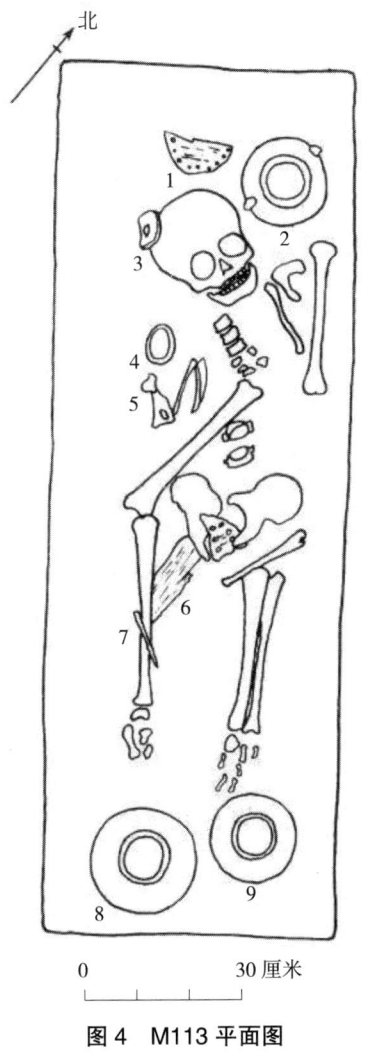

图 4　M113 平面图
1. 桦树皮器盖；2. 双耳陶罐；3. 铜镜；4. 铜镯；
5. 丝织品残片；6. 桦树皮；7. 铁刀；8、9. 泥质陶罐

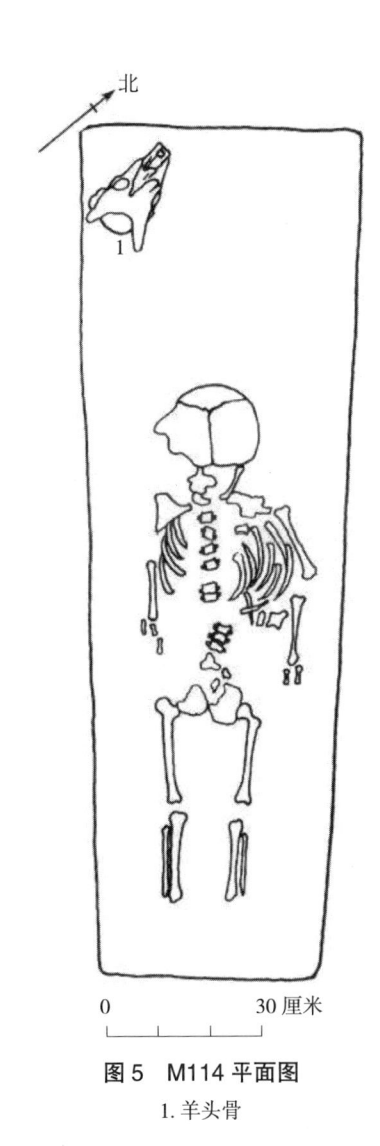

图 5　M114 平面图
1. 羊头骨

M123：长方形土坑竖穴墓，长 1.95 米，宽 0.47 米，深 2.1 米。方向 325°。内有人骨两具，均侧身直肢，为男女合葬，男性 35 岁左右，女性 40 岁左右，胸部有扰乱迹象。墓内出土器物较少，在头骨上方随葬有夹砂陶罐 1 件，腰部出土铁带饰 1 件，颈部

出土珠饰 12 颗（图 6）。

M124：长方形土坑竖穴墓，长 1.8 米，宽 0.58 米，深 1.46 米。方向 309°。内有木棺，从残存的朽木来看，残长 1.4 米，大头宽 0.53 米，小头宽 0.43 米。棺内有人骨一具，仰身直肢，女性，16～18 岁。盆骨以上全部被盗扰，不见头骨。墓内随葬品较少，在颈部和手部各置残铁器 1 件，颈部有绿松石珠饰 1 颗（图 7）。

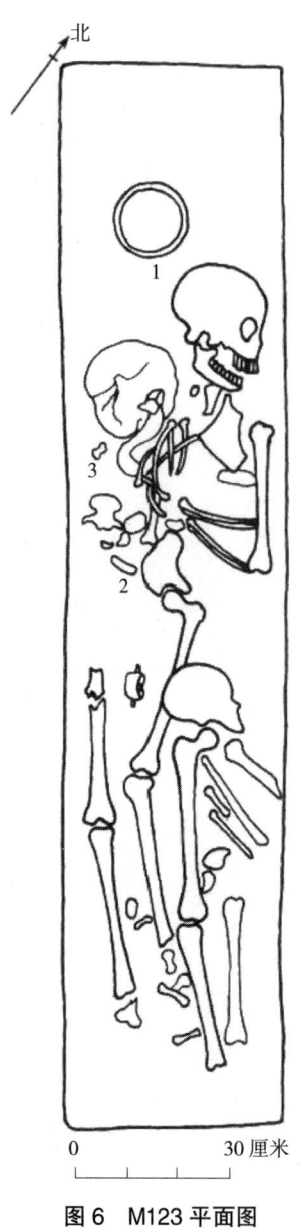

图 6　M123 平面图
1. 夹砂陶罐；2. 铁带饰；3. 珠饰

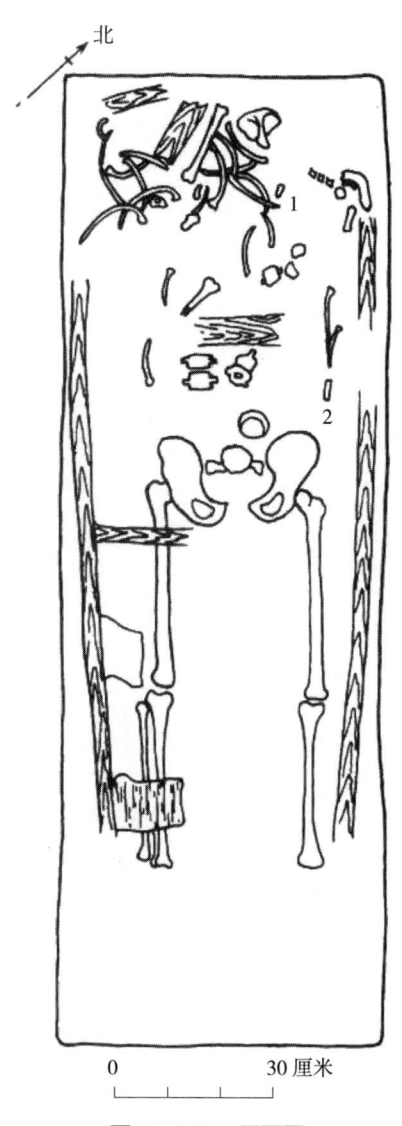

图 7　M124 平面图
1. 绿松石珠饰；2. 铁刀

三、随葬器物

三道湾墓地经发掘的 25 座墓葬,出土遗物 223 件;在清理村民破坏的 25 座残墓时,将征集到的 135 件随葬品在盗掘者的指点下,按墓位做了编号;此外,还有 41 件因出土墓位不清,故按征集文物统一编号(HS83.2∶1～41)。三者共计 399 件。随葬品分为陶器、铜器、铁器、金器、骨器、铜镜、珠饰、桦树皮器及皮革、丝织品和漆器残片等。

1. 陶器

共 29 件。其中夹砂陶 17 件,一般器壁略厚,外壁大都有烟熏痕迹,呈黑色,个别呈灰色或红色。泥质陶 12 件,多为灰陶,个别为红陶。夹砂陶所夹砂粒较细,少数器物似经淘洗,纹饰以素面为主,个别器壁表面磨光,颈部多施指甲纹,并有少量的刻划纹和附加堆纹。皆为手制,少量口部有轮修痕迹,火候较低且不均匀。泥质陶火候较高,质地坚硬,纹饰亦以素面为主,少量的上腹施刻划纹和凹弦纹,均轮制。器形有夹砂罐、泥质罐、壶、杯等。现按其顺序分别描述。

夹砂罐:14 件,分 2 型。

A 型:5 件,分 4 式。

Ⅰ式:1 件(M14∶1)。直口,方圆唇,腹壁外敞并略有弧度,平底。口径 12.3 厘米,底径 8.1 厘米,高 12.5 厘米(图 8 中 1)。

Ⅱ式:2 件。直口微向外侈,方圆唇,腹壁略有弧度,平底微向内凹。M105∶1,口径 14 厘米,底径 8.2 厘米,高 20.5 厘米(图 8 中 2)。M123∶22,残,口径 15 厘米。

Ⅲ式:1 件(M17∶1)。侈口,圆唇,长圆腹,平底,口部施戳刺纹一周。口径 12.6 厘米,底径 9 厘米,高 13.8 厘米(图 8 中 3)。

Ⅳ式:1 件(M111∶1),残。侈口,圆唇,口部内侧作圆弧形折角,腹壁有弧度,近口部施戳刺纹两周。口径 14.8 厘米(图 8 中 4)。

B 型:9 件,分 7 式。

Ⅰ式:1 件(M13∶1)。直口微向外侈,圆唇,矮领,长圆腹,平底微向内凹,素面。口径 7.3 厘米,底径 6.3 厘米,高 11 厘米(图 9 中 4)。

Ⅱ式:2 件。侈口,圆唇,矮领,长圆腹,最大腹径位于中部,平底,颈部饰指甲纹一周。M120∶1,口径 7.4 厘米,底径 8 厘米,高 16.8 厘米(图 9 中 8)。M107∶1 口径 8 厘米,底径 7 厘米,高 14 厘米(图 9 中 5)。

Ⅲ式:2 件。侈口,圆唇,矮领,圆腹,平底或平底微向内凹,素面。M6∶1,口径 10.2 厘米,底径 10.4 厘米,高 16.5 厘米(图 9 中 9)。M20∶3,底径 8.5 厘米,残高 16.3 厘米(图 9 中 7)。

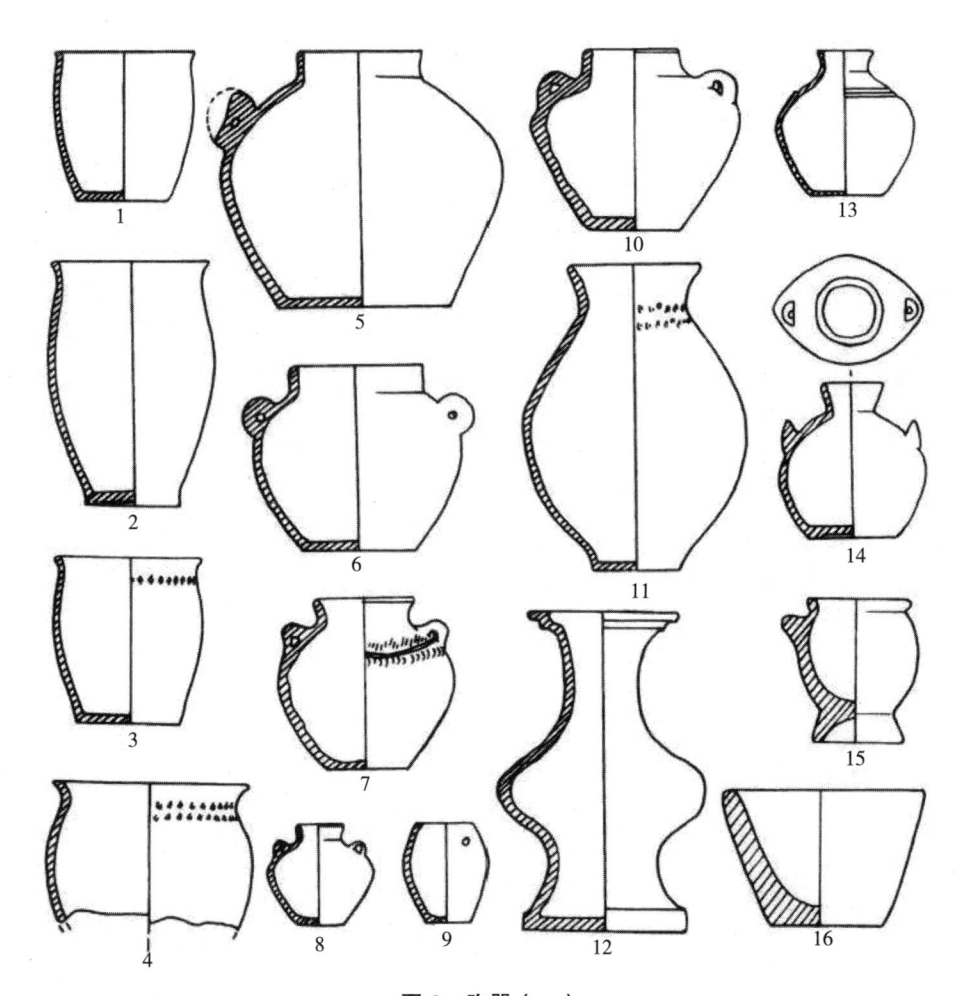

图8 陶器（一）

1.AⅠ式夹砂罐（M14∶1）；2.AⅡ式夹砂罐（M105∶1）；3.AⅢ式夹砂罐（M17∶1）；
4.AⅣ式夹砂罐（M111∶1）；5、6.BⅠ式泥质罐（M2∶3、M113∶1）；
7、8.BⅡ式泥质罐（M107∶2、M11∶1）；9.C型杯（M2∶2）；
10.BⅢ式泥质罐（M5∶2）；11.A型壶（M103∶1）；12.B型壶（M101∶1）；
13.C型壶（M119∶1）；14.D型壶（M11∶2）；15.A型杯（M102∶1）；
16.B型杯（M13∶2）（7、9、10、14、15为1/4，16为1/2，余均为1/6）

Ⅳ式：1件（M1∶1）。侈口，圆唇，高领，圆腹，平底，颈部施附加堆纹一周。口径9厘米，底径10.2厘米，高15.8厘米（图9中11）。

Ⅴ式：1件（M106∶1）。侈口，圆唇，矮领，鼓腹，最大腹径偏上，平底，颈部施刻划纹两周。口径7厘米，底径12厘米，高20.4厘米（图9中12）。

Ⅵ式：1件（M4∶1）。直口，圆唇，矮领，领部略作弧形，鼓腹，最大腹径位于中部，平底，素面。口径8.2厘米，底径9厘米，高16.8厘米（图9中10）。

Ⅶ式：1件（M3∶1）。侈口，圆唇，矮领，鼓腹，最大腹径位于中部，平底内凹，素面。口径8厘米，底径6厘米，高11.2厘米（图9中6）。

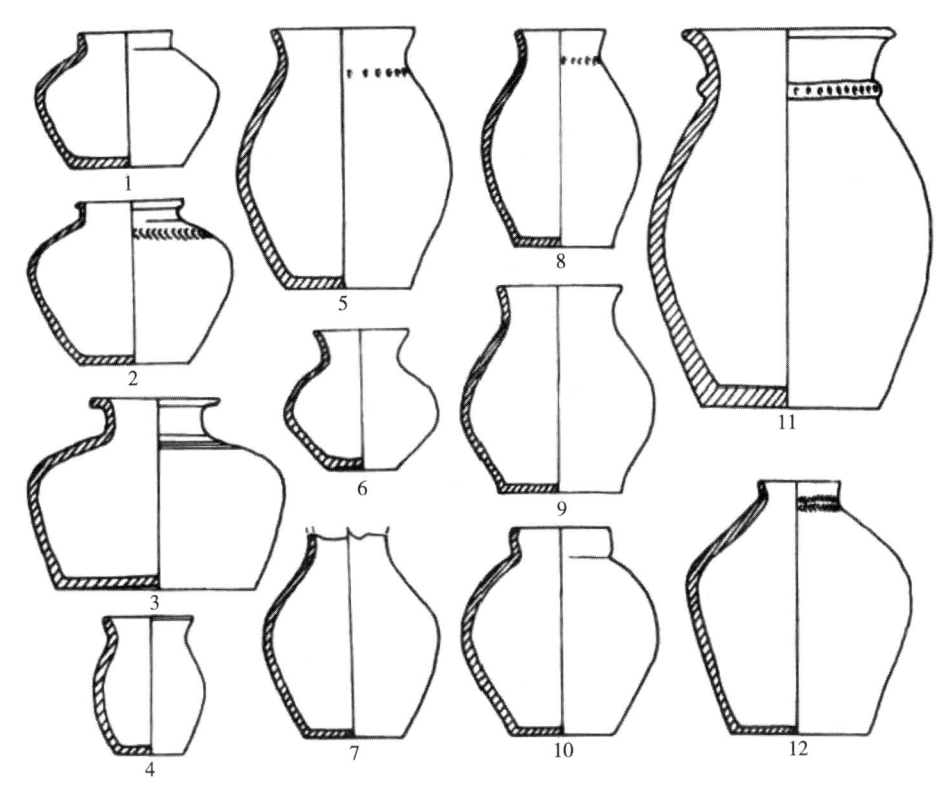

图 9 陶器（二）

1.AⅠ式泥质罐（M113:3）；2.AⅡ式泥质罐（M12:1）；3.AⅢ式泥质罐（M113:2）；
4.BⅠ式夹砂罐（M13:1）；5、8.BⅡ式夹砂罐（M107:1、M120:1）；
6.BⅦ式夹砂罐（M3:1）；7.BⅢ式夹砂罐（M20:3）；9.BⅢ式夹砂罐（M6:1）；
10.BⅥ式夹砂罐（M4:1）；11.BⅣ式夹砂罐（M1:1）；
12.BⅤ式夹砂罐（M106:1）（5、11 为 1/4，余均为 1/6）

泥质罐：8件，分2型。

A型：3件，分3式。

Ⅰ式：1件（M113:3）。直口微向外侈，方唇，矮领，溜肩，扁圆腹，平底，素面。口径8.2厘米，底径9厘米，高11厘米（图9中1）。

Ⅱ式：1件（M12:1）。直口，尖圆唇，唇部微向外折，矮领，鼓腹，最大腹径偏上，平底，外壁上腹饰压印纹一周。口径9厘米，底径9.5厘米，高13.2厘米（图9中2）。

Ⅲ式：1件（M113:2）。直口，方唇，沿外折，沿面作平面，短颈，鼓腹，最大腹径偏上，腹部有明显接筑之痕迹，平底微向内凹，素面。口径10.6厘米，底径16厘米，高15.4厘米（图9中3）。

B型：5件，分3式。

Ⅰ式：2件。直口，方唇，短颈，溜肩，鼓腹，最大腹径略偏上，肩部置对称环状耳一对，平底，素面。M2∶3，口径 10.8 厘米，底径 15 厘米，高 22.1 厘米（图 8 中 5）。M113∶1，口径 8.8 厘米，底径 10.2 厘米，高 15.2 厘米（图 8 中 6）。

Ⅱ式：2 件。侈口，方唇，短颈，溜肩，最大腹径偏上，肩部置对称半圆形耳，小平底。M107∶2，肩部施不规则的刻划纹一周，口径 5.7 厘米，底径 5.5 厘米，高 9.2 厘米（图 8 中 7）。M11∶1，素面，口径 4.5 厘米，底径 4.5 厘米，高 8.2 厘米（图 8 中 8）。

Ⅲ式：1 件（M5∶2）。直口，方唇，短颈，溜肩，最大腹径偏上，肩部置对称半圆形耳，小平底，素面。口径 5.4 厘米，底径 5.5 厘米，高 10 厘米（图 8 中 10）。

壶：4 件，分 4 型。

A 型：1 件（M103∶1）。喇叭口，方唇，高领，圆腹，最大腹径居中，小平底，领部施两周不规则的戳刺纹。口径 12.5 厘米，底径 9 厘米，高 27.7 厘米（图 8 中 11）。

B 型：1 件（M101∶1）。盘口，方圆唇，细长颈，扁腹，下腹束腰状，假圈足，素面。口径 13 厘米，底径 14.2 厘米，高 27 厘米（图 8 中 12）。

C 型：1 件（M119∶1）。直口微向外侈，细颈，鼓腹，平底，上腹饰两道较细的凹弦纹。口径 4.8 厘米，底径 6 厘米，高 12.5 厘米（图 8 中 13）。

D 型：1 件（M11∶2）。喇叭口，方圆唇，短颈，器身作扁圆形，上腹置对称双耳，外部呈弧形，里边平直，平底，素面。口径 3.8 厘米，最大腹径 8.5 厘米 ×6.2 厘米，底径 5 厘米 ×3 厘米，高 8.6 厘米（图 8 中 14）。

杯：3 件，分 3 型。

A 型：1 件（M102∶1）。敛口，圆唇，长圆腹，上腹一侧施一乳钉，圈足，内底作圜底，素面。口径 5.5 厘米，底径 5.4 厘米，高 8.2 厘米（图 8 中 15）。

B 型：1 件（M13∶2）。侈口，圆唇，斜直腹，平底，素面。口径 5.8 厘米，底径 3.5 厘米，高 3.8 厘米（图 8 中 16）。

C 型：1 件（M2∶2）。敛口，圆唇，长圆腹，小腹有小圆孔，平底，泥质红陶，素面。口径 3.4 厘米，底径 2.4 厘米，高 5.6 厘米（图 8 中 9）。

2. 铜器

牌饰：4 件。

双马纹牌饰：1 件（M5∶3）。正面弧形凸出，背凹进；马呈跪卧状，蹄、尾连成一体，成为牌饰的底边，头部饰有一圆形冠饰；马背之上站立一近似的小马，两尾相连，作为牌饰的另一边，背有双拱纽。长 6.5 厘米，高 4.9 厘米（图 10 中 1）。

网格纹牌饰：1 件（M110∶4）。圆角长方形，透雕状，图案呈网格纹。四角均用皮条栓系，并有明显的磨痕。长 8.5 厘米，宽 5.5 厘米（图 10 中 2）。

盘旋纹牌饰：1 件（M104∶8）。主体为椭圆形圈，圈中有一近似桃形的浮雕铜片，上饰五组盘旋纹，上面四组作对称状，间施乳钉纹两个；圈上为一方形铜片，上饰四组浮雕盘旋纹，中间有一乳钉。长5.3厘米，宽1.4～2.9厘米（图10中3）。

柿蒂纹牌饰：1件（M16∶1），残。从残存的1/2看，由中心向四面对称延伸出四个柿蒂形叶，在中部和每个柿蒂中心作半圆状凸起，并有小圆孔。残长3.5厘米（图10中4）。

带扣：2件，分2型。

A型：1件（M15∶5）。平面呈马蹄形，中部凸起一圆形乳钉，并作三等份。长6.2厘米，宽5.5厘米（图10中5）。

B型：1件（M113∶7）。用0.2厘米的铜丝制成，平面呈"凸"字形，下部为一较大的椭圆形，上面作长条状，并在一侧偏下留有缺口。长6.7厘米，宽1.5～4.3厘米（图10中7）。

铃：3件，分2型。

A型：1件（M8∶1）。环形纽，平面近似梯形，下边圆弧，椭圆形口，纽下有一系铃舌之小孔，不见铃舌；铃体饰有相同的网格纹，分三组，中间窄、两边宽；两边网格内间施小乳钉，上半部各有一小圆孔。高6.4厘米，口径4.6厘米（图10中8）。

B型：2件，均征集。圆球形，环状纽，中有圆舌，素面，内有一击铃珠。M2∶31，高2.4厘米，铃身直径2厘米（图10中10）。

泡饰：1件（M5∶4）。圆饼状，中间微鼓，较粗糙，纽残缺。直径3.6厘米，厚0.15厘米（图10中9）。

环：6件，分3型。

A型：2件。圆形，横截面呈弧边三角形，用宽2厘米的皮条连接。M102∶2，直径4.6厘米（图10中15）。

B型：2件。方形，横截面呈扁圆形，有皮条连接痕迹。M102∶4，长3厘米，宽24厘米（图10中16）。

C型：2件。圆形，横截面呈圆形。M102∶6，直径2.3厘米（图10中12）。

镯：21件，分4型。

A型：3件。体较宽，横截面呈扁平状，外缘略有弧度。M113∶9，直径7.4厘米，宽0.7厘米（图10中23）。

B型：11件。横截面近似椭圆形。M109∶6，直径7厘米，截面径0.5厘米（图10中21）。

C型：6件。横截面呈圆形。M6∶3，直径6.2厘米，截面径0.25厘米（图10中22）。

D型：1件（M23∶1）。横截面呈菱形，留有一口。直径7.2厘米（图10中24）。

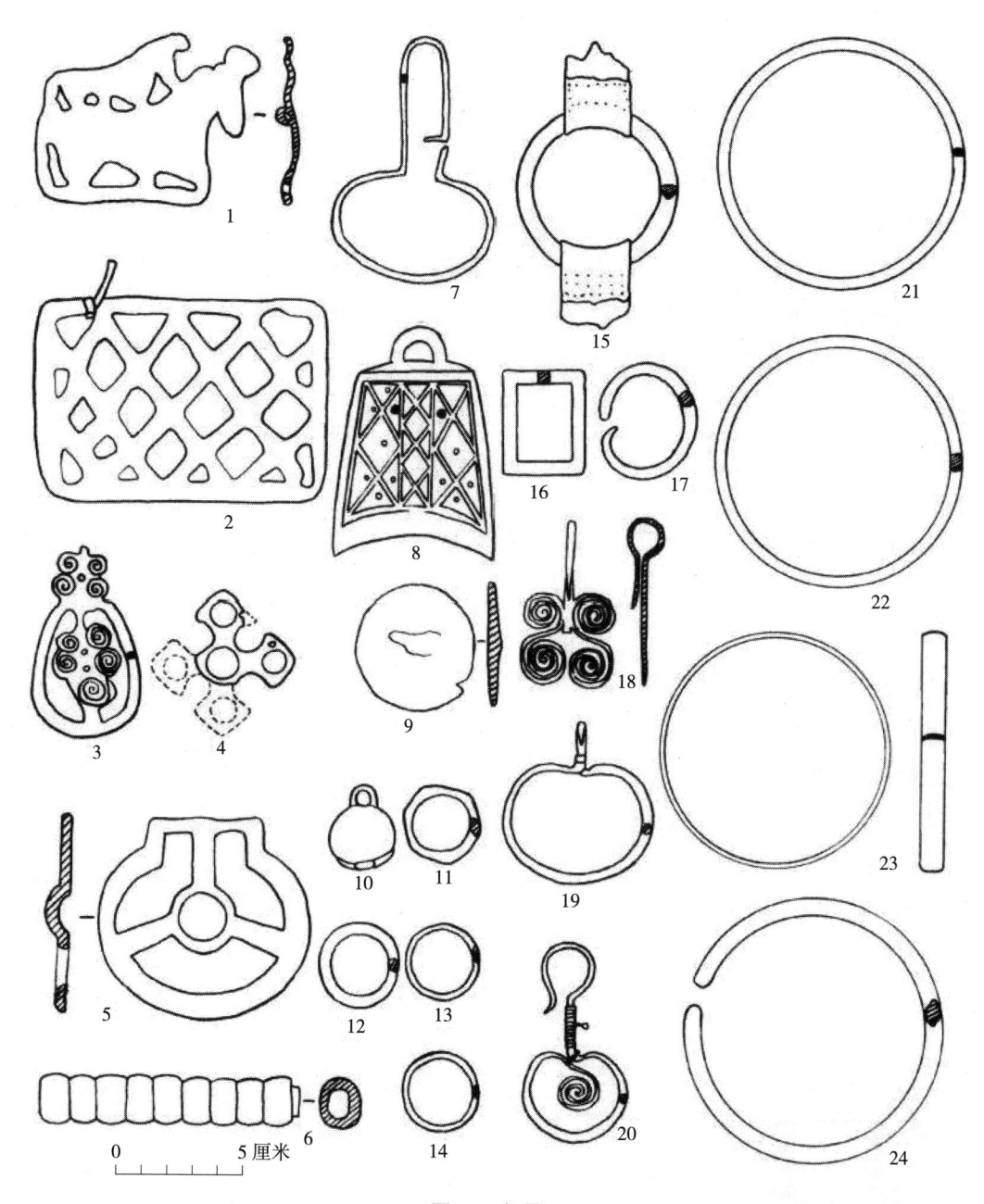

图 10　铜器

1. 双马纹牌饰（M5:3）；2. 网格纹牌饰（M110:4）；3. 盘旋纹牌饰（M104:8）；
4. 柿蒂纹牌饰（M16:1）；5.A 型带扣（M15:5）；6. 串珠（M23）；
7.B 型带扣（M113:7）；8.A 型铃（M8:1）；9. 泡饰（M5:4）；10.B 型铃（M2:31）；
11.A 型戒指（M6:5）；12.C 型环（M102:6）；13.B 型戒指（M104:3）；
14.C 型戒指（M15:3）；15.A 型环（M102:2）；16.B 型环（M102:4）；
17.A 型耳坠（M15:6）；18.B 型耳坠（M104:5）；19.C 型耳坠（M122:4）；
20.D 型耳坠（M121:9）；21.B 型镯（M109:6）；22.C 型镯（M6:3）；
23.A 型镯（M113:9）；24.D 型镯（M23:1）

耳坠：6件，分4型。

A型：2件。用一端尖细、一端平粗的铜丝制成圆形，留有缺口。M15:6，环径3.3厘米，最大截面径0.25厘米（图10中17）。

B型：1件（M104:5）。用0.1厘米的铜片剪成，上面为小圆形弯钩，下部作对称的四个盘旋状花饰。长4.4厘米（图10中18）。

C型：1件（M122:4）。用两端尖细、中间略粗的铜丝弯成，上部为小圆形弯钩，下部作大椭圆环。长4.4厘米，环径4.3厘米×3.4厘米（图10中19）。

D型：2件。用两端尖细、中间略粗的铜丝弯成，下部为圆环，环内有一盘旋状花饰，由环向上1.5厘米弯成一圆形钩，环的接口处和颈部用0.1厘米的铜丝缠绕，至中部相交汇，并在一侧作一不规则的小圆圈。M121:9，长5.4厘米，环径2.9厘米×2.6厘米（图10中20）。

戒指：9件，分3型。

A型：1件（M6:5）。内圆，外呈不规则的六边形，加工粗糙，横截面近似椭圆形。直径2.1厘米，截面径0.3厘米×0.5厘米（图10中11）。

B型：2件。圆形，横截面呈扁圆形。M104:3，直径2厘米，截面径0.35厘米×0.1厘米（图10中13）。

C型：6件。圆形，横截面呈椭圆形。M15:3，直径2.1厘米，截面径0.25厘米×0.15厘米（图10中14）。

串珠20枚，其中M23出土19枚。外壁略有弧度，中空，内穿皮绳，大小两种。大珠直径1.4厘米，高0.8厘米；小珠直径1.2厘米，高0.7厘米（图10中6）。

五铢钱：7枚。钱径2.4～2.55厘米。钱文"五"字交叉两笔弯曲；"铢"字的"金"字头为三角形，"朱"字头部基本方折。字迹较清晰，穿大小不一（图11）。

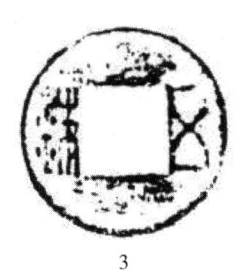

图11 五铢钱拓本（原大）
1.M115:15；2.M110:30；3.M110:31；4.M17:3

3.铁器

剑：2件。M102:31，剑身细长，中起脊，横截面呈菱形，有格，扁圆茎，外有朽木痕迹。剑柄中间有一球形铜饰，中空，上、下各饰九个扁铜圈，用两根较宽的皮条穿起。通长56.5厘米，剑身长36厘米，茎长9厘米，柄长11.5厘米（图12中1）。M122∶20，严重残缺，仅存剑身，残长40厘米。

矛：1件（M102∶28）。出土于人骨右侧，可复原。矛头为扁柳叶形，骹口呈圆形，中空；柲为木质；柲端有铁镦，镦体细长，并有锋尖，横截面呈圆形，骹口作圆形，中空，与柲相连。全长171.5厘米，矛头长31.5厘米，柲长122厘米，镦长18厘米，骹口径2厘米（图12中6）。

刀：17件，分2型。

A型：2件。M102∶30，仅存身部，厚脊，剖面呈三角形，有朽木痕迹。残长33.5厘米（图12中2）。

B型：15件。分2式。

Ⅰ式：5件，刀柄较短，至端部变窄，弧背凹刃，刃背与柄背无明显分界，双面刃。M105∶7，残长18.5厘米，柄长5.2厘米，刃宽2.2厘米，柄宽1.5～0.4厘米。M113∶8，残长14.5厘米，柄长4.3厘米，刃宽1.5厘米（图12中3）。

Ⅱ式：10件，均残。刀柄为扁条形，刀身平直，由尖部开始逐渐变宽，柄与身界线明确，双面刃。M115∶11，残长11厘米，刃宽1.5～2厘米（图12中4）。

斧：1件（M2∶9），残。长条形，双面刃，刃部呈弧形，斧身由刃向上渐收，长方形銎。残高9.6厘米，刃宽9.6厘米（图12中5）。

铲：1件（M102∶3），残。长方形銎，圆肩，平刃。高9厘米（图12中9）。

镞：7件，分2型。

A型：5件，残。平面呈菱形，叶较宽，横截面呈扁平状，铤身界线不明；铤横截面呈圆形，上有木痕。M21∶5，残长7厘米（图12中7）。

B型：2件，残。体较瘦长，平面呈菱形，横截面作扁平状。M102∶35，残长4.8厘米（图12中8）。

带铐：1件（M123∶1），残。长条形，端部圆弧，两边平直，近端部有一长方形穿，其间有一小圆钉。残长7.2厘米，宽4厘米；穿长2.4厘米，宽3.7厘米（图12中10）。

带扣：1件（M103∶2），残。长方形，横截面呈方形。长4.8厘米，宽3.7厘米（图12中13）。

环：15件，分2型。

A型：11件，圆形，横截面为圆形，有的上施一扁铁片。M102∶21，直径3.6厘米，截面径0.8厘米（图12中11）。M106∶5，直径3厘米，截面径0.3厘米（图12中14）。

B型：4件，平面为不规则的圆形，横截面呈扁平状。M102∶29，直径4.5厘米（图12中17）。

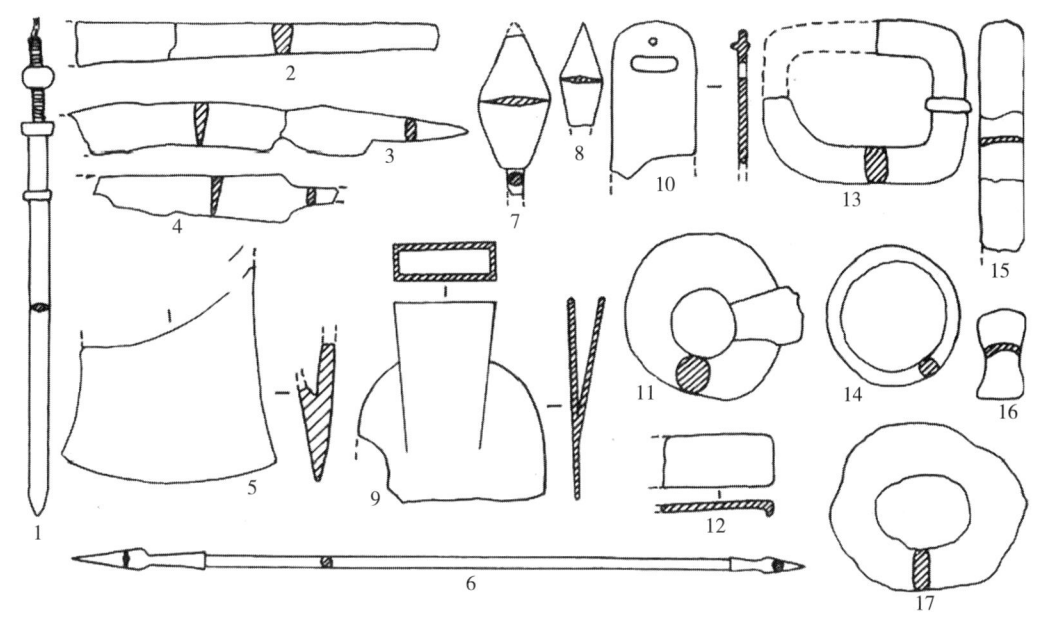

图 12 铁器

1. 剑（M102∶31）；2.A 型刀（M102∶30）；3.BⅠ式刀（M113∶8）；4.BⅡ式刀（M115∶11）；
5. 斧（M2∶9）；6. 矛（M102∶28）；7.A 型镞（M21∶5）；8.B 型镞（M102∶35）；9. 铲（M102∶3）；
10. 带銙（M123∶1）；11、14.A 型环（M102∶21、M106∶5）；12.B 型饰片（M109∶10）；
13. 带扣（M103∶2）；15.A 型饰片（M109∶3）；16.C 型饰片（M102∶34）；
17.B 型环（M102∶29）（1 约 1/8，2 约 1/7，6 约 1/17，11、13、14、17 约 2/3，余约 1/3）

饰片：7 件，分 3 型。

A 型：4 件，均残，长条形。端部呈圆弧状，两边平直，内有朽木痕迹。M109∶3，残长 10.4 厘米，宽 2.3 厘米（图 12 中 15）。

B 型：2 件，均残，长条形。端部圆弧并弯曲，两边平直，内有朽木痕迹。M109∶10，残长 5.1 厘米，宽 2.4 厘米（图 12 中 12）。

C 型：1 件（M102∶34）。两段圆弧，中部收束，较粗糙。长 4 厘米（图 12 中 16）。

4. 金器

双马纹牌饰：2 件。正面弧形凸出，背凹进，半浮雕状。马呈跪卧状，尾与腿连成底边与后边框，头部饰一圆形冠饰；马背之上站立一近似的小马；两马颈部及冠饰边缘施压印纹一周。M15∶1，长 6.5 厘米，高 5 厘米（图 13 中 1）。M2∶5，鎏金，残长 6.5 厘米，残高 3.6 厘米（图 13 中 2）。

单马纹牌饰：1 件（M17∶1），残，正面微凸，背略凹，马呈站立状，略显肥胖，头部较小，并饰一较大的椭圆形冠饰，边缘有剪刀痕，制作较粗。长 4.6 厘米，残高 3.7 厘米（图 13 中 3）。

三鹿纹牌饰：1 件（M2∶32），仅存 1/2。长方形，正面弧形凸出，背凹进，透雕。

鹿并排回首伫立，体态丰腴，镂孔基本为长方形，边框上施压印纹两周。残长4.8厘米，高5.2厘米（图13中5）。

双鹿纹牌饰：1件（M20:1）。鹿身弧形凸出，透雕式。两鹿对鸣状伫立，腿细长，两鹿间有5个圆形镂孔。鹿角相连，近缘处嵌饰麻点状凹坑；边框施压印纹一周。长7.1厘米，高5.3厘米（图13中8）。

单鹿纹牌饰：2件，分2型。

A型：1件（M122:1），包金。透雕式，鹿呈跪卧状，腿尾相连成为后边与下边框，鹿角变形向后与鹿背相连；背有两个双拱纽。长4厘米，高2.9厘米（图13中12）。

B型：1件（M122:2），仅存上半部。鹿角变形向后与背部相连，中部有一小圆环。长5.1厘米，残高1.7厘米（图13中4）。

驼形牌饰：2件，均M110出土，形制相同。呈昂首伫立状，底边背部有拱纽2个。M110:1、M110:2，长2.2厘米，高3.1厘米（图13中6）。

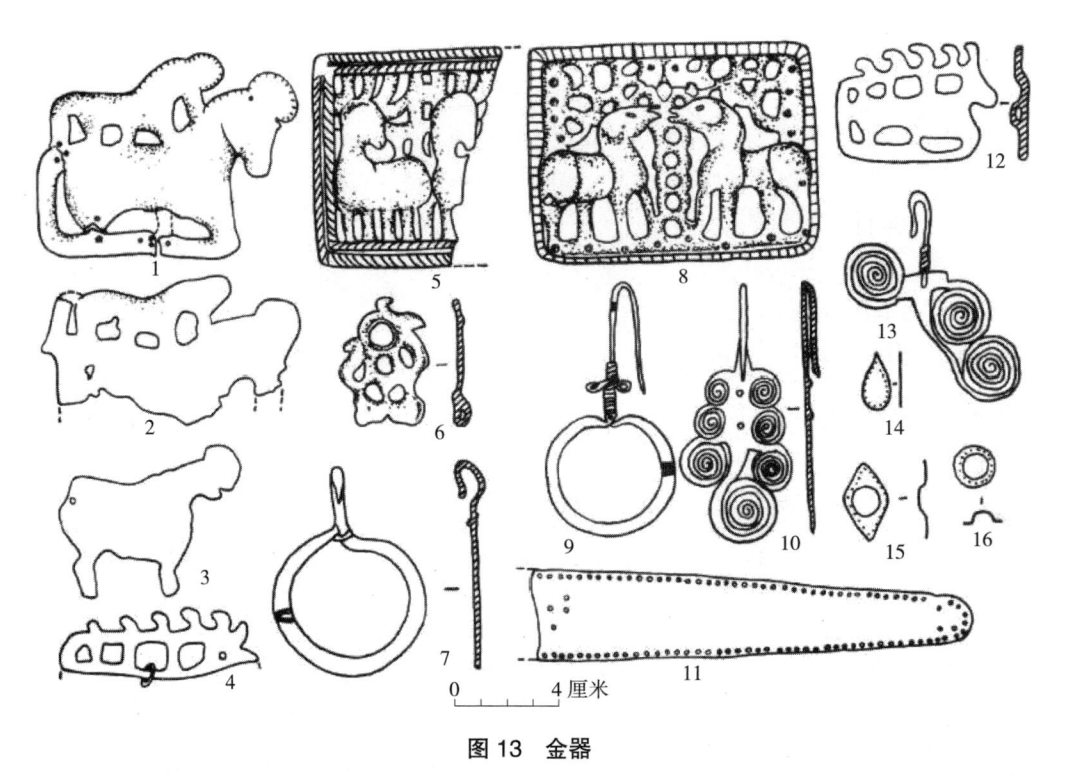

图13　金器

1、2. 双马纹牌饰（M15:1、M2:5）；3. 单马纹牌饰（M17:1）；4.B型单鹿纹牌饰（M122:2）；
5. 三鹿纹牌饰（M2:32）；6. 驼形牌饰（M110:1）；7. 带钩（M110:3）；8. 双鹿纹牌饰（M20:1）；
9. 耳坠（M9:2）；10、13. 花饰（M20:2、M110:27）；11. 片饰（M2:1）；12.A型单鹿纹牌饰（M122:1）；
14.C型泡饰（M118:5）；15.B型泡饰（M118:3）；16.A型泡饰（M118:7）

片饰：1件（M2:1），残。上宽下窄，端部呈圆形，边缘饰圈点纹一周。残长11厘米，宽 1.1～2.2 厘米（图 13 中 11）。

带钩：1 件（M110:3）。用两端尖细、中间宽的扁平条弯成（图 13 中 7）。

耳坠：4 件。用两端尖细、中间略粗的铜丝弯成，下部为一大圆环，上部为圆形钩，环的接口处和颈上部用 0.1 厘米的金丝缠绕，相交处作两个小圆环。有鎏金、包金两种。M9:2，长 6.2 厘米，环径 3.3 厘米（图 13 中 9）。M122:3，长 6.8 厘米，环径 3.8 厘米。

花饰：3 件。用厚 0.1 厘米的金片剪成，厚处剪成圆形弯钩，薄处剪成 3～7 个不等的盘旋状圆形花饰，有的中间饰麻点纹两个。M110:27，长 5.3 厘米（图 13 中 13）。M20:2，长 6.3 厘米（图 13 中 10）。

泡饰：11 件，均 M118 出土，分 3 型。

A 型：7 件。圆形，正面圆鼓，背凹入，周边饰圆点纹，并有四个小钉孔。M118:7，直径 1.1 厘米（图 13 中 16）。

B 型：2 件。菱形，正面圆鼓，背凹入，周边饰圆点纹，有两个小钉孔。M118:3，长 1.9 厘米，宽 1.1 厘米（图 13 中 15）。

C 型：2 件。桃形，周边饰圆点纹，有三个小钉孔。M118:5，长 1.4 厘米（图 13 中 14）。

5. 骨器

弓弭：14 件，分 3 式。

Ⅰ式：3 件，均 M119 出土。平面作长条形，弭身较直，略有弧度，顶端呈方形圆角，近端部磨有一缺口，由上至下渐细，大多在上端钻有一小圆孔；整个器壁略显轻薄，表面磨制光滑，呈弧形，背较平整，无精细加工痕迹。M119:4，残长 13.5 厘米，端部宽 1.5 厘米（图 14 中 1）。

Ⅱ式：10 件。弭身细长作弧形弯曲，顶端呈半圆形，近端部磨有一半圆形缺口，并有明显的使用痕迹，由上至下渐细，方圆头，有的近端部钻有一小圆孔。器壁正面磨制光滑，呈圆弧形，亦有的在弧内侧磨有一折棱；背面作平面或弧面，较粗糙。M121:6，残长 16 厘米，顶端宽 2.5 厘米（图 14 中 2）。

Ⅲ式：1 件（M102:7），残。弭身细长，呈弧形弯曲，顶端作尖圆状，近端部磨有一近似方形的缺口，由上至下渐细。器壁正面精细光滑，背较粗糙，横截面略呈弧形。残长 15.2 厘米，端宽 1.8 厘米（图 14 中 3）。

牌饰：11 件，皆 M102 出土。圆形，上部平直，中部和上端各有一椭圆形穿孔，且两孔相通；正面略鼓，上饰圈点纹一周，多少不一，多者 11 个，少则 7 个，两孔相通处两侧各饰一小圈点纹，背较平整；上孔残存有铁锈痕迹。直径 3.3～4 厘米，厚 0.45～0.6 厘米。根据不同纹饰可分为 4 型。

A 型：7 件。M102:15，除圈点纹外，无其他装饰（图 14 中 4）。

B 型：2 件。M102∶10，在圈点纹内、外侧均刻划有两条平行的凹纹，其内施三角纹（图 14 中 5）。

C 型：1 件（M102∶12）。在圈点纹下端外侧嵌饰三角纹（图 14 中 6）。

D 型：1 件（M102∶13）。沿两穿孔饰两道平行凹纹（图 14 中 7）。

管状器：5 件，分 3 型。

A 型：1 件（M102∶8），管壁较薄，略有弧度，横截面呈不规则圆形，表面磨制光滑，管内残留有木质物。长 11.6 厘米，直径 1.4 厘米（图 14 中 9）。

B 型：2 件。器身较直，两端呈收束状，器壁较厚，横截面呈圆形。M122∶6，长 5.6 厘米，直径 2.6 厘米（图 14 中 16）。

C 型：2 件。用大动物骨骼加工而成，圆柱体状，器壁厚重、粗糙，中部对穿一方孔，横截面呈椭圆形。M125∶2，长 10 厘米，直径 4 厘米 ×2.7 厘米（图 14 中 8）。

弧形片状器：5 件，分 2 型。

A 型：4 件。片状长条形，略有弧度，两端呈圆弧形，器壁较薄，上下各钻一小圆孔，横截面呈弧形，正面磨制精细，背较粗糙。M111∶3，长 23.7 厘米，宽 3.2 厘米（图 14 中 17）。

B 型：1 件（M25∶1），残。一侧作弧形弯曲，两头平齐，上端钻一椭圆形孔，下端钻一小圆孔，表面磨制精细，背粗糙。长 13.7 厘米，厚 5.5 厘米（图 14 中 10）。

角形器：1 件（M24∶1），残。用动物肢骨做成，纵向剖去一面，呈凹槽状，并作弧形弯曲，器壁薄厚不均，表面有排列整齐、密集的圈点纹。残长 16.5 厘米（图 14 中 19）。

纺轮：1 件（M109∶2）。圆锥体，中间有一 0.8 厘米的圆孔，平底，磨制精细。高 2.4 厘米，底径 4 厘米（图 14 中 18）。

铃舌：1 件（M8∶3）。柱状体，上细下粗，中竖穿一孔，表面用刀削成 10 个宽窄不匀的小平面，较粗糙，两端有铜绿锈，横截面呈椭圆形。长 4.3 厘米，底径 1.9 厘米 ×1.5 厘米（图 14 中 11）。

锥：1 件（M2∶40），残。锥体呈不规则的五边形，尖部锋利。残长 5.4 厘米（图 14 中 14）。

珠饰：4 件，分 2 型。

A 型：1 件（M14∶7）。近似圆锥体，底呈椭圆形，中穿孔，器壁由上至下渐薄。长 1.35 厘米，底径 1.4 厘米 ×1 厘米（图 14 中 15）。

B 型：3 件。管状，横截面呈圆形或三角形，竖穿一孔，表面磨制精细。M102∶36，圆形，长 2 厘米，直径 0.6 厘米（图 14 中 12）。M110∶12，三角形，长 1.8 厘米，边长 0.5 厘米（图 14 中 13）。

图 14　骨器

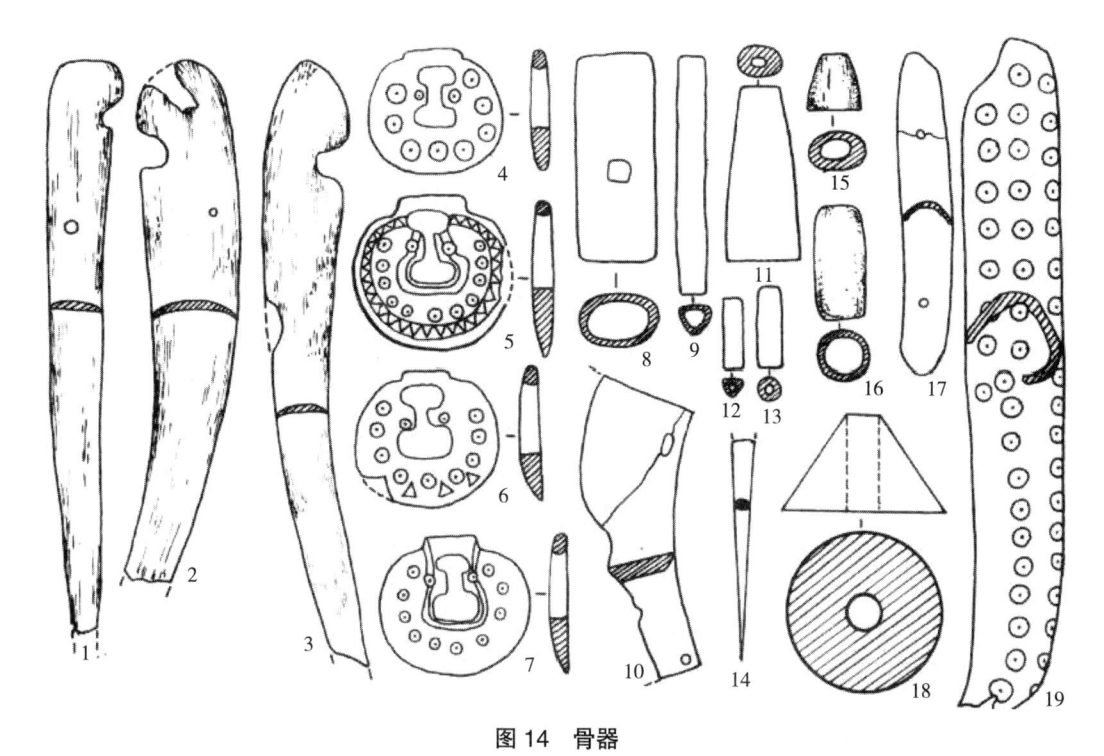

1. Ⅰ式弓弭（M119：4）；2. Ⅱ式弓弭（M121：6）；3. Ⅲ式弓弭（M102：7）；4. A 型牌饰（M102：15）；
5. B 型牌饰（M102：10）；6. C 型牌饰（M102：12）；7. D 型牌饰（M102：13）；8. C 型管状器（M125：2）；
9. A 型管状器（M102：8）；10. B 型弧形片状器（M25：1）；11. 铃舌（M8：3）；
12、13. B 型珠饰（M102：36、M110：12）；14. 锥（M2：40）；15. A 型珠饰（M14：7）；
16. B 型管状器（M122：6）；17. A 型弧形片状器（M111：3）；18. 纺轮（M109：2）；
19. 角形器（M24：1）（2 约 9/20；8、9、16 约 3/10；10、17 约 9/50；余约 3/5）

6. 铜镜

11 件，均残。

素面镜：1 件（M17：2）。镜内作平面，边缘较宽，呈圆弧形微凸，缺纽。直径 18.7 厘米，缘厚 0.25 厘米。

"长宜子孙"镜：3 件，分 3 型。

A 型：1 件（M15：4）。镜面作平面，圆纽，四蝠叶纹纽座，蝠叶间嵌饰"长宜子孙"四字，内区饰内向八连弧纹，纽座与连弧纹间饰凸弦纹，连弧间嵌饰"L"符号，外区饰云雷纹，两边饰栉齿纹，素宽缘。直径 10 厘米，缘厚 0.45 厘米（图 15 中 8）。

B 型：1 件（M104：1）。镜面略作弧面，圆纽，圆纽座，由纽座伸出四个对称的蝙蝠形叶，将内区分为四区，其间嵌饰"长宜子孙"四字，并施内向八连弧纹，弧线平直，素宽缘。直径 10.5 厘米，缘厚 0.2 厘米（图 15 中 9）。

C 型：1 件（M11：3）。镜面略作弧面，圆纽，四蝠形叶纽座，内区饰内向八连弧纹，蝠叶间有镜铭"长宜子孙"四字，素宽缘。直径 9.2 厘米，缘厚 0.25 厘米（图 15

连弧纹镜：1件（M1:2）。镜面作平面，圆纽，圆纽座，内区饰内向六连弧纹，素宽缘。直径9.5厘米，缘厚0.35厘米（图15中6）。

"位至三公"镜：2件，分2型。

A型：1件（M118:13）。镜面作弧面，兽纽，区间有对称变形蝙蝠形四叶纹，分为四区，每区内均有一对秀美的双凤纹，双凤头饰高冠，作相吻状，其间嵌饰镜铭"长宜子孙、位至三公"八字，边缘为内向连弧纹，弧线平直。直径13.5厘米，缘厚0.3厘米（图15中1）。

B型：1件（M2:6）。镜面略作弧面，圆纽，圆纽座，内区饰变形蝙蝠形四叶纹，分为四区，每区饰一变形之兽首纹，近纽座处嵌饰"位至三公"四字，外区饰内向连弧纹，素宽缘。直径9.5厘米，缘厚0.25厘米（图15中2）。

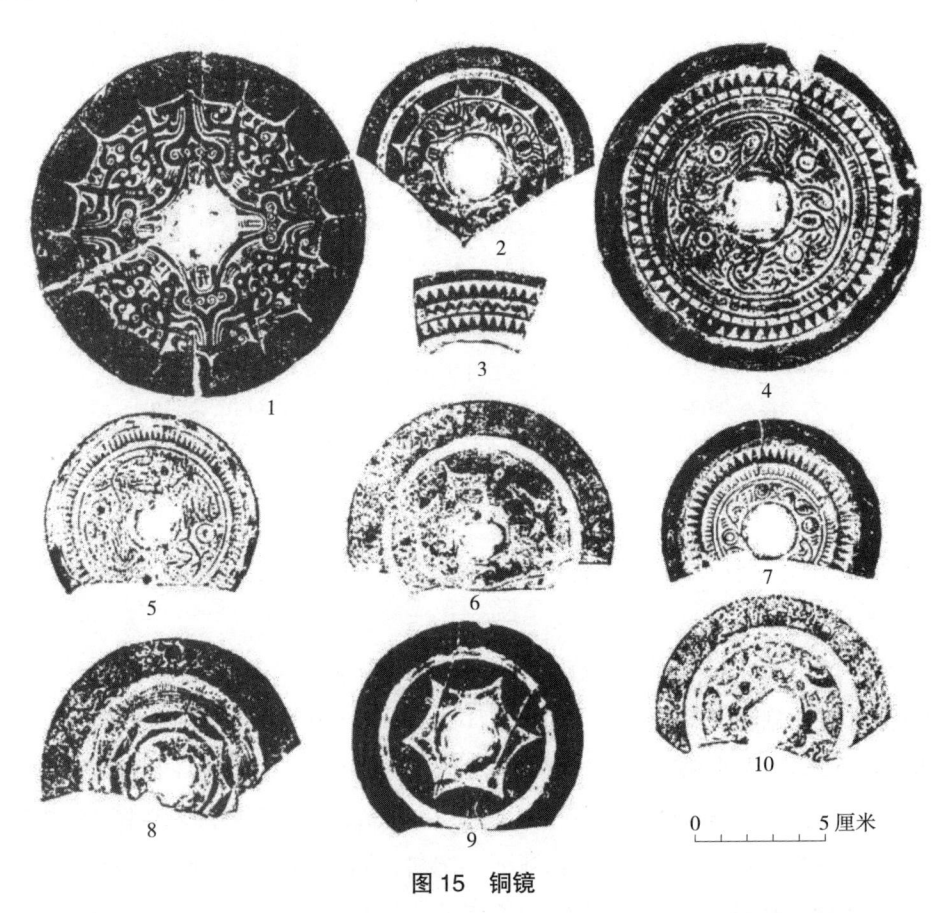

图15　铜镜

1.A型"位至三公"镜（M118:13）；2.B型"位至三公"镜（M2:6）；3.规矩纹镜（M2:39）；4.A型四乳四禽镜（M22:1）；5.B型四乳四禽镜（M113:4）；6.连弧纹镜（M1:2）；7.C型四乳四禽镜（M16:2）；8.A型"长宜子孙"镜（M15:4）；9.B型"长宜子孙"镜（M104:1）；10.C型"长宜子孙"镜（M11:3）

四乳四禽镜：3件，分3型。

A型：1件（M22∶1）。镜面略作弧面，圆纽，圆纽座，内区置四重圈乳，四乳间配置一回首翘立、展翅欲飞的禽鸟；外区饰栉齿纹和锯齿纹各一周；两区间有"长宜子孙、位至三公"的镜铭。边缘作三角形。直径12.1厘米，缘厚0.4厘米（图15中4）。

B型：1件（M113∶4）。镜面略作弧面，圆纽，圆纽座，内区置四个对称重圈乳钉纹，并配以飞鸟，近边缘饰锯齿纹一周，边缘为三角缘。直径8.4厘米，缘厚0.4厘米（图15中5）。

C型：1件（M16∶2）。镜面略作弧面，圆纽，圆纽座，内区置对称重圈纹四个，并分为四区，每区内饰一飞鸟，外区饰栉齿纹和锯齿纹各一周，边缘作三角缘。直径8.5厘米，缘厚0.5厘米（图15中7）。

规矩纹镜：1件（M2∶39）。仅存边缘部分，窄平缘，其内饰锯齿纹两周，间饰水波纹一周。缘厚0.55厘米（图15中3）。

7. 石、玛瑙珠饰

绿松石珠饰：67件，分8型。

A型：1件（M6∶7）。中间微鼓，两端略收，竖穿一孔，横截面呈八边形，翠绿色。长5.8厘米，直径1.2～1.65厘米（图16中1）。

B型：5件。圆形，中间微鼓，两端略收，竖穿一孔，翠绿色。M115∶2，长2.2厘米，直径1.2～1.8厘米（图16中2）。

C型：29件。圆管形，竖穿一孔，淡绿色。M110∶11，长1.6厘米，直径0.6厘米（图16中3）。

D型：25件。扁体长方形，竖穿一孔或两孔，多作两面微鼓，个别一面微鼓、一面较平，翠绿色。M110∶7，长2.1厘米，宽1.7厘米（图16中4）。M22∶2，长3.1厘米，宽1.9厘米（图16中7）。

E型：2件。扁平，两端平齐，两边圆弧，中间施一圆孔，竖穿一孔，翠绿色。M113∶10，直径1.8厘米×2.1厘米，厚0.45厘米（图16中6）。

F型：2件。扁体橄榄形，两面均有不明显的脊，竖穿一孔，浅绿色。M109∶11，长2厘米，宽0.6～1.4厘米（图16中9）。

G型：1件（M2∶38）。扁体六边形，竖穿一孔，淡绿色。长1.4厘米，宽0.3～0.7厘米（图16中8）。

H型：2件。扁体葫芦形，上端施一圆孔，翠绿色。M119∶8，长1.6厘米，宽1.1厘米（图16中5）。

玛瑙珠饰：14件，分4型。

A型：8件。扁圆形，加工较粗糙，中穿孔，有红、橘红、黄等色，大小不一。

M102∶27，直径1.8厘米（图16中10）。

B型：2件。圆管状，竖穿一孔，红色。M6∶11，长1.5厘米，直径0.6厘米（图16中13）。

C型：2件。圆形。中间微鼓，竖穿一孔。M123∶12，长2.1厘米，直径0.8～1厘米（图16中11）。

D型：2件。扁体多棱形。有五面和七面两种，竖穿一孔，橘红色。M9∶14，直径0.6厘米（图16中16）。

琥珀珠饰：1件（M15∶12）。方管形，竖穿一孔，黄色，内有气泡。长1.2厘米，边长0.7厘米。

水晶珠饰：2件，均M101出土。扁圆形，中穿孔，淡蓝色，呈半透明状。M101∶3，直径1.3厘米（图16中12）。

石珠：42件，分4型。

A型：17件。连珠圆管状，竖穿一孔，有蓝、黄两色。M123∶13，长1.9厘米，直径0.35厘米（图16中14）。

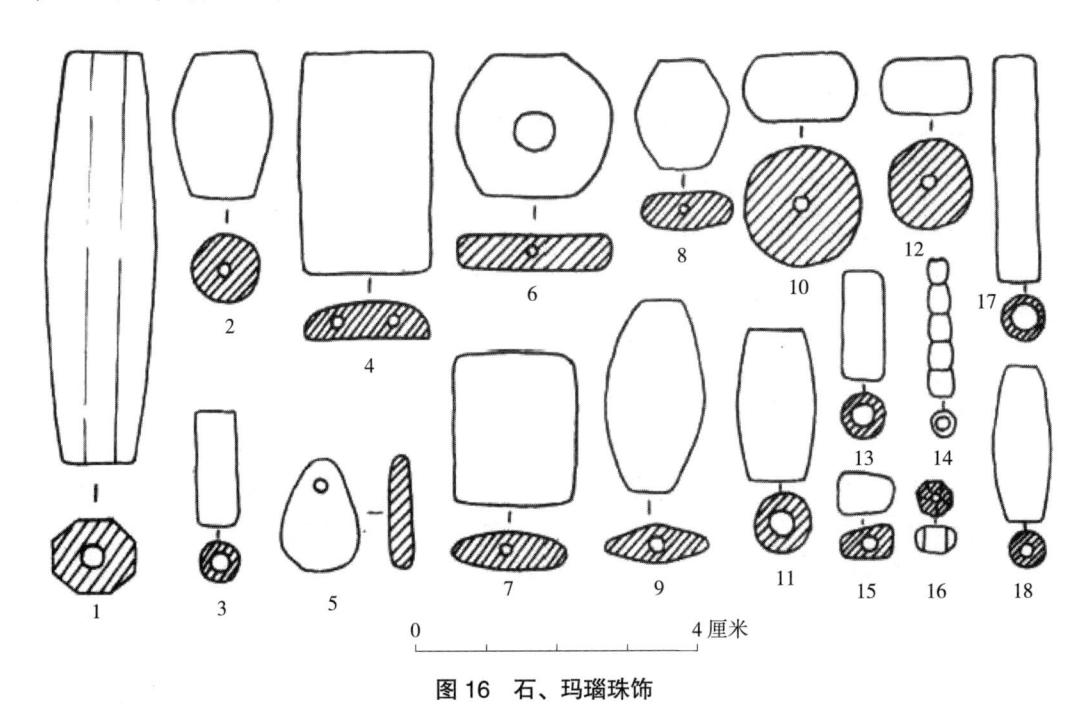

图16 石、玛瑙珠饰

1.A型绿松石珠饰（M6∶7）；2.B型绿松石珠饰（M115∶2）；3.C型绿松石珠饰（M110∶11）；
4、7.D型绿松石珠饰（M110∶7、M22∶2）；5.H型绿松石珠饰（M119∶8）；
6.E型绿松石珠饰（M113∶10）；8.G型绿松石珠饰（M2∶38）；9.F型绿松石珠饰（M109∶11）；
10.A型玛瑙珠饰（M102∶27）；11.C型玛瑙珠饰（M123∶12）；12.水晶珠饰（M101∶3）；
13.B型玛瑙珠饰（M6∶11）；14.A型石珠（M123∶13）；15.B型石珠（M107∶5）；
16.D型玛瑙珠饰（M9∶14）；17.C型石珠（M110∶10）；18.D型石珠（M123∶9）

B 型：18 件，扁平状，竖穿一孔，红色。M107∶5，长 0.6 厘米，宽 0.7 厘米（图 16 中 15）。

C 型：6 件。圆管形，竖穿一孔，大小不一，有白、红两色。M110∶10，长 3.2 厘米，直径 0.6 厘米（图 16 中 17）。

D 型：1 件（M123∶9）。枣核形，竖穿一孔，浅绿色。长 2.2 厘米，直径 0.5～0.8 厘米（图 16 中 18）。

8. 桦树皮器皿

7 件。分别出土于 M1、M4、M103、M105、M107、M113、M115 等墓，因严重残损，除器盖外，余器形均不明。

器盖：3 件。圆形，用两层桦树皮缝制，周边有均匀的针孔。M4∶1，直径 4.4 厘米（图 17 中 2）。M113∶11，残，直径 13 厘米（图 17 中 1）。

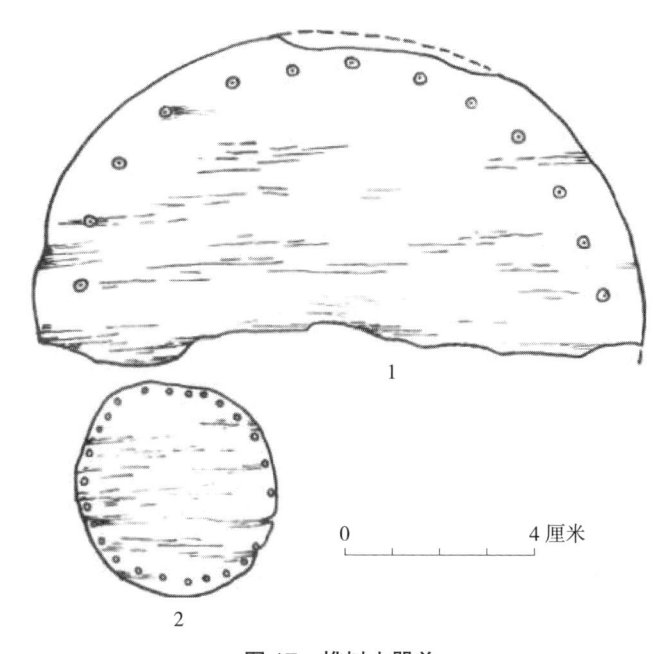

图 17　桦树皮器盖

1.M113∶11；2.M4∶1

9. 丝织品

出土于 M107、M109、M110、M113、M115 等墓，均为较小的残绢片，有黄、褐两种颜色。

10. 皮革

出土于 M102、M107、M109、M110 等墓，为牛皮制品，形制不明。

11. 漆器

均残，仅为极小的漆片。用黑、红两色绘制，形制不明。

四、分期与年代

1. 墓葬分期

三道湾墓地因破坏十分严重，所以给我们对整个墓地的部局和总体研究带来了极大的困难。根据正式发掘的 25 座墓葬观察，其墓向或头向基本一致，大体为西北—东南向。其中有的墓葬相距很近，排列甚密，并发现了几组墓葬有叠压打破关系，分别是 M103 打破 M115、M105 打破 M116、M114 打破 M119，说明这批墓有时代早晚的关系。本文试图通过墓葬分布、打破关系及主要随葬器物的演变规律，对这批墓葬做一初步的分期。

在墓地的出土器物中，陶器和骨制弓弭的变化最为明显。陶器的变化规律大体是：大口、器壁较直、最大腹径位于中部，趋于小口、鼓腹、最大腹径上移。总体是由瘦高向低矮发展。弓弭的变化是：器身较直、顶端为方圆形，趋于器身弧形弯曲、顶端为半圆形或尖圆形发展。

我们根据墓地的墓葬分布和三组有叠压打破关系的墓葬及上述器物的变化规律，将这批墓葬大致分为两期。

第一期，属于这一期的墓葬有 M107、M109、M111、M113、M115、M116、M118～M125，共 14 座。出土陶器有 AⅠ～AⅣ式夹砂罐，BⅠ～BⅢ式夹砂罐，AⅠ～AⅢ式泥质罐，BⅠ、BⅡ式泥质罐；骨器有Ⅰ、Ⅱ式弓弭。上述墓葬均位于 M109 以北，在这个范围内还有 M103、M105、M114 三座墓，分别打破 M115、M116、M119 三座墓葬，我们暂将其归入第二期。在被破坏的 25 座墓中，从我们所掌握的墓葬位置和主要出土器物来看，属于第一期的墓葬大致有 M6～M18、M23～M25，共 16 座墓，主要器物有 AⅠ式夹砂罐、BⅠ～BⅢ式夹砂罐、AⅡ式泥质罐、BⅡ式泥质罐等。

第二期，属于这一期的墓葬有 M101～M106、M108、M110、M112、M114、M117，共 11 座。出土器物陶器有 BⅤ式夹砂罐，A、B 型陶壶，A 型陶杯；骨器有Ⅲ式弓弭，其中 M108、M117 无任何遗物出土，但位于整个墓群的南部，将其归入第二期不会有大的出入。从墓位和出土器物来看，属于第二期的还有 M3、M20 两墓，出土有 BⅦ式夹砂罐和 BⅣ式夹砂罐等。此外，M1、M4、M5 虽然墓位不清，其出土器物有 BⅣ式夹砂罐、BⅥ式夹砂罐、BⅢ式泥质罐，故将其归入第二期。

出土器物较少的 M2、M19、M21、M22 四座墓，因其墓葬位置不清楚，暂不作分期。

上述两期墓葬的主要器物除 A 型夹砂罐主要为第一期器物之外，余均有较明显的承续关系。从墓葬的形制等方面也可看出其变化，为分期提供了一定的证据。

在我们发掘的 25 座墓葬中，第一期 14 座墓的墓葬形制均为土坑竖穴墓；但进入第二期，除土坑竖穴墓外，出现了土坑竖穴与洞室墓结合的墓葬，这类墓往往出土器物较多。

从葬具来看，第一期的14座墓葬中，有木棺者达9座，占2/3以上，但在随葬器数量上差距甚小。而第二期的11座墓中，有木棺者仅M101、M102、M110三座，不足1/3，而有木棺者均随葬有较多器物，两者间的差距甚为悬殊。

2. 墓葬年代

三道湾墓地是迄今在内蒙古中南部地区发现数量最多、出土遗物较为丰富的一处早期鲜卑墓地。从目前发表的这类墓葬资料来看，其葬俗及出土器物主要同扎赉诺尔、南杨家营子和伊敏河地区三处墓地有共同之处。

墓地出土的陶敛口杯、BⅡ式泥质罐、A型夹砂罐、铁矛、铁镞等器物同扎赉诺尔古墓群[3,4]出土的同类器物基本相同，两者在葬俗上也很接近。而B型夹砂陶罐、A型夹砂陶罐、侈口陶杯、铁镞、骨纺轮及珠饰同南杨家营子古墓群[5]出土的同类器物相近。金、铜耳坠的形制及制作方法则同呼伦贝尔盟伊敏河地区鲜卑墓[6]出土的同类器物完全一致，所出铁刀、矛等亦极近似。

上述三处墓地是目前国内发现时代较早的鲜卑墓地，经考证其年代大致为东汉晚期。此外，三道湾墓地出土的四乳四禽、"长宜子孙""位至三公"连弧纹铜镜及五铢钱也为东汉晚期常见之物。所以，判断三道湾墓地与其时代大致相当。

与上述三组材料对比，在总体因素一致的基础上，各自的差别也是显而易见的。如三道湾、扎赉诺尔墓地共有的陶器B型泥质罐、敛口杯在其他两处不见；三道湾、南杨家营子墓地共有的陶器B型夹砂罐、侈口杯也不见于其他两墓地，A型夹砂陶罐在扎赉诺尔墓地出土较少；盘旋纹金、铜耳坠则只见于伊敏河地区的墓葬。这说明三道湾墓地不但存在着上述三处墓群的诸多因素，同时也构成了自身的文化特征。

从葬俗来看，三道湾墓地第一期同扎赉诺尔古墓群基本相似，木棺在整个墓群所占的比例较大。经对墓地采集的26具尸骨初步测定，三道湾墓地的颅骨大多与扎赉诺尔汉代A组相同，少量的与扎赉诺尔汉代B组相同，不同于南杨家营子❶，但在陶器及其他器物的因素上则具有南杨家营子的因素，说明二者之间还存在着一定的联系。吉林大学朱泓同志用体质人类学的方法和手段，将属于早期拓跋鲜卑遗迹的完工、扎赉诺尔汉代A组、扎赉诺尔汉代B组、南杨家营子和外贝加尔匈奴组、大通匈奴组的18项颅骨指数进行了对比和研究，通过体质差异得出了完工→扎赉诺尔→南杨家营子的结论[7]，同拓跋鲜卑南下又西迁的路线[8]相吻合。因此，我们推断三道湾墓地第一期大致与扎赉诺尔墓群的年代相同；第二期大概略晚于扎赉诺尔或略早于南杨家营子，可能是连接

---

❶ 墓地出土人骨经吉林大学考古学系副教授朱泓同志初步鉴定后，得此结论。

两者的一个纽带。

五、结语

三道湾墓地虽遭严重破坏，但经过及时的抢救性清理，仍获得了部分墓葬的翔实资料，为整个墓地的分期断代提供了较可靠的依据，并通过墓葬习俗、陶器类型、器物变化和人骨鉴定等方面，找出了一些带有规律性的东西，从而得出了三道湾墓地与扎赉诺尔墓地时代相同、早于南杨家营子墓地的结论。它对于研究这一时期鲜卑的政治、经济、文化及丧葬习俗等有着十分重要的作用。下面就有关问题谈一点粗浅认识。

1. 三道湾墓地的自身特征

三道湾墓地的墓葬从西坡至沟底原为一整体，后因近 50 年来灌木植被遭砍伐，经山洪冲刷而形成沟谷，墓地被分割为东西两区。两区墓葬大体为由北向南，按照埋葬先后顺序依次排列。墓葬疏密，可能一因盗掘破坏，二因洪水破坏，形成现在这种分布状况；也可能当年埋葬时就存在疏密不同的情况。

墓葬形制主要为长方形竖穴土坑墓，也开始出现竖穴土坑与土洞相结合的墓葬。这种土洞墓在第二期的墓葬里出现两例，这似可视为这个地区鲜卑土洞墓雏形或早期形式。因为近年来大同市南郊发现 100 多座北魏建国前后的墓葬，东西向、南北向皆有，大部分为竖井式或斜坡式墓道的土洞墓，同时也有一定数量的具有早期鲜卑墓特点的竖穴土坑墓存在[9]；与之时代相当的斜坡式土洞墓在和林格尔西沟子村也有发现[10]。这种墓葬类型的出现恐怕不会是偶然的，应该有一个发展的过程。三道湾墓地两期墓葬中都有木棺，其木棺的形制、大小均与扎赉诺尔相类似，大头小尾，高与宽均在 40～60 厘米，长度在 130～180 厘米。这种木棺形制可能就是北方地区流行至今的大头小尾木棺的祖形。墓地第一期有木棺的墓葬比例大，14 座里有 9 座有木棺；第二期比例小，11 座里 3 座有木棺。值得注意的是，第二期的 3 座有木棺的墓葬里，有 2 座的木棺都有前后支架，而这两座墓又都是土洞与竖穴结合的墓室。因有支架，故墓底放木棺的前后部位均掘有腰坑。这是葬具与葬式上出现的新因素。两期有木棺的墓葬里多为女性尸骨。第一期除 M120 不知性别外，有 6 座为女性墓，其中有一男女合葬墓；第二期 3 座墓中有 2 座为女性墓，其中一座为男女合葬墓。另外，有棺木的墓葬，随葬品都比无木棺的丰富。

墓坑均为西北—东南向，死者头朝西北，多为仰身直肢葬，个别的有屈肢葬。葬式以单人葬为主，也有少量的合葬。在合葬墓中，M123 为男女二具成人尸骨侧身相背挤放于一个狭窄的木棺里，年龄相差 5 岁，应为夫妻合葬；M110 为青少年男女分棺合葬。特别是 M104，墓葬未经盗扰而无颅骨，并在颅骨部位置放一件残破的铜镜，其意义有待研究。

墓地的随葬品除陶器之外，贵重的黄金饰牌、金花饰、耳坠等多出于西区的墓葬；铁兵器、工具、骨器、桦皮制品多出于东区墓葬。属于汉代的中原铜镜比扎赉诺尔为多，但多已残破，似乎为有意打破；骨弓弭也有这种残破现象。五铢钱、漆器、丝织物随葬物较多，说明与中原经济、贸易往来颇为密切，整个墓地随年代早晚，随葬品在数量和质量上也出现明显差别，说明贫富差别随着时间的推延而愈加明显。

2. 同邻近地区文化遗存的关系

三道湾墓地作为北方游牧民族的文化遗存，与相邻较远地区同时同类的遗存，有共同性，也存在着差别，显示着自身的特点。

墓葬形制、方向、葬式与头向，与邻近的赵家房子、二兰虎沟、百灵庙[11]和较远的南杨家营子、扎赉诺尔、完工、伊敏河等处的墓葬大体相同，但殉牲数量比南杨家营子、扎赉诺尔和完工等处大为减少，而与邻近墓地相似。

三道湾墓地出土的陶器与上述墓地的陶器，有许多相同或相似之处，上文已做具体比较，这里不再重复。扎赉诺尔、赵家房子、二兰虎沟均有铜釜出土，这里却不见。铁制兵器矛、剑、刀、镞与赵家房子、二兰虎沟、扎赉诺尔、南杨家营子相似，只是数量与种类略有差别，其中与扎赉诺尔有更多相似之处，只骨镞比扎赉诺尔与南杨家营子大为减少。骨制弓弭与南杨家营子、扎赉诺尔、完工相似，与南杨家营子更为一致。两地的骨制纺轮几乎完全相同。扎赉诺尔的骨制带扣等这里不见，却出现了造型、纹饰独特、制作精美的骨质腰带牌饰，这是迄今为止首次发现。与之纹饰相同的角形器，也属首次发现，值得注意。它可能是兽医灌药用具。随葬的金、银饰件，虽有与上述墓葬相同或相似者，但更多的是上述墓葬所没有的。赵家房子出土有鹿纹和马形金饰牌、金叶、金花、金簪等金器，但未见实物照片与图形，相同与否，无从对照。二兰虎沟出土有双鹿纹与三鹿纹铜饰牌，双鹿纹与本墓地出土的双鹿纹金牌饰基本相同，但又不完全一样；三鹿纹虽构图大体相似，但具体造型又完全不同，可以说三道湾的三鹿纹牌饰的造型方式也属首次发现。重叠双马纹是三道湾墓地的独特牌饰，上述墓地均未发现（赵家房子不知有否），风格相同的牌饰在四子王旗井滩古墓中有过出土[12]。哲里木盟博物馆收藏有2件，但造型风格比三道湾的更接近写实，应晚于三道湾；青海伏俟城附近的墓葬里发现过2件[13]，其造型风格与哲里木盟的相似，而又有更细致的装饰，其时代可能更晚于哲里木盟的牌饰。而最早发现这种重叠双马饰牌的则是西岔沟墓地[14]，其实物陈列在中国历史博物馆，可视为这种牌饰的祖型。M122出土的铜鎏金鹿纹牌饰的造型特点与工艺手法，与重叠双马纹铜鎏金牌饰基本相同，应是在双马纹影响下出现的新的鹿纹牌饰。而M110出土的驼载物金铸牌饰，亦属首次发现，其造型手法简洁，表现形象生动逼真，通体小巧玲珑剔透，反映了艺术构思的巧妙和抽象概括能力的高超。

过去虽有网格纹青铜牌饰出土，但因无准确的出土部位，对其用途无法说明。M110出土的这件长方形网格纹牌饰，出土部位准确，而且是用皮绳拴在一件特制的小木架上，又用皮革与丝织品包裹，其用意何在，尚待探讨。三道湾墓地出土的其他装饰品，如盘丝金花饰和耳坠与伊敏河地区墓葬出土的完全相同，其他几处墓地却不见；三道湾出土的铜手镯与指环数量较多，镯21件，戒指9件，且样式有变化；其余几处远近墓地，赵家房子墓地出土7件手镯，无戒指，二兰虎沟出土2件戒指，无手镯；南杨家营子、扎赉诺尔墓地也都是只出土手镯1件，戒指2件；伊敏河地区墓葬只出土镯1件，而不见戒指。其他不同质地的珠饰都大同小异，各墓地基本相似。三道湾墓地所特殊者是M2和M18出土的金片饰和金泡饰，其形状和周边的圆点纹装饰手法，与1981年达茂旗西河子出土的金步摇桃形叶片周边的圆点纹装饰手法完全一样[15]，与北票县房身村墓发现的金花冠饰上的桃形金叶上的装饰手法一样[16]。三道湾M118出土的两片桃形金叶，可能是这种步摇冠装饰的早期形态。因为那11件金泡饰也都是散落于头部之上，应为缀饰于冠上的装饰品。再从出土的汉代铜镜来看，与赵家房子、二兰虎沟出土的相同，但比这两处为多，比扎赉诺尔更多。三道湾出土的7枚汉代五铢钱，均为比较规整的五铢，与吉林省通榆县兴隆山鲜卑墓出土的钱径相似[17]，比南杨家营子的厚重；赵家房子出土的7枚字迹清晰的五铢钱币，既无拓片面世，又无钱径尺寸和重量披露，因而无法与之对照比较；根据其还有字迹不清的剪边五铢出土，其埋葬时间应比三道湾墓地为晚。百灵庙墓地只出土1枚剪边五铢，可知其埋葬时间会更晚。

总之，综合上述资料可以看出，三道湾墓地出土遗物所包含的文化因素，虽基本与扎赉诺尔、伊敏河地区和南杨家营子一脉相承，然而也包含了一些新的文化因素，因此文化内涵较为复杂。这正是南迁匈奴故地后，受其他民族文化影响并加以吸收融合的一种反映。同时，三道湾墓地的埋葬时代，从随葬遗物进行综合比较可以看出应比赵家房子和二兰虎沟墓地为早，可能是目前鲜卑南迁匈奴故地后所发现的最早的一处墓地。

3. 族属

三道湾墓地位于阴山山脉以北的一段小支脉里。这段支脉的南、西北和西部尽头均为开阔的草原，是古代游牧民族天然的牧场，支脉的山岭沟谷之内，林木丛生，野兽出没，乃弯弓射猎的用武之地。据当地群众讲，50年前，三道湾墓地仍是灌木丛生，野兽出没，墓地内的沟谷是灌木被砍伐之后出现的。阴山曾经是匈奴冒顿单于冶弓矢、练骑射以伐东胡的发迹之地[18]，也是汉代匈奴设立漠南王庭的处所[19]。东汉后期，这里又成了鲜卑首领檀石槐所建立的第一个大部落联盟的王庭所在地。据《后汉书》记载，桓帝时（147—167年），"檀石槐乃立庭于弹汗山歠仇水上，去高柳北三百余里，兵马甚盛，东西部大人皆归焉。因南抄缘边，北拒丁零，东却夫余，西击乌孙，尽据匈奴故地，东西万四千余里，南北七千余里，网罗山川水泽盐池"[20]。关于弹汗山、歠仇水的具体地点，史学界至今虽众说不一，但高柳（今山西阳高）北三百余里的这个大方位是明确的，它应在今天内蒙古乌兰察布盟的察右后旗、商都和兴和县境内。三道湾墓地就是属于察右后旗境内的拓跋鲜卑墓地。

檀石槐为统辖这万里草原，仿照匈奴遗制，分其地为东、中、西三部。据《三国志·魏志·鲜卑传》注引王沈《魏书》记载："从右北平以东至辽，东接夫余、濊貊为东部……从上谷以西至敦煌，西接乌孙为西部，二十余邑，其大人曰置鞬落罗、日律推演、宴荔游等，皆为大帅，而制属檀石槐。"檀石槐的统治中心设在西部高柳以北，因为这里正与东汉京城洛阳遥相对应。西部二十余邑的五位大帅之一的"推演"，应该是第二推寅[21]。对此史学界仍有不同看法，这就涉及了拓跋鲜卑的先后二次南迁。据《通典·边防典》记载，拓跋氏为"别部鲜卑"，原居于"幽都之北，广漠之野，畜牧迁徙，射猎为业"。到"宣皇帝讳推寅立。南迁大泽，方千余里，厥土昏冥沮洳。谋更南迁，未行而崩"[22]。这是拓跋推寅由原居地旧墟石室，即 1980 年 7 月在内蒙古鄂伦春自治旗阿里河镇西北 10 千米的大兴安岭北部东麓发现的嘎仙洞，迁徙到呼伦湖一带游牧六七代，遗留下完工等地发现的拓跋鲜卑墓葬遗迹。推寅第一次迁徙大泽的年代，有人推定在西汉的末年[23]。传七代，到"献皇帝讳邻立。时有神人言于国曰：'此土荒遐，未足以建都邑，宜复徙居。'帝时年衰老，乃以位授于圣武皇帝讳诘汾。献帝命南移，山谷高深，九难八阻，于是欲止。有神兽，其形似马，其声类牛，先行导引，历年乃出。始居匈奴故地，其迁徙策略，多出宣、献二帝，故人并号曰'推寅'，俗云'钻研'之义。"[22]这便是由呼伦湖（大泽）一带迁移匈奴故地的经过。这次迁徙的时间，其绝对年代也大致可以推定。因为在这次南迁途中，拓跋邻之子诘汾生有一子，即力微。尽管力微的出生有一段神话色彩的传说，但这并不影响他出生时间的推定。据《魏书·序纪》记载，力微活 104 岁，死于 277 年。这 277 年减去 104 岁，即为 173 年，我国古代一般都为虚数计，其出生时间当在 174 年。诘汾在力微出生的前一年到达匈奴之故地，即为 173 年。而这个时间正是檀石槐以弹汗山为中心的部落军事大联盟的时期。这样檀石槐西部五帅之一的"推演"即第二推寅（亦即拓跋邻），此说是可以成立的。

参加本次发掘的有杜承武、吉平、刘瑞、郝利平、崔利民、朱利明、哈达、李兴盛、李庭跃、江岩、李跃忠等同志。

执笔：杜承武　李兴盛
绘图：田　丽
摄影：李庭跃　哈　达

附表　察右后旗三道湾墓地墓葬登记表

墓号	形状	尺寸（米）长×宽－深	人数	头向	葬式	葬具	性别、年龄	殉性	随葬品	分期	备注
M101	长方形土坑竖穴	2.2×0.75-2.35	1	310°	仰身直肢	木棺	女，35～40		B型陶壶1，BI式铁刀1，水晶珠饰2，C型绿松石珠饰3，D型绿松石珠饰2，A型玛瑙珠饰1	二	
M102	长方形土洞墓	2.2×0.6-2.35	1	320°	仰身直肢	木棺	男，50		A型陶杯1，A型铜环2，B型铜环2，C型铜环1，铁剑1，A型铁刀1，铁铲1，B型铁镞1，A型铁环5，B型铁饰片1，C型铁饰片1，Ⅲ式铁镞1，A型骨管状器1，骨牌饰1，骨弓弭1，A型骨饰片1，C型绿松石珠饰2，D型绿松石珠饰3，A型玛瑙珠饰1，B型骨珠饰1，皮革残片	二	
M103	长方形土坑竖穴	2×0.65-1.55	1	308°	仰身直肢	无	男，22～24		A型陶罐1，铁带扣1，BI式铁刀1，残桦树皮器皿1	二	
M104	长方形土坑竖穴	1.9×0.7-1.55	1	323°	仰身直肢	无	女，16～18		B型"长宜子孙"铜镜1，B型铜镯1，盘庭纹铜牌饰1，C型铜饰1，B型铜耳坠1，B型铜戒指1，BⅢ式铁刀1，C型绿松石珠饰2，皮革、丝织品残片	二	无头骨，头骨部位放一残铜镜
M105	长方形土坑竖穴	1.7×0.58-1.39	1	301°	仰身直肢	无	4～5		AⅡ式夹砂陶罐1，BI式铁刀1，C型指环1，残桦树皮器皿	二	

续表

墓号	形状	尺寸（米）长×宽-深	人数	头向	葬式	葬具	性别、年龄	殉牲	随葬品	分期	备注
M106	长方形土坑竖穴	2.2×0.7-2.15	1	300°	仰身直肢	无	男，45	有	BⅤ式夹砂陶罐1，A型铁环3，B型铁环2，C型绿松石珠饰1	二	
M107	长方形土坑竖穴	1.3×0.5-1.3	1	315°	仰身直肢	无		有	BⅡ式夹砂陶罐1，BⅡ式泥质陶罐1，B型铜耳坠1，C型玛瑙珠1，C型石珠7，A型绿松石珠5，B型石珠1，皮革，丝织品残片，桦树皮器盖1	一	
M108	长方形土坑竖穴	1.69×0.45-1.57	1	315°	仰身直肢	无				二	无头骨
M109	长方形土坑竖穴	2.15×0.7-2	1	302°	仰身直肢	木棺	女，25		BⅡ式夹砂陶罐1，盘旋纹铜饰1，B型铜饰3，A型铜轮1，骨纺轮1，D型绿松石珠饰1，F型绿松石珠饰1，铜饰片，皮革，丝织品残片	一	
M110	长方形洞室墓	2.1×0.8-2.37	2	310°	仰身直肢	木棺	女，20~25；男，12~16		网格纹铜牌饰1，A型铜镯1，C型铜指环1，五铢钱2，驼形金牌饰2，金带钩1，BⅡ式铁刀2，C型绿松石珠饰1，D型绿松石珠饰5，A型玛瑙珠饰4，C型石珠2，B型骨珠饰2，皮革、丝织品残片	二	早期盗扰

续表

墓号	形状	尺寸（米）长×宽－深	人数	头向	葬式	葬具	性别、年龄	殉牲	随葬品	分期	备注
M111	长方形土坑竖穴	1.8×0.45–2	1	316°	仰身直肢	木棺	男，40		AⅣ式夹砂陶罐1，A型铁环2，Ⅱ式骨弓珥4，A型骨弧形片状器2	一	
M112	长方形土坑竖穴	1.4×0.4–1.2	1	312°	仰身直肢	无			绿松石珠饰1	三	
M113	长方形土坑竖穴	1.7×0.7–1.5	1	314°	仰身屈肢	木棺	男，30±		AⅠ式泥质陶罐1，AⅢ式泥质陶罐1，BⅠ式铁刀1，B型四乳四禽铜镜1，B型铜带扣1，A型铜镯2，BⅠ型绿松石珠饰2，E型绿松石珠盖片1，丝织品残片	一	
M114	长方形土坑竖穴	1.25×0.46–1.12	1	304°	仰身直肢	无	3±	有		三	
M115	长方形土坑竖穴	2×0.55–1.8	1	310°	仰身直肢	木棺	女，25±		五铢铁钱1，BⅡ式铁刀2，BⅠ式铁刀1，B型绿松石珠饰2，桦树皮器皿、丝织品、皮革残片	一	早期盗扰
M116	长方形土坑竖穴	1.73×0.61–1.91	1	298°	仰身直肢	木棺	女，55		BⅡ式铁刀1，B型绿松石珠饰1，B型石珠4	一	
M117	长方形土坑竖穴	2×0.43–1.96	1	326°	仰身直肢					三	骨盆以上盗扰

续表

墓号	形状	尺寸（米）长×宽-深	人数	头向	葬式	葬具	性别、年龄	殉牲	随葬品	分期	备注
M118	长方形土坑竖穴	1.85×0.55-2	1	322°	仰身直肢	木棺	女，22～24		金泡饰11，A型"位至三公"铜镜1，B型铜陶1，C型铜指环2，漆器残片	一	
M119	长方形土坑竖穴	1.5×0.5-1.7	1	310°	仰身直肢		男，12～13	有	C型陶壶1，B型铜陶1，A型骨弓弭3，A型骨弧形片状器2，H型绿松石珠饰1	一	
M120	长方形土坑竖穴	1.9×0.55-2	1	313°	仰身直肢	木棺			BⅡ式夹砂陶罐1，BⅡ式铁刀1，Ⅱ式弓弭2	一	
M121	长方形土坑竖穴	1.9×0.5-1.95	1	294°	仰身直肢		男，30		BⅡ式铁刀2，B型铁镞1，A型铁饰片2，D型铜耳坠1，A型骨弓弭1，B型骨管状器1	一	
M122	长方形土坑竖穴	2.1×0.45-2.1	1	325°	仰身直肢	木棺	女，17～18		A型单鹿纹金牌饰1，B型鹿纹金牌饰1，C型铜耳坠1，金耳坠1，A型铁环1，铁剑1，B型骨管状器1，C型绿松石珠饰3，D型绿松石珠饰3，A型石珠7	一	
M123	长方形土坑竖穴	1.95×0.47-2.1	1	325°	仰身直肢	木棺	男，35；女，40		AⅡ式夹砂陶罐1，铁带钩1，C型绿松石珠饰2，D型绿松石珠饰3，C坑竖型绿松石珠饰1，A型石珠5，D型玛瑙珠1	一	

续表

墓号	形状	尺寸（米）长×宽-深	人数	头向	葬式	葬具	性别、年龄	殉牲	随葬品	分期	备注
M124	长方形土坑竖穴	1.8×0.58-1.46	1	309°	仰身直肢	木棺	女，16～18	有	残铁器2，绿松石珠饰1	一	盆骨以上盗扰
M125	长方形土坑竖穴	1.9×0.87-1.45	1	303°	仰身直肢	木棺	女，55		残铁器1，绿松石珠饰1，C型骨管状器1	一	
M1							女，35		BⅣ式夹砂陶罐1，连弧纹铜镜1，C型铜指环2，C型绿松石珠饰3，B型玛瑙珠饰1，残铁器，桦树皮残片	二	
M2									三鹿纹金牌饰1，双马纹金牌饰1，B型铜铃1，金片饰1，铁斧1，C型绿松石珠饰1，C型骨锥1，B型BⅠ泥质陶罐1，C型铜镜1，B型"位至三公"铜镜1，规矩纹铜镜1	二	
M3								有	BⅧ式夹砂陶罐1	二	
M4									BⅥ式夹砂陶罐1，桦树皮器盖1，A型铁镞1	二	
M5									BⅢ式泥质陶罐1，铜泡饰1，桦树皮残片，双马纹铜牌饰1	二	

续表

墓号	形状	尺寸（米）长×宽-深	人数	头向	葬式	葬具	性别、年龄	殉牲	随葬品	分期	备注
M6									BⅢ式夹砂陶罐1，柿蒂纹铜牌饰1，C型铜镯2，A型铜戒指1，D型绿松石珠饰1，B型绿松石珠饰1，F型绿松石珠饰1，C型玛瑙珠饰1，残铁器1，残石珠1	一	
M7							男，35		残铜片1，C型绿松石珠饰1	一	
M8									A型铜铃1，残铜牌饰1，骨铃舌1	一	
M9									鎏金耳坠2，B型绿松石珠饰6，A型玛瑙珠饰1，C型绿松石珠饰1，D型玛瑙珠饰1，C型石珠1	一	
M10			1				男，45		B型骨珠饰1，桦树皮器皿残片	一	
M11			2				男，40；女，35	有	BⅡ式泥质陶罐1，D型陶壶1，C型"长宜子孙"铜镜1，皮革残片	一	
M12									AⅡ式泥质陶罐1	一	
M13									BⅡ式夹砂陶罐1，B型石杯1	一	

续表

墓号	形状	尺寸（米）长×宽－深	人数	头向	葬式	葬具	性别、年龄	殉牲	随葬品	分期	备注
M14									A Ⅱ式夹砂陶罐1，A型铁刀1，B Ⅱ式铁刀1，A型骨珠饰1	一	
M15									A型"长宜子孙"铜镜1，A型铜带扣1，B型铜镜2，A型铜耳坠1，C型铜戒指2，B Ⅱ式铁刀1，琥珀珠饰1，C型石珠1，双马纹金牌饰1	一	
M16	长方形土坑竖穴								C型四孔四禽铜镜1，残铁器1，柿蒂纹铜牌饰1，陶片	一	
M17									素面铜镜1，B型绿松石珠饰1，D型绿松石珠饰1，A型玛瑙珠1，五铢钱1，单马纹金牌饰1，A Ⅲ式夹砂陶罐1	一	
M18									C型绿松石珠饰3，D型绿松石珠饰1	一	
M19									残铁器1		
M20									双龙纹金牌饰1，金花饰1，B Ⅲ式夹砂陶罐	二	
M21									Ⅱ式骨弓珥1，A型铁镞4		

续表

墓号	形状	尺寸（米）长×宽-深	人数	头向	葬式	葬具	性别，年龄	殉牲	随葬品	分期	备注
M22									A型四乳四禽铜镜1，B型铜指环1，D型绿松珠饰1		
M23									B型铜镯1，D型铜镯1，铜串珠19，残铁镞1	一	
M24									骨角形器1，残铁刀1	一	
M25									C型骨管状器2，B型骨弧形片状器1，残骨弓弭2	一	

参 考 文 献

[1] 盖山林. 内蒙古察右后旗赵家房村发现匈奴墓群［J］. 考古, 1977（2）.

[2] 郑隆, 李逸友. 察右后旗二兰虎沟古墓群［M］// 内蒙古文物工作队. 内蒙古文物资料选辑. 呼和浩特: 内蒙古人民出版社, 1964.

[3] 郑隆. 内蒙古扎赉诺尔古墓群调查记［J］. 文物, 1961（9）.

[4] 内蒙古文物工作队. 内蒙古扎赉诺尔古墓群发掘简报［J］. 考古, 1961（12）.

[5] 中国科学院考古研究所内蒙古工作队. 内蒙古巴林左旗南杨家营子的遗址和墓葬［J］. 考古, 1964（1）.

[6] 程道宏. 伊敏河地区的鲜卑墓［J］. 内蒙古文物与考古, 1982（2）.

[7] 朱泓. 从扎赉诺尔汉代居民的体质差异探讨鲜卑族的人种构成［J］. 北方文物, 1987（2）.

[8] 宿白. 东北、内蒙古地区的鲜卑遗迹——鲜卑遗迹辑录之一［J］. 文物, 1977（5）.

[9] 山西省考古研究所, 大同市博物馆. 大同市南郊北魏墓群发掘简报［J］. 文物, 1992（8）.

[10] 乌兰察布盟文物工作站, 和林格尔县文物管理所. 内蒙古和林格尔西沟子村北魏墓［J］. 文物, 1992（8）.

[11] 江上波夫. 内蒙古百灵庙凹地の古坟［M］// 东京大学东洋文化研究所. アジア文化史研究·论考篇. 1967.

[12] 盖山林. 阴山岩画——岩画的时代探索［M］. 呼和浩特: 内蒙古人民出版社, 1985.

[13] 黄盛璋. 吐谷浑故都——伏俟城发现记［J］. 考古, 1962（8）.

[14] 孙守道. "匈奴西岔沟文化"古墓群的发现［J］. 文物, 1960（8, 9）.

[15] 陆思贤, 陈棠栋. 达茂旗出土古代北方民族金龙等贵重文物［J］. 文物, 1984（1）.

[16] 陈大为. 辽宁北票房身村晋墓发掘简报［J］. 考古, 1960（1）.

[17] 张中澎. 通榆县兴隆山鲜卑墓清理简报［J］. 黑龙江文物丛刊, 1982（3）.

[18] 黄烈. 拓跋鲜卑早期国家的形成［M］// 李斌城. 魏晋隋唐史论集（第二辑）. 北京: 中国社会科学出版社, 1983.

[19] 舒振邦. 内蒙古在先秦两汉时期的发展与各族人民的贡献［M］// 北方民族关系史论丛. 呼和浩特: 内蒙古人民出版社, 1984.

[20] 范晔. 后汉书·鲜卑传［M］. 北京: 中华书局, 1965.

[21] 马长寿. 乌桓与鲜卑［M］// 林幹. 东胡史. 呼和浩特: 内蒙古人民出版社, 1989.

[22] 魏收. 魏书·序纪第一［M］. 北京: 中华书局, 1974.

[23] 林幹. 东胡史［M］. 呼和浩特: 内蒙古人民出版社, 1989.

豪欠营辽墓附近遗址调查

察右前旗豪欠营大队湾子山辽代墓葬附近有不少古代遗址。墓葬东北1千米多，即豪欠营村西台地上有一处古代遗址。墓葬南约1千米有一处古代遗址，名叫碌碡湾。由碌碡湾向东南翻过一座小山梁，又有一处古代遗址，名叫白音不浪。这三处遗址的背后都与湾子山墓地后的山梁一脉相连（图1）。1982年6月初，我们对三个遗址分别作了初步调查，发现了不少古代遗迹和遗物。现将调查情况分别叙述如下。

豪欠营台地遗址位于集宁市西南20余千米处，台地总面积约3万平方米，其中有遗迹、遗物的面积有3000余平方米。

台地西北面是东北西南走向的石匠山，与湾子山

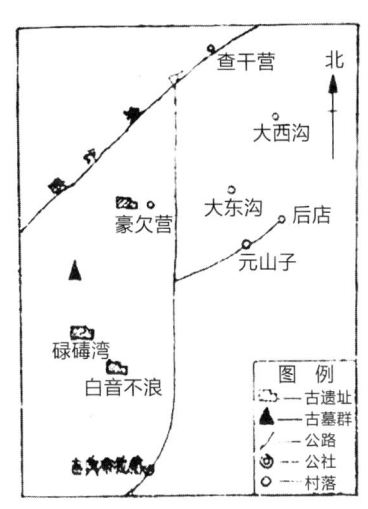

图1 豪欠营台地遗址位置示意图

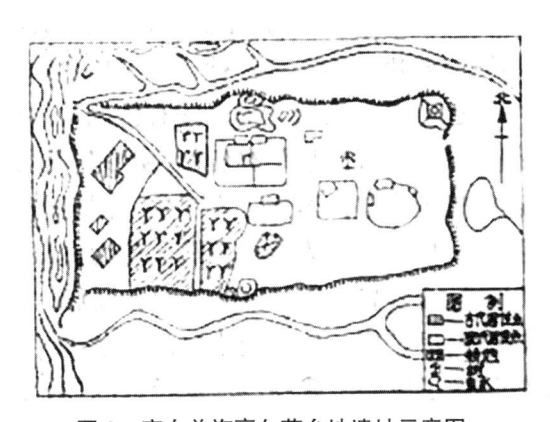

图2 察右前旗豪欠营台地遗址示意图

相连。整个山山势平缓，山前还有一级台地，有遗迹与遗物的为下边一级台地。台地南北两侧地势低洼，因水土流失，各形成一条沟谷，两沟于台地东南汇合。台地东面的坡下有一处泉水，聚集成一个不小的水池，池水清澈见底。台地东边的另一台地上是现在的豪欠营村，台地上居住着几户农民，还有一株古老的榆树，因此当地人又称这一台地为榆树钵子（图2）。

一、遗迹

1. 居住遗址

经过实地调查，台地上发现居住遗址多处。遗址为西北东南向，其中有五处居住遗

址的墙基比较清楚，下面分别介绍它们的情况。

台地西南有两处遗址：

Ⅰ处：南北长38.9米，东西宽14米。距南墙20.5米处有一隔墙。东墙有突出部分，突出部分长12米，宽6.9米，墙基宽1米。北面西墙9米的石头墙基可以清楚地看到。

Ⅱ处：与Ⅰ相邻。南北长9米，东西宽10米，墙基宽1.2米。有一处石砌方形遗迹贯穿北墙，它的南北长3.2米，东西宽4.4米，墙基厚0.37米。

Ⅰ、Ⅱ两处间距是6.8米。

台地西北有三处遗址：

Ⅰ处：南北长10米，东西宽6米，呈正方形，墙基厚0.8米，已看不到石基。

Ⅱ处：南北长6米，东西宽6米，呈正方形，墙基厚0.8米，也看不到石基。

Ⅲ处：南北长6米，东西宽8米，墙基厚0.85米，东北面约2米的石头墙基隐约可见。

以上三处相邻。

在老乡院落附近也有多处居住点遗迹，可惜在新建房屋时被破坏，现已无法辨认出来。

2. 灰坑、炕洞和基址

台地上有灰堆遗迹多处，我们在社员刘海某、刘福某院内分别进行了试探性小面积的挖掘（试掘面积为50厘米×50厘米）。

Ⅰ处：刘福某家院内西南角，地面30厘米以下有灰层和炕洞石，炕洞石间距为18厘米，炕洞石高24厘米。灰层厚38厘米，伴随物有青砖半块。

Ⅱ处：刘海某家房西。地面23厘米以下为灰层和炕洞石，灰层厚35厘米，伴随物有陶片、木炭、砖块、铁链等。刘海某家房的东山墙下挖土时曾发现带沟纹的砖块，基址走向为东南向。院墙的西边和西北边也有一道东北西南走向的石砌墙基遗迹。院内挖出了许多墙基石块，垒在院落四周。

此外，刘福某家院南边挖有一条横沟，长16米，宽0.6米，深0.54米，沟内全为古代灰土。李某仁家院内也挖出了不少古代基址石块，砌成了现在的石头院墙，并出土过一些遗物。

刘某根家院里原是洼地，是一处古代的大灰坑，深2～3米。灰土里也常有遗物出现。

3. 小遗迹

在台地的北面有三处人工砌的小遗迹和一个敖包。

Ⅰ处：石砌梯形遗迹。上边长2米，下边长2.5米，左右边长2.11米。梯形内有四条石砌平行段。

Ⅱ处：有一个石砌圆形和长方形的遗迹，圆形直径2.12米，长方形长3米，宽1米。

Ⅲ处：石砌长方形遗迹，长3米，宽1米。

Ⅳ处：敖包，高约3米，直径13米。南面券有七层石块。敖包上面的石头已被推倒，据当地老乡说原有一人多高。

此外，台地南面有一小封土堆，高约2米，上面有石砌痕迹。石基的南北长5米，宽0.84米。封土堆上面有瓷片和砖块。

二、遗物

1. 石器

共10件，可分为五类。

Ⅰ：臼4件。

（1）完整对臼一套。

臼座高34.5厘米，宽32.5厘米，臼坑直径26.5厘米，深18厘米，有残缺。臼座外表有加工凿痕，臼坑光滑，石质坚硬，色灰白。

臼杵直径1.75厘米，高15厘米，孔径4厘米，深5厘米。外表有麻点，石质坚硬，色灰白。

（2）臼杵，直径18厘米，高13厘米，孔径4厘米，孔深4.5厘米，石质坚硬，色灰白。

（3）臼底（残），高35厘米，宽57.5厘米，外形不规整。臼坑直径34厘米，深22厘米。左右残缺，石质坚硬，色灰蓝。

Ⅱ：石磨2件（其中一件严重残缺）。

（1）磨盘下扇，直径46.5厘米，厚9厘米，磨中孔径3厘米。盘齿6组，每组5条。石质坚硬，色灰白。

（2）磨盘下扇半块，直径16.5厘米，厚7.5厘米，齿纹较细。石质坚硬，色灰蓝。

Ⅲ：石桩2件（其中一件残破）。

（1）石桩呈锥形，高56厘米，宽31厘米，厚16.5厘米。桩孔直径13.5厘米。石质坚硬，色灰蓝。

（2）长方形石桩，残高100厘米，宽40厘米，厚21厘米。桩孔直径10厘米。桩上半面断裂处还有一石孔痕迹。石质坚硬，色灰白。

Ⅳ：圆锥形石柱1件。

石柱呈圆锥形（下半残）。残高 36.5 厘米，直径 16 厘米。锥端有 10 条加工沟纹，沟纹间距 2.5 厘米，长 9.5 厘米。每条沟纹里还有细纹，表面有加工麻点。石质坚硬，色黑灰，用途不明。

Ⅴ：砺石 1 件。

砺石长 6.7 厘米，宽 6 厘米，厚 2.5～3 厘米，不匀，为半截，有磨砺半面。色灰黄，砂质细腻。

以上石器是在台地上取土或挖地时出土的，在社员刘海某、刘福某家保存。

2. 陶器

在遗址附近的地表上所能捡到的陶器全部是残片。所有陶片都是泥质，颜色多为白灰或青灰。其火候较高，陶质较硬。陶器以素面为主，也有部分篦纹陶，篦纹在外壁，内壁也有（图 3）。器型以盆、瓮、缸、钵、罐为数较多。口沿，盆以方唇和方圆唇为最多，瓮以圆唇为主，缸以尖圆唇为主，钵以圆唇内卷为特点。罐的口沿较窄，但变化较大。器底以平底为主。不少陶片上有小圆孔。

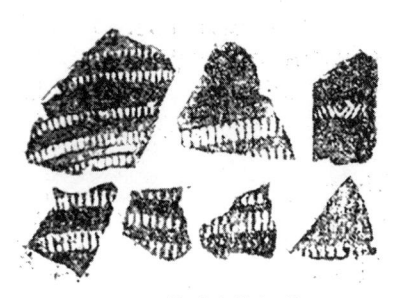

图 3　篦纹陶片拓片

3. 瓷器

无完整器型，多数是大小不同的残片。碗、盆、钵、罐以白釉为主，也有白釉铁锈花的，碗有仿钧釉。有茶沫绿釉大缸、黑釉鸡腿瓶、褐釉刻花坛，还有黑釉小盏。器底有平底、圈足与高圈足。口沿，罐为敛口尖唇，钵为直口尖唇，坛为敛口圆唇，缸为直口大圆唇。在李某仁家院里挖出了一件白瓷小口坛，残高 22 厘米，底径 11 厘米。

4. 铜器件

共 5 件，可分为两类。

Ⅰ：头钗 4 件。

（1）头钗 1 件，长 13.5 厘米，宽 1 厘米，厚 0.1 厘米。头钗保存完整，上面刻有一对精致的凤凰图案。钗的尾部为凤尾，呈圆尖状。

（2）头钗 1 件，长 8.5 厘米，宽 1.4 厘米，上有扭纹三组，每组两两相对，棱上有细致的刻纹。钗尾呈圆尖状。

（3）头钗 1 件（已残），长 12.1 厘米，宽 1 厘米，厚 0.15 厘米，现已成三截，对起后还缺半截，没有纹饰，钗尾呈圆尖状。

Ⅱ：刀束 1 件，高 1.5 厘米，直径 1.8 厘米。刀束分为两个部分，间距是 0.3 厘米，每个部分宽 0.7 厘米，上面有一条长 2.1 厘米、宽 0.2 厘米的纹饰。

以上铜饰件都是在刘福某家院前的灰坑里发现的。

5. 古钱币

共 19 枚。有唐、宋、金古币，其中宋钱居多（图 4）。

唐代钱：2 枚。

开元通宝（2 枚），唐代钱币。

北宋钱：16 枚。

咸平通宝（998—1003 年），景德元宝（2 枚）（1004—1007 年），祥符元宝、祥符通宝（1008—1086 年），天禧通宝（1017—1021 年），以上为宋真宗时钱币。景祐元宝（1034—1038 年），皇宋通宝（2 枚）、皇宋元宝（1039—1041 年），嘉祐元宝（1056—1063 年），以上三种为宋仁宗时钱币。熙宁元宝（1068—1077 年），元丰通宝（2 枚）（1078—1085 年），以上两种为宋神宗时钱币。元祐通宝（1086—1094 年），绍圣元宝（1094—1098 年），以上两种为宋哲宗时钱币。

图 4　古钱币拓片

金代钱：1 枚。

正隆元宝（1156—1161 年），为金代海陵王时钱币。

6. 铁器

1 件，长方链环，长 5.5 厘米，宽 2.3 厘米，径粗 0.5 厘米。锈蚀严重，已残断。

7. 骨器

1 件，圆形，直径 2 厘米，厚 0.5 厘米，白色，每面中间有一列三个小圆坑，很像骰子的三点，可能是一件赌具。

三、遗址

（一）白音不浪遗址

白音不浪遗址位于距豪欠营台地遗址 1.5 千米处，面积约 1080 平方米。遗址西面是山，南北两面是耕地，中间是一条通往固尔班公社的南北走向的公路。

遗址内有一处较大的居住遗址，南北长 36 米，东西长 24 米，墙基厚 0.4 米。居住点内用隔墙分为四块，呈"田"字形。紧挨居住点东南角有一个外圆内方的小遗址，圆的直径为 6.65 米，里面的方形遗址长 5.76 米，方形遗址内有一隔墙。石砌墙基清晰可见。遗址方位为坐西向东。

豪欠营村社员武某东家有一方形石槽就出土于白音不浪遗址。石槽高 30 厘米，长 74 厘米，宽 55.5 厘米，厚 9 厘米。槽下一端有一圆孔，直径为 4.5 厘米。石槽上内侧凸出，高 2 厘米，仿佛原来还有一石盖。槽上刻有精致的菱形图案（图 5）。可惜的是，石槽上的盖子已经丢掉。遗址内还有少量的陶片和瓷片，与豪欠营台地的陶、瓷残片基本相同。

图 5　出土于白音不浪遗址的石槽

（二）碌碡湾遗址

碌碡湾遗址与白音不浪遗址相邻，东西两面与东北西南走向的山相连，北面由于水土流失形成了一条西北东南走向的沟谷，南面地势比较平坦。遗址在一山之内，面积约 900 平方米。

遗址内有居住遗迹和石砌库仓遗迹。出土了 3 件石臼，元山子社员薛某娃家保存有一臼座和臼杵。臼座高 35 厘米，尺寸为 60 厘米 × 50 厘米；臼杵直径为 32 厘米，深 30 厘米。石质坚硬，色灰蓝（图 6）。臼杵直径 15 厘米，高 17 厘米，孔径 4 厘米，深 6 厘米。此外，村内井边还有一臼座，形状、尺寸和薛某娃家的完全一样。遗址地表面有陶片、瓷片和少量的砖、瓦。据老乡说这里曾出土几百件小黑釉陶盏。陶、瓷片与以上两地相同。

以上三个遗址，都有槽碾出土。

图 6　豪欠营遗址出土的石臼锤

四、结语

以上三处古代遗址与湾子山墓地相距很近，从遗迹与遗物看，可能属于同一时代，是生居与死葬的关系。

从遗迹看，房基都是东向或西北东南向。《辽史·百官志》记载："辽俗东向而尚左。"辽代契丹皇帝的宫帐都是东向。豪欠营台地和白音不浪的居住遗址也都是东向或东南向，这正与辽代契丹族的习俗相同。湾子山辽墓群也都是东向或东南向。因此，遗址与墓葬应属同一时代。

从遗物来看，其中有不少篦纹陶片。篦纹是辽代陶器上特有的纹饰。从昭乌达盟、哲里木盟和辽宁省铁岭地区辽代遗址或墓葬中出土的陶器纹饰来看，也多为篦纹。再从陶瓷器的口沿、器形、釉色、质地和纹饰来看，基本上是辽、金、元时期的遗物，其中又以辽金器物为主。

再以发现的部分钱币来看，除两枚唐代的"开元通宝"和一枚金代海陵王的"正隆元宝"外，主要是北宋钱币。这些北宋钱币，主要是宋真宗、宋仁宗、宋神宗和宋哲宗时铸造的，时间是998—1098年，延续了整一百年。辽与北宋，从983年至1004年持续发生了二十年战争，最后以北宋向辽求和，订立了"澶渊之盟"而告结束。《辽史·本纪》记载："统和二十二年（1004年，宋真宗景德元年）十二月，戊子，宋遣李昌请和，以太后为叔母，愿岁输银十万两，绢二十万匹。许之，即遣门使丁振持书极聘。己丑，辽诸军解严，是月，班师。"从此，辽从澶渊一带撤回了军队，辽宋和好。第二年，即1005年，"冬十月，癸卯，宋岁币始至，后为常"。重熙十年（宋仁宗康定二年，1041年），辽兴宗又要兴兵攻宋，宋仁宗赶紧派使臣向辽求和。"重熙十一年，八月丙申，宋复遣富弼、张茂实奉书来聘，乞增岁币银绢，以书答之。""九月壬寅，遣北院枢密副使耶律仁先，汉人行宫副部署刘六符使宋约和。是时，富弼为上言，大意谓还与宋和，坐获岁币，则利在国家，臣下无与；与宋交兵，则利在臣下，害在国家。上感其言，和好始定。""闰月癸未，耶律仁先遣人报，宋岁增银、绢十万两、匹，文书称'贡'，送至白沟；帝喜，宴群臣于昭庆殿。"这以后，北宋每年向辽贡的银成了二十万两，绢三十万匹。这里所谓的"银"，也可能包括北宋的银币在内。辽与北宋和好，双方又有贸易关系，北宋的钱币在辽朝境内流通，豪欠营台地遗址发现的北宋钱币，恰好反映出北宋对辽的关系。这也可以作为辽代遗址的又一个旁证。

（杜承武　李兴盛　江　岩）
1982年

察右前旗豪欠营第六号辽墓清理简报

1981年10月，内蒙古自治区乌兰察布盟文物工作站在察哈尔右翼前旗豪欠营大队湾子山清理辽代墓葬三座，编号M2、M3、M6。墓地位于集宁市西南20余千米、旗府所在地土贵乌拉镇西北约35千米。这里群山环抱，丘陵起伏，具有远古火山喷发所形成的地貌特点。墓地背山面谷，形若簸箕。东南面出口处有圆形山丘两座，如同墓地前的"双阙"。墓地南北长210米、东西宽120米。经初步勘察有十座墓，其中七座在1972年遭到破坏。每座墓葬的地面都有一个长"凸"字形的石砌边框，宽处在西，下为墓室；窄处在东，下为墓道（图1）。

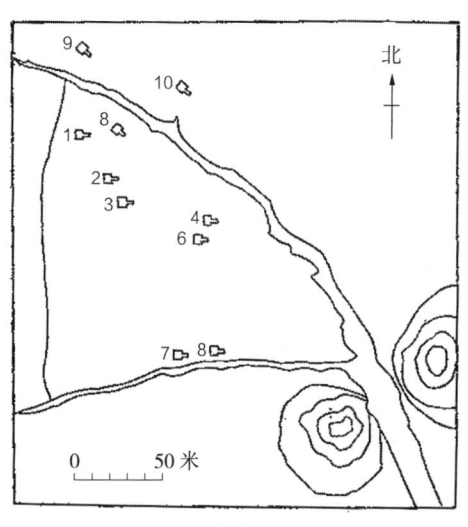

图1 墓葬分布图

M6在墓地最南边。墓顶有盗坑，直径3.5米，深约1米。地表石砌边框的墓室以上部分长8.5米、宽5.5米，墓道以上部分长7米、宽2米。发掘工作在10月中旬进行，出土以铜丝网络、鎏金铜面具为特殊葬服的完整女尸一具，以及瓷器等随葬品。清理结果简报如下。

一、墓葬形制

M6是一座不规则八边形、叠涩攒尖式石构墓，由墓道、甬道、墓门、墓室四部分组成（图2）。

（一）墓道和甬道

墓道呈斜坡式，上有不很规则的台阶，长

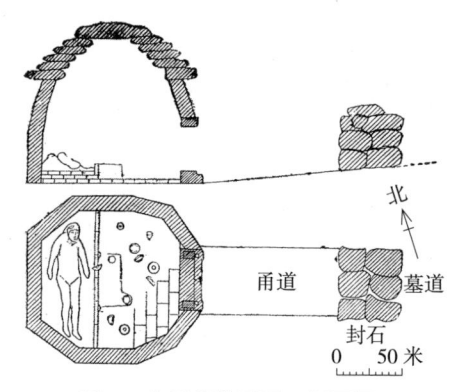

图2 六号墓葬平面、剖面图

7.4米、宽1.1米。

墓道里接连甬道，实际上是在生土层挖出长2.16米、宽0.97米、高1.8米的一条通道。道口用天然石块封堵，垒砌三层，高93厘米、宽114厘米、厚101厘米。

（二）墓门

门向东开，用四块条石框成，内高70厘米、宽63厘米。门额和地袱都凿成台阶形，内高外低，高差4厘米。双扇门向外开，有门枢，运转自如。每扇门高78厘米、宽34厘米、厚5.5厘米，凿刻不太精细。门外用石块垒砌弧壁，上面加盖一块比较平整的大石板。石板长50厘米、宽38厘米、厚7.5厘米，状若篷盖，离墓门口地面高1.68米。墓门封闭方式是先斜立两块石板，上面用三块长条形石块横向叠压（图3、图4）。

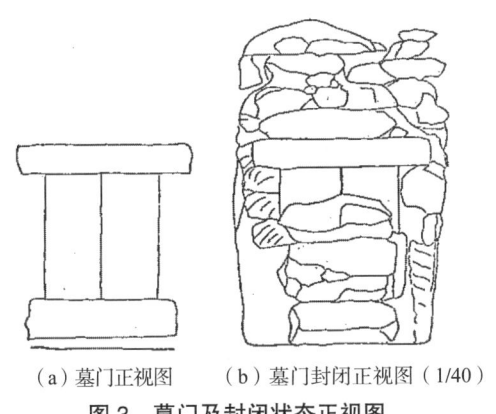

（a）墓门正视图　（b）墓门封闭正视图（1/40）

图3　墓门及封闭状态正视图

图4　封闭的墓门

（三）墓室

墓室平面南北2.12米、东西2.2米、距地表深4.8米。墙壁下面四层石料经过加工，比较规整，用交错叠压的砌法，高1.59米。在这上面用大小不同的天然石块平铺叠砌，逐层收杀，共券五层。券顶留一圆孔，直径60厘米，用一块大石板封盖。室内通高2.26米。石料与石块之间原用碎石填实，并用石灰勾缝，因年久渗水，上部多数脱落，墓壁留有水锈痕迹。但整体完整，没有坍塌。

墓室地面全用37厘米×18厘米×6厘米的长方形沟纹砖铺砌。后部砌尸床，略呈梯形，四边略高。前边长2.12米、后边长1.2米、中间宽0.9米。尸床的砌法是先在铺地砖上平铺一层砖，然后在边上横立一排，里面再平铺第二层，其中镶进两块37厘米×37厘米×6厘米的大方沟纹砖，最后用石灰抹平压实。

二、女尸

（一）葬式

无棺椁，尸体陈放在尸床上。出土时尸体向左侧身直肢，头向北，脚向南，面部正朝着墓门。身下各个部位都有厚薄不等的淤积土层。从迹象分析，葬式原为仰身直肢，因历年雨水下渗，尸体漂浮侧转，渗水带进的泥土逐渐沉积，形成了现在所见的状态。头下原有木枕，已朽。从遗留痕迹看，木枕原长40厘米、高15厘米，木枕外面还包裹有丝织物（图5）。

图5　葬式及遗物分布

（二）葬服

女尸身上原穿葬服多层，但已经没有一件完整的。各个部位保存的情况不大一样。胫部、腰部和小腹部位保存较好，层次基本清楚。其他部位有不同程度的朽烂，最甚者只留痕迹。根据揭取和清洗过程中的观察，由外向里，逐件说明如下。

（1）绣花丝绵长袍。从右大腿下部保存的一块衣服残片看，最外一件是绣花丝绵长袍。黄色罗地，中絮白色丝绵，里为淡黄色绢。罗地上用金黄丝线绣藤萝状花，花为五瓣，包于叶间，有卷曲嫩丝。绣法：茎蔓先平针顺绣并列两针，然后或一边或两边用横针绣边，针脚小而密，间隔1毫米。花与叶均为平绣。

（2）绛紫色丝绵长袍。从颈下、左臂、右肩、腿下所保存的衣服残片看，这件衣服穿在绣花丝绵袍的里面。面为绛紫色罗，里为黄色绢，中絮棕色丝绵。

（3）中黄色丝绵长袍。保存部位与上件相同。面是中黄色罗，罗上织有隐格纹饰，里为浅黄色绢，中絮很薄的白色丝绵，已压成绵纸状。

上述三件长袍，均已无法揭取，但出土时轮廓清楚，下襟垂至小腿，边缘散出身外5～7厘米，与壁画上所见契丹人长袍不作没脚的形式相同。长袍以内为短衣和绢裙。

（4）黄色丝绵短袄。颈、肩、臂、腰、臀等部位都保存有这件短袄的残片。罗面，经纬较松，薄绢里，中絮白色丝绵已成纸状。丝绵先用绢包缝，再上罗面，故整件衣服有罗、绢、绵、绢四层。

（5）轻罗短衫。在颈、肩、臂、腰部，都有轻而透明的薄罗残片，以右臂与右肩部保存较好。圆领，领边折叠四层，宽4厘米，用极细小的针脚缝合。领与肩之间也用卷边缝合法（图6中2）。

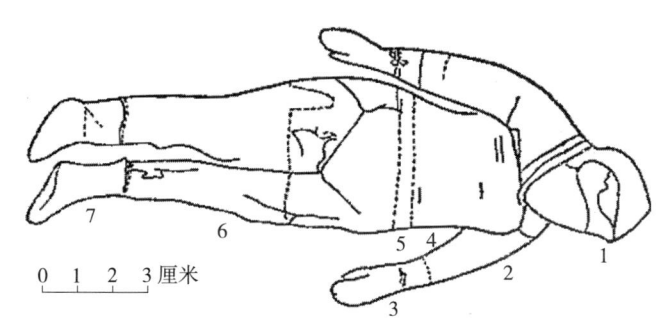

图6 里层服饰分布
1.包头；2.短衫衣袖；3.手套；4.棕色丝绵背心；5.腰带；6.绢裙；7.软靴

（6）绢短衫。保存部位与轻罗短衫同。浅黄色，衣袖紧贴里面的铜丝网络。圆领，领边折叠四层，卷边缝合，宽5厘米。领与肩之间，先将衣领要缝合的边折叠0.3厘米，平针缝好，压在开肩处，叠压边宽0.5厘米，再用平针缝合。

（7）绢裙。紧贴里面的铜丝网络。复原展开长115厘米、宽235厘米。由四幅绢缀合而成，每幅宽69厘米，中间两幅为整幅，两边拼接［图6中6、图7（b）］。

（8）棕色丝绵背心（内蒙古地区称"棉腰子"）。紧贴铜丝网络，淡棕色罗面，棕色绢里，中絮棕色丝绵。先把丝绵缝在绢上，再上罗面。前胸是一整片，上边略呈弧形拱起，下部是大弧度圆角的衣垂，长67厘米。胸部有带结痕迹。上扣带残长2.5厘米、宽1厘米、折回2厘米，下扣与上扣相距15厘米，带残长6厘米、宽0.9厘米。右侧连接胸片与后背处作方口衣衩，长18厘米。后背

（a）棕色丝绵背心前胸（1/20）（b）绢裙上层（1/20）
图7 棕色丝绵背心前胸和绢裙上层

残长65厘米，作对开式，相互叠压。上片齐边有两条系带，带根部宽4厘米，外稍宽1厘米，两带相距18厘米［图6中4、图7（a）］。

（9）手套。戴在手部铜网络外，面、里均为绛紫色罗，作拇指单分式，长23厘米。腕部有一条宽1厘米的带束，系成死结（图6中3）。

（10）丝绵软靴。穿在脚部铜网络外，黄色罗面，浅黄色绢里，中絮白色丝绵，已成纸状。后跟以上靴腰高19厘米（图6中7）。

（11）腰带。在腰部左侧发现一截腰带，宽5.5厘米，分四层，每层厚0.1厘米，表面有突出的纹饰。腰部右侧有宽5.5厘米的系带痕迹；又有丝织物带扣痕迹，呈"凹"字形，圆头，长6厘米、宽3.5厘米，凹处深3厘米，中间夹一鼓起的丝织物圆包，直径0.6厘米（图6中5、图8）。

（12）包头。裹在头部铜丝网络外面，由里向外为一层紫色绢、四层罗、三层浅黄色绢，至顶部扭结在一起。网络以内的额头上还有一条宽6厘米、长26厘米的深蓝色丝织带紧包着（图6中1）。

（13）裆布。在两股间的铜丝网络外紧夹着一块丝绵裆布，略呈束腰梯形，底边宽54厘米、上边宽28厘米、高42厘米。面、里均为黄色绢，中絮白色丝绵，较厚。沾染血污，但保存很好，绵及丝织物仍富有弹性（图9）。

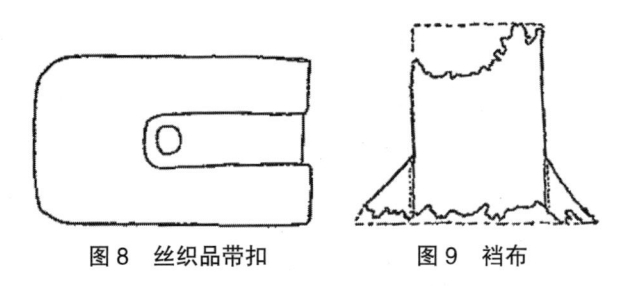

图8　丝织品带扣　　　　图9　裆布

（14）尸衾。已经全部腐朽，只在帽状巾帻及软靴上残留红紫色丝织物的痕迹。在鎏金铜面具的表面也留有丝织物印痕。

（三）铜丝网络与鎏金铜面具

网络罩在包裹好的尸体外边，由头套网、胸背网、左右臂网、左右腿网、左右手网、左右脚网六个部分共十一件组合而成，保存不太良好，但基本结构和编缀方法还可以分析清楚，网孔以六边形为主。网络与鎏金铜面具一起构成一套特殊的葬服（图10）。

1. 铜丝网络

（1）头套网。戴在额以上，作半圆球面形，直径18厘米，后面相连一片护项垂至颈部。编缀起点在头顶上，网孔由小到大呈辐射式，开始22孔，中间屡加铜丝，至底边为40孔；剪去前额收边，后面续编护项。下垂边缘用铜丝与背网领部缀连在一起（图10中1）。

（2）胸背网。分胸网和背网两片，分别编缀后连接在一起。胸网高60厘米，背网高61厘米，底边均宽约45厘米，每片网孔总数约43×62（或63）。肩部为前后两片的上端接口；从腋下至腰部前后两片采用叠压接口（图10中2）。

（3）左右臂网。分别编成两片，然后缝合，再缀连在胸背网的开肩处。从肩臂上侧接口量起，右臂网长47.5厘米，左臂网长46.5厘米，网孔约49排（图10中3）。

（4）左右腿网。包括小腹和臀部网络，编缀在一起，好像一条紧身裤子，缀合口在腿的里侧。左腿网长73厘米，右腿网长73.5厘米。上端与胸背网的下口相接，缀缝在一起（图10中4）。

（5）左右手网。手网分指编缀，工艺精细。由上口至中指尖长20.5厘米。手部的缀合口在拇指的内侧，腕部叠压于臂网的下口，再缀连在一起（图10中5）。

（6）左右脚网。编缀的起点在脚尖，逐渐增加铜丝，编至脚背、脚跟处，留岔口并拐弯，上口形成两个对称的三角形，穿在脚上后两三角形对合缀连，形如矮靴。右脚网后跟至脚尖长21厘米，口部至脚底长15厘米（图10中6）。

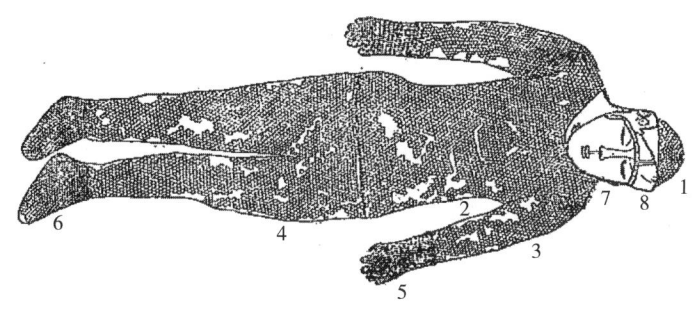

图10　铜丝网络与鎏金铜面具（1/20）

1. 头套网；2. 胸背网；3. 左右臂网；4. 左右腿网；5. 左右手网；6. 左右脚网；7. 鎏金铜面具；8. 帽状巾帻

2. 鎏金铜面具

鎏金铜面具胎厚仅1毫米，高26厘米，上额最宽19厘米。眼轻闭，微开眼缝，鼻梁瘦长，鼻翼较宽，颧骨略微隆起，脸颊丰满，小嘴微张，留有口缝，形象具有明显的古代北方少数民族人民特征。耳部上下各有一对小孔。孔内壁都有丝带痕迹，原有丝带缀连面具里面铺垫的丝织物。耳垂处原来系带结扣的部位已锈蚀为两个大孔（图10中7；图11）。

铜面具里面铺垫的丝织物宽15厘米、高22厘米，分为四层。紧贴铜面具是一层薄薄的棕色丝绵；丝绵之下是一层黄色绵纸；中间因渗入泥水，夹有0.5厘米厚的细腻黄黏土；绵纸与土层之下是一层棕色粗罗，中絮丝绵；最下层是浅黄色绢。

面具里外各有一个带结。里面的带结在颚下。带用绛紫色罗制作，先折叠缝边，翻过，压平，宽2厘米，结长5厘米，结外所露带头长8.5厘米。面具外下部还有一个带结，质地与里带同，带宽2.5厘米、残长10.5厘米。面具两侧向后还有系带，每边两条，也用绛紫色罗做成，宽1厘米，串在耳朵后侧的玉环上；玉环上另串罗带，系于脑后。

图11　鎏金铜面具与帽状巾帻

面具的上部有一圈宽8厘米的帽状巾帻，左右下垂至两鬓，紧挨耳朵的上边。帽状巾帻由四层丝织物组成，内絮丝绵，厚约0.3厘米。右额角部位又有一蝴蝶结，双翅展开，紫红色。巾帻下边有一条线缝横边，宽0.8厘米；上边沿铜面具向里包回，内压 2 厘米（图 10 中 8；图 11）。

（四）尸体

1. 尸体的裹缠

在铜丝网络和铜面具以内，尸体用深褐色粗罗裹缠；粗罗和尸体之间还铺贴薄薄一层棕色丝绵。缠裹顺序大致是从上向下。如左腿裹缠从左臀开始，由上而下。缠在大腿部的罗带宽 22 厘米，向下逐渐收窄为 16～15 厘米。脚部使用的罗带较窄，由跟部绕至足尖，再回绕到踝骨之上，系带打结。右腿的缠绕方向与左腿相反。双臂的裹缠从肩下开始，绕肩部的上端，翻过腋下又绕回来，逐渐向下，边部相压，缠至手背。带宽 12 厘米。左右臂缠绕方向相反。双手分指裹缠，罗带宽仅 2 厘米。缠法为从指尖开始，由左向右绕至掌心，缠完五个手指，将系带固定。上身用粗罗裁成背心的形式大片套裹。头部另用面纱包裹。凡是露皮肉之处，全部包裹起来（图 12）。

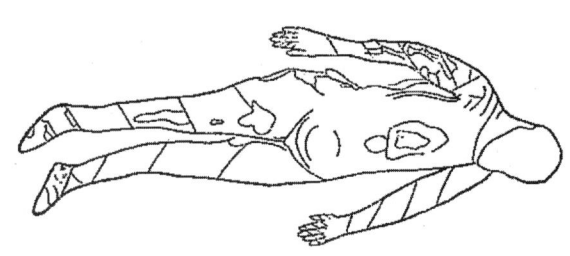

图 12　女尸裹缠示意图

2. 发型

死者保存了完整的发型。额头上部剃去宽 5.5 厘米的一片头发，有 0.8 厘米长的发根。头顶长发集为一束，用纱带捆扎，带结在头顶中央。在这束头发的右侧抽出一小绺，梳成一条小辫，绕经前颅，返回头顶中央，压在大束头发的上面，辫梢另用一根纱带扎住。其余头发披在脑后及耳朵两侧，直至肩上。两鬓只见右侧，剩有 3～4 厘米长的头发十余根（图 13、图 14）。

图 13　女尸发型

图 14　女尸发型示意图

三、遗物

（一）瓷器

瓷注两件。六瓣瓜棱形矮圆壶身，索状提梁，短嘴，圈足，无盖。上口呈盘形，中部有一宽2厘米的板纽，纽下为注口。胎质纯白、坚硬、细腻，施白色。标本M6：10，索状提梁三分岔的末端附加贴花，作三角形蝴蝶图案，通高12厘米（图15、图16）。标本M6：14，前面一个是内施花草纹的三角形，两侧作跳跃的鱼形图案，通高13厘米（图17、图18）。

图15　白瓷注子（M6：10）　　图16　白瓷注子（M6：10）

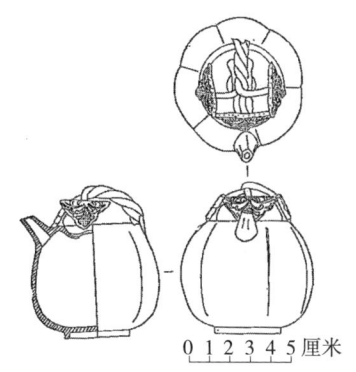

图17　白瓷注子（M6：14）　　图18　白瓷注子（M6：14）

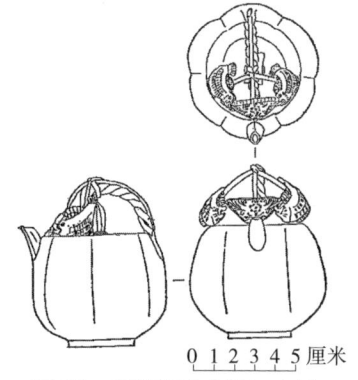

瓷碗一件。标本M6：15，敞口，深腹，腹壁弧度不大，圈足。内壁浅压印花草图案，口沿内外各有弦纹一道，内底有十个支钉痕迹。细白胎，乳白色釉，外壁近底脱胎。口径19.5厘米、通高6.5厘米（图19）。

瓷盘四件。敞口，折腹，大圈足。细白胎，乳白釉，外壁近底脱胎。标本M6：11，口径16～17厘米，通高3.7厘米（图20中2）。

瓷碟五件。敞口，浅腹，小圈足。白胎，白色釉，不太纯净，其中一件略带青灰色，外壁近底脱胎，内底有支钉痕迹。标本M6：7，口径11厘米，通高2.5厘米（图20中1）。

图19 瓷碗（M6:15）（1/4）

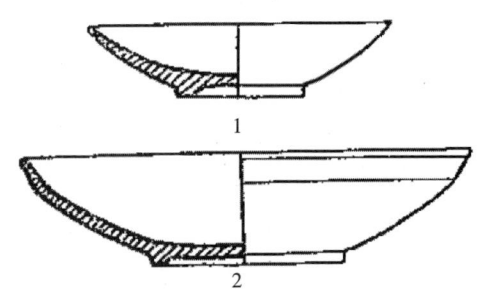

图20 瓷碟和瓷盘
1. 瓷碟（M6:7）（1/4）；2. 瓷盘（M6:11）（1/4）

（二）铜佩刀

包括玉柄铜刀、玉柄铜刀形器各一件，插在一个木制刀鞘内，佩带在女尸左腰部。

玉柄铜刀。标本 M6:17，尖圆首，刀身略似细长桂叶，刃部锋利，根部成锥形，插入玉柄中，刀与玉柄之间有宽 0.5 厘米的鎏金小铜箍。连柄通长 18.7 厘米，刀宽 1.3 厘米，厚 0.1 厘米。玉柄长方形，磨去棱角，长 8 厘米、宽 1.15～1.3 厘米、厚 0.95 厘米（图 21 中 1；图 22 中 1）。

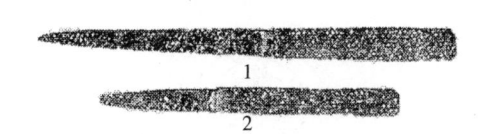

图21 刀和刀形器
1. 刀（M6:17）；2. 刀形器（M6:18）

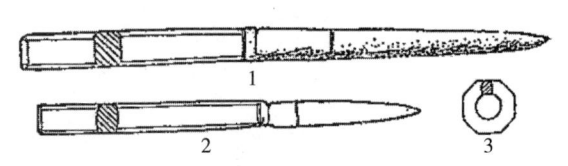

图22 刀、刀形器和玉环
1. 刀（M6:17）；2. 刀形器（M6:18）；3. 玉环（M6:20）

玉柄铜刀形器。标本 M6:18，尖圆首，刀身成圭形，无刃，一面有制作时留下的凹槽，微有鎏金，根部为锥形，插入玉柄中。刀与柄之间原有小箍，已失去。连柄通长 13.6 厘米、宽 1 厘米、厚 0.1 厘米。玉柄形制与上件相同，长 8 厘米、宽 1.1 厘米、厚 0.95 厘米（图 21 中 2、图 22 中 2）。

以上两件玉柄均为青玉质，有大小不同的自然小白斑，通体晶莹雅洁。

木制刀鞘。标本 M16:19，扁圆叶形，头部已残。鞘内有薄木隔板，将同装在鞘里的刀和刀形器隔开。鞘外原髹朱漆，并缠丝线。残长 28 厘米。

（三）其他

玉环两件。标本 M6:20、M6:21，为铜面具上系带的扣环，原在后脑两侧。环作八角形，剖面呈扁圆形。玉色青白而微泛灰，直径 1.9 厘米（图 22 中 3）。

漆盘两件。木胎已朽坏，只剩漆皮内膜，内壁朱红色，口沿黑色。

木桌。在尸床前淤积土层内有一件木桌的痕迹，桌腿部位有锈蚀的小方铁钉五枚。

瓷器、漆器散见在木桌遗痕附近，原来应是放在桌上设祭的。

四、结语

豪欠营湾子山墓地是辽代契丹族的一个家族墓地。这次同时清理的还有 M2 和 M3。M2 出土的朽木，据碳 14 测定年代为（1140±75）年，树轮校正（1080±80）年，属于辽代早期的墓葬。M6 的时代要晚一些，其墓室结构与宁城县小刘仗子的辽墓[1]相近，应属辽代中晚期的类型。

豪欠营墓地在辽代属西京道丰州管辖。辽太祖神册元年（916年），"自代北至河曲逾阴山……置西南面招讨司，选有功者领之"[2]。西南面招讨司设在丰州，即现在呼和浩特市郊的白塔古城。豪欠营墓地正在丰州辖地的东南边上，东与奉圣州相邻，南与大同府的德州紧接。辽兴宗重熙十三年（1044年），升大同府为西京，这里成为西京道的辖地。墓地墓葬的时代有辽代早期的，亦有晚期的，与史载相符合。

契丹族有戴金属面具、裹铜丝网络的葬俗[3]。因此，网络与面具是判定墓主族属的重要依据之一。豪欠营已清理的三座辽墓，都有铜丝网络与鎏金铜面具出土，所以可以断定这里是辽代契丹族的一片家族墓地。

解放前后，内蒙古东部地区、辽宁、吉林、黑龙江、河北、山西、北京等省区市都发现过不少辽代墓葬，然而，在内蒙古西部地区却很少发现。豪欠营 M6 保存这样完整的契丹族女尸，在考古发现中还是首次，其所提供的研究价值是多方面的。过去已发现契丹族有穿铜丝网络、戴鎏金铜面具的葬俗，但穿戴的细节不清，而这具女尸的穿戴则非常清楚。女尸身上的多层葬服不仅为研究契丹族的服饰提供了资料，而且对于研究契丹族的丝织品种类、纺织业水平也都是极好的实物资料。在契丹族习俗方面，过去知道男子髡头，妇女髡头与否则无所了解。这具女尸保留了契丹族妇女的完整发型，这对研究契丹族的社会风俗来说是新的资料。

在女尸的清理工作中，我们得到了考古研究所技术室、文物局文物保护科学技术研究所和北京自然博物馆人类室的大力支持和帮助，深表感谢。

执笔：陆思贤　杜承武

绘图：戴丽萍

摄影：王　予　曹　泰

　　　武炳奎　陈棠栋

参 考 文 献

[1] 内蒙古自治区文物工作队.昭乌达盟宁城县小刘仗子辽墓发掘简报[J].文物,1961(9).

[2] 脱脱,等.辽史·本纪第一[M].北京:中华书局,1974.

[3] 文惟简.虏廷事实[M]//陶宗仪.说郛(卷八)"丧葬".涵芬楼藏版.北京:商务印书馆,1986.

豪欠营辽墓第一次清理报告

一、序言

内蒙古自治区乌兰察布盟察哈尔右翼前旗固尔班公社豪欠营大队湾子山辽代墓葬，位于集宁市西南20余千米、旗府所在地土贵乌拉镇西北约35千米。

这里群山环抱，盆川相连，许多圆形山包具有远古火山喷发所形成的地貌特点，周围的山丘上多数有火山蛋、火山灰，豪欠营在一个锅底形盆地的北部。村后背靠山丘，名叫石匠山，村西有台地，台地上有古代遗址，地表散布着砖、石、陶、瓷残片。遗址属于辽、金、元时期。墓地坐落在这个盆地的西北侧，名叫湾子山。湾子山与石匠山迤逦相连，相距约1.5千米，在古代为生居与死葬的关系。在盆地附近还发现过古代农业工具，如石碌碡之类。

墓地背山面沟，形若簸箕。背后所靠山梁高约百米，四面有岗阜围合，东南面出口处有两座圆圆的山丘，形成了墓地的天然门户，恰似门旁的双阙。墓葬就分布在这个形若簸箕的山坡之上。据说50年前这里还是一片茂盛的灌木丛，车辆可从"双阙"之间进入墓地。后来由于砍伐，变成了秃山。由于水土流失，墓地东与南两侧形成了两条沟谷，在"双阙"之内汇流而出。

墓地南北长210米、东西宽120米。墓葬由北向东南排列，经初步勘探，有十座墓葬，其中有七座已被破坏，其余三座因为地表不很明显，幸免劫难。所有墓葬都已没有封土，地表上显露着一个个石块圈砌而成的长"凸"字形，背西向东。其宽处为墓室，在西，窄处是墓道，在东，墓室周围只砌一圈石块，墓道之上则石块堆积层数较多。地表清楚的七座墓葬，编号顺序由西北向东南排列，最西北为M1；向东南20余米，有两座并列的墓葬，编号为M2、M3；再向东南约50米，基本为整个墓地的中心位置，又有两座大体并列的墓葬，编号为M4、M5；继续南走70余米，靠近沟谷断崖处，为墓M6，向上10余米为墓M7；墓M8位于M1东20余米处，石砌外框已乱，是用挖探沟的办法找出来的，尚待钻探；M9位于M1北30余米，地表有痕迹，但不明显；墓M10位于M9东南约60余米，整个墓地的墓葬之间空隙较大，中间有无墓葬，有待进一步钻探而定。

1972年春夏之交，这个墓群被破坏。在进行清理前墓群的现状如下。

M1 位居墓地的最高处，外形规模最大，因此也被破坏得最为彻底。墓室盗坑宽6米、长9米，墓道宽4米、长12米，方向295°。破坏时从墓室顶部直接开口，现存直径约9米、深2米的一个锅底形大坑。坑内所见，几乎全部是碎小石片，是墓室内原来的填土。据当时参与挖掘者讲，墓室内有男女两具尸骨，女尸有铜丝网络，男尸胸部有铜镜。其他随葬品所说不一，据说有几件瓷器在社员家中，有待征集。坑边现存青灰色墓顶石一块，圆形，直径63厘米，厚21厘米。有残砖一堆，即俗说的沟纹砖，面宽17.4～19.5厘米，长度不清，沙质，青灰色胎质比较坚硬，少量赫石色胎者质量稍次。沟纹砖可分为两种：一为深沟纹砖，并列沟纹五条，每条宽2厘米、深1厘米；二为浅沟纹砖，沟纹底呈圆弧形，有七条，每条宽1厘米、深不足0.5厘米。

M2 位于M1东南侧。发掘前，墓顶部有一圆形盗坑，直径1.5～2米，深约1.5米。地表墓口有方形石框，宽5.5米、长6米；墓道宽2米、长11米，方向268°。

M3 在M2南侧，与M2并列。墓表有两个盗洞，一大一小。大盗洞在墓室顶部，直径3米左右，深1米多；小盗洞在墓道与墓室相连处，直径2米左右。墓口石框宽6米、长7.5米，墓道宽2米、长约10米，方向275°。

这三个墓（M1～M3），墓道上堆积的石块较多，而且有明显的分圈分层现象，最外边框为第一圈，向里收杀垫高垒第二圈，再向里为第三圈，第四圈的痕迹不大显著。整个墓道在地表上像一道弧背形的石岗。

M4 位于M3的东南，墓顶被盗掘一大坑，直径3～4米，深约1.5米，坑外有乱石堆积。地表墓口宽5米、长7米，墓道宽2米、长约8米，方向115°。墓道旁边有一小石亭的建筑装饰，方座，凿成四角攒尖的顶部，微出檐，通高61厘米，基座宽33厘米×25厘米，座底下边中间有一方形小孔，是为榫口（图1）。据社员说，此物原出于四号墓（M4）墓室门口，共两个，一边一个，另一个已被元山子社员运回村里使用。另外，据挖掘的社员说，此墓内尚留有石棺一具未被取走。

图1 小石亭

M5 在M4西南边，墓顶盗坑尺寸为5米×3.5米，深约1.5米，盗坑外乱石很多。墓道前端堆积的石块也有四层之多。据社员说，墓门已被挖走，做猪圈门了。地表墓口长9米、宽6米，墓道长7.5米、宽2米。墓旁有一加工的方形石块，每边长50厘米、厚16厘米，可能是墓顶石。方向275°。

M6 在墓地最南边，紧临沟谷。墓顶盗坑直径约3.5米，深约1米。地表墓口宽5.5米、长8.5米，墓道宽2米、长7米。

M7 在M6的上边，即西边，墓顶有一从沟边斜挖入的小盗洞。地表墓口宽5米、长8米，墓道宽2米、长7.5米。

1981年10月，乌兰察布盟（以下简称乌盟）文物工作站在此清理了三座墓（M2、M3、M6），其中M6出土女尸一具，已见于报刊介绍，并在北京自然博物馆、内蒙古博物馆等巡回展出，现将各墓清理结果报告如下。

二、豪欠营六号墓M6

（一）发掘经过

发掘工作由10月12日开始，先由墓道口向下取土，填土为黄灰色花土，夹杂火山灰碎石片，土质坚实，但夯层并不规则。因甬道上层已被破坏，清去扰乱土，甬道中积聚的是黄灰色虚土，土质纯净。启开墓门，墓室内也积满了淤土，夹杂有碎石、石灰碴，上层虚松，下层板结坚实。到17日，除一般遗物外，发现女尸一具。因墓室内空间太小，对女尸的清理已无法进行，由此特请考古研究所技术室把女尸取回室内，也就是说把野外应做的工作移到室内进行，然后又请文物保护科学技术研究所做女尸本身的清理工作。到12月20日结束，中间除因故间断外，实际工作40余天。对女尸的各项研究工作主要是在1982年进行的。

（二）墓葬形制

M6为石室墓，平面略呈不规则的八边形，结构为石券叠涩攒尖式，由墓室、墓门、甬道、墓道四部分构成。

1. 墓室

墓室平面南北宽2.12米、东西长2.20米，墓底至顶高2.26米。墓室墙壁全用石券。下面四层石料经过加工，比较规整。累筑是用交错叠压的砌法，由下往上略微内收，四层高为1.59米。在这上面又用大小不同的天然石块平铺叠砌，逐层收杀，共券五层。由下向上，第一层14块，条石与天然石杂用。第二层14块，全用天然石；第三层11块，第四层10块，第五层8块。愈向上石块愈小。券顶留一圆孔，直径60厘米，孔上用一块大石板封盖。墓室每块石料或石块之间原来都有碎石填实，并用石灰勾缝，因年久漏水，石灰、碎石也因之脱落，并在墓壁留下许多水锈痕迹，但整体完整，没有坍塌（图2）。

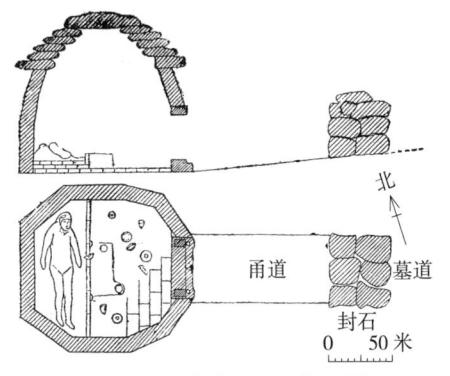

图2 六号墓葬平面、剖面图

墓室地面全用长37厘米、宽18厘米、厚6厘米的沟纹砖铺砌。墓室的后部砌尸床，平面略呈梯形，前边长2.12米、后边长1.20米，中间宽90厘米。尸床的砌法是，先在地面铺砌一层砖，然后在边上横立一排砖，里面再铺砌第二层砖。所用砖以长方砖为主，只用了两块37厘米×37厘米×6厘米的大方沟纹砖。表面均用石灰抹平压实，坚固而光润。整个尸床略呈一个贴壁的马槽形。床沿外高25厘米、内高11厘米、宽6厘米。

2. 墓门

门向东开，石筑，高70厘米、宽63厘米。门额与地袱都是内外两层，外高内低。地袱长96厘米、高18厘米、宽34.5厘米。门额长120厘米、高18厘米、宽34厘米。立颊高70厘米、宽63厘米、厚11.5厘米。门为双扇式，向外开，有门枢，运转自如。门高78厘米、宽34厘米、厚5.5厘米。整个墓门雕凿不太精细。墓门外上部为船篷式券顶，先用石块券砌，上面加盖一块比较平整的大石板，向外延伸，状若篷檐，离墓门口地面高168厘米。墓门封闭方法是，先把门向里关实，用两块石板斜撑顶住，再用三块长条形石块横向叠压挡在门上（图3、图4）。

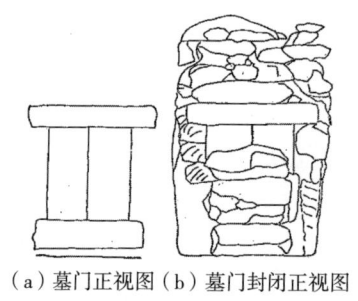

（a）墓门正视图（b）墓门封闭正视图
图3　墓门及封闭状态正视图　　**图4　封闭的墓门**

3. 甬道和墓道

墓门与甬道相连，甬道长2.16米、高1.80米、宽0.97米，位于墓道与墓室之间。甬道底部原为一整块岩石，系人工凿开，底与两侧都是石块，石壁北高1.10米、南高83厘米。甬道上部为原生黄土，比较坚硬，厚1.38米，再上为褐色土层，厚82厘米，甬道口用天然石块封堵，垒砌三层，高93厘米、宽114厘米、厚101厘米。

甬道口的外面是墓道，斜坡式，上有台阶，不很规则，长7.40米，宽1.10米。

（三）葬具和葬式

1. 葬具

无棺椁，尸体直接卧在尸床上，即以尸床代替了葬具。尸身上除穿着葬服外，全身有铜丝网络和面具保护，也可以起葬具的作用。

2. 葬式

出土时尸体作仰身侧卧，头向北，脚向南，左手在下，平放在胯前尸床上，右手在上，贴近臀部的一侧，面部正朝着墓门，形成一种十分自然的安详侧睡姿态。身下各个部位都有薄厚不等的淤积土层，头部下边厚19厘米，左脚尖下厚14厘米，右脚尖下厚25厘米。因身体左侧右边抬高，故右肩下、右手臂、背部、臀部、右腿下都积有很厚的淤土。左侧身下的淤土则较薄，为3～5厘米。这个现象是由于墓内积水，尸体漂浮而形成的。因为尸体下面有明显的水积层，每层厚数毫米至1厘米不等，一个水积层表示一个雨季年，说明每逢雨季，雨水下渗，泥土便随水滴从石缝流入墓室之中，当积水超过尸体高度时，便把尸体漂浮起来。待水慢慢渗入地下，尸体便落在淤泥上。如此经过相当长年月的淤积，两米多高的墓室全被一层层薄薄的细泥沙积满。在漫长的自然泄水过程中，由于尸体各部浮力不同，两足漂得高一点，下面的积土也就厚一点；身体的中段漂得低一点，积土也就薄一点。头部可能也漂得不高，因为头下原有木枕，已朽，根据头部下淤积土中形成的粉状朽木孔隙测量，木枕原长40厘米、高15厘米，木枕外面还有包裹丝织物的朽片，这便与积土的厚度差不多了。至于尸体产生侧转的原因，由于淤泥随流水灌入墓内的时候产生回旋，细泥推向外围，因而边上的积土厚，中间的积土薄，也就导致女尸背后的积土多，前侧积土少，致使原来仰身直肢的葬式被自然破坏，变成了现在的仰身侧肢的葬式。

（四）尸体的启运和室内清理

1. 启运工作

因尸体的清理工作不能在墓室里进行，必须将尸体完整地从墓中取出来，运到室内，才能进行下一步的工作。启运的方法和步骤如下：

第一步，尸体的外表用纸糊起来，形成一个很严实的纸壳。再在纸壳外面打上石膏网，石膏凝结干燥后，就把尸体、纸壳固定为一个整体。这是为了预防移位或受到振动时尸体散架。

第二步，在尸体下的尸床平面上插进一片片薄钢板，每片钢板之间有2厘米的叠压，连在一起，尸体就相当于躺在一片大钢板上。这就使尸体与原来的地面隔断了联系。

第三步，将每片钢板固定在同一根木条上，使尸体与钢板形成一个可移整体。木条的位置在尸体的外侧，靠近尸床边沿处。

第四步，在尸床前面铺一块固定好的木板，长、宽正好放下尸体，然后由四个人抓住钢板上的木条，平均用力，慢慢地向外拉，尸体也就随着钢板一起被拉到了木板上。由此只要抬动木板，便能运走尸体。

第五步，抬出墓室，并用人抬和车载运至室内。

2. 室内清理工作

在尸体清理之前，首先用网格投影的方法画出原大实测平面图，尸体表层腐朽丝织品的外貌都在平面图上表示出来，然后开始揭取这层腐朽的丝织物，按所揭部位，放在平面图的相应位置上。这是第一步。腐朽物揭取之后，里面的衣着形式大部分能分辨出来，再绘制第二张图，结构复杂的地方则另加细部图，然后揭取第二层丝织品。依次由上而下，由外到里，即使残片、碎块，也分层分部放在固定的图纸上。揭去全部衣着之后，身上露出了全套铜丝网络，也是按同样方法，绘图与分部揭取存放；同时，摘除了脸上的鎏金铜面具。铜丝网络里面的尸体另有一层贴身丝织品卷裹，没有揭取。将尸体包装移放到箱内，以便继续清理身体下面的铜丝网络与丝织品。将上面的顺序倒一下，改为由里到外清理。

（五）丝织品与服饰

1. 丝织品

由于长期沉埋在潮湿的泥土之中，丝织品已基本腐朽，只有少数在质量、色泽上保存较好。这些保存较好的丝织品，揭开的时候富有弹性，不易撕裂，而且光泽鲜艳如新。其品种有：①罗，包括二经绞罗、三经绞罗、四经绞罗、十二经绞罗和龟背纹罗等。②绢，有粗细两种，均作平纹。③纱。

2. 服饰

女尸身上原穿丝绸衣服的层次较多，但已经没有一件完整的，又各个部位保存的情况也不大一样。紧夹在大腿之间的，贴在铜丝网络外面的，胫部和身下腰部的，保存较好而且层次也基本清楚。其他部位有不同程度的腐朽，最甚者朽为泥，只留痕迹。现根据清理揭取和清洗过程中的观察分件说明如下，顺序为由外向里。

（1）绣花丝绵外衣。从右大腿下部保存的一小块丝绵绣花衣服残片看，最外一件是绣花丝绵长袍。黄色罗地金黄丝线绣花，中絮白色丝绵很厚，里为淡黄色绢。罗地所绣单色花纹：枝干为藤蔓状，并有卷曲嫩丝，状若牵牛丝条；花叶虽小，颇富变化；花为五瓣，包于叶间。绣法：茎蔓先平针顺绣，绣线并列两针，然后，或一边或两边再用横针绣边，针脚小而密，间隔1毫米。花与叶均为平绣。

（2）绛紫色丝绵长袍。从两条大腿下所保存的衣服看，绣花丝绵长袍里边是一件绛紫色丝绵长袍，左臂下、后脖下和右肩头都有质地、颜色、丝绵与里子完全相同的这件衣服的残片。衣服的面为绛紫色罗，里子为黄色绢，中絮棕色丝绵。长袍下边已找不到关系。

（3）中黄色丝绵长袍。穿在绛紫色丝绵长袍里边的是一件中黄色丝绵长袍，保存部位与上件相同。衣服的面是中黄色，罗上织有隐格纹饰，闪光耀眼；里子为浅黄色绢；中絮很薄的白色丝绵，已压成绵纸状。

上述三件长袍，因年久腐烂均已无法揭取，但出土时轮廓清楚，尸体躺在尸床上还保持着穿长袍的样子，下襟垂至小腿，边缘散出身外5～7厘米，与壁画上所见契丹人长袍不作没脚的形式同。

（4）黄色丝绵短袄。臀部、腰部、左臂下、后脖下、右肩上都有这件短袄的残片保存。面的质地为罗，无暗花，经纬较松，里子是薄绢，中絮白色丝绵已成纸状，很薄。丝绵完全用绢缝好，再上为罗面。整件衣服由罗、绢、绵、绢共四层构成。

（5）轻罗短衫。左右臂、肩部、后脖下、腰部都有轻而透明的薄罗残片，以右臂与右肩部保存较好，腰部保存最少。右肩部与衣领相连（图5中2）。

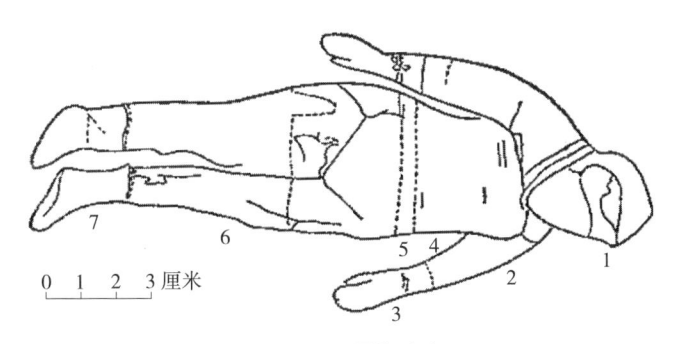

图5　里层服饰分布

1.包头；2.短衫衣袖；3.手套；4.棕色丝绵背心；5.腰带；6.绢裙；7.软靴

（6）绢短衫。保存部位与轻罗短衫相同，保存残片较大。这件浅黄色的绢衫，在两只衣袖上是紧贴铜丝网络的一件衣服，右肩与衣领都有，两边的接缝是这样：先把衣领要缝合的边折叠3毫米，平针缝好，再把领巾压在上面，叠压有5毫米宽的一个边，再用平针缝，针脚很小。

（7）绢裙。裙子紧贴铜丝网络。两腿上部紧贴铜丝网络的地方保存完好，两腿之间无铜丝网络处都已朽断，两腿的外边也无裙的痕迹。因此，人们都把它误认为是一件窄腿绢单裤。后把压在两条大腿下和臀部的一块皱褶很多的绢清洗之后，才知道是裙，而不是裤。复原展开，这块绢长1.20米、宽1.65米。如与腿上的绢连在一起，那就更宽了。绢色中黄，腿下与腿上的质地、颜色、缝法、接缝都完全一样。这件宽大的衣裙是系在丝绵背心上的［图5中6，图6（b）］。

（8）棕色丝绵背心（内蒙古地区称"腰子"）。

（a）棕色丝绵背心前胸　　（b）绢裙上层

图6　丝绵背心前胸和绢裙上层

这是上身紧贴铜丝网络的一件衣服，分前后两裆。面子为淡棕色罗，里子是棕色绢，中絮棕色丝绵。先用绢把丝绵缝好，再把罗面缝上。前胸上部略呈拱起的弧形边，下部是大弧度圆角的衣垂，长 67 厘米。右侧作方口衣岔，长 18 厘米。胸部有结带痕迹。上扣带残长 2.5 厘米，宽 1 厘米，折叠回 2 厘米。下扣带残长 6 厘米，宽 0.9 厘米。两扣带之间相距 15 厘米。上扣带外边至背心的上边 6.5 厘米。后裆的质地与前裆相同，长 65 厘米。后裆分为两开，相互叠压。开口呈齐边，上部边沿有两条衣带，两带相距（外边）18 厘米。带根部宽 4 厘米，外稍宽 1 厘米，与胸前带扣的宽度一致 [图 5 中 4，图 6（a）]。

（9）衣领。上衣均作圆领，有的保存较好，有的已残。现将各层衣领分别叙述如下。

轻罗衫领：宽 4 厘米，折叠四层，展开宽 16 厘米。领边卷为一圆线，然后用极细小的针脚缝合。衣领和肩部连接处也是把轻罗的两边卷在一起，用细线小针密缝的。

绢衫衣领：为 5 厘米宽的小圆领，绢领四层折叠，展开宽 21 厘米。领边卷回缝合，很细。

绵袍的衣领：领宽 4 厘米，做法是棕色罗与绢里絮了一层薄薄的棕色丝绵。

圆弧形宽领：最外一层圆弧形衣领，宽 9 厘米，分四层，由上到下，层层相压。

（10）手套。在铜丝网络手套外还戴有一副绛紫色罗地夹手套，长 23 厘米，只分拇指。手套腕部上有一条宽 1 厘米的系带，两头相交，未系成死结（图 5 中 3）。

（11）丝绵软靴。在双脚的铜丝网靴外还穿有一双丝绵软靴。脚后跟至靴腰边长 19 厘米。靴面为黄色罗，里子是浅黄色绢，中间絮白色丝绵，绵已成纸状。左、右脚的丝绵靴上都有一块红紫色丝织物粘在面上，说明软靴外边原来还有一件红紫色的覆盖物，即尸衾。丝绵软靴的上边与绢裙的下边相接而不相连，中间形成一条明显的缝隙。

（12）腰带。在腰部左侧发现一截腰带的断面，宽 5.5 厘米，带分四层，每层厚 1 毫米。带面有突出的纹饰。腰部的右侧虽未发现腰带，但在腰部的铜丝网络上有 5.5 厘米宽的部位，丝绵紧贴铜丝网络，用镊子往下撕还很难撕，同是右侧的其余部位就没有这种现象。在腰带的部位还发现一截长 6 厘米、宽 3.5 厘米的残带，呈"凹"形，深 3.8 厘米。凹处里有一鼓起的圆点，直径 0.6 厘米（图 7），可能与腰带有关。腰带上边至下颚 25 厘米。

图 7　丝织品带扣

3. 包头

头部除铜丝网络外，包头丝织品有绢、罗多层，至顶部扭结一起。顶部的罗可分为四层，打结处有一双层接缝，一片宽 4.6 厘米，另一片宽 7 厘米，两片缝合。罗上的绢为三层，颜色浅黄；罗下还有绢，紫色。额头有一条宽 6 厘米、长 26 厘米的深蓝色丝带，紧包在前额上。

4. 裆布

在铜丝网络外的裤裆中间紧夹着一块丝绵裆布。裆布略呈梯形，底边宽54厘米、上面宽28厘米、通高42厘米（图8）。裆布的里外都是用黄色绢缝好，中间絮入白色丝绵，绵胎较厚。裆布由后向前，紧贴网络夹入裤裆之间，上面血污很多。整个裆布保存很好，丝织物富有弹性。

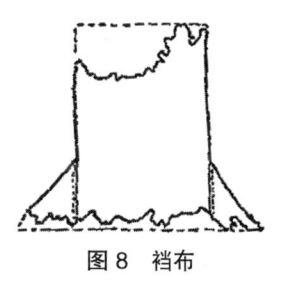

图8 裆布

5. 尸衾

尸体的最上面还盖有一张紫红色的单层尸衾，已经全部朽完。从鎏金面具的帽饰上和左右脚的软靴外面残留的紫红色丝织物痕迹可以看出。在清洗鎏金铜面具时发现，在面具的上面也留有丝织物的印痕。

6. 丝绵

良好的丝绵主要在身体的上部，包括腰部与臀部的两侧，是属于丝袍与丝袄絮用的，揭取约有半公斤。身体下面的丝绵，除袄、襦腰背部保留部分外，属于袍或丝褥里的丝绵已全部腐朽。腐朽的部分厚度达五六厘米，层次达十余层，估计原来铺有两或三个褥子。揭取的丝绵有白色与棕色两色，质地优良者色泽光润，纤维富有弹性。棕色丝绵犹如驼绒，但观察电子扫描照片，知其确是丝绵染色所致。

7. 丝线

缝制衣服的主要是双股细线，直径约为0.02厘米，有中黄色与棕色两种，前者用于缝制绢面衣服，后者用于缝制罗面衣服。粗线用于固定丝绵作引线，直径0.05～0.1厘米，多为棕色。绣花用的丝线介于上面两者之间，一般直径0.05厘米，颜色介于棕色与中黄之间。针脚有不同缝法，已看出的有：两块布边相叠，平针；一块布边折两次，使不留毛边，平针；两块布边各折一次，使毛边各压在对方的折口内，平针；两块布相压，从里子进针，面子出针，退1或2毫米，再从面子进针，里子出针，隔5或6毫米，循环从里子进针……暂叫它进退平针；领子撬边，使浅露在边沿，则循序螺旋式前进，等等。

（六）铜丝网络与鎏金面具

揭去丝织物以后，可以看到包裹好的尸体外面穿着一身铜丝编制的特制葬服——铜丝网络。这身铜丝网络葬服是根据人体的大小而分部编制的，包括头套网、胸背网、左右臂网、左右腿网、左右手套网、左右脚套网等，由这几部分组合而成。网络保存情况不太良好，但基本结构和编制方法还可以分析清楚。另外，脸部还戴着鎏金铜面具（图9）。现分部说明如下。

1. 铜丝网络

（1）头套网。从额以上作半圆球面形，直径18厘米，后面相连一片垂至颈部，能起到保护头顶和颈项后部头发的作用。由于头网的中心点聚在头顶上，网孔也是由下到上渐渐缩小，不太规整，但基本上还是成六边形的网孔。后颈头网的下垂边部与背网的颈部边相连，则另用铜丝缀连在一起［图9（a）中1］。

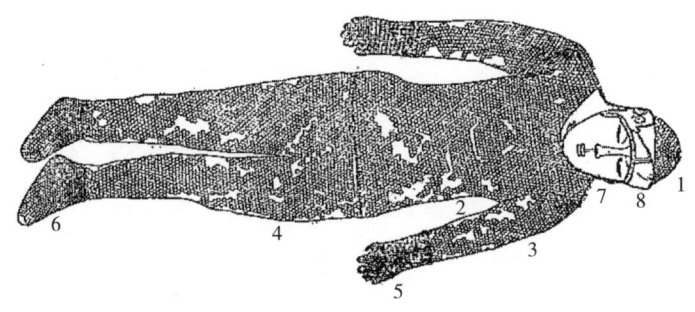

（a）女尸全身铜丝网络

1.头套网；2.胸背网；3.左右臂网；4.左右腿网；5.左右手网；6.左右足网；7.鎏金铜面具；8.帽状巾帻

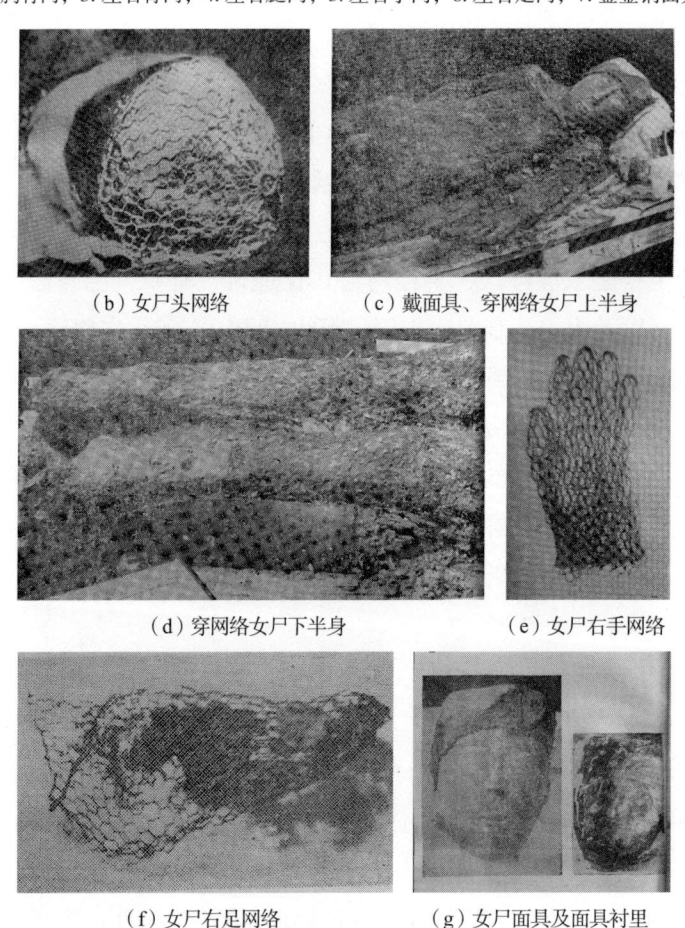

（b）女尸头网络　　（c）戴面具、穿网络女尸上半身

（d）穿网络女尸下半身　　（e）女尸右手网络

（f）女尸右足网络　　（g）女尸面具及面具衬里

图9　全身铜丝网络与鎏金铜面具

（2）胸背网。分胸网和背网两片，分别编制成之后，再在身上缀连在一起。肩部是前后两片的上端接口；从腋下至腰部，则从上下两片叠压接口。由肩部至腰部接口，长60厘米，网孔都是比较规整的六边形，锈蚀最甚［图9（a）中2］。

（3）左右臂网。分别制成两片，然后卷在臂上，缀合口在臂的外上侧，上端缀连叠压在胸背网的左右肩部两侧。右臂网长47.5厘米，左臂网长46.5厘米［图9（a）中3］。

（4）左右腿网。包括小腹和臀部网络，是编制在一起的，缝合缀连在身上，好像一条裤子，缀合口在腿的里侧。左腿网长73厘米，右腿网长73.5厘米。右腿网上部保存较好，左腿网残碎较多，两腿下部都锈蚀较甚。腿网上端与胸背网的下端正好相接，再缀连在一起［图9（a）中4］。

（5）左右手套网。手套网都是分指编制，工艺精细。左手套网口部至中指尖长20.5厘米。右手套网大小与左手套网相同。套在手上的缀合口在拇指的内侧，孔眼都是长六边形。上端腕部叠压于臂网的下口，再缀连在一起［图9（a）中5］。

（6）左右脚套网。脚套网编制的起点在脚尖，渐上渐大，渐加铜丝，并到脚背、脚跟处拐弯，上口形成两个对称的三角形。套在脚上，两三角形对合，缀连在一起，形状好像靴子。右脚套网后跟至脚尖长21厘米，口部至脚底垂直高15厘米。脚套网的上边都是叠压在腿网下口之内，再缀连在一起［图9（a）中6］。

铜丝网络各部分的穿着顺序是：第一步，穿上身胸背网；第二步，穿左右臂网；第三步，戴左右手套网；第四步，穿左右脚套网；第五步，穿小肚、臀部和左右腿网；最后，戴头套网。

2. 鎏金铜面具

死者的脸部戴有鎏金铜面具，是在衣着全部穿戴完之后再戴上的。面具铜胎很薄，只有1毫米；高26厘米，上额最宽19厘米；形象为闭目微开眼缝，鼻梁瘦长，两翼较宽，颧骨略微隆起，脸颊丰满，小嘴，唇微张，留有口缝，具有明显的古代北方少数民族特点。耳朵做在面部两侧边缘，耳垂处原是系带的结扣部位，已锈蚀为两个大孔。耳部上下两边各有一对小孔，孔内壁都有丝带痕迹，是为面具里面铺垫缀连丝织物之用［图9（a）中7］。

铜面具里面还有一层用丝织物做的衬里，可分为四层。紧贴铜面具里是一层薄薄的棕色丝绵；丝绵外是一层绵纸，色黄；中间因渗入泥水，夹有0.5厘米的细腻黄淤土；绵纸与土层外是一层棕色粗罗，中絮丝绵，最外层是浅黄色绢。面具衬里宽15厘米、高22厘米。

面具里外各有一个带结，里面的带结结于颚下。带用绛紫色罗所做，先折叠缝边，翻过，压平，宽2厘米，结长5厘米，结外所露带头长8.5厘米。面具外下颚部位还有一个罗带结，质地与里带同。带宽2.5厘米、残长10.5厘米。面具两侧向后还有带，每边两条，也用绛紫色罗做成，宽1厘米，串在耳朵后侧的玉环上，玉环上又另串罗带，系于脑后。

鎏金铜面具的上部还有一圈宽8厘米的帽饰，左右下垂至两鬓。紧挨耳朵的上边，由四层丝织物组成，里边絮有丝绵，厚约0.3厘米。右鬓角部位的上部有蝴蝶结，双翅展开，颜色紫红。帽饰下边有条线缝横边，宽0.8厘米；上边帽饰沿铜面具向里包回，内压2厘米［图9（a）中8］。

（七）尸体的包裹与保存情况

揭去丝织品、铜丝网络和铜面具之后，便是用粗罗裹着的尸体，粗罗为深褐色，近乎现在的粗纱。粗罗和皮肤之间还铺贴一层棕色丝绵，厚度为0.1～0.4厘米。裹缠顺序大致是从上向下裹。包裹的方法以两腿最清楚。左腿包裹的痕迹从左臀开始，由上而下，从外侧向里缠绕，互相叠压少许，罗带宽度在大腿部分为22厘米，向下逐渐收窄，为16厘米、15厘米，至脚腕；脚部使用的罗带较窄，由后跟部绕至足尖，再回绕到踝骨之上，系带打结。右腿包裹方法与左腿相同，而方向相反，罗带与左腿互相对称。双臂的包裹方法与腿部大致相同。以右臂为例，用棕色粗罗带，从肩下开始，绕经背部的上端，从腋下又反过来，依次向下，带宽12厘米，缠绕至手背。左臂大致相同。双手手指都分指包裹，手指用宽仅2厘米的细带，从指尖开始，由左向右缠绕，五个指头分别包到掌心，然后系带。上身的包裹方法则是把粗罗截成背心的形式，大片套裹在身上。头部的包裹则另有面纱。凡是露皮肉之处全部裹住。这层丝织物保存完好，但与肉皮粘在了一起，起到了保护已腐朽的尸体使其不散架的作用（图10）。

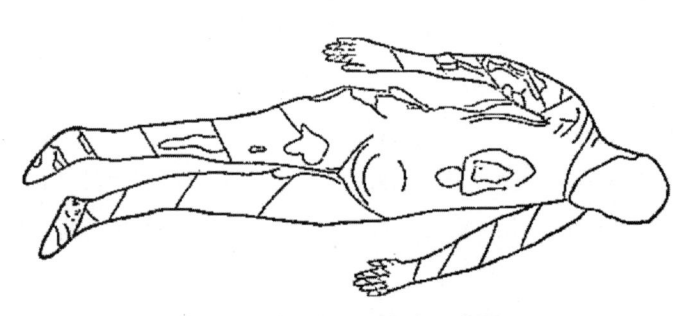

图10 女尸丝织品包裹示意图

尸体在墓内刚出土时，皮肉还有一定弹性，但在清理的过程中，由于和空气接触，逐渐干燥，并在局部产生暴裂现象，如左脚、右腿膝盖上下、右臂肱骨等处，都有不同程度的暴裂，在裂口中还露出了骨骼，但胸部与腹部始终比较结实。这是因为尸体原来在墓内，各部位保存情况不同。

整个身体从外部观察，虽然胸腹下陷，胸骶骨部位还凹了下去，但上部总体还比较结实，只是下部耻骨突起。经解剖观察，五脏已大部分干朽，成为黑色碎渣，只有胸腹之间的隔膜保存很好，略呈浅灰白色，好像几张干皮纸叠在一起，不易撕裂；心肝肺部位，只有部分肺叶保存良好，也呈干皮纸状，贴在背部肋骨上，断面呈白色。胸腹的肌肉也已干朽，成为棕黑色，内壁成自然皱褶面；背部和腰部的肌肉仍具有韧性，成为棕色的干壳，支撑着上部身体没有变形。

观察四肢外部，基本完整，而且还很丰满。上肢：出土时有较好的弹性，水分蒸发后，右手小臂干裂，取去铜丝手套后，手指也就散落，不能连在一起；左手虽然完整，但小臂和手指也是疏松的，说明手臂的上部比下部保存稍好一些，但也已经腐朽，干裂的肌肉呈棕褐色。暴露出来的右手肱骨，在 X 光照片中有清楚的接缝，骨头表面有白色粉末状结晶。下肢：在耻骨与腹股沟之间的肌肉，与腰背部连在一起，保存较好，胯部还显示出女性的特征。腿的上部肌肉轮廓也保存较好，但自膝盖以下则干朽最甚，在清理的过程中发现有许多虫卵，应是在腐烂的过程中生过蛆。暴裂的肌肉呈黑色干块状。两足则已无肌肉，仅存粗罗包裹的指骨，所以清理过程中最先散裂。整个尸体的完整性则有赖于原先包裹的丝绵和粗罗，才没有散架。

头部脸面原来由鎏金铜面具保护着，揭去面具以后，外形轮廓已基本成骷髅状，但双目、嘴、鼻还没有露窍，这是因为死后脸部有面纱覆盖，表面还留有一层丝织物的痕迹，可是已和肉皮粘在一起，很薄。从裂口中可以看出，原来的脸肉已成黑色的干皮状，也全靠面纱保存了轮廓。但这层面纱不如尸体上保存得好，已全部腐朽。面纱的形制，上面是个半圆截锥体的一圈，套在头顶的下部，相连的额部是一圈蓝色丝织物，宽 6.5 厘米，刚揭开的时候，颜色很鲜艳，也已腐朽，干后则渐渐褪色了。面纱便缝在这圈蓝色宽带上，平纹，因为已与骨骼贴实腐朽，原来的全貌与尺寸已不能知道。从表面量，高 25 厘米，颧骨处宽 13 厘米。从面纱下隐现出来的颧骨、鼻骨、嘴部的牙齿、眼眶等轮廓清楚，还有北方民族女性脸型的特征。

揭去面具和头套网后，发型还完全保持原样。额头上部剃去了宽 5.5 厘米的头发，其余头发都留着。在头顶部位集中一把头发用纱带捆扎在一起，带结基本在头顶中央；另外，在这一大把头发的右侧又抽出小绺编成一个小辫，绕经前颅，返回头顶中央，压在大把头发的上面，辫稍另用一根纱带扎住。余发披到脑后或耳朵两侧，直至肩上。两鬓只观察到了右侧，剩有 3~4 厘米长的头发十余根。前顶髡头部分也有 0.8 厘米长的发根（图11、图12）。

尸体身高从发顶至脚跟为 160.9 厘米，胸宽 31 厘米，腰宽 29.1 厘米，臀部宽 33.3 厘米。尸体在墓中因受积土所压，臂腿明显压扁，但身部还较厚，腰右侧厚 9.5 厘米。

图 11　女尸发型　　　　　图 12　女尸发型示意图

（八）遗物

有瓷器、玉柄铜刀、玉环三种。另有木器和漆器已经腐朽。现分类介绍于下。

1. 瓷器

瓷器有注子、碗、盘、碟四种。

（1）注子两件，矮圆腹，六棱形瓜瓣式壶身，短嘴，绞索式提梁，圆足，无盖，在壶盖部位作盘式向下凹入，圆心部位作板组式凸起，宽 2 厘米，两侧穿留口，可流入液体，胎质纯白，质地坚硬细腻，施白色釉。M6：10，绞索式提梁三分叉的末端附加贴花，作三角形蝴蝶式印花图案。通高 12 厘米。M6：14，前面一个贴花是三角形，内施葡萄纹，两侧为跳跃的鱼形图案。通高 13 厘米（图 13、图 14）。

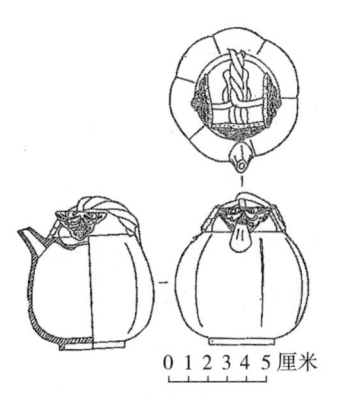

图 13　白瓷注子（M6：10）　　　　图 14　白瓷注子（M6：14）

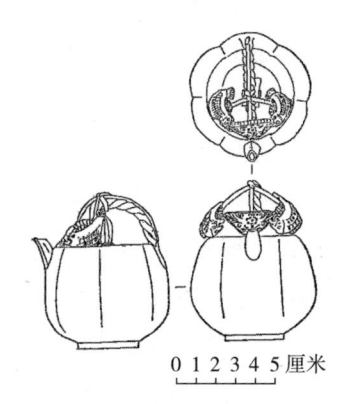

（2）碗一件，M6：15，敞口，深腹，腹壁弧度不大，圈足。内壁是不明显的八分花瓣式。每区间影有菊花，口沿内外各有弦纹一道，内底有十个支钉痕迹，细白胎，乳白色釉；外壁近底脱胎口径 19.5 厘米，通高 6.5 厘米（图 15）。

（3）盘四件，敞口，折腹，大圈足。细白胎，乳白釉，外壁近底脱胎。标本 M6：11，口径 16～17 厘米，通高 3.7 厘米（图 16 中 2）。

白瓷大碗（M6）
图 15 碗（M6：15）

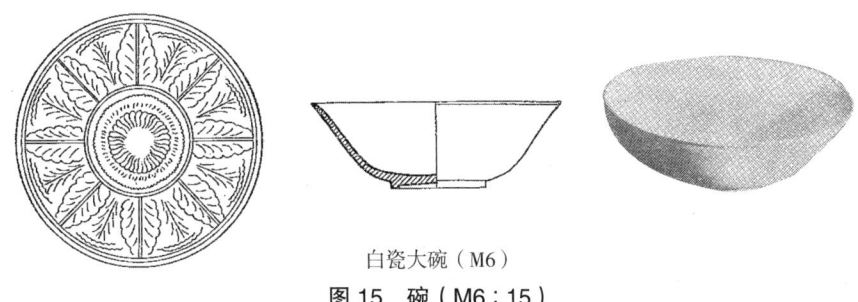

（4）碟五件，敞口，浅腹，小圈足。白胎，白色釉，不太纯净，其中一个略带青灰色。外壁近底脱胎，内底有支钉痕迹。标本 M6：7，口径 11 厘米，通高 2.5 厘米（图 16 中 1）。

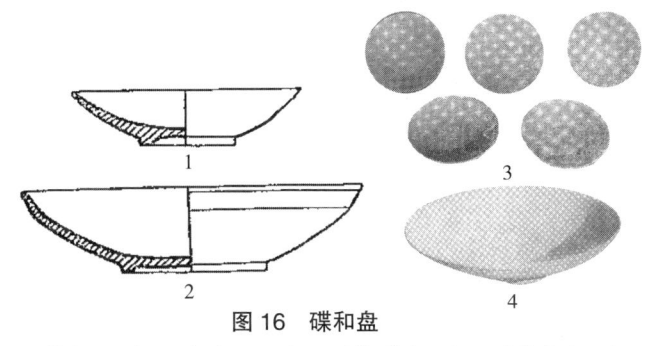

图 16 碟和盘
1. 碟（M6：7）；2. 盘（M6：11）；3. 白瓷碟（M6）；4. 白瓷盘（M6）

2. 玉柄铜刀和刀形器

这两件器物插在一个鞘内，佩带在女尸左侧腰部。

（1）刀，M6：17，刀身略似细长桂叶形，尖圆首，刀背较直，刃部微有弧形，有磨砺使用痕迹，刀刃仍锋利。根部较宽，聚收成锥形，插入玉柄中。刀与玉柄之间箍有一宽 0.5 厘米的鎏金小铜束。通长 18.7 厘米（包括玉柄长 8 厘米），宽 1.3 厘米，厚 0.1 厘米。玉柄长方形，磨去棱角，宽 1.15～1.3 厘米，厚 0.95 厘米（图 17 中 1）。

（2）刀形器，M6：18，铜身部分为圭形，尖圆首，无刃。一面有制作时留下的凹槽，微有鎏金。根部聚收为锥形，插入玉柄中，刀柄之间的束环已失去。通长 13.6 厘米（包括玉柄长 8 厘米），宽 1 厘米，厚 0.1 厘米。玉柄与上述相同，宽 1.10 厘米，厚 0.95 厘米（图 17 中 2）。

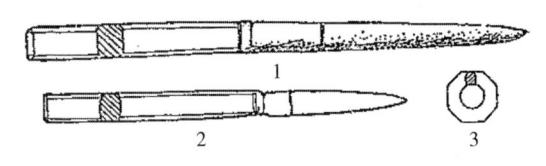

图 17 铜刀等
1. 铜刀（M6：17）；2. 刀形器（M6：18）；3. 玉环（M6：20）

两个玉柄均为青玉，内有大小不同的自然小白斑，通体晶莹透亮，光润精致，十分雅洁美观。

3. 木器

（1）刀鞘一件，M6：19。外作扁圆体叶形，头部已残，中空，刀和刀形器同时装在这个木鞘里，两刃之间并有薄木隔板，直通至刀柄部位。鞘外原髹朱漆，并缠有丝线。残长 28 厘米。

（2）木桌痕迹一件，因完全朽烂，未编号，但从淤积土层里找见了桌腿、横档的空洞，大小尺寸全可量出。桌面木纹，在淤土上印有清晰的痕迹，为松杉一类的木纹。桌面长 70 厘米、宽 45 厘米、厚 2.5 厘米，两边有横边，宽 3 厘米。桌腿高约 22 厘米，粗 3.5 厘米 ×3 厘米；横档粗约 2.5 厘米 ×2 厘米，长约 45 厘米；横档中有一小竖档，高约 8 厘米，粗 1.7 厘米 ×1.4 厘米。桌腿之间相距 52 厘米。桌通高 24.5 厘米，桌腿内尚存锈蚀小方铁钉 5 枚，铁质尚存。

4. 漆器

漆盘两件，只剩漆皮内膜，木胎全朽。漆盘内壁朱红，黑口沿。

5. 玉环

两件，M6：20 号，M6：21 号，是为铜面具系带的扣环。原在后脑两侧。环作八角形，剖面呈扁圆形。玉色青白而微发灰，直径 1.9 厘米（图 17 中 3）。

三、豪欠营三号墓 M3

M3 在六号墓 M6 以北 100 余米，砖石结构，有简单壁画，经过古今两次被盗，清理结果如下。

（一）墓葬形制

1. 墓室

墓室平面为六边形，直径南北 3.05 米、东西 2.69 米，仿木建筑结构，穹庐顶。地面至券顶高约 2.00 米，因券顶塌陷，高度欠准确。整个墓室，里边用砖券，砖外加石券。砖为青灰色胎，质地坚硬，脱坯时表面印有七条浅沟纹，长 37 厘米、宽 18 厘米、厚 5.5 厘米。砌法为平砖顺长起券。外包石料经过加工，比较规整，但长宽不等，一般在 40～50 厘米，厚约 15 厘米。砖石之间有 4～5 厘米的空隙，用土与碎石片填充。两层合在一起，总厚 57 厘米（图 18）。

墓壁的六个拐角处各立方角砖柱，共有柱子六个，柱高 82 厘米、宽 12 厘米，

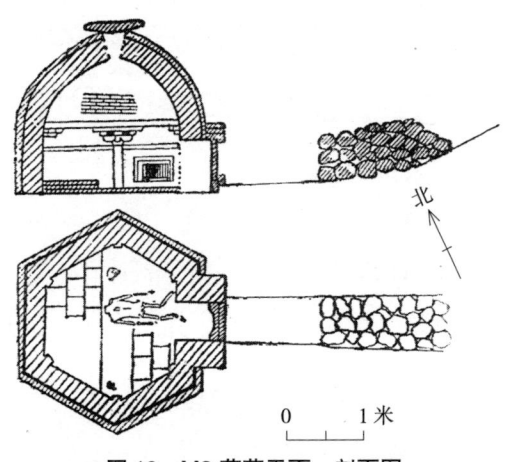

图 18 M3 墓葬平面、剖面图

向外突出 2～4 厘米不等。上置普柏枋、柱头斗拱，结构为一斗三升，有栌斗、昂、散斗，散斗上有替木。斗拱砖块都按需要经过琢磨，显得简洁而精巧。普柏枋用一块平砖外突绕砌一周，替木上的替檩则用两块平砖外突绕砌一周。替檩之上，逐层内收，券砌成圆弧形的穹庐顶。顶部因破坏塌陷，形制不清。墓壁和穹庐顶全用白灰抹平，然后施彩，用朱红色绘砖柱、普柏枋、斗拱、替木和替檩，替檩上边内收券穹庐顶的一层砖，也与替檩一样涂红，成为一体。从掉入墓室的砖上还发现了涂红砖块，应为庐顶的部分。斗拱与砖柱之间的空隙和六面墙壁分别设券门、窗和彩绘壁画。柱顶穹庐上各彩绘一朵红云。

左右两壁正中各砌假窗，高 51 厘米、宽 76 厘米。窗孔为破子棂，用九块砖竖着斜砌而成，窗口高 38 厘米、宽 56 厘米。上串长 64 厘米、宽 5.5 厘米，立颊高 51 厘米、宽 5.5 厘米。破子棂、上串和立颊都涂成朱红色。窗额长 76 厘米、宽 5 厘米，槫柱高 51 厘米、宽 5 厘米，则涂成黑色。

墓室平面铺砖，后部砌尸床，尸床形制呈梯形，前边长 2.9 米、后边长 1.44 米、中宽 1.06 米，用 38 厘米 ×38 厘米 ×5 厘米的浅沟纹方砖铺砌，平铺两层，高出地面 11 厘米。尸床也用白灰抹平，床沿上边画一条宽 5 厘米的红边。

尸床周围的三面墙壁，每面竖着分为三格，共绘九幅红花，为写意没骨墨叶牡丹，券顶周围的五组斗拱之间的拱眼壁上也分别绘有五幅牡丹，因墓室遭受破坏，都有不同程度的剥落，画面已不大完整。

2. 墓门

门向东开。内为砖券拱洞式，外为石筑长方口。拱洞门高 1.11 米、宽 0.61 米、深 0.98 米。拱洞口砖券两侧彩绘花边，外红彩，内黑彩，中间统一夹白空隙。门用石筑，高、宽与拱洞门同。门额长 88 厘米、宽 17 厘米、厚 23 厘米，额上雕出门簪两个，上凿 "X" 形纹饰。主颊高 66 厘米、宽 19 厘米、厚 13 厘米，上面雕刻着整齐的菱形纹饰。地栿分内外两层，内长 80 厘米，两头宽 18 厘米，中间宽 9 厘米，外长 65 厘米、宽 12 厘米，比内地栿高 3.5 厘米。门作双扇，每扇高 77.5 厘米、宽 34 厘米、厚 9 厘米。扉面雕刻对角菱形纹，底用麻点纹，刻工娴熟，点线自然匀称。门有枢，向内开。对缝两侧各凿一个小圆孔，以便入殓后由内向外封闭。

3. 甬道

石门与甬道连接。甬道长 1.90 米，高约 1.85 米，宽约 1.00 米。因破坏时从这里开挖，盗坑形状已不太清楚。这里的土层与墓室填土截然不同，最上层为 50 厘米厚的自然淤积土，下有一层石块，为原墓道外沿铺石，石块直径约 50 厘米。石门与甬道衔接处砌有两层石块，高约 60 厘米。再下为黄褐色次生石，厚约 90 厘米。下面为原生土层，灰白色，含有少量沙石，是火山灰的堆积层。甬道底部侧壁为自然岩层，经人工开凿而成甬道壁，高 1.80 米、宽 1.50 米。甬道填土为砂石土质，封口用石块垒砌，高 1.10 米。上有羊头骨一个。墓道口地表长 11 米，宽 1.50 米，只挖开一段，长 4.50 米，未清至底。

4. 墓室顶上的铺设与填土

墓室券顶外的墓坑内，先用土填至券顶，夯实，然后用条石与沟纹砖平铺一层。券顶正中则用一块略呈椭圆形墓顶石，尺寸为 1.3 米 × 1.10 米，最厚处 15 厘米。石质青灰，表面有白灰，为稍事加工的天然石块。

券顶上部还有深 1.80～2 米的墓坑，用土填实。由上而下，可分为五层：

第一层为自然淤积土。因墓室前后略有坡度，后高前低，故前后土层厚薄不一。由后向前，厚度从 50 厘米降至 15 厘米。

第二层为灰白色土，中间夹有碎石碴与细砂石，厚约 35 厘米。

第三层为黄褐色土，内夹有细碎砂石和灰白色土，厚度不均，20～35 厘米不等。

第四层为灰白色砂石土，厚约 60 厘米。

第五层土色与第四层接近，但自然分层清楚，中间夹有黄褐色土块，厚 40～50 厘米。

以上说明，墓坑填土由黄土、沙粒、碎石和白色灰渣搅拌而成，非自然土。综合观察，墓 M3 的构筑工序是：

1）挖掘出规整的口大底小的墓坑、墓道和甬道。

2）券砌砖室。

3）在砖墙外贴券石墙。

4）填土夯实至墓室券顶平。

5）在墓顶上部平铺砖石并加盖墓顶石。

6）墓坑填土至与地表平。

7）在填土与原生土之间圈筑石头边。

8）在石框上加堆封土。因年代久远，又有坡度，封土被雨水冲走，只露出了石框，但在墓门与甬道上还有厚约 60 厘米的残迹，可资判断。

（二）葬式

M3 出土男尸骨一具，因经古今两次被盗，尸体已从尸床被扔到了中间地上。原来尸体的皮肉尚未完全腐烂，所以骨架与四肢连在一起。尸体俯扣在地上，颈部朝西，脚朝墓门，小腿弯曲，成匍匐状。头骨已脱离颈部被扔于西北侧，下颚骨被扔在了南侧墓壁下。尸体下面为后扰乱土，说明原来保存得很好。尸体背部的皮肉还有一定弹性，在后颈处还有少许头发。胸腔内还有肺与胃朽迹，呈虚酥的炭渣状。皮肉发棕黑色，骨骼上有绿色铜锈，有铜丝网络小残片，还有一个破小白瓷碗。在下颚骨下边有一鎏金刻花小铜管。墓门口有一被打破的瓷器残片。从尸体看，也是单身葬，也穿有铜丝网络。其他已不清楚。

（三）遗物

（1）瓷碗一件，已残碎，尚可复原，敞口，腹壁较深，小圈足，纯白釉，白色胎，外壁近底脱胎。标本 M3:6，口径 10.6 厘米、高 3.4 厘米（图 19）。

（2）残瓷碗一件，出于甬道口，形状不清。

（3）鎏金管状器一件，M3:4，圆柱形，胎簿，中空，管表刻有云涡纹图案四组，云纹之间为细鱼鳞刻纹，刻纹精细，花纹规整，两端各有 0.5 厘米宽的边。管端嵌有网状圆球，圆球由两半合成，每半系用细铜丝做成半球体花瓣式，分五瓣，然后两半错对合成一体，通体鎏金，通长 9.5 厘米，管长 7.3 厘米，管径 1.3 厘米，球体直径 2.5 厘米（图 20）。

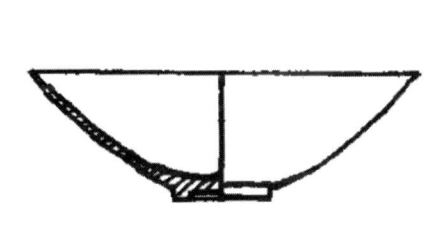

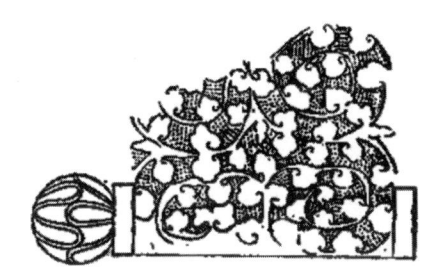

图 19　小瓷碗（M3:6）　　　图 20　鎏金铜管状器（M3:4）

（4）残碎铜丝网络多截。

四、豪欠营二号墓 M2

M2 在三号墓 M3 北 20 余米处，砖室结构，经古今两次被盗，残破极甚。清理结果如下。

（一）墓葬形制

墓室平面为方形圆角，直径 2.7 米。墓室四壁与穹庐顶大部坍塌，残高 1.80 米。整个墓室用沙质青灰色胎素面砖券砌，砖的质地比较坚硬，但大小规格不很一致，有 31.5 厘米 ×14.5 厘米 ×6 厘米的，有 30 厘米 ×15.6 厘米 ×4.5 厘米的，有 30 厘米 ×16 厘米 ×6 厘米的，还有 30 厘米 ×14 厘米 ×5 厘米的。墓室的券法是，先竖放一层砖，上面再平放一层，如此竖横交替，各砌四层；四层之上，便逐层向内收敛，再竖横各砌四层，再上全是平砌，逐层内收，成穹庐顶状。整个墓室四壁与穹庐顶均为叠涩式。尸床筑在墓室的后部，与墓壁保留宽 25 厘米的空隙，已残。尸床用长方砖平放横砌两层，通长 2.10 米、残长 1.44 米、宽 1.10 米、高 7 厘米。紧连尸床前的中部有一砖台，砌筑方法与尸床相同，比尸床高出一层平砖，台宽 30 厘米、残长 90 厘米、高 12 厘米。其上原来应放置祭品，作用相当于供桌。地面也全用长方砖砌筑，砌法与尸床不同，为横竖交错平砌。墓门东开，已全部坍塌。门的内壁下与左右两边的圆角下有朽木板痕迹。唯东南角下的木板，虽已局部朽烂，但还有较多部分保存尚好，木质坚硬，纹理较粗且有节痕，可能是落叶松一类。木板残长 77.7 厘米、高 9 厘米、厚 3.6 厘米。墓门、甬道与墓道尚未彻底清理，只知甬道口系用一块很大的天然石板封闭（图 21）。

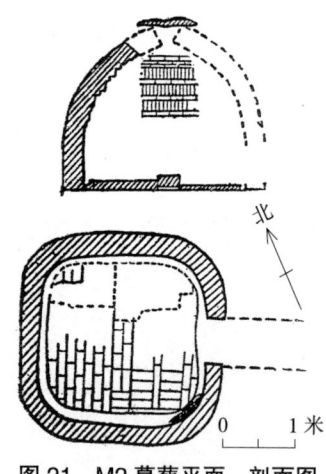

图 21　M2 墓葬平面、剖面图

（二）尸骨

经两次被盗后，尸骨已全部零乱。在墓室南侧的古代盗洞中部，清理过程中，出土有一个下颚骨和两个上肢骨，还有一只完整的铜丝网络手套及其他饰物。清至墓底时，尸床与地上的扰土中，肢骨狼藉，并发现了三个头骨。其中，有两个头骨挤压在紧靠后墓壁的一块石头上，一个已无颅顶骨，这块颅顶骨散落扣贴于西北角的墓壁上；另一头骨被抛扔在墓室前部的乱砖块上，头骨上染有绿色铜锈，下颚骨已无。在头骨下的扰土中发现了银、铜饰件与铜丝网络残截。葬式与葬具已完全破坏。从染有绿锈的头骨可知入葬时至少有一具尸体穿有手足铜丝网络，有无面具尚难判断。

这种肢骨零乱的现象说明盗墓者除了在墓室内剥取死者身上的衣饰外，还有将死者拖出墓外，剥取衣饰后，又将尸体从盗洞中塞回墓室的可能。

（三）遗物

因该墓古今两次被严重盗掘，遗物绝大部分已被盗走，残留于墓室内外扰土中的已寥寥无几。其中还有残碎瓷器、铜器、银器、铁器及其他装饰物等，有的漆木器多已残碎腐朽，只有痕迹或漆皮尚存，形体已无。现将残留遗物分述如下。

1. 瓷器

小碟一件。M2:16，虽已残碎，尚能复原。敞口，腹壁略深，小圈足，灰白胎略厚，釉色白中微泛灰黄绿，外壁大部脱胎。口径 10.2 厘米、通高 2.8 厘米（图 22）。

2. 铜器

（1）铜丝网络手套，一件。M2:1，为右手网套，拇指分开，其余四指为一整体，因腕部未收缩，外观略呈三角形。手网为六边形网孔，孔径约 1 厘米大小，所用铜丝为 0.8 毫米粗。手套网的编制方法：手掌与手背分上下两片分别编制，手背部分的口沿长 13 厘米，手掌部分的口沿长 11.5 厘米，从口沿编缀至 9 厘米处，各斜着向外编缀半片拇指网络，再继续向下编缀，直至中指末端收尾。两片的周围网孔各串有一根铜丝。两片编好之后，再用铜丝把上下两片连缀缝合在一起。手网套口沿用铜丝缠绕成硬边，根数不一，很不规整。手网通长20厘米、口宽12厘米（图23）。

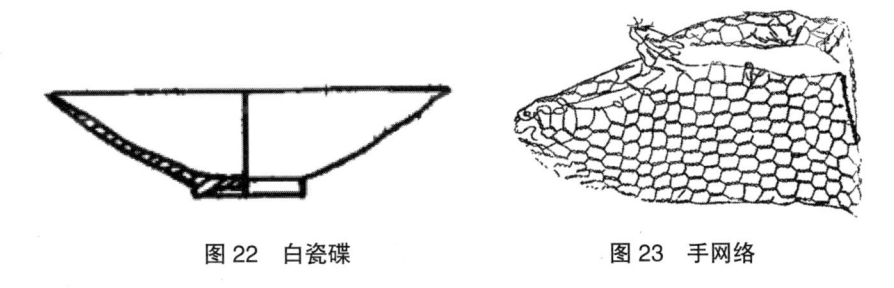

图22　白瓷碟　　　　　图23　手网络

又，墓室内与盗洞中还发现了一些网络残截，还有少许比网络还细的铜丝。

（2）带扣，一个。M2:5，扣部呈椭圆形，表面有鎏金。通长3厘米，椭圆宽3.3厘米×2厘米（图24中1）。

（3）带束，一个。M2:5，呈椭圆形，开口。束宽0.5厘米×0.15厘米。椭圆宽2.3厘米×1.5厘米，与带扣应为一套（图24中2）。

（4）小环一个。M2:6，金光闪亮，鎏金或合金，有对口。小环直径2.1厘米×1.8厘米，环粗2毫米（图24中3）。

（5）动物形耳坠一件。M2:13，头昂，背平，尾巴弯曲上翘，略高于头；头、腿为云勾纹，颈系铃铛亦为云勾纹，身侧通体有沟纹两条，中空，为一姿态生动、造型优美的动物形铜耳坠。通长3.7厘米、高3.2厘米（图24中4）。

（6）球状饰件两件，M2:11，铜丝已残断展开，失去了原来的形状。原物应与三号墓出土的鎏金管状器上的球体饰件相同。长4.2厘米、宽2厘米。

3. 银器

（1）长方形银箔饰件8件。M2:14，银胎极薄，上有模压花纹各一朵，左右对称，花心处各有一个小钉孔，上有小铁钉锈蚀在一起。长4.7厘米、宽2.2厘米。七件完整，一件残破（图24中5）。

（2）饰件一件。M2:17，银胎极薄，上有纹饰，已残断，器形与用途不明。残长10.5厘米、宽3.7厘米、高1.8厘米。

还有一件残碎的薄银饰件，器形已不清。

4. 铁器

（1）短刀两件。M2:9，因锈蚀严重，已残断为数截，在一端的圆铁柄上仍有朽木附着。残长约20厘米。

（2）残断铁器五截，器形已不清楚。

5. 料珠及其他

（1）玛瑙珠一枚。M2∶2，扁圆，穿孔，色紫，光润。长1.8厘米、宽1.6厘米、厚0.4厘米（图24中6）。

（2）料珠二枚。M2∶19，圆形，穿孔，一枚紫红色，另一枚附着一层白膜。直径约1厘米（图24中7）。

（3）钻孔贝壳一个。M2∶21，扁圆形白色贝壳，上下两片，上有钻开的小孔一对，可能是妇女佩带的装饰物。长5.2厘米、宽4厘米。

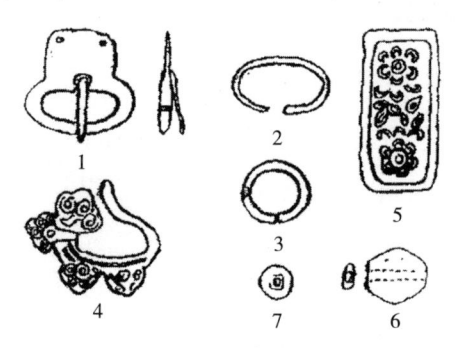

图24 铜带扣等

1.铜带扣；2.铜带束；3.小铜环；4.动物形耳坠；5.银箔饰件；6.玛瑙珠；7.料珠

五、结语

乌兰察布盟地区在辽代属于西京道管辖。由辽太祖阿保机神册元年（916年）"自代北至河曲逾阴山……置西南面招讨司，选有功者领之"[1]知辽代初期契丹族已在此设官置守。西南面招讨司设在丰州，即现在呼和浩特市东郊的白塔古城。豪欠营湾子山墓地正在丰州辖地的东南边上，东与奉圣州相邻，南与大同府的德州紧接。辽兴宗重熙十三年（1044年），升大同府为西京，这里才成为西京道的辖地。

从豪欠营墓群的排列、结构、出土遗物等考虑，应是一个家族的墓地。时代早晚大体由西北向东南排列。二号墓室方形圆角，用素面砖，比较古朴，还保留有唐墓的遗风[2]，多人葬也见于晚唐[3]，所以应是内蒙古西部地区辽代早期墓葬的形式。而墓室内出土的朽木，据碳十四测定为（1140±75）年，树轮校正为（1080±80）年，也与上述判断相吻合。三号墓的规模较大，应是这个家族的兴旺上升时期。而仿木结构的墓室，经唐末五代到北宋，也发展到了兴盛时期[4]，所以这个墓应属于辽代中期隆兴的阶段[5]。六号墓与宁城县小刘仗子的辽墓相近。小刘仗子的墓室结构为石券或砖石券六边形或八边形[6]，应属辽代中晚期的类型。

在已清理的三座辽墓中，都出土有铜丝网络或鎏金面具。在整个辽代考古中，网络和面具已出土有数十起[7]，但是完整的铜丝网络不多，辽宁法库叶茂台出土了一件[8]，形制与豪欠营六号墓出土的相似。而铜面具在小刘仗子辽墓群中出土了四具[9]，脸型与辽墓壁画上所绘契丹人相似。这些说明豪欠营古墓群中墓主也属于契丹族的一支。

解放前后，内蒙古东部地区和辽宁、吉林、黑龙江、河北、山西等省市都发现过不少辽代墓葬，出土了许多辽代契丹族的珍贵文物，为研究辽代契丹族的历史提供了重要的实物资料。但是在内蒙古西部地区却很少发现，尤其像豪欠营湾子山保存这样完整的辽代契丹族女尸，还是首次发现，她所提供的研究价值是多方面的。

首先是墓葬方面。过去已发现契丹族穿铜丝网络，戴鎏金铜面具，但究竟是如何穿戴法，说不清楚。这具女尸十分清楚地告诉了我们。又女尸身上还穿着好些层丝织品衣服，这不仅为我们研究契丹族的服装提供了第一手资料，而且对研究辽代契丹族的丝织品种类、纺织业水平，都是极好的实物资料。《辽史·食货志》载契丹族开国前后已重视蚕桑与农业生产，如云："皇祖匀德实为大迭烈府夷离董，喜稼穑，善畜牧，相地利以教民耕。仲父述澜为于越，饬国人树桑麻，习组织。"辽太宗时期占领整个北方地区以后，又云："寻诏有司劝农桑，教纺绩。"据《辽史·地理志》载，上京、祖州等地均有绫锦院。圣宗时曾以显州交纳的绫锦赏赐左右贵族。《辽史·礼志》记载辽朝贵族的礼服有锦袍、白绫袍、绛纱袍。辽朝对外赠送或赐予的物品中有绫、罗、绮、锦、纱绫、缎等多种，可见丝织业的发达。辽代不仅重视丝织品纺织，而且重视丝织品原料的生产。当时灵河沿岸，灵、锦、显、霸四州植桑麻，居民无田租，只供蚕织。《辽史·地理志》称，宜州"民工经织，多技巧"。然而，辽代的丝织品实物资料极其有限，这具女尸身上的丝织品将为辽代丝织品的研究提供一批新的珍贵资料。

我们知道契丹族男子髡头，妇女髡头与否？不知道。这具女尸给我们提供了契丹族妇女的发型样式。这对于研究契丹族的社会风俗是新的资料。

契丹族在中国北方这块土地上活动过数百年之久，建立了声威赫赫的辽王朝，但随着辽朝的灭亡，这个显赫一时的民族在人类历史上也销声匿迹了。那么，契丹族究竟是什么样子呢？这具女尸为研究契丹族的人种学与民族学也提供了新资料，在生理学、病理学等方面也可能提供研究的课题。

总之，豪欠营湾子山契丹女尸是一个重要的发现。

执笔：陆思贤　杜承武
绘图：戴丽萍

参 考 文 献

[1] 脱脱，等.辽史·太祖本纪（上）[M].北京：中华书局，1974.

［2］陆思贤.巴图湾水库区的古墓［J］.内蒙古文物与考古,1981（创刊号）.

［3］张郁.唐王逆修墓志铭考释［J］.内蒙古文物与考古,1981（创刊号）.

［4］宿白.白沙宋墓［M］.北京：文物出版社,1957.

［5］项春松.昭盟地区的辽代墓葬——兼谈辽墓分期及其随葬器物的断代问题［J］.内蒙古文物与考古,1981（创刊号）.

［6］内蒙古自治区文物工作队.昭乌达盟宁城县小刘仗子辽墓发掘简报［J］.文物,1961（9）.

［7］杜承武.辽墓出土的网络与面具［M］//陈述.辽金史论集（第一辑）,上海：上海古籍出版社,1987.

［8］温丽和.辽宁省法库县叶茂台出土契丹民族铜丝网罩［J］.文物,1981（12）.

［9］内蒙古自治区文物工作队.内蒙古出土文物选集［M］.北京：文物出版社,1962.

豪欠营辽墓第二次清理报告

1981年10月，乌兰察布盟文物工作站清理了察右前旗豪欠营湾子山辽代墓群中的二、三、六号墓葬。由于六号墓契丹女尸的发现，揭露整个墓群就显得十分必要。1983年5—6月份，我们又对剩下的7座墓葬进行了清理发掘，并在墓地范围内反复铲探，确已查明整个墓地至此已全部发掘完毕。

清理工作从5月19日开始，至6月7日结束，历时20天。乌兰察布盟文物工作站的全体同志和内蒙古文物工作队的部分同志参加了清理工作，陆思贤同志担任这次工作的主持人。

一、墓葬编号及其排列位置

这次清理的7座墓葬仍利用了第一次调查中的编号，分别为M1、M4、M5、M7、M8、M9、M10，连同第一次的M2、M3、M6，共是10座墓葬，集中分布在一个簸箕形的山湾之内，即湾子山。

墓地随湾子山的地势自西北向东南倾斜，西北端高坡上为M9，向东略偏南60余米为M10，此为第一列。第二列在第一列南30余米，有M1和M8两座墓葬。M1居西，与M9南北相对；M8居东，与M10南北相望。第三列约在墓地的中部，有4座墓葬，西北相并，M2、M3居西北，M4、M5居东南，相距50余米。第四列处于墓地的东南边缘，西北距M9 210余米，东西并列着M6和M7两座墓葬。

这里是一处契丹人的家族墓地，大体以西北高处为最尊、下葬年代较早，依次向东南排列的墓葬辈分渐小，下葬年代亦晚。实地勘察中还发现地表有石砌建筑基础的痕迹，有的积有灰烬层，应是守墓或祭祖的遗迹。

二、墓葬形制与结构

7座墓葬中，有砖室墓2座、石室墓3座、土洞和土坑墓2座，分述如下。

（一）砖室墓

1.M9

M9 由墓圹、墓室、墓门、甬道、墓道五部分组成。

墓圹：平面呈长方形，东西长 5.78 米，南北广 4.60 米，深约 2 米（从地面到墓室顶部）。发掘前，地面有用天然石块围成的"凸"字形石圈标志，表土层下为原生黑土层，再下为火山岩层。墓圹中部修筑墓室，墓室封顶后，在墓圹内普遍加盖一层大石块，然后回填墓圹，回填土中夹有多量碎石，逐层夯实，修造十分坚固。

墓室：平面略呈正方形，东西长 3.05 米，南北宽 3 米。四角加砌立垛，垛宽 67～74 厘米不等，底部向内凸出 18～22 厘米，向上由于四壁的收敛而渐趋平齐。墓壁砌法：最下一层立砌，以上各层均作横向平砌，逐层收敛。四角立垛与墓壁系一次砌成，互相咬合错缝，起了很好的支撑作用。墓顶由于早年盗洞的破坏，已全部塌陷。封顶石在墓室积土中，是一块长约 1.20 米、宽 0.86～0.84 米、厚约 0.15 米的天然石板。根据四周存留的石块判断，墓顶应是石块券砌的叠涩攒尖顶。现存四壁砖墙以西北为最高，有砖 33 层，高约 2.10 米。用砖规格为 39.5 厘米 ×19.9 厘米 ×6.4 厘米，绝大多数在一侧划有八条细沟纹，砖间以泥浆勾缝。

墓室内紧贴墓壁装有八边形木椁护墙，除西北角垛下一边木质朽毁、仅存痕迹外，其他各边仍保留有最底层的一块木板，现存最高的达 37 厘米、板厚约 9 厘米。各边长度随墓室周壁而变化，大致在 1.70～0.74 米，相对于四角立垛短一些。各边相接处匀作斜榫嵌入。

墓室地面用条砖铺砌，南北向列，每列用砖约 11 块。周边一圈依木椁形势铺砌，折角空隙处用适当的断砖填补（图 1）。

墓门是用长条砖砌成的拱洞，正对墓室的方向为 309°。拱洞长 0.85 米，宽 0.52 米，高 1.03 米。立脚平砌 11 层砖，拱顶用 15 列砖纵连起券，顶部正中一列作楔形插入。墓门上方砌起一堵弧形门头墙，高约 2 米，宽 1.4 米。拱洞式墓门内没有门框、门扇等结构，仅用长条砖分两列

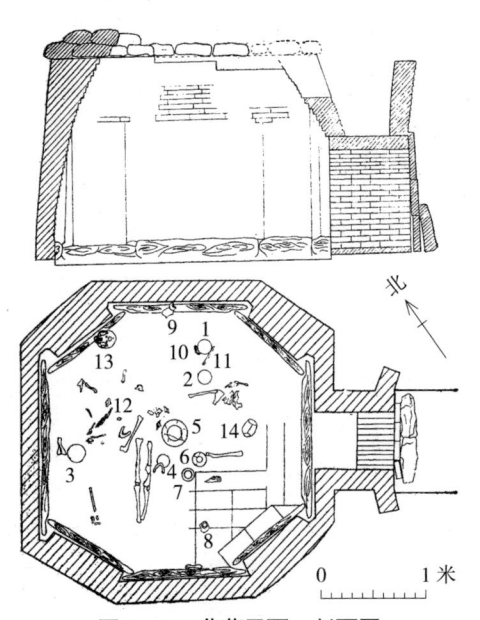

图 1　M9 墓葬平面、剖面图

1～4. 铜镜；5. 白瓷大盘；6、7. 白瓷碟；8. 白瓷碗（残）；
9. 葫芦瓶（残）；10. 木梳（残）；11. 牙刷；
12. 银箔刀鞘（残）；13、14. 颅骨

四层填实。外面用双层砖直立封堵，最外面斜靠两块不规则的石板（图2～图4）。

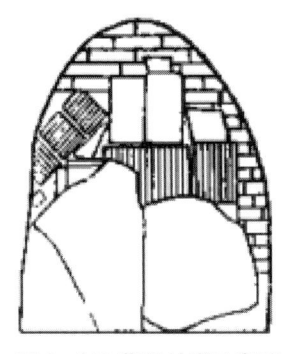

图2　M9墓门封堵示意图　　图3　M9墓门封堵（一）　　图4　M9墓门封堵（二）

甬道：由穿透原生黑土层构成，长1.70米，宽1.40米，高1.20米。甬道内填满较大的石块，甬道口用天然石垒砌封口。

墓道：长方斜坡式，长约7.5米，上口宽2.10米，下口宽1.04米。紧贴甬道处深2.90米，底部铺有1米多厚的大石块。

墓室内发现木质尸床的痕迹，置于正对墓门的墓壁下，墓体形状已无法判断。根据北端残留的朽灰测量，尸床宽度约为1.05米，髹朱红色漆皮。人骨两具，俱被盗墓者翻乱，葬式不明。尸床北端有头骨一具，应与原来的位置相差不远；另一具则已滚落到靠近墓门处。随葬品现存高度不一。由于墓内曾经积水，墓底板结一层14～18厘米厚的胶质淤土，一部分随葬品得以在淤土中保存。白瓷大盘一件、白瓷小碟两件呈鼎足状摆放在尸床前面的墓室中部，一面铜镜在盘、碟的西侧，另一面铜镜在西壁下，其余两面铜镜及牙刷、木梳等则在靠近北壁的不远处被发现。据此推测，四面铜镜原应分置于死者的头部和腰部位置。在淤土层上面的扰土中有被打碎的葫芦形瓶和白瓷碗的残片及白玉耳坠等（图5）。墓道中紧靠甬道口的地方还发现羊头骨一具、小铜铃一个。

图5　遗物分布

2.M1

M1亦为单室墓，结构与M9基本相同。

此墓在1972年遭严重破坏，墓顶盗坑直径达5米，深3米余。清理出的墓室平面形状近似瓢形，东西长3.07米，南北宽3米，西壁直边长1.60米，墓壁最高处尚存1.28米。墓壁砌法是用一层平砖、一层立砖交互上砌，逐渐收分，各壁各层及转角处内收情况均不一样，各有不同，根据需要使其瓢样形状从底到上保持不变，砌法十分高明。用砖规格为36.5厘米×17厘米×6厘米，多数为五条深沟纹。墓底用六列条砖铺

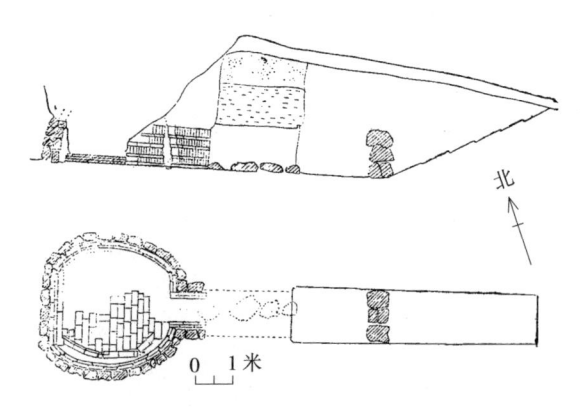

图 6　M1 墓葬平面、剖面图

砌，底部四周空出 8～18 厘米宽的凹槽，内中发现木椁护墙的朽灰（图 6）。

墓门位于墓室东侧正中，门洞深 0.84 米、宽 0.62 米，顶部情况被毁不明，也应为拱洞式，与 M9 相同。甬道穿山石凿开，长 1.60 米、宽 1.20 米、高 1.23 米。墓道为长方斜坡式，长 6.60 米、宽 1.40 米。在距离石甬约 2 米处的墓道中有一堵用天然石块砌成的封墙。

尸床在墓室西部，长约 1.80 米、宽 1.30 米，用两层条砖错缝平砌。尸床前有用两块砖砌成的平台，可能是供桌。墓内随葬品已荡然无存。发掘中在扰土内发现人头骨两具，骨面上附有铜锈绿斑，还发现马牙、盘碟碎片、残铜丝网络和一块带肉的指骨等。据称，当年毁墓时见有完整的尸体两具。

（二）石室墓

平面形状可分为三角形和八角形两个类型，建筑用料也有区别，前者用天然石块券砌，后者则用石板构筑墓室。

1. M8

M8 为三角形单室墓，方向为 308°，由墓圹、墓室、甬道、墓道四部分组成。

墓圹方形，东西宽 3.42 米，南北长 3.50 米，深不足 1 米。填土呈黑灰色，夹有石块和碎骨。顶部北侧发现有盗洞。墓室修在墓圹的中部，东西长 1.92 米，南北最宽 2 米，高约 1.67 米。墓壁用天然石块券砌，石块大小不等，共 9～10 层，从底面第三层起开始内收，封顶石尺寸约为 65 厘米 ×60 厘米 ×30 厘米。通道直接同墓室连接，穿原生土掏成拱洞形，长约 1.30 米、宽 0.65 米、高 0.85 米，作斜坡式向墓室一侧倾斜，近墓窟处用石块券起。甬道口用两块大石封堵，外面的一块长约 0.80 米、宽约 0.50 米、厚约 0.32 米，里面的一块长约 0.90 米、宽约 0.56 米、厚约 0.25 米。长方形斜坡式墓道，长 4.85 米、宽 1.25 米、最深处有 1.23 米（图 7）。

墓室西侧有砖砌尸床，用方砖 15 块、条

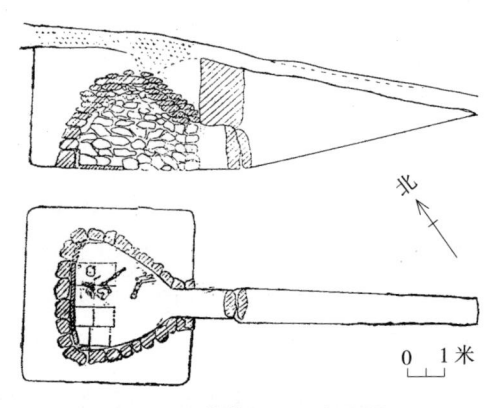

图 7　M8 墓葬平面、剖面图

砖1块砌成。砌法：平铺两行方砖，每行5块，后壁直立5块方砖，西南折角处立一块条砖。方砖规格为40厘米×40厘米×6厘米，表面有12条细沟纹；条砖规格为40厘米×18厘米×6厘米，有7条沟纹。墓室地面没有任何铺设。

墓室内有人骨一具，头朝北，上身仍在尸床上，下肢扭转落到尸床下，应属被盗所致。墓口南侧发现黑釉瓷壶一件，后壁靠近头骨处置茶绿色双耳小罐一件，尸床下距北壁60厘米处发现铜丝编成的球形器一件。

2.M4

M4为八角形单室墓，方向为295°，由墓圹、墓室、墓门、甬道、墓道五部分组成。

墓圹：略呈方形，东西长2.73米，南北长3.02米。地面有石块围成的"凸"字形标志，石圈中部有一个葫芦状的盗坑，深可盈米。圹壁生土呈灰白色，圹内填土呈灰黄色，含砂粒碎石，并经轻度夯打。盗坑扰土内发现了构筑墓室之石板。在距地面1.15米深处显露墓室顶部积石。

墓室：平面形状呈八角形，东西长1.84米，南北长1.82米。墓壁用三层长方形石板围砌，向上略有收分。石板系用青灰色砂岩凿刻而成，大小不尽相同。底部第一层7块石块，正北居中的一块断裂为不均匀的两半，对接拼砌后略向内弧，可能是造墓时的特意之举，其目的是使墓壁圈围得更加合理，便于安装墓门。其最大的石板长66厘米、高48厘米、厚10厘米，最小的长29厘米，高、厚同上。第二层8块石块，先竖之于第一层断裂的石板上方；第二层砌两块石板，其余石板，上下两层均一一相对叠砌，基本上不错缝；第三层今存3块石板，与下面的一层叠涩且有错缝，石块间均以白灰勾缝。

墓底以小石块填实，以黏土铺垫，其上抹白灰，灰面很薄。墓顶已遭盗墓毁坏，判断原本应是用天然石块逐层叠涩收口，最后用大石封盖而成的（图8）。

墓门在墓室东侧，门扇存一合，倒在甬道内，整体作长方形，表面加工比较粗糙，一侧两端有转子，门高70.8厘米、宽33.5厘米、厚6厘米，门转突出3~3.5厘米，立梜和门额俱

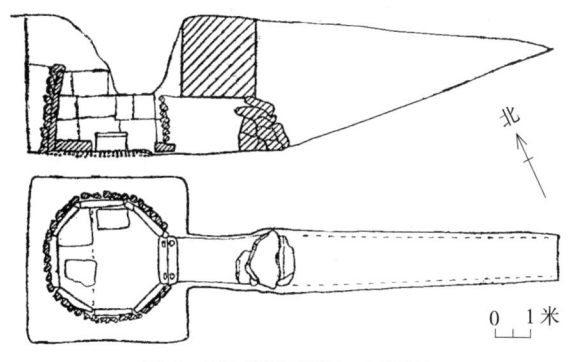

图8 M4墓葬平面、剖面图

被毁掉，尚存地栿，仍在原处未动。地栿系由一整块石料凿成，呈长方形，略带亚腰，长82厘米、宽33厘米、厚18厘米，上面分成内高外低的两部分，作用有如门槛，高差为2厘米。内侧两端凿长方形孔，长8厘米、宽5.5厘米、深5.5厘米，原是立梜的榫卯。外侧两端凿不规则的圆形门臼，孔径为6~14厘米，深约3.5厘米。

甬道拱顶已被破坏，原是掏在生土上的，甬道深15.6米、宽0.8米，外口用大石封堵。墓道长3.46米，上口宽1.13米，下口宽0.81米，作斜坡式，最深处约1.83米。

墓室内部西侧用石板砌出尸床，平面略呈梯形，长1.82米、宽0.68米、高0.24米，表面抹以白灰。尸床原由三块整石砌成，今中部一块被毁，只存两端，南端的一块也被挪动错位。

在墓室西壁下置一长方形石棺，棺长55.5厘米、宽38厘米、高28厘米、壁厚4厘米，盖厚6.5厘米，棺内盛放骨灰。

墓室内没有发现随葬品，估计已被盗空，仅在距墓门36厘米处发现有散乱的红漆皮碎片，分布范围约15平方厘米，系一件漆盘的残片。

3.M5

M5为八角单室墓，方向为288°，结构与M4相同。

墓圹南北长4.72米，东西长5.10米，距墓室顶部深1.78米。墓室平面呈不规则八角形，东西长2.28米、南北宽2.24米。墓壁用四层长方形石板围砌，最大的石板长81厘米、高41厘米、厚16厘米，经人工雕过，从下数第三层起开始内收。墓顶用扁平石块叠涩圈砌，平铺四层，空隙处用小石块填塞，外侧用大石压住保持平衡。顶部封口直径约72厘米，封顶石长约1.20米、宽0.68米、厚约0.20米。墓壁外侧用石块填实。墓底用条砖平铺，砖长38厘米、宽20厘米、厚5.5厘米，表面有6条槽状沟纹。铺地砖上抹白灰面。

墓门失盗不存，只存地袱，形状与M4类同，长99厘米、宽33厘米。榫眼孔径8.5厘米、深约4厘米，孔距60厘米。门臼孔径7.5厘米、深约3.5厘米，孔距58厘米。

甬道修在墓圹的里面，系用石块券砌而成，券顶已遭破坏，现存两侧石壁高1.12米。甬道长1.92米，内窄外宽，宽度在0.84～1.15米。甬道口也用天然石块封闭，封门墙高1.80米、厚约0.73米。

斜坡式墓道长7.75米、宽约1.47米，最深处距地表2.4米。

砖砌尸床位于墓室西侧，平面呈梯形，前长2.40米、后长1.40米、宽0.85米，作四层错缝平砌，表面抹白灰（图9）。

尸床上原有人骨一具，已被扰乱，尸骨散乱于墓室各处，葬式不明。墓室底部发现影青小盏和白瓷大碗的残片，扰土中还发现有马的上下颚骨。

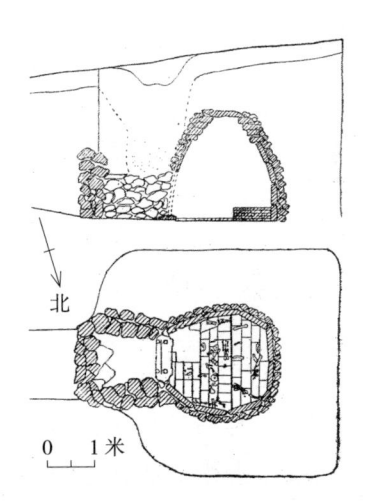

图9 M5墓葬平面、剖面图

（三）土坑、土洞墓

M10：土坑墓，埋藏极浅，深不到50厘米，是在铲探中发现的。葬具系一灰陶罐，内存骨灰，陶罐四周用石块圈围。

M7：土洞墓，地表有"凸"形石框标志。

洞室底面呈长方形，顶部作船篷形，南北长2.01米，东西宽1.10米，高1.35米。墓底为白灰掺碎石经夯打而成，北高南低，略显缓坡。洞室后墙北侧开壁龛，距墓底55厘米，壁龛自高50厘米、底阔35厘米，进深30米，后壁与顶部皆作弧形收缩，上部略张，有如佛龛，修理较为规整，当是放置随葬品的地方。由于墓内曾经积水，随葬品发生漂移，落到墓室淤土中，壁龛遂空。

甬道在洞室东侧正中，作拱洞式，宽1.05米、高1.10米、进深0.68米，甬道地面高于洞室地面约14厘米。甬道口用两块大石封堵。

墓道作竖井式，平面为正方形，边长1.80米，距地表深3.10米（图10）。

墓中有人骨一具，未经扰乱，置于洞室后壁之下，头向356°，仰身直肢，两手平放，两足作八字分开，头向右侧，面朝墓门。人骨头顶至足跟长159厘米，牙齿保存完整，判断系一女性（图11）。

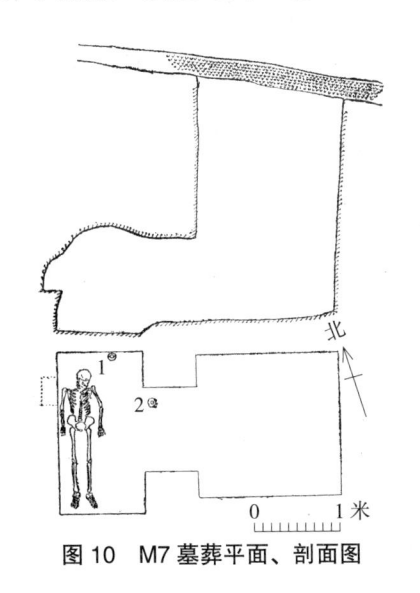

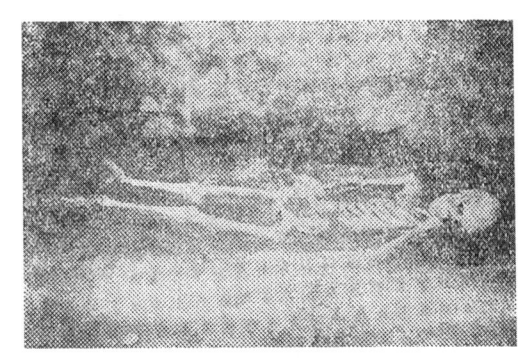

图10　M7墓葬平面、剖面图　　　　　　图11　葬式

尸身下发现木板朽灰的痕迹，并有竹席印痕，席纹粗细均匀。在3.5厘米的宽度中有席纹12条，作人字纹编织。尸身右侧胯下有铁锈刀一把，长约20.4厘米。头部北壁下置青灰釉双耳瓷罐一件，靠甬道口处淤土中发现白灰釉小瓷碗一件。

三、随葬遗物

这七座墓葬，由于M1、M4、M5均古今两次被严重破坏，M8、M9古代已被破坏，所以随葬遗物多数散失或破碎；M7、M10虽未被破坏，但前者墓葬简陋，随葬物很少，后者为陶罐骨灰葬，除已破碎的陶罐外，别无他物。这七座墓残留的遗物有瓷器、陶器、铜器、铁器、银器、骨器、玉器、漆器、木器、丝织品和动物骨骼等，有的完整，有的可复原，有的已残碎不能复原。现将完整或基本能复原的遗物分述于下。

（一）瓷器

瓷器有葫芦瓶、罐、碗、盘、碟、盏等。还有一些残片，已无法复原。葫芦瓶有两件：一件为M1出土，只剩少数残片，已不能复原；另一件为M9出土，出土时虽碎为小片，但仍可复原，敛口，鼓圆腹，圈足，上小下大，形若葫芦。器表通体施釉，近底脱胎，淡黄色釉，釉中闪灰绿，釉色大体匀净，近底有泪痕三道，两道很短，泪痕呈白色，一道至底，泪釉呈黄绿色。肩部釉中有一圈浅褐色不规则隐纹，宽约1米；口、肩、腹等处有细碎的冰裂纹。上下两个葫芦的器表，各有三个指头大小的脱胎瘢痕，上部约小指指头大小，下部约拇指指头大小，可能是支钉痕。胎质较细，坚硬，呈白灰色，含有少量砂粒。高22.8厘米。（图12中1）

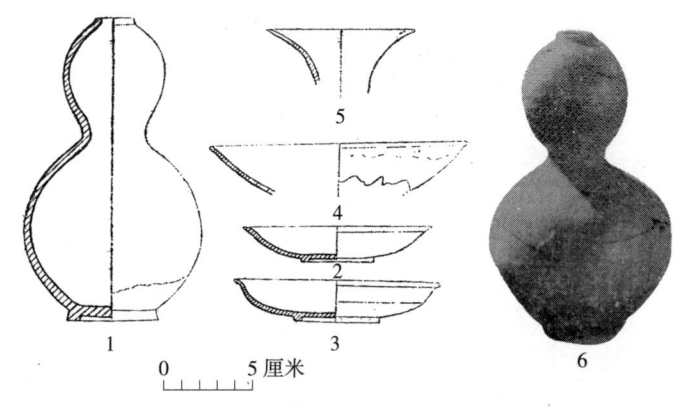

图12 葫芦瓶（M9：11）等

1.葫芦瓶（M9：11）；2、3.碟（M9：13, 14）；4.盘（M1）；5.樽（M5）；6.葫芦瓶（M9）

M1的残片为下腹部，大小与M9出土的相似，釉色偏黄，器表不很光滑，有较多的细沙粒外露；胎质坚硬，较细，呈白黄色。据老乡说，M1还出土过一件完整的葫芦瓶，已下落不明。

小口瓶：一件。侈口，尖圆唇，高领，圆肩，鼓腹偏上，浅圈足。通体施黑褐色釉，肩、腹部有脱胎小白斑，共八九片。胎质较细，呈白色。高12.4厘米。M8出土。

（图13中2）

双耳罐：两件。分为二式。

Ⅰ式：敛口，平沿，短颈，弧形折肩，鼓圆腹，圈足。两耳贴于折肩与上腹壁侧。最大腹径以上施茶末色釉，下腹至底脱胎。口沿无釉，胎较薄，质较细，呈白色。制作欠精细，器身略歪斜。高7厘米。M8出土。（图13中3）

Ⅱ式：直口，圆唇，颈部略长，中部外凸，上下凹入，形成一个曲线颈；圆肩，卵形腹，圈足外侈；双耳平直，连接于颈部中间与肩上。施白色釉，釉色不匀，颈部偏白，腹部泛灰，釉色显得混浊，下腹部脱胎。胎质较细，坚硬，呈灰白色。高13.4厘米。M7出土。（图13中1）

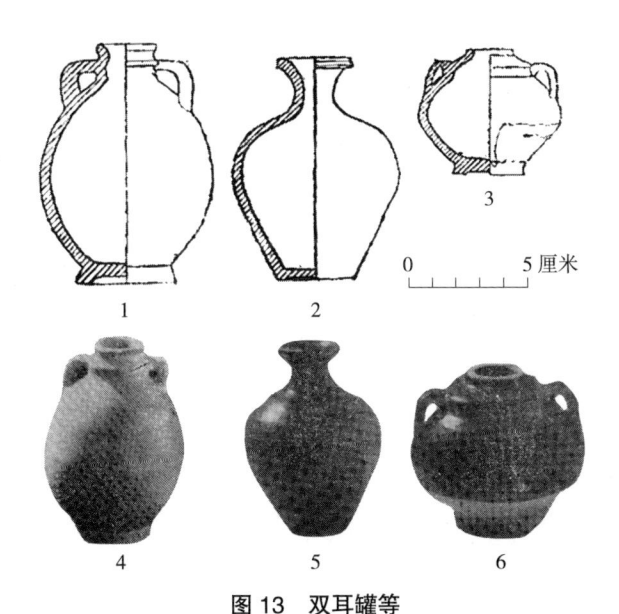

图13　双耳罐等

1. 双耳罐（M7:1）；2. 小口瓶（M8:2）；3. 双耳罐（M8:1）4. 白釉双耳瓷罐（M7）；
5. 褐釉瓷瓶（M8）；6. 茶末釉双耳瓷罐（M8）

大碗：两件。分二式。

Ⅰ式：敞口，圆唇，腹壁稍有弧度，圈足，施白釉，白沿外有局部较厚釉泪痕，微呈黄绿，近底脱胎。胎质纯白，较细腻，胎壁较薄，通体厚薄均匀；内壁光润，外壁近底脱胎处有抹下的痕迹，宽约1厘米。碗内有印花纹饰，由底至口沿，布满精致的花纹，底部清晰，碗壁若隐若现。口沿内有弦纹一道。底部有支钉痕九个，分布距离大体均匀，高6厘米。M5出土。有少部分残缺。（图14中1）

Ⅱ式：敞口，尖唇，腹壁呈弧形。口沿外有1.5厘米宽一条微微凸起，形成一道宽弦纹，内壁与口沿外凸部分施白黄色釉，釉较厚，光润晶莹，有透明感，且有细碎的冰裂纹；外壁凸部之下，釉薄，透明，呈灰绿色，瓷胎上的小雀斑清晰可见。胎质较细，杂有细黑砂粒；胎呈灰色，灰中微含绿黄。只剩口沿残片，口径约 17 厘米。M9 出土。

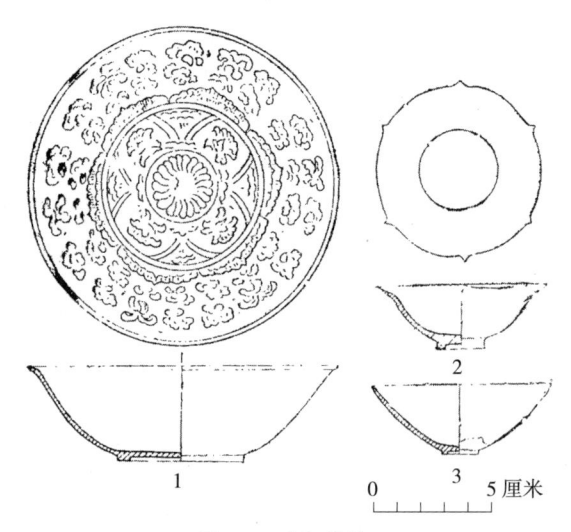

图 14 碗和盏等

1. 大碗（M5∶3）；2. 影青盏（M5）；3. 小碗（M7∶2）

小碗：一件。敞口，尖唇，腹壁略有弧度，小圈足。通体施白釉，釉色闪灰，且微带黄意，近底脱胎。胎质细腻，灰白色；胎壁上薄下厚，内外壁面皆有米粒大小的鼓包，器表不够光滑。内底有一很大的支钉痕，高 4.5 厘米。M7 出土。（图 14 中 3）

盘：三件。可分三式。

Ⅰ式：渔猎纹白釉大盘一件。敞口，浅腹，口沿内有弦纹一道。内壁有一圈牡丹与花叶组成的纹饰，底部有一圈以人物为主体的渔猎纹饰，根据人物活动内容可分为六组：有人逐兽、人追野鸭、人扑鹅、人捉鱼等。盘底中为波浪与鱼，由于印纹太浅，已不清晰。通体挂釉。外壁有三条竹叶形刮痕，脱胎，釉色灰白，釉中有小黑点，底部有支钉痕五个，其中一个不明显。胎质细腻，灰白色。整个器形歪斜不圆，有明显变形。口径 25.5 厘米 ×26.3 厘米、高 4.3～5.5 厘米、底径 10 厘米 ×10.4 厘米（图 15）。

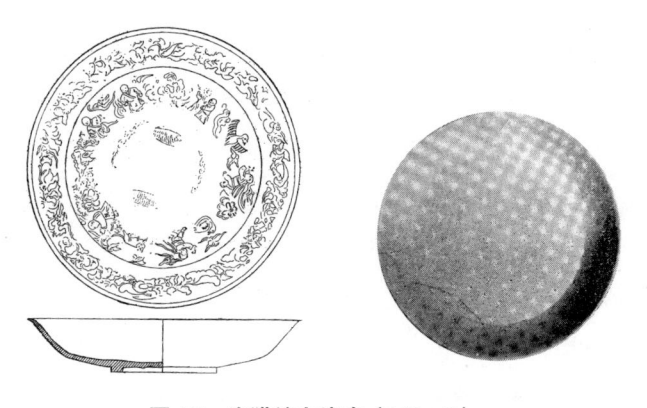

图 15 渔猎纹白瓷盘（M9∶5）

Ⅱ式：敞口，圆唇，弧形腹壁，器底已残缺。施灰白色釉，釉色不够纯净，中有灰色斑痕；内壁满挂釉，外壁除口沿近处有釉外，余皆脱胎。胎质较细，呈灰白色。内壁有荷叶形印纹，呈辐射状。口沿外有一道弦纹，内底有两道弦纹。高已不知，口径20厘米。M1出土（图12中4）。

Ⅲ式：敞口，圆唇，折腰，圈足。施白灰色釉，釉色光润，纯净，除圈足外，未有脱胎处。胎质较细，呈灰白色，胎壁较厚。高3.2厘米。M9出土（图12中2）。

碟：一件。敞口，尖圆唇，口沿外侈，腹壁有弧度，圈足。施白灰色釉，釉色细腻，近底只有小部脱胎，胎质较细腻，灰白色。口沿内外各有弦纹一道。底部有支钉痕五个。高2.8厘米。M9出土。（图12中3）

盏：一件。敞口，口沿呈荷叶形，弧形腹，小圈足。通体施青白釉，轻淡雅洁，细腻光润，晶莹透亮；釉内有局部冰裂纹。胎质洁白、细腻，火候很高，敲之有金石声。造型美观，应为景德镇影青。M5出土，局部残缺。（图14中2）

樽：一件。敞口，尖圆唇，外形与喇叭相似。施青白釉，口沿约1厘米宽的釉为天青色，并有三道弦纹，亦天青色，其余釉色青白，白中微微泛青，釉色纯净、厚润，素雅、美观。胎质纯白，细腻中略带微粒，致使釉面特别是口沿不很光滑。口径11厘米。高已不知，但从残片看应为细颈高领。已不能复原。M5出土。（图12中5）

（二）陶器

罐：两件。可分为二式。

Ⅰ式：敞口，圆唇外展，半高领，圆肩，卵形腹，平底微内凹。灰褐色胎，泥质，火候较高，胎质坚硬。颈部有两道弦纹。腹部以下有篦纹装饰。纹饰呈条带状，由底部开始，采用螺旋式沿腹表向上旋转，到腹部逐渐重合，故腹部一条纹饰宽窄不一。纹饰宽约1.5厘米。轮制。高26.7厘米。M10出土。（图16）

Ⅱ式：敞口，圆唇，短颈，鼓圆腹，小平底。灰胎，胎质较硬，火候不高。素面。破碎严重，只能局部原复。M10出土。

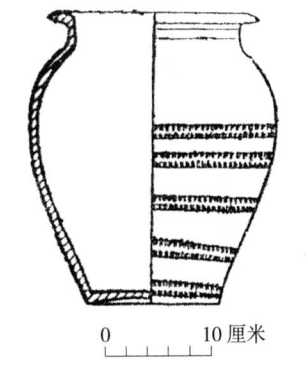

图16 篦纹陶罐（M10∶1）

壶的口沿残片：M5出土。应为直口高领壶。泥质，灰白胎，轮制。

（三）铜器

出土的铜器有铜镜、铜铃、球状饰件和网络残片等。

铜镜：四件。可分为二式。

Ⅰ式：三件。圆形，正面保存较好，局部粘结土粒，有绿锈，无锈处依然光滑闪亮，可以照人。背面有人物纹饰。棱形边，乳钉钮，穿孔内仍有系镜的革带残留。纹面分四区，每区为扇形；扇形的周围为连珠纹。每个扇面印有一侧面人物，面向左，只有头的轮廓，无眉目，身穿袍服，束腰，左臂弯曲向上，手中举物若塔。左右两侧各有一缠枝花串，花向左倾，两朵；花束与人物头部之间有连珠组成的圆形小花朵一枝。镜直径15.2厘米，另一件大小、纹饰完全相同。

还有一件也是人物纹铜镜，纹饰大体相似，但方向相反。大小也有不同。人物面向右侧，身着袍服，腰系带束，脚穿短靴，作行走状。右臂向上弯曲，手举尘拂，面部有鼻、眼、口、耳的轮廓，头顶有髻。人物造型逼真，神态自然。人物的前后与上部各有一缠枝花束，形状相同，前后两束均向左，顶部向下。花枝缠三匝，一高一矮，花朵平行低垂，为分瓣式。整个花纹铸造精细，生动自然。直径14.2厘米。前两件铸造粗糙，后一件铸造精细。（图17）

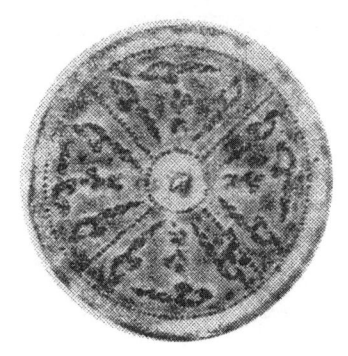

图17 铜镜（M9）

Ⅱ式：素面铜镜一件，直径17.9厘米。正面微有绿锈，大部分银光闪亮；因掉在人的衣服上，故镜面上粘有丝织物数层，多为罗、绢。背面的钮已脱落，只留一直径1.3厘米的钮痕。

铃：一件。长圆形，分上下两半，上半部正中有高0.7厘米的扁钮，有小孔，为系绳处；下半正中半开缝，铜胎厚1.5毫米，通高3.3厘米，直径2.2厘米。M9出土。（图18中4；图19中1）

球状饰：三件。形状与制作方法基本相同。球状饰用铜丝弯曲制作而成，周分五瓣，瓣若莲花，上下一样，相互对称。高约2厘米，直径约2.8厘米。做法为：用1.5毫米粗的铜丝一根，长约30厘米，两头各打扁约1厘米，卷成小圆孔，孔径约2毫米。然后将铜丝弯曲成圆弧形莲花瓣，来回弯曲成上下相同的样子，上下共十瓣，围成一个圆圈，再把上下两头的莲瓣向内适当弯曲，基本成球体状，之后把两个铜丝头各曲向一端球体的正中，即成。出土时，M9出土的两件内都有丝织物残留，并有丝线从两端孔内穿过。M9出土的另一件，因制作时未计划好，一端的余头长出约1厘米，为保持丝头的小圆孔仍在正中间，又不

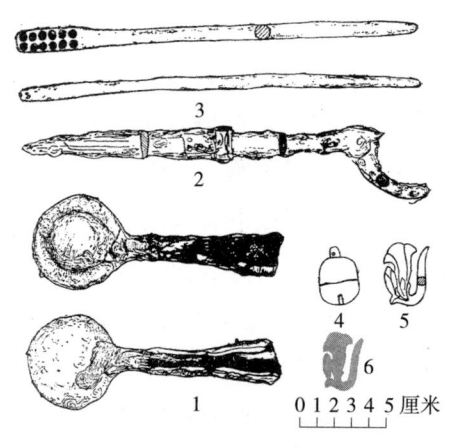

图18 铁小勺（M9）等
1. 铁小勺（M9）；2. 铁刀（M6）；3. 牙刷柄（M9）；4. 铜铃（M9）；5、6. 玉耳坠（M9）

得不在球内多弯曲一个圆球。（图 19 中 2）

M8 出土的一件球饰，所不同处是，铜丝约 2 毫米粗，莲瓣比 M9 的少两个，为分瓣式，上下各四瓣。（图 19 中 3）

网络：残截若干，已不成形，但均编缀为六边形网孔。孔径约 1.2 厘米。铜丝有粗、中、细三种，最粗的约 0.8 毫米，最细的不足 0.5 毫米。M1 出土。

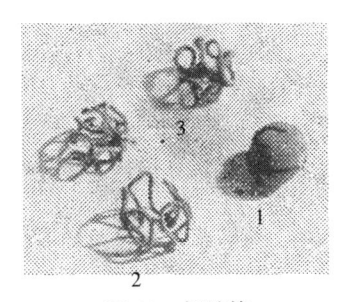

图 19　铜铃等

1. 铜铃（M9）；2. 球状饰（M9）；
3. 球状饰（M8）

（四）铁器

小勺：一件。勺头呈扁圆形，直径 5.3 厘米，高 0.6 厘米。柄部有銎，略呈方形，外粗内细，可安木柄。柄长 9.2 厘米。通长 14.5 厘米。锈蚀严重。M9 出土。（图 18 中 1；图 20）

小刀：一件。已残断。刀刃部长 12 厘米、宽 1.5 厘米，柄长 11.5 厘米，通长 23.5 厘米。刀身表面附着一层朽木，呈杏黄色，可能是木鞘朽烂附着于刀上的残留物。M9 出土。（图 18 中 2）

图 20　铁小勺（M9）

环：半截。直径约 3.3 厘米。M9 出土。

钉：两枚；方形，尾粗头尖，一件长 7.3 厘米，另一件长 6 厘米。钉表附着木痕。M5 出土。

束：两半片，束高 1 厘米、厚 0.1 厘米，直径约 2 厘米。一头大一头小，呈椭圆楔形。M1 出土。

还有一些残铁片，器形不明。

（五）银器

鞘箔：残片。鞘柄外为银箔压印的精致纹饰，银箔内残留有 3.5 厘米长的朽木柄一截，残宽 0.7 厘米。一头木柄中有铁钉断折痕迹，径粗 0.2 厘米，还有一蘑菇形小钉头，钉腿已折断，粗细与木柄中的相同。残留钉腿长 0.6 厘米，外有朽木残留。M9 出土。

（六）骨器

牙刷柄：一件。柄部为圆柱形，刷端为扁长方形。柄与刷头成弧形微弯。通长 23 厘米，刷头长 4 厘米，宽 1.2 厘米。扎毛孔两行，六排，孔径 0.4 厘米。在刷头的顶端正

图 21　骨牙刷柄（M9）

中还有一小孔，直径 0.3 厘米，与头排的两孔相通。M9 出土。（图 18 中 3；图 21）

（七）玉器

耳坠一件。高 3.7 厘米、宽 2.3 厘米、厚 0.7 厘米，白玉雕琢，晶莹光润。耳坠呈曲柄花形，主体为盛开的花朵，花分三瓣，形若喇叭，用线纹通刻；花蒂两侧外翻，中呈棱形，亦为线刻。花朵一侧为曲柄别针，另一边为枣核形花蕾。耳坠整体造型别致、美观素雅（图 18 中 5）。

（八）漆器

M4 出土漆盘一件，木胎已朽烂，只残留红、黑两色的漆皮。

（九）木器

梳子：一件。已朽，M9 出土。

（十）丝织品

绢：残片几块。棕色。
罗：素面铜镜上残留。

（十一）其他

M9 出土黄鼠头 1 个，兽牙数枚。
M1 出土蛇骨一条，兽牙数枚，还有谷物。
M5 出土马头骨半个。

四、结语

豪欠营湾子山辽墓，经过第二次清理，无论墓葬形制还是出土遗物，与第一次清理的三座墓葬都基本相同，进一步说明这个墓地是同一个时代、同一个民族的墓葬，即辽代契丹族的一处家族墓地。墓地虽然多数墓葬遭到了古今两次严重破坏，但是它所提供的资料还是有着相当的研究价值。

（1）豪欠营湾子山辽代契丹家族墓地是迄今为止辽代西京道地区所发现的唯一的契丹族的墓地。契丹族的发祥地主要在内蒙古东部地区赤峰市境内的锡拉木伦河与老哈河一带，那里曾发现过不少辽代契丹人的墓葬，在它周围的哲里木盟、辽宁省西部地区与河北省的北部地区也曾发现过一些辽代契丹人墓葬。这些墓葬有着许多共同点，这就为具体认识历史上建立辽王朝的契丹族的生活面貌提供了最可靠、最生动形象的依据。然而，作为辽王朝重要组成部分的西京道，有无契丹人活动？如果有，那他们的生活面貌又是怎样的呢？过去人们对这一问题的认识，除了文献上的一些零散记载外，是一无所知。豪欠营湾子山辽代契丹墓地的发现填补了这一空白。它使我们对辽代契丹人在这里的具体生活面貌有了新的认识。尤其是契丹女尸的出土，不仅填补了辽代考古的空白，而且为辽代契丹考古提供了多方面的研究资料。这里都不再赘述。这个墓地，除六号墓出土了完整的铜丝网络和鎏金面具外，一、二、三号墓也出土了残碎铜丝网络，这就为研究辽代契丹族的特殊葬俗提供了新的依据。有的同志认为铜丝网络可能是皇室耶律氏为公主下嫁肖氏而陪嫁的"覆尸遗物"[1]，豪欠营三号墓的男尸也穿有铜丝网络，这就打破了只有公主才穿的论断。它为这一问题的探讨提供了新的线索。这个墓地，除六号墓、七号墓保存了完整的随葬器物外，其他墓葬都因被盗掘，随葬遗物已残碎不全，但也提供了如渔猎纹印花白瓷大盘这样辽瓷中罕见的文物。它不仅形象地展示了辽代契丹族酷爱渔猎的一个生活侧面，也为辽代瓷器装饰内容与风格的研究提供了新的资料。这座墓地出土的随葬器物与东部地区契丹墓葬出土的器物有着相同或相似之处，说明这是同一个民族的共同特征。但其也与东部地区契丹墓葬有着明显的不同，这里的十座墓葬从早期到晚期，没有发现一件代表契丹族特点的陶瓷鸡冠壶，也没有发现一件凤首瓶和辽代的三彩器，而这些器物是东部地区契丹墓中常常发现的东西。这也就反映出了豪欠营辽代契丹墓葬的特殊性。

（2）豪欠营契丹墓地虽然只有十座中小型墓葬，但是墓葬类型比较多样，这既反映了这个墓地在墓葬形制上的特点，也为辽代契丹墓葬形制的研究和分期断代提供了新的资料。墓葬根据形制，可分为以下七种：

第一种，圆角方形砖室墓，两座，M1、M2可能有过木椁。M1除后壁有直边外，其余三面墓壁均有一定的弧度，其墓室平面略呈瓢形。M2为圆角方形。这两座墓葬的大体结构与砌筑方法基本相似，应为同一时期的墓葬。

第二种，三角形烧杯式石室墓，只有M8一座。其平面结构与《昭盟地区的辽代墓葬》[2]一文中图1中8的样子完全相同。

第三种，方形砖室墓，内有八角形木椁。只有M9一座。其墓室平面结构与《辽代墓葬分区与分期的初探》[3]一文中所列Ⅰ区的第一种方形墓相同，其内部的八角形木椁又与翁牛特旗解放营子契丹的木椁结构相似（见参考文献[3]图1中10）。

第四种，六角形仿木结构砖室墓，有M3一座。墓壁上有壁画装饰。其墓室平面与林西官地的六角形砖室墓的结构相同（见参考文献[2]图1中12）。

第五种，不规则八角形石室墓，有M4、M5、M6三座。其墓室平面结构与小刘仗子辽代契丹墓的平面结构基本相同（《豪欠营辽墓第一次清理报告》参考文献[6]）。

第六种，长方形土洞墓，只有 M7 一座。辽代土洞式墓葬极为罕见，只有敖汉旗范仗子 101 墓是一座土洞式墓[4]，但二者洞室平面的形制不同，范仗子为六角形，且有木椁，而豪欠营 M7 却是长方形，且非常简陋。

第七种，为骨灰罐土坑墓。其出土的骨灰罐与巴林左旗双井沟的骨灰罐相当[5]。

由于豪欠营契丹墓地未发现可供断代的文字资料，所以只能根据墓葬形制与出土遗物提出一些不成熟的分期断代意见。

我们认为，第一种的 M1 和 M2、第二种的 M8、第三种的 M9，从墓葬形制、墓葬排列位置及出土遗物看，大约为辽代早期墓葬。它们的墓葬形制与东部地区发现的辽代早期墓葬，特别早期契丹墓葬相当。因此，应属于辽代早期墓葬的形制。其中，M2、M9 虽被盗掘，但仍出土有银饰件。按辽代规定，中晚期以后，非节度使以上的官吏是不许埋银器的[6]。还有，M9 出土有渔猎纹白瓷大盘，这也是辽代早期契丹族游牧狩猎生活的反映。同时，M9、M1 都出土了淡黄釉葫芦瓶，这也是辽代中晚期墓葬中所不见的随葬遗物。综合以上情况，说明这三种类型的墓葬属于辽代早期的墓葬。其中，M9 有八角形木椁，已有了中期形制的因素，可能是接近中期的墓葬。第七种为骨灰陶罐火葬墓，位置排列也在早期墓葬的序列里，它又同双井沟的契丹火葬墓时代相当，故也应列入辽代早期墓葬的范围内。

第四种，即 M3，是一座六角形仿木建筑结构的壁画墓，墓葬建筑也比较考究，当属这个墓地家族的最兴盛时期。从墓葬形制与装饰情况来看，可能属于辽代中期的墓葬。

第五种，即 M4、M5、M6，都是不规则八角形石室墓，这是辽代中期到晚期非常流行的一种墓葬形制，再结合 M4 的石棺火葬、M5 出土的影青及 M6 出土的辽白瓷综合分析，判断其大约属于辽代中晚期的墓葬。

第六种，即 M7 的土洞墓，因为可资比较的材料极少，从整个墓葬简陋的情况看，可能是辽代晚期，随着整个辽朝已濒灭亡，这个家族也完全衰落，因此应是这个墓地上最晚的一座墓葬。与范仗子土洞墓比较，是属于辽代晚期的墓葬了。

豪欠营辽墓虽然只有十座，但包括了辽代早、中、晚三个时期的墓葬形制，这就为辽代契丹墓葬的断代分期提供了一个可资类比分析的依据。这只是我们一些不成熟的粗浅认识，尚请同志们指正。

执笔：杜承武　郭治中
绘图：戴丽萍

参 考 文 献

[1] 马洪路.契丹葬俗中的铜丝网衣及其有关问题[J].考古,1983(3).

[2] 项春松.昭盟地区的辽代墓葬[J].内蒙古文物与考古,1981(创刊号).

[3] 王秋华.辽代墓葬分区与分期的初探[J].辽宁大学学报(哲学社会科学),1982(3).

[4] 内蒙古自治区文物工作队.敖汉旗范仗子辽墓[J].内蒙古文物与考古,1984(3).

[5] 中国科学院考古研究所内蒙古工作队.内蒙古昭盟巴林左旗双井沟火葬墓[J].考古,1963(10).

[6] 脱脱,等.辽史[M].北京:中华书局,1974:142,229.

豪欠营第六号辽墓若干问题的研究

1981年10月，内蒙古乌兰察布盟文物工作站在豪欠营村湾子山的第六号辽墓中清理出一具女尸。女尸身穿铜丝网络和多层葬服，脸戴鎏金铜面具。这在内蒙古西部地区是首次发现。有关方面对这一发现进行了初步研究，综合报告于下。

一、契丹人的葬俗

契丹人的丧葬礼俗，在《辽史》《契丹国志》等文献中多有记载，但限于上层统治者，或语焉不详。宋人文惟简《虏廷事实》记载较详："北人丧葬之礼，盖各不同……惟契丹一种特有异焉。其富贵之家，人有亡者，以刃破腹，取其肠胃涤之，实以香药、盐矾，五彩缝之，又以尖苇筒刺于皮肤，沥其膏血且尽；用金银为面具，铜丝络其手足。耶律德光之死，盖用此法。时人目为'帝靶'，信有之也。"这里说明了契丹人葬俗的主要特点，一是尸体经过专门处理，二是穿戴铜丝网络与面具。豪欠营六号墓女尸也反映出这些特点，所以可以认为这是"契丹女尸"。

六号墓女尸的下身发现大出血现象，右肩头和右胸上也有血迹。这一现象可能就是"沥其膏血且尽"的结果。至于肠胃是否洗涤过，因内脏已腐烂，无法分析，但经检验，胃区砷的含量很高，似乎体内放置了药物。

髡发是内蒙古草原上很古老的一种风俗。《后汉书·乌桓鲜卑列传》记载："唯婚姻先髡头。"关于契丹族的髡发，文献记载极少。在辽墓壁画上有契丹男子髡发的形象，但契丹妇女髡发的形象没有见过。六号墓女尸保留了完整的发型，为研究契丹妇女髡发习俗提供了不可多得的实例，也反映了契丹族丧葬习俗的一部分。

女尸全身用丝绵和粗罗严密裹缠，这似乎相当于文惟简所记的"五彩缝之"。裹缠之后，穿上铜丝网络和葬服，戴上面帘和鎏金铜面具，陈放在尸床上。尸床铺丝绵褥，置木枕，尸体盖尸衾。

辽代丧葬和家祭中有一种烧饭仪式，屡见于各种文献的记载。家祭的烧饭仪式现已无从知道。从墓内陈设看，尸床前有一木桌，附近散落的碗、盘等原来应在桌上，当是丧葬时烧饭仪式中所用。墓中还发现四只貔狸（黄鼠）的骨骸，据记载契丹人常食用这种动物，可能也与烧饭仪式有关。

豪欠营辽墓上堆砌的石圈，有筑墓时圈筑的，也有后来堆上的。契丹人每年有墓祭的风习。祭祀的时候，子孙在祖先的坟上加几块石头，与现在内蒙古地区墓祭壅土的意义相同。二、三号墓墓道上的石块累积较高，可能与墓主辈分较高有关。六号墓可能因墓主辈分低，年代晚，墓道上的石块只有寥寥几块。

二、铜丝网络与鎏金铜面具

（一）铜丝网络

契丹贵族死后穿戴铜丝网络，前引《虏廷事实》只讲了"铜丝络其手足"，有无全身网络，于史无证。中华人民共和国成立以来，辽墓里曾发现过铜丝网络与面具，但网络绝大多数是残片，且以手足部位的残片为主。前几年，辽宁省法库县叶茂台辽墓里出土了一件全身铜丝网络，但因墓葬已被破坏，不见面具，头部网络也残缺；尸体全部腐烂，穿着情况也不大明了。豪欠营六号墓女尸的穿戴为研究铜丝网络与鎏金铜面具的穿着情况和编缀方法提供了较完整的资料。

网络与尸体的各个部位紧密贴合。除胸腹局部凹陷，有些变形以外，从网络贴身的整体形状上还可清楚地看出死者生前的形体特点和女性特征。

网络是用 0.5 毫米、0.8 毫米粗的铜丝编缀而成的，网孔一般都是六边形，纵横相连，层层圈套，犹如鱼鳞。从总体（包括头网络）看，好似一套锁子铠甲。

网络是分部编缀好之后，组合圈围在死者身上的，分头部、胸背、左右臂、左右手、左右腿和左右脚六个部分，共十件。编缀方法分述如下。

1. 网络的起头法

（1）水平起头法。这种方法又可分为绞索式和扭环式两种。

绞索式起头法（图1），用两根或三根铜丝拧成一股铜丝索，作为编织起头。两根铜丝拧成的铜丝索适用于编缀胸背网。因为胸背网由腹部起头，宽度大，起头边需要有一定硬度。三根铜丝拧成的铜丝索适用于编缀腿网。因为腿网由裤脚边起头，虽宽度不大，但它叠压于脚网腰之上，起着固定下边的作用。

扭环式起头法（图2），用两根铜丝互拧，每拧四次留出一个椭圆形小环，便于钩挂铜丝。这种方法适用于臂网。因为臂网由袖口起头，袖口较窄，叠压在手网之内，用这种方法既可固定铜丝，又柔软光滑，便于腕部围裹。

编缀过程中，随着臂、腿网向上加宽，需要不断增加铜丝。方法是从左右两边网孔的外边不规则地增加（图3）。

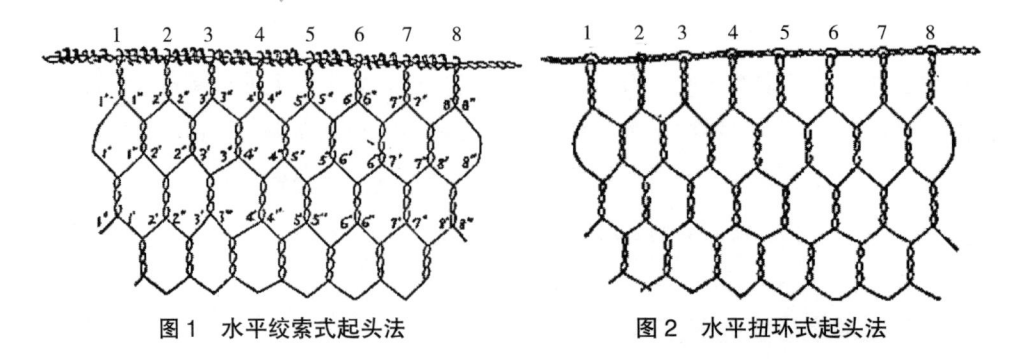

图 1　水平绞索式起头法　　　　　图 2　水平扭环式起头法

（2）圆环辐射式起头法（图4）。用铜丝拧成一个直径1.9厘米的小圆环，将22根对折好的铜丝固定在圆环上，间距0.16厘米。这种方法适用于编缀头部网络，由顶到前额收边，共12排网孔。每隔三排网孔增加六根铜丝，共加三次（图5）。

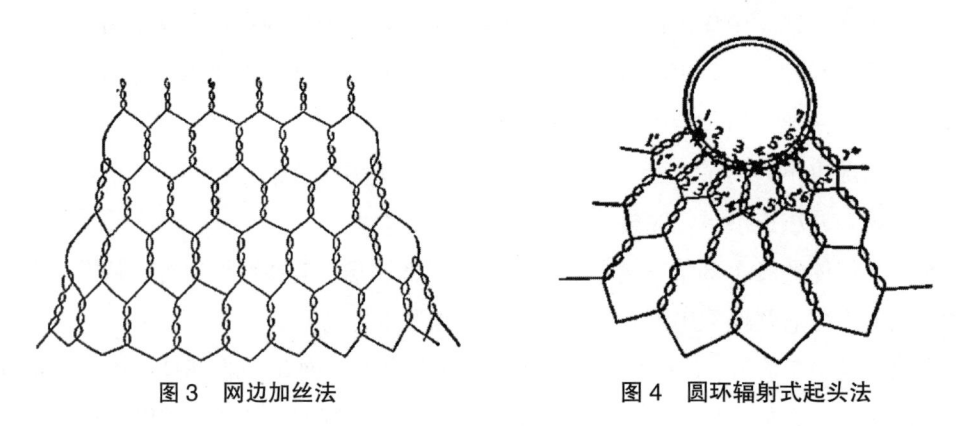

图 3　网边加丝法　　　　　　　　图 4　圆环辐射式起头法

（3）连环套起头法（图6）。这种方法适用于手、足网的起头。手、足网起编均在指（趾）尖。根据所需粗细的不同，铜丝的根数不同，一般用6～8根。将每根铜丝对折，对折处构成套扣，以一个小圆孔为中心钩套起来。因为要编成圆筒状，开头就需急收，保持弧度。

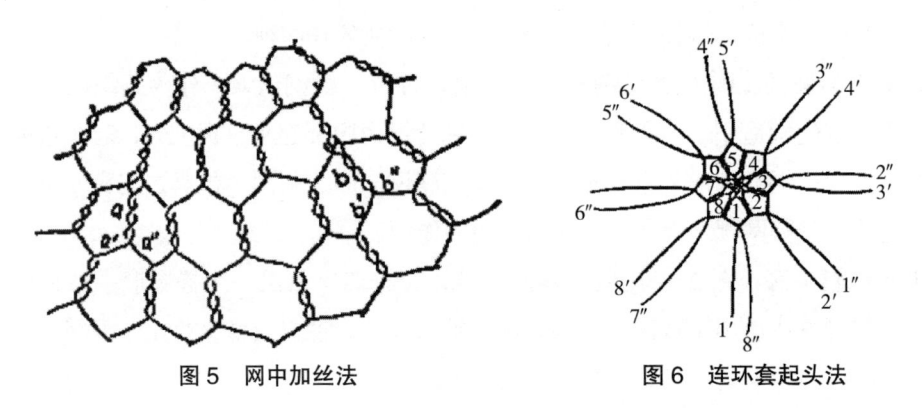

图 5　网中加丝法　　　　　　　　图 6　连环套起头法

2. 网络的收边法

网络各部编缀到最后都要收边。收边主要采用余头拧合硬边的办法。具体做法如下：各组铜丝都有两根余头，将第一组的两根余头向右拧，与第二组的两根拧在一起；剪去第一组的余头，再将第二、三组的四个余头拧合在一起；依次拧至最后，形成一条四根铜丝的硬边。

3. 网络的分部与组合

全身网络是分部编好之后组合缝缀在尸体上的。

胸片编缀成收腋收领的一片，两肩部略呈内高外低，领作半圆弧形；背片与胸片的形状相似，只是不收领。两片缝缀在身上好似宽肩马甲，通高60～61厘米，下摆周长90厘米。

臂网左右两片大致相同，展开时略呈倒置梯形。长边圈围在肩头，与胸网叠压5厘米；短边圈围成袖口。通长50厘米。

左右手网各一只，五指分开，与手的形状基本一致，编缀精巧[图7（a）]。腕部压在臂网的袖口上，交叠5.5厘米。通长20.5厘米。

左右足网各一只，编成靴状，上口至髁骨部位。足部长20.5厘米，髁部高14.5～16.5厘米[图7（c）]。

腹网与左右腿网编缀在一起。先编出两个梯形大片，适于圈围腿部。把这两片缀连在一起，编出臀部，在尸体上缝缀。另编小腹部位，与胸背网的下缘相接，用细铜丝缭缝在一起。通长75厘米。

头部网络编缀成半圆球面形，形若兜鍪，直径18厘米。后面连接护项，略呈弧形曲面，与背部网络的后领口相接，缭缝在一起[图7（b）]。

（a）手网示意图　（b）头网示意图　（c）足网示意图

图7　手网、头网和足网示意图

4. 网络的铜、银含量与锈蚀物的结构分析

关于铜丝网络的化学成分，经采用碘量法测定，铜的含量真实值落在（96.32±0.07）%，相对误差±0.2%。又采用佛尔哈德法测定，银的含量真实值落在（1.13±0.01）%，相对误差1.7%～2.6%。

铜丝网络上的锈蚀物，经用全自动粉末X衍射仪（APD-10）进行结构分析，表层物相$Cu_3(PO_4)_2·3H_2O$，属正交晶系；中层物相$Cu_4SO_4(OH)_6$，属单斜晶系；内层物相Cu_2O，属立方晶系；基体为以铜为基的金属，属立方晶系。

从对网络金属含量的分析，可以知道辽代契丹族冶炼铜的技术较好，炼出的铜比较纯净，因而能够拉出直径仅 0.5 毫米、0.8 毫米且粗细均匀的铜丝。$Cu_3(PO_4)_2 \cdot 3H_2O$ 是古铜器上稀有的锈蚀物，过去文献中未见报道，为研究古铜器的保护提供了新资料。

（二）鎏金铜面具

辽墓中死者所戴面具屡有发现，而且多数保存较为完整。从质地分，有银、铜两种，铜质的又有鎏金与不鎏金的区别。制做方法是用薄银、铜板在雕刻好的面具模型上鎚鍱。胎厚多在 1～2 毫米。面具按死者性别、年龄的不同和面型特点做出不同的形貌，大小不一，有的还刻画出头发和胡须。这次发现的女尸所戴面具，是已发现的面具中最长的一件，与死者的狭长脸型相一致。特别是双耳的制作，与已出土的其他面具不同。其他面具的双耳均仿照人的双耳做成外张式，这件面具的双耳却打在脸颊后部的平面上，而且前后倒置。

辽墓出土的面具都呈浮雕状，以其弧度的深浅大体可分为扁平浮雕式、半浮雕式和高浮雕式三种。已出土的面具以扁平浮雕式与半浮雕式为多。这次发现的女尸所戴面具为高浮雕式，比较少见。推测面具的造型特点和弧度大小，除因地域不同外，也可能反映着时代上早、中、晚的差异。这一女尸的面具当属于晚期的形制。

三、服饰及丝织品

女尸所穿葬服，从腿部下侧切面观察达 14 层之多，但因腐朽过度，能揭取的部分很少。清理结果大体有这样一些丝织品服饰：绣花丝绵袍、绛紫色丝绵袍、中黄色丝绵袍、黄罗丝绵短袄、轻罗短衫、绢短衫、棕色丝绵背心、绢裙、手套、丝绵软靴、兜裆布等。

这些服饰大体反映了契丹族妇女的穿着：外衣是长袍，最外一件有精工刺绣；内衣有短袄、短衫等；一件背心式的贴身上衣，与现在内蒙古地区"棉腰"的形式相似，这是适宜于内蒙古草原多寒大陆性气候的特有衣饰。长袍与短衫均作圆领，袍是多褶领，衫是单褶领，形式与辽墓壁画上所见契丹人的衣饰相同，可知这是契丹人衣饰的一个特点。从五指分开式的手部铜丝网络推测，五指分开式的手套也应已经存在。

丝织物的品种比较单一，主要为罗、绢两种，均有粗、中、细之分。

粗罗的外观与现在的粗纱布相似而略显轻薄，用于裹缠尸体。大量用于裁制衣面的为中粗型罗，织造均匀光滑，除染色外，有的还加精工刺绣。

细罗或称轻罗，轻薄若蝉翼，在显微镜下观察其组织结构，有二经绞罗、三经绞罗、四经绞素罗、四经绞几何纹花罗、十经绞花罗和多经（十二经以上）绞花罗等多种。使用最多的是四经绞素罗。这种罗以椭圆形线孔为主，互相并列绞联；以叶形孔为辅，并列作为两排椭圆形孔之间的过渡（图8、图9、图10）。四经绞几何纹花罗结构与素罗基本相似，但在线孔间绞联处形成小花；在经向单位1.8厘米、纬向单位1厘米的范围内有七朵小花散点排列，视觉效果类似今天的隐花或隐条。

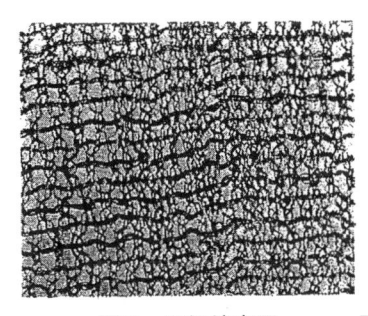

图8　四经绞素罗 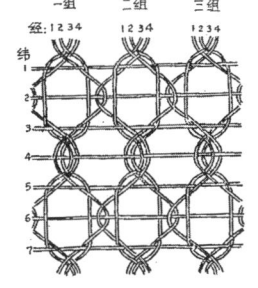　　　图9　四经绞素罗组织结构示意图 　　　图10　四经绞几何纹花罗

十经绞罗是在两组四经绞之间另加两根绞经。两组四经绞的线孔作大小两种叶形，纵向、横向都是大小间隔排列，在斜向上也组成有规律的经绞图案。每组四经绞中，构成小叶形的两根经线是基干，构成大叶形的两根经线与中间另加的两根绞经互绞（图11）。女尸身上所穿最外面一件绣花罗地绵袍用的就是这种十经绞花罗。看上去，绞经所构成的一组组图案花纹犹如龟背，所以这种花罗也叫龟背纹罗（图12）。

多经绞花罗以十经绞为基础，增加绞经三四根，组成更复杂的几何图案（图13）。这种罗的经纬线极细，质感十分轻柔。

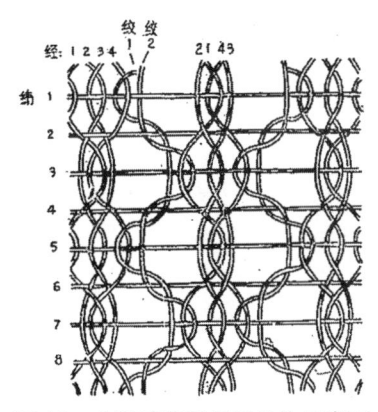

图11　十经绞花罗组织结构示意图 　　图12　十经绞花罗（龟背纹罗）　　图13　多经绞花罗

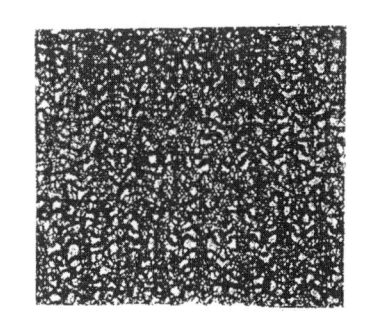

绢也分粗、中、细，颜色有棕、黄、淡黄几种。有一种细绢薄如竹衣，呈半透明光泽，堪称精品。

葬服中所絮的丝绵，有白色、棕色两种。后者与驼绒的色泽几乎不能区别，用显微镜观察确认为染色丝绵。这是关于契丹族染色技术的新资料。

四、女尸体质形态的测量

对女尸的体质形态进行测量，结果如下：头指数属于特圆型；长高指数属于高颅型；宽高指数属于中颅型；全面指数属于狭面型；上指数属于中面型；眶指数属于高眶型；鼻指数属于中鼻型；腭指数属于中腭型；脑容量为 1383 毫升。基本特征属于南亚蒙古人种和东亚蒙古人种。女尸的下颌支，实观和测量表明左右不对称，是为右侧疾患造成。从牙齿观察，除第二臼齿曾患过牙周炎或牙槽囊肿外，其余牙齿整齐洁白，并见上下智齿均已萌出，齿尖较新而尖锐。估计死者年龄为 25～30 岁，生前身高 160.9 厘米。

在体质形态测量的基础上做了死者生前形象的复原。复原工作的重点在头部，步骤是先翻制头骨石膏模型，根据软组织厚度标准在模型上标出各点厚度，连接各点，打出棱线，逐步复原面部，最后做细部加工。复原像的姿态参照了契丹族画家胡瓌《卓歇图》上的女性形象。复原结果，面部特征与库伦辽墓壁画上所见的相似，在现代蒙古族、达斡尔族和北方地区汉族妇女中也能见到。

通过以上对豪欠营第六号辽墓若干问题的研究，我们在历史上契丹族的生产发展水平、丧葬习俗、体质形态等方面都取得了新的认识。这些研究还是初步的，但相信对于进一步的探讨会有一定的价值。

契丹女尸考古的学术价值

契丹女尸的发现是辽代契丹考古工作中的一个新的重要收获。其出土和公开展出引起了学术界的广泛兴趣，不少单位和部门的有关专家和专业工作者参与了契丹女尸的清理和研究工作，并已取得了一定的成果。笔者从始至终有幸参与了这项工作，对全面情况有所了解。现根据大家的研究成果，就契丹女尸考古的学术价值试谈一些不成熟的意见，以求教于学者专家。

一、女尸墓地的学术价值

契丹女尸出土于内蒙古自治区乌兰察布盟察右前旗固尔班公社豪欠营村西南的湾子山下，在集宁市西南约25千米处。墓地共有十座墓葬，于1981年10月和1983年5月分两次进行了发掘清理。从墓葬的排列、形制和出土遗物等方面考虑，这应是一处辽代契丹族的家族墓地。墓地虽不大，但墓葬形制颇有变化，从中可以看出辽代墓葬早、中、晚三个时期的一些变化规律。

墓地选在一处簸箕形的山湾里，墓葬背西向东，由西北向东南依次排列。墓地的选择与墓葬的方向正与契丹族"东向拜日"的习俗符合。居于墓地最西北边的九号墓、一号墓和二号墓均为方形砖室穹窿顶墓葬，其中二号墓为方形圆角，用素面砖叠涩式券砌，比较古朴，还保留有唐墓的遗风[1]。墓内有三具人骨，系多人葬。多人葬也见于晚唐[2]，所以应是内蒙古西部地区辽代早期墓葬的形式。二号墓出土的朽木，据碳十四测定为（1140±75）年，树轮校正（1080±80）年，也与判断比较吻合。三号墓在二号墓的南边，相距10米左右，其规模较大，为仿木结构壁画墓，应是这个家族最兴旺时期的墓葬。而这种墓室结构经唐末五代到北宋，也发展到了它的兴盛时期[3]，所以三号墓应属于辽代中期兴隆的阶段。四号、五号、六号墓在三号墓的东南，相距较远，这三座墓都是石券六角或八角墓室，与宁城小刘仗子的形制相似，应为辽代中晚期的类型。契丹女尸就出土于六号墓中。这座墓葬位于这个墓地的最南边，应是这个家族里的晚辈。七号墓在六号墓的西边，是一座异常简陋狭小的长方形土洞墓，女性单人葬，未被盗。这应是晚期家族走向衰落时期的墓葬。八号、十号墓大体与二号墓平行，八号墓为天然石砌筑的矮小的烧杯式墓葬，根据昭乌达盟地区墓葬形制的分期，这种墓葬也是辽代早期的形制[4]；十号墓已没有墓室，只在半米深的土中埋有两个装骨灰的陶罐，地表用乱石覆盖，未被盗。遗憾的是，这批墓葬，除六号墓、七号墓、十号墓外，绝大部分都被盗扰，凡地表有明显痕迹者，均古今两次被盗，只有出土契丹女尸的六号墓是这个墓地的幸存者。

出土契丹女尸的豪欠营墓地，在辽代属西京道丰州管辖。辽太祖耶律阿保机神册元年（916年），"自代北至河曲踰阴山，尽有其地……置西南面招讨司，选有功者领之"[5]。西南面招讨司设在丰州（今呼和浩特市东郊丰州古城遗址）。女尸的墓地正在丰州辖地的东南边上，东与奉圣州相邻，南与大同府的德州紧接。辽兴宗重熙十三年（1044年）升大同府为西京，墓地便成了西京道的辖地。西京道的丰州在辽代相当重要。从神册元年阿保机设西南面招讨司，"选有功者领之"，到辽代末期最后一个皇帝天祚耶律延禧被金兵俘虏[6]，前后200余年里，这里始终是辽的地盘，始终有契丹人在这里统治和居住。然而，在这块重要的土地上，始终没有发现过辽代墓葬，更不要说辽代契丹族的墓葬。因此，契丹女尸出土的豪欠营墓地是丰州境内的一个新的重要发现，它填补了这个地区辽代墓葬的空白。

丰州后来成了西京道的辖地。辽代的西京道地域广大，包括了当时大片的牧区与农区。大同、宣化是辽代的农业区，女尸墓地可能有了"插花田"，但基本应该还是以牧为主的地区。解放以来，大同、宣化都发现过辽代墓葬，但都是辽代的汉人墓葬，又都是辽代晚期的。契丹女尸出土的豪欠营墓地，不仅是辽代契丹族的墓葬，而且从辽代早期到中、晚期都有，这就填补了辽代西京道早、中期墓葬的空白。因此，契丹女尸的墓地，不仅为这个地区的辽墓断代提供了新资料，而且为研究辽代这个地区的社会经济生活、文化面貌、丧葬习俗、契丹族的活动及氏族关系等，都提供了新的资料或线索。

解放前后，在内蒙古东部地区、辽宁、吉林、黑龙江、河北、山西、北京等省区市都发现过许多辽墓，其中有不少辽代契丹族的墓葬，并出土了许多辽代契丹族的珍贵文物，为研究辽代契丹族的历史提供了重要的实物资料。但是，像豪欠营湾子山六号墓保存如此完整的辽代契丹族女尸，还是首次发现。因此，契丹女尸在考古上，特别是在辽代契丹考古上所提供的新资料，是多方面的，其学术研究价值也将是多方面的。

二、女尸的学术价值

契丹女尸属于古尸的一种。从已发现的古尸看，大体可以分为干尸、尸蜡、鞣尸和马王堆尸四种类型。契丹女尸外形完整，皮肉干枯贴骨，肚腹凹陷，周身呈暗黄褐色，属于干尸（木乃伊）类型，与马王堆古尸不同。大凡不同类型古尸的形成，都取决于特殊的自然条件和人工处理的特定环境。长沙马王堆古尸是在经过人工处理的高度密封的多层棺椁与墓穴中形成的,而且还有液体浸泡;新疆吐鲁番干尸则是在异常干燥酷热、少雨多风、空气流通的沙漠地带所形成的;契丹女尸形成的条件,既没有像马王堆那样的人工创造的密闭环境,又没有像吐鲁番那样的干燥酷热、快速脱水的自然条件,而是在一座既无棺又无椁的普通石券墓室里形成的。由于墓室券砌不严,尸体入葬后,曾多次夹带泥沙渗入雨水,致使墓室积满潮湿的淤土,女尸便沉埋在其中。契丹女尸形成的原因成了古尸研究者探索的课题。

女尸的颅顶上保存了契丹妇女的一个完整的发型[7]。其棕黑色的头发引起了考古工作者和医学工作者研究的兴趣。考古工作者从民族学的角度,结合史料记载,对契丹妇女的髡发形式进行了考证和论述,阐述了契丹女尸发型的学术价值。"通常见到的关于契丹人髡发习俗的资料,只有契丹男子,至于妇女是否有髡发,以往一无所知。豪欠营辽墓的女尸首次提供了契丹妇女髡发的实例,比过去仅从绘画资料所见的男子髡发习俗更加可靠。"[8] 医学工作者从自然科学的角度对女尸的毛发进行了形态学观察、血型测定和中子活化分析。形态学观察的结果表明,女尸头发呈棕黑色,不卷曲,发干直径为 0.11 毫米,毛干大部分完整,有粗细不均的现象,毛小皮大部分存在,可见较清晰的横向细波纹状的毛小皮花纹。阴毛呈黑色弯曲状,毛干直径为 0.07 毫米,有毛梢。毛发的血型测定结果为,女尸头发及阴毛均检出有 B 型物质,故证明女尸的血型为 B 型。毛发中子活化分析分别测定了 I、Br、Mg、Cu、Na、V、Cl、Al、Mn、Ca、S 共 11 种元素(其中 I、S 为定量)。测定结果表明,女尸头发中 I、Mg、Cu、V、Al 五种元素含量比现代人偏高,尤其 Cu 含量高达 1000 倍以上。Br、Cl 含量偏低。Cl 含量低于正常值 30 倍以下。

尸体经过解剖、观察、化验,表明女尸发育状态良好,皮肤已干硬,软组织均已消失。牙齿 32 个,右下第五齿为病齿(龋齿),仅残留牙根。胸、腹腔的内脏呈棕黑色,已形迹模糊,仅见肺脏状为干枯的树叶,呈灰褐色,紧贴于左右胸腔的后壁。经软化切片染色观察,肺脏只能隐约见到肺组织的轮廓,肺胞及间质(包括支气管或血管)的轮廓也隐约可见,间质内可见大的炭末沉着。此外可见植物纤维及一种具有双折光性的圆形小体(可能为植物种子),混在肺组织内。腹膜尚完好,呈半透明状,并可见血管网的痕迹。肋间神经部位的组织保存良好,在超切片中可见有崩介的神经纤维残迹,层状结构尚清晰可辨,并见有残存的双核及双脂膜结构。另外,在腹膜部位见有数量不等的细菌胞芽存在。对女尸的胃区进行毒物化验,结果表明,胃区砷的含量为 100 克干组织中含 833 微克。正常人体组织中也含有微量的砷,但女尸胃区的含砷量超过正常范围 7~14 倍。下腹部检测没有检出砷。女尸胃区里的砷是药物还是毒物,尚待作进一步研究。

女尸骨骼通过 X 射线检查表明，全身骨骼大部分均正常，只见右上肢尺桡骨明显疏松脱钙，三分之一处双骨折，并有花边样骨膜增厚；桡尺关节脱位，桡骨向上方移位。骨盆呈女人型。右耻骨升支及髋骨骨折，错位明显，右髋关节腔狭窄。引起骨折的原因有三种；一是埋葬或出土时骨折，二是骨病引起的病理性骨折；三是生前外伤性骨折。根据女尸出土时的体位，发现有血迹，考虑为生前外伤性骨折。多部位发现骨折，可能为生前遭受过比较严重的外伤。骨折部位有明显的骨膜反应，并有废用性骨质疏松，说明女尸死前早有骨折，至少已有半个月以上。又其他部位骨骼骨质无明显疏松，说明死者年龄不大。这样年龄层的人，外伤的机会较老年人多见。X 射线片上和一般检查均未发现骨病，因此可以排除病变引起的病理性骨折。

人类学工作者对女尸进行了体质人类学的测定，并做了死者生前形象的复原。测量的结果为：头指数属于特圆型；长高指数属于高颅型；宽高指数属于中颅型；全面指数属于中面型；上指数属于中面型；眶指数属于高眶型；腭指数属于中腭型；脑容量为 1383 毫升。基本特征属于南亚蒙古人种和东亚蒙古人种。女尸的下颌支，实观和测量表明左右不对称，是为右侧疾患造成。从牙齿观察，除第二前臼齿曾患过牙槽囊肿外，其余牙齿均整齐洁白，并见上下智齿均已萌出，齿尖较新而尖锐，估计死者年龄为 25～30 岁，生前身高 160.9 厘米。

在体质形态测量的基础上，又做了死者生前形象的科学复原。复原工作的重点在头部。首先翻制颅骨，对颅骨各部位的具体特征进行仔细的科学分析和数据测定，以确定其性别和年龄。然后根据华北现代人解剖的数据，确定颅部、颊面各部位软组织的平均厚度，并加以固定。接着把软组织各点加以连接，进行"打楞"，逐步复原面部全貌，最后进行脸型细部和头发样式的加工。女尸面貌复原的结果，脸型颀长而清秀，前额微突，两鬓内收，颧部微隆。与女尸原貌对照，轮廓基本相像，只是比尸体面貌显得血肉丰满、风韵多姿、栩栩如生。复原的女尸面部特征与库伦辽墓壁画上所见的契丹妇女相似，在现代蒙古族、达斡尔族和北方地区的汉族妇女中也能见到，这就为研究探讨契丹族的后裔或契丹族的融合过程提供了新的实物依据。

三、女尸网络与面具的学术价值

契丹女尸出土时，全身穿有一套完整的铜丝网络，面部戴着鎏金铜面具。

据《虏廷事实》[9]记载，契丹贵族死后，"以金银为面具，铜丝络其手足"。解放前后，辽墓里曾发现过不少面具与铜丝网络，然而网络绝大部分已残碎，而且多数都是手足部分的残片。前几年辽宁省法库县叶茂台辽墓出土了一件全身铜丝网络[10]，但因墓葬已被破坏，头部网络已残缺，又未发现面具；尸体已全部腐烂，网络的穿着情况如何，也不大明白。豪欠营六号墓契丹女尸穿戴的全身网络与面具为研究铜丝网络与鎏金面具的穿着情况和编缀方法提供了较完整的资料，并补充了文献记载的不足，因此，这套网络与面具的发现就具有了较高的学术研究价值。

在契丹女尸未发现之前，一般认为铜丝网络是穿在衣服的外面，而且也不明白网络的穿着顺序。女尸出土之后，才第一次弄清楚，原来铜丝网络是穿在葬服的最里边，即贴身所穿。不过，在给尸体穿着网络之前，先要把尸体加以包裹。包裹的方法是，挨皮肉先敷贴一层薄薄的棕色丝绵，然后用棕黄色粗罗紧紧地严密裹缠，全身都是分部裹缠，连每个手指都是分别裹缠的。裹缠好之后再穿着网络。

铜丝网络是根据死者的身体大小而分部编缀的，全身网络由头网、胸背网、左右臂网、左右手网、左右腿网和左右足网组合而成。胸网、背网、臂与腿网都是编缀成大小、形状适宜的两片，用铜丝缝合连缀在身上的。其穿着的先后大致顺序是：先穿胸背网，再穿左右臂网，戴左右手网，穿左右足网，再穿左右腿网，最后戴头网。

网络是用 0.5 毫米和 0.8 毫米粗的铜丝编缀而成的。手网与足网比较精巧难编，网孔也有变化，所以用 0.5 毫米的细铜丝编缀；其余部分用 0.8 毫米的铜丝编缀。网孔一般为六边形，但根据形体的变化，网孔样式也有变化，即有正六边形与长六边形、圭形和不规则形网孔。全身主要是正六边形网孔，只在开头、收边或加丝部位出现不规则形或圭形网孔，只有手网的手背与手掌部分为长六边形网孔。整个网孔，纵横相连，层层圈套，状若鱼鳞，穿在身上，从总体（包括头网）看，好似一套锁子甲。

网络的编缀方法是，根据不同部位的不同需要而采用不同的方法。胸背网、臂网和腿网采用水平式起头法。这种方法又有两种不同的形式，一种为绞索式起头法，另一种是扭环式起头法。前者用两根或三根铜丝拧成一股铜丝索，作为编织起头。两根铜丝拧成的铜丝索适合于编缀胸背网。因为胸背网由腹部起头，宽度大，起头边需要有一定硬度。三根铜丝拧成的铜丝索适用于编缀腿网。因为腿网由裤脚边起头，虽宽度不大，但它叠压于足网腰之上，起着固定下边的作用。扭环式起头法，用两根铜丝互拧，每拧四次留出一个椭圆形小环，便于钩挂编铜丝网。这种起头法适合于臂网。因为臂网由袖口起头，袖口较窄，叠压于手网之内，用这种方法既可固定铜丝，又柔软光滑，便于腕部围裹。

头网络采用圆环辐射式起头法。这种方法是先用铜丝拧成一个直径 1.9 厘米的小圆环，然后将 22 根对折好的铜丝固定在圆环上，间距 0.16 厘米。由头顶起编，网孔由小而大，逐渐编缀成半圆形球体状；每编三排网孔加六根铜丝，共加三次。由顶到前额边共 12 排网孔。

手足网络采用连环套起头法。这种方法一般用 6～8 根铜丝。对折处构成套扣，以一个小圆孔为中心钩套起来。手网是从每个指尖起头编缀；足网是从足尖起头编缀，加丝次数逐渐增多，直至符合足的形状。

网络的收边主要采用余头拧合硬边的方法，即将编网铜丝的各组余头（每组两根），第一组与第二组，第二组与第三组，依次向右，互相拧合，形成一条由四根铜丝拧成的硬网边，将每组多余的部分逐个剪掉。

这样编缀成的网络穿于女尸身上，各部分都显得结构匀称、长短适宜、合体贴身，充分反映了辽代的编缀工艺水平。特别是那双五指单分式手网络，小巧纤细、玲珑剔透、美观雅致，宛若一件技艺精湛的工艺品。这双手网络的结构形状与现在时行的五指单分式手套完全相似，可知辽代已有了五指单分式的手套，这是目前所见最古老的通常手套样式。

编缀网络的铜丝只有0.5毫米、0.8毫米粗细，而且粗细均匀，异常光洁。这既反映了辽代的冶铜技术已达到了相当高的水平，也反映了辽代的拔丝技术水平。经科学工作者采用碘量法测定，铜网络铜的含量真实值落在（96.32±0.07）%，相对误差±0.2%。又采用佛尔哈德法测定，铜丝中银的含量真实值落在（1.13±0.01）%，相对误差1.7%～2.6%。根据铜丝网络化学元素的含量分析，由于铜中含银、铅的比例适中，延展性好，才保证了铜丝的质量。

同时还对铜丝网络上的锈蚀物的结构进行了科学分析，表层物相 $Cu_3(PO_4)_2 \cdot 3H_2O$ 属正交晶系；中层物相 $Cu_4SO_4(OH)_6$ 属单斜晶系；内层物相 Cu_2O 属立方晶系；基体为以铜为基的金属，属立方晶系。经过分析，知道表层物 $Cu_3(PO_4)_2 \cdot 3H_2O$ 是古铜上稀有的锈蚀物，过去文献中未见报道，这就为研究古铜器的保护提供了新资料。

鎏金铜面具与铜丝网络为一套葬具。面具过去辽墓里多有发现，且多数保存比较完整。从质地分，面具有银、铜两种，银、铜面具又有鎏金与不鎏金之别。这正与文献记载上的"以金银为面具"相合。不过文献上说的"金"可能就是指鎏金而言，并非用黄金制成，因为迄今为止，辽墓里尚未发现过黄金制作的面具。面具是用银、铜薄板在模型上鎚鍱而成，胎厚多在1～2毫米。面具都是按死者的面型单独制作而成的，因此大小不一，形貌各异，且有男女性别的不同。契丹女尸所戴面具为已发现面具中最长的一件，正与死者的颅长脸型相一致。这件面具与过去出土的面具除双耳的制作不同外，前额上还有帽状巾帻，面里还有丝织品衬里和前后带结。这是已往发现的面具上所没有的，为辽代面具研究提供了新资料。

辽墓出土的面具都呈浮雕状，以其弧度的深浅大体可分为扁平浮雕式、半浮雕式和高浮雕式三种。已出土的面具以扁平浮雕式与半浮雕式为多。契丹女尸所戴面具为高浮雕式，比较少见。推测面具的造型特点和弧度大小，除因地域不同外，也可能反映着时代上早、中、晚的差异。这件鎏金铜面具应为晚期的形制。既然面具是根据死者的面型特点单独制作的，那么契丹女尸所戴的这件面具应是在当地制作并鎏金的。据《辽史·国语解》记载:"山金司,以阴山产金,置冶采炼,故以名司。"阴山即现在的大青山,是辽代丰州境内的主要山脉。"山金司"即专门管理开采冶炼金矿的机构。有人认为"阴山"在潢水北,这是错误的。因为辽圣宗太平七年(1027年),"五月,清署永安山,西南路招讨司奏阴山中产金银,请置冶,从之"。西南路招讨司怎么会奏请潢水以北的阴山产金银呢?因此,我们断定,辽代就在丰州管辖的阴山地区开采冶炼过金矿。契丹女尸面具上所镀的,也很可能就是阴山金矿冶炼出的黄金。

女尸的网络与面具,除以上所讲的学术价值外,对探讨契丹族里究竟什么身份的人、为什么要穿戴这套特殊葬具,也是较有价值的资料。有的同志置面具于不顾,只讲网络,因而得出了"铜丝网衣在辽代中晚期才出现,并可能主要是嫁到萧氏家族的皇室女子覆尸所用,所以我们认为,这种覆尸仪物不是由于宗教信仰,而应是标志死者的身份以及与国君的关系"的结论[11]。这样的结论显然带有片面性。因为契丹女尸出土的豪欠营墓地,一号、二号、三号、六号四座墓葬都发现了网络,一号、二号墓属于辽代早期;三号墓为中期,却是男尸;六号墓又是网络与面具同时穿戴在一起,亦并非光穿网络。因此,上引结论恐怕不能成立。

四、女尸丝织品葬服的学术价值

契丹女尸出土时,在铜丝网络外面穿着了多层丝织品葬服,它为研究辽代契丹族的服饰和蚕丝纺织提供了一批新的资料。

当女尸刚出土、还躺在尸床上的时候,可以清楚地看出,其最外面穿着一件多褶圆领束腰长袍。圆领口直接在颈下,向下有四层圆弧形领边,上下叠压,铺围在两肩与胸前;腰部有束腰系带痕迹,袍的下部边缘则散出腿外5～7厘米。因尸体长期沉埋于潮湿的淤积土中,大部分葬服已严重腐朽,特别是最外一层,遇干燥的空气后,均已龟裂为松树皮状,疏松异常,一触即碎,再也无法分辨葬服的层次。只有紧贴网络或挤压较紧的个别部位,为臀部以下和两腿紧夹的地方,服饰的层次还保存较好。经过认真清理,大体弄清了女尸所穿葬服的层次。

女尸所穿的丝织品葬服,有棉、有单,有长袍、有短衫。按照装殓时衣服穿着的先后顺序,由里向外,大体应该是这样:第一件,先穿紧贴胸背网络的棕色丝绵坎肩,好像现在内蒙古西部地区人们秋冬之时习惯穿的"棉腰子";腿上没穿裤子,在裆内兜一块绢面中絮白色丝绵的梯形裆布;然后穿第二件,素面单绢裙;第三件,穿窄袖小圆领绢短衫;第四件,穿窄袖小圆领轻罗短衫;第五件,穿黄色罗地丝绵短袄;第六件,穿中黄色罗地隐格纹饰丝绵长袍;第七件,穿绛紫色罗地丝绵长袍;第八件,即最外面一件,是黄罗地绣花丝绵长袍,腰部有系带。左腰侧还挂木鞘玉柄小铜刀两把。手网络外戴紫红色罗地拇指单分式夹手套，腕部有系带；脚网络外穿黄罗地丝绵短腰软靴。头网络外还有罗地丝织物包头。这就是契丹女尸所穿的全部葬服。

从这些丧葬服饰上大体可以看出辽代契丹族妇女的衣着情况，有袍有衫，外长内短。从最外一件绣花长袍看，辽代契丹妇女是很喜爱穿绣花衣服的。不仅年轻妇女爱穿，而且老年妇女也可能爱穿，叶茂台辽墓出土的老年妇女尸体的最外一件长袍也是绣花的[12]。两个墓地相隔有千里之遥，时代早晚也不同，但葬服形式却如此相似，由此也可以看出契丹族妇女的服饰，至少在葬服上的某些共同特点。手套与软靴也有相似处。除了某些共同点之外，也会有不同的地方，如契丹女尸那件贴身的棕色丝绵坎肩就有地区特点。它与豪欠营当地蒙汉群众冬季所穿的"棉腰子"极其相似，这可能正是适宜于塞外草原高寒多风地区的一种衣饰。这种具有地区特点的贴身内衣，辽代迄今，已有千年之久，依然沿袭使用，可见契丹族在我国北方地区的影响之深。女尸的服饰有待深入研究的地方还有很多。

契丹女尸葬服层次虽较多，但丝织品种类却比较单一，主要为罗、绢两种。罗做衣面，绢做衣里。罗与绢又有粗、中、细之分。罗除了有不同颜色外（颜色比较单一，可能因长期进水，有的已经脱色了），具体的组织结构也各有不同，其中有二经绞罗、三经绞罗、四经绞素罗、四经绞几何纹花罗、十经绞花罗和多经绞（十二经绞以上）花罗等多种。这就为研究辽代罗的纺织工艺水平提供了丰富的实物资料。特别是那种多经绞花罗，因其轻薄柔软，状若蝉翼，漂入水中仿若无物，比现在最薄的乔其纱、尼龙纱还要轻薄，故暂名之曰"轻罗"。经绞那么多，结构那么复杂，丝那么细，由此就更可以看出辽代丝织工艺所达到的高水平。文献记载宋朝人特别喜欢辽国出产的"蕃罗"，其中恐怕就有轻罗这种珍贵品。

契丹女尸身上所穿的这许多丝织品也可以证实辽代蚕桑丝织业的发达。我们认为，像这种民用丝织品，得于宋廷岁币的可能性恐怕不大，应是辽代当地的产物。辽代在建国之前就已经开始重视蚕桑与纺织。"仲父述澜为于越，饬国人树桑，习组织。"[13]等到"辽朝得燕之后，丝织业逐渐发展成颇大的规模。辽都上京有绫锦院诸工作坊，织工主要是汉人。祖州也有绫锦院，有契丹、汉、渤海等手工业者三百人纺织，供辽朝皇室需用。"[14]圣宗时曾以显州交纳的绫锦赏赐左右的贵族。辽朝对外赠送或赐予的物品中有绫、罗、绮、锦、纱、縠、缎等多种，由此可知辽代丝织业的发达。辽代不仅重视丝织品的纺织，而且重视丝织品原料的生产。当时灵河沿岸，灵、锦、显、霸四州植桑麻，居民无田租，只供蚕丝，成了蚕桑专业户。《辽史·地理志》称，宣州"民工纤织，多技巧"。这一切史料都充分说明，辽代蚕桑纺织业不光在上京、祖州的绫锦院，而且在许多有条件的州县，也都有了较普遍的发展。当时的西京道或丰州有无蚕桑纺织业，于史无证。契丹女尸的出土，除为辽代丝织业发展的高水平提供了新的物证外，也对辽代西京道有无丝织业提出了问题。

五、结语

契丹女尸的随葬遗物很少，只有两件漆盘、12件辽白瓷。其中，两件六瓣瓜棱形绞索式提梁小注造型别致，装饰精巧，釉色细腻，是辽瓷中罕见的精品。它不仅反映出辽代精湛的陶瓷工艺，更反映出辽代契丹族在陶瓷工艺上的创造精神。还有女尸腰间佩带的两把富有民族特色和草原气息的玉柄小刀，它与今天内蒙古草原上男女牧民腰间随身系带的小刀不仅十分相似，而且有历史渊源关系。它说明了从古迄今以食肉为主的草原民族的某些共同的生活特点。

总之，通过契丹女尸考古，我们在辽代的生产发展水平、契丹族的墓葬形制、丧葬习俗、体质形态等方面都得到了一些新的认识。它对于考古学、历史学、民族学、人类学、医学等学科的科学研究，以及对纺织、冶金、拔丝、瓷陶、编织工艺、文物保护等方面，都提供了一些新的资料，对辽代契丹族进一步开发、建设伟大祖国的北部边疆做出的巨大贡献，以及对后世各民族的影响的研究，也提供了新的内容。

契丹族是我国历史上一个富有创造精神的民族，它善于学习先进，勇于革除旧物，在政治制度、生产建设、文化艺术、民族关系等各个方面，都有自己独特的创造。它积极吸取周围各民族先进的东西，特别是汉民族的东西，并注意发挥各民族人民的特长，又注意保持并发展本民族的特点，使二者尽量结合起来，从而在我国历史上创造出了独具特色的光辉灿烂的草原契丹文化。

参 考 文 献

[1] 陆思贤.巴图湾水库区的古墓[J].内蒙古文物与考古，1981（创刊号）.

[2] 张郁.唐王逆修墓志铭考释[J].内蒙古文物与考古，1981（创刊号）.

[3] 宿白.白沙宋墓[M].北京：文物出版社，1957.

[4] 项春松.昭盟地区的辽墓葬——兼谈辽墓分期及其随葬器物的断代问题[J].内蒙古文物与考古，1981（创刊号）.

[5] 脱脱，等.辽史·太祖（上）[M].北京：中华书局，1974.

[6] 脱脱，等.辽史·天祚皇帝（三、四）[M].北京：中华书局，1974.

[7] 乌兰察布盟文物工作站.察右前旗豪欠营第六号辽墓清理简报[J].文物，1983（9）.

[8] 李逸友.契丹的髡发习俗——从豪欠营辽墓契丹女尸的发式谈起[J].文物，1983（9）.

[9] 文惟简.虏廷事实[M]//陶宗仪.说郛（卷八）.涵芬楼藏版.北京：商务印书馆，1986.

[10] 温丽和.辽宁省法库县叶茂台出土契丹民族铜丝网罩[J].文物,1981(12).

[11] 马洪路.契丹葬俗中的铜丝网衣及其有关问题[J].考古,1983(3).

[12] 辽宁省博物馆,辽宁铁岭地区文物组发掘小组.法库叶茂台辽墓记略[J].文物,1975(12).

[13] 脱脱,等.辽史·食货志(上)[M].北京:中华书局,1974.

[14] 范文澜.中国通史[M].北京:人民出版社,1965.

豪欠营三号墓的仿木结构与壁画

豪欠营湾子山辽代墓群里的三号墓是一座仿木建筑结构的壁画墓，墓葬早期被盗，1972年又被破坏，因此墓内随葬品已荡然无存。

三号墓是一座砖室墓。墓室平面为六边形，南北直径3.05米，东西直径2.69米，地面距券顶高约2米。因券顶被破坏，高度欠准确。整个墓室里边用砖券，砖外用石券。砖长37厘米，宽18厘米，厚5.5厘米，面上有七条浅沟纹，质地坚硬，颜色青灰，顺长起券。所用石块为比较规整的料石，长宽不等，厚约15厘米，贴砖外壁平券。砖石之间有4~5厘米的空隙，用土与碎石片填充，券壁总厚为57厘米。

墓室为仿木建筑结构，穹隆顶。仿木结构主要体现于墓室的六个壁面与六个角上。墓壁六角各砌一方形砖柱，地上柱高82厘米，尸床上柱高70厘米，宽12厘米。方柱外凸2~4厘米。柱头上有普柏枋与斗拱结构。普柏枋是柱与柱之间相连接的第一道横木，是以一层砖外凸平砌，枋长140厘米，宽5.5厘米，外凸约2.4厘米。采用斗拱结构，有栌斗、昂、令拱、散斗与替木。栌斗连接柱头，状若屋脊，上宽18厘米、厚4厘米，下宽14厘米、厚3厘米，高6厘米。昂外凸呈三角形，斜面长13厘米，宽11厘米，外凸6厘米。昂嵌于散斗之下、令拱中间。令拱为两层砖外突平砌，通宽64厘米，高10厘米，外凸3厘米，通左角呈弧形。散斗在令拱与替木之间，通宽62.5厘米，三凸二凹。斗呈梯形，下边有小斜面，上宽15厘米，下宽12厘米，凹深9厘米。替木通宽90厘米，高5厘米，外凸3厘米。替木之上为橑风槫，两层平砖券砌，环券一周，每层用砖41块，拱门顶有35厘米处无橑风槫，为连接斗拱与穹隆顶的横木，周长约810厘米，高12厘米，外凸2.4厘米。橑风槫之上便是圆弧形穹隆顶，逐层内收，愈上愈小，至顶部留一圆孔，然后用封顶石加盖。三号墓券顶因被破坏，原来的形制已不清楚，但根据同类穹隆顶券砌方法，应如上面所述。

墓室临墓门两壁的正中各券砌窗户一个。窗高51厘米，宽76厘米。窗户为破子棂结构，用九块竖砖斜砌而成，高38厘米，宽56厘米。上串长64厘米、宽5厘米，立颊高51厘米、宽55厘米。破子棂上串立颊，都涂成朱红色。窗额长76厘米、宽5厘米，槫柱高51厘米、宽5厘米，为黑色。窗额与槫柱皆磨为圆棱，中间还刻有一道细纹。

墓门向东开，内为砖券拱洞式，外为石筑长方口。拱洞门高111厘米，宽61厘米，进深98厘米。石筑门高、宽与拱洞门相同。门额长88厘米，宽17厘米×23厘米，上雕门簪两个，微向外突，簪上各凿有对角"×"纹饰。两边立颊高66厘米，厚17厘米×13厘米，上面雕凿有规整的菱形纹饰。地栿分内外两层，内长80厘米，两头宽各18厘米，中间宽9厘米；外长65厘米，宽12厘米，比内地栿高3.5厘米。石门两扇，每扇高77.5厘米、宽64厘米、厚9厘米。门扇的雕饰为对角菱形，麻点深浅、大小较匀称。门扇上部对缝处各凿一小圆孔。门有枢，向东开。门外为甬道与墓道。

墓室六角平面分为尸床与地面两部分。尸床在墓室后部，呈梯形，前边长290厘米，后边长144厘米，中宽106厘米。地面长305厘米，宽163厘米。地面与尸床全用38厘米×5厘米的浅沟纹砖铺砌。尸床比地面高11厘米，用两层方砖平砌而成。

墓室的尸床、墙壁、仿木斗拱和穹隆顶全部用白灰抹平，白灰的厚度为1～2毫米，然后再用彩绘。墙壁之间的廊柱、普柏枋、斗拱、替木与橑风槫全部用朱红色涂染，犹如殿堂上的油漆彩绘廊柱一般，红白对比，鲜艳夺目，非常壮观。地面左右两边白壁上的破子棂窗，券砌精巧，内红外黑，与白壁形成鲜明的对照，显得十分突出。拱洞式门周围的白壁上各涂两圈颜色，外红内黑，红边宽5厘米，黑边已残，宽度不清，中间的白壁空隙为12厘米。这不仅突出了拱洞式门，而且使之与廊柱斗拱连成一体。斗拱上的散斗、令拱、昂与栌斗的外沿与突起的棱角上又用黑色画一道宽1厘米的窄边，使斗拱与普柏枋及替木之间既统一又独立，各自形象鲜明，富于变化。尸床的床沿上下也用朱红色涂边，上边宽5厘米，下边宽12厘米，仿佛一条油漆木制床沿，横置床前，与左右墙壁的廊柱构成一个整体。墓室的廊柱、斗拱、窗户、门洞和床沿通体彩绘之后真正变成了一座朱红色的仿木结构建筑，最后又彩绘了壁画。

壁画描绘在两个部分上。其一，画在拱眼壁上，共五幅。其二，画在尸床三面的墙壁上，共三组九幅。拱眼壁高25厘米，横宽40厘米，中间各画牡丹一枝，红花墨叶，为没骨花卉画法。壁画由北向南编为1～5号，1、2、5号三幅保存较好，3、4号两幅已剥落殆尽。其中，1号保存最为完整，有牡丹与枝叶，高22厘米，宽33厘米。2号左半部保存尚好，右半部剥落残破，花枝高24厘米，残宽23.5厘米。5号也是左半部保存尚好，右边残留两片花叶，右下边的花瓣与花叶已剥落，花枝高23厘米、宽28厘米。这三幅牡丹的花枝结构，都是朱红牡丹花居中，上下左右为墨点枝叶，叶间还有朱红花蕾。1号在左右花叶之间，2、5号两幅均在左边与上端的花叶之间。1号牡丹花直径9.5～12.5厘米，花蕾直径为2.5～3.5厘米。

壁画在尸床周围的三组也从右向左编为1、2、3号。1号为第一组，画在尸床北侧，即右侧的墓壁上。每组都由三幅牡丹花组成，周围画有外边。第一组，外边通宽116厘米，中间高66厘米，右边高22.5厘米，左边高23.5厘米，边宽约5厘米。第一组的三幅，中间一幅内高 58 厘米，宽 45 厘米。牡丹花与枝叶局部已残破剥落，残高 45.5 厘米，宽 33 厘米。花枝中间偏下残破，上部与左右的花朵保存较好，下部剥落严重。右边一幅，内中高 51 厘米，宽 26 厘米。左右两边的画幅外框，顶边都是由里向外一条斜边。牡丹花枝瘦长，高 50 厘米，宽 22 厘米，保存较好。整幅牡丹，花朵少而花蕾多，枝叶上边有一朵五瓣牡丹，花蕾上下枝叶间有六个之多。左边一幅，内中高 52 厘米、宽 29 厘米，花枝高 48 厘米、宽 23 厘米，保存尚完整，也是枝叶间偏上有一五瓣牡丹，而上下枝叶间的花蕾却有八个之多。第二组，通宽 118 厘米，中高 65 厘米。中间一幅内高 57 厘米、宽 46 厘米，花枝高 56 厘米、宽 42 厘米。花枝上部剥落，下部保存较好。这幅牡丹，根部向上，分为三枝，中为主枝，重枝与左旁枝上画有三朵牡丹花，上一下二，左边一朵上部剥落。枝叶间的花蕾也有八个之多。这一幅在墓室正中，所以枝干有主有从，花叶疏密适当，是整个画幅中比较好的一幅。右边一幅，内中高 53 厘米、宽 29 厘米，花枝上部剥落严重，枝叶的花朵都残破，残高 44 厘米、宽 27 厘米。左边一幅，内中高 55 厘米、宽 29 厘米，花枝保存完好，高 45 厘米、宽 27 厘米。枝叶上部为五瓣牡丹花一朵，顶端有一刚绽开的花蕾，下边枝叶间有五个花蕾。第三组，通宽 103 厘米，中高 65 厘米。中间一幅内高 57 厘米、宽 37.5 厘米，花枝高 53 厘米、宽 34 厘米。花枝左上局部剥落，其余部分保存尚好。花枝由一枝主干向上分枝，画有三朵牡丹，上一下二。右边一幅，内中高 52 厘米、宽 23 厘米，花枝高 50.5 厘米、宽 22.5 厘米，上部剥落严重，局部保存较好。中部也是一朵牡丹，残留五个花蕾。右边一幅，内中高 51.5 厘米、宽 26 厘米，花高 48 厘米、宽 25 厘米，画面保存比较完整。枝叶间偏上有一五瓣牡丹，上边五个、下边两个花蕾。以上三组九幅牡丹，每组的布局、构图和画法大体相似，均为中间一幅画牡丹三朵，上一下二，呈等腰三角形；左右两幅，都在偏上部位画牡丹一朵。这三组九幅花卉是墓室壁画的主要部分。

在六个柱头斗拱上边，穹隆券顶第六层券砖以上画有一朵祥云。云朵边沿用墨线勾勒，中间染成朱红颜色。东北角上一朵保存完整，云长 50 厘米、高 19 厘米。墓室穹隆顶部因盗掘时破坏，有无彩绘已无法知道。在墓室的积土中发现掉入的残砖上抹有白灰，并画有一条朱红色边，由此判断在穹隆顶部至少绘有一个朱红色圆圈，尺寸大小已不得而知。

察右前旗豪欠营湾子山的辽代墓群，经初步勘察，有十座墓葬。从已清理的三座墓葬看，只有三号墓是其中保存最好的一座。墓室只有男尸一具，系单葬。尸体虽被由尸床抛在地上，除头骨分离外，身体与四肢还连在一起，背部皮肉尚保存完好，且有一定弹性。扰土中与尸骨下有残碎铜丝与铜丝网络残片，尸骨通体都染有绿色铜锈，可见埋葬时也穿有铜丝网络葬服，应为辽代契丹族墓葬。

辽代墓葬中已发现不少仿木建筑结构的墓葬。砖券仿木结构的墓葬魏晋时已开始出现，辽宋时比较盛行，白沙宋墓就是典型的砖券仿木结构墓葬。三号墓的破子棂窗与白沙宋墓的券法完全一样，而叶茂台七号墓出土的木制棺床小帐的窗户也是破子棂结构。仿木建筑结构的墓葬应是墓主人生前居室的反映，至少可以说明豪欠营一带在辽朝时已有了比较像样的砖木建筑，否则是不会有这样精巧的仿木建筑结构的砖石墓葬出现的。三号墓的结构为我们了解和研究这一地区辽代的建筑情况提供了线索和可靠资料。

辽代的壁画墓非常盛行，特别是昭乌达盟、哲里木盟一带，契丹墓里出现了不少规模宏大的壁画。壁画内容主要是描绘游牧出猎、车骑仪仗、奴仆侍吏、神兽祥瑞和山水花鸟等。壁画中全部画花卉的还比较少见。三号墓不光全部画花卉，而且还是一色牡丹，这在辽代壁画墓中也是首次出现。辽代契丹族喜欢牡丹，《辽史》中有明确记载："统和五年（987年），三月癸亥朔，幸长春宫，赏花钓鱼，以牡丹徧赐近臣，欢宴累日"。又："统和十二年（994年），三月壬申，为长春宫观牡丹。"这是记载辽圣宗在长春宫与群臣一道观赏牡丹的情景。不仅观赏，而且还徧赐近臣，可见牡丹花在契丹皇帝心目中的尊贵地位。难怪辽墓中出土的不少器物上也多以牡丹做装饰。这座辽墓出现了一色牡丹的壁画，这对研究辽代契丹族的习俗会有一定参考价值。

牡丹素有国色天香之称。唐朝开元时期，玄宗与杨贵妃也常在沉香亭前赏牡丹，听梨园弟子李龟年调唱歌咏牡丹的词曲，有"国色朝酣酒，天香夜染衣"的佳句。北宋时期，洛阳名园里的牡丹更是姹紫嫣红、娇艳欲滴，官僚地主、文人学士为之倾倒。牡丹花一般是在谷雨节后开放，江南与洛阳如此，而远在塞外的辽上京（今昭乌达盟巴林左旗），农历三月竟然也有牡丹盛开，这不仅说明契丹族钟爱牡丹，也说明那时北方的气候要比现在暖和一些，否则牡丹是不会那么早开放的。汉族与契丹族同把牡丹视为"国花"，其缘由值得探寻。

牡丹的画法类似写意。写意是文人画。三号墓的壁画作者很可能是民间匠人。在辽代中晚期的豪欠营地区已经产生了这种墨叶写意牡丹的画法，虽然还比较粗拙，但是也难能可贵，很值得重视，对于认识辽代契丹族文化艺术的发展是一个极好的例子。

墙上的壁画正好在尸床的周围，这与现在流行于北方地区广大农村的炕围画（也叫墙围画）十分相似。虽不能说这就是北方炕围画的起源，但至少可以说辽代乌盟地区契丹族中就已产生了类似炕围画的东西。总之，三号墓的仿木结构与壁画是有一定的研究价值的。

契丹女尸在民族史研究上的意义

契丹女尸在北京、呼和浩特展出以来，引起了学术界的广泛兴趣。其为研究古代内蒙古高原地区的体质人类学、医学、纺织、冶金、陶瓷等自然科学史提供了可贵的实物依据，而在考古、历史、民族学等研究中又补充了文献的不足。特别是对于研究我国北方民族史，更是一份饶有兴味的绝好资料。

我国自古以来就是一个多民族的国家。居住在北方辽阔草原上的游牧民族与中原民族在经济和文化上互相交流、互相影响，为融合为中华民族辉煌灿烂的古代文明，做出了自己的贡献。10世纪曾经建立过声威赫赫的辽王朝的契丹民族，他们的祖先与后裔是史学工作者所关心和不断研究探讨的课题。本文试就契丹女尸在民族史、民族学研究上的价值谈一些粗浅的认识。

一、契丹女尸的外貌

契丹女尸出土于乌兰察布盟察右前旗豪欠营村的湾子山下，墓地背山面谷，形若簸箕。东南为出口，有两座圆圆的山丘，仿佛一对天然的双阙，矗立于门户的两旁。在古人的迷信思想中，认为这是一处环境优良的阴府冥宅。现存墓葬十座，分别于1981年10月和1983年5月，分两次清理完毕。契丹女尸出土于第六号墓中。这是一座规模很小的穹窿顶六边形的石券墓。女尸侧卧在墓室后边的尸床上，头北脚南，既无棺又无椁，头戴鎏金铜面具，身穿丝织品葬服，贴身还有翠绿色的铜丝网络。尸床前面的祭桌上摆设着碗碟与漆盘，尸床与地面上还散布着四个黄鼠尸骨。

女尸出土的时候，整齐的衣着还没有被扰乱，身穿狭袖束腰圆领长袍，长袍是多褶圆领，直接由领口外翻，而颈部另有围脖，交压在领口里，这与蒙古袍在领口上接小高领不相同。衣纹简单，洗练精干。

女尸的头枕在一个丝绸包裹着的木枕上，脸上佩戴着鎏金铜面具（面具是模仿死者生前的脸形锤鍱成的），温静而闭着的双眼微开一道眼缝，好像是在闭目静养而又沉思之中；丰润的脸颊，小嘴抿合，却又显得和蔼而庄重。但是其微微隆起的颧骨，瘦长的鼻梁，民族特征何等鲜明，让人们还以为是一位草原女性在放牧之暇躺卧在毡帐中憩睡呢。

因为女尸的身体是向左侧着,所以左手在下,平放在胸前,右手在上,靠在胯部,双手戴了一副罗面手套,作拇指单分式;两足则微微抬起,一前一后,靠在左腿上的右脚架得高了一些,下面好像还垫了什么东西。其脚上穿着软靴,尖头船形底;身躯、胳膊与腿部的圆肌、宽厚的两胯,显示出女性的外貌特征。

二、关于契丹人的葬仪

契丹民族在建国之前,丧葬习俗比较简单,流行所谓"风葬",即父母死后尸体运入山林,悬挂在树上,三年后收其骨而焚之,而且还不让哭丧。建国之后受汉文化的影响,才筑墓埋葬。在豪欠营湾子山墓地,有辽代从早期到晚期的各式墓葬,早期的墓室很像圈围的蒙古包,说明辽墓是自成体系的一种葬俗,与汉族丧葬制度不太一样。《辽史》《契丹国志》等书中也有一些关于契丹族的丧葬礼仪的记载,但限于帝王宗室,或语焉不详,具体情况不太知道。宋人文惟简所著《虏廷事实》有一段记载:"北人丧葬之礼,盖各不同⋯⋯唯契丹一种特有异焉。其富贵之家,人有亡者,以刃破腹,取其肠胃涤之。实以香药、盐矾,五采缝之;又以尖苇筒刺于皮肤,沥其膏血且尽,用金银为面具,铜丝络其手足。耶律德光之死,盖用此法。时人目为'帝羓',信有之也。"[1]对契丹女尸做了综合研究后知道,这段记载属实。

首先"以刃破腹,取其肠胃涤之"。因女尸经过腐烂变质,皮肤已成了黄褐色,肌肉成了棕黑色,溶解凝结,肠胃也成了黑褐色朽渣状,无法判断。"以尖苇筒刺于皮肤"的痕迹则更难寻找。但是经鉴定,女尸体内无血,在其肩部与右胸上侧有血迹,或许是"以尖苇筒刺于皮肤,沥其膏血"处,但血斑不大,似乎没有流出多少血。而在其身体下部有大出血的痕迹,两股间的一块绢绸絮绵裆布全为血污所染,臀部下面的衣着与棉褥还保留有直径30厘米的血迹。我们不知道女尸大出血的原因,不过"体内膏血且尽"与文惟简所说是吻合的。另外其肠胃是否经过洗涤,虽然也不知,而"实以香药、盐矾"确是真的。经医学鉴定,女尸体内的化学元素有11种之多,有的属于药物元素,尤其是对胃区的检查中,发现含砷(砒霜)量为100克干组织中含833微克,超过常人的7~14倍。砷是防虫防腐剂的主要元素,契丹女尸经过解剖化验之后,发现封存保护的化学药物中也加了砷。可能契丹族在一千年前在尸体的保存中已经认识到了这一点。

肠胃既清洗,尸体更无疑经过了清洗修饰。明显的例证是她的颅前头发被剃去了约5.5厘米的宽度,即契丹社会风俗中所谓的髡发:头顶的长发聚为一把,用罗带紧束打成一结,罗结就在头顶的中央;而另在这把长发的左侧抽出一绺,编成小辫,小辫绕经额头折回颅顶，压在大把头发之上，辫梢另用罗带结扎；脑后与耳侧的头发垂至肩部，即所谓披发。出土时女尸的头发还没有被扰乱，乌丝根根梳理整齐，是所有出土古尸中保存最好的一例。

尸体处理好以后，即行"五采缝之"。五采是指锦罗丝绸织物，怎样的缝法过去不知道，还以为是缝缀"以刃破腹"切开的刀口。契丹女尸的出土使我们知道了，原来需要缝裹全身。缝裹的方法是：先在尸体表面铺一层丝绵，再用罗带分部缠绕，包括每个手指部分，扎得非常精细，脸部则用面帘遮盖，使尸体表面没有露出皮肤的地方，这实际上成了一具木乃伊。耶律德光的尸体经过处理以后，"时人目为'帝羓'"，则应与契丹女尸的处理方法相同。

再说"以金银为面具，铜丝络其手足"。契丹女尸的脸上戴有鎏金铜面具，全身穿有铜丝网络，包括头网、身网、四肢网和手足网络，比文惟简说的内容丰富得多了。这身网络也是根据体形编缀的，紧贴尸体，还保留着整个人体的轮廓：丰腴的两臂，肥硕的双腿，手指纤细，脚掌瘦削；胯骨与臀部宽大，腰部紧束，还能清楚地看出死者生前的形体原貌。这是因为网络原是紧身穿着的金属葬服，尸体虽然有了一些萎缩与变形，而金属网络原来的形状却基本未变。例如女尸的手，虽然已干缩变小，但手网原是贴着肌肤编成的五指分开式的手套，形象上还保持着丰厚的手背与手掌的肌肉感，手指的长短粗细都有青年女性的特征。女尸网络编缀精巧，匠心独到，目睹者无不为之赞叹；可知在尸体上编缀铜丝网络，是契丹族丧葬中非常重视的一个仪式。

契丹女尸铜丝网络的外面还有多层丝织品葬服。全身穿戴完毕以后，再将尸体入殓墓室，举行烧饭仪式，即在尸床前面放一张木桌，摆上碗碟酒器，里面都盛有食物。依祭之后，封闭墓室，并在通道口放一个羊头，表示不忘她是牧民的儿女。最后填土封实，在墓顶上用石块圈筑一个小小的坟园。

这是契丹女尸在考古上所反映的丧葬仪式，当时的实际生活中应比这些复杂得多。

三、契丹人体质上的民族特征

契丹女尸身高（包括发型）一米六五，在世年龄为 25 岁左右。揭去鎏金铜面具之后，露出了她的原貌：两眼闭合，双唇紧抿，颧骨突起，是一副颀长的脸。

根据体质人种的全面测定，并将所得数据与古代的匈奴人种和现代的蒙古人种作了系统的对比研究。女尸的人种特征与古代匈奴人种不同，和生活于北极圈、西伯利亚的蒙古人种也不同，与南亚蒙古人种的相似点也很少，而基本上属于东亚蒙古人种，即与生活在我国境内的蒙古人种最相近。这就有力地说明，契丹族完全属于蒙古人种，并已完全融合在我国北方的蒙汉各族人民之中。

为了更确切地认识契丹族的体质人种特征，又在同一墓地选择了第三号墓出土的男尸骨架进行测定工作。其颅形、鼻形和铲状门齿等属蒙古人种大人种。将全部骨骼测量数据与呼伦贝尔盟扎赉诺尔、完工索木，昭乌达盟巴林左旗南杨家营子鲜卑墓中出土的人骨做比较，发现他们之间有着许多相近似的特征，如颅长、鼻高都在各处的变异范围之内，鼻宽、鼻指数、眶指数也非常接近。其与南杨家营子鲜卑人最为接近，这说明契丹人与鲜卑族南迁杨家营子后的一支关系极为密切，这里正是契丹族兴起和最早建都的上京临潢府所在地。"契丹源出鲜卑，是鲜卑宇文别部的一支"[2]，从体质人种的研究中，也能证明此说成立。但测量数据上还有若干差异，可能是这一族系在向南向西发展以后，与当地其他毗邻部族融合的结果。

再把男尸人骨与近代华北人、通古斯人、蒙古人做比较，则其接近蒙古近代人骨为主、华北近代人骨为次，与通古斯近代人骨相距就很大了。这说明契丹族的后裔与在该地区生活的蒙古族联系更多，这是北方草原民族在历史的长河中自身融合的结果，而融合于北方汉族之中的也不会太少。

四、女尸装饰的民族特点

契丹女尸身上穿有八件丝织品葬服，为罗地绣花丝绵长袍、绛紫色丝绵长袍、中黄色丝绵长袍、黄色丝绵短袄、十二经绞罗单衫、素面绢短衫、素面绢裙、棕色丝绵坎肩。另有手套、软靴、包头等小件丝织物。这种服饰样式也曾见于辽墓壁画契丹妇女的装束。

长袍均圆领、不作没脚，这是骑马民族服饰的一个特征。驰骋草原，上可以防蚊蚋，下可以免挡腿[3]。这种圆领袍在元代统治者中还很流行，故宫博物院藏历代帝后图中的元代皇帝和皇后穿的也是圆领袍。出土的圆领袍虽然均已朽蚀而不知开襟在哪一侧，但从保存的腰带连扣在左侧考虑，开襟应在左侧，即合于古代北方民族"披发左衽"的风俗。契丹女尸头顶束发而余发下垂肩部，正是披发的形式；男尸颈部也保留有余发，虽然不大长，也是一种小披发。

衣服中最具特色的是棕色丝绵坎肩，内蒙古地区叫做"棉腰子"，现在知道这种保护体温的服饰至少从契丹族已经开始。

另一具有特色的衣服是绢裙，它是用多幅绢绸裁缝起来的，穿在身上也是不作没脚，但褶缝多、腰围高。虽然它的原状已经不能复原，但参考辽墓壁画看，这是一种高腰裙，与同时期的宋代围裙有着明显的区别。

此外，女尸穿的矮腰软靴与现在蒙古族女青年喜穿的矮腰皮靴形式相同，是适宜于草原穿着的轻便靴；女尸穿戴的拇指单分式手套不露手指，与中原地区的露指护掌式手套不同,而手网做成五指单分式,知辽代还有五指单分的手套,与现在时行的皮手套的样式相同,这是目前所见最古老的通常手套形式。这些在服饰方面的特点为契丹民族所特有,而且影响于后世各个民族,在中华民族的物质文化方面古代契丹族做出了贡献。

女尸装束最鲜明的民族特征还在于它为我们保存了一个完美的发型。文献记载契丹女子结婚前后的发型样式不同,婚前髡发,与男子无异,许嫁方留,但样式如何,莫得其详。契丹女尸的发型应为已婚妇女蓄发形式的一种。中国古代北方民族有髡发的习俗。《后汉书·乌桓鲜卑列传》记载:"至婚姻乃髡发。"[4]契丹族的髡发,史乘缺载,只见于宋琪与沈括的笔记中,具体形象则见于庆陵与其他辽墓壁画中,但只限于男子,契丹女尸的出土是目前所知女性髡发形式的唯一例证。女子婚前髡发,嫁时始蓄的习俗,不只契丹如此,整个东胡系统的乌桓、鲜卑和女真无不如此,但死时又髡。

五、关于契丹族的信仰

契丹女尸穿铜丝网络,脸戴鎏金铜面具,既是葬仪中的一项内容,也反映了契丹族的信仰。辽宁省新民县巴图营子辽墓,死者为夫妇两人,戴面具和手足网络[5]。昭乌达盟翁牛特旗解放营子辽墓,死者妇夫两人只戴面具,而无网络;男的另有一双铜靴垫[6]。其他墓葬也有类似的情况,以出土手足网络为主,没有网络的则用一双铜靴垫代替。这表明手足网络比其他部位的网络意义重要,而足网络或足靴垫似乎比手网更重要。这就反映出契丹族的一种原始信仰,即对于手掌、蹄印或足迹的崇拜。

穿金属网络,特别是手足网络或铜靴垫,在足迹崇拜的观念中,正是死者亡魂步入黑山、到达彼岸的主要工具。

至于脸戴面具,不但死者,生者也有脸戴面具或化装脸部的习俗。《辽史》载耶律阿保机幼时有异相,认为将来能做帝王,将其脸面涂黑。契丹族建国以后,佛教传入。《契丹国志》载:"北妇以黄物涂面如金,谓之'佛装'。"宋人写诗颂为:"有女妖妖称细娘,真珠络臂面涂黄,南人见怪疑为瘴,理吏矜夸是'佛妆'。"

契丹女尸所戴的面具上不但具有佛相,前额上还有一圈丝织品做成的"菩萨冠"装饰在冠饰的右上角,并缀着一个紫红色蝴蝶结,双翅展开,状若飞翔。这样精心装饰起来的金光闪闪的面具并加上冠饰,佩戴在死者的脸上,既端庄又典雅,好像一尊慈眉善目的金面菩萨。如果到大同华严寺,可以看到其与辽代雕塑的菩萨相比,何等相似焉。大凡已见出土的辽代面具,特别是女性的面具,都给人留下一种佛面的印象。这就反映了生者为死者灵魂所祈求的,不但要到达黑山,还要到达佛教所传扬的极乐世界。这就说明女尸所穿的网络与鎏金面具具有多种信仰的内容。

另外,出土契丹女尸的豪欠营墓地的所有墓室,包括出土契丹女尸的坟墓,均作穹穹顶，墓门东向，这是草原牧民毡帐形式的典型反映。古代北方民族，从匈奴、东胡到契丹，穹庐均东向日出，表示对太阳神的崇敬。在远古的宗教信仰中，都认为太阳是天之元子，祀天都必须重视沐浴与头面的修饰，那么对死者进行的髡头仪，也应与这种敬天思想有关。

六、契丹族的历史贡献

契丹女尸考古所反映的契丹族的历史贡献，首先表现在生产方面。据铜丝网络化学元素的含量分析，铜中含银、含铝的比例适中，延展性很好，表明契丹族的冶炼业已达到了相当的水平；又细铜丝拉至 0.6 毫米或 0.8 毫米，表明拔丝技术已达到了惊人的程度。另外，面具鎏金也反映了辽代的冶金水平。据《辽史·国语解》记载："山金司，以阴山产金，置冶采炼，故以名司。"阴山即现在的大青山。辽代就在大青山地区开采冶炼过近百年的金矿，契丹女尸鎏金面具上的黄金很可能就是用阴山金矿冶炼出的黄金镀上去的。

契丹女尸身上的丝织品主要也应该是辽代契丹族自己的产品。辽代皇帝在建国前就很重视桑蚕与纺织，统治北方地区后，与中原交流频繁，生产上得到了进一步发展。例如，中京某些州县有许多"丝蚕户"，是只纳丝和绢、不纳粟的专业户。女尸身上所穿的轻罗衫比现在的尼龙纱还要轻薄，用多经绞法织成，细密透明，漂在水上仿若无物。当时辽国生产的罗为中原地区一些贵族所喜爱，宋人前来交易此物，称"蕃罗"。另外，契丹女尸身上一种具有光泽的绢也是当时第一流的产品。女尸所穿的罗地绣花丝绵长袍还反映出契丹人的刺绣技术。女尸身上佩有同鞘玉柄铜刀两把，其中一把无刃，只能作挑丝或分轻纬之用，故疑女尸生前也是一位巧红。

又契丹女尸墓内出土的细白瓷是辽瓷中的精品，其中两件瓜棱绞索式提梁贴花小注，造型美观别致，釉色细腻光润，在辽瓷中也罕见。辽代陶瓷从烧造到形制，自成体系。在中国陶瓷史上，宋代我国瓷器业发展到了最高水平，而辽瓷也在这个最高水平行列之内。

契丹女尸所安卧的尸床，形式如同现在蒙古包里的矮床；因其用砖砌，也同现在北方室内的暖炕。床或炕都是古代北方民族首创。魏晋南北朝时期，床传入中原，称"胡床"，实为可以移动的卧榻，到五代以后，才渐渐成为室内固定的陈设。古代北方民族室内有炕，可能时代还要早一些，而普及于整个北方地区，也是从辽金时代的契丹族和女真传播开的。

辽代建国，有以契丹族为主的北面官和以汉族为主的南面官两套政治体制，这就有利于民族团结，以及北方草原地区与中原地区政治经济文化的交流。契丹女尸出土地豪欠营周围的考古调查表明，当时的农业经济和畜牧经济是交织在一起的，这就反映了契丹民族对于北方草原地区的开发已达到了一个前所未有的高度。

参 考 文 献

［1］文惟简.虏廷事实［M］//陶宗仪.说郛（卷八）.涵芬楼藏版.北京：商务印书馆，1986.

［2］张正明.契丹史略［M］.北京：中华书局，1979.

［3］沈从文.中国古代服饰研究［M］.香港：商务印书馆香港分馆，1981.

［4］范晔.后汉书·乌桓鲜卑列传［M］.北京：中华书局，1965.

［5］冯永谦.辽宁省建平、新民的三座辽墓［J］.考古，1960（2）.

［6］翁牛特旗文化馆，昭乌达盟文物站.内蒙解放营子辽墓发掘简报［J］.考古，1979（4）.

契丹女尸的服饰

1981年10月，内蒙古察右前旗豪欠营西南湾子山六号辽墓里出土了一具保存完整的契丹女尸。女尸全身穿有铜丝网络，在网络外还有多层丝织品葬服，现就其服饰形式、层次关系叙述如下。

一、清理前的外貌

当女尸刚出土，还躺在尸床上的时候，衣着外貌最为清楚。女尸最外层的服饰，因受千百年来的泥水浸渍，已严重腐朽，好似一片片纸灰。然而，这层状若朽灰的服饰，上下依然能够连贯起来，是一件多褶圆领束腰长袍。圆领口直接压在颈下，向下有四层圆弧形领边，都是上层压下层，每层的边又各自为活边，缝合在两层交接边内约1厘米。四层领总宽9厘米，正好铺满右肩，绕到前胸，没有开口痕迹。腰部原系带子，而且抽得很紧，有约5.5厘米的系带痕迹，带面有突出纹饰；带的断面为四层，层厚约0.1厘米。在腰带之上，丝织品朽灰的痕迹贴紧身部；在腰带之下，则微微向外散开，左腿因贴压在尸床上，可以看到散在腿外侧的朽灰宽约5厘米。总观女尸外层的服饰，与现代妇女所穿的连衣裙相似，上衣因受腰带约束，完全紧贴在身上；下裙作喇叭口张开，便散在腿的两侧。朽灰在臂部可以清楚地看出为狭袖。这是一件多褶圆领束腰狭袖长袍。由领口至底边，残长124厘米。这件外衣，在清理服饰的过程中弄清楚，是一件绣花绵长袍。

另外，在手部，丝织品的表层也已成为朽灰，而且与衣袖粘接在一起，几乎分不清接口。清理时手部有一双夹手套。那么，这层朽灰有可能是与丝绵袍性质相同的绵手套。脚部穿的是丝绵软靴，也因残朽，局部已露出里面的铜丝网络。脸上的面具可以看出是最后戴上去的，因为包裹头部的丝织品压在面具边框里，而面具的带结在颏下露在最外面。这个带结没有完全朽烂，还有一定的韧性。包头的丝织品有罗与绢多层，保存尚好，在头顶扭结在一起，脑后情况如何，当时看不出。面具上额还有一圈帽状巾帻，表面也已朽烂。如果这些丝织物完好，女尸从头顶至足尖，除鎏金面具外，其他的内部衣饰和铜丝网络便都可覆盖住。然而由于外衣朽烂，两腿上部的丝绵袍服大多已溶解消失，露出了里面的一条状若单裤绢裙，紧贴于铜丝网络上，而且还可看见不少虫蛀的小圆孔，由孔内可看到里边的铜丝网络。足部的软靴也有类似情况，除足尖局部露出铜丝网络外，大体仍能覆盖住网络，靴口与裙子底边相接而不相连，中间有2毫米宽的空隙。这样，就能从女尸刚出土时的外貌上看到四五件内外衣饰。

二、服饰与丝织品的层次

女尸身上的服饰与丝织品，就其保存情况大致可以分为三个层次：①腐朽层；②残破层；③贴身层。这三层，除贴身层因卷裹于身上，外有铜丝网络保护，故仍能保存完好外，其他两层没有一件保存完整的衣饰。

腐朽层包括外貌朽灰状的衣饰，还有尸体下的衣饰和丝绵褥，外貌朽灰状的衣饰脱水干燥后完全凝结龟裂，无法分层观察，当然也不能知道它们的具体结构。压在尸体下面的腐朽层，丝绵褥是单独存在的，但与尸体上部相连的一部分衣饰也已腐朽。腐朽最甚者已成泥，但仍可以从断面上观察到丝织品的层次。例如，腿部下面的铜丝网络之外有十四层丝织品：第一层为绢，是紧贴网络的绢裙；第二至五层分别是绢、丝绵、丝绵硬片、罗，这是一件丝绵长袍；第六至八层分别是绢、丝绵、罗，这又是一件丝绵长袍；第九至十二层分别为绢、白色丝绵、绢、罗，这又是一件丝绵长袍；第十三至十四层可能是丝绵褥子。因为这两层已朽如泥土，褥子的宽狭形状已不清，只知其残长约1.65米，即从头部枕下开始到足部。

揭去尸体表层朽烂干裂的丝织品硬片之后，便是清理残破的服饰。先将铜丝网络上面的衣服逐层揭取，按部位存放，然后把网络清完并把尸体移去，再将身下网络下面的衣服层层揭下，仍按部位存放。接着把揭取下来的衣服残片进行清洗和拼接，这样才弄清了女尸所穿衣服的层次、服饰样式和丝织品种类。以下根据女尸的衣服穿着顺序，由外到内，分别予以说明。

1. 长袍

女尸共穿三件丝绵长袍。第一件为绣花罗地丝绵袍。这是女尸穿着在最外面的一件衣服，也是最讲究的一件衣服。其款式为多褶大圆领束腰绣花罗地丝绵袍，详细情况本文的开头已做具体描述，这里只就衣料质地和绣花式样作一些补充说明。这件袍服的衣料为罗面、绢里、白丝绵胎。罗面是比较讲究的十经绞花罗，看上去，绞经所构成的一组组图案花纹犹如龟背，所以这种花罗亦名龟背纹罗。罗地为黄色，上面用金黄色丝线绣花。根据残片保存情况看，为全身通体满绣。所绣花纹，枝干为藤蔓状，并有卷曲盘绕的嫩丝，有如牵牛丝条；花叶碎小，颇富变化；花为五瓣，状类桃花。绣法：花瓣与花叶均为平绣，茎蔓为绕指缠针绣，即先平针顺绣并列两针，然后或一边或两边再用横针绣边，针脚小而密，间隔 1 毫米。这件绣花丝绵袍与法库叶茂台辽墓女尸所穿的绣花绵袍相似[1]，可见契丹妇女在葬服习俗上有共同之处。但是两件袍子的衣领完全不同，一为多褶圆领，一为左衽交领。

第二件为绛紫色罗地丝绵袍。质地为四经绞素罗面，黄绢里，中絮棕色丝绵，绵胎较薄。

第三件为中黄色罗地丝绵袍。罗地为四经绞几何纹花罗，由于在线孔间绞联处形成一朵朵小花，在经向单位 1.8 厘米、纬向单位 1 厘米的范围内有七朵小花散点排列，所以在视觉效果上类似今天的隐花或隐条。这隐花纹饰闪光耀眼，鲜艳如新。袍里为浅黄色绢，中絮白色丝绵，已压成绵纸状。

2. 短袄

长袍里边还穿有一件短袄、两件短衫。短袄为黄罗地，为四经绞素罗，经绞较松；薄绢里，中絮白色丝绵已成纸状，极薄。唯做法与长袍不同，即先用薄绢将丝绵絮好，做成绢胎，如同现在的活面棉袄，然后在外面再把罗面缝上。

轻罗短衫为狭袖小圆领。领宽 4 厘米，为四层折叠缝合而成。因为这种罗质地异常轻薄，状若蝉翼，织法为多经绞，即十二经绞以上的花罗。这种罗由于单丝极细，领边剪断处恐脱线，所以将毛边卷成一圆线边，然后用极细小的针脚撩缝。衣领与衣身的缝合也是先把两层边重叠卷裹成圆线，然后用细线小针密缝。绢短衫的样式与轻罗短衫大体相同，只是衣领比它宽 1 厘米，也是四层折叠缝制。衣领与衣身的缝制方法略异，即先把衣身要缝合的边折叠 3 毫米，平针缝好，再将衣领压在上面，互相叠压约 5 毫米，然后用平针撩缝，针脚也非常细小。

以上六件长袍、短袄，由于只剩残片，所以有的衣缘、衣领已不大清楚，而衣袖，根据残留痕迹推断，可能都是狭袖式。

这与叶茂台辽墓女尸所穿的衣裳大体相似，也与辽代不少契丹墓壁画上所见的衣饰略同。

除以上六件衣裳严重残破不能复原外，还有两件紧贴网络的内衣保存较好，大体可以复原，这就是上身的背心和下身的绢裙。

棕色丝绵背心是上身紧贴铜丝网络穿着的一件衣服，前胸整幅，后背开襟。前襟上部为略呈弧形的齐边，下部为大弧度圆角衣垂，通长 67 厘米。右胯部有方口衣岔，呈梯形，岔口上宽 3.5 厘米、下宽 8 厘米、长 18 厘米。估计左胯部亦有衣岔，因压在身下，已朽烂。胸部有结带痕迹两条。上扣带残长 2.5 厘米，宽 1 厘米，折叠回 2 厘米，带结在胸口正中。下扣带残长 6 厘米，宽 0.9 厘米。两带之间相距 15 厘米。上扣带外边至背心上缘 6.5 厘米。后襟分左右两片，左襟压右襟，亦为左衽。后襟左片残长 65 厘米，上部似与肩部相连，因残，关系不清；下边衣垂也略有弧度。襟口为齐边。外底角向上30厘米处为下带边，43厘米处为上带边，带根与左襟口缝合处为6厘米。两带均倾斜向上，渐上渐窄，上带至5厘米以上为1厘米宽，下带至8厘米以上为1厘米宽。左右后襟相互叠压约7厘米。左右后襟的各两条扣带由后背绕至前胸，两两相系，便形成了前胸的两条带结。质地为淡棕色罗，衣里为棕色绢，中絮棕色丝绵。衣里绢与绵胎的做法与第四件短袄相同。最后把罗面缝上。

这件衣服也是辽墓里首次发现之物。这是一件具有地区特点与民族特点的贴身内衣。辽代契丹族生活于高寒多风的高原地区，一年四季，寒冷季节将近半年，特别是豪欠营，更是地处阴山高寒地带的灰腾梁下，气候分外寒冷。因此，现在的当地居民，不分蒙汉，人人都要穿一件保护肚腹与后腰免于受凉的腰子或兜肚，其作用大约与九百多年前生活在这里的契丹族穿的丝绵背心相同。这是契丹族按照本民族的生活需要与地区特点制作的衣服，当然也就具有民族的特点。

3. 绢裙

绢裙紧贴两腿的铜丝网络的部分保存比较完好；两腿之间无铜丝网络处均已朽断，无任何痕迹；两腿外侧也无裙的痕迹。因此，在揭取、清理女尸身上的丝织品衣服的过程中，人们都将它误认为是一件窄腿绢单裤。画在图上，也确实是一条裤的样子。后来把压在臀部与两条大腿下的这块皱褶很多的绢清洗展开之后，才知道是一件宽大的裙，而不是窄腿裤。腿下展开的这块绢，长115厘米、宽165厘米。腿上展开的绢长115厘米、宽73厘米。两块拼接在一起，长115厘米、宽238厘米。腿下与腿上的绢，质地、颜色、缝法、接缝、下边都完全相同。绢裙拼接在一起，两边完全对称。全裙横宽由四幅绢拼接在一起缝合而成，中间为两幅绢竖拼在一起，左右为两幅绢拼接在一起后，再与中间两幅接拼成一体（图1）。绢裙的横宽基本准确，长度因上边无确切依据，可能不准。根据绢的幅宽估计，若以两端为准，各为两幅，那么长度应在118～120厘米。这件绢裙，长、宽虽然大体清楚，但因腰部与左右两个角都已朽烂殆尽，所以，绢裙原来的确切形状究竟如何，也还待研究。这里有两种可能：一是四幅绢拼接在一起，长短相同，上边两角缀带，系

图1 拼接复原的绢裙残片

于腰间，便成一件长长的筒裙。长沙马王堆一号汉墓出土的两件绢裙（或称作单裙）就是这样，也是各以四幅素绢竖拼而成，只是下宽上窄，当腰处也是用绢横约，并于两端留出系带。据随葬衣物判断，马王堆的两件应是一种衬裙[2]，那么豪欠营六号墓出土的绢裙大同小异，也应属于衬裙一类。因为的确是穿在袍服的最里边，说是衬裙也合理。然而，还可能有另一种情况，即左右两角，可能原来为弧边或齐边，腰部中间亦为圆弧

形腰围，而左右与下边及两角的弧边或斜齐边，均为裙的下边，只有上边的两端才是裙的开口竖边。这就与现在的裙相似，而与马王堆一号墓的绢裙相异。为什么会有这种可能呢？因为原来覆盖于两腿网络上边的绢裙不是中间的两幅，而是右侧与右下侧的部分，折叠于裆部的正好是横竖两幅相接而形成的那个直角。况且，如果是像马王堆绢裙那样的裙子，在结构上就不必要把两边的两幅又用两短幅横拼起来，形成现在这种样子。如果属于后一种，那裙的长度就大大缩短，可能是80～90厘米。而绢裙在女尸腿部的下缘，正好在腕部以上，与19厘米高的软靴相接而不相连。度其长度，裙长也正好是80～90厘米。二者孰是，还要请专家鉴定。

除上衣下裙等大件服饰之外，还有几件小件衣物也值得一提。有妇女专用的兜裆布，还有手套和软靴。兜裆布（即现在妇女用的月经带）紧夹于铜丝网络外的裤裆中间，由后向前兜起，上面血污很多。形状上半部为方形，下半部为梯形，通高42厘米、上边宽28厘米、底边宽54厘米。做法：用一块高42厘米、宽58厘米的黄色绢对折在一起，把开口边缝好，到剩16厘米处，接直角三角形的两片，然后缝合在一起；再把另一边剪16厘米，也缝接两片直角三角形在上，成为一个梯形。然后，在中间絮上较厚的白色丝绵，兜裆布即成。这块兜裆布保存基本完整，绢清洗之后仍有光泽，且富有弹性。裆布的用法，宽处压在臀部之下，窄处兜入裤裆间。从这块裆布可以知道这位契丹妇女正在经期或因大出血死亡。从裆布即可知道辽代契丹妇女已经懂得使用月经带，同时也可看出其民族特点。因为契丹族是以游牧畋猎为主，男女都经常过鞍马生活。这种样子的月经带正好与鞍马生活的特点相适应，因此也是具有民族特点与地区特点的东西（图2）。

（a）裆布绢面　　（b）裆布内絮丝绵

图2　兜裆布

手套：在铜丝网络手套外还戴有一副绛紫色地夹手套，为拇指单分式，通长23厘米。手套腕部还有一条宽1厘米的丝带，两带在腕上相交，未系成死结。手套保存比较完整。

丝绵软靴：在双脚铜网络外还穿有一双罗地丝绵软靴，靴面为黄色素罗，里子为浅黄色绢，中絮白色丝绵，已成纸状。靴子为软底，靴腰与现在的短腰靴相似。软靴保存也基本完整。在左右软靴上各有一小块红紫色丝织品残片粘在上面，可能是盖在身上的红紫色尸衾的残片。

此外，还有包头的丝织品和鎏金铜面具上的附属丝织物。因为在介绍面具时已做了介绍，这里就不再赘述了。

三、结语

（1）由契丹女尸的服饰可以看出，辽代契丹中上层贵族妇女死后，她们所穿的葬服一般都有长袍、短袄、短衫和裙，手上戴手套，脚上穿软靴。一般外衣为长袍，内衣为短袄、短衫，而且是外棉内单，最外一件长袍还是通体绣花的。这些服饰和法库叶茂台辽墓出土的服饰大体相似[1]，由此可以看出辽代妇女葬服制度上的共同性。但是二者也有不同的地方，叶茂台契丹妇女还穿有裤和套裤，豪欠营契丹女尸则没有。这也可能和契丹女尸穿有特殊铜丝网络葬具有关。契丹女尸还穿有一件棕色丝绵背心，这也是叶茂台辽墓所没有的。遗憾的是，契丹女尸的内外服饰多数已严重朽烂，衣服的具体结构如衣领是否左衽，都已看不清楚，只有那件后开襟的贴身背心，还能清楚地表明为左衽。

（2）契丹女尸的服饰具有民族特点与地区特点。契丹族主要生活于北方草原地区，过着游牧或半农半牧的生活。那里土地辽阔，人烟稀少，气候寒冷。因此，无论男女老幼，都以鞍马车帐为生。女尸穿的长袍均圆领不作没脚，是为了适应骑马驰骋草原，上可以防蚊蚋，下可以免挡腿。女尸穿的矮腰软靴也是适宜于草原行走的轻便靴，与今天草原上的蒙古族青年喜穿的矮皮靴形式相同。特别是那件棕色丝绵背心，现在内蒙古地区叫做"棉腰子"，是一种适应高寒地区特点的保持体温的服饰，具有显明的地区特色。这应该是契丹族的一个创造，一直流传至今。女尸戴的手套为拇指单分式，不露手指，与中原地区的露指护掌式手套不同；而手网套为五指单分式，叶茂台辽墓的手套也是五指单分式，可知辽代已有五指单分式手套，与现在时行的手套样式相同，这是目前所见最古老的通常手套形式。这些在服饰方面为契丹族所特有，而且影响于后世各个民族，在中华民族的物质文化方面做出了贡献。

参 考 文 献

[1] 辽宁省博物馆，辽宁省铁岭地区文物发掘小组.法库叶茂台辽墓记略[J].文物，1975（12）：28-29.

[2] 沈从文.中国古代服饰研究[M].香港：商务印书馆香港分馆，1981：111.

契丹女尸的网络与面具

内蒙古乌兰察布盟察右前旗豪欠营第六号辽墓出土的女尸身上，全身编缀有铜丝网络，脸上戴着鎏金铜面具。编缀网络所用的铜丝，经鉴定是锌铜合金，即黄铜。铜丝型号有两种，一种粗的为 0.8 毫米，另一种细的为 0.5 毫米，不管哪一种，都拉得很均匀。网络保存情况不好，锈蚀严重。尤其胸腹部位，网络上染满了粉状锈，铜质已变得异常酥脆，严重残断，但整体轮廓还清楚。

辽代契丹贵族里的一部分人死亡之后，有穿戴网络与面具的特殊葬俗，过去在考古发掘中也曾出土过，但因墓葬多数已被破坏，网络形状绝大多数已不完整。豪欠营第六号墓出土的全身铜丝网络与鎏金铜面具是完整的一套，在我国考古发掘中还是首次发现。现就网络的结构、编缀方法等详细叙述于下，并就网络与面具的有关问题作若干探索。

一、网络的形状与结构

（一）整体形状

网络与躯干的各个部位紧密贴合，还保留着整个人体的特征。丰腴的两肩，肥硕的双腿；手指纤细，脚掌瘦削；膀骨与臀部宽大。腰部紧束。只有胸腹局部凹陷，有些变形。但从网络贴身的整体形状上，还能清楚地看出死者生前的形体特征。这是因为网络原是紧身穿着的金属葬服，尸体虽然有了一些萎缩与变形，而金属网络原来的形状却基本未变，所以女尸出土时还能判断出具有女性的特征。

因网络是用细铜丝编缀而成的，网孔一般都是六边形，整齐而有规则，纵横相连，犹如鱼鳞层层圈套，所以，从总体观察（包括头网络），形状好似一套锁子铠甲。

（二）分部结构

全身网络是由各分部编缀后组合起来的，共分六个部分：头网络、胸背网络、左右臂网络、左右手网络、左右腿网络和左右足网络。

1. 头网络

头网络作半圆球形体，形若兜鍪，直径 18 厘米。后面连着护项，从耳后向下延展，略呈弧形曲面；下垂护项高 15 厘米、边长 16 厘米，末端与背网络的后领口相接。这个头网络保护了女尸的发型没有散乱[图 1（b）]。

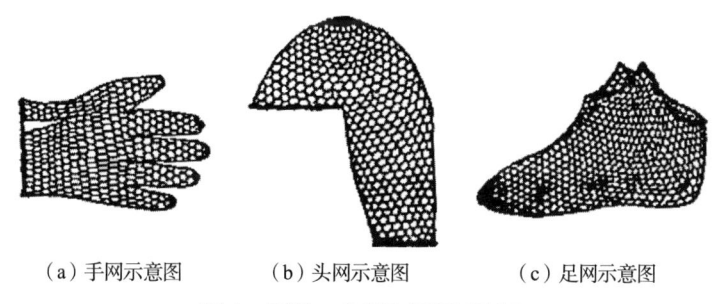

（a）手网示意图　　（b）头网示意图　　（c）足网示意图

图 1　手网、头网和足网示意图

2. 胸与背网络

从肩部至小腹，由两个形状基本相同的大片构成。前后两片缀连在一起，缝合口在腋下至腰侧。从外形看，与宽肩马甲相似。胸片在脖子下面留出圆领，背片上端的中部作梯形凸起，凸边正好与头网护项的末端缀连。胸背网络肩宽 13 厘米，肩外侧与内侧至底边长分别为 61～67 厘米；底边周长约 90 厘米，领口直径约 15 厘米。

3. 左右臂网络

从肩头至腕部，各用一个梯形条状的网片卷合而成。网片的宽头在上，收边编成略似横置的"S"形曲线；狭头在下，基本近平。其形状与现在西式衣袖的裁片相似。把它组合到尸体上时，曲线收边的凹处压在腋下，卷合接缝在臂的上侧偏里，上端便成一个斜面口，正好与胸背网的肩、腋处的斜口缀连。左臂网络通长 46.5 厘米，右长 47.5 厘米，袖口周长 20 厘米。

4. 左右手网络

左右手网络作五指分开式，与手的形状基本一致，编缀精巧，玲珑雅致。手指与手掌被巧妙地编合在一起，左右对称，与现在五指分开式手套相同。因其原来的形状未变，还能体现出死者生前手掌的肌肉比较丰润。两只大小一样，口部至中指尖长 20.5 厘米[图 1（a）]。

5. 腹网络与左右腿网络

这几部分是由两足分开式的一个大片构成的，腹部前后均无卷合接缝，成为桶状而下连两腿网络。腿网络的卷合接缝在两腿内侧偏上，而会阴部向上至裤口是连缀成一体的闭合网套。这一现象说明，网络在穿着于身上之前，先编缀成略与中式裤片相似的大片，包括两腿与臀部。缝合到尸体上后，继续编缀小腹部分，从而前后均无接缝而紧贴身部。两腿网络均长 74.5 厘米，裤腿网络周长约 25 厘米。

6. 左右足网络

左右足网络呈短靴状，编缀圈合成一个整体，而于足背处开衩，与现在高腰皮鞋的开衩形式相似。由于衩口两角编缀成锐角，所以穿着在足部时，靴腰两边各有一三角形突起，左右对称；足底长21厘米，靴口的三角形凸起尖部至底高15厘米［图1（c）］。

二、网络的编缀方法

（一）网孔的形式

网孔的形式以六边形为主，但随着编缀方法或身体各部位的不同，也有的变形为五边形、三角形或其他不规则形状。

1. 六边形网孔

最规整的网孔是正六边形，如胸、背、双臂和腿网络，除去边缘部分呈其他形状外，基本上都是正六边形，每个网孔的对边直径为1～1.4厘米，而以1.1厘米和1.2厘米的居多数。其他小件的组合部分也以正六边形网孔为主，但孔眼大小不等。手网络五个指头的网孔对边直径为0.8～1厘米；足网络的网孔对边直径多数为1厘米；头网络的网孔对边直径为0.5～1.3厘米。

长六边形网孔见于手网络的手掌与手背处，网孔狭长，两长边的间距为0.7厘米，长对角的间距为1.4厘米；手腕处的网孔略小，长边的间距为0.6厘米，长对角的间距为1.2厘米。另外，头网络顶端第二排也是长六边形网孔，两长边间距为0.5厘米，长对角间距为1.1厘米，且略呈内小外大，这是因为这些网孔是以头顶为球面的中心点，作放射状的弧面布置而形成的。

2. 圭形网孔

圭形网孔多用于编缀网络的开头与收边部分，如胸背网络的腰部、臂网络的袖口、腿网络的脚口，起头是在一条平线上，则第一排网孔成为圭形，即六边形缺去一角，成为平底尖头的五边形。编缀得很精细的手网络、腹部网络，收口的底边一排，也呈圭形。头网络的起顶第一圈和前额的底圈、护项的底边，网孔也呈圭形。孔径的大小与所在部位的六边形网孔相同。

3. 三角形或梯形网孔

多用于编缀网络时的两侧边缘部分，如胸背网络、臂网络、腿网络的任何一单片，在编缀的时候两侧无所依从，或正好编在六边形对角的一半，成梯形；或编在两六边形的交角处，成三角形。头网络护项的两侧也是这样。

4. 不规则形网孔

有几种情况。一种是编缀的开头，如足网络的足尖部位、手网络的手指尖部位，它们的起头是由若干根铜丝互相套扭开始的，这样起点的第一圈网孔密集在一起，分不出有规则的形状，只有个别的网孔能表示它们应是菱形结构。

第二种是，编缀过程中无法取得规整的网孔而形成，如肩网上端的斜面口、足网的三角衩口；而在规整的网孔之间，由于编缀过程中的差误，也有少数不规则的网孔出现。

还一种是编缀过程中，为加宽幅面增加铜丝，而使网孔不规则，如果增加的铜丝在边缘部位，则与原来边上的三角形或梯形网孔相结合，成为不规则的四边形或五边形。如果增加的铜丝在中间部位，则增加的那根铜丝将下面那个六边形网孔的上角对分，而下角分缀成两个，故增丝后的第一个六边形孔被分割为两个对称的五边形孔。

（二）起头的形式

起头的形式有三种：

第一种，水平编缀起头，可分为三式。

Ⅰ式：水平绞索式起头。先将两根细铜丝拧成一根固定的水平铜丝绳，再以两根细铜丝为一组，垂直拧合在这根水平绳上，拧法由左向右，绕二二下，剪去余头，再拧第二组、第三组……每组间距平均为1.2厘米。这就得到一组组悬挂于水平铜丝绳上的双股铜丝，分别编号为铜丝1、铜丝2、铜丝3……这就可以开始编缀第一排网孔（图2）。将铜丝1向右拧三次，作"人"字形分开，得单线1'和1"；将铜丝向右拧三次，也作"人"字形分开，得单线2'和2"；又将铜丝3向右拧三次，也作"人"字形分开，得单线3'和3"……依次类推，拧至最后一根。然后拧第二排网孔，将单线1"和2'结合在一起，向左拧三次，作"人"字形分开，得单线1"和2'；将铜丝2"和3'结合在一起，也向左拧三次，作"人"字形分开，得单线2"和3'；又将铜丝3"和4'结合在一起，再向左拧三次，作"人"字形分开，得单线3"和4'……依次拧至最后。第二排拧完后，第一排网孔就固定了下来，形状均作倒置的圭形。再拧第三排网孔，便又恢复到第一排的形式，即1'和1"（铜丝1）向右拧三次，2'和2"（铜丝2）向右拧三次，3'和3"（铜丝3）也向右拧三次。拧完后第二排网孔便得到了固定，均作规整的正六边形。下面拧第四排网孔，而恢复到第二排的形式。拧完后，第三排的网孔便得到了固定……由此至

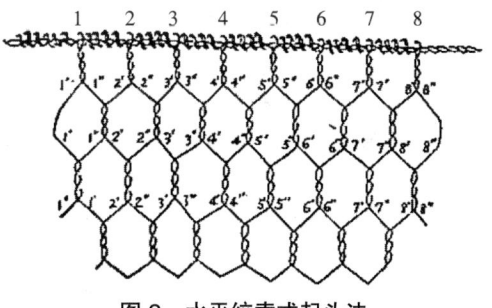

图2 水平绞索式起头法

最后。如果铜丝1的左侧已不再有铜丝，则边缘是六边形之间夹着梯形的网孔；右侧也是这样。但因这种边缘在编缀时没有固定的控制线，是软边，网孔也就容易变形。

Ⅱ式：水平悬挂式起头。先将三根铜丝拧成一根固定的水平铜丝绳，别的铜丝都对折为一组，套挂在这根水平铜丝上，然后用另一根铜丝把它们绕固，并使每组平均间距为1.2厘米。这样便得到了悬挂在水平铜丝绳上的一组组双股铜丝，分别编号为铜丝1、铜丝2、铜丝3……这就可以开始编缀第一排网孔，编缀方法同Ⅰ式。

Ⅲ式：水平扭环式起头。先将每根铜丝对折为一组，放在一边。再以两根铜丝为水平的起头线，把这两根铜丝向右拧四次，留出一椭圆形的小环，套上一根已折好的铜丝；然后将这两根铜丝拧四次，留出第二个小环，套上第二根已折好的铜丝；又拧这两根铜丝，留出第三个小环，套上第三根已折好的铜丝……由此套至所需要的宽度。套上去的铜丝分别编号为铜丝1、铜丝2……接着就可以开始编缀第一排网孔，编缀方法同Ⅰ式（图3）。

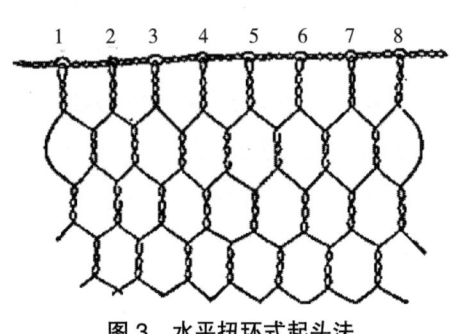

图3 水平扭环式起头法

以上所讲编缀网孔的方法，把它作为正规的形式，但实际编缀的时候很自由。例如，编缀第一排网孔时需向右拧三次，铜丝1分岔为1'和1"，铜丝2分岔为2'和2"。编缀第二排网孔时1"和2'需向左拧三次，铜丝才能回到相应的位置。但是很多情况却是不再向左拧，而是继续向右拧四次或两次，铜丝依然回到相对应的位置。这是因为拧一次，对一根单丝来说只转了180°，拧两次或四次，正好绕360°或720°，每根单丝便能回到相对应的下一排网孔上。用这种方法编缀出来的网片，是上下一样宽的长方形。但臂网和腿网展开的单片均是上宽下狭，即使胸背网，也有收肩等变化，故实际编缀时还要考虑到网孔的错位，以及幅面作梯形加宽而增加的铜丝，如第一排网孔的错位和幅面作梯形加宽而增加的铜丝（图4）。例如，第一排网孔向右拧三次，单丝1"是向右分岔；到第二排仍然向右拧三次，单丝1"继续向右分岔，也即第二排向右错位了半个网孔；第三排继续向右拧三次，则已向右错位了一个网孔……结果整个网片的右侧成了一个斜边。而左侧则相应地向里面偏斜，所以左侧边缘必须另外再加铜丝，才能保持两侧边缘的平衡。相反，如果错位在右侧加丝，结果也一样。错位与加铜丝的数量，视所需要的宽度而定。加丝时第一孔均为不规则形。

上述这些起头的方法分别见于胸、背网片，

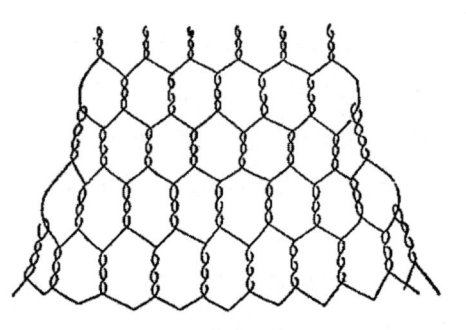

图4 网边加丝法

起头在下边；使用于臂网片，起头在袖口；使用于腿网片，起头在裤脚口。因为它们都是水平起头，卷起来的筒口也在一个平面上。

第二种，圆环辐射式起头（图5）。只用于头网络。编缀开始时先用较粗的铜丝圈一个小圆环，直径1.7厘米，以此为起头中心点"○"圈，然后将对折好的细铜丝一根根套在"○"圈上，分别为铜丝1、铜丝2、铜丝3……共22两根。每套上一根铜丝，在"○"圈上另用一根细铜丝将它绕固两周，以使每根铜丝间隔分开，至铜丝21与22相邻处，中间已无间隙，两根铜丝就紧挨在一起。接着拧第一排网孔，铜丝1向左拧三次，作"人"字形分开，得单线1'和1"；又拧铜丝2，向左拧三次，作"人"字形分开，得单线2'与2"；又拧铜丝3，向左拧三次，作"人"字形分开，得单线3'与3"……拧至最后一根，算拧完第一排。接着拧第二排，单线1"和2'结合，向右拧三次，作"人"字形分开，得1"和2'……向下至第十二排前额收边处，全为向右拧。上述第一种编缀是在直线和平面上，而这种编缀是在圆周和弧面上。编出的第一排网孔就构成一个小圆平面，网孔的辐射状对边距，靠"○"圈处狭，远"○"圈处宽，成为狭底宽头的圭形，第二排则成为外宽内狭的长六边形组成的弧面圈，第三排才构成较规整的六边形组成的弧面圈。因每排渐次作弧面下降，整个头网络成半球面的形式。

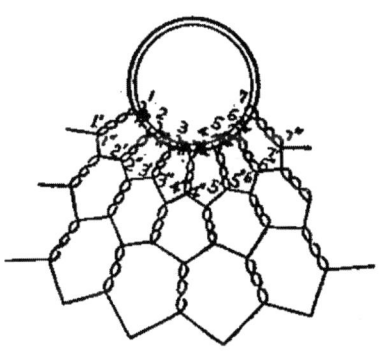

图5 圆环辐射式起头法

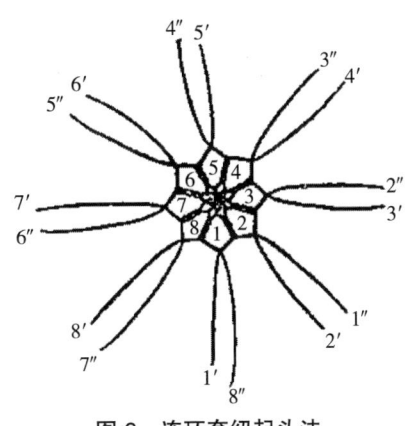

图6 连环套纽起头法

第三种：连环套纽起头（图6）。这种方法使用于手网络的每个手指的起头，起头处也即指端；也用于足网络，起头处在足尖。

先确定编缀所需铜丝的根数，如需用六根，则把六根铜丝对折，铜丝1分叉为两根单丝1'和1"，铜丝2分叉为2'和2"……铜丝6分叉为6'和6"。然后把六根铜丝互相套连在一起，铜丝2套于铜丝1上，3套于2上，4套于3上，5套于4上，6套于5和1上。作了一次循环，每根铜丝的拐折处互相勾套、聚积于一点，好像花蒂形。

接着就可以拧网孔，拧孔方法同第二种。因用这种方法编缀的网络不是平面式，而是球面或袋状式，套手、手指或足，只要有一处开口便于伸进，其他部位的网孔都组成一排排的闭合圈，所以编缀方法可以同头网。例如，编一个手指的第一排网孔，每根铜丝拧五次，拧合的一段均作同方向弧形弯曲，以适宜于指尖的弧面。向下第二排，编成后六个网孔构成一个筒状圈。假如一个手指所需网孔也是六排,那么除第一排构成似花蒂式外,其他的五排形式相同。它们联成一个长筒形,每排之间也无所谓有错位。如果第一排网孔是向右拧的,第二至六排全可以向右拧。最后一排虽然已向右错位三孔,但因为手指网是一个筒状闭合圈,形式与不错位一样。

(三)收底边的方法

网络各部编缀到最后,都要收边,即最后一排网孔的底边加固。起头与收边,因铜丝根数较多,因而较硬,我们叫它硬边。为了交叠缝合比较柔和、好看,不作边缘加固,我们叫它软边。收边的方法有两种。

第一种:余头拧合硬边。

这是将所需网络面积编完以后,剩下的铜丝余头,在最后一排网孔的底部,组合拧成硬边。方法如下:铜丝1、铜丝2、铜丝3……都有两个余头,将铜丝1的两个余头向右拧归于铜丝2,合成四个余头拧合在一起,再归于铜丝3。剪去铜丝1的余头,还剩四个余头拧合在一起,归于铜丝4……循序拧至最后。底边上被拧合的一般保持四根铜丝,如果剪得不整齐,则硬边上也有三根、五根、六根铜丝拧合在一起的。这条硬边一般拧得很整齐,因为它切去了最后一排网孔的所有下角,所以这些网孔都呈圭形。

第二种:附加铜丝硬边。

只见用于胸背网络肩上、左右两侧腋下至腰部,为使胸背网能牢固地缭缝在一起,用三四根铜丝顺网孔外侧的铜丝反复缠绕,从腋下一直缠绕到胸背网起头的硬边,并互相衔接。因为它不是利用本身的余头控制,而是另加铜丝控制而成,所以称之为附加铜丝硬边。除此而外,足网的三角形斜边,前面为软边,后面的硬边也是用附加的两根铜丝拧成的。

三、网络各部位的编缀工艺

1. 头网络的编缀

头网络的编缀用第二种起头法,由22根铜丝对折为44丝头,从头顶开始作球面形编缀。当编缀固定完第四排(圈)网孔,因其弧面加大,中间网孔直径也不断扩大,为控制网孔直径大小基本相近,中间第一次增加铜丝。加丝的办法如下(图7):第四排铜丝1作"人"字形分开后得两个单丝1'和1",正常编缀,在拧第六排网孔的时候,1"和1'又被拧合在一起。在第四排处铜丝1的上面套加铜丝a,而把铜丝1下面的网孔(属第五排)一分为二;铜丝a作"人"字形分开后,得两个单丝a'和a",到编缀第六排网孔时,1'与a拧合,a"与1"拧合,又成为规整的六边形网孔,而第五排铜丝

a 两侧的两个网孔成为不规则的五边形。在第四排共增加铜丝六根，即由第五排（圈）起，每排增加网孔六个。从头网顶端至前额收边，共打网孔十二层，中间增加铜丝三次。另在第六排和第十排各又加丝一次，每次加 6 根铜丝。至前额收边处共有网孔 40 个，每孔间距平均 1.3 厘米，周长为 54 厘米左右，相当中小头型帽子的尺码，所以戴在头上比较紧凑，保护头发不致散乱。

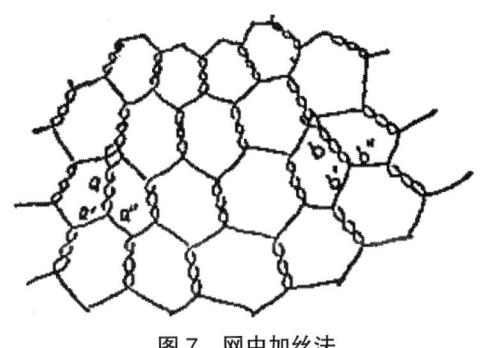

图 7 网中加丝法

头网的后半部为护项，是在半圆球面形的头网后半部继续向下编缀。方法是除前额开脸处收为底边的约 20 个网孔外，后胸部的约 20 个网孔没有截断，又继续向下编了十四五排，宽、高各约 15 厘米。但向下编缀的网孔渐收小，形成护项两边略向内收，至底部最后一排宽约 13 厘米，又用第一种收底边的方法编为硬边。而耳部两侧为梯形网孔，即软边。

2. 胸背网络的编缀

胸背网络是前胸与后背大体相同的两片。用第一种起头的方法，由腰部编缀到肩部，因其面积较大，网孔大部成规整的正六边形。网络在腋部之下，约 45 厘米 × 46 厘米的范围内，看不出有明显的收分。从长 46 厘米以后，两侧向内作弧形收缩，其中胸片收入洼度大，从开始收缩至肩头共 15 厘米，弧形收入 6 厘米，并于长 48 厘米相当于颈下处收领，胸片收领硬边呈半圆形。领口与弧形洼边处的网络宽 12 厘米，至肩上收编为内高外低的硬边，高差为 2 厘米，相当于肩膀内外侧的斜度。背网自腋下至肩头也向内收缩为弧形软边，洼入深度比胸网小约 2 厘米。至肩部也作内高外低的硬边，但不收领，并在后领处凸起约 1 厘米，以便与护项的底边衔接。胸网通高约 60 厘米，背网约 61 厘米，网孔总数每片横约 43 孔，纵有六十二三排。

3. 臂网络的编缀

臂网络的左片与右片也大致相同，用第一种方法的 II 式起头，由腕部开始编缀，并将袖口两角收为圆角。开头处宽 20 厘米，有 18 个网孔，编缀过程中逐渐作梯形加宽，由两边增加铜丝，编至宽 28 厘米、长 41 厘米处，相当于腋下部位，开始作曲线收边。曲线的形式略似"S"形，左右对称。洼处与弧形凸起的部分相差 9 厘米，把它卷起来，好像一个斜口漏斗管。其口径为 15 厘米，与胸背网络袖洞口大致吻合。由肩头至袖口，通长 50 厘米，网孔总数约 49 排。

4. 手网络的编缀

手套网络左右手各一只，大小与编缀方法相同。先用第三种起头方法编出五个手指网筒。所用铜丝数目以手指粗细而定，拇指用八根，中指用七根，食指、无名指与小指用六根（左手网食指用八根，因多两圈网孔，所以这个指网的网孔比其他指网孔径狭小），每排网孔也分别为六个、七个和八个。编缀长短也依手指自然形状，拇指长 5 厘米、食指长 7.4 厘米、中指长 7.9 厘米、无名指长 7.2 厘米、小指长 5.1 厘米。五个指网编缀好之后，把食指、中指、无名指和小指的指叉部位连缀起来，继续编缀手掌与手背部分，向下错两个网孔，再把拇指网的叉部连缀上。连缀拇指网的时候，使稍向掌心倾斜，以适应戴在手上时拇指的自然状态。手背与手掌的网孔虽然大体都是长六边形，但随着手背形状的不同，长六边形也不完全一致。手背中部两排网孔最长，即拧合 5 次或 6 次，其余拧合 4 次。在编缀手背网络时，拇指内侧留叉口，叉口两侧为软边。编至腕部收边，用余头收边法。收边处口径为 5 厘米 ×8 厘米，呈椭圆形。由中指尖至口部通长 20.5 厘米。各手指网孔 5～9 排（圈），手掌与手背一周 33 孔，共 12 排。

　　5. 小腹与腿网络的编缀

　　小腹、臀部与腿网络是连缀在一起的，编缀起头是在两腿网的裤脚口部位，用第一种起头方法的 I 式起编，先分别编缀左右腿网两大片。起头边长约 24 厘米，20 孔左右。屡编，在两边屡增加铜丝，与编缀臂网加丝办法相同。编至长 62.5 厘米处，相当于裆部至裤口的长度，呈两个条状梯形长片，底宽约 54 厘米，50 网孔左右，相当于围绕大腿一周并宽出 2～3 厘米的叠压边。然后将两个腿片连缀在一起，继续编臀部与胯部网络。编缀方法是将腿片内侧先卷起约 7～8 孔的边缘部位不编，以便包于大腿内侧，而从第八或第九孔连缀，向两侧编孔，编缀宽度相当于臀部与胯部的宽度，外侧保留更多的网孔没有继续往下编缀。待臀部与胯部收完底边，这件未编缀完的网络即被穿在身上，再把原来腿片两侧未编完的铜丝余头卷到小腹上，继续编缀，至胸网下缘收边。因其是贴身编缀，所以保证了上身与下身的接口完全吻合。其通长 75 厘米，左侧 72 排、右侧 74 排网孔；最宽处在臀部，一周有 80 多个网孔。

　　6. 足网络的编缀

　　足网络左右各一，大小相同，编缀时用第三种方法起头，八根铜丝对折连环相套，由脚尖起编，第一排网孔为不规则六边形。随着脚形从脚尖到脚背逐渐变宽厚，由第二排开始便屡编屡加铜丝，到第十三排一周网孔为 22 个，已增加铜丝到 14 根；到第十八排，网孔为 33 个，铜丝增加到 25 根。至第二十排网孔已到脚后跟，便开始向上拐弯收编后跟。脚背部编到第十二排网孔，开始留叉口。后跟向上编七排网孔，即开始收足网腰边。后腰为齐边，两侧至踝骨收为大体对称的三角形边。三角尖至网底为 11 排网孔。两三角形斜边到后腰，用第二种收边方法。两三角形斜边至脚背开叉口长 11 厘米，为软边。足网底长 20.5 厘米、右高 14.5 厘米、左高 16.5 厘米。

四、全身网络的组合方法

把各部分网络编连组合到尸体上去，有下列几个步骤：

第一步，穿胸背网络。胸背两大片网络，我们在复原的时候，假设先将背网放在尸体的背下，再把胸网放于胸部，然后用铜丝在腰部两侧连缀缝合，又将左右肩处缝合。实际观察女尸身上的胸背网，在腰部两侧与搭肩处都是硬边并缝，用细铜丝缭缝在一起，而分不出相互叠压的关系。胸背网的下缘是由三根铜丝合成一股的起头硬边，很整齐地圈围在小腹上，上距耻骨弓7厘米。两侧则胸背两个起头硬边交合，有六根铜丝被绕在一起，显得有些粗糙。

第二步，穿左右臂网络。左右臂网各一片，上边是"∽"形收底硬边，凹处正好接在腋下。然后将臂下侧的软边向上卷，臂上侧的软边向下卷，包紧手臂，再用一根铜丝把软边相对的网孔互相串缝在一起。"∽"形的叉角，从腋下翻起，弧形正好包住肩头，并分别叠压于胸背网络的左右肩膀上，交压处宽约5厘米，也用铜丝把硬边与叠压网孔串缝缀合。

第三步，戴左右手网络。手网络的拇指与食指之间有开岔口，可以顺利地戴在手上，在腕部套至臂网之上，压5.5厘米。然后将岔口边交错叠压，下角压在上角处4厘米，用铜丝串连缝合。再用铜丝把手网硬边与臂网袖口叠压缭缝在一起。

第四步，穿左右足网络。足网络的岔口，从脚背上侧偏斜至踝骨，穿到脚上之后，即将岔口包紧，再用铜丝缝合在一起。因岔口的两面编缀时形成锐角，故在内外踝骨处各呈一三角形凸起。

第五步，穿小腹与左右腿网络。这部分在穿着于尸体上的时候，小腹部位还没有编缀完，所以，先把臀部与双腿网片压于尸体下。臀部上面的收底硬边与背网的起头硬边缭缝固定，再将左右腿网包裹起来。方法也是将腿内侧的软边向上卷，再将腿外侧的软边卷过来，包住整个大腿与小腿，然后在压边处用铜丝串缝住，缝合口在两腿的内侧。剩下的小腹部分，则按原来网孔的铜丝余头继续编缀，至胸网下缘处，再收为硬边，然后与胸网的起头硬边缭缝在一起。所以，这部分网络在小腹、臀部与两胯侧面均无缝合口。腿网的裤脚边压在足网的两个三角上，与后跟齐边相接，并串连缝合为一体。

第六步，戴头网络。戴头网之前，先把头发梳理整齐，戴好裹头与面纱，再把头网戴上去。这样可以保证头顶的发型不会散乱。脑后披发有护项保护，并将护项收底硬边与背网后领的凸起部位衔接，缭缝在一起。这样，全身铜丝网络便全部组合到尸体的各个部分，网络连缀完之后，再在外面穿丝织品葬服，最后戴鎏金面具。

五、鎏金铜面具

1. 面具形象

契丹女尸所戴的鎏金铜面具作颀长脸型，长 26 厘米、宽 18 厘米，铜胎厚 0.8 毫米。形象为双目闭合，眼缝微开；鼻梁瘦长，两翼略宽；颧部微隆，面颊丰满；双唇抿合，留有口缝。表情为安详入睡状态。耳朵打制在脸颊两侧的弧面上。内外耳轮微微突起，长 7.5 厘米、宽 3 厘米。耳羽朝向脸庞，而且与头上耳朵的实际方向正好相反（图 8、图 9）。

图 8　鎏金铜面具 　　　　图 9　面具与耳形

2. 制作方法

模制鎚鍱把脸型打制成一种浮雕的样子，并于抿合的双唇间开口缝，闭着的双眼也要开缝。双耳的耳垂部位要钻开小孔，供系佩带。耳部上下两侧各打一对小穿，作为缝缀铺里的丝织品之用。最后，在外部鎏金，使面具变得金光闪闪。

3. 佩戴方法

面具在佩戴上脸部之前，先在里面衬垫丝绵与丝织物，现存残高 22 厘米、残宽 15 厘米。衬里可分为四层，紧贴面具里是一层棕色丝绵，然后是一层棕色罗面，中间又絮棕色丝绵，最外层是浅黄色绢。上面还清晰地印下了女尸鼻尖的棱形斑痕。

面具的下边与后部有系面具的带结。下颚的带结是用绛紫色罗所做，带宽 2 厘米，带结扣长 5 厘米，结扣外所余带头长 8.5 厘米（图 10）。面具两侧向后还有系带，每边两条，绛紫色罗缝制，宽约 1 厘米，向后系于八棱形玉环上。玉环在耳侧，左右各一，上面另穿带子，系于后脑。

面具的前额上另有巾帻装饰的丝织物，与面具构成一个整体。巾帻中宽 8 厘米，左右下垂至两边的鬓角，与过去农村老年妇女所戴的开门式布帽近似。巾帻的丝织物可分为四层，中间絮有丝绵，厚约 0.3 厘米。外层为紫红色罗，上有纹饰，因朽烂和褪色，已不很清楚。右额角还缝有一个紫红色蝴蝶结，双翅展开，状若飞翔。帽饰下沿有一条线缝横边，宽 0.8 厘米；上沿有 2 厘米的丝织物卷向面具里面，压在面具的衬里之内（图 11）。

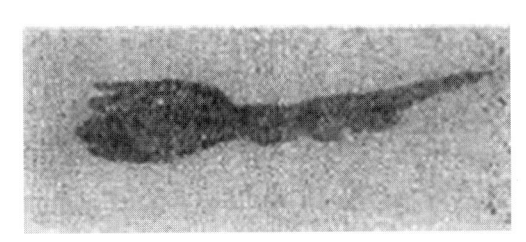

图 10　罗带结

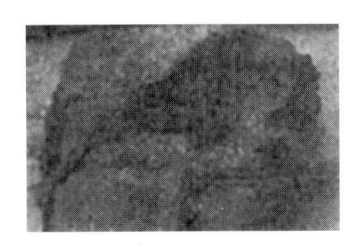

图 11　面具帽额巾帻（M6）

六、结语

关于契丹族穿戴网络与面具的葬俗，宋人文惟简《虏廷事实》载："北人丧葬之礼，盖各不同……唯契丹一种特有异焉。其富贵之家，人有亡者，以刃破腹，取其肠胃涤之，实以香药、盐矾，五采缝之；又以尖苇筒刺于皮肤，沥其膏血且尽，用金银为面具，铜丝络其手足。耶律德光之死，盖用此法。时人目为'帝耙'，信有之也。"[1]

从目前出土网络与面具的墓葬看，已有三四十座，大概可以分为六类：

第一类是全身网络与面具同时出土的，如本文介绍的豪欠营六号墓。

第二类是手足网络与面具同时出土的，如辽宁省新民县巴图营子辽墓[2]。

第三类是只出土全身网络的，如辽宁省法库叶茂台十八号墓[3]。

第四类是只出土手足网络的，如辽宁省义县清河门（今阜新市清河门区）西山村二号墓[4]。

第五类是面具与铜靴底同时出土的，如内蒙古昭乌达盟翁牛特旗解放营子辽墓[5]。

第六类是只出土面具的，如内蒙古昭乌达盟宁城县小刘仗子二、三、四号墓[6]。

上述出土的面具有银质与铜质之分，铜质又有鎏金与不鎏金之别。同时还区分男性与女性或儿童等不同类型的面具。辽代墓葬出土网络与面具的具体情况，请参阅《辽代墓葬出土的铜丝网络与面具》一文中的表 1。辽墓已经出土的网络与面具数量比上述表上的要多，特别是面具，但因资料尚未发表，无法统计。

从上述表上的墓葬地点来看，网络与面具绝大多数出土于辽代的中京与上京东南部，即潢水南部与辽河西部。这里是辽代头下州城比较集中的地区。而且已有四处出土墓志，为明确的肖氏家族墓地。西京道只有豪欠营一处比较集中，而且绝大多数已被盗掘，原来的情况与男女性别已不完全清楚。不过，从保存完整的三座墓葬的出土情况和少数尚能区分性别的墓葬看，网络与面具男女都用，可能以女性为多，特别是有的合葬墓，只有女性使用。但如果以此就把网络完全说成是女性的葬具，是与实际相悖的。更不能把网络与面具完全分开，只讲网络而不管面具。因为从已出土的面具形象来看，几乎是男女参半。从网络与面具的年代来看，辽代早、中、晚期都有，可能以中晚期为多。豪欠营二号墓根据碳14测定年代为（1140±75）年，年轮校正为（1080±80）年，应为辽代早期墓葬，墓中出土有完整的拇指单分式手网络和残碎网截。

网络与面具是否为一套葬具呢？根据文惟简的记载，原来可能是一套葬具，但随着时间的推移与地域的变化，在具体使用上可能出现不同的情况。从豪欠营、巴图营子和解放营子三座保存完整的墓葬出土情况看，至少有四种不同的使用方法，即面具与全身网络同时使用、面具与手足网络同时使用、面具与铜靴垫同时使用，还有只使用面具。后两种是在解放营子同一座墓葬中出土的。这些使用上的变化既证实了文献记载的不枉，又补充了文献记载的不足。

还有一点值得注意的是，文惟简的记载里说，契丹人的富贵之家，人死之后似乎都穿戴这种特殊葬具，在穿戴之前还要把尸体处理一番，即剖腹洗涤肠胃后再放上香药、盐矾，把皮肉里的膏血用尖苇筒刺破使之流尽，将尸体变成一具不易腐烂的"帝豝"，即"木乃伊"[7]。辽代第二个皇帝耶律德光死后就是这样做的。《资治通鉴》《契丹国志》均有类似的记载，只是没提穿戴网络、面具与否。那么保存完整的契丹女尸在穿戴网络与面具之前是否也经过了这样的处理呢？经解剖观察，女尸未进行过剖腹处理，腹部未发现香药、盐矾，在胃区却发现了比正常人多的砷含量，100克干组织里含有砷220微克。皮肤刺过与否，因尸体经过严密包裹，痕迹已无法看清，只是在女尸的右肩部有一块直径约5厘米、大腿下有一块直径约10厘米的膏血斑痕。是否采取了耶律德光式的处理方法[8]，已无法完全清楚。

从已经发掘的辽墓来看，并非契丹人的所有"富贵之家"人死之后都穿戴网络与面具，而只是契丹贵族里的某一部分人才穿戴。因此，更不能把它说成是"契丹族达官贵人的葬式"[8]。已发掘的义县清河门萧相公、法库叶茂台萧义家族墓地和库伦萧孝忠家族墓地都可以说明这一点。不仅不是所有贵族，而且还可能是贵族里不是非常富有者居多，这从墓葬规模与随葬品的多少即可看出。豪欠营六号墓就是比较简陋的墓葬，却有着全套完整的网络与面具。虽然辽圣宗的永庆陵里据记载也发现过"更有用铜丝罩护其全体者"的尸骸[9]，但也并非皇帝与后妃所穿，还很可能是殉葬者的遗物。

契丹贵族里的一部分人为什么要穿戴网络与面具呢？这可能与他们的特殊职业与特殊信仰有关。契丹人崇信萨满与佛教。萨满是一种认为万物有灵的原始宗教，萨满巫师被认为是能够沟通人神、驱除邪祟、医治疾病的特殊人物。因此，上自皇帝，下到平民，都离不开巫师的活动。辽代的巫师男女都有，但以女巫为多。因为从事的是一种神职工作，所以生前行施法术定有一套特殊的法衣、法帽和法器，死后也就会有一种特殊的葬具。因此，我们考虑网络与面具可能与这种信仰或神职有关。而网络中尤以手足似最重要，恐怕生者也使用。例如，宣化辽墓的"散乐图"上的人戴有臂网[10]，而墓葬中又有单出土的手足网，无网者或用铜靴底代替，这应与原始宗教的足迹信仰有关[11]。

面具从陆游的《老学庵笔记》中的一条记载可以得到佐证："政和中大傩，下桂府进面具，比进到，称'一副'。初讶其少，乃是以八百枚为一副，老少妍陋无一相似者，乃大惊。至今桂府作此者，皆致富，天下及外夷皆不能及。"这说明北宋周围的其他民族也制作面具，而且戴面具举行驱鬼迎神活动，只是比不上下桂府做得好罢了。近代的蒙古族萨满巫师"跳神"就有佩戴面具的。因此，辽墓出土的面具可能与萨满巫师有关。同时，从辽墓出土的面具形象看，与佛教的金面塑像有相似之处。契丹人崇佛，妇女把脸用黄物涂染成金面，称为"佛妆"[12]，可见佛教对契丹族的影响之深。还有新民出土的刻有"肴（智）炬如来必（心）破地狱真言"[2]的鎏金铜胸牌伴随网络与面具出土，也是与佛教有关的证据。这是契丹贵族里的萨满巫师和特别崇信萨满与佛教者欲借此达到"升入天堂"的目的的迷信思想的产物。

这些金属物件，除了上述的宗教迷信色彩之外，可能还起着一种保护尸体的完整而不使其离散的作用，借以达到"形不散而神不离"的目的。契丹女尸的网络与面具对保护尸体是起到了一定的作用的。库伦五号墓的手网络里就保存下一只完整的女性手掌。清河门萧慎微墓残存的四个手指网里，其指骨也都保存着。总之，网络与面具虽然主要是迷信思想的产物，但是也能起到一定的保护尸体的作用。

绘图：戴丽萍

参 考 文 献

[1] 文惟简.房廷事实[M]//陶宗仪.说郛（卷八）.涵芬楼藏版.北京：商务印书馆，1986.

[2] 冯永谦.辽宁省建平、新民的三座辽墓[J].考古，1960（2）.

[3] 温丽和.辽宁省法库县叶茂台出土契丹民族铜丝网罩[J].文物，1981（12）.

[4] 李文信.义县清河门辽墓发掘报告[J].考古学报，1954（8）.

[5] 翁牛特旗文化馆，昭乌达盟文物站.内蒙古解放营子辽墓发掘简报[J].考古，1979（4）.

[6] 内蒙古文物工作队.宁城县小刘仗子辽墓[J].文物，1961（9）.

[7] 厉鹗.辽史拾遗·使辽录[M].北京：中华书局，1985.

[8] 北川房次郎.辽代金面缚肢葬小考[J].书香（日本），1943.

[9] 刘振鹭.辽圣宗永庆陵被掘纪略[J].艺林，1932.

[10] 郑绍宗.河北宣化辽壁画墓发掘简报[J].文物，1976（8）.

[11] 盖山林.乌兰察布草原上人迹动物蹄印岩画初探[J].乌兰察布文物，1982（2）.

[12] 叶隆礼.契丹国志[M].上海：上海古籍出版社，1985.

北方民族文化研究

和林格尔县新店子公社东汉壁画墓

1971年秋，在"农业学大寨"的热潮中，乌兰察布盟和林格尔县新店子公社小板申大队的社员们在修造梯田时发现了一座东汉墓。墓室的壁、顶及甬道两侧都满绘壁画，画幅巨大，内容丰富，形象生动，榜题众多，是迄今已发现的汉墓壁画中所仅见的。在工农兵群众热情支持和有关单位大力协助下，内蒙古博物馆和内蒙古文物工作队于1972—1973年间对墓葬进行了发掘和清理，并对墓内壁画作了临摹。墓葬编号为和林格尔县新店子一号汉墓。这是20世纪70年代内蒙古自治区取得的重要文物考古收获之一。

这座重要的壁画墓坐落在和林格尔县东南40千米、新店子公社西2.5千米红河（浑河）北岸的高地上，南面河水漫流，四处冈峦起伏，景色优美。由呼和浩特至大同的公路在墓葬的北面穿过，往东南20多千米是明代长城要隘杀虎口，往北50千米是和林格尔县土城子古城，往北95千米可抵呼和浩特市。这里自古以来就是南北交通大道。

墓地略呈土丘状，封土痕迹已不清楚。墓顶的填土1.8米左右。墓门方向东偏北3°，有三层封门砖，下部砖侧立，向上叠砌，到1.3米以上作"人"字形交错封闭。封门砖表面用石灰抹平，有模糊不清的虎形彩绘。门外为方形天井，前面连接着一条狭长的墓道，平面呈"凸"字形。墓道前窄后宽，底部成18°斜坡，长7.2米。墓全长19.85米，是由墓道、墓门、前室、中室、后室及三个耳室组成的多室墓。墓室用青灰色条砖建造，四壁自下而上错缝平铺和侧立模砌，10～12层以上叠涩收顶。墓室之间的甬道都做成三层平列券顶，墓室顶部则以横砖平砌成穹庐顶。墓室高3.6～4米。前、中、后三室以方砖铺地，砖表面印着凸起的菱形纹，中间有两行隶书："子孙繁昌，富乐未央"。耳室的地面都用素条砖铺砌。从墓室砌法看，墓壁已由较早的向内成弧线形发展为直线，并有向外弓弧的趋势，但不明显。墓顶已具备券顶和穹庐顶的多种砌法。墓壁砖已采取平铺和横砖侧立的交互叠砌。铺地砖已兼有方砖和条砖。这些都是东汉晚期墓室营造的特点。这样的墓室构造对绘制壁画显然是适宜的。此墓早年被盗，东前室顶的东北部有盗洞一个。墓内文物大部分被盗。棺木已遭焚毁。

尸体仅发现少数门牙、椎骨、臂骨等，残碎零散地混杂在扰土之中。后室的铺地砖全部被撬起。残存的随葬遗物位置大都被扰乱，清理出不少陶器的碎片，并从中整理修复了 71 件陶器，此外还发现残铜镜一面、残铜片一件、残铁器七件和漆器残片若干。出土的陶器罐、鼎、案、樽、盘、盆、碗、耳杯、魁斗、勺等均与河南陕县刘家渠、河北定县北庄子和山西太原等地的东汉晚期墓葬出土陶器相同，与洛阳烧沟汉墓东汉中、晚期墓葬出土的陶器也极近似。绿釉陶器，器表闪耀银光，同样具有东汉后期陶器的特征。变形四叶四凤铜镜，据推断，其雏形见于永嘉元年（145 年），成熟形见于永寿元年（155 年），此镜年代大约在东汉桓帝之世（147—167 年）。这些情况不但表明了墓葬的年代，也反映了墓葬所在地同中原地区文化的密切关系。

全部墓室壁画除因年久剥落及被盗掘破坏者外，共有 46 组、57 个画面，面积百余平方米。壁画中可识辨的榜题近 250 条，这在至今发现的汉墓中是仅见的。墓主人生前的仕途经历和生活以壁画的形式展现在墓内。全部壁画是一个相互联系的整体。前、中、后室的壁画着重表现墓主人一生的经历。前室和中室描绘的是墓主人的官场活动。前室的出行场面和甬道、中室的官府图是其历任官职的记录，前室的使持节护乌桓校尉出行图和中室的宁城护乌桓校尉幕府图是全部壁画的高潮。中室还绘有经史故事、人物和祥瑞摹图。后室壁画表现了墓主人晚年家居生活及其庄园。三个耳室画了许多为墓主人种地、放牧和做杂役的奴仆。

壁画既描绘了封建统治阶级的政治活动和思想及精神生活，也描绘了许多劳动人民的生产活动。它以多样的题材、广泛的内容、娴熟的技巧和生动的形象反映了东汉晚期大漠南北、长城内外我国北方汉族和各少数部族聚居地区的社会面貌和民族关系，是研究东汉时期的政治、经济、文化、艺术的丰富资料。

和林格尔汉墓壁画内容之广、数量之多，堪同以往发现的几座重要画像石墓齐肩媲美。而且其是用画笔直接在壁面上挥洒，又有色彩的烘托渲染，从表现能力来说，较之画像石远为活泼、生动、丰富、细致，富于真实感，幅面也较为巨大。其唯独不如石刻画像宜于保存，天长日久，画面剥落很多，且遭到火烧、烟熏与盗掘。就目前能见到的画面看，早在一千七八百年前绘制这些壁画的东汉画工，确实显示了令人钦佩的艺术才能。

汉墓壁画的作者是身份低微的画工，他们一方面深受压迫和奴役，另一方面又不得不接受封建统治阶级思想的影响，听从于封建统治阶级的旨意，在壁画内容和形式上遵从当时的规范。因此，整个壁画只能站在封建统治阶级的立场上，极尽歌颂墓主人的高官、豪富、功德，以及宣扬三纲五常、宗教迷信之类。壁画表达的思想正如铺地砖上模印的八个字：死者故去了，但顾"子孙繁昌，富乐未央"。尽管如此，和林格尔汉墓壁画仍是一部形象化的历史文献，生动地反映了东汉晚期社会生活的许多方面。有关墓主人出行和治所衙署的画幅表现了其历任官职和"政绩"，反映出当时一些官职制度、汉政府在长城内外的政治军事设施及由此体现的民族关系。有关其田地产业和家居生活的画幅反映出当时的地主庄园经济、农牧手工业的生产情况、生产者的辛勤劳动与剥削者的骄奢淫逸，由此可以看到深刻的阶级矛盾。还有一些画幅体现出墓主人的思想和精神生活，诸如圣贤、弟子、历史故事、神话传说和祥瑞，表现了当时以儒家经学和谶纬迷信为主体的社会意识形态；再如教育和文化艺术，包括音乐、舞蹈、杂技、建筑、绘画等，都有助于我们更完整、更具体地理解东汉社会的上层建筑问题。这些内容在明长城以北的内蒙古地区被发现，自然就具有更为深刻的意义。

整个墓葬的墓壁，自底部 10 厘米以上满绘壁画。壁面先抹一层白灰，经过打磨，在上面绘画。大多先设色，后勾勒，也有的只用单线描轮廓或者直接用色彩渲染。所用色彩和矿物颜料，有朱砂、土红、赭石、石黄、石绿、青、黑等。从前室石灰脱落的墓壁上可以看出有把里层壁画涂抹掉返工重绘的痕迹。个别地方发现曾用赭石起稿绘制人物、车轮、矛戟柄和建筑界画等，均使用器械辅助作画，并纯熟地掌握了毛笔的性能。壁画数量很多，风格和水平并不完全一致，推测是由多名画工分工协作、共同完成。

壁画榜题墨书文字的书法风格，形体扁宽，笔致挺秀洒脱，气势开张，自然流畅。与沂南画像石、延熹二年（159 年）张景碑、延熹八年（165 年）鲜于璜碑相比，字体结构都甚接近，属于东汉一般的行书。个别字还没有摆脱早期隶书繁体的写法，同后来间架方整、隶味较少的熹平石经自有不同。因为是直接书写在墓壁上的文字，艺术效果当然和石刻碑文不一样，过去发现又少，而这一批榜题共有单字近 700 个，所以是研究汉代书法艺术很珍贵的资料。

这座墓葬除了根据墓室结构和随葬器物可断代为东汉晚期墓之外，壁画和榜题又为判断墓葬的具体年代提供了有力的证据。汉代西河郡的郡治本在平定，永和五年（140 年）才徙至离石。中室壁画上的一条榜题是"西河长史所治离石城府舍"，既然墓主人任西河长史时已治离石，墓葬的年代上限当然不会早于永和五年。至于墓葬的年代下限，有如下几种情况可资参考：①繁阳本是东汉魏郡唐县，于建安二十五年（220 年）改名繁昌，壁画榜题则称墓主人曾任职为"繁阳令"。②据《十三州志》和《元和治》记载，由于连年的战火，灵帝末年（184—188 年）"自定襄以西，尽云中、雁门之间遂空"。墓地恰在这一地域，战乱年代这里没有条件营造规模巨大的墓室，更难以绘制如此富丽的壁画。③在 2 世纪中叶，今蒙古草原地带形成了以鲜卑人檀石槐为首领的军事联盟，占据了匈奴故地。熹平六年（177 年），东汉政府发兵六万，出高柳、雁门、云中攻打鲜卑联盟，结果大败。此后，今内蒙古地区绝大部分转入檀石槐的控制之下。由此看来，此墓的年代似乎不应晚于 2 世纪 60 至 70 年代。

墓主人是谁？墓后室两壁墓主人画像的标题已脱落不清，从残存的笔道看，第一字有"亻"旁，可能是"使"字，第二字像是"君"字，第三字无法辨识。其旁女像的榜题仿佛"夫人"二字。据史籍记载，自 140 年护乌桓校尉王元以后，直到 195 年阎柔杀护乌桓校尉邢举而代之，数任护乌桓校尉都与墓主人经历不符，看来其也许是史籍未见记载的另一个护乌桓校尉。

表现墓主人晚年家居生活的后室壁画中有一幅武成城图，图中榜题"长史舍""长史官门"等，似可说明其晚年是在武成长史的家室中度过的。这个武成长史估计是墓主人的亲属。武成县属东汉定襄郡。

墓地以东 5 千米，有一座当地居民称为"榆林城"的古城，城的南半部又叠压着另一座古城，经过试掘，证明上层有辽、金及明代遗存，下层厚约 1.5 米，系汉代堆积，其中的陶器残片与墓内出土的随葬陶器相比几乎一致。这座古城与墓主人葬地有何关系尚待考证。

东汉时期我国还处在绘画艺术发展的早期阶段，同后世相比，在造形能力与表现技法等方面也还显得幼稚，但是在当时的历史条件下，民间画工凭借着极有限的手段，却已经达到了很高的艺术水平。壁画的内容是比较写实的，形式是质朴的，规模是宏伟的，具有强烈的动感。这些艺术成就是我国多民族劳动人民的智慧和才能的结晶。和林格尔东汉壁画墓这一重要的文化遗存以丰富的艺术语言生动地说明了古代优秀的文化艺术是由生活在长城内外的我国多族人民共同创造的，它们不仅在中原地区传播与发展，而且早已深深地扎根生长于长城内外我国辽阔的领土上。

鲜卑山·鲜卑石室·鲜卑带

一、鲜卑山

鲜卑族名的来源常常与鲜卑山紧紧地连在一起，因此考证鲜卑山的确切地理位置也便成了研究鲜卑史的首要问题之一。

袁宏《汉记》、司马彪《续汉书》、王沈《魏书》都说秦汉之际，东胡王被匈奴冒顿单于打败之后，其中的一个部落集团逃到了鲜卑山驻牧，这个部落集团遂以鲜卑为名。有的说"别依鲜卑山，固因号焉"；有的说"别保鲜卑山，因号焉"。只有魏收的《魏书》说："国有大鲜卑山，因以为号。"这就是说，鲜卑族在最初的来源，不管是"别依""别保"，还是"因以"，都是因山而得名，所不同的是，前二者是说因东胡失败，逃跑到鲜卑山而得名，后者说国内就有座大鲜卑山，因此而得名。

那么，这"鲜卑山"或"大鲜卑山"究竟在什么地方呢？从古到今，说法不一，都不能确指，而且鲜卑山不只一处。

早在北魏时，崔鸿写《十六国春秋》，就说有两座鲜卑山：一在棘城（今辽宁锦县）之东，一在辽西（郡治阳乐，今河北抚宁与卢龙二县之间）之西北一百里。哪个是原始的鲜卑山，崔鸿已经说不清楚。《隋图经》说："鲜卑山在柳城县（今辽宁朝阳）东南。"《方舆纪要》卷八据旧志说，在柳城东二百里，又一鲜卑山。这里说的是辽西境内的鲜卑山。

据北魏郦道元《水经注·河水注》所引《释氏西域记》，即释道安所写的《西域记》，说在河西走廊的敦煌东南四百里也有一座鲜卑山，叫阿步干鲜卑山。

清朝人张穆在他所写的《蒙古游牧记》一书的卷一里说，科尔沁右翼中旗"西三十里有鲜卑山，土人名蒙格"。

除以上所说的鲜卑山外，还有《魏书》所说的大鲜卑山。以上几座鲜卑山的具体位置虽不能确指，但大致范围还是比较明确的。唯独大鲜卑山的地理位置，在"鲜卑石室"发现之前也如同石室的位置一样，众说不一。有的说大鲜卑山在外兴安岭，有的说大鲜卑山在贝加尔湖一带，也有的说大鲜卑山即大兴安岭。由于"鲜卑石室"的发现，大鲜卑山在大兴安岭之说法是对的。但大兴安岭范围太大，不可能整个大兴安岭都是大鲜卑山。因此，现在可以缩小范围，大鲜卑山应该在"鲜卑石室"附近，即大兴安岭北段。

"鲜卑"既是"祥瑞""神圣"之意，那么以鲜卑名山，这座山就是"祥瑞山"或"神圣山"了。什么样的山在鲜卑人的先民心目中才称得上"神山"呢？只有那种拔地而起、高耸入云的巍峨大山，才会给人一种上接天宇的威严神秘之感，才配称鲜卑山。米文平同志在石室附近调查发现，在洞北80千米有一座大白山，是大兴安岭北段的最高峰，俗称甘河顶子，百里之外就能望见它那终年积雪的皑皑雄姿。在其周围，林海苍茫，禽兽群聚。这样富饶美丽、令人产生"神圣"之感的山峰自然会给鲜卑先民留下深刻的印象，不免用它来代表自己赖以生存的美好家乡，因而名之为大鲜卑山。不过这还只是一种推测，并非确有佐证实指。然而，不管大鲜卑山是指一座山，还是一段山脉，其具体位置就是大兴安岭北段这一点是可以肯定的。

大鲜卑山的方位既明，那么，大鲜卑山与其他鲜卑山有何关系呢？大鲜卑山、其他鲜卑山和鲜卑人的族源与活动又是什么关系呢？

根据"鲜卑石室"里文化堆积中出土的陶器与打制石器和《魏书·帝纪·序纪》中关于鲜卑远古世系的记载，综合判断，大鲜卑山应该是鲜卑人的原始居地，即发源地。《序纪》中说，传到成帝毛以前，已经相传了67世。成帝毛当大鲜单山一带的部落联盟首领的时候，大约相当于西汉前期。由西汉前期再上溯67世，每世若以20年计算，就大约推到了夏商之际。因此，大鲜卑山是鲜卑人的发源地和原始居地是可以肯定的。

大鲜卑山是源，其他鲜卑山是流，它们的关系是源与流的关系，也就是说，其他鲜卑山是后起的，不能与大鲜卑山相提并论。居住在大鲜卑山的鲜卑人，在统属东胡军事大联盟的时期就可能有过向南迁移的活动，来到了大兴安岭以南游牧。后来秦汉之际，东胡王被匈奴冒顿单于打败，南迁的这些鲜卑人便逃到了大兴安岭南部的中段，即现在的哲里木盟科尔沁右翼中旗一带，把那里的"蒙根"山命名为鲜卑山。这可能就是科右中旗西三十里鲜卑山的来历。这支鲜卑人后来发展成了东汉以后向乌桓故地锡拉木伦河一带南迁的东部鲜卑。到魏晋以来，东部鲜卑中的慕容鲜卑和段氏鲜卑又先后向辽西海滨一带迁移，所以在辽西一带又出现了两座鲜卑山。

河西走廊的阿步干鲜卑山，地当河西与青海之间的祁连山脉，也称鲜卑山。"祁连"即匈奴和鲜卑语"天"的意思，祁连山即天山。"阿步干"是鲜卑语"兄长"之意。鲜卑慕容廆与他的哥哥吐谷浑因为地盘而闹矛盾，哥哥便率部众西去青海游牧，弟兄二人一东一西，远隔天涯。廆后悔，作《阿干之歌》，以表达怀念兄长之情。现在甘肃有不少以"阿干"命名的地方，都是因《阿干之歌》而得名。由此可知，这阿步干鲜卑山即阿干鲜卑山，是以吐谷浑部命名的鲜卑山。吐谷浑西迁青海高原，最兴盛的时候建部于伏俟城（今青海湖西南十余里），北面控制着高与天接的祁连山。西迁的慕容鲜卑为纪念祖先的发源地神山而把祁连山称为"阿步干鲜卑山",是合乎情理的。

大兴安岭北段的大鲜卑山是鲜卑人的发源地;大兴安岭南段中部的鲜卑山,是以慕容氏为主体的东部鲜卑"退保"的鲜卑山;辽西与河西的鲜卑山,是因东部鲜卑人迁徙居住而后来产生的鲜卑山。由这些鲜卑山也可以看出鲜卑人活动的踪迹。

二、鲜卑石室

《魏书·礼志》记载:"魏先之居幽都也,凿石为祖宗之庙于乌洛侯国西北,自后南迁,其地隔远。真君中,乌洛侯国遣使朝献,云石庙如故,民常祈请,有神验焉。其岁,遣中书侍郎李敞诣石室,告祭天地,以皇祖先妣配……石室南距代京少千余里。"

《魏书·乌洛侯传》云:"世祖真君四年来朝,称其国西北有国家先帝旧墟,石室南北九十九步,东西四十步,高七十尺。室有神灵,民多祈请。世祖遣中书侍郎李敞告祭焉,刊祝文于室之壁而还。"

《北史》《通典》《册府元龟》也有关于石室的记载,都比《魏书》晚出,内容基本相同。

古代文献记载了鲜卑人的祖先原来居住在"幽都",那里还"凿石为祖宗之庙",这个石庙在乌洛侯国的西北。自从南迁离开那里以后,因相隔遥远,几百年来,再未回去。到了太平真君四年(443年),乌洛侯国派使臣来代京(今山西大同市)向鲜卑皇帝拓跋焘朝贺送礼,并告诉皇帝说,"石庙如故,民常祈请,有神验焉"。就在这年,拓跋焘就派中书侍郎李敞代表皇帝到祖庙石室"告祭天地",并把祭祀的祝祷文字镌刻在石室的墙壁上。这座祖庙石室的规模是很大的,据说"石室南北九十九步,东西四十步,高七十尺",不亚于一座宽敞宏伟的大礼堂。

那么,这座鲜卑人祖先居住过的旧墟石室究竟在哪里呢?是在乌洛侯国的西北吗?北魏时的乌洛侯国具体地点又在何处呢?对于这个问题,过去已有不少历史学家根据文献记载进行过探讨和推测,然而众说纷纭,莫衷一是。

《呼伦贝尔志略》提道:"呼伦贝尔迤西北一带之地实为当日之魏故墟。"并认为"魏先帝石宫""在乌洛侯国西北当尼布楚城西"。

丁谦在《〈魏书〉外国传地理考证》中说:"乌洛侯,《唐书·白霅传》作乌罗浑,《室韦传》作乌罗护,所部在地区于北,当为今呼伦贝尔城境。"呼伦贝尔城即今海拉尔。

清代何秋涛在其《朔方备乘》一书中则把乌洛侯划在额尔古纳河流域。一些历史地图也往往沿袭此法把乌洛侯划在大兴安岭以西的海拉尔一带。

《乌桓与鲜卑》提道:"乌洛侯国在今黑龙江省之嫩江流域甚明。嫩江流域的西北为额尔古纳河，魏之祖先的石室当在二河之间的大兴安岭山脉之内。"

日本人白鸟库吉在《东胡氏族考》中说："乌洛侯之地，必在今嫩江流域，而其北即达于黑龙江之南，不难察知。乌洛侯国之所在地，既在今嫩江流域，则在乌洛侯国西北部之拓跋氏祖先之石室，亦必在嫩江流域之中，而当在新安峰之近旁。"

《中国历史纲要》也说："鲜卑拓跋部先世居于嫩江西北的大兴安岭地区。"

把大家的推测归纳起来，要而言之，有三种：第一种说法认为乌洛侯国在额尔古纳河流域，即现在的呼伦贝尔盟的海拉尔一带，那"石室"的位置也就只能在额尔古纳河流域了。第二种说法认为乌洛侯国既然在海拉尔一带，那"石室"的位置应该在贝加尔湖附近。第三种说法认为乌洛侯国在嫩江流域，而"石室"当在大兴安岭一带。由于持第一种说法的人占多数，所以一些历史地图也就根据这种意见把乌洛侯国标在了大兴安岭以西的海拉尔一带。

鲜卑石室究竟在哪里？看来光靠文献记载无法准确回答，只能通过考古调查来解决。

1979年9月到1980年7月，呼伦贝尔盟文物工作站的考古工作者针对这个悬而未决的问题进行了四次深入细致的考古调查。他们对上述三种意见进行认真的分析研究，最后排除了前两种意见，而按照第三种意见的范围进行调查。在调查前，他们还根据文献记载"石室"的宏大规模和"凿石"的凿字，认定这座石室不可能是人工用石砌筑，而很可能是一座天然的石头洞穴。即使鲜卑石室是天然洞穴，大兴安岭里的山洞何止几十个？偌大的大兴安岭，再加上苍苍莽莽的原始森林覆盖着，寻找一座鲜卑洞，那不是比在大海里捞针还困难吗？他们经过周密的查访、"筛选"，最后把鄂伦春自治旗阿里河镇附近的嘎仙洞确定为重点调查对象。

他们先后进行了四次调查。1979年9月1日进行了第一次调查，就山洞的方向、规模和地理位置等进行了考定。特别是山洞的规模，南北长98米，东西宽27～28米，穹顶最高处高达20多米，与《魏书》记载的石室的规模颇为相似。这就增强了人们调查的信心与决心。1980年1月18日，冒着零下40℃的严寒，考古工作者进行了第二次调查。当日山洞光照不好，分外幽邃昏暗；借着斜射的阳光，可以对洞内做全面勘测和绘图工作。考古工作者遍查洞内祝文字迹，影迹全无。眼前升起的希望曙光又蒙上了一层昏暗。1980年6月4日，考古工作者进行了第三次调查，在洞内堆积土层中发现了陶片和打制石器，这又增强了人们彻底调查的决心。1980年7月30日，考古工作者进行第四次调查，这次调查的主要目的是寻找祝文字迹。当天下午四时，阳光由西照进洞内，视度很好，人们沿洞内西侧石壁往里走了不到一分钟，突然发现眼前石壁上隐约有个"四"字。经仔细辨认，确认为石刻文字，下边并有"年"字，上面又辨认出"太平真君"等字。在第二行看出了"天字臣焘"，第三行看出了"中书侍郎李敞"等字。看来这可真是踏破铁鞋无觅处，得来全不费功夫了。因石壁表面原为苔藓等所覆盖，字迹很难为人们发现，后经洗刷清除壁上的苔藓，443年镌刻在壁上的祝文才呈现在人们眼前。这一重要考古发现了却了多年来争论不休的一场悬案。

嘎仙洞为天然山洞，位于内蒙古呼伦贝尔盟鄂伦春自治旗阿里河镇西北10千米，大兴安岭北段顶巅之东麓，属嫩江西岸支流甘河上源。其地理坐标为北纬50°38′，东经123°36′，海拔520米左右。这一带峰峦层叠，林海苍茫，古木参天，松桦蔽日。嘎仙洞在一道高达百米、巍然陡立的花岗岩峭壁上，离平地25米。洞口略呈三角形，高12米，宽19米，方向朝南偏西30°。洞内宽阔，南北长98米，东西宽27～28米，穹顶最高处达20多米，宏伟有如大厅，面积约2000平方米，可容纳数千人。"大厅"西北角为一斜洞，顺20多度斜坡拐向左上方。斜洞宽9米，高6.6米，长22米到顶端。顶端上部东、西各有一壁龛状小耳室。在"大厅"东壁上部11米高处有一小洞，洞口宽约5米，深10米多。"大厅"地面当中有一块不规则的天然石板，长3.5米，宽3米，下面有大石块托起约0.5米高，群众称之为石桌。整个洞内，石壁平整，穹顶浑然。"大厅"气势雄伟，斜洞曲径幽邃，充满一种威严的宗教气氛，难怪后世把它称为"祖庙"。

距洞口15米的西侧石壁有一处经过修琢，较为平整，祝文就刻在这块平整的花岗岩石壁上，高与视平线相齐。刻辞为竖行，通高70厘米，通宽120厘米，共19行，每行12～16字不等。字大小不一，约3～6厘米。全文201字，为汉字魏书，隶意犹重，古朴苍然，清晰可辨。

为了保护石壁祝文，在石壁前挖了一条1米宽的保护沟，在距地表40厘米深处发现有许多花岗岩碎片，推测是李敞来此致祭刻石时修琢石壁所剥落的。这一层的绝对年代是443年。

1500多年来，洞内新堆积的土层厚度为40厘米。在洞口挖排水沟时还发现了很厚的文化堆积。在地表土下到80厘米深为黑色黏砂土，其中出土了很多手制夹砂灰褐陶片，还有骨镞、石镞等。从陶器的形制、加工工艺来看，与完工、扎赉诺尔墓群出土的陶器有着相似的文化特征，但更具原始性。在地表以下130厘米的黄色黏砂土中还出土有打制石器，推测这里可能有更早的人类曾经居住过。严冬时，洞外气温为-40℃以下，洞内不过零下十七八度。

鲜卑石室的发现不仅为探索鲜卑人与鲜卑文化发源提供了重要的文化遗址，为研究东胡诸部族的地理问题提供了一个准确的历史坐标，对大鲜卑山地理位置的确定也提供了可靠的依据。

三、鲜卑带

鲜卑是我国北方地区古老的少数民族之一，属于东胡的一支。这是一个对我国历史产生过巨大影响的民族。其最早直接与中原汉王朝发生政治、经济联系是在两汉之际，到东汉后期便成了北方草原地带和长城内外的主要民族。魏晋南北朝时期，鲜卑人在黄河流域的广大地区先后建立过许多割据政权，最后建立了南北对峙的北魏王朝，曾形成我国历史上各民族大融合的局面，为隋唐的统一和繁荣奠定了基础，为汉民族的壮大与生发增添了新鲜血液。鲜卑作为一个历史上显赫一时的强大民族，到唐代就完全消失了。消失并不意味着灭亡，而是融合到汉民族和其他北方民族中去了。在我们伟大的中华民族的血液里将永远沸腾着鲜卑民族的热血。

"鲜卑"一词早在战国时代就已出现在诗文中了。它是东胡语或鲜卑语的音译，因此有种种不同写法，如"犀比""师比""私鈚""犀毗""胥纰"，等等，都是"鲜卑"一词的汉语音译的不同写法。《战国策》记载赵武灵王（公元前325—前299年）公元前305年以黄金师比赐给周绍，当即此物。战国时的赵国并能制作这种带钩，所以《楚辞·招魂》有"晋制犀比，费白日些"之语。"犀比"即"犀毗"，亦即"鲜卑"。

当时，鲜卑不是一个民族的名称，而是一种带钩的名称，全称叫"鲜卑郭洛带"。古代的注释家就对"鲜卑"或"鲜卑郭洛"作了语义上的解释。颜师古注引张晏说："鲜卑郭洛带，瑞兽名也。东胡好服之。"王逸注《楚辞·大招》说："鲜卑，衮带头也。言好女之状，腰支细少，颈锐秀长，靖然而特异，若以鲜卑之带约而束之也。"《汉书·匈奴传》"犀毗"，下颜师古注云："犀毗，胡带之钩也。亦曰'鲜卑'，亦曰'师比'，总一物也，语有轻重耳。"

近现代的中外学者又从语言学的角度，通过与现在语言相近的北方少数民族作语音对比，得出了"鲜卑"是"祥瑞"或"神"的意思，"郭洛"是"兽"之意，"带"是汉语，合起来就是瑞兽带，即用黄金或黄铜制作的带头，即带钩或带扣，上面镂刻的装饰图案为瑞兽的形象。所谓"神兽"，只是驯鹿的形态和特征，加上神话色彩的产物。驯鹿，"角似鹿非鹿，身似马非马，头似驴非驴，蹄似牛非牛"，善穿行林海、沼泽，又能驮载。"鲜卑郭落"正是驯鹿，至鄂温克、鄂伦春时，去其瑞或神，而剩下兽，即"鄂伦"或"沃列思"。最初的鲜卑山或因栖息有此类动物而得名，鲜卑族或因崇拜驯鹿图腾而以此自称。我们知道，鹿是人类历史上最早驯养的家畜之一。大约公元前一万八千年人类便开始驯养狗和鹿。公元前八千年绵羊成为家畜，公元前六千五百年人类已经驯养山羊和猪，公元前五千年牛成为家兽[1]。鲜卑原是瑞兽的名字。"鲜卑郭落带"全之谓

---

[1] 苏联《知识》丛书，1978年第11期。

瑞兽带，即带上的装饰图案为瑞兽的形象。以瑞兽名带，以祥瑞名山，复以山名族，转了好几个弯子。在战国以至西汉，东胡已有"鲜卑"之名，"鲜卑"之物，"东胡好服之"❶，并已传入中原。

以前对"鲜卑郭洛带"的解释只是一种推测，并无实物佐证，近年考古发现了两副鲜卑民族的黄金"鲜卑郭洛带"上的子母扣带头和牌饰，一副在呼和浩特市土默特左旗讨合气出土，另一副在乌兰察布盟和林格尔县另皮窑出土。每副四件，两件带头，两件牌饰。讨合气出土的带头主体纹饰是凸纹"神兽"，虎头、鹰喙、羊角，豹身、蛇腹、肉翅，虎足。另皮窑出土的带头主体纹饰是高浮雕野猪形象，身上镶嵌宝石。整个带头的形状与呼伦贝尔盟扎赉诺尔出土的飞马纹铜带头完全一样。这说明战国以前东胡里的鲜卑民族已经创造出了一种适应马背生活的紧身束腰带具，而且非常讲究。不光鲜卑人喜欢系它，整个东胡都"好服之"。这种带具经过东胡传到了中原地区，可能首先传入了赵国，甚至连楚国的宫廷里也出现了这种鲜卑带饰。

战国时期的赵武灵王为了振兴赵国，改革军队的服装，大胆地实行了"胡服骑射"。国王带头穿起了胡人的服装，腰里系上了鲜卑郭洛带，临朝亲政，并且把胡服和黄金"师比"赐给太子的老师周绍，让他也穿上胡服，系上鲜卑带，以改革者的姿态教育他的儿子。经过改革，赵国扩土开疆，取得很大的胜利。当时这种胡服，特别是鲜卑带，在上层社会里很是时行了一阵子的。这在文学作品里也有所反映。《楚辞·大招》里就有这样的诗句："小腰秀颈，若鲜卑只。"这是一位漂亮的妇女打扮的形象，像用鲜卑带紧束的细腰，显出了体态的曲线美，再加上美丽颀长的脖颈，更显出线条的变化。这是一条鲜卑带的作用。系上鲜卑带既然如此美好，那就不能光靠从东胡进口，需要自己仿照生产。于是《楚辞·招魂》里又有了这样的描写："晋制犀比，费白日些。"这是说，那晋国制作的鲜卑郭洛带饰，闪闪发光，如同白天的太阳啊！这说明，从春秋战国以来，鲜卑民族的腰带传入中原，由于受到了中原人民的喜爱，首先北方的晋国便仿制起来。以后赵国胡服骑射，用量更大，当然更需自己生产。一直到汉代，还在制作黄金"犀毗"，并把它作为厚礼赠送给匈奴的冒顿单于。由此可知，东汉以前，中原地区还不知道有个鲜卑民族的时候，鲜卑民族制造的精美带具已经传入中原，并受到了中原人民的普遍爱好。

既然在战国到西汉初年就有珍贵精美的鲜卑带在中原地区流行，那么发明这种带具的鲜卑人在何地居处、生活，为什么不为中原王朝所知呢？鲜卑，作为一个民族与中原地区发生关系，已经是两汉之际了。

---

❶ 唐代司马贞撰写的《史记索隐》引张晏云"鲜卑郭落带，瑞兽名也，东胡好服之"。

契丹与阴山

近几年来翻阅一些与契丹有关的历史书籍，发现契丹与阴山及阴山南北的广大地区有着较密切的关系。这里且不说阴山南北的广大地区在契丹史的发展中占有何等重要的地位，单就阴山本身也可以看出它在契丹最高层统治者心目中和实际行动中所占有的重要地位。这里试就这一问题谈几点不成熟的意见，以就教于研究辽史和契丹史的专家。

一、契丹何时来到阴山

阴山是今天内蒙古自治区中西部地区的一条主要山脉。阴山在巴彦淖尔盟的部分名曰狼山和乌拉山，在包头和呼和浩特地区的部分名曰大青山；位于乌兰察布盟卓资县与察右中旗之间的一段名曰灰腾梁，位于凉城县境内的名曰蛮汗山，位于集宁以东地区的名曰大马群山。它由西向东，横贯内蒙古高原中西部，绵延千余里，把内蒙古西部分成南北两个气候与自然条件迥然不同的部分。南部地区，土地肥沃，气候湿润，宜农宜牧；北部地区，土地较贫瘠，气候寒冷，农牧业常受着干旱的威胁。而阴山本身，在古代则是"草木茂盛，多禽兽"的宝地，曾是匈奴人的"苑囿"，同时也为北方许多古代游牧民族所向往。这里与中原有着密切的关系，它在政治上、军事上和经济交往上都具有特殊重要的地位。所以，在中国古代历史上，这里便成为历代统治者最瞩目的地区之一。当然，契丹统治者也不会例外。

契丹在建国之前的数百年中，它的发祥地与活动中心始终在辽河上游的松漠一带。阴山地区，由于契丹与突厥争夺，也可能短时间来这里活动过，但真正与阴山地区发生长久的关系，还是唐末五代之初，即辽代建国开始。契丹的第一代皇帝耶律阿保机，除重视燕云之外，首先把视线投向了阴山南北的广大地区。

905年（天祐二年）阿保机首次率七万骑兵西进，来云州会唐河东节度使李克用[1]。应该说契丹从这时起就踏入了阴山东部的大马群山一带了。虽然他这次的主要目标还不是阴山，但是到916年（神册元年），阿保机的主要目标便投向了阴山地带，"秋七月壬申，亲征突厥、吐浑、党项、小蕃、沙陀诸部，皆平之，俘其酋长及其户万三千六百，铠甲、兵仗、器服九十余万。宝货、驼马、牛羊不可胜算。八月，拔朔州，擒节度使李嗣本，勒石记功于青塚南。冬十月癸未朔，乘胜而东。十一月，攻蔚、新、武、妫、儒五州，斩首万四千七百余级。自代北至河曲蹦阴山，尽有其地……置西南面招讨司，选有功者领之。"[1]

神册五年（920年），"八月己未朔，党项诸部叛，辛未，上亲征。九月……皇太子率迭剌部夷离堇汗里轸等略地云内、天德。冬十月辛未，攻天德。癸酉，节度使宋瑶降，赐弓矢，鞍马，旗鼓，更其军曰应天，甲戌班师。宋瑶复叛，丙子，拔其城，擒宋瑶，俘其家属，徙其民于阴山南。"[1]

天赞元年（922年），六月，遣鹰军击西南部，以所获赐贫民。"三年，六月乙酉……是日，大举征吐浑、党项、阻卜等……九月，南府宰相苏、南院夷离堇迭里略地西南。四年，二月丙寅，大元帅尧骨略党项……辛卯，尧骨献党项俘。夏四月甲子，南攻小蕃，下之。"[1]以后，皇太弟李胡等曾多次来这一带征战，直到会同三四年方平息，这就是契丹统治者进入阴山地区的大致情况。

由此可知，尽管契丹的统治中心在潢水流域一带，但建国之后对阴山地区的控制也是十分重视的。大约从神册元年之后，阴山南北就有契丹部族居住其间了，其中乙室部可能是镇驻这一地区的主要部族之一。这从阴山地区已发现的几处契丹墓地即可得到说明。察右前旗豪欠营的契丹女尸墓地，包括了从辽代早期到中、晚期的契丹墓葬，出土了许多具有时代特点的文化遗物，其中完整的鎏金铜面具和铜丝网络葬衣尤为重要[2]。兴和县二台子乡尖山村也发现一处辽代契丹墓地，从已出土篦纹陶器和全身铜丝网络的墓葬来看，证明契丹从辽代初期到中、晚期，始终在这一带居处❶。察右后旗的红格尔图乡、乌兰哈达乡也有契丹墓地发现，石板墓中出土有用桦皮制作的鸡冠壶❷。此外还有卓资县旗下营发现的辽墓，其中出土有辽代的银柳斗形碗和骨制算筹等[3]。包含有辽代文化遗物的古城址和古村落遗址更是比比皆是。其中，在黄旗海西边一座小山上还发现了一块石碑，碑文开头镌刻有"辽大安二年"等汉字，碑的正文已漶漫不清。经初步辨认，这可能是一块契丹大字碑[4]。上述考古发现与辽史记载相印证，都充分说明辽代契丹族在阴山地区的活动是频繁的、长久的。

二、九十九泉与契丹皇帝

九十九泉是位于阴山灰腾梁（北魏称五要北原，金、元、明叫官山）地段的一处天然历史名胜。它曾吸引过不少古代北方民族的帝王，或巡游览胜，或避暑消夏，或议事

---

❶ 相关资料尚未公开发表。
❷ 相关资料尚未公开发表。

决策。契丹是来这里举行过一些重大活动的古代北方民族之一。

据《辽史》和《契丹国志》记载，辽代有两位皇帝曾先后到九十九泉进行过活动，一位是辽世宗耶律兀欲，另一位是辽兴宗耶律真宗。

辽世宗耶律兀欲到九十九泉活动的记载，比较明确的只有《契丹国志》的一条记载："九月，北汉主自团柏攻周，帝（辽世宗）欲引兵会之，与酋长议于九十九泉。诸部皆不欲南。帝强之，行至新州之火神淀，燕王述轧及伟王之子太宁王沤僧等率兵作乱，弑帝而述轧自立。"[5]

《辽史·世宗纪》天禄五年（950年）九月也有一段关于这件事的记载："九月庚申朔，自将南伐。壬戌，次归化州祥古山。癸亥，祭让国皇帝于行宫。群臣皆醉，察割反，帝遭弑，年三十四。"

《辽史》的这段记载没有提到九十九泉，只说了出发的时间、遭弑的时间和地点。《契丹国志》的记载则只说了九月，而未记具体的出发时间，也未记"与酋长议于九十九泉"的具体时间。如果以《辽史》的记载与《契丹国志》的记载相对照校核，就会发现《契丹国志》的记载有不确切之处。《辽史》记载的庚申朔是九月初一，壬戌是初三，癸亥是初四。这就是说，辽世宗天禄五年九月的这次重大军事行动，从出发到被刺，前后只有四天的时间，如果是从九十九泉出发，火速赶路，到归化州（今河北省宣化），三天也未必能到，哪里还会有与酋长在九十九泉讨论这次军事行动的时间呢。所以，辽世宗与酋长在九十九泉议这件事的时间，只能在这年的八月。其根据何在？这只能到《辽史》里找。

《辽史·世宗纪》记载："天禄五年，春正月癸亥朔，如百泉湖。汉郭威弑其主自立，国号周，遣朱宪来告，即遣使致良马。汉刘崇自立于太原。"又"六月辛卯朔，刘崇为周所攻，遣使称侄，乞援，且求册封。即遣燕王牒鞈、枢密使高勋册为大汉神武皇帝。是夏，清暑百泉岭。"从这两段记载可知，天禄五年与辽世宗关系最密切、最重大的事件就是郭威建的后周和刘崇建的北汉，二者都向辽世宗拉关系求援，但辽世宗更倾向于支持北汉的刘崇。而刘崇的根据地在太原，它与阴山地带的九十九泉，从地域上看有着较密切的关系，这恐怕是辽世宗到九十九泉决策这次重大军事行动的原因之一。

在这两段记载里有这样两处值得注意，一是春正月的"如百泉湖"，一是"是夏，清暑百泉岭"。这"百泉湖"在何处？"百泉岭"又在何处？二者是否为同一地点？根据《辽史》与《契丹国志》关于这同一年同一件事的记载推断，这里的"百泉湖"就是"九十九泉"。"百泉"与"九十九泉"都是极言泉水之多，并非确指具体数目而言。百泉岭说的就是山顶上有上百个泉池，而九十九泉恰好在阴山东段的一座山顶之上。所以，百泉岭与九十九泉实为同一地点，不应有疑义。因为当地蒙古族就把九十九泉这片山梁叫做"召宝力格锡勒"，即"百泉梁"。既然如此，"百泉湖"也应该指的是这里。

因为，在辽代的版图之内还没有发现第二处称得上"百泉"的地方。其实，九十九泉那个地方称百泉湖亦未尝不可。那里在方圆二三十里的范围之内，每逢夏秋之时，芳草萋萋，野花烂漫，大大小小、形状各异的泉池、湖泊明镜般地布满了草原，加之又处高山之巅，举目四望，有时云海漫漫，颇有凌空出世之感！别说在古代游牧民族的眼里，即使在今天，也是一处绝妙的牧区旅游胜地。所以，百泉岭、百泉湖与九十九泉应是同一地点的不同名称而已。

这样，把《契丹国志》的记载与《辽史》的记载相印证，就容易理解了。辽世宗召集各部酋长讨论南征这件事的时间不应在九月，而是在九月之前。查辽世宗这一年的行踪，根据《辽史》记载看，大部分时间是在九十九泉。春正月癸亥朔，来过一次，没有说多长时间，但估计时间不会太久。因为九十九泉在这个季节是不宜久居的。到这年的六月以后，即夏秋两季，辽世宗都是在九十九泉度过的，而且这也是九十九泉最理想的季节。根据辽代契丹族皇帝四季"捺钵"的风习，夏秋捺钵也是其中的重要活动之一。夏捺钵不仅是避暑游猎，国家的重大政治、经济、军事问题，都要在这时研究和处理。所以，南北面的主要官员也都随同皇帝到捺钵地。辽世宗的九十九泉之行恐怕也不会例外。在九十九泉，除南北面官之外，还请来了各部族的酋长参与讨论。这说明，在举行大的军事行动时，原来的部族酋长还起着相当的作用，至少说，还掌握有一定的兵权，所以才请他们来议事。从辽世宗这次南征的军事行动看，反对者多，支持者少，因而才落了个"强之"。强行的结果，便是招来了杀身之祸。

辽世宗耶律兀欲之后，到九十九泉的另一位契丹皇帝就是辽兴宗耶律真宗。

《辽史·兴宗纪》载，重熙十三年（1044年），"九月……壬申，会大军于九十九泉，以皇太弟重元，北院枢密使韩国王萧惠将先锋兵西征"。

重熙十三年辽对西夏的战争是辽代中期耶律真宗亲征李元昊的最大规模的战争之一，它在辽代契丹史上具有重大的意义。关于战争的起因、经过和结果，本文不做讨论，这里只想讨论一点，即会大军于九十九泉这一军事行动。

辽与西夏的战争从这年的四月就开始了。五月战争不利，耶律真宗就作出了"诏征诸道兵会西南边以讨元昊"的重要决定。六月在"驻跸永安山"期间，作出了亲自讨伐西夏的决策，并遣使通知宋朝。到九月壬申（十二日）这天，各路大军及兴宗便都聚集到了九十九泉，以讨论部署这次军事行动的方案，并首先决定了先锋兵的统帅。从时间上推算，上述这些事情用了将近20天。也就是说，各路大军在九十九泉一带整休了这么长的时间，到"冬十月庚寅（初一）祭天地"，这才是军事行动的正式开始。接着，"丙申（初七），获党项侦人，射鬼箭。丁酉（初八），李元昊上表谢罪。己亥（初十），元昊遣使来奏，欲收叛党以献，从之。"这一些紧锣密鼓的军事行动，还都是在九十九泉进行的。从上述资料可知，大军压境，皇帝亲征，李元昊确实害怕了，所以接二连三上表谢罪，还要把叛党交出来。辽兴宗在九十九泉看到这一切，当然认为胜利在握了。所以，就在这个期间，即临战前夕，他兴致勃勃地在阴山里举行了一次大规模的冬初围猎活动。《辽史·游幸表》载："重熙十三年十月，猎于阴山。"这个猎于阴山的具体时间，不可能在十月上旬，也不可能在十月下旬，只能在十月中旬，即十月十二日到二十日之间，因为冬十月"辛亥（二十二日），元昊遣使来进方物，诏北院枢密副使萧革迓之。壬子（二十三日），军于河曲"。辽兴宗的大军就远驻到作战前线了，从这天以后到月底，就与元昊厮杀起来了，而且出师不利，损兵折将，自己还弄了个落荒而逃，这就再不会有兴致进阴山去打猎了。

也就是在这次战争以后，兴宗更感到西夏对自己的威胁，为了更好地控制西夏，便把云州（大同）升为西京。从此，大同就成了辽王朝的五京之一。

从以上两次重大军事行动看，出发前都是在九十九泉集中研究，这足以说明它在契丹皇帝心目中所占的重要地位。当然，九十九泉风光好，是他们来这里的原因之一。但如果阴山地区、九十九泉一带没有契丹皇帝的一些可靠势力，即没有契丹的一些心腹部族在这一带镇驻，契丹皇帝是不会轻易来的。所以，从上述行动可以推断，辽代建国初期，契丹势力就已开始西移，阴山地带就有契丹部族镇驻，直到辽代灭亡。已发现的辽代契丹墓葬也正好在这一带，这就为契丹部族的活动提供了可靠证据。

三、阴山产金与山金司

阴山金矿的采炼是辽代中晚期的重要财源之一，这在《辽史》里有比较清楚的记载。但在辽史或契丹史研究中，对产金的"阴山"却产生了某种疑惑以致误解。这里就这一问题发表一些不成熟的意见。

《辽史·圣宗纪》记载，辽圣宗"太平七年五月，清暑永安山。西南路招讨司奏阴山中产金银，请置冶，从之。复遣使循辽河源求产金银之矿。"

这一条记载非常明确，是西南路招讨司向正在永安山清暑的辽圣宗说阴山中产金银，请批准开采，辽圣宗同意开采。辽圣宗又派人在辽河流域寻找金银矿洞。这就是说，七年五月以后，西南路招讨司管辖境内的阴山里就开始采炼金矿了。对契丹来讲，阴山金矿是他们最早开采的金矿之一。

这条记载到了《辽史·食货志》里就变成了这样："圣宗太平间，于潢河北阴山及辽河之源，各得金、银矿，兴冶采炼。自此以讫天祚，国家皆赖其利。"这一记载给人在理解上造成了困难。首先，"阴山"在何处便成了问题。从标点和文字关系上看，似乎"阴山"不在西南路招讨司的境内，而是在"潢河北"，那当然只能在大兴安岭一带去找了。而多数研究辽史的同志引用采炼金银矿的史料，都是引用这一条。他们或者不置可否，原文照引，或者产生疑问，无从决断。那么究竟该如何理解呢？当然，阴山还应该是西南路招讨司奏请的阴山，而不会是任何其他地方的所谓"阴山"。如果这一点可以肯定，那么在标点上，就应该在"潢河北"与"阴山"之间加一个顿号，即变成"于潢河北、阴山及辽河之源，各得金、银矿，兴冶采炼。"这样在理解上就不会再引起误解或疑问。

西南路招讨司境内的阴山确实产黄金，这是毋庸置疑的。关于这一点，《辽史》里还有两条记载作佐证。一条是《辽史·百官志（二）》，有关西南路所设置的机构里，最后一个便是"山金司"，一作"山阴司"，置在金山之北。这就是说，由于阴山产金，所以还设立了专门管理采炼金矿的机构"山金司"。唯恐对这一名称不好理解，在《辽史·国语解》里还专门做了明确的解释："山金司，以阴山产金，置冶采炼，故以名司，后改统军司。"

"山金司"明明是管理阴山采炼金矿的机构，而且设在西京道的西南路招讨司境内，应该是清楚的，然而在《契丹史略》里又跑到了"潢河北阴山之金矿"了。《契丹史略》第三章是这样引用和解释的："辽河源银冶——《辽史·食货志》：太平七年（1027年）'于潢河北阴山及辽河之源，各得金、银矿，兴冶采炼。自此以讫天祚，国家皆赖其利。'"又"阴山金矿——《辽史·国语解》：'山金司，以阴山产金，置冶采炼，故以名司。'此矿即同《食货志》所记潢河北阴山之金矿。"[6]这里有两点值得商榷，一是作者把《食货志》中得金银矿的时间都断然变为"太平七年"，笔者认为不大妥当。阴山金矿的开采是太平七年，这可以肯定，但辽河之源的金、银矿是否也是太平七年开始采炼呢？这就不能断定，因为太平七年辽圣宗才遣使循辽河源去寻找，当年找到没有都不能肯定，怎么可以都说成是太平七年采炼呢？这一点，《食货志》的原记载还是比较留有余地的，即笼统说"圣宗太平间"，而不是"太平七年"。后一条的结论亦太武断，所以错误也就更显而易见，这里不再赘述。

《辽史稿》也引了《食货志》和辽圣宗太平七年的这两条资料，并提出了怀疑，作者这样解释说："这两条记录如果是一事，那么'潢河'应为'黄河'之误；如果不完全是一事，那么'潢河北阴山'当指今大兴安岭山脉的某山。"[7]这样解释就比较客观，即既对两条资料中有抵牾之处作了自己的解释，又不排除阴山产金银的事实。当然，这种解释确切，还是前面的解释确切，只有请大家来定夺。

《呼和浩特简史》第一章第九节也谈到了阴山产金矿的问题。作者是这样写的："从呼和浩特附近黄河以北到阴山一带还开采了许多金、银矿。一直到辽亡以前，这些出产是辽政权上的几项重要收入。"[8]看来作者也是把"潢河之北"解释为"黄河之北"了。

这里顺便说一点今天阴山产金的情况。现在阴山中段，即大青山、灰腾梁一带，到处都有金矿，其中九十九泉附近的黄金储量最大，产量也最高，那里名曰"金盆"。所以说辽代契丹在阴山里首先开采金矿,是有客观物质依据的。至于具体在阴山的何处开采,当时阴山的哪座或哪段山叫"金山",山金司设在金山北的何处等,都有待通过考古调查去发现和证实。

四、夹山

夹山是辽代阴山山脉中的一段,它是辽代晚期契丹皇帝的狩猎地之一,又是契丹灭亡前夕皇帝的避难场所,也是西辽王朝建立前的出发地点。所以,它与契丹王朝的命运有着相当密切的关系。然而,关于夹山在阴山中的具体位置,历来史学界说法不大一致,至今犹然。这里根据史书上有关夹山的记载,以及辽朝契丹族的末代皇帝耶律延禧在夹山里的活动和夹山附近的重要战争,作一探讨和论述。

《辽史》虽记载了天祚帝在夹山的许多活动,但没有说明夹山在阴山里的具体位置,也没有说明与夹山相关城市的方位与距离,这就给讨论夹山带来了困难。辽代以后有关夹山的记载有过一些,如《金史·地理志》西京路"云内州"里这样记载:"柔服(夹山在城北六十里)"。柔服是云内州的一个属县,其治所也就在云内州城里。据考古调查发现,云内州古城遗址在托克托县古城乡[9],即呼和浩特市西南的大黑河畔。如果这个遗址是肯定的,那么遗址北六十里正好是阴山中段的大青山,而且还是大青山的中间地段。然而有的同志却把"柔服"定在了现在山西省的朔县,而把"夹山"定在了现在桑乾河上游的管涔山与恒山之间[10]。这与张钦《大同志》的记载也是出入甚远的。《大同志》载:"夹山在朔州城北三百四十里,辽主天祚避女真奔夹山即此。"这里所说的朔州城北距离不一定绝对准确,但所指方向还是对的,是阴山中的大青山偏东地段。

又《三朝北盟汇编》里这样记载:"天祚大窘,因仓皇从云中府,由石窟寺入天德军,趋渔阳岭,又窜入夹山。"这就是说,夹山是在"天德军北"[11],关于天德军的确切地点,就可以有两种不同的理解。因为辽代西南路招讨司管辖的境内就有两个天德军,一个在今巴彦淖尔盟乌梁素海附近,另一个在呼和浩特市东郊白塔(辽代万部华严经塔)古城遗址,即辽代的丰州古城遗址。若以前者定,即天德军北的夹山,也只能到狼山中找,而不能到乌拉山里去找。因为只有狼山是在乌梁素海附近的天德军之北,而乌拉山却是在乌梁素海附近的天德军东南。有的书中把夹山的位置定在了乌拉山地带[12],这是很值得商榷的。若以后者定,那夹山当然就在白塔古城遗址以北的大青山里了。

谁都知道,夹山是辽代契丹末代皇帝耶律延禧选择的一处与金兵周旋隐避的藏身之地。它的条件,既要求山势险要,又与山南山北相沟通;既可使军队通过山沟进入北部草原地带,又能把北部的援军,如谟割失的四五万骑兵拉入山南平川。如以这样的条件来在大青山地带寻找,也只有土默特左旗把什乡的万家沟以东与呼和浩特市东郊罗家营乡以北这一段大青山最为理想。因为,只有这一段大青山的主要山谷是南北相通的,有的可通车辆,有的可通坐骑。万家沟以西到包头,大青山前后相通的沟谷就很少了。而西起把什乡东到罗家营乡以北的大青山,正好都在柔服县与天德军之北。所以夹山的具体位置,应以这段最为可信。这与天祚保大二年到四年的活动也基本吻合。

《辽史·天祚(四)》载,保大二年,"三月辛酉(初二),上闻金师将出西岭,遂趋白水泺(今察右前旗黄旗海)。乙丑(初六),群牧使谟鲁幹降金。丙寅(初七),上至女古(金)底仓。闻金兵将近,计不知所出。乘轻骑入夹山,方悟奉先之不忠,怒曰:'汝父子误我至此,今欲诛汝,何益于事?恐军心忿怒,尔曹避敌苟安,祸必及我,其勿从行。'奉先下马,哭拜而去,左右执其父子,缚送金兵。金人斩其长子昂,以奉先及其次子昱械送金主,道遇辽军,夺以归国,遂并赐死,逐枢密使萧得里底,召挞不也典禁卫。"

这是天祚由白水泺轻骑进入夹山的日程表和在夹山或进入夹山途中处理奸臣萧奉先父子的经过。从三月初二趋白水泺,到初七至女古底仓,同时乘轻骑入夹山,总共不过六天。从白水泺到天德军北的夹山,两地相距约350里,以每天行程70里计,须紧走五个整天。天祚从白水泺至女古底仓前,是带领着大批车帐逃跑的,其行程不可能太快,而这里又是丘陵山区,只有从女古底仓开始,才变成轻骑入夹山。所以,如把夹山定在包头市以西的乌拉山里,天祚即使全部轻骑也是去不了的,因为两地相距约千里之遥。

再从保大三年和保大四年天祚与金兵的两次规模较大、损失惨重的军事冲突地点来看,也可以说明夹山不在包头以西,而在柔服与天德军之北的大青山里。

《辽史·天祚纪》载,保大三年,"三月,驻跸于云内州南。夏四月,甲申朔(初一)……丙申(十三),金兵至居庸关,擒耶律大石。戊戌(十五),金兵围辎重于青冢(今呼和浩特南10千米),硬寨太保特母哥窃梁王雅里以遁。秦王、许王诸妃、公主、从臣皆陷没。"有关这一仗的史料,《金史·太祖纪》《斡鲁列传》《宗望列传》都有记载,以《宗望列传》记载最为详尽。《宗望列传》里有这样的记载:"将至青冢,遇泥泞,众不能进。宗望与当海四骑以绳系辽都统林牙大石,使为向导,直至辽主营。时辽主往应州,其嫔御诸女见敌兵奄至,惊骇欲奔,令骑下执之……得车万余乘。"又"辽主自金城来,知其族属皆见俘,率兵五千余决战。宗望以千兵击败之,辽主相去百步,遁去,获其子赵王习泥烈及传国玺。追二十余里,尽得其从马。而照里、特末、胡巴鲁、背答别获牧马万四千匹,车八千乘。"

从以上资料可知,保大三年四月,天祚还有一定实力,而且把大寨扎于阴山与青冢之间,也就是夹山与云内州,结果遭到惨败,更大伤了元气。从此,几乎一蹶不振,在这年五月上旬,不得不渡过黄河,到临近西夏的金肃军北去暂时躲避。

保大四年,"秋七月,天祚既得耶律大石兵归,又得阴山室韦谟葛失兵,自谓得天助,再谋出兵,复收燕、云"。大石林牙力谏,不从,"遂杀乙薛及坡里括,置北、南面官属,自立为王,率所部西去。上(天祚)遂率诸军出夹山,下渔阳岭,取天德、东胜、宁边、云内等州。南下武州,遇金人,战于奄遏下水,复溃,直趋山阴"。这是天祚在夹山里与耶律大石的一场争论之后所造成的分裂,大石的主张虽对,但天祚听不进去,只好分道扬镳。大石由夹山"率铁骑二百宵遁,北行三日,过黑水(今达茂旗的艾不盖河),见白达达详稳床古儿,床古儿献马四百、驼二十、羊若干。"然后西去,建立了西辽。天祚由夹山出发,翻过渔阳岭(今呼和浩特市之北大青山的蜈蚣坝),先取天德(今白塔古城),然后南下,攻打了东胜(今托克托)、云内(也在托县北)和宁边等州,看来这几仗还是胜利的。然而,进入燕、云地区的武州(今山西神池),遇上了兀室统帅的金兵,又只好北上,在奄遏下水(今凉城县岱海)与金兵打了一个大败仗。《大金国志》(卷27)《兀室传》有较具体的记载:"天会二年,辽主天祚率诸军出夹山,南下武州,遇兀室军,战于奄遏下水,兀室率山西汉儿乡兵为前驱,以国兵千余伏山间,辽兵惊溃,天祚奔山金司。"这里的关键是天祚在奄遏下水失败后逃向了哪里。《辽史》说逃向了山阴,《大金国志》说逃向了山金司。一般注释《辽史》或研究辽史的同志都把"山阴"注成了"河阴",即现在山西应县境内的河阴。也就是说,天祚失败后,不是继续向北回根据地夹山,而是南下往金人控制的地区跑,这是于事理不合的。如果把《辽史》的"山阴"与《大金国志》的"山金司"联系起来看,应该是同一个地点,即辽代在阴山开采金矿,设在金山之北的那个山金司,亦曰山阴司。这里的山阴只是山阴司的省称或脱漏。这个设在金山北的山金司或山阴司,可能与"女古(金)底仓"有一些联系。因"女古"是"金"的意思。女古底仓是阴山里的一个重要地点,天祚初入夹山时首先到了这里,然后由这里再轻骑入夹山。这说明它与夹山相距不远,而它又与金矿有关。所以,笔者认为山金司、阴山金矿和女古底仓可能有某种联系。这样,天祚在武州遇金兵而北上,于奄遏下水兵败而逃往山金司,回阴山,入夹山,是更合乎情理的。

以阴山产金而言,也主要是在由夹山到九十九泉这一地带。女古底仓也只能在夹山以东、九十九泉以西的这一带地方。而更加有趣的是,恰好在卓资县旗下营附近的一座被自然破坏的辽墓里出土了一副辽代骨制算筹,这与山金司有无联系?而出土契丹女尸的豪欠营契丹墓地也正好在由奄遏下水通往九十九泉的道路上,契丹女尸的铜面具上的鎏金与阴山金矿产的黄金有无关系?笔者认为这一切都不会是完全偶然的巧合。

另外,从军事上说,辽代天祚与金人周旋的夹山,到抗日时争时期又成了八路军开辟的抗日根据地,即大青山抗日根据地,这也是夹山的险要形势所决定的。

天祚所以选择夹山,除天然的险要形势外,北有阴山室韦谟葛失和突吕不部的全力支援，南有强大的乙室部、四部族、西南路招讨司及西夏的支持，还有金矿可作财源的后盾，而且辽道宗时又到夹山进行过围猎[13]，天祚也是知道的。这一切，可能都是天祚选择夹山的原因。如果按照有些同志的意见，把夹山推到了包头以西的乌拉山一带，那上述的许多有利条件就都变了。所以，夹山只能在柔服与天德军（丰州）之北的大青山地带。

综上所述，可知阴山在契丹族的发展过程中，在政治、经济、军事等方面，都曾起过重要的作用。

参 考 文 献

[1] 脱脱，等.辽史·太祖纪［M］.北京：中华书局，1974.
[2] 乌兰察布盟文物工作站.豪欠营辽墓第一次清理报告［M］//内蒙古文物工作队，乌兰察布盟文物工作站.契丹女尸——豪欠营辽墓清理与研究.呼和浩特：内蒙古人民出版社，1985.
[3] 邢一，等.忽洞坎古墓清理情况简报［J］.乌兰察布文物，1982（2）.
[4] 内蒙古文物工作队，乌兰察布盟文物工作站.豪欠营辽墓第二次清理报告［M］//内蒙古文物工作队，乌兰察布盟文物工作站.契丹女尸——豪欠营辽墓清理与研究.呼和浩特：内蒙古人民出版社，1985.
[5] 叶隆礼.契丹国志［M］.上海：上海古籍出版社，1985：47.
[6] 张正明.契丹史略［M］.北京：中华书局，1979：75.
[7] 舒焚.辽史稿［M］.武汉：湖北人民出版社，1984：323.
[8] 戴学稷.呼和浩特简史［M］.北京：中华书局，1981：25.
[9] 内蒙古大学蒙古史研究室.内蒙古文物古迹简述［M］.呼和浩特：内蒙古人民出版社，1976：56.
[10] 王北辰.古代居延道路［J］.历史研究，1980（3）：120.
[11] 孟广耀.夹山小考［J］.蒙古·史文稿，1980（3）.
[12] 吴天墀.西夏史稿［M］.2版.成都：四川人民出版社，1983：95.
[13] 脱脱，等.辽史·道宗（四）［M］.北京：中华书局，1974：284.

辽代墓葬出土的铜丝网络与面具

一、引言

铜丝网络与面具是辽代契丹族的一种特有葬具,一般被认为是契丹贵族墓葬的随葬物。从现有考古资料来看,有铜丝网络或金属面具的辽墓并不多见。其中,有的墓葬只有网络而无面具,却有鎏金冠,有的墓葬只有面具而无网络,却有铜靴底,网络与面具同在一个墓葬里出土的更为罕见。出土的网络绝大多数是残片,完整的较少,面具多数比较完整。

自从1981年10月中旬内蒙古自治区乌兰察布盟察哈尔右翼前旗豪欠营辽墓出土保存完整的契丹女尸以来,人们对网络与面具才有了比较全面的了解,因为全身铜丝网络与鎏金铜面具仍原封未动地穿戴于契丹女尸身上。它不仅能清楚地告诉我们全身网络的具体结构、编缀方法、穿着顺序及穿着层位,而且面具上还保存有以往从未发现过的丝织品附属物。这一新的发现不仅使我们对网络与面具有了新的认识,并且提供了对这种葬具所牵涉的一些问题做深入研究的机会。本文根据契丹女尸所穿戴的全身网络与面具,并结合已出土的其他网络、面具、鎏金冠、铜胸牌和铜靴底等有关考古资料,试做初步探索,以求教于海内学者。

二、有关网络与面具的考古资料

解放前的辽代墓葬里曾发现过十几件银、铜面具和几件手足网络。解放后30多年来,已发掘清理的辽代墓葬约有几百座,根据正式发表的考古报告统计(包括解放前日本考古学者发表的资料在内),只有十几处三十几座墓葬发现铜丝网络或面具。其中,有两座墓葬伴随出土了鎏金冠和铜靴底,有一座墓葬伴随出土了铜胸牌,还有两座墓葬出土了鎏金银冠。据笔者所知,有些辽墓出土的网络与面具资料尚未正式发表,因此,实际出土的数量比上述统计还要多一些。

出土网络与面具的辽墓主要分布于内蒙古自治区的昭乌达盟与哲里木盟的南部及辽宁省西部的朝阳地区,即辽代的中京道与上京道,这里是头下军州比较集中的地区。

出土网络与面具的墓葬形制多数为砖室墓或石室墓，墓室平面以八角形、六角形为多，圆形、圆角方形或长方形的较为少见。其中，单室墓较多，多室墓较少，单室或多室墓里又有壁画墓或仿木作墓。墓室后部多数都有砖砌尸床，个别也有石砌或木制尸床的。墓门多数为东向或东南向，个别也有南向的。这些墓葬在辽墓中多数属于中型或中小型，大型墓葬较少。现在根据已掌握的资料，分类加以扼要说明。（辽代墓葬出土铜丝网络与面具参见表1）

表1 辽代墓葬出土铜丝网络与面具一览表

墓葬地点		墓室构造	铜丝网络	面具	墓主性别	身份	墓葬纪年	说明
察右前旗豪欠营	M6	石券不规则六边形单室墓	全身网络完整	铜鎏金	女	—	中晚期	出土一具完整契丹女尸；单葬
	M3	砖券仿木作六边形单室壁画墓	全身网络已成残截	—	男	—	中晚期	尸骨完整，背上有皮肉，被破坏；单葬
	M2	砖券圆角方形单室墓	手网络完整，其他残碎	—	女	—	中晚期	三个头骨，女有手足网络，被严重破坏；三人丛葬
	M1	砖券单室墓	全身网络（已失）	—	女	—	中晚期	社员挖掘，女尸穿全身网络，男的无；夫妻合葬
新民巴图营子		砖券仿木作多室墓，主室圆形略方	手足网络已残	铜鎏金，两件	男、女	上层统治阶级	早中期	出土一件鎏金铜胸牌，上刻"真言"；夫妻合葬
法库叶茂台	M18	石室墓已残	全身网络（头部残）	—	女	贵族	中期	有素面石棺，夫妻合葬，女的穿全身网络，男的无
	M19	石筑八角形单室墓	全身网络已残	—	女	贵族	晚期	有素面石棺，夫妻合葬，男的也可能有网络
库伦	M5	—	全身网络已残	—	女	贵族	中晚期	只保存一只完整手网络，里边还有女性手掌；合葬
	M2	砖筑六角形单室仿木作壁画墓	有网络残片	—	—	贵族	晚期	夫妻合葬
	M6	—	有网络残片	—	—	—	中晚期	夫妻合葬
义县清河门羊彪沟		砖券八角单室墓	有网络碎块	—	—	贵族	中晚期	

续表

墓葬地点		墓室构造	铜丝网络	面具	墓主性别	身份	墓葬纪年	说明
义县清河门西山村M2		石券仿木作多室壁画墓，八角形	有手网络，仅存四指	—	—	贵族	清宁三年（1057年）	萧慎微墓，有墓志；夫妻合葬
清河门		—	—	银制	—	贵族	中晚期	洪水冲出，老乡变卖
锦西西孤山		石券圆形单室墓	手网络残截	—	—	贵族	大安五年（1089年）	萧孝忠墓，有墓志一盒
赤峰大窝铺		砖券多室墓，前方形，后八角形	手足网络残片	—	—	贵族	晚期	夫妻合葬
建平凤凰山		—	—	银制	女	—	—	—
建平县		—	手足网络	银、铜各一件	男	—	—	面具刻画有胡须、眉毛、睫毛
永庆陵		—	全身网络	—	—	—	太平11年（1031年）	可能为殉葬者
库伦杏树洼		乱石叠砌	—	银制	—	贵族	—	面具已残，男女不清；合葬
翁牛特旗梧桐花		—	—	银制	女	—	—	—
翁牛特旗解放营子		石券单室圆形，木椁八角形，有壁画	—	铜鎏金两件	男、女	贵族	中期至道宗初	男有铜靴底；夫妻合葬
宁城小刘仗子	M1	石券八角壁画墓	—	铜鎏金	男	—	晚期	夫妻合葬，都有铜靴底
	M2	砖券长方形墓	—	铜制	—	—	晚期	单葬，面具已残
	M3	石券六角形墓	—	铜制	男	—	晚期	夫妻合葬
	M4	石券六角形墓	—	铜制	女	—	晚期	单葬，刻画眉毛
赤峰附近		—	—	银制	女	—	—	—
		—	—	银制	—	—	—	有童颜特点
		—	—	铜制	儿童	—	—	—
		—	—	银制	女	—	—	微笑状
		—	—	铜制	女	—	—	微笑状
		—	—	铜鎏金	男	—	—	双眼圆睁状
		—	—	银制	女	—	—	—

续表

墓葬地点	墓室构造	铜丝网络	面具	墓主性别	身份	墓葬纪年	说明
房山县	—	—	铜鎏金	男	—	—	刻有头发，还有脖颈
建昌县	—	—	银制	—	—	—	—

（1）全身网络与面具同时正式发掘出土者，只有察右前旗豪欠营六号墓一例。墓室呈不规则六边形，石筑，单室，叠涩穹庐顶，后部有砖砌槽形尸床。单人葬，无棺椁。墓门东向。女尸所穿铜丝网络，由头、胸背、左右臂、左右手、左右腿和左右足网络六个部分、十一件组合而成。网孔基本为六边形，孔径在1.2厘米左右。铜面具外部鎏金，上额有丝织品帽额装饰，面具里边有丝织品衬垫，后部和下颚有丝织品带结[1]。

（2）手足网络、面具、铜冠与铜胸牌同时出土者，只有新民巴图营子一例。据日本《史林》刊载，建平县辽墓里也同时出土过面具与手足网络。新民巴图营子为正式发掘品，墓室为砖筑仿木作多室墓，内有木炭，可能有承托尸体的床板。内有尸骨两具，年龄很大，为夫妻合葬墓，系二次葬。内有鎏金面具两件和手足网络，网络因残断散碎，件数不明。还有鎏金铜胸牌一件，牌面刻有"肴（智）炬如来必（心）破地狱真言"❶。还有鎏金镂孔铜冠一顶，外部鎏金，顶部镂空若鳞状，冠边有钻孔数处，冠里残存有绢布纹[2]。

（3）面具与铜靴底同时出土者有两例，一是宁城县小刘仗子一号墓，一是翁牛特旗解放营子辽墓。小刘仗子一号墓为八角形石室壁画墓，内有头骨两个，一个在东北墙根，戴有鎏金铜面具，两耳用铜丝套于尸骨耳部，内部留有残丝绸痕迹。并出土铜靴底两双，一较大，长29厘米，可能为男式，一较小，现长19厘米，可能为女式[3]。解放营子为石室木椁八角形单室壁画墓，外形与近代蒙古包相似。墓室地面铺厚约10厘米的木炭，木炭之上铺设木板。墓室后部有木床，床上有尸骨两具，男左女右，头东脚西，仰身直肢。男、女脸部均戴鎏金面具。男靴里有铜靴底一双，器形瘦长，系用薄铜片打制，周沿有十三组小针孔，每组两个，平布于一周，长29厘米[4]。

解放前赤峰附近的辽墓里也曾有面具与铜靴底同时出土，铜靴底器形也是尖头狭长形，长约29厘米。

（4）手足网络与鎏金冠同时出土者，只有锦西西孤山萧孝忠墓一例。墓室为砖筑圆形单室墓，半圆形石床，床沿略凸起。铜丝网络全是残截，仅有一截可能是小指网络，铜丝粗1毫米。还有鎏金冠沿残片一块，上部连着斜方格纹网状冠顶残部，沿内夹着丝

---

❶ "真言"由中国佛教协会郭兴元先生校订、改错、补缺。

织物，是原来的冠垫[5]。

（5）只出土全身网络者有六例，即法库叶茂台十八、十九号墓，豪欠营一号、三号墓，库伦五号墓和永庆陵。其中，叶茂台十八号墓的全身网络保存比较完整，只缺头部网络[6]。叶茂台十九号墓的全身网络已经残碎[7]。豪欠营一号墓的全身网络已不知下落；三号墓因严重破坏，网络已成残截❶。库伦五号墓只保存一只五指全分式手网络，里边还保存有一只枯干的女性手掌[8]。永庆陵的尸骸里"更有用铜丝罩护其全体者"[9]。

（6）只出土手足网络者有四例，即义县清河门（今阜新清河区）两例[10]、赤峰大窝铺一例[11]、豪欠营二号墓一例。其中，清河门西山村二号墓为萧慎微墓，有手网络，仅存四指，指骨尚存[12]。豪欠营二号墓仅存一只拇指单分式右手网络，长19厘米，保存完整。根据其大小看，应为女性手网络。

（7）只出土面具者有12例，其中比较集中的为宁城小刘仗子二、三、四号墓。此外，在建平、赤峰附近较多，这里不作具体介绍。

（8）只出土鎏金银冠者有两例，一是建平县张家营子辽墓，一是平泉县小吉沟辽墓。张家营子出土一顶双龙纹鎏金银冠，但没有面具与网络[2]。小吉沟出土的鎏金银冠为龙凤纹饰[13]。

从上述考古资料中可以得出以下几点认识：

（1）辽墓出土的网络与面具，最初应是一套完整的葬具，即如文献所记"用金银为面具，铜丝络其手足"[14]。可能是先有手足网络与面具。后来，由于这套葬具在使用上逐渐有了发展变化，即手足网络与面具各自都可以单独使用了，就出现了只戴面具或只穿手足网络的情况。手足网络进一步发展而产生了全身网络，面具之上又可加戴菩萨式的鎏金冠。铜胸牌可能是手足网络向全身网络发展过程中的一种过渡形式或全身网络的减化，而铜靴底则是网络的变形或代用品。这样，就由原来的一套完整葬具，随着时间的推移与地区的不同，而发展变化出了多种多样的穿戴形式。

（2）从出土网络与面具的地域、墓葬规模与形制来看，多数都分布于辽代契丹贵族所建立的头下军州比较集中的地区，墓葬又以单室中小型墓为多，这都反映了墓主人多是契丹中小贵族。网络与面具虽是契丹贵族的葬具，但不是所有契丹贵族，而是贵族阶层里的某一部分人的葬具。

（3）从有明确姓氏与纪年的墓葬来看，有四处为萧氏的家族墓地：义县清河门一带是萧慎微之父萧相公的家族墓地，锦西西孤山是萧孝忠的墓地，法库叶茂台是萧义的家族墓地[7]，库伦旗南境前勿力布格村北的辽墓"可能都是萧孝忠这一族系的子孙"[15]的墓。这四处墓地，前三处都有墓志铭出土。其中，萧慎微死于清宁三年（1057年），

---

❶ 豪欠营一、二、三号墓报告，尚未发表。

萧孝忠死于大安五年（1089年），萧义死于天庆元年（1111年）[16]。这四处墓地多数都是辽代中晚期的墓葬。从已经出土的网络与面具的墓葬年代来看，也以辽代中晚期为多，辽代早期较少。

三、网络的结构、编缀与穿着

网络有全身网络与手足网络两种。全身网络已出土了两套比较完整的，一是在豪欠营六号墓出土，另一是在叶茂台十八号墓出土。现根据豪欠营六号墓出土的全身网络，就其结构、编缀方法和穿着顺序分别简述，并与叶茂台十八号墓出土的全身网络及其他手足网络作必要的对比说明。

（一）全身网络的结构

全身网络由六个部分、十一件组合而成。这六个部分是：

（1）头网络。头网络可分为上下两个部分。上半部为半圆形球体状，直径18厘米，下半部由脑后下垂，呈帘弧形。整个头网络略呈头盔状。

（2）身网络。身网络由前胸与后背两片组合而成。前胸与后背基本相同，上部都留有半月形领口，下部都是齐边。前胸部通长约60厘米，腰部横宽约45厘米，肩部通宽约55厘米。豪欠营六号墓网络前胸下部与叶茂台十八号墓网络前胸下部不同，前者为齐边，后者为弧形。

（3）臂网络。左臂网络长46.5厘米，右长约47.5厘米，周长20厘米。臂网络展开，与现在的西式衣袖相似，其缝口类似通肩式衣袖。

（4）手网络。左右手各一只，大小相同，通长20.5厘米，为五指全分式。叶茂台为拇指单分式。其他墓葬出土的手网络也是这两种样式。

（5）腿网络。腿网络由左右腿两片组合而成，其连接处在臀部下，两片的形状与中式裤片相似。右腿长73.5厘米，左腿长73厘米，网脚边周长约25厘米。叶茂台腿网络上边与豪欠营不同，后者为齐边，前者前半部为凹弧形。

（6）足网络。左右各一只，呈短靴状，开衩处在足背上，与现在的高腰皮鞋开衩相似。靴腰两边各有一三角形突起，左右对称。足网络长21厘米，后腰高8厘米，三角尖至网络底高15厘米。叶茂台的足网络上部为齐边，与豪欠营不同。建平县出土的足网络也为齐边低腰式，脚形瘦长，脚尖上翘，脚底微凹，为明显的右足穿下的形状，底长约25厘米。

（二）全身网络的编缀方法

全身网络是依据人体的大小，按照各个部位的不同形状分别编缀的。由于各部位的具体形状不同，编缀方法不完全一样，所用铜丝的粗细与网孔形状也有区别。现将豪欠营六号墓全身网络的编缀方法分别说明如次。

（1）头网络是由顶端起编。起编处有一直径1.8厘米的圆环，用22根铜丝对折编缀，铜丝直径0.8毫米。圆环周围第一圈六边形网孔最小，第二层以后逐层加大，加大到孔径1厘米左右。从顶端至前额边共12层网孔，每隔三四层增加一次铜丝，共加三次。前额网络边为三四根铜丝拧在一起而形成的硬边。脑后垂帘编至颈部，底边也拧成硬边。

（2）胸背、左右臂、左右腿网络的编缀方法大体相同。网孔均为较匀称的六边形，孔径约1.3厘米，铜丝直径0.8毫米。三部分网络各自都从下部起编。

（3）手网络从手指尖起头编缀。每个手指头粗细不同，铜丝多少也不同。中指7根对折为14个头，拇指8根对折为16个头，其余三指为6根对折为12个头。每个手指都编为细圆筒状，网孔长1厘米、宽0.8厘米左右。手指连在一起再编缀手掌与手背网络，网孔为长1.2厘米、宽0.6厘米的长六边形。铜丝比身网络的细，直径0.5毫米。手网络结构匀称，编缀精巧，形状美观，犹如现在妇女所戴的分指手套。

（4）足网络由足尖用八根铜丝对折起头，渐编渐宽，渐加铜丝，脚背编缀至11厘米处开始留衩，脚底编缀至21厘米处开始向上收编脚跟。脚网孔径约1厘米，所用铜丝粗细与手网络相同。

（三）全身网络的穿着顺序

豪欠营契丹女尸未出土之前，一般都以为铜丝网络穿着于尸体的最外面，故名之曰"铜丝网罩"。契丹女尸出土之后，才首次弄清了铜丝网络的穿着层位。原来，铜丝网络葬衣穿着在丝织品葬服的最里层。

契丹人死后，在穿着网络之前，先要将尸体进行一番包裹。紧贴尸体皮肉，先铺贴一层薄薄的丝绵，然后用深棕色丝织品由下而上，分别把全身紧紧地包裹，连每个手指都是用很窄的丝带分别缠裹的。把尸体完全包好之后，便开始分步穿着铜丝网络。

第一步，穿胸背网络。胸背网络是由前胸与后背两片组合而成的。先用铜丝把腰部两侧的硬边缝合，再把左右肩头的接口连缀。

第二步，穿着左右臂网络。左右臂网络叠压在左右肩网络之上，互相叠压约5厘米。臂网络的缝合口在臂的外侧。

第三步，戴左右手网络。手网络是套在臂网络之上的，互相压入约5厘米。手网络的缝合口在拇指上边。

第四步，穿左右足网络。足网络的缝合口在脚背之上，也用铜丝加以连缀。

第五步，穿着左右腿网络。腿网络叠压于足网络之上。左右腿网络的缝合口在两腿的内侧，用铜丝缝合至裆部，再用铜丝如编缀网络一样，将裤裆上部编缀成一个整体。然后将腿网络的硬边与胸背网络的硬边连缀缝合在一起。

第六步，戴头网络。头网络的后部与背网络的领口互相衔接，也用铜丝把二者的硬边缝合起来。

全身网络葬衣穿好之后，再在网络外穿着丝织品葬服。最后戴用丝织品装饰好的鎏金铜面具。

四、面具的造型特点和制作方法

辽墓里出土的面具总计在30件左右，其中，银质的11件，铜质的9件，铜鎏金的7件。还有几件因资料尚未发表，质地与造型如何还不清楚。面具分男女两种，其中也发现两件儿童面具。这些面具，不管质地与性别如何，都形貌各异、大小不一。现就已掌握的面具资料略作介绍。

（一）男性面具

有明确考古依据或面型特征清楚的男性面具有8件。脸型胖、瘦、方、圆不同，五官各有特点，有两件还刻画有胡须。多数为闭目状，也有睁眼的。面部表情多为忧郁悲苦状态。造型手法多为写实，表现技巧有工有拙。小刘仗子一、三号墓出土的两件男性面具，从外形到五官都有男性的特点，高颧骨，大下颚，宽鼻头，粗犷的面型显露着北方草原民族的风貌。两件面具既有着同一家族的共同点，又有着各自鲜明的个性特征[3]。建平县出土的两件男性面具，不光在嘴部刻画着丛密的胡须，还刻画着睫毛与眉毛。特别是其中一件面具，那一双微睁的小眼，加上肥胖而臃肿的面颊，一望而知是个老年的契丹贵族。造型虽力求写实，但显得有些古拙。还有一件男性面具，粗眉倒竖，双目圆睁，颇像佛殿里的怒目金刚[17]。

（二）女性面具

女性面具有10件，脸型有长、有圆、有方，五官也各不相同。然而，那弯弯的双眉、低垂的眼帘、安详而平静的表情、含有深意的嘴角，却是大体相似的。譬如豪欠营六号墓契丹女尸所戴的面具，就是一件高浮雕式的颀长脸型的面具，长26厘米、宽18厘米，是已出土面具里最长的一件。面具下覆盖的也是一副契丹妇女颀长的脸型。可见，面具是根据死者的面型特点制作的。面具形象是：双目闭合，眼缝微开，鼻梁瘦长，两翼略宽，颧部微隆，面颊丰满，双唇抿合，留有口缝，表情为安详入睡状态。整个面具形象既与山西沁县北魏石刻造像相似[18]，又和大同华严寺里辽代的菩萨形象相仿。这绝非无意的偶合，而是有意的模仿，是深受佛教影响的具体表现。特别是某地出土的面具，更是一副慈眉笑目的菩萨模样。她们那圆圆的脸庞、突出的重下颚、笑弯的眉、月牙似的眼、忍俊不禁的嘴、因笑而向上抽搐高隆的鼻子，表现得非常自然而和谐。这种造型或表情在许多石窟寺里的佛教造像中是不难找见的[19]。其他女性面具也都或多或少带有一些佛教造像的特点，看着她们，便很自然地想起某些菩萨的形象。

此外，还有两件儿童面具，都在赤峰地区出土。另有一件具有童颜特点的银面具，也是解放前在赤峰附近出土的。扁平的圆脸上，眼帘下垂，双唇紧闭而嘴角向下，流露着一种令人怜悯的悲戚表情。该面具只是有些童颜特点，但不一定就是儿童面具，因为面具并不比一般成人面具小，面具长度为22.1厘米。而昭乌达盟文物站陈列的一件儿童面具才是真正的儿童面具，其长度只有10厘米左右。

面具是用薄银板或薄铜板加工打制而成的。打制前首先要按照戴面具者的脸型特征，用木头雕刻一个面具模型。然后把薄银、铜板覆盖于面具模型上，用槌在模型上慢慢打制，把脸型打制成一种浮雕的样子。根据已出土的面具看，其覆盖面部的深浅不同，大体可以分为三种样式，即扁平浮雕式、半浮雕式和高浮雕式。面具略有弧度者为扁平浮雕式，弧度较大；可覆盖面部少半者为半浮雕式，弧度很大；可完全覆盖面部者为高浮雕式。已出土的面具多数为前两种，后者只有两件，即豪欠营与平谷县出土的面具。这三种不同形式可能也反映着时代的早晚或地域的不同。扁平式出现的时代可能较早，半浮雕式和高浮雕式可能较晚。房山县出土的面具，除了高浮雕式的特点外，还有其他特殊之处，即头顶与两鬓刻有头发，下部还有一截脖颈，这是其他地区出土的面具所没有的。

五、有关网络与面具的文献记载

《说郛》本《虏廷事实》载："北人丧葬之礼，盖各不同……唯契丹一种特有异焉。其富贵之家，人有亡者，以刃破腹，取其肠胃涤之，实以香药、盐矾，五彩缝之，又以尖苇筒刺于皮肤，沥其膏血且尽，用金银为面具，铜丝络其手足。耶律德光之死，盖用此法。时人目为'帝靶'，信有之也。"这条记载又见于《辽史拾遗》，但在文字上有些不同。《说郛》本称"铜丝络其手足"，《辽史拾遗》所引则称"锦彩络其手足"。"铜丝络其手足"乃辽代契丹人的特殊葬俗，"锦彩络其手足"是各民族丧葬制度的通例，无需特别强调。辽代墓葬出土的铜丝网络实物资料证实，《说郛》本的引文是正确的，而

《辽史拾遗》的引文是错误的[20]。

按照文献记载，在穿戴网络与面具之前，尸体是要进行一番认真处理的，即"以刃破腹，取其肠胃涤之，实以香药、盐矾，五彩缝之，又以尖苇筒刺于皮肤，沥其膏血且尽"。尸体经过这样一番处理之后，就变成一具不易腐烂的木乃伊了。这种处理尸体的办法与契丹族以游牧、食肉为主的生活特点有关。他们把处理干肉的办法用在处理尸体上了。耶律德光死的季节正好在夏四月，地点又在炎热的河北省栾城一带，尸体若不及时处理，很快就会腐烂。因此，用上述办法处理是可信的。那么，是否凡穿戴网络与面具的尸体，都要进行一定的处理呢？这也需要考古资料去证实。

豪欠营出土的契丹女尸，在穿戴全身网络与面具之前，尸体是否也进行过处理呢？根据对女尸的解剖观察，女尸腹部既未开刀，也未发现任何香药、盐矾等物质，而在胃区却发现了比正常人高得多的砷含量，每100克干组织里含有833微克的砷。这说明，这具保存完整的契丹女尸并未进行过剖腹处理。

《辽史拾遗》里还有过这样一条记载："元祐七年（1092年）贺正，虏使耶律迪卒于滑州，虏人倒悬其尸，出滓秽口鼻中，以笔管刺皮肤出水，以白矾涂尸令瘦，但令支骨以归。"那么女尸有没有用这种办法刺破过皮肤呢？在清理过程中，发现尸体上有一些明显的血斑，很引人注意。特别是右肩部与大腿下部，各有一块很大的血迹斑痕，肩部的血斑直径约5厘米，腿下的血斑直径约10厘米。这两块血斑把网络外边所穿的多层丝织品葬服都浸透，并粘结在一起。是否也采取了耶律迪一样的尸体处理方法，尚需进一步研究。

六、网络与面具为何人的葬具

凡是出土网络与面具的辽墓，一般都认为是契丹贵族的墓葬，这一结论是根据什么得出来的呢？这除了墓葬本身的一些依据而外，可能与文惟简《虏廷事实》里那段记载中的"富贵之家"四字有关。因此，日本的北川房次郎干脆把"金面缚肢葬"定为"契丹族达官贵人的葬式"[21]。然而，事实究竟如何呢？

永庆陵是已经发掘的辽代皇陵之一。永庆陵里也发现过全身铜丝网络，但究竟为何人所穿，已不清楚。据刘振鹭记述，"其中遗骸，男女都有，男骸衣甲及袍服，殆皆殉葬者欤？此诸骸骨，有委于地面者，有陈于石床者，更有用铜丝罩护其全体者"[9]。"更有用铜丝罩护其全体者"，就是全身穿着铜丝网络的遗骸，那么这是谁呢？刘振鹭怀疑可能是殉葬者。而北川房次郎对这一现象作了这样的推断："假如这是事实的话，因为那些殉葬者都是地位卑下的人，所以，若是死了而灵魂逃脱，便有不能护卫玉体之虞，于是才束缚了他们的全身吗？若以为这是活生生的强迫殉葬的结果，那么，达官贵人的铜丝络手足,便有不同的性质。"[21]即使是殉葬者所穿,也不一定就是身份卑下的人。因为,穿网络的性质,不管是殉葬者或达官贵人,都来源于一种信仰。

其实从已发掘的许多辽墓来看,契丹贵族或达官贵人死后并不都穿戴这套金属葬具。如叶茂台萧氏家族墓地里,已发掘的19座墓中,有七座出土铜丝网络,这些墓葬的规模在整个墓地中多数属中小型墓葬。义县清河门萧氏家族墓地也是如此。因此,只能说网络与面具是契丹贵族或达官贵人中某一部分人的葬具,而不是所有贵族的葬具。所以,"金面缚肢葬是契丹族达官贵人的葬式"的命题或结论是不能完全成立的。

从已经出土网络与面具的辽墓来看,察哈尔右翼前旗豪欠营墓地具有一定的代表性。这个墓地经初步勘察有十座墓葬,从墓葬的排列次序分析,是契丹族的一个家族墓地。墓门全部东向或东南向。十座墓葬里已有四座出土了铜丝网络,其中一座还有面具。二号墓、三号墓和六号墓是经过正式发掘清理的,只有一号墓1972年被破坏。据亲自参加挖掘一号墓的社员讲,这是一座夫妻合葬墓,女尸穿有全身网络,男尸没有。二号墓为三人丛葬,因为古今两次被破坏,尸骨已扰乱太甚。根据出土的一只完整的手网络分析,应为女性所戴,因为同时与手网络在一起的出土物还有料珠等装饰品。三号墓为男尸单葬,也古今两次被盗,尸骨已被扔于地上,背部还保存有完整的皮肉,尸骨染满绿色铜锈,身下与墓室有网络残截,说明男尸也穿有全身网络。六号墓为女尸单葬,保存完整,穿全身网络并戴面具。四座墓葬里,女的三个穿有网络,男的一个穿有网络。

法库县叶茂台为辽代萧氏家族墓地,19座墓葬里有七座出土网络。其中,十八号墓已正式发表资料,为夫妻合葬,也是女的穿有全身网络,男的没有。其余几座,因网络残碎,资料尚未正式发表,是男是女,还不清楚。库伦五号墓为夫妻合葬,也是女的穿全身网络,男的无。新民巴图营子为保存较完整的夫妻合葬墓,男女都有手足网络和面具,还有带铜胸牌的。其余出土网络的墓葬,均因残碎太甚,又因被盗扰乱,是男是女已不好判断。

根据以上七座墓葬统计,穿网络与戴面具的,女的六例,男的二例,女的比男的为多。

出土面具的辽墓,宁城县小刘仗子比较典型,五座墓葬里有四座出土面具。一号与三号墓为夫妻合葬墓,二号与四号墓为单葬墓,不管合葬或单葬,都只出土一件面具,可知不是男女都戴面具。原发掘简报虽因墓葬被破坏而未明确分辨男女性别,但从面具特征分析,一、三号墓应为男性面具,四号墓为女性面具,二号墓因面具残破尚难判断。一号墓夫妻都有铜靴底。铜靴底如与足网络性质相似,说明女尸还穿有足网络。

解放营子是保存完整的夫妻合葬墓,男女都戴面具,男的还穿有铜靴底。

从整个面具资料统计看,女性面具十件,男性面具八件,也是女的比男的多。

以上列举的 12 座墓葬，其中九座已被破坏，只有三座保存完整。这三座保存完整的墓葬，解放营子、巴图营子的构筑较讲究，随葬品也较丰富，而豪欠营六号墓却非常简陋。豪欠营六号墓是一座规模很小的石券墓葬，平面直径只有 2.10 米，随葬品仅有 12 件辽白瓷，两件漆盘已朽烂。女尸身上除了网络与面具和丝织品葬服外，头上、身上、手上均无任何首饰，甚至连耳环都未戴，只在腰部佩带着两把玉柄小铜刀，其中一件通长 18.7 厘米，已开刃，另一件通长 13.6 厘米，未开刃，表面还有鎏金。如此简陋的墓葬，是因为女尸是非正常死亡而薄葬呢，还是因为她生前从事着特殊的职业或有着特殊的信仰呢？根据巴图营子辽墓墓主人的佩带物看，可能与墓主人生前的信仰与职业有关。所以，网络与面具，可能是契丹贵族阶层里以迎神驱鬼为职业的萨满巫师或特别崇信萨满巫师与如来菩萨者的特殊葬具。

七、网络、面具与宗教信仰的关系

契丹族信仰萨满与佛教。萨满教是一种认为万物有灵的原始宗教。契丹人既然相信万物有灵和天神主宰一切，而普通人又无法知道神的意志，无法预测吉凶，这就得依靠萨满巫师。他们相信巫师有沟通人与神的特殊法术，是人与神之间的使者，又有预卜吉凶的本领、驱邪辟祟的魔力。因此，辽代社会中，在契丹部族里，上自皇帝，下至平民，都离不开巫师的活动。充当巫师者有男有女，而以女性为多。譬如皇宫里每年要举行的再生仪、岁除仪和正旦惊鬼仪等，就都是由女巫来主持的。祭山仪与瑟瑟仪等大型祭祀活动也都有女巫参与。穆宗早年就深受过女巫萧古的蛊惑，给宫廷里带来过灾难。圣宗也曾分遣巫师到国内去祭祀名山大川[22]。如果永庆陵里真有男女殉葬者，那与身穿甲胄袍服的卫士排列在一起的"更有用铜丝罩护其全体者"，可能就是宫廷里的萨满巫师。

巫师为什么要穿戴网络与面具呢？因为他们所从事的是一种转达神意、驱除邪祟的神职工作，所以在行施法术时，必然会有一套特殊的法衣、法帽和法器。关于这些，辽代文献中虽均无明确记载，但是在正旦惊鬼仪中出现过 12 位女巫驱鬼的场面。"令巫十有二人鸣铃、执箭，绕帐歌呼，帐内爆盐垆中，烧地拍鼠，谓之惊鬼，居七日乃出。"[23] 这"铃"与"箭"无疑是巫师们的法器。这种巫师惊鬼的仪式颇像春秋战国以来每逢腊月举行的'傩'。傩也是一种驱逐鬼疫的仪式。那时举行"大傩"都要戴着面具跳舞，跳的也是一种原始巫舞。跳舞者头戴"黄金四目"的面具，身穿"玄衣朱裳"的法衣，手里"执戈扬盾"，进到屋宇里搜索驱打"疫鬼"[24]。到了汉代，宫廷傩舞的规模更加盛大，有"方相舞""十二神舞"等。这实际上是一种头戴面具、手执干戚以表现驱鬼打鬼内容的巫舞。契丹宫廷里的正旦惊鬼仪正是由 12 名女巫举行的傩舞，只不过是把执干戚变成了鸣铃执箭罢了。契丹巫师驱逐鬼疫也应戴面具。陆游在《老学庵笔记》里有这样一条记载："政和中大傩,下桂府进面具,比进到,称'一副'。初讶其少,乃是以八百枚为一副,老少妍陋无一相似者,乃大惊。至今桂府作此者,皆致富,天下及外夷皆不能及。"[25]政和是北宋徽宗的年号,可见北宋时宫廷里举行大傩,仍是要戴面具的。"天下及外夷皆不能及"[25],说明宋朝周围的其他民族也制做面具,只是比不上下桂府做得好罢了。这种习尚一直流传到清代,甚至解放以后的喇嘛"打鬼"或"跳鬼"也都是要戴面具的。在《帝京岁时纪胜》《燕京岁时记》《百灵庙史话》《内蒙古历史文物散记》中都有记述。

契丹巫师穿网络也有线索可寻。河北省宣化辽墓出土的一幅壁画"散乐图"上画着12个人,其中11人吹打弹奏,一人翩翩起舞。11位奏乐者中,有两位挽袖击鼓,他们的双臂上便清楚地显露着网络似的装束。网络用赭石色描绘,紧束着小臂上的内衣,与豪欠营契丹女尸胳臂上所穿着的网络很相似。两位击鼓者,一位在擂大鼓,另一位在打腰鼓[26]。这两位击鼓者俨然是整个乐队的指挥者。因为鼓就是迎神驱鬼的主要乐器,所以在整个乐队中地位特别重要。而这击鼓者的身份可能就是辽代的巫师。在古代,有些从事乐舞工作的人大都属于巫的范围。舞与巫在远古时代是没有多少区别的。古代把能以舞降神的人就称为巫[27]。巫师们生前举行迎神驱鬼的仪式时,可能要穿着网络式的法衣(很可能是用绵绦编缀的象征性的网络),如"散乐图"上两位击鼓者所穿的那样。当巫师们死后,为了显示其特殊的身份,要穿戴一套铜丝网络特制葬衣和金属面具。

从辽墓出土的面具来看,契丹人死后戴面具还可能有另外的原因。他们不仅信仰萨满巫师,而且更崇拜如来和菩萨。辽太宗梦见菩萨指点,便在契丹族祖先的发祥地木叶山供奉起了菩萨[28]。道宗时,密宗的兴盛与流行是与契丹族固有的信仰萨满教的教义融合的结果。这样一来,萨满巫师的活动也就不可能不染上佛教的色彩。《契丹国志》记载:"北妇以黄物涂面如金,谓之'佛妆'。"由于金面菩萨、金面如来在契丹民族心目中享有崇高的地位,不只顶礼膜拜,甚至妇女们还要用黄物把脸面涂成金色,变成佛的样子,可见佛教对契丹民族的影响之深。一般契丹妇女尚且如此,那作为从事神职工作的萨满巫师能不受佛教的影响吗?从出土的辽代面具造型特点上就已经能够看出菩萨的影子。因此,这金光闪闪或银光闪闪的面具,既与萨满巫师的职业有关,也与佛教的影响有关。

值得注意的是,常常与面具或网络伴随出土的还有鎏金冠。新民巴图营子、锦西西孤山辽墓伴随面具与网络出土的鎏金冠,因均已残破,原样如何已不清楚。而建平县张家营、平泉小吉沟辽墓出土的鎏金银冠,在整个造型上则完全是菩萨所戴鎏金冠的样子。山西大同华严寺完整地保存了29尊辽代塑像,其中头戴金冠的女菩萨大都身姿秀美，具有娴淑的女性风度。辽墓出土的鎏金冠与华严寺里女菩萨所戴的金冠，除纹饰而外，几乎完全一样。整个辽代社会，从皇帝到平民都崇拜菩萨。妇女们崇拜菩萨，生前满面涂黄装扮成菩萨，死后头上戴的鎏金冠也模仿菩萨，她们都想竭力打扮成一副菩萨的模样，以便能进入极乐世界，好永远跻身于菩萨的行列。

契丹族与古代许多民族一样，都相信灵魂不灭，以为人死之后还要到另一个世界里去像生前那样生活。不过，摆在死者面前的道路有两条，或者魂归黑山[29]，升入天界，或者堕入地狱，惨遭鬼怪的折磨。有罪之人是只能入地狱，而不能升天堂的。佛教的密宗为了迎合人们的这种心理而编造出了许多咒语，在教徒中广为传授。不管犯了什么罪孽，即使是已被打入十八层地狱的罪人，只要他的亲人把这咒语一念，就能把地狱轰毁，而使其升入极乐世界。新民巴图营子辽墓出土的那件鎏金铜胸牌上所镌刻的"真言"就是这样一则威力无比的咒子。这正是墓主人以至所有戴面具、戴鎏金冠、穿网络或铜靴底者的这种思想、愿望的集中反映。这"真言"只要诵读一遍，就可把"无间地狱碎为微尘。于中受苦众生悉生极乐世界。若梵书此咒于钟、鼓、铃、铎或作声木上等，有人闻者，现身十恶五逆等罪悉皆消灭，自他俱得不堕恶趣，面见弥陁"[2]。死者穿戴这样的特殊葬具，念着这样的咒子，在通往黑山或天国的道路上，就会冲破任何妖魔鬼怪的阻拦，顺利地进入极乐世界，而"面见弥陁"。这大概就是契丹贵族或萨满巫师穿戴这套特殊葬具的原因。

八、网络与面具的功用及其他

契丹族的网络与面具都是选用不易锈蚀朽烂的铜、银制作的。这些金属葬具，除了上述的宗教迷信色彩之外，可能还起着一种保护尸体的完整而不使其离散的作用，借以达到"形不散而神不离"的目的。

人的面部最为重要，但也最不易保存，只要按照死者的脸型制作一件金银面具，戴在脸上，就可以把死者的面容永久保存下来。尸体上的手足也最容易肢解离散，因此首先要用铜丝编缀手足网络，把手足保护起来。从已发现的手足网络看，确实能起到某些保护作用。清河门萧慎微墓残存的四个手指网络里，其指骨都保存着。库伦五号墓出土的手网络里也保存着一只完整的女性手掌。由手足网络进而发展为全身网络，有其保护全身的作用。辽墓里出土全身网络而未被破坏的，有豪欠营六号墓一套。这套网络与面具也的确保存下了一具完整的契丹女尸。诚然，女尸能得以完整保存的主要原因，不完全是网络与面具，而是由于高寒、干燥、少雨、多风等多种自然因素。然而，六号墓在连年渗入水土的漫长过程中，网络与面具对尸体的加固与保护也确实起过一定的作用。化验表明，女尸头发里的金属元素铜的含量高达正常人的数千倍，远远超过了正常人的含量。可见，女尸由于和铜丝网络与铜面具长期接触，体内便吸收了大量的铜元素。经检验发现，尸体周围有大量的磷酸铜与硫酸铜的化合物，而磷酸盐类具有轻微的杀菌防腐作用，硫酸铜与皮肉长期接触产生化学反应，可使皮肤渐渐皮革化。因此，在女尸整个干化的过程中，网络与面具在物理机械与化学反应两个方面都起过一定的保护作用。

网络与面具经考古发掘资料证实，确系辽代契丹贵族中部分人的特殊葬具。不过给死者戴面具的葬俗不限于契丹人，在埃及、希腊和拉丁美洲的一些古代墓葬里也有过发现。30年代，在吉林省的高丽古城遗址附近也出土过一件铜铸鎏金面具，非常厚重。但其无论造型特点还是制作方法，与契丹墓葬出土的都迥然不同[2]。高句丽墓也出土过铜靴底，与辽墓里出土的也不一样，底面上有很长的钉。而铜丝网络，无论手足网络还是全身网络，在其他民族的古墓葬里均尚未发现。那么，这种铜丝网络除了与萨满巫师生前的法衣有关外，会不会还有别的产生原因呢？

《吕氏春秋·节丧篇》记载："国弥大，家弥富，葬弥厚，含珠鳞施。"又《后汉书·礼仪志》记载："（皇帝驾崩）黄绵、缇缯、金缕玉柙如故事。"又："诸侯王、列侯、始封贵人、公主薨，皆令赠印玺、玉柙银缕。大贵人、长公主铜。"这些记载里的"含珠鳞施""金缕玉柙""玉柙银缕"、铜缕等，在完整的金缕、银缕、铜缕玉衣未发现之前，人们对这些词语的具体含义是不清楚的，更不会知道它们的具体形状。因此，当10世纪契丹族建立辽国之后，他们在学习、研究中国古代典籍的过程中可能会看到这些有关丧葬制度的记载。他们会不会把"金缕"、"银缕"和"铜缕"理解为用这些金属丝缕编缀成网络式的葬衣呢？"鳞施"就是鱼鳞、蛇鳞和龙鳞的样子。契丹人用铜丝编缀成网络式的葬衣，穿在死者身上，不正像"鳞施"吗？因此，这铜丝网络的产生可能与金缕玉衣的文献记载有关。

参考文献

[1] 陆思贤，杜承武. 察右前旗豪欠营六号墓清理简报[J]. 乌兰察布文物，1982（2）.

[2] 冯永谦. 辽宁省建平、新民的三座辽墓[J]. 考古，1960（2）.

[3] 李逸友. 宁城县小刘仗子辽墓[J]. 文物，1961（9）.

[4] 项春松. 内蒙古解放营子辽墓发掘简报[J]. 考古，1979（4）.

[5] 雁羽. 锦西西孤山辽萧孝忠墓清理简报[J]. 考古，1960（2）.

[6] 温丽和. 辽宁省法库县叶茂台出土契丹民族铜丝网罩[J]. 文物，1981（12）.

[7] 马洪路，孟庆忠. 法库叶茂台十九号辽墓发掘简报[J]. 辽宁文物，1982（3）.

[8] 邵清隆. 库伦五号辽墓[J]. 内蒙古文物与考古，1982.

[9] 刘振鹭. 辽圣宗永庆陵被掘纪略[J]. 艺林，1932.

[10] 阎文儒.辽西省义县清河门附近辽墓的发掘简报[J].文物参考资料,1951(2).

[11] 郑隆.赤峰大窝铺发现一座辽墓[J].考古,1959(1).

[12] 李文信.义县清河门辽墓发掘报告[J].考古学报,1954(8).

[13] 张秀夫,田淑华,成长福.河北平泉县小吉沟辽墓[J].文物,1982(7).

[14] 文惟简.虏廷事实[M]//陶宗仪.说郛(卷八)"丧葬".涵芬楼藏版.北京:商务印书馆,1986.

[15] 王健群.库伦旗二号辽墓发掘散记[J].社会科学战线,1981(创刊号).

[16] 温丽和.法库地方史资料·萧义墓志[M].法库县文化馆,1985.

[17] 岛四正郎.辽代之死面[J].考古学杂志(日本),1950,36(5):313-314.

[18] 郭同德.山西沁县南涅水的北魏石刻造像[J].文物,1979(3).

[19] 山西省文物工作委员会.云冈石窟[M].北京:文物出版社,1977.

[20] 厉鹗.辽史拾遗(卷三)[M].北京:中华书局,1985.

[21] 北川房次郎.辽代金面缚肢葬小考[J].书香(日本),1943.

[22] 张正明.契丹史略[M].北京:中华书局,1979.

[23] 脱脱,等.辽史·礼志六·岁时杂仪[M].北京:中华书局,1974.

[24] 周公旦.周礼·夏官司马·方相氏[M].影印版.北京:中华书局,1980.

[25] 陆游.老学庵笔记[M].北京:中华书局,1979.

[26] 佚名.河北宣化辽壁画墓发掘简报[J].文物,1975(8).

[27] 常任侠.关于我国音乐舞蹈与戏剧起源的考察[M]//常任侠.中国古典艺术.上海:上海出版公司,1954.

[28] 叶隆礼.契丹国志·太宗纪·纪异录[M].上海:上海古籍出版社,1985.

[29] 厉鹗.辽史拾遗·使辽录[M].北京:中华书局,1985.

谈契丹小袖圆领衫为左衽
——兼谈圆领衫的款式变化和衣衽关系

衣饰是民族文化的组成部分之一，也是各民族文化互相交流、互相影响、互相融合的内容之一。中国衣饰中的圆领衫在古代历史上为许多民族所穿着，从北朝开始出现，历经隋、唐、五代、宋、辽、金、元和明，沿袭千年之久而不衰，在中国古代服饰史上也占有重要位置。这里对圆领衫所涉及的问题不作全面论述，只就圆领衫的衣衽关系，特别是契丹男子的小袖圆领衫的衣衽问题，着重作一些探讨。为了阐述清楚衣衽关系问题，对圆领衫的出现和款式变化也作一些必要的叙述。

一、圆领衫的出现与款式变化

圆领衫最早出现于何时、何地和什么民族，尚难以断言，但肯定不是汉族固有的传统衣饰。从现在保存的壁画资料上看，它最早见于南北朝时期西魏的壁画上。敦煌285窟有一组描绘五百强盗故事的西魏壁画，画面上有一些手执武器、身穿小袖圆领衫的步卒。这种衣饰，颈部是一圈圆圆的衣领，窄小的衣袖挽到肘上；腰部系带束，下垂的衣身长未过膝，前胸从圆领口到衣衫的底边有两道并列的衣缝。这是迄今为止所能见到的最早的一种小袖圆领衫的款式。

再从史料上看，最早见于史书记载类似这种小袖圆领衫的款式是《南史》《北史》。据《南史·夷貊下》记载："在河南王者，其先出自鲜卑慕容氏……著小袖袍，小口裤。"又"武兴国，本仇池……著……长身小袖长袍。小口裤，皮靴。"又"高昌……著长身小袖袍，缦裆裤。"又"滑国……人皆善骑射，著小袖身长袍，小口裤。"又"末国，汉世且末国也……土人剪发著毡帽，小袖衣，为衫则开颈而缝前。"又"蠕蠕……辫发，衣锦小袖袍，小口裤，深雍靴。"这许多生活在西域和北方草原地区的部族在衣饰上有共同的特点，即都穿着小袖长袍、小口裤和皮靴。这小袖长袍虽未说衣领，但从时代和地域推测，很可能就是西魏敦煌壁画上所看到的那种小袖圆领衫。契丹在北朝时期已出现于北方草原地带，是否也穿着这种流行的衣饰，于史无证。

有的学者研究认为，这种小袖圆领衫，再配以软底鞋和膝下、踝部缚带，是北朝以来黄河以北人民或兵士常见的服装。这就是说,生活于北方广大草原地区的许多部族都穿着这种衣饰,由此可以推断,这种小袖圆领衫、小口裤可能首先流行于南北朝时期的西域一带,后经过北方黄河流域的民族大融合,在衣饰上也出现了互相交流、互相影响、互相融合的趋势,而这也是隋、唐统一、繁荣的一种表现。

小袖圆领衫对隋朝有无影响,现在尚未发现有关资料,但到了唐代,这种以小袖圆领为主要特征的所谓"胡服"就很流行了。这从唐代的敦煌壁画、传世绘画和出土的墓葬壁画及人物雕刻上都能看到。唐代敦煌壁画上的猎户、民间乐人和《乐廷瓌夫人行香图》上都有穿圆领衫的人物形象。唐阎立本的《步辇图》《凌烟阁功臣图》《唐人游骑图》,张萱的《虢国夫人出行图》,韩滉的《文苑图》和郭慕熙摹的《宫乐图》上都有这种圆领衫。特别是陕西乾县武则天的乾陵附近已发掘的陪葬陵、永泰公主墓和懿德太子墓出土的壁画上,这种穿着小袖圆领或翻领衫的男女形象,更加生动具体。有的人物,从头到脚,一派"胡服"打扮。他们头戴浑脱帽,身穿苗条的小袖圆领或翻领衫,腰系䪔䪓带,腿着卷边小口条纹裤,脚穿软锦靴,身穿特殊的衣着,比我们现在社会上流行的喇叭裤之类还时髦得多!西安附近一些唐代墓葬出土的石雕和线刻人物也有这种胡衣胡帽的新奇装束。由此可知,唐代从建国之初到全盛的开元天宝年间,上自唐太宗,下到文臣武将、宫廷贵戚、男女侍从及乐师、猎人,都穿这种圆领衫。

据《唐书·五行志》记载:"天宝初,贵族及士民好为胡服、胡帽,妇人则簪步摇钗,衿袖窄小。"这里所说的胡服、胡帽和衿袖窄小的衣饰,最典型的就是永泰公主墓前室壁画上的一些妇女装束和懿德太子墓壁画上架鹰的男子打扮。书中说这种装束流行于天宝初,从墓葬壁画上看,武则天时期就已非常盛行了,不过唐初先在男子中流行,武则天时期在妇女中也风靡起来了。开元、天宝之后,圆领衫在男子中继续穿着,妇女们的爱好开始有了新的变化,但已远远超出小袖圆领衫的范围了。

唐代的"胡服",即小袖圆领衫,在宫廷贵族里流行,还只是一种常服,并没浸入唐室隆重大典时穿戴的正规朝服。唐代朝服繁琐惊人,非大典并不服用。官吏们平时的穿着都比较简单,一律穿小袖圆领衫,如《虢国夫人出行图》上的那种样子。不过,这种小袖圆领衫的款式已开始发生变化,衣身和衣袖都在开始加长、加肥。小袖向宽袖发展,从开元、天宝年间就出现了,这从《乐廷瓌夫人行香图》里随行侍女的衣袖上便可看出。唐代是一个开放的时代,善于引进、吸收和融合西北各族的文化和外来文化,反映在服饰上也是这样,小袖圆领衫的引进、吸收和款式的发展变化就是实例之一。

小袖圆领衫经过唐代融合,逐渐由原来的"胡服"变成了汉族的服饰之一。这种圆领衫,从五代到明朝,无论宫廷官吏还是民间的士、农、工、商,都有人继续穿着。圆领衫的款式变化仍是在衣袖与衣身上,以至小袖与大袖逐渐成为定式。甘肃酒泉榆林窟有一幅描绘五代时期敦煌一带的统治者曹义金行香的壁画,曹义金就身穿一件圆领大袖红袍。宋太祖赵匡胤有一幅画像，也是身穿圆领宽袖黄袍，但款式已更加宽大，故史称"大袖宽衫"。《宋史·舆服五》载："公服……其制，曲领大袖……自王公至一命之士，通服之。"五代与宋，小袖圆领衫也仍穿着，在五代《韩熙载夜宴图》、宋代《中兴四将图》《百马图》《春游晚归图》和河南禹县白沙北宋元符三年的赵大翁墓壁画及河南偃师酒流沟宋墓出土的砖刻人物上都可以看到，只是宋代民间劳动者的小袖圆领衫衣身比唐代更短而已。金代女真人的常服也是"盘领衣"，"三品以皂，窄袖，盘领，缝腋"。从现存的元代壁画上仍可看到圆领衫的具体款式。山西洪赵县广胜寺和右玉宝宁寺都保存有精彩的元代壁画，其中小袖与大袖并存。明代皇帝的常服、宫人的冠服都是"盘领，窄袖"和"团领，窄袖"。文武官公服却是"盘领右衽袍……袖宽三尺"。到了明代，袖宽三尺的圆领袍已成了官吏公服的一种定制。以上所说的"曲领""盘领"都是"圆领"的别名。

从上述绘画资料与文献记载中都可以看到小袖圆领衫引进中原后变化的一个侧面。这种款式变化大体是向着汉族原有的"宽袍博袖"的衣饰要求进行变化。只有辽代的契丹族仍保留着小袖圆领衫的固有特点，而传入中原的圆领衫与契丹族的圆领衫在衣衽关系上也有着明显的区别。

二、圆领衫的衣衽关系

衣服的开衽主要有三种，即右衽、左衽和对衽。左右衽关系在交领衫上看得非常清楚，一望而知，毋庸置疑，对衽关系也清楚。唯独圆领衫，不看实物，光在绘画上寻索，颇有些扑朔迷离，左右莫辨。经过反复观察，又结合文献印证，才得到一些初步认识，方知圆领衫的衣衽关系三种都有。下面分别加以阐述。

（一）圆领衫的对衽阶段

圆领衫开始出现的时候可能有过一个对衽的阶段，至少在某一地区或某些部族中有过这种对衽圆领衫。北朝时期的圆领衫资料十分罕见，只有敦煌壁画西魏五百强盗故事中的步卒一例。这些步卒所穿的小袖圆领衫上，前胸从领口直通衣垂，有两道清楚的垂直线，好像衣服的开襟处，以此推断，这些步卒所穿的可能就是对衽圆领衫。关于这种对衽圆领衫，在文献中也能找到佐证。《南史》记载："末国……小袖衣，为衫则开颈而缝前。"这"小袖衣"可能就是小袖圆领衫。"为衫则开颈而缝前"，可能就是壁画上所看到的对襟圆领衫。这只是一种推断而已，与实际是否相合，还有待新的物证。

（二）汉族的右衽圆领衫

从远古的华夏到秦汉以后形成的汉族，衣服不论长短大小，始终是右衽，这从许多古代绘画或出土的人物雕刻上都可以明确地看到。圆领衫非汉族所固有，是唐代由西域诸部族中流传过来，而逐渐变成一种长期穿着的服装。这种圆领衫的开衽，单从画上是很难一下看清楚的，只有从众多的人物形象上反复仔细观察比照，才能找出一些蛛丝马迹。在唐代初期，传入小袖圆领衫的同时还传入了一种小袖翻领衫，这种翻领衫款式结构与圆领衫大同而小异，这翻领则为右衽。如果把翻领扣合起来，可能就是圆领衫了。由此推测，唐初的小袖圆领衫可能是右衽。韩滉《文苑图》上有两个人物，一位扶松而站，他右侧的圆领上有一道清楚的接缝，与右腋向上延伸的一道衣纹相连，当是圆领衫的开衽部位，若判断不误，即为右衽。在重叠的石桌前展卷握笔、托颚静思的另一位，衣领似乎已敞开，亦为右衽。南唐《韩熙载夜宴图》里，多数男子著圆领衫，其中坐于凳上、回头看弹奏琵琶的妇女的那个男子，从右侧束腰以下分析衣缘关系，也是右衽。唐末五代时高昌壁画上有几位回鹘贵族进香男子，身穿小袖锦袍，也是圆领；从衣襟关系看，左边的两位也是明显的右衽。因此，唐至五代，汉族或回鹘族的圆领衫属右衽。

宋代圆领衫的开衽，除从赵匡胤异常宽博的圆领黄袍上能看到一条清晰的右衽衣纹外，还有一件可靠的物证，就是1975年在江苏省金坛县茅麓公社黑龙岗坡地上发现的南宋周瑀的尸体，并出土了一批珍贵文物，其中有保存完整的各种丝织衣物30多件。在这30余件衣物里有一件小袖圆领素纱单衫，就是右衽。这批文物1982年秋在北京故宫博物院展出时，笔者有幸目睹了这件实物。衣衽开在圆领的右侧，顺右肩内侧向下略有弧度，从右袖向下直至衣底；领口上有一纽扣，为丝绦编缀的蒜头纽；腰部垂挂有衣带。由此可以肯定，宋代的圆领衫为右衽无疑。

元代现存的壁画上，圆领衫虽看不出开衽部位，但据《元史·舆服》记载，"百官公服……大袖，盘领，俱右衽"，衣衽与唐、宋相同。明代从李邦镇为歧阳王世家三世曹国夫人袁氏所画的男女贵族像上可以看出衣衽迹象，男女都穿圆领龙凤大袖袍，男圆领右侧有开衽痕迹。再证以《明史·舆服》记载，"文武官公服。洪武二十六年定……其制，盘领右衽"，已经确定无疑。

综上所述，唐代从西域传入的小袖圆领衫，原来的衣衽关系如何，不敢武断，但由唐至明，经过逐渐融合，无论小袖大袖，也不论士农工商或帝王将相，汉族所穿的圆领衫一律为右衽。

（三）辽代契丹的小袖圆领衫为左衽

契丹最早见于南北朝时期，他们生活于潢水与土河一带，过着随水草而迁徙的游牧生活。他们早期的服饰制度如何，史无明确记载，又无实物证据，不得而知。根据现存的壁画和文献资料看，当时生活于北方特别是西域的诸部族，他们的主要衣着是小袖袍、小口袴、皮靴，这是一种与草原游牧生活相适应的衣饰，至今犹然。而辽代契丹族的衣饰，从现有的资料看，除极少数的一些出土衣着实物外（出土衣物里契丹男服，特别是小袖圆领衫，至今未见），能清楚地看到契丹男女的衣着样式的，只有一些传世绘画和出土的辽墓壁画，其中又以辽墓壁画最为丰富、可信。从已出土的辽墓壁画上看，契丹男子，不论尊卑贵贱，都穿小袖圆领衫，衣长只过膝部，腰束带，脚穿六缝皮靴。从辽庆陵到库伦辽墓出土的许多墓葬壁画上，不管墓葬时代早晚，都可看到这种大体相同的衣著样式。契丹从907年建国，到1125年被女真所灭，大体与五代和北宋共始终。以这个时期的契丹小袖圆领衫与五代和北宋汉族所穿的圆领衫相比，即可看出其明显的区别，这就是五代与北宋的圆领衫，在依照汉族统治阶级所形成的宽衣博袖的款式发展变化，而契丹族却仍保持着流传于北方草原地区那种小袖圆领衫的固有特点。这说明契丹族，即使在建国之后，阶级地位已明显向两极分化，但圆领衫的款式基本未变，说明了契丹衣著长期保持着本民族特色。

契丹族在信仰上有"东向尚左"的习惯，在衣饰上则是左衽，这从已出土的辽墓壁画契丹妇女的衣襟上可以清楚地看到。不光穿在外面的交领袍服是左衽，即使是内衣的衣襟也一律为左衽。关于辽代契丹妇女的衣服为左衽这一点，从辽墓出土的衣物上也可进一步得到证实。辽宁省法库县叶茂台辽墓出土的契丹妇女的衣饰就是左衽。内蒙古察右前旗豪欠营六号墓出土的契丹女尸，别的衣衽关系已因衣服朽烂而看不清楚，但有一件贴身的背心也是左衽，由此可知，反映在契丹妇女的衣饰上，由外到里，是彻底的左衽。然而，契丹男子的小袖圆领衫是否也是左衽呢？

《辽史·仪卫志》"国服"条里有这样的记载："田猎服……蕃汉诸司使以上并戎装，衣皆左衽，黑绿色。"这说明契丹男子的猎服戎装必须是左衽的。即使在辽朝的汉族官吏随同田猎，也必须一样穿左衽戎装。这种田猎的戎装是否为小袖圆领呢？又《宋史·宋琪传》里有这样的记载："又有渤海大舍利高模翰步骑万人，并髡发左衽，窃为契丹之饰。"这说明在辽代契丹族统治下的渤海首领带领的步兵与骑兵，也都是同契丹人一样的"髡发左衽"模样。契丹男子的髡发样式，辽墓壁画已描绘得非常具体。契丹妇女髡发与否，壁画形象上看不到，只有豪欠营契丹女尸为契丹妇女的髡发样式提供了一个实例。可见，契丹的髡发，无论男女，都有实例。然而衣饰的左衽，妇女已无疑，男子的圆领衫却不能作断然的肯定。笔者为了工作上的需要，曾对契丹男子的小袖圆领衫是否为左衽问题作过一些专门的调查与研究，遍查有关契丹绘画（包括墓葬壁画）资料，最后从库伦辽墓的壁画中找到了圆领衫为左衽的根据。

首先在哲里木盟博物馆临摹的库伦六号辽墓墓道两侧的壁画上发现了契丹男子小袖

圆领衫为左衽的迹象。在北壁的出猎图中，有两位髡发契丹男子正在交谈。架鹰者四分之三侧立，在束腰之下，小袖圆领衫左侧的前襟向外翻卷，好似左衽的衣缘。另一位侧身站着，左侧腰带下的圆领衫前襟也明显向外翻着。这种翻卷的情况与右衽圆领衫左侧腰束下的开衩情况不同，前者为左衣襟叠压右衣襟，后者则为衣衩向两边分开，互不叠压。在库伦二号辽墓的壁画上有一位席地而坐的契丹髡发男子，衣领完全敞开着，为一件明显的左衽长衫。从衣袖、束腰与衣垂看，与别的契丹男子的小袖圆领衫没有任何区别。可以证明，这位席地而坐的契丹男子也穿着一件小袖圆领衫，所不同的是解开了衣领，为我们揭开了契丹小袖圆领衫为左衽的秘密。从衣领上看，下垂的左右衣领较长，说明左右衣襟相互叠压部分较多，若把左边的衣领扣合上去，恰好在左肩头的颈侧，前襟的衣缘的衣襟顺左肩斜入腋下，与库伦六号辽墓站着谈话的两位契丹男子腰带下的衣襟关系相一致。由此可以判断，契丹男子的小袖圆领衫应为左衽。不仅如此，从敞开的衣领而显露出来的两层交领内衣也反映着左衽的特点。这就进一步说明，契丹男子小袖圆领衫里穿着的内衣也是左衽，与契丹妇女一样，毫无例外。这一点也同《辽史》关于田猎服的记载相吻合。库伦六号墓为出猎图，架鹰者正是出猎者之一，他们的小袖圆领衫应是出猎所穿的戎装。传世辽代名画《射猎图》《卓歇图》和《契丹人狩猎图》里所绘狩猎者的契丹男子，也都是穿着小袖圆领衫，只是有的加有捍腰而已。因此可以认为，《辽史》所记的"蕃汉诸司使以上并戎装，衣皆左衽"就是这种小袖圆领衫，只是服色要求为"黑绿"罢了。渤海首领大舍利高模翰率领的万人步骑，他们"髡发左衽"的契丹打扮，也可能就是契丹男子的这种左衽小袖圆领衫。

三、余论

查阅我国史籍，常常遇到"胡服"与"左衽"问题，最早的有孔夫子的"被发左衽"和赵武灵王的"胡服骑射"，看来，早在春秋战国时期，就对当时生活在北方草原地带的胡人的服装与衣衽引起了注意。赵武灵王为了改革而大胆引进"胡服"，它的款式怎样，是否左衽，都不得而知，但有一点可以肯定，即这种"胡服"定然是一种适宜骑马作战的精悍服装，与华夏民族那种宽袍博带的拖沓衣饰有所区别。这种"胡服"很可能是一种小袖紧身的袍服，一如后来的小袖圆领衫。至于凡穿"胡服"的胡人，是否都是被发左衽，当然不能一概而论，这许多不同部族之间的发式与衣衽肯定还是有变化的。唐代以来，又把这种以小袖圆领衫为主体的一整套从头到脚的精干衣着也称为"胡服"，而且把它引进中原的汉族中间，经过与汉族原有的衣饰相互融合，便出现了一种适宜于汉族官吏与士农工商穿着的圆领衫。由此可知，"胡服"曾对华夏和以后发展为汉族的服饰制度产生过积极的影响。难道华夏或汉族的衣饰对边疆的诸部族就没有产生过影响吗？我国历史上，华夏或汉族，无论经济还是文化，始终处于领先地位。生活于边陲的古代诸部族，都非常向往中原地区的物质文化生活，当然，中原地区先进的物质文化，其中包括服饰在内，也会对他们产生一定的影响。就以曾影响过中原服饰的"胡服"而论，有的专家经过仔细研究，发现我国商周时代的衣饰可能与赵武灵王时引进的"胡服"有相似之处。进而推测，北方的"胡服"是否就是在商周时期的小袖齐膝短衫影响下而出现的一种衣饰呢？应该说这是完全可能的。所以，在古代服饰的研究上，应该注意这样一个事实，即相互影响、相互融合的问题。

契丹族的美术与书法

第一节 概 述

美术包括绘画、雕刻与工艺装饰，是人类所创造的一种造型艺术。美术的起源甚早。根据考古发现所知，大约三万年前，绘画与雕刻已经开始出现。工艺装饰品在一万八千年前的山顶洞旧石器时代晚期的遗址里已经发现，而且品种较多，其中白色石质钻孔小珠用红色染过。这些原始人类所创造的艺术品，说明人类自从懂得制造工具和用火之后，在谋生的同时，就开始用美的规律来改造世界并创造与装饰自己的生活。美术与人类关系之密切，由此可知。

契丹族出现于4世纪，是由东胡系统的鲜卑系演化而来的。契丹族早期虽然仍过着"马逐水草，人仰潼酪，挽强射生，以给日用"的游牧射猎原始生活，但是其与当时经济、文化比较发达或很繁荣的中原王朝如北魏、北齐及隋唐已有着较密切或相当密切的关系。因此，在契丹族内部不可能没有自己的美术，即绘画、雕刻和工艺装饰品。东胡民族是一个具有丰富的艺术创造能力的民族，在其所生活的地域里已出土了许多精美的富有民族特色与地区特色的工艺美术品。其中的鲜卑族，特制是拓跋鲜卑，除早期的动物纹饰牌艺术而外，建立北魏后，开创了敦煌与云岗规模空前的石窟艺术，既有多彩的壁画，又有宏伟的雕刻。作为由鲜卑分化而来的契丹族，不可能不受其艺术传统的影响。契丹族长期居处游牧于潢河与土河流域，这里又是东胡主要两族乌桓与鲜卑的故壤。有的同志通过考古资料的对比，对契丹族的早期文化，即北齐至唐末陶器类型、装饰纹样的演变发展，进行了有益的探索，初步找出了契丹早期文化与鲜卑文化继承与发展的某些轨迹，并寻索出契丹建国后辽代文化的端倪。这其中就有许多工艺美术的内容。如陶器中的盘口瓜棱形陶壶、黑陶鸡冠壶和灰陶扁壶等造型，陶罐上装饰的蓖纹、凸弦纹和以滚轮绘画的形式绘出的三角纹和乳钉纹，都是鲜卑与契丹富有民族特色与民族传统的造型与装饰手法。铜器中还有桃形铜带饰、小铜牌和铜耳坠等。这些实物资料为我们研究契丹族的早期美术形式提供了参考依据。

文物考古工作者又在锡拉木伦河一带发现了许多古代岩画，画幅上刻绘的多为狩猎、游牧生活。岩画的断代不好确指，但为东胡系统的游牧民族所凿画，这一点是不会有问题的。这其中当然应该包括契丹族的作品在内。因为这里是契丹族生活居处、游牧狩猎的中心地区，而且长达八九百年之久，能会没有他们的岩画作品吗？但这还有待做深入细致的探索研究。

唐代是中国封建社会经济、文化发展的鼎盛时期，美术创作空前繁荣，书法艺术中的楷书有了新的发展，这一切都吸引了唐代周边的各少数民族，并对各民族的经济、文化发展产生了巨大的影响。契丹正是一个不断发展壮大中的游牧民族，而对唐王朝的先进经济、文化又非常倾慕，并置松漠都督府，下设州的建置，赐姓李。后来其与唐王朝虽出现过叛服不常的历史事实，但是契丹族学习吸收唐朝先进的经济文化还是主导的趋向。从契丹族建辽朝之后的政治、经济，特别是文化艺术方面，都可以看出这种巨大的影响。其中，表现在美术方面，无论绘画（尤其是墓葬壁画更明显）、雕塑还是工艺装饰，无不继承着唐代美术的风格。唐末五代之初就出现过造诣很高的契丹族画家，这不是偶然的。辽代契丹贵族墓葬中规模宏大的壁画也有唐墓壁画的遗风。辽三彩是唐三彩的延续与发展。契丹族的书法艺术也显露着唐代书法艺术的某些痕迹。然而，这一切并不意味着契丹族的美术与书法没有自己本民族独特的创造与风格，而是恰恰相反，契丹族的绘画、雕塑、工艺装饰与书法，处处都散发着浓郁的民族气息与草原泥土的芳香。契丹族的美术与书法是中华民族古代美术与书法中的一枝独具特色的奇葩。

可惜，契丹族早期的美术作品迄今湮没无闻，尚未正式发现；也许已经发现，如契丹早期文化探索中所研究的那样，如锡拉木伦河一带发现的古代岩画那样，只是我们还未能明确认识罢了。

明确的出于契丹族画家之手的美术作品，文献著录上不少，而传世者寥若晨星。这寥若晨星的作品也是流传于中原王朝的收藏家之手而被保存下来的。存于契丹族所建立的辽王朝手中的美术作品，随着辽朝的灭亡也早已毁灭殆尽了。只有侥幸保存于契丹墓葬里的美术品，出于无名士之手的美术品，给我们提供了研究契丹美术与书法的较丰富的资料。契丹统治下的辽朝境内的古城址、石窟寺和寺庙及辽塔上也保存了不少美术资料，虽不能确指一定出于契丹族艺术家或工匠之手，但也不能完全排除其中包括契丹族的作品。

《契丹国志》与《辽史》里也记载了一些契丹族画家与书法家的点滴材料，还记载了一些属于美术作品的内容，但实物均已不存，也无出于何人之手的著录，只能作为研究探讨契丹美术作品的一种旁证。总之，契丹族虽留下了较别的古代游牧民族为多的美术资料，但是若认真研究起来，困难还是很多的。

第二节　画家与绘画作品

一、翰林画院与待诏

契丹族重视绘画，建立契丹王朝之后，为了网罗并培养绘画人才，专门设"翰林画院"，置"翰林画待诏"之职。"翰林画院"设立于何时，文献上虽没有明确的记载，但至迟在辽圣宗时或圣宗之前就已设置。而在辽王朝政权机构中设有专门的绘画待诏，这是从开国之初就有的。

据《辽史·太祖纪》载，九年（915年），"是岁，君基太一神数见，诏图其像"。又"神册六年（921年）夏五月丙申，诏画前代直臣像为《招谏图》"。这都是辽太祖耶律阿保机诏宫廷中的画家画出前代正直、敢于谏言的大臣的画像，为皇帝征求规劝意见，说明已有绘画待诏之职。《辽史·地理志》载："天显元年（926年），平渤海归，乃展郭郛，建宫室，名以天赞。起三大殿，曰开皇、安德、五鸾。中有历代帝王御容。每月朔望、节辰、忌日，在京文武百官并赴致祭。又于内城东南隅建天雄寺，奉安烈考宣简皇帝像。"这许多历代帝王御容和宣简皇帝像，都是诏宫廷中的画家描绘的。其实宫廷里的绘画任务远不只此，因此待诏的画师也不会太少。据《辽史》记载，辽朝的历代契丹皇帝与皇后驾崩之后，在其陵寝所在地都有御容殿，有的在五京所在的宫廷里也有；有的除御容而外还绘有情节性画幅，如辽太宗的怀陵里就画有一幅"太宗驰骑贯狐图"。"太宗崩，葬西山，曰怀陵。大同元年，世宗置州以奉焉。是年，有骑十余，猎于祖州西五十里大山中，见太宗乘白马，独追白狐，射之，一发而毙，忽不见，但获狐与矢。是日，太宗崩于栾城。后于其地建庙，又于州之凤凰门绘太宗驰骑贯狐之像。"[1] 有的在御容殿里还要把南北宰相和近臣的像都画上，挂在皇帝像的左右。由此可知，辽代契丹绘画中，肖像画占有很重要的位置，因此，应该有许多出色的肖像画家。

辽代契丹王朝里这些画历代帝王像和当代皇帝御容的待诏肖像画家，其中不知有无契丹族出身的画家。然而，辽代契丹族中，倒确实有两位很出色的肖像画家，其中一位还因为辽圣宗耶律隆绪"写真"而减去死刑。这两位肖像画家是耶律题子和耶律裊履。

耶律题子，又作迪子，字胜隐，景宗、圣宗时人，是北府宰相耶律兀里之孙。他善骑射、工画，是辽宋战役中出色的战将。统和四年（986年），"宋将杨继业陷山西城邑，题子从北枢密院使耶律斜轸击之，收贺令图于定安，授西南面招讨都监"。当"贺令图复收集败卒来蔚州，题子逆战，破之。""初，题子破令图，宋将有伤而仆，题子绘其状以视宗人，咸嗟神妙。"[2] 于此可知，耶律题子是一位很出色的肖像画家。题子就是在这次战役中，在率兵赶赴易州逆战宋兵途中身亡。

耶律裊履，字海邻，兴宗、道宗时人，是六院部夷离董蒲古只的后裔，是位杰出的写真好手。"裛履将娶秦晋长公主孙,其母与公主婢有隙,谓履曰:'能去婢,乃许尔婚。'裛履以计杀之,婚成。事觉,有司以大辟论。裛履善画,写圣宗真以献,得减坐,长流边戍。复以写真,召拜同知南院宣徽事。使宋贺正,写宋主容以归。清宁间,复使宋。宋主赐宴,瓶花隔面,未得其真。陛辞,仅一视,及境,以像示饯者,骇其神妙。"[3] 由此可知,耶律裛履不仅有着高超的视觉记忆力,而且有准确的造型能力和艺术表现力,否则是完不成一幅"神妙"的肖像画的。

然而,这两位出色的契丹像画家并非"翰林画院"的"翰林画待诏"。《辽史》里记载的两位"翰林画待诏"都不是契丹人,而是汉人。一位是圣宗时的陈升,另一位是天祚时的田承制。陈升于开泰七年(1018年)秋七月,受圣宗之诏,在上京五鸾殿画《南征得胜图》。这是一幅反映辽宋战争的军事题材的绘画。田承制为懿州宝严寺四壁画二十八宿图,被誉为"非近世画工所能及"[4]。看来,"翰林画待诏"的绘画任务,不光是皇帝肖像,还有其他题材的绘画,其中包括佛寺里的壁画等。难怪,辽太宗于天显十年(935年),"冬十一月丙午,幸弘福寺为皇后(正月崩)饭僧,见观音画像,乃大圣皇帝、应天皇后及人皇王所施,顾左右曰:'昔与父母兄弟聚观于此,岁时未几,今我独来。'悲叹不已。乃自制文题于壁,以极追感之意。读者悲之。"[5] 辽初弘福寺里的观音像就是以辽太宗、应天皇后和人皇王的名义请画家画好又送到寺里的。这幅观音像如果不是人皇王耶律倍所画,那就是命"待诏"画的。总而言之,由上述内容可知,契丹贵族是很重视绘画的,而且有出色的肖像画家。

契丹族的肖像画可能在辽代建立之前就已经有了。例如,木叶山上所建的契丹始祖庙有南北二庙,"奇首可汗在南庙,可敦在北庙,绘塑二圣并八子神像。相传有神人乘白马,自马盂山浮土河而东,有天女驾青牛车由平地松林泛潢河而下。至木叶山,二水合流,相遇为配偶,生八子,其后族属渐盛,分为八部。每行军及春秋时祭,必用白马青牛,永不忘本云。"[6] 木叶山始祖庙应在辽朝建立之前已有,其中的绘塑二圣、八子像也应早有。因为,辽朝建立后,从太祖开始,只有祠木叶山的记载,并无建庙的记载,可知建国前已有,也就可知建国前已有了绘塑肖像之事。

二、胡瓌父子的作品及影响

胡瓌与其子胡虔是唐末、五代时期契丹族的著名画家,描绘契丹族狩猎游牧生活的作品见于著录者有 109 件之多,是契丹绘画中的瑰宝,在中国绘画史上颇有影响,并享有盛誉。

胡瓌父子的身世史无确载,历来众说不一,颇有争议。《图画见闻志》与《宣和画谱》都说是唐末范阳人。《石渠宝笈初编》谓五代互桥人。《五代名画补遗》说胡瓌为

"山后契丹人""或云本慎州乌素固部落人"。这里的"山后"应为燕山之后，非阴山之后。因为契丹人的居地是在燕山之北，而非阴山之北。慎州，《契丹国志》载其属上京道，《辽史·地理志》虽失载，但在辽太祖天显元年六月有记载："五月辛酉，南海、定理二府复叛，大元帅尧骨讨之。二月丁酉，二府平。丙午，次慎州，唐遣姚坤以国哀来告"。从丁酉平二府至丙午次慎州，中间只相距十天。这里虽不能确指慎州的具体方位，但根据南海（今朝鲜咸兴）、定理（今朝鲜咸兴）二府的地理位置，可以大致推定它们之间的距离。如果根据《旧唐书·室韦传》里关于乌素固部位于今呼伦湖之西南的克鲁伦河下游的记载，那慎州与二府之间的距离未免太远，十天之内是无论如何也赶不到的，何以能驻扎慎州，并且接待后唐的来使呢。所以，应该排除慎州与乌素固部之间的隶属关系。胡瓌为燕山以北生活于松漠一带的契丹人，他自幼热爱绘画艺术，为了更好地学习掌握中原汉族传统绘画的技法，以描绘契丹族的狩猎游牧的草原生活，迁居燕山以南的范阳，成了唐末、五代时期的范阳人，是完全合理的。当然，也有人认为他并非契丹人，而是后唐范阳随燕云十六州入辽的汉人，这是武断的。因为，胡瓌如果没有长期的草原契丹族生活的经历，是无法凭空创作许多反映契丹人鞍马生涯的草原绘画的；纵然能画，也无法画得如此"神完景肖"，入情入理。同时，胡瓌父子生活与创作的时间也应在燕云十六州入辽之前；如果是入辽之后，契丹皇帝是不会不用如此杰出的契丹族画家的，而辽史也就不会失载。因此，胡瓌父子生活的时代应在唐末至燕云十六州割让之前，而不应在之后，这也是他们父子的作品何以会全部流传于中原地区，而一件也未保存于契丹王朝的原因。

胡瓌见于著录的绘画作品共有 65 幅之多，全部描绘的是契丹民族出猎、牧马、射雕、毳幕等题材。正如《五代名画补遗》里评价的那样："胡瓌……善画番马，骨格体状，富于精神，其于穹庐部族、帐幕旗旆、弧矢鞍鞯，或随水草放牧，或在驰逐弋猎，而又胡天惨冽，沙碛平远，能曲尽塞外不毛之景趣，信当时之神巧绝代之精技欤。故人至今称之。予观瓌之画，凡握笔落墨，细入毫芒，而器度精神，富有筋骨，然纤微精致未有如瓌之比者也。"其他古代绘画评论家对胡瓌的评论大致相同。难怪北宋著名诗人梅尧臣（1002—1060 年）在胡瓌的《胡人下马图》上有这样的题诗："毡庐鼎列帐幕围，鼓角未吹惊塞鸿"；"纨素六幅全何巧，胡瓌妙画谁能通"。一位跻身中国古代画坛的契丹族画家，能得到如此高的赞誉，实属不易。可惜的是，他的绝大多数绘画作品已散佚不存。保存至今，经中国古代书画鉴定组公认为出于五代画家胡瓌手笔的，只有《卓歇图》一件。另一件《番骑图》，七名鉴定组成员中还有三名持异议[7]。

《卓歇图》（绢本设色，纵 33 厘米，横 256 厘米，故宫博物院藏）是胡瓌传世作品中最优秀的代表作。题名"卓歇"，乃支立毡帐歇息之意。《辽史·营卫志》记载四时捺钵中有"天鹅未至，卓帐冰上"和"禁围外卓枪为寨，夜则拔枪移卓御寝帐"的记载。

其中的"卓帐""卓枪"确为立帐、立枪之意。然而在画面上未见支立的毡帐，只见在迤逦展开的低矮丘陵之前，狩猎的人马按身份、地位的不同，顺山势自然散开，择地而息的情景。如果这"卓"字真有卓立毡帐的用意，那已不在画内，而在画外。也许这正是胡瓌作品构思的高明之处，他用一个"卓"字，把观赏画幅者的视线与思路从画内引至画外，让观赏者用自己的想象来充实、丰富《卓歇图》的内容。

《卓歇图》全卷共刻画了42人、32匹鞍马，描绘的是契丹上层贵族率领众多人马深入草原狩猎途中休息的一个场面。如此众多的人物与鞍马能自然而合乎生活逻辑地安排在一幅长长的画卷上，画家除需有深厚的生活基础外，还要有精巧的构思与不落俗套的构图能力。整幅画卷紧紧围绕着一个"歇"字展开，人在歇息，马也在休息。根据人物身份的不同，整个画面构图可分为两大部分：一部分是伴随鞍马休息，处于奴隶地位的仆从；另一部分是以奴隶主贵族为中心并为之服役的饮宴娱乐的休息场景。前一部分又可分为四组：从右至左，第一组由十匹鞍马和五个骑士相间簇拥成一个三角形，人物与马匹紧凑而有变化；第二组由十匹马和一位骑者簇拥成一个平行四边形，以密集拥挤的鞍马为主；一二组之间由一个站立拉马者和两位席地对坐交谈者作过渡与衔接，使簇拥的二组之间略有疏密变化。第三组由七人五马组成，四个人在马前席地围坐，其中一人仍肩扛长柄红伞，尚未放下；其余三人手牵马缰与五匹鞍马一字展开，与坐着的人物又形成一个长三角形。这使两个疏密不同的三角形遥相呼应，在构图上与中间的四边形相对照，产生了微妙而自然的变化。第四组由五个人五匹马围拢成一个有缺口的椭圆形圈，由疏而密，自成一体。这一组与前三组在人物与马匹的安排上有明显的不同，前三组是人少马多，这一组是人马相等。马的装饰与前三组的27匹马也有不同。这五匹马的尾与额前鬃毛全用红绳系扎；鞍鞯考究，且无任何杂物驮鞍上。这专人精心看护的五匹特殊鞍马显然不是拉马者的坐骑，而是正在饮宴的主人正待骑乘的马匹。这第一部分几乎占了整个画卷的四分之三。第四组又起着前后两大部分的过渡作用。

第二部分是主人露天饮宴、观舞娱乐的场景。男女主人设席并坐，男女近侍各在主人身后恭候肃立，五个乐师中两个正弹拨箜篌、三个拍掌击节为正在舞蹈者伴奏；四个男仆役正在主人面前斟杯跪地端盘敬酒。其中一位侍女手捧一束花朵从拉马者那边向女主人的方向走来。她既自然连接了前后两大部分，又增添了画面的内容，表现了女主人性格爱好的一个侧面。尽管这两大部分反映的都是猎间休息，但休息的内容与方式却迥然不同。整个构图疏密有致，疏处可以跑马，密处丝风不透。疏密之间又用山丘背景巧妙烘托调节，密处景虚，疏处景实。而两大部分各在一座山丘之下，山势均各自向画面中心透迤低下，在画面的中部出现一道空廓广远的沟壑，从这里把人们的视线引向茫茫无际的草原。也许这些猎手休息片刻之后便会惊雷般地从这道山口奔腾而去，投入那人吼马嘶的围猎战场，这大概正是画家胡瓌构图时的用意。

画面上出现的36个男子和6位妇女均为契丹人。男子一律穿着传统小袖圆领左衽长袍，腰束革带，佩挂猎具等物；脚穿长筒靴；一般契丹男子都髡发露顶，只有契丹贵族才头戴巾帻。妇女穿交领左衽长袍，头戴瓜皮式小帽或高筒大帽。这一切都完全符合契丹族男女的装束与身份，也与辽代契丹族墓葬里壁画上的契丹男女衣着发式相吻合。画面上描绘的众多人物形象，有坐有立，姿态各异，有的低语交谈，有的回首张望，有的伸臂打欠，有的依马拄杖，有的抚摸马背，有的紧勒缰绳……都真实自然，毫无生硬做作之感。众多的马匹簇拥一起，从马的正、背、侧等各种不同角度加以描绘，再利用马头俯仰变化的不同动势，绘成一幅各俱情态、生动自然的群马静息图。人物与鞍马相互穿插，参差错落，融为一体。因此，乾隆皇帝用"神完景肖"四字来评价，恰如其分。明代有草原生活经历的都穆观赏后赞叹道："非余之目击，则亦莫能知其妙也。"

本图名为卓歇，主要描绘人物与鞍马的歇息，将容易分散主题与视线的车帐留在了画外，这从人数与鞍马的不相等可知。契丹贵族如此规模的围猎一般是携带车帐的，特别是又有女主人与女仆相随，是不会不带车帐同行的。"大漠之间，多寒多风，畜牧畋渔以食，皮毛以衣，转徙随时，车马为家。"这是契丹族的生活特点。将车帐留于画外，用一个"卓"字加以含蓄地表达，更显示出胡瓌构思的高明。

胡瓌的创作主要以大漠草原为背景，以卓歇狩猎、放牧、射雕、毳幕为题材，创作了许多具有民族特点与地区特点的绘画作品。这从藏于北宋秘府、见于《宣和画谱》著录者即可窥见其全貌。其中，名为卓歇图者即有9幅之多，如卓歇图二、番部卓歇图三、卓歇番族图一、毳幕卓歇图一、平远番部卓歇图二；名为射猎者即有11幅之多，如猎射图六、番部猎射骑图一、出猎番骑图一、射骑图一、猎射番族人马图一、平远射猎七骑图一；名为放牧图者即有17幅之多，如牧马图十、牧驼图一、秋陂牧马图一、番部牧马图二、沙冈牧驼图一、牧放平远图一、牧马番族图一；此外还有番部射雕图二、射雕双骑图一、按鹰图二、番部按鹰图一、起尘番马图一、报尘图一、番骑图六、对马图一、番部盗马图一、转陂番骑图一、番部早行图二、番部下程图七、番部橐驼图一、番部汲泉图一，共65幅。这65幅从各个不同方面描绘了契丹民族草原游牧骑射生活的全貌。到元代，周密在《云烟过眼录》和《志雅堂杂钞》二书里也记载有胡瓌的五幅作品，其中《唊鹰图》为《宣和画谱》所无。其他名称相似，不知是否相同。到清宫内府所藏胡瓌作品，只有《卓歇图》一、《番骑图》一、《番马图》二，共四幅。到现在一般被认为是胡瓌作品的也是四幅，这就是《卓歇图》《番马图》《还猎图》和《回猎图》。《番马图》乃小幅团扇，右下角画人马，其余背景为空廓无边的草原。《还猎图》与《回猎图》亦均小幅，颇类组画；前者猎手，人携一鹰，后者骑士，各絷一犬，游猎于荒漠草原之上。这就是胡瓌描绘的契丹草原风情。

胡瓌的草原风俗画，是用中国绘画已形成的传统线描造型，再随类赋彩，即按物体的固有色平涂。胡瓌不仅已熟练地掌握了用线造型的规律，而且根据契丹族的衣料特点，在线描勾勒上有所创新与发展。宋人郭若虚在评论其作品时说："作品虽繁富细巧，而用笔清劲。""凡画驼势鬃尾，人衣毛毳，以狼毫疏渲之，取其纤健也。"这"清劲""纤健"即其线描特点。他采用清劲方折、舒展挺直的铁线描处理人物衣褶，能准确描绘出毡麻织物的硬度，这从《卓歇图》里是可以清楚地看出的。中国绘画艺术是线描艺术，"骨法用笔"是对造型手段线条画法的最高要求，骨立而神生。因此，线条的组织和运用是画家感情与性格的直接表露，是绘画风格的基础。作为草原画派的代表人物，胡瓌是有其特殊贡献的。

马与草原游牧民族的生活关系至为密切，对于反映游牧民族生活习俗的草原画派，马当然成了主要的描写对象。胡瓌的绘画作品，绝大部分都有马的形象。因此，《宣和画谱》说胡瓌"工画番马"。我国从战国至汉魏六朝就出现了以鞍马表现战争、出行、狩猎等题材的绘画，并有精彩的刻画，产生过鞍马名家。待至唐朝，国势隆盛，继北朝尚武之风，对鞭马尤为重视，更涌现出一批以画鞍马著名的画家。契丹绘画也受到了唐代绘画的影响，胡瓌的鞍马当不例外。然而，他所描绘的马，非西域进贡的名马，而都是当地草原上的马，即今天的蒙古马。这种马画得身躯硕壮，周身曲线强劲有力，特别是颈项与蹄足，更表现出一种强劲的弹力。因此，《宣和画谱》这样写道："凡画橐驼及马等，必以狼毫制毫疏染，取其生意，亦善体物者也。"而《苏魏公文集·观北人围猎》中竟发出"画马今无胡待诏，射雕犹惧李将军"的赞叹。胡瓌画马艺术成就之高由此可知。

胡瓌之子胡虔，继承其父之画风，也成了一位五代时期善画番马的契丹族著名画家。《图画见闻志》说："胡瓌，子虔，有父风。"《宣和画谱》（卷八）也认为胡虔"学父瓌画番马得誉，世以谓虔丹青之学有风"。而且在所画题材与艺术表现手法等方面，也达到了与其父作品"真赝难分"的造诣。"盖瓌以七骑、下程、射雕、盗马等图传于世，故知虔家学之妙，殆未可分真赝也。"[8]从胡虔作品流传与收藏情况判断，胡虔与其父一样，也未入辽籍。因此，他的作品也才都入北宋秘府。《宣和画谱》载虔作品44件，有番部下程图八、番族下程图一、番部卓歇图五、平远射骑图一、番部盗马图一、番部放牧图三、射雕番骑图一、汲水番骑图一、射猎番族图一、牧马番族图一、番族按鹰图一、射雕图一、猎骑图一、番族猎骑图二、平远射猎七骑图一等。此外，《云烟过眼录》所录胡虔的四件作品，三件与上名相同，一《番部卓歇人马图》虽与《宣和画谱》著录略有不同，但从其所记"思陵题绝佳"一语判断，也应为北宋秘府所藏之物，因"思陵"即宋徽宗之别名。胡虔作品入北宋秘府虽多达44件，但无一件流传至今，有的作品只能从宋代诗人的笔下窥见一斑，如"驼车度碛辄数日，老马跑沙泉水涌；橐囊盛满不辞劳，徼外天山雪千尺……"[9]，这正是契丹族逐水草而迁徙的游牧生活的真实写照。

胡瓌父子独特的画风,不仅在五代,而且在宋、明都产生了较大的影响。如被《图画见闻志》列入五代画之内的李玄应、李玄审兄弟二人就是专学胡瓌、并以善画马而出名的画家。郭若卢称其兄弟二人"并工画蕃马,专学胡瓌。有放马白本、胡乐、饮会、弗林等图传于世"。这是应该列入胡瓌父子画派影响下出现的作品反映草原游猎生活的画家。南宋陈居中所画的《文姬归汉图》(亦名《胡笳十八拍图》),人物的发型、衣饰和局部构图处理,都能明显看出胡瓌《卓歇图》的影响,因为其题材描绘的是东汉匈奴人,但发式与衣着却是契丹人的。明代的大画家仇英所画的《秋原猎骑图》,也是描绘契丹人狩猎的情景。由此可知,胡瓌父子所创的草原画派在中国绘画史上影响之深远。

三、耶律倍的绘画及对子孙的影响

(一)耶律倍的生平事迹与创作活动

耶律倍是一位倾慕中原文化并在绘画艺术上取得重大成就的契丹族画家。他生活于契丹族建国之初,一切都在草创阶段。由于他的政治地位显赫,又精通本民族与中原汉族的文化艺术,所以对整个契丹王朝的文化艺术,特别是绘图艺术的发展,产生过深远的影响。

耶律倍,小字图欲,汉名李赞华,是辽太祖耶律阿保机的长子。其父通晓汉语,有雄才大略。他"幼聪敏好学",受过良好的传统骑射与汉文化艺术的训练与熏陶,成了一个文武双全的优秀人才。青年时期,曾随父皇东征西讨,拓土开疆,立过战功。18岁立为皇太子,常留守京师监国。28岁随父皇灭渤海国,改渤海为东丹,被封为东丹王,号"人皇王"。父为天皇帝,母曰地皇后,倍称人皇王,堪称人间至尊。他幼年的骑射训练与青年时的戎马射猎生涯为他的绘画创作奠定了坚实的生活基础。父皇驾崩,在继承皇位的问题上,由于母后的擅权干预,他只好见机行事,拱手相让。二弟德光登极后,他一心过倾心书斋的文化艺术生活,尽量回避参与政事,依然处处见疑,并遭监视,无奈,只好应后唐之诏,系带眷属与图籍,跨海北往中原。赐姓李,始名慕华,后改赞华。他对所封官爵不感兴趣,"乞留阙下",甘愿过文人学士的闲适日子。他效仿唐朝大诗人白居易,字乐天之意,又取名黄居难,字乐地,并以此为名刺与朋友相会。在社交中,他以"喜宾客,好饮酒,工画颇知书"而闻名。他虽逃居中原,但仍怀念故土与亲人,"问安之使不绝"。后唐李亶死,子从厚继位,而养子从珂杀从厚自立,引起了耶律倍的愤懑,致书密报德光,"从珂弑君,盍讨之!"德光支持石敬瑭讨伐,兵临洛阳城下,李从珂穷蹙自焚,又恨耶律倍,于是派李彦绅将倍杀死,时年38岁。后归葬医巫闾山。

耶律倍是"有文才，博古今"的契丹名画家，他"善画本国人物，如《射骑》、《猎雪骑》、《千鹿图》，皆入宋秘府"[10]。从极有限的文献记载看，耶律倍的绘画创作大体可分为两个时期，即在辽朝时期和逃往后唐时期。《五代名画补遗》记载："李赞华，契丹大姓……善画马之权奇者。梁、唐及晋初，凡北边防戍及权易商人尝得赞华之画，工甚精致，至京师，人多以金帛质之。"从这条资料可知，早在后梁（907—923年）晚期，身为皇太子的年轻的耶律倍就开始了他的绘画创作活动，到后唐（924—936年）前期，即929年之前，应是他在契丹王朝绘画创作的全盛时期。因为从天显元年（926年）至天显四年（929年）十一月离开东丹国之前，是他在医巫闾山望海堂有闲读书、写诗和作画的时期，虽然这时心情郁闷，但是正好借写诗、作画以抒愤懑之情。他的有些传世名画，如《射骑》《猎雪骑》《千鹿图》等，可能就是这个时期的创作。这个时期的创作可能很多，因此才会出现"梁、唐及晋初，凡北边防戍及权易商人尝得赞华之画，工甚精致，至京师，人多以金帛质之"的盛况。而且929—936年，他已离开辽国，逃居后唐。迨后晋（937—946年）初，他早已作古了，还能从辽朝境内买到他的绘画作品，可知其在辽朝时的创作之多与流布之广。此外，在《辽史》里还有两条与他爱绘画有关的资料：一是神册六年（921年）"夏五月丙申，诏画前代直臣像为《招谏图》"，应是耶律倍监国时的一项建议。这年同时提出制定法律、正官序爵位及"询民利病"等一系列稳定统治秩序的措施，与"招谏图"的思想是一致的。后来进击渤海国，也是因辽太祖采纳了他的所谏，而战争取得彻底胜利，是招集众智于一尊的典范，因此，《招谏图》既反映了耶律倍的政治思想，又反映了他热爱绘画并用绘画直接为巩固政权服务的行动。这也正是他尊孔崇儒，并把孔子思想与艺术、政治教化紧密结合的思想主张的具体体现。所绘前代直臣，除契丹族的先贤外，恐怕大部分还是汉族五代以前的历代忠臣，这也只有耶律倍才比较熟悉。另一件就是辽太祖在世时，以太祖、太后和太子三人的名义向弘福寺赠送过一幅观音画像。这幅画如不是出于耶律倍的手笔，至少也是在他的主持下进行的，因为他本身就是画家。耶律倍到后唐客居，厌恶官场生涯，以"喜宾客，好饮酒，工画颇知书"闻名，定然也会有不少描绘契丹贵族生活的作品流传后唐。据《宣和画谱》（卷八）记载，耶律倍的绘画藏于北宋秘府的共有15件，有双骑图一、猎骑图一、雪骑图一、番骑图六、人骑图二、千角鹿图一、射骑图一、吉首并驱图一、女直猎骑图一。这15件作品均以骑命题，即以人物与鞍马为主，只有一幅千角鹿图例外。这幅千角鹿图可能就是《辽史》所记的《千鹿图》，只是漏记了"角"字而已，二者应为同一作品。元周密《志雅堂杂钞》（卷下）记载："王介石亦有东丹王赞华所画《番部行程图》，前有道君御题，后复有题云'世所谓东丹王者也'。所画绝妙，与王子庆《西域图》相伯仲。"这里所说"前有道君御题"，"道君"即宋徽宗，可知他的这幅

《番部行程图》也曾藏于北宋秘府之中，只是《宣和画谱》漏记而已。此外，在《石渠宝笈初编》（卷32）还载有"五代"李赞华《射鹿图》一卷。引首有清乾隆御题"获鹿图"三个大字，拖尾有元朱德润题跋："观其笔法圆细，人马劲健，真有盛唐风韵，故可宝也。"明沈周也有题跋。据此可知，这件《射鹿图》原在民间流传，未入北宋秘府，直到清代始入清内府。可惜这件作品已流失国外，现藏美国普林斯顿大学美术馆。所幸，耶律倍的《射骑图》也保存于世，现藏于我国台北故宫博物院。

（二）耶律倍的艺术成就

耶律倍的贡献，首先是学习中原形成的传统画法，用以表现契丹族的独特风貌和游猎骑射的草原生活，具有鲜明的时代风貌和浓郁的民族风格与地区特点。他继承了东胡鲜卑族造型艺术传统的有益因素，并接受了唐代形成的富丽、典雅的绘画风格，从而形成了他所创作的契丹族绘画的独特风貌。宋元以来，对他的绘画艺术成就多有评论。郭若虚《图画见闻志》说："赞华善画本国人物鞍马，多写贵人酋长，胡服鞍勒，率皆珍华。"《宣和画谱》也说："赞华，尤好画，多写贵人酋长，至于袖弓挟弹，牵黄臂苍，服用皆'缦胡之缨'，鞍勒率皆瓌奇。不作中国衣冠，亦安于所习者也。"他所画的"贵人酋长"和"胡服鞍勒，率皆珍华""瓌奇"，恰好与倍所居"皇太子""人皇王"的地位和所熟悉的人物与雍容华贵的生活环境相吻合。《图画见闻志》里认为他所画马匹是"马尚丰肥，笔少壮气"，其实这正是他接受唐代韩干画马以写真为据的影响。韩干所画之马是西域进献于皇宫的名马，一匹匹自当膘肥体壮，对马写真，必然丰肥。耶律倍所见之马也是宫廷名马，焉能瘦得露出筋骨。而宋代另一位画论家黄休复在《五代名画补遗》中谓耶律倍所画之马乃"骨法劲快，不良不驽，自得穷荒步骤之态"。元代的无闲氏在题跋里说："五代李赞华深于形似。"元代画家朱德润题其《射鹿图卷》说："笔法圆细，人马劲健，真有盛唐风韵，故可宝也。"[11]这些有关耶律倍人物、鞍马及笔法的评论，从他传世的《射骑图》上均可窥见端倪。

《射骑图》，绢本，设色，纵27.1厘米，横49.5厘米，藏我国台湾，载《故宫名画三百种》第36图，又载《中国五代名画集》卷二第96图，是耶律倍描绘契丹贵族人物与鞍马的一幅写真作品。一位髡发露顶的中年契丹贵族，身着小袖左衽圆领长衫，围捍腰，系革带，佩挂箭囊，脚穿六缝靴，左臂挎弯弓，双手拈弄箭杆，站立马前。身后的鞍马侧立，腰身健壮，鞍具华丽，双耳耸立，马头微扬，额前鬃毛缠系为向上竖立的一束，马尾缠系成下垂的一束，四蹄落地内收，挺拔有力。人物与鞍马的结构比例十分准确，神态自然，栩栩如生。画家尤其着力于人物性格与特定情绪的刻画。画中人物的面部表情，似抑郁，若沉思，配合手中拿箭的动态，颇令人联想起"拔剑四顾心茫然"的怅惘之情。人物温柔的外表和强劲的内心，外柔内刚，这一对矛盾在形象上得到很好的统一。《辽史》记载耶律倍的性格是"外宽内挚",和画里的人物性格非常相近。这幅作品,即使不是作者的自我写照,却也反映了作者的思想情绪是无疑义的。在辽代绘画里,这样深入刻画人物内心世界的作品不多,它在我国绘画史上也属于精品之列。这个评价是公允的。从这幅《射骑图》人物前景不留空间的局促构图和所反映的思想情绪看,应属于逃离辽国之前的作品,很可能正是他出逃之前所写的"小山压大山,大山全无力。羞见故乡人,从此投外国"这首诗中表达情绪的含蓄流露。《遗山诗集》里有首题东丹王《射骑》的诗,这样写道:"意气曾看小字诗,画图今又识雄姿。血毛不见南山虎,想得弦声裂石时。"这是诗人感受到的弦外之音和画外之声。画面上的人物也确乎埋藏着这种爆炸般的情绪,然而这支应弦声足以裂石之箭,终于未能射出去。这也正是耶律倍思想性格和服膺儒学的结果。

耶律倍除画人物鞍马之外,还善于画鹿,而且能抓住鹿角的特征,有意加以渲染和夸张,创作出一幅《千角鹿图》。宋徽宗赵佶于崇宁四年(1105年)搜求到这幅奇特的作品后,曾引起当朝一般官僚士大夫的纷纷议论,引经据典,胡乱考证。因为他们理解不了画家所绘鹿的独特造型,竟与当时各地有关鹿的异样传说相附会,如邪希有鹿、两头两角且千,云南郡有神鹿、一身二头而角众列,又有天鹿、五头鹿等,结果把艺术创作与信口传说混为一团,得出"神鹿""天鹿"与李赞华所画千角鹿皆古之异鹿也,皆应运而生以"祥瑞"的荒唐结论,贻笑后人。董逌《广川画跋》里则认为,"秘阁有李赞华画鹿,角直而歧出,若斜藤扶疏而生,长三倍其身,觕触斗立,群角森立,故画录号千角鹿,其实,则角上而横出者众也。"这才是对耶律倍所画千角鹿形象的正确理解与真实记录。《千角鹿图》虽已散失,但从上述种种记录亦可窥知其大概,可以充分看出耶律倍丰富的艺术想象力和大胆的独创精神。他的这种独创精神非无本之木、无源之水、凭空而来,而是鲜卑民族有关鹿的造型的继承与发展。鲜卑是喜欢把鹿纳入艺术造型的民族之一,他们遗留下众多双鹿、三鹿纹透雕青铜或黄金饰牌,还遗留下不少鹿的青铜圆雕艺术品,无论写实造型还是图案装饰化造型,多采用变化、变形、夸张手法,主要表现在鹿的角上。作为鲜卑后裔的契丹族也是一个喜欢描绘鹿的民族,耶律倍不仅继承了鲜卑塑造鹿的艺术传统,而且有很大的突破与创新,画出了名震一时的《千角鹿图》。

宋秘府之外,邓椿《画继》(卷八)《铭心绝品》里还记载过《东丹王舞胡图》和《东丹王鞍马图》,可能是流传于民间的作品。在《汉泉诗集》里还发现有一首《题东丹王乳驹图》七言诗,诗曰:"目眹神惨智凌兢,蕴抱终天母子情;恻隐更思推此道,含灵孤苦可怜生。"由此可知,耶律倍还画过一幅《乳驹图》,描绘了乳驹"孤苦可怜"的"神惨"景象。也许这正是画家远离故土、"移居异国"那种"孤苦""惆怅"心情的含蓄表露。

耶律倍所以能成为契丹族的一位杰出画家，不仅因为他娴熟地掌握了中原传统的绘画技法，诸如精致的笔墨技巧、圆劲流畅或硬锐清劲的线条，而且因为他富有深厚而全面的文化艺术修养和复杂的生活经历，所以他才能创作出既有契丹族特点，又有浓郁草原气息，更饱含着个人思想感情，具有撼人心魄的艺术魅力的不朽作品。

耶律倍的绘画艺术不仅对辽代初期的契丹王朝产生过直接影响，而且对整个辽朝契丹皇室对绘画艺术的重视与发展都产生过较重大的影响。

耶律倍的长子名阮（917—951年），小字兀欲，是辽朝的第三代皇帝，即辽世宗。他仅在位五年，因察割等叛乱而被杀身亡，年仅34岁。耶律阮与其父一样，是一位擅长绘画的画家。据《册府元龟·外臣部》卷四十二记载，兀欲"善丹青，尤精音乐"。欧阳修编纂的《新五代史·四夷附录二》也有同样的记载："兀欲为人隽伟，亦工画，能饮酒，好礼士。"这说明辽世宗是一位有绘画才能的契丹皇帝。兀欲八九岁前一直生活在精于绘画创作的父亲身边，当然会得到耳濡目染的艺术熏陶与训练。其父逃奔后唐时，兀欲未跟随同行，而是留在了宫中叔父的身边。"太宗爱之如子。"太宗虽长于骑射，但也并非没有一定的文化素养，同样会书法，并重视和提倡绘画艺术。会同元年（938年）"六月癸巳，诏建日月四时堂，图写古帝王事于两庑"。这就是辽太宗耶律德光重视绘画艺术的一个具体行动。因此，兀欲留在太宗身边，太宗又知其有这方面的家教和兴趣，当然会为他创造良好的学习条件，使侄子兀欲也如同兄长那样，成为一名契丹画家。可惜，兀欲的作品既未能流传下来，又未见于著录。这就只知其善丹青，而不知其长于画何种题材。

耶律倍长子世宗被刺时，其次孙耶律贤，年甫四岁，"御府尚食刘解里以毡束之，藏于积薪中，由是得免"[12]。他也因受此惊吓，患上了"婴风疾"。"穆宗即位，养永兴宫。"[13]穆宗因酗酒怠政，嗜杀无厌，又被庖厨所杀。耶律贤继位，即辽景宗，从此正式确立了耶律倍家庭的长子皇位继承世系。耶律贤因父皇过早被害，幼年未能亲自接受父亲与祖父的艺术熏陶，加之患婴风疾，即位后也因身体有病而"多不视朝"，只好委政于皇后决之。然而"用人不疑"、重用汉官的国策还是坚定的，这就为辽朝的中兴带来了转机。景宗自身虽在绘画艺术上无所作为，然而不忘祖父与父皇的传统，培养出了谙熟中原文化艺术的儿子和女儿，为辽朝经济文化的繁荣鼎盛，特别是绘画艺术的发展奠定了良好的基础。

景宗长子耶律隆绪，是契丹族最贤明有为的皇帝辽圣宗。"帝幼喜书翰，十岁能诗。既长，精射法，晓音律，好绘画。"[14]这"好绘画"是圣宗皇帝的特点之一。研究辽代绘画史的人对圣宗"好绘画"有不同理解。多数研究者认为，圣宗仅仅是爱好和喜好绘画艺术，本身并不是画家；有的研究者根据"好绘画"就把圣宗列入了画家之列[15]。对于"好"字的理解，孔子这样说："知之者不如好之者，好之者不如乐之者。"[16]由此可知，这"好之者"已超过了理智的认知阶段，而达到了主观感情的愉悦境界。因此，圣宗皇帝的"好绘画"，可能已不是停留在一般的爱好欣赏或收藏绘画的阶段，也包含喜好自己动手画画的活动在内。喜好画画并不等于善于画画。这大概就是辽圣宗"好绘画"的两层含义吧。因为圣宗皇帝"好绘画"，所以在圣宗朝的翰林院里已正式专门设置有"翰林画院"这样的绘画机构，里边有专门以绘画为职业的翰林待诏，如绘《南征得胜图》于上京五鸾殿的陈升，并记载了与绘画有关的不少活动。同时，在辽代墓葬考古发掘中所发现的壁画艺术已达到了较高的水平。这一切恐怕都与圣宗皇帝的"好绘画"有关。只是尚未发现圣宗皇帝留下的绘画实迹和有关记载，说明圣宗大概还只停留在"好绘画"，而未能达到善绘画的高度。

辽圣宗的外孙女秦晋国妃萧氏（1001—1069年）是辽代契丹族唯一的女画家。其父为辽枢密使北府宰相驸马都尉萧排。其母为景宗之幼女，圣宗之妹，魏国公主长寿奴。秦晋国妃于开泰五年（1016年）嫁圣宗之弟秦晋国王耶律隆庆，是年十二月隆庆卒，诏改嫁隆庆长子耶律宗政（察割），宗政不奉诏，后又奉诏改嫁刘二玄。《全辽文》（卷八）陈觉撰《秦晋国妃墓志铭》载："妃幼而聪警，明悟若神，博览经史，聚书数千卷，能于文词，其歌诗赋咏，落笔则传诵朝野，脍炙人口。性不好音律，不修容饰，颇习骑射……雅好飞白，尤工丹青，所居屏扇，多其笔也。"这位尤工丹青"的契丹女画家秦晋国妃萧氏，就其全面的文化素养及广泛的兴趣爱好看，颇有其外高祖父耶律倍的遗风。

辽圣宗的长子耶律宗真是一位"善骑射，好儒术，通音律"[17]，"善丹青"，英武而又儒雅风流的皇帝兼画家。重熙五年（1036年）"九月癸巳，猎黄花山，获熊三十六"。冬十月乘兴往南京，"御元和殿，以《日射三十六熊赋》、《幸燕诗》试进士于廷……遂大宴，御试进士自此始"。重熙十五年（1046年），兴宗皇帝"常夜宴，与刘四端兄弟、王纲入伶人乐队，命后妃易衣为女道士。后父萧磨只曰：'番汉百官皆在，后妃入戏，恐非所宜。'帝击磨只，败面，曰："我尚为之，若女何人耶？""[18]这就是兴宗皇帝的性情与爱好。"帝工画，善丹青，尝以所画鹅雁送诸宋朝，点缀精妙，宛乎逼真，仁宗作飞白书以答之。"[18]同样的记载在《续资治通鉴长编》里也有：至和二年（1055年，辽重熙二十四年）八月乙丑，"契丹主宗真卒……宗真善画鹿，尝以所画鹅雁来献，上（宋仁宗）作飞白以答之"。由此可知，兴宗皇帝是一位擅长描绘飞禽与走兽的动物画家。《图画见闻志》（卷六）"千角鹿"条载："皇朝与大辽驰礼，于今仅七十载，继好息民之美，旷古未有。其主（兴宗）以五幅缣画《千角鹿图》为献，旁题年月日御画。上（宋仁宗）张图于太清楼下，召近臣以观。次日，又敕中闱，宣命妇观毕，藏于天章阁。"《千角鹿图》本是兴宗皇帝祖先让国皇帝耶律倍的匠心独创。如今他也效仿其先人，同样创作《千角鹿图》，赠送于宋仁宗，引起了宋廷满朝近臣、中闱、命妇观赏的极大兴致。这充分说明，辽兴宗的绘画艺术水平还是相当高的。可惜，他的绘画作品一幅也未流传下来。

由于辽朝从草创初期到鼎盛的中期，由人皇王耶律倍开始，几代子孙继位皇帝，不仅爱好绘画艺术，而且亲自倡导、亲自创作绘画作品，并设置翰林画院，从机构上加以保证，这才在辽朝境内出现了契丹绘画以至整个美术事业空前繁荣的局面。

四、山水花鸟画与画家萧瀜

山水花鸟与人类生活的关系至为密切。契丹族又有四时捺钵的习尚。他们每年春天，到水泡子边，投放鹰鹘，击捕鹅雁，秋天深入山林，射鹿，搏熊，猎虎，逐兔。春水秋山，终日打围，是契丹人生活里的大事，更是乐事。然而，以山水畜兽花鸟入画，作为艺术欣赏的对象，成为精神生活中的一种审美享受，这恐怕还是经济、文化发展到相当水平以后才逐渐出现的事。山水画成为一个独立的画种，萌发于南北朝，发展于隋唐初，至盛唐以后方臻成熟。花鸟画虽然唐代已成独立画科，但是花鸟画技法的成熟仍晚于山水画，五代尚处于过渡阶段，直到北宋初期才达到成熟，至中期方臻极盛。而契丹族的山水花鸟画则无疑应是在盛唐五代山水、花鸟画的影响下出现的。契丹墓葬壁画里已有山水、花鸟，下节再述，这里只就叶茂台辽代契丹墓出土的两幅山水、花鸟画和契丹花鸟画家萧瀜作一介绍。

1974年春天，辽宁省法库县叶茂台辽代契丹墓地七号墓出土了两幅保存完整的立轴绘画，一幅山水，一幅花鸟，是一位契丹贵族妇女的随葬物。以书画随葬，中原汉族豪富显贵屡见不鲜，而契丹族尚属首次发现。唐太宗随葬的王羲之《兰亭集序》是他生前最宝爱之物，契丹老妇随葬的山水、花鸟画也定属她生前观赏的珍玩。不仅死后殉葬，而且仍悬挂于她长眠的木棺室内东西两壁，可知这两幅山水、花鸟画与墓主人关系之密切。

山水画，绢本设色，纵长154.2厘米，横宽54.5厘米。画上无题款，无钤印。画面上，远山云雾迷漫，近山奇峰高耸，陡壁悬崖，参差对峙，崖间苍松挺拔，株株笔立，迤逦成林，掩映楼阁；谷底水碧潭深，若有山石倒影；朱阁前有二人围案对弈，一人观看；蹊径上一高冠老者策杖而行，二小童负琴囊、酒葫芦尾随身后。作品描绘了深山隐逸的文人高士的闲适生活。崖石的落笔勾勒，瘦劲坚实；峰峦的皴法，有类南唐卫贤的《高士图》落叶松之画法，与董源、巨然的特点一致；仰观飞檐的风格，亦有唐画的遗风。画面设色，寓青绿重彩于浅绛之中；表现手法，熔唐、五代、宋初于一炉。其时代特点鲜明，风格独特，是契丹建国初期（940—968年）的作品。作者无从稽考，族属也很难决定。一般论者认为契丹所统治的地域为大漠与平原，无此中原山水，殊不知耶律倍喜居、契丹贵族常往的医巫闾山也是全国五镇名山之一。那里山水奇秀，雄峻多姿；烟雾出壑，萦绕重山。《读史方舆纪要》里有这样的记载："医巫闾山，掩抱六重，岩润泉壑，种种奇胜。岩壑窈窕，峰峦迴合。"其亦属天下名山胜境，与中原和南方山水相比毫不逊色。因此，并不能认为契丹族画家的笔下只有大漠草原而无奇山秀水，更不能断言谙熟中国绘画技法的契丹族画家能画出精致的人物鞍马，就一定画不出这样的山水风光。因为画上无题，所以出土后，根据画上的内容，便出现了种种不同的命名，有"山弈候约""山水楼阁""深山棋会"和"山水"等不同的称谓。

花鸟画，绢本设色，纵长155.5厘米，横宽60.2厘米。画上亦无题款、钤印。上画三竿双勾嫩竹，竹叶对相而出。竹竿各落一雀，中间一只静立竹上，右边一只正用喙梳理翅翼，左边一只侧身俯视，情态各异，活灵活现。竹丛旁画有三株野地小花，中画地黄，右画白头翁，左画蒲公英，肥硕翠绿的叶片中，几茎细瘦的枝头开着几朵俏丽的素雅的白花。两只苍兔相对蹲踞地上，左边一只低头觅食，右边另一只仰头警觉张望。两兔周围画着七朵小花和许多刚刚出土的小草，一派生机勃发的春天景色。画面构图追求对称和均衡，如兔与兔、花与花、竹与竹、雀与雀之间的位置与距离，均保持一定的平行对称关系，甚至竹叶与花草都注意了奇偶相对的特点。但在对称中又有一定的变化，无呆板之感。画面颇富装饰风味，既不离唐末宋初的绘画传统，又具有鲜明的地方特色，应是出于契丹族画家之手的一幅花鸟作品。因原画无题，所以有的把它定名为《竹雀双兔图》或《花鸟图》。花鸟画的时代与山水画相当或稍晚，其下限认为不会晚于保宁末（979年），这与墓葬出土遗物的综合断代基本吻合。

由这两幅辽代早期契丹墓随葬出土的山水、花鸟画真迹可以看出，契丹民族的审美情趣也在发生变化，不光喜欢欣赏反映传统的骑射狩猎生活的图画，而且已开始热爱并创作富有中原情调的山水画与花鸟画。这在契丹族的绘画发展、审美心理和审美习惯上是一个巨大的进步和飞跃。

严格地说，辽兴宗善画鹅雁，应属于花鸟画家一派。秦晋国妃只知工画、善丹青，而不知所画的题材和内容。从她"所居屏扇，多其笔也"推测，也应是以画花鸟为主的画家。因为唐代的花鸟画，为孔雀、鸳鸯、牡丹、花竹之类，多画于屏风障壁及团扇等处，是贵族生活的装饰、点缀品。辽代契丹贵族十分倾慕崇尚唐代风俗，用花鸟画装饰点缀居室的屏扇是合乎情理的。所以把秦晋国妃列入契丹花鸟画家的行列是不无道理的。秦晋国妃与辽兴宗应属于辽代中期的契丹花鸟画家，而辽代晚期的契丹著名花鸟画家是萧瀜。

萧瀜，辽兴宗、道宗时人，《辽史》无传。清王毓贤《绘事备考》载："萧瀜，辽之贵族，官至南院枢密使。好读书，亲翰墨，尤善丹青。慕唐裴宽、边鸾之迹，凡奉使入宋者，必命购求，有名迹不惜重价，装潢既就，而后携归本国，临摹咸有法则。道宗清宁中，以义宗《千角鹿图》赐焉。"从这段记载可知，萧瀜是辽道宗初年的一位善于画花鸟的契丹画家。他画花鸟画，是从临摹唐代裴宽、边鸾的真迹入手的。裴宽是唐代天宝年间的官员，虽工绘画，但画迹不详。边鸾乃中唐时期的花鸟画大家，有很高的艺术造诣。他善画孔雀，能达到"翠彩生动，金羽辉灼"的逼真效果。他能画花鸟、草木、蝶蜂、雀蝉，尤精于画折枝花，居其第一。宋代宫廷里收藏有他的《踯躅孔雀》《木瓜花禽》《梨花鹁鸽》和《梅花鹁鸽》等。朱景玄在《唐朝名画录》里这样评价边鸾的花鸟画："下笔轻利，用色鲜明，穷羽毛之变态，夺花卉之芳妍。"被认为居唐代之冠。萧瀜能不惜一切代价，从宋朝远道搜求边鸾花鸟花的真迹，并做到"临摹咸有法则"，可知他的花鸟画水平在辽朝契丹族花鸟画画家中应属名家。可惜萧瀜花鸟画的真迹很少传世。《故宫名画三百种》第九十四图里，收录了他的一幅花鸟画，立轴，绢本设色，纵长145厘米，横宽83厘米。画面以芙蓉、荼蘼、野鸟和山鹛为描绘对象，近景为墨线勾勒的巨石，远景为淡淡的河溪，芙蓉、荼蘼花枝招展，节节翠竹，枝叶婆娑，山鹛与野鸟飞舞其间，确实娇妍动人。画面左侧有"南院枢密使政萧瀜恭画"的题款，右下方有"萧瀜"钤印。这幅画技法娴熟，设色自然而艳丽，颇有明代花鸟画的风韵，因此疑为后人伪造的赝品。这幅花鸟画可能不是出于萧瀜之手的真迹，但以萧瀜之名作伪，亦可看出契丹花鸟画家萧瀜在后代画家心目中的崇高地位与影响，否则是不会以他之名来作伪的。

在辽代晚期已出现以花鸟画祝福长寿、赠送予人的风习。辽道宗"清宁元年（1055年）十月丁亥，有司请以帝生日为天安节，从之"[19]。沙门海山和尚有一首《天安节题松鹤图》的诗，是赠送道宗皇帝生日的贺礼。诗云："千载鹤楼万岁松，霜翎一点碧枝中。四时有变此无变，愿与吾皇圣寿同。"前两句话是对这幅松鹤图所画内容的具体描绘，以松鹤象征长寿，祝福道宗皇帝万寿无疆。可惜不知此画出于何人之手。这也是花鸟画流行的另一种形式。

第三节 壁画艺术

壁画艺术的产生首先以壁的存在与出现为前提。契丹族建国之前的生活状况是"马逐水草，人仰湩酪"[20]，"皮毛以衣，转徙随时，车马为家"[21]。居室无固定的建筑，主要是便于搬迁的毡帐，因此无墙壁可言。"死后，但以其尸置于山树上，经三年后，乃收其骨而焚之。"[22]更无讲究的墓室，也无墓壁存在。"及其有国，内建宗庙朝廷，外置郡县牧守。"[20]这才有了宗庙、宫殿、衙署和寺观等高大建筑，也有了皇帝、贵族和官吏的宽敞宏大的墓葬建筑和木、石棺椁。地上的墙壁和地下的墓壁为契丹族壁画艺术的产生提供了必不可少的条件。

从世界范围看,早在旧石器时代晚期就出现了原始画的洞穴大壁画(西班牙阿尔塔米拉洞穴),距今已有两万年的历史。这是人类利用天然洞穴石壁所画的原始壁画。这样早的洞穴壁画,迄今在我国境内尚未发现。我国中原地区的建筑起源甚早,高大的宫殿建筑至少在夏代已经存在。这些建筑里有无壁画,史无确载,已不得而知。从文献记载看,汉代的宫廷中,壁画是极其盛行的,如承明殿、甘泉宫、麒麟阁、中观画室、南宫云台等都有壁画。《汉官典职》记载:"明光殿省中,皆以胡粉涂壁,紫青界之,画古列士,重行书赞。"《鲁灵光殿赋》里也记述了王延寿在粉壁上描绘的壁画。然而,这许多汉代宫殿之类建筑物上的壁画,都随着建筑物的毁坏、墙壁的倒塌化为齑粉,只有深埋地下的墓葬壁画尚保存不少。随着佛教的传入与兴盛、佛寺的建筑与石窟寺的开凿,佛教美术大为流行。佛寺的壁画虽已不存,但石窟寺里的壁画尚保存完好,从北魏至隋唐五代,都极其兴盛。唐代更是壁画艺术空前辉煌的时代,当时的宫殿、衙署、寺观和贵族墓室,没有不用壁画进行装饰的。然而亦如前朝,地上建筑物的壁画早已坍毁,只有佛教石窟和地下墓室的壁画保存至今。契丹族所建的辽王朝,一切以唐朝为师,地上的宗庙、宫殿、官署和寺观,地下的皇帝与达官贵族的墓葬,都有壁画装饰,而且愈往中后期,随着封建化程度的日益加深和巩固、经济文化的日益繁盛,契丹贵族生活的日益奢侈腐化,崇佛之风日炽,厚葬之习严重,壁画的规模也越来越宏大,反映的内容也越来越广,艺术技巧也有了很大的进步与提高,为研究辽代契丹族的壁画艺术提供了极其丰富的珍贵资料。

一、殿堂、寺庙壁画

契丹族在建立辽王朝之前就已开始兴版筑。辽朝建立之后,先后建立五京、六府、州、军、城一百五十六,县二百零九,部族五十二,属国六十。五京都有高大宏伟的宫殿、衙署和寺观。府、州、军、城和县里也有衙署与寺观,佛寺甚至遍及较大的村镇。这些遍及全国的宫殿、衙署和寺观里都有壁画装饰。壁画虽早已不存,但从文献里的点滴记载亦可窥见当时壁画的某些内容和辉煌灿烂的盛况。

契丹族最早的宗庙建筑和宗庙壁画应该是建于永州木叶山上的契丹始祖庙和庙中的壁画。庙分南北,"奇首可汗在南庙,可敦在北庙,绘塑二圣并八子神像"[23]。这里所绘的二圣与八子的神像就是绘在壁面上的壁画。这座始祖庙可能在辽建国前已有。因为在阿保机907年称帝后,多次有"祠木叶山"的记载,并无建庙的记载,可知辽建国前已有。后来,辽太宗册封石敬瑭为后晋的儿皇帝归来,又在木叶山兴建佛寺"菩萨堂",专门供奉白衣观音,并尊为家神。这里除供白衣观音像外,也不会没有壁画。后在祖州、怀州、庆州和乾州都建有辽朝历代皇帝的祖庙,其中除供奉御容外,有的也有壁画。如辽太宗死后，除在怀陵建庙供奉外，"又于州之凤凰门绘太宗驰骑贯狐之像"。这就是描绘辽太宗的一幅壁画。在供奉阿保机的庙里还画有一幅辽太宗收晋的壁画。重熙十六年（1047年），辽兴宗于十二月辛亥，"谒太祖庙，观《太宗收晋图》"[24]。由此可知，在契丹族的宗庙里，除了有绘制的御容和雕塑之外，壁面上还绘有内容不同的壁画。

辽代上京临潢府的宫殿里也有绘制壁画的记载。据《辽史·太祖纪》记载，唐天复二年（902年），"九月，城龙化州于潢河之南"，已开始正式建筑城池，构筑宫殿。因为在阿保机称帝的第二年（907年），有"御正殿受百官及诸国使朝"的记载。又在同年"冬十月己亥朔，建明王楼"。七年（913年）三月，刺葛、寅底石叛乱，明王楼被焚。八年（914年）"冬十月甲子朔，建开皇殿于明王楼基"。九年（915年）就有了诏图其像的记载："是岁，君基太一神数见，诏图其像。"神册六年（921年），辽太祖于"夏五月丙申，诏画前代直臣像为《招谏图》"。这应该就是画在宫殿里的大型壁画了。这里的"前代"当指唐代而言。唐代的直臣不少，但魏徵最为出名，定有敢于忠言直谏的魏徵像画在上面。契丹建国，以唐为师，开国之初让大臣学习魏徵的精神是可以理解的，也是以唐为师的一个表现。同时，唐代初期，唐太宗诏阎立本在凌烟阁画过开国功臣图，就是表彰功臣的宫殿壁画。辽太祖诏绘《招谏图》于宫殿，定为此意。又"天显元年（926年），平渤海归，乃展郛郭，建宫室，名以天赞。起三大殿，曰开皇、安德、五鸾。中有历代帝王御容，每月朔望、节辰、忌日，在京文武百官并赴致祭。"这历代帝王御容更是这新建宫殿的重要壁画。会同元年（938年），辽太宗于"六月癸巳，诏建日月四时堂，图写古帝王事于两庑"。这更是一座描绘古代帝王事迹的巨大壁画画廊。辽圣宗于开泰七年（1018年），"秋七月甲子，诏翰林待诏陈升写《南征得胜图》于五鸾殿"。这又是五鸾殿里的一幅气魄宏大、人物众多的描绘契丹战胜北宋的大型军事题材壁画。这也很有些像唐代宗于广德元年命郭子仪击退吐蕃，得胜还朝后，诏画师将其像图写于凌烟阁，以垂后世的用意。在辽五京的宫殿里都设有御容殿。如辽景宗死后，于统和元年（983年）"二月甲午，葬景宗皇帝于乾陵。丙申，皇太后诣陵置奠，命绘近臣于御容殿"。这说明，在景宗的御容殿里，不仅有景宗的肖像供奉，还要在殿壁上把近臣的肖像也画上去，陪侍已死的皇帝。辽圣宗死后，兴宗也"诏写北府宰相萧孝先、南府宰相萧孝穆于御容殿"。这是用活人肖像陪侍已死皇帝的肖像壁画。

辽代从京都到府、州和县城，都建有孔子庙、佛寺和道观，其中以佛寺更为普遍。

辽太祖耶律阿保机在神册三年（918年）与臣下和皇太子有过这样一次谈话："时太祖问侍臣曰：'受命之君，当事天敬神。有大功德者，朕欲祀之，何先？'皆以佛对。太祖曰：'佛非中国教。'倍曰：'孔子大圣，万世所尊，宜先。'太祖大悦，即建孔子庙，诏皇太子春、秋释奠。"[25]从此，在辽上京城里便建起了孔子庙。孔子庙里有无壁画，没有明确记载。然而，孔子庙是在一位精通儒学又精于绘画的皇太子的倡议下兴建的。他为了让契丹族更好地形象地了解孔子的事迹，是不会让孔庙里四壁空空的，而会设计有教益的壁画绘于庙壁上。乾统七年（1107年）《三河县重修文宣王庙记》里就记载了这座孔子庙里的壁画内容："及示宣圣（孔子）德容，三礼图为准。绘丹腾龙衮，玄冕黼黻，珠旒交映，金碧已至，粹容圆备。垂拱向明，位以当宁。左右具侍立，前列十哲，簪绂精饰；壁图七十二贤。"[26]由此可知，县一级的孔子庙里都有七十二贤的壁画内容，京城里的孔子庙焉能没有？应该说，府、州、县孔子庙里的壁画内容必然是依据京师孔子庙里的壁画内容来的。这种内容的壁画，唐代已开始流行。唐代杭州刺史韦机就曾命画孔子、七十二贤及汉晋名儒像于学宫。辽因唐制，这也是一例。

契丹的佛寺兴建比孔庙要早。唐天复二年（902年），辽朝尚未建国，在潢河之南的龙化州筑城的同时就"始建开教寺"，有了第一座佛教寺庙。912年，"是岁，以兵讨两冶，以所获僧崇文等五十人归西楼，建天雄寺以居之，以示天助雄武"[27]。俘获僧众，建起天雄寺。神册三年（918年）五月，在诏建孔子庙的同时，也修建了佛寺与道观。

天赞四年（925年），辽太祖于"十一月丁酉，幸安国寺，饭僧"。天显十年（935年），辽太宗于"冬十一月丙午，幸弘福寺为皇后（正月死）饭僧"。说明在上京城里至少有三座佛寺，即天雄寺、安国寺和弘福寺。各地的佛寺之多可想而知。这些佛寺虽未记载壁画之事，但必然都有。因为唐代的寺观壁画不仅普遍都有，而且有些壁画正是出于阎立本、吴道子等名家巨匠之手。而且京城里的寺观规模，甚至"制过宫阙，穷奢极丽"。当然辽朝契丹皇帝所建的寺观规模不会比唐代逊色，壁画也不会草率从事。从有些佛寺幸存的碑记里可以了解到一些壁画的情况。《祐唐寺刱建讲堂碑》里有这样的记载："应历十二年（962年），化求财贲，盖佛殿一座，栾栌娟妙，丹腾鲜新。塑佛中央，图像四壁。"[27]四壁满绘的佛教壁画，虽未讲具体内容，但一般都以经变为主，如西方净土变、维摩诘经变、华严经变、十轮经变（地狱变相）都是佛寺壁画较固定流行的内容。唐代寺庙壁画的内容以此为主，辽尊唐制，也不会有太大变化。

辽圣宗太平五年（1025年）《广济寺佛殿记》里，除记述了佛殿的"藻栋虹梁，巧极雕镂"外，也述及壁画的异乎寻常："三门之满月睟容，妙尽铺题；四壁之芳莲瑞相，郁郁乎，非众心合应。孰奉庄严之有如此者！"这"芳莲瑞相"的四壁之画，用"郁郁乎"来形容和赞叹它的非同一般。辽道宗更是一个崇佛之徒，他竟"一岁而饭僧三十六万，一日而祝发三千"，由僧人之数可知寺庙之多。咸雍三年（1067年）辽南京城里把一处"先公主之馆地""遵遗讬"而改建为"大昊天寺"，寺额与碑文俱道宗御书，故有"御笔寺"之称。翰林学士王观奉道宗之命撰写了御笔寺碑文，即《燕京大昊天寺碑》。碑文里说原馆地就是"雕华宏冠，甲于都会"，在"改而为寺"时，"诏王行己督辖工匠，梓者斤，陶者埴，金者冶，彩者绘"。这"彩者"即彩绘宏伟佛寺的画师，当集中了道宗朝的众多绘画名家，否则是完不成这样一座佛寺的彩绘任务的。其中"栋宇廊庑，亭槛轩槏，薨檐栱桷，栏楯栎栌，皆饰以丹青，间之以瑶碧"。"夜纳素辉，烁璘题而奋画。中广殿而崛起，严三圣之睟容。""百二十之贤圣，分其左右。或鹿苑龙宫之旧迹，或刻檀布金之遗芬。种种庄严，不可殚记。"[27]这座佛寺的建筑与彩绘，真是达到"制过宫阙，穷奢极丽"的程度了。咸雍六年（1070年）的《洪福寺碑》中又有这样的记载："次有佛殿一座，莫不簪虹吐雾，脊兽呼烟，瓦列鸳鸯，梁横栋悬。内四壁兮绘容严睟，中一坛兮望像端幽，三十二相，相相皆严；八十种好，好好俱妙。又于东西厢有洞廊二座，内塑罗汉各五十余尊，可谓容严特妙，（白上八下组字）古同生。个个被结趺之座，尊尊该超地之因。于中位则建菩萨堂一区，三间四架，彩辉华而霞灿，势髣髴而风翔，望容好囗具（白上八下组字）相全。西壁上卧为惨戚，东厢中须岳巍峨。"[26]另外，还有咸雍八年建造的静安寺、蓟州神山的云泉寺、大康七年（1081年）义平县的卧如院等，都有精美富丽的壁画。其中《卧如院记》亦记载了壁画的内容："右壁降生说法之相，左龛降魔入灭之仪，图地藏之十王，备炽盛之九曜。"这与唐代寺庙壁画的内容基本相同。天祚乾统年间也有关于寺庙和壁画的记载，如《宝胜寺前监寺大德遗行记》里就记有："绘画三宝大师华严七处，九会弥陀释迦八相成道等悬壁并诸幡盖。"这些壁画都是佛教内容。在懿州佛寺里则出现了画二十八宿的壁画。《辽东行部志》记载："……懿州宝严寺……上有炽盛佛坛，四壁画二十八宿，皆辽待诏田承制笔。田是时最为名手，非近世画工所能及。"田承制是辽天祚时"翰林画院"里的"翰林待诏"，当然是辽代末期契丹王朝里的名画家之一。由此可知，皇室的专业画家也承担佛寺的壁画任务，这与唐代的阎立本、吴道子等名家参与绘制佛寺壁画的情况是相同的。从这段记载里还可看出，辽代晚期的佛寺壁画，除经变内容，还出现了二十八宿内容。二十八宿在佛经中有记述，佛画中有描绘。唐代不空所译《佛说最胜无比大威德金轮佛顶炽盛光消灾吉祥陀罗尼经》里就有二十八宿。经中说："尔时释迦牟尼佛在净居天空告诸星曜、游空天众、九执大天及二十八宿、十二宫神、一切圣众，我今宣说过去婆罗王如来所说炽盛光大盛德真言，除灾难法。"这二十八宿即释迦牟尼佛所告的天界对象之一。经文里所说的"炽盛光""九曜"等都是佛寺壁画或绢帛佛画上常画的内容。卧如院壁画上就有"备炽盛之九曜"的记载，然而壁画早不存，所绘内容如何，已不得而知。1974年在山西应县佛宫寺木塔发现的七件佛教绘画（其中有板刻印刷品）作品里就有一件《炽盛光九曜图》，虽非壁画，但由所画形象可窥知辽代佛寺壁画的某些内容、构图及造型等。这幅画里也涉及二十八宿及对二十八宿的形象处理。整幅画面分天、地、人三界，在天界相接处，画家将二十八个星宿按四组想象成为天蝎、朱雀、巨蟹、金牛四种艺术造型，将天、人二界十分巧妙地连接了起来。而田承制在懿州宝严寺四壁所绘的二十八宿绝非这四种造型，定然是以二十八个不同的人物形象出现，否则不会给予他如此高的艺术评价。田承制所绘壁画上亦有"炽盛佛坛"的内容，只是创造性地特别突出了二十八宿的形象罢了。

应县佛宫寺木塔内发现的七幅佛像分别为：《南无释迦摩尼佛像》（绢地，木板彩印，纵长65.8厘米，横宽62厘米）三幅，内容完全相同，只是个别人物形象略见差异，幅面大小稍见有别，画上却有"南无释迦牟尼佛"款；《药师瑠璃光佛说法图》（白麻纸本，木刻印刷，后经着色，纵长77厘米，横宽36.5厘米）二幅，基本相同，均为刻画药师向胁侍及十二药叉大将说法的盛况，上有榜题；药师瑠璃光佛《炽盛光九曜图》（白麻纸本，雕版印刷，着色，纵长94.8厘米，横宽45.9厘米）一幅，内容为佛与九曜星宿，原榜题只残存"降九"二字；《神农采药图》（白麻纸本，墨线勾勒，着色，纵长54厘米，横宽34.6厘米）一幅，人物为主题，山石为背景，上无题款。此外还有十幅印于佛经之首的佛教绘画。这十幅画所画的佛经及其内容为：画于《大方广佛华严经卷第四十七》之首的为《护法天神像》；画于《大法炬陀罗尼经卷第十三》之首的为《弥勒菩萨说法图》；画于《中阿含经卷第三十六》之首的为《佛说法图》；画于《佛说大乘圣无量寿决定光明王如来陀罗尼经一卷》之首的已残，仅存一残边；画于《妙法莲花经卷第三》（Ⅱ）之首者为《妙法莲花经·穷子喻》《妙法莲花经·药草喻》"迦叶授记得名曰光明如来"和三品经变图；画于《妙法莲花经卷第四》（Ⅰ）之首者为《十六王子和五百弟子说法及经变图》；画于圆卷（Ⅳ）之首者已残，仅存城门与部分人物；画于《妙法莲花经卷第八》（Ⅱ）之首者为《佛说法及经变图》，上有十三处题榜；画于同卷（Ⅲ）之首者为《佛说法及诸品经变图》，题榜十三处，内容亦同上卷首画，但不是同一雕版，画于《妙法莲花经卷第一》之卷者已残，仅存半叶；画于《高王观世音经一卷》之首者为《经变图》。画的装裱与经文相同。除《高王观世音经》和《妙法莲花经卷第三》为麻纸入潢、卷轴装外，其余均为硬黄纸卷轴装。画幅的纵长与卷轴一致，横宽因所画内容多少而大小有别。这些佛教绘画真实地表现了辽代契丹王朝统治下所提倡的佛教绘画风格和木刻水印画的较高的艺术水平，这也是佛寺壁画内容的一部分。佛像画之外也有世俗形象，还有亭台楼阁、城墙、城门等，为研究辽代契丹建筑提供了可贵资料。其中就有与应县佛宫寺木塔相似的建筑，可资研究。

应县佛宫寺木塔里仍保存有许多壁画，但经考证多为明代初期的作品，只有第一层照壁上的三位男供养人像，是塔内现存最早的壁画，很可能是辽代的原作。辽宁义县奉国寺大雄宝殿是现存的辽代建筑，殿内梁架、斗拱及四壁都有壁画，内容有莲花、宝相花和飞天，有五佛、八菩萨、十一面千手千眼菩萨和十八罗汉等，色彩鲜明绚丽，线条简洁流畅，艺术水平较高。虽然壁画上的人物造型与塑像颇有共同风格，但是尚难确认为辽代原作，一般认为是元代画师的作品。独乐寺为辽代所建保存至今的中外名刹，观音阁里的壁画更具有较高的历史价值和艺术价值，也被定为元代的作品。这批珍贵壁画是在 1922 年维修时从覆盖的墙皮内揭出的，使隐没二百多年的元代真迹重见天日。辽代壁画是否仍包在元代壁画之内，尚有待探索。

辽代契丹佛教壁画在现存辽代佛寺里都难以见到真迹，我们只能从佛宫寺木塔里发现的辽代佛教绘画上去做比较研究了。这已经成了研究辽代契丹佛教绘画艺术的唯一依据。而反映辽代契丹族社会生活的绘画艺术真迹，除少数几幅传世绘画作品外，也只有依靠考古发现的辽代契丹墓葬壁画了。

二、契丹墓葬壁画

契丹族建国之前有无墓葬，考古上至今尚无确凿证据。虽已有人开始探索，但仍未引起考古界的重视，因此难以形成定论。建立辽朝之后的契丹墓葬，已发现并发掘的不少，其中有一定数量的壁画墓，但是有明确纪年的壁画墓为数甚少。现在对已发掘的契丹墓葬，在辽早、中、晚分期上，考古界与史学界有不同的标准，这里采用史学界的分期方法，而不采用考古界的方法。史学界一般将辽太祖至辽圣宗之前称为早期，圣宗与兴宗二朝为中期，道宗与天祚为晚期。辽亡之后，仍有契丹族的壁画墓，亦进行单独介绍。

（一）辽代早期的契丹壁画墓

辽代早期的契丹皇帝陵墓有五座，即辽太祖耶律阿保机的祖陵、辽太宗耶律德光及其长子辽穆宗耶律璟的怀陵、辽世宗耶律阮及其父辽太祖长子人皇王耶律倍的显陵和世家第二子辽景宗耶律贤的乾陵。祖陵位于巴林左旗林东镇西 45 里哈达英格乡石房子村布拉格山谷中；怀陵据《辽史·地理志》记载，"在（怀）州西二十里"，经调查那里根本无陵墓痕迹，而是在巴林右旗岗根（旧称岗岗庙）东北约 20 里床金沟村东北的山谷中；显陵和乾陵都在辽宁省北镇县医巫闾山东麓龙岗子村附近的山谷中。辽代早期帝陵因遭金兵严重破坏，早已湮灭无存，至今踪迹难寻。经考古工作者的多次辛勤踏查，方勘察到一些遗物与遗迹。这些早期辽代帝陵尚未正式发掘，有无墓葬壁画不得而知。若以显陵所葬的耶律倍和耶律阮父子推测，他们生前都是契丹族有名的画家，陵墓里是不会没有壁画的。现在所知属于辽代早期有确切纪年的契丹墓葬只有一座辽驸马墓。

辽驸马墓位于赤峰市红山区盔甲山南麓的山坡上，是辽代驸马赠卫国王萧沙姑和辽太祖之女奥哥公主的合葬墓，入葬时间为应历九年（959 年）。这是一座砖砌多室墓，分前、中、后三室和南、北两个耳室，墓室通长 10.5 米，耳室宽 8.7 米。墓室前有斜坡式墓道。中室四壁装有柏木护壁板，与前室相通的甬道内安装有柏木门，门与护板均已朽损。该墓虽早年被盗，但仍遗留随葬品2162件，包括大批精美的金银、玛瑙、瓷器和铁器。墓壁绘有壁画，虽因残坏而保存不多，仍可反映出早期绘画的风貌。

（二）辽代中期的契丹壁画墓

辽代中期契丹族的墓葬发现较多，其中壁画墓有确切纪年的有陈国公主墓和辽圣宗的永庆陵，无确切纪年而属于这个时期的壁画墓有二八地石棺墓、上烧锅一号墓、水泉沟壁画墓、朝阳地木棺墓、白音敖包壁画墓、白彦尔登壁画墓和叶茂台七号墓等。这个时期的墓葬明显地反映出契丹人受汉文化的影响日益加深，墓室结构多采用仿木建筑的形式，或用砖砌筑，或用彩画画出廊柱与斗拱等，壁画内容明显增多，绘画技巧也有提高。这正反映了辽圣宗力倡汉化、加速向封建化发展的过程，也反映出辽朝社会安定，政治、经济、文化蓬勃发展及契丹上层贵族生活日益奢靡。这个时期的壁画墓以二八地石棺墓、叶茂台七号墓、陈国公主墓和庆陵最有代表性。

1. 二八地契丹墓的石棺画

二八地墓位于赤峰市克什克腾旗热水乡境内，正是辽代上京道潢河以北的平地松林。墓地共有两座墓葬，东西排列，间距5米。墓葬形制均为砖砌圆形单室墓。长方形大石棺放于墓室中部偏东，南北向。石棺底座凿槽，四壁石板嵌于槽里，上覆石棺盖。石棺外壁凿平，未经磨光；内壁抹白灰一层，上绘壁画。二号墓早期被盗，石棺被砸，画面遭水浸泡脱落，仅存局部花草与火焰纹图案装饰。一号石棺壁画保存完整，所绘壁画内容为《契丹放牧图》《契丹住地生活图》《出猎图》和盆景等。《契丹放牧图》画于石棺右壁，纵长50厘米，横宽221厘米，是一横幅长卷。整幅画面，从左至右，由马、牛、羊三种家畜组成牧群，共画六匹马、大小九头牛、十五只羊。画左边前引的两匹全鞍马，红缨雉尾，彩色鞍辔，而无人骑乘或相伴。画右上边羊群后有一手持牧鞭作驱赶牲畜状的契丹牧人，身穿开襟短袍，腰系带，脚穿靴。马、牛、羊黑白相间，马作奔跑腾跃状，牛作行进状，羊作奔逐追赶状。画面以广阔的草原为背景，下边有小山起伏绵延，上边有远山逶迤，右边有两株树叶繁茂的大树拔地耸立。这里所描绘的正是契丹人"千里山川无土著，四时畋猎是生涯"的游牧生活景象。整幅画面构图为鸟瞰式。马、牛、羊的造型基本准确，以马最为生动逼真，情态各异；牛的变化较少，显得稳健，唯牛尾上部太大，几乎与马尾相似，略有失真；羊亦抓住了奔走中的神态。该画表现了画师以简洁的线条把捉不同形象的技巧。

《契丹住地生活图》画于石棺左壁。画面上在中心位置描绘出三座半圆毡包和三辆停歇的高轮毡车，由左向右一线展开，布满画面；画幅的中间偏左下部画两位妇女，一前一后，正用皮囊壶背水向毡包走去，一只黑犬跑在主人前边，还有一只黑犬正在中间一辆车旁静卧。画面的右边有一棵鲜花盛开的大树，四只天鹅飞扑花树之上。这真是一幅"行营到处即为家，一卓穹庐数乘车"的契丹逐水草而居的绝妙景致。

《出猎图》绘于石棺前堵头内壁的上半部。下半部为一长方形石龛，有石刻两组。石棺后堵头内壁与前堵头外壁各绘盆花一幅，盆口作六瓣形花式，花枝对称而繁茂。其中一盆还画有四只天鹅。

2. 叶茂台七号墓壁画

七号墓位于辽宁省法库县叶茂台行政村第五自然村西山的南坡上。墓葬平面为方形，是由主室、前室和两个耳室组成的多室墓，包括墓道全长约16.7米。墓门为仿木结构建筑，均彩绘。主室后部安置一架木结构"小帐"式的棺室，内东西横放一具雕刻精致的宽大石棺，棺内为一老年契丹贵族妇女。随葬遗物异常丰富精美，除棺床小帐内挂的两幅山水、花鸟立轴绢画外，六幅壁画分别画于主室门外东西两侧和左右耳室门外两侧的壁面上。所画内容全是人物，都是侍立或捧物的大小男女仆婢，画法均为单线勾勒，平涂填色。男仆为契丹髡发，着小袖圆领长袍；女婢们有头戴巾、身穿右衽袍者。画法朴素，皆丰颐肥颊，妇女双颊全涂红粉，颇似唐俑风貌。人物造型，头部与身体的比例不准确，显得头大身小。

墓中还有一幅骑猎图，以墨线勾勒，画于木构棺室右窗槛板的内壁上。画面上有两个猎手骑马飞奔，一人右臂架鹰，一人拉弓射箭，紧追向前逃命的一只小兽。小兽已身中两箭，作垂死挣扎。两位骑者的马后，还有一匹空马追赶随跑。画面线条自然而简练，但人与马的造型都不准确，颇像随意勾勒的草图，更像任意勾画的速写。根据墓葬的综合断代，其属于辽圣宗统和初年，其中的壁画也应为这时的作品。

3. 陈国公主墓壁画

墓葬位于哲里木盟奈曼旗青龙山镇东北10千米斯布格图村北庙山的南坡上，辽代属上京道东南的降圣州或徽州。墓为砖砌多室墓，由墓道、天井、墓门、前室与东西耳室和后室组成，全长16米，后室与耳室为圆形。墓为辽圣宗皇太弟秦晋国王耶律隆庆之女陈国公主和驸马萧绍矩的合葬墓，公主死于开泰七年（1018年），年仅18岁。墓葬壁画亦当为同年所绘。

壁画绘于墓道、墓门、前室的壁面与券顶之上，后室与耳室无壁画。墓道东西两壁各绘一幅相互对称的侍从牵马图。侍从髡发、团脸、浓眉大眼，身着绿色圆领小袖衫，腰束带，下襟撩起披于带上，脚穿靴，左手执鞭，右手握缰，立于马首左侧。马一黄一黑，膘肥体壮，额前鬃毛与马尾皆捆扎装饰，颈下系挂黄铃，背上备有整套十分考究的鞍鞯。人与马均作慢步向外行进状。身后背景更有彩色朱红廊柱与斗拱和瓦簷，人马前后各绘一朵飘浮的祥云。墓门为花卉，一色墨线勾勒的缠枝牡丹，叶染青白二色，花瓣敷朱红，笔法熟练，彩色如新。前室两壁，东壁在耳室与后室门之间，绘女仆男侍各一人，女双手持巾，男双手捧唾盂，均面向后室，似碎步向前；西壁在同样部位画两名侍卫，均右手握骨朵，扛于肩，左手放胸前，面向后室，恭敬肃立。两壁人物身后与头顶之上各有一只仙鹤伴随朵朵祥云展翅向后室飞翔。前室券顶，深蓝色天空，点白色星斗；东壁画橙红太阳，中立三足乌；西壁画银白月亮，中描玉兔与桂树。壁画反映出契丹贵族的生活变化，虽仍出门骑乘鞍马，但已不再住逐水草迁徙的毡帐，而是住进了建筑华丽的深宅大院。瑞鹤、祥云、金乌、玉兔，也是学习并吸收汉文化的表现。这说明契丹贵族已在大踏步地向学习并吸收汉文化的道路迈进。

4. 庆陵壁画

庆陵是辽圣宗及其皇后的永庆陵、辽兴宗及其皇后的永兴陵和辽道宗及其皇后的永福陵的总称，位于巴林右旗白塔子北十余千米的大兴安岭中。陵墓所在的山辽代名永安山。三座陵墓东西排列，间距约两千米，通称东陵、中陵和西陵。墓门东南向，墓室都有前、中、后室和四个耳室，砖筑，抹石灰，再彩绘。中陵、西陵墓室平面呈八角形，均塌毁，壁画不存，只有东陵保存较好。东陵墓室除前室为方形，其余各室均为圆形，各室之间有长甬道相连。墓室全长 21.2 米，最宽处 15.5 米，最高处约 6.5 米，全有壁画彩绘，艺术水平很高。

辽圣宗逝世于太平十一年（1031 年）六月，同年十一月入葬永庆陵，墓中壁画当为同年所绘。

辽圣宗东陵壁画内容主要有人物、山水和图案装饰。墓门和墓内砖砌仿木结构上，绘红、绿彩，鸱吻涂黄褐色。仿木结构细部及壁画上边，以工笔彩绘龙凤、花鸟、祥云、宝珠和网格状图案纹样。在墓道、前室及其东西侧室，中室和各甬道壁面上，彩绘与真人等高的肖像人物 70 余位，多为契丹人，或髡头，或戴圆形毡冠。墓道两壁有 15 个头戴毡冠、身着小袖圆领左衽长袍、手执骨朵的仪卫，还有一匹备有鞍鞯的骏马。前室南甬道与中室南甬道绘有同样的仪卫。前室前半部分两壁各绘乐队六人，身穿黑袍，头戴直翅幞头。其余 40 个人物，以男性为主，多数髡发，少数戴毡冠，极少数戴直翅幞头，皆穿小袖圆领左衽长袍，有紫、绿、青等色，腰系革带，或拱手，或叉手侍立，当为圣宗朝南北院的臣僚肖像。只有两位并立的女性像，均穿绿色左衽长袍。人像上方均有契丹小字榜题。人像草图，先用锥尖划出细线，再用墨笔勾勒，然后敷彩。手与面部均染肉色，革带及仪仗多用红色。人物肖像，除抓住了契丹族的共同形象特征加以着力描绘外，还注意了每个不同身份人物的性格特点，进行着力刻画。有的粗犷强悍，有的清秀睿智，有的性情外露，有的城府很深，可惜因壁画损坏严重，面目残破，多数人物失掉了原有的风貌。只有《四季山水图》尚保存较完整，成了东陵壁画中的艺术精品。

《四季山水图》绘于中室的四壁，《春图》在东南壁，《夏图》在西南壁，《秋图》在西北壁，《冬图》在东北壁。画幅纵长 270 厘米，横宽为 180～190 厘米。这是契丹皇帝四时捺钵环境的形象描绘。契丹皇帝春捺钵到有水的地方捕天鹅，所以《春图》里在山花灿熳的溪水中和天空里，着力描绘了水禽中的天鹅形象。夏捺钵主要是避暑纳凉，欣赏自然风光。辽圣宗钟爱赏牡丹，所以在《夏图》里突出描绘了牡丹盛开的富丽姿容，并画牝鹿母子在泽畔吃草哺乳的恬静生活情趣。群鹿在山间霜染的秋林里追逐、鸣叫，是《秋图》的主题，也是秋捺钵射猎的主要对象。山秃、树枯、水冻、草黄是黯淡的冬天景色，觅食的野猪在沼泽地匆匆出没，警觉的鹿群耸耳张望，一派凄凉情调。画家以简洁精练的笔法真实地描绘出了北方原野四季风光的特色，同时也巧妙地表达出了契丹贵族不同季节的心理追求。画家在描绘不同对象时用不同线条，粗细有别，刚柔兼济，恰到好处地刻画了物体的特征。造型与用色基本写实，但又不被写实所囿，而把写实与装饰手法相结合。构图上，也把该突出的加以有意突出。如鹿、天鹅与牡丹花的形象，便故意在画面上适当放大，使之醒目而突出。这些山水画，画家把山水、花鸟与走兽巧妙地组合在一起，既富有浓郁的地方特色，又有鲜明的契丹画派的风格。

5. 其他墓葬壁画

其他四座壁画墓，有的内容类似，有的内容不同。内容类似者，如阿鲁科尔沁旗水泉沟方形内外墓室里的壁画，主室门枋内两侧各绘一侍臣，门的两侧各绘一供奉童子；内室外南壁立柱旁墨笔粗线画一男仆，双膝跪地，两手捧放胸怀，仪态诚朴。内室南壁画绘极为细致的工笔山水，其余壁面剥落而不知所绘内容。喀喇沁旗娄子店乡上烧锅一号圆形壁画墓，墓室北壁上方画一低头觅食天鹅，左书"万古千秋"；两壁画契丹游牧生活图，画面由毡车、牧群组成，上覆车篷的毡车停放在草原上，车后为牛、羊群，契丹牧人扬鞭驱赶，车右有猎犬随行，一派长途迁徙的游牧生活景象。所画均为墨笔单色。巴林左旗白音敖包的壁画墓，圆形主室因剥落而不知所绘内容，方形主室与耳室的两幅壁画则表现了新的生活内容，一为契丹烹饪图，一为生活器皿图。生活器皿为辽墓常见的盆、罐和长颈瓶等物。烹饪图上画一髡发契丹男厨师正手持长钩，在炉头熊熊的三足铁锅前烹煮肉食，胖脸上的嘴、眼和圆衣领处，均涂朱红，仿佛炉火映照的闪灼红光。巴林右旗白彦尔登的方形多室壁画墓，室内壁画因脱落已所剩无几，仅见有手持弓箭者的残部，高 120 厘米、宽 47 厘米的两扇木门上各彩绘一幅门神，左持长剑，右执长柄大斧。执斧者身穿甲胄，威武雄壮，面目狰狞，令鬼魅望而生畏，不敢入内。唐太宗以来出现的门神形象已在契丹贵族墓门上出现。更有趣的是，翁牛特旗广德公乡朝阳地一座石筑圆形单室墓葬里的大型木棺上出现了中原汉、唐流行的四神图样。木棺上盖为中间起脊的斜坡式屋顶，整体头大尾小，棺长 221 厘米，前高、宽 23 厘米，后高、宽 56 厘米。前开小门，门两旁木壁各彩画一捧奁、抱镜女婢，体态端庄，面颊丰满，颇类唐俑风姿；上部三角形壁面画朱雀，首尾赭红，身着墨色。棺尾后壁画玄武，一龟一蛇，红线勾勒。昂首短尾圆龟盘于座上，翘望吐舌的长蛇偎依龟旁。东壁绘青龙，体态细瘦，长130厘米，修长，张牙舞爪，腾云驾雾，白粉匀线，墨绿敷身，色彩异常鲜明。西壁绘白虎，因壁面腐朽，线色漶漫，尚隐约可辨。盖顶屋脊两侧壁面各画两排缠枝牡丹，每排七朵，上下分列，互相交错，装饰趣味很浓。

由上述几座契丹贵族墓葬即可看出辽代中期契丹人崇尚的壁画内容与艺术风格。

（三）辽代晚期的契丹壁画墓

辽代从道宗清宁至天祚末年的契丹贵族壁画墓葬比以前明显增多，除中期所画的内容有些继续保留外，墓道出现了规模宏大的出行图与归来图，还出现了宴饮、伎乐的场面等。这个时期有明确纪年的契丹壁画墓有清宁三年（1057年）的萧令公墓、大康六年（1080年）的库伦一号墓、天庆二年（1112年）的萧义墓。虽无明确纪年，但属于这个时期的较重要的壁画墓还有库伦六号墓、七号墓、八号墓、二号墓，以及奈林稿墓、翁牛特旗解放营子壁画墓、北大庙壁画墓、毛布拉沟三号壁画墓、敖汉旗康营子壁画墓、北三家一号壁画墓、丰收白塔壁画墓和察右前旗豪欠营三号墓。

1. 萧令公墓壁画

萧令公墓位于辽宁省阜新市清河门区西山村的山坡上，为二号墓。墓由八角形主室、前室及左右两个长方形耳室、墓门和墓道组成，通长约12.6米。墓道、前室与耳室都有壁画，因被破坏，白灰脱落，画面已所剩无几。墓道左壁后部仅存一块，上画墨笔淡彩骑马武士，马头向墓门；前室两壁上部和盖顶上画有墨笔淡彩的牡丹花和流云纹样；耳室壁面画髡发契丹人像，因壁画粘结黄土，画面已不清楚。主室坍塌，未见壁画痕迹。

2. 库伦契丹壁画墓

库伦旗奈林稿乡前勿力布格村北200米处起，有一道穿村而过的漫岗，长达5华里❶。在漫岗向阳坡上分布有几十座大中型辽代契丹墓葬，现已发掘的八座墓中有五座为规模宏大的壁画墓。这是一处辽代晚期显赫一时的萧孝忠及其子孙的家族墓地，壁画内容以出行与归来的宏大场面为描绘主题，充分展现了画家的构图、造型、线描、敷色等方面的艺术表现能力，是辽代晚期契丹墓葬壁画的代表作品，也是整个辽代契丹墓葬壁画里的精品。

以墓葬规模论，八号墓最大，由墓道、天井、墓门、甬道、墓室组成。墓深10米，全长应在60米左右，其中墓道长30.7米。可惜早期被严重破坏，壁画大面积被铲；地下水溢出，全部墓室无法清理。墓道壁画绘于南北两壁，每面长30米，总计170平方米。南壁绘出行仪仗，局部保存尚好；北壁为归来图，所剩寥寥。南壁所剩十位戴无脚

---

❶ 1华里=0.5千米，下同。

幞头的仪仗人物，两位执骨朵者在前，四位仗剑者紧随，还有一位双手捧物者、扛交椅者和两位捐大伞者依次排列，一线展开，构图比较呆板。但经画师对所画人物的高低、疏密、前后错落和左右顾盼等做了精心安排，并对每个人物的形象、性格、姿态作了细致入微的刻画，本来呆板的画面产生出自然的节奏和丰富的变化，显示了画师的高超技艺。特别是墓门前额两侧所画的迦陵频伽，本是只佛教传说中象征吉祥的妙音鸟，在辽代佛塔的门上多雕刻有它的形象，而经过画师丰富的想象，把鸟拟人化，变成一位长着鸟爪并展开双翼飞翔的盛装女菩萨。她手捧盛开的鲜红牡丹，爪下从衣裙里下垂已经图案化的长长的羽尾，与图案化的祥云巧妙衔接在一起，组成了一幅在天空飞舞的对称画面。妙音鸟下的立颊两侧各画一幅门神，高约2.5米。门神已脱落狰狞可怕的面孔，完全被画成了全副盔甲、威武英俊的武士形象。整个壁画，线条流畅，色彩明快而协调，富有艺术魅力。

一号墓的规模仅次于八号墓，也由墓道、天井、墓门、甬道、南北耳室和墓室七个部分组成。墓道长22.6米。墓室为八角形，耳室为六角形。壁画主要绘于墓道两壁、天井两侧和墓门上。墓道北壁画墓主人出行图，南壁画归来图，场面宏大，人物、车、马、驼、旗鼓众多。北壁画面长22米，共画29人，以主人为中心，以出行为主题，根据壁画构图，由内而外又可分为三组。第一组画主人车骑随从，是全画最精彩的部分。围绕在男主人身边的随从或恭听主人吩咐，或为主人捧帽，或替主人捧砚、握笔，或牵马等待主人骑乘；围绕在女主人一边的，女婢掌镜请女主人整容，男仆正分头紧张套车，随时准备女主人登车启程。每个人物的姿态、动势、表情都恰如其分，各不相同，符合生活情趣，表现了艺术家的独到匠心。第二组为出行仪仗，有的牵马、鹿，有的扶辕撩搭背，戴幞头者正列队等待。第三组为车骑导，正准备动身。归来图幅面与出行图相等，共画24人，二驼二车。根据画面内容亦可分为三组，也以第一组最能突出表现归来的情景。人、驼均已疲累不堪，双驼卧地休息，人也或席地而坐，或挂杖靠车轮而立，或扶辕而歇，只有二女婢，一个抱着女主人的包袱，与另一个说话。她们虽是女婢，但毕竟是随女主人乘车而回，因此还不十分疲惫。二组、三组与前大同小异。天井壁画分为上、中、下三段，下段画男女仆侍，中段画牡丹湖石，中段与上段之间加一道云纹装饰，上段再画竹林、仙鹤与荷花。墓门正面左右上角各画彩凤一只，高冠修尾，相向飞翔。门洞两壁外侧各绘一门神，满身盔甲，手握长剑，怒目欲裂，孔武有力。整个壁画，内容丰富，技巧娴熟，所画一须一发，一枝一叶，都力求精确，富于写实精神。人物结构准确，性格鲜明，表情自然，栩栩如生，呼之欲出；整幅构图，结构谨严，布局有方，繁而不乱，有浑然天成之威，实属辽代契丹壁画中的上乘之作。

一号墓出土一枚特为死者铸造的纪年瘗钱"大康六年"（1080年），这当为墓主人入葬的时间，也是墓葬壁画的绘制时间。瘗钱最早见于西汉孝文帝刘恒的陵园。辽道宗清宁二年铜钱亦为纪年瘗钱。看来,道宗年间有铸造瘗钱的做法,可能与道宗深谙汉文化有关。

六号壁画墓是一座早于一号墓的墓葬。从这座墓的壁画内容看,更富于契丹人喜畋游的民族色彩。墓道壁画内容尽管也是常见的出行与归来,但它的出行显而易见是出去狩猎。北壁 12 米长的壁画内容,表现墓主人行将出猎前正俯首虔诚祈祷,侍从们或引马拉驼或臂苍牵黄,准备远行的场面。特别引人注目的是满载行囊毡帐的驼峰上趴着一只淘气的小猴子。

骆驼负猴在唐俑中可见,这是波斯、大食人来中国长途贸易喜带之物。看来这位契丹贵族长途出猎,亦有些雅兴。这也表现了墓主人爱好与性格的一个侧面。墓门门额上还画了一组歌舞散乐图,两边四女吹弹伴奏,中间一女翩跹起舞,飘飘欲仙。这五位歌伎均为汉装,说明表演的也是汉族歌舞。由此亦可看出墓主人对中原文化艺术已产生浓厚的兴趣,至死念念不忘。靠近天井处绘有层层叠叠的群山,天井西侧则绘太湖石与牡丹。牡丹主干三分,花朵为没骨画法,花蕊中间深而外层渐浅,笔法工细。群山则颜色深黑,似用排刷所画,寥寥数笔,一挥而就,气魄有余而纤细不足,近乎粗率,是一种表现山峦的象征手法。与牡丹、湖石相比,必非出于一人之手。与当时已经十分成熟的北宋山水画相比,更不能同日而语。而两壁鞍马人物却画得比例准确、姿态生动、纤毫入微。据此分析,两壁人物鞍马与群山应出于契丹画师之手,而门额舞女与天井、湖石、牡丹应出于汉人画师之手。从歌舞伎绘画技法看,比之墓道人物显得线描拘谨,表情、动态略嫌呆板,而牡丹花的没骨画法及图样则明显来自中原传统。六号墓壁画是辽代契丹画师与汉族画师互相交流、互相融合的产物,是两种民族传统绘画与绘画风格的体现。

二号墓的壁画晚于一号墓,规模也小于一号墓。墓道也画出行与归来内容,构画与技法也有独特之处。出行图上未出现墓主人,只画一驭者牵马肃立,前有执骨朵之随从,后有捧香盒之侍女,似在静候主人出行。这一处理方法却与前者不同。男女均契丹装束,男子表情严肃而粗犷,女子则拘谨而娴雅,颇合人物身份。南壁归来图,画一高轮大车和车篷、遮阳及支车辕的三角架,还有伏卧车后的双驼。两位驭者,一老一少,少壮者席地而坐,衣领敞开,侧身回顾,矮个老者登石扶辕,含笑而站。二人似乎正在亲切交谈,极富生活情趣。近墓口处的山的画法与六号墓相似,也用宽笔勾画,山色棕褐,气势雄伟。傍山画苍松翠柏,山树掩映,风光幽雅。

七号墓也晚于一号墓,墓道壁画已开始趋于固化,人物走向墓门,皆为归来情景。23 米长的墓道上,除身后近墓口处都画松树山石外,西壁只画六人一马,东壁只画五人一驼,其中都有墓主人形象,最后都画两个汉人装束的扛物侍从。所画人物近乎肖像画,画师用流畅的线条,对每个不同人物的具体形象、神情意志、衣饰动作进行细致描绘，从而个个生动逼真地跃然壁上。而所画山石树木，不管是墓道两壁，还是天井两侧，都用粗宽的墨线勾绘轮廓，信笔所至，一挥而就。人物精细，山林粗犷，场面与人物简化，是七号墓的壁画特点。而四号墓的出行与归来图，只在墓门两侧画了一驼一马，简化成了出行与归来的象征。五号墓时间较晚，可能晚至辽朝灭亡的前夕。砖木结构的墓室与墓道仍有 18 米之长。整个墓葬施工草率，墓门已无彩绘斗拱装饰，墓道只有两条长长的白壁，无一笔绘画痕迹。库伦壁画墓既反映了辽代晚期契丹族的壁画艺术水平，也反映了萧孝忠家族的盛衰和辽朝契丹族的盛衰。

3. 敖汉旗契丹壁画墓

敖汉旗发现的四座辽代晚期契丹壁画墓，虽有与库伦壁画墓出行图相似的形式，但出现了完全不同的新内容。例如，北三家三号墓的墓道，与西壁归来图相对的东壁上，画一幅《刘三取钱图》。壁画由六人一马组成，人物全部穿着汉人服装。前有四人，一人手提叠合式饭盒，肩背红色布袋；一人左手拎长链花罐，右手握长把骨朵，二人正在交谈。第三人背长弓，挎箭囊，七支箭翼露于囊外，正举步前行；引马者手执长鞭，马备全鞍，准备出行。这四人颇有出行图之意。然而，其余二人，一老一少，厮打在一起，不可开交。老者头部上边榜题"此是刘三取钱"，少年头部上方榜题"为□□送伍佰"，似乎二人因争夺钱财殴斗。如此内容，画入墓道出行图上，颇为新鲜有趣，但令人费解。归来图一如通例，四人一车、两驼、一狗一猫，四人均为持物随从；车饰华美，样式别致。背景点缀山树，颇类卓歇图意。一号墓中的壁画，西壁画契丹人引马图，人、马造型均为静态；线描与用色颇见功力，堪称精品。东壁画汉人引马图，人、马姿态皆作动势。一静一动，对比鲜明；一庄一谐，情趣横生。线描用彩与构图颇见画师功力，堪称契丹壁画墓中的精品。墓道尽头与天井壁面绘头戴幞头身穿长袍的乐师奏乐图，其中东西两大鼓面上，东立一鸡，西坐一狮，且狮蹄呈击鼓状。这也是壁画上罕见的内容。壁画上还有门卫、侍吏、墓主生活、仆人厨炊及箱柜器物等，应有尽有。康营子壁画则以仪卫与侍奉饮食图为主，绘画技巧略逊北三家墓壁画。

4. 翁牛特旗壁画墓

翁牛特旗辽代晚期的契丹壁画墓，以解放营八角木椁墓里的壁画最有特色，也最有代表性，而且出现了新的内容与形式。木椁所绘有常见的毡车出行，侍女、门神和花鸟蜂蝶等图，其中出现了墓主人在野外宴饮的场面，并把散乐与宴饮组织成一体，与《卓歇图》有相似之处。在契丹墓壁画中，有侍奉、备食、厨炊等为墓主人准备宴饮的活动，但未见主人宴饮的具体场面。解放营子壁画上描绘了墓主人宴饮的具体活动。头戴饰金花毡冠、身穿窄袖红衣的墓主人居中而坐，摆放食物的饭桌置于面前，桌的左右两边各有一人；另一放炊具的小方桌摆在主人饭桌之前，桌的左右也各有一契丹侍从为酒宴忙碌，桌前还摆着三个辽代契丹人习用的长颈瓶，两桌之间即主人饭桌前置放方形铁火盆，一头戴黄色巾帻的仆人正双膝跪地，为主人烧烤肉食，火盆旁还放着一个圈足高杯。五个仆人为一个主人紧张忙碌。五个侍奉饮食者而外还有八位身穿汉服、头戴展翅幞头、脚穿麻鞋的乐师排成一列，为正在吃酒饮宴的主人吹奏乐曲。为墓主人服役的奴仆，有契丹族劳动者，也有汉族乐师。主人的背后，以淡墨勾绘山、树，且有野鹿追逐奔跑，天空彩云飘浮，一派契丹人喜欢的草原丘山野趣风光。画面反映的生活内容是具体而丰富的，但若以宴饮图的构图和人物造型而论，实属技法较低的作品。墓主人与奴仆之间，可能是有意突出主人的形象，因此与奴仆之间比例失调，这种画法在唐、五代的绘画中也有，但中间跪地烤肉之奴仆与其他四位奴仆之间比例也悬殊。以墓主人自身的比例看，也显得头部太大，上身与右臂太小，比例失调，说明画师对人体结构把握不准，而在人物造型上多有失误。整个壁画的人物造型，从自身到人与人、人与物之间，都不同程度地存在着比例失调、结构不准的问题。只有两幅花鸟蜂蝶图无此缺点，而且在构图上突出了契丹花鸟画中常用的双双对称的特点。海东青引颈展翅，双双对鸣；白天鹅曲项挺立，双双对鸣；都衬以对飞的蜂蝶、对开的花朵、对生的枝叶。整幅花鸟构图，处处都体现对称手法。茎干枝叶、花瓣鸟羽都墨线勾勒，随类敷彩，大小不同花朵间施以朱红、杏黄和粉红等色，质朴而活泼，色彩有鲜明的民间情趣。

参 考 文 献

[1] 脱脱，等.辽史·地理志［M］.北京：中华书局，1974.

[2] 脱脱，等.辽史·列传·耶律题子传［M］.北京：中华书局，1974.

[3] 脱脱，等.辽史·列传·耶律袅履传［M］.北京：中华书局，1974.

[4] 王寂.辽东行部志［M］."晨风阁丛书"本.哈尔滨：黑龙江人民出版社，1984.

[5] 脱脱，等.辽史·太宗纪［M］.北京：中华书局，1974.

[6] 脱脱，等.辽史·地理志［M］.北京：中华书局，1974.

[7] 中国古代书画鉴定组.中国古代书画目录（第二册）［M］.北京：文物出版社，1985.

[8] 宣和画谱（卷八）［M］.北京：人民美术出版社，1964.

[9] 虞集.道园学古录［M］.中华书局聚珍仿宋版印.

[10] 脱脱，等.辽史·宗室·义宗倍［M］.北京：中华书局，1974.

[11] 石渠宝笈（卷三十二）［M］.上海书店翻印台北故宫博物院影印《秘殿珠林石渠宝笈》初、续、三编合刊本，1988.

[12] 叶隆礼.契丹国志（卷六）［M］.上海：上海古籍出版社，1985.

[13] 脱脱，等.辽史·景宗（上）［M］.北京：中华书局，1974.

[14] 脱脱，等.辽史·圣宗（一）［M］.北京：中华书局，1974.

[15]杨树森.辽史简编[M].沈阳：辽宁人民出版社，1984：321.

[16]论语·雍也[M].北京：中华书局，1974：403.

[17]脱脱，等.辽史·兴宗（一）[M].北京：中华书局，1974.

[18]叶隆礼.契丹国志[M].上海：上海古籍出版社，1985.

[19]脱脱，等.辽史·道宗（一）[M].北京：中华书局，1974.

[20]脱脱，等.辽史·食货志（上）[M].北京：中华书局，1974.

[21]脱脱，等.辽史·营卫志（二）[M].北京：中华书局，1974.

[22]叶隆礼.契丹国志·国土风俗[M].上海：上海古籍出版社，1985.

[23]脱脱，等.辽史·地理志（一）[M].北京：中华书局，1974.

[24]脱脱，等.辽史·兴宗（二）[M].北京：中华书局，1974.

[25]脱脱，等.辽史·宗室[M].北京：中华书局，1974.

[26]陈述.全辽文[M].北京：中华书局，1982.

[27]脱脱，等.辽史·太祖（上）[M].北京：中华书局，1974.

契丹族的发式与服饰

第一节 发　式

中国自古以来就是一个多民族的国家。古代生活于不同历史时期、不同地域，处于不同社会发展阶段、采取不同生产方式、过着不同或相同的经济生活，具有不同文化传统、风俗习惯和宗教信仰的民族，在头发样式上都会有各自不同的处理方式。若以蓄发与剃发分，有全蓄与全剃者，有部分蓄与部分剃者，还有蓄而剪短者；若以发型样式分，概括言之，有束发、披发、辫发等不同形式。束发的方式也千差万别，辫发与披发的形状更各有特点。总而言之，在漫长的中国古代社会里，生活于伟大祖国土地上的各民族，特别是生活于边疆地区的各古代民族，其发型样式真乃多种多样。契丹族就是其中具有独特发式的古代北方民族之一。

契丹族是东胡的后裔之一，东胡属于古代北方部分剃发的民族。《后汉书·乌桓鲜卑列传》记载："乌桓者，本东胡也……以髡头为轻便；妇人至嫁时乃养发，分为髻，著句决，饰以金碧，犹中国有簂步摇。""鲜卑者，亦东胡之支也，别依鲜卑山，故因号焉。其言语习俗与乌桓同。唯婚姻先髡头，以季春月大会于饶乐水上，饮宴毕，然后配合。"于此可知东胡族里的乌桓与鲜卑都有髡发之习俗，髡发的时间与蓄发样式不尽相同。这里的所谓"髡发"即剃发之意。何以古代汉文史籍记载不用剃发而用"髡发"呢？古代生活于中原地区的汉族（华夏族）有着"身体发肤，受之父母，不敢毁伤"的传统礼教信仰，认为不分男女，头发是不可剃的。古代汉族的剃发是一种刑罚，是对罪犯的一种惩处，名曰"髡刑"。在汉族人的观念里既然如此，所以，把生活于边疆地区的少数民族剃去一部分头发的习俗，统名之曰"髡头"或"髡发"，这是封建时代汉族史学家对边疆少数民族剃发习俗不理解而产生的一种歧视与不敬的表现。契丹族起源较晚，其属系虽说法不一，但应属于鲜卑系。《新唐书·契丹传》载："契丹，本东胡种。其先为匈奴所破，保鲜卑山。魏青龙中，部酋比能稍桀骜，为幽州刺史王雄所杀，众遂微，逃潢水之南，黄龙之北。至元魏，自号曰契丹。"《辽史》与此说相同。关于契丹的发式，从最早有关于契丹记载的《魏书》《隋书》，到较晚的《新唐书》《新五代史》和最晚的《辽史》，均无记载。只有《契丹国志》与《宋史·宋琪传》有一条基本相同的记载："又有渤海首领大舍利高模翰兵，步骑万余人，并髡发左衽，窃为契丹之饰。"可知契丹与鲜卑的发式皆为"髡发"，但髡发的样式如何，不得而知。沈括在北宋熙宁年间出使辽国，写有《熙宁使虏图抄》，其中有关于契丹发式的记载："其人剪发，妥其两髦。""妥"者，垂也。"髦"者，垂发至眉也，又谓毛中之长毫曰髦。这里的"剪发"与"髡发"又相抵牾。当未得考古发现之前，对于鲜卑与契丹的髡发样式究竟如何，谁也不得而知。曾有契丹画家耶律倍（李赞华）的《射骑图》和胡瓌的《卓歇图》等传世绘画作品，也有契丹人的髡发形式，但也无人敢断然判定那就是契丹人的头发样式。只有当辽庆陵的东陵被发掘，墓内出土了描绘契丹人形象的壁画，契丹人的所谓髡发样式才为世人所知。随着契丹考古的更多发现，契丹男子的髡发形式有了更加丰富的形象资料，同时也发现了契丹妇女的髡发样式。随着和林格尔汉墓壁画公之于世，乌桓、鲜卑的髡发形象大白于天下，契丹的髡发与鲜卑的髡发有了形象对比的资料。从和林格尔汉墓壁画《宁城图》上可以看见的乌桓、鲜卑髡发形象是：剃四周而留一小部分顶发。契丹的髡发样式正好与乌桓、鲜卑相反，剃顶发而留四周或四周之前后和左右鬓发。契丹族男子的发式，根据现有考古发现中墓葬壁画上所能见到的髡发式样，与契丹传世绘画上契丹男子的髡发式样作对比分析，可以看出有以下四种不同形式。

（1）剃去颅顶的全部头发，留下头颅四周边沿的头发，下垂披散。所留余发，长短不一，有的两鬓长而额前、脑后短。留这种发型样式的形象资料有：①耶律倍（李赞华）所绘《射骑图》中契丹人的形象，为辽代建国初期的契丹人发式。②辽庆陵东陵出土的壁画上手执骨朵的契丹人的发式是这种模样。③据传为五代时的《骑马出猎图》上的契丹人发式，其中有两个也是这样。④翁牛特旗山咀子三号墓壁画煮饪图上的契丹人形象。

（2）剃去颅顶和脑后的全部发，留下前额与两鬓的发，两鬓长发在耳前或耳后下垂。留这种发型的形象资料有：①《卓歇图》中有一侧身牵马者是这种发型；②法库叶茂台七号墓壁画上的契丹人形象多为这种发型；③库伦辽墓一号墓中的契丹人多数是这种发型，二号、六号、七号墓壁画上的契丹人都有这种发型；④敖汉旗康营子辽墓壁画上《仪卫图》《侍奉图》里的契丹人发型多为这种式样。

（3）剃去颅顶和额前头发，只留两鬓与脑后之发，两鬓长发垂于耳前。这种发式比较少见，只有库伦一号墓壁画上有此发型。

（4）只留两鬓上的两绺长发，或由耳前下垂，或由耳后下垂，颅顶与额前、脑后之发全部剃去。胡瓌《卓歇图》上的契丹人不戴巾帻者主要是这种发型，而且有的还编成小辫，由耳后下垂。库伦一号墓、六号墓、七号墓和敖汉旗北三家一号墓壁画上的契丹人都有这种发型，且多数为由耳前下垂，均不编辫，有的还把这绺鬓发由佩戴的圆耳环中穿过下垂。

以上就是迄今所知契丹人的所谓"髡发",即剃发形式。这四种形式又有一些各自的变化,或部位略异,或长短有别。然而,不管如何变化,剃去颅顶的头发,即"髡顶"为其根本特点。所留四周余发,额前、脑后者短,两鬓者长,又是其特征。额前之发可留可剃,脑后之发亦可留可剃,唯有两鬓之发是必留而不可剃去的,是契丹发式之另一特点。

契丹男性的发式已知究竟,女性的发式又是什么样的呢?

契丹妇女的发式亦为"髡发",且与男性的"髡发"形式不同。传世绘画《卓歇图》和库伦一、二号辽墓壁画中都有契丹妇女的形象,但因头上的发型被帽子所遮盖,"髡发"与否、什么式样都不得而知。察右前旗豪欠营六号墓出土的契丹女尸所保留的完整发式是迄今为止所知契丹女性发式的唯一实例。她的前额上部至两鬓剃去5.5厘米宽的一片头发,已长出了0.8厘米长的发茬。颅顶部分的长发集为一束,在顶部偏后用丝带结扎;另从鬓上左侧分出一绺头发,编成小辫,绕经剃去头发的正中,压在颅顶束发之上,结扎在一起,若马尾状垂于脑后。其余未束之发,自然披散脑后,垂于颈部之下。两鬓只见右侧剩有3~4厘米长的头发十余根。这就是契丹女性的"髡发"样式。东胡系的女性如乌桓、鲜卑都有髡发习俗,契丹妇女髡发亦符合其传统,不足为奇。

契丹族的发式何以要剃去颅顶的头发呢?这是否包含着契丹人的某种信仰在内?中原华夏族和汉族的不敢剃发,是因为"身体发肤,受之父母,不敢毁伤",出于孝道观念;乌桓、鲜卑是以髡发为轻便,而剃去颅顶四周之发;契丹族的髡顶又是何意呢?这是否与契丹人的天灵信仰与祭天习俗有关呢?北方人名颅顶骨为"天灵盖",头顶即上天之象征。这是否与契丹族剃去颅顶之发,而表示其天灵信仰与祭天习俗有关呢?解放前北方地区的农村仍保留有剃发与留什么部位的发与某种信仰有关的习俗。例如,女孩12岁前为了长命要留"姑子头",即如契丹男子髡顶留四周发的发型,所不同者乃四周沿边还要剃一圈;男孩12岁前为了长命,或在囟门部位留一部分发,名曰"马鬃",或在耳上头的左右两侧各留鸡蛋大一片头发,长长的可以编小辫,名曰"看家辫"。这些男女儿童的发型都有一定的用意,即为了长命。难道作为一个民族的固定发式,能无任何信仰寄托?古代许多北方民族都有崇拜天为至高无上之信仰,契丹族祭天、拜日在其整个民族信仰习俗中尤为突出。契丹建国之后,凡军国大事,无不以"兆""验""果",用"天意""天命""天佑""天助"等观念做出解释;辽代的契丹皇帝,从耶律阿保机开始,自称为"大明天皇帝""天授皇帝""天赞皇帝""天辅皇帝""天祐皇帝""天祚皇帝",几次改元为"天赞""天显""天禄",无不显示出对天的无上崇拜和祈求保佑。契丹族把对天的原始崇拜和祈求保佑的天灵信仰化为每个人终生不渝的具体行动,体现在剃去头顶头发的"髡发"习俗中,是完全可以理解的。

契丹族的髡发习俗,由唐末五代初的传世绘画上的发式形象可推知建国之前就是这样；由辽代晚期墓葬壁画上的发式形象亦可推知辽亡之后的一段时间里，即在女真贵族所建立的金王朝的统治下，在北方地区聚居的契丹族仍可能保留这种发式。耶律大石建立的西辽亦应为这种发式。只有完全投降了女真族的契丹人，如姓完颜者，才会最先改变其发式。随着契丹族被其他民族所融合而最后消失，这种发式或部分融合于蒙古族的发式之中，或彻底消失。

第二节 传统服饰

服饰是民族文化的组成部分之一，也是各民族文化互相交流、互相影响、互相融合的内容之一。每一个古代民族的服饰都与其特定的生产方式、生活方式，即特定的经济来源、文化素养、风俗习惯和自然环境有着密切的关系。生活于古代北方地区的以狩猎游牧为主要经济生活来源，整日伴随着鞍马车帐，四季逐水草而迁徙的契丹族，与过着同样经济生活的古代其他北方民族有着大致相同的服饰和风俗习惯。他们也向往比自己先进的中原地区汉族的经济文化，或通过贸易进行交换，或采取掠夺所得，以丰富和改善自己的生活，其中包括服饰在内。契丹族早期的服饰更无确载，但从反映契丹晚唐五代时期生活的绘画《卓歇图》《骑马出猎图》和《射骑图》上可以看到契丹男女的服装样式。结合辽代墓葬壁画契丹男女的服饰和实物资料，与文献记载相对照，可知契丹族所固有的传统服饰。

契丹族建国前的主要经济生活来源是狩猎获得的野兽和游牧饲养的家畜，所谓食肉衣皮。皮毛是当地物产所提供的衣饰之源。光靠皮毛解决衣饰是不够的，还需要有丝麻织品来补充，这就必须与中原交换。《魏书·契丹传》记载："真君以来，求朝献，岁贡名马。显祖时，使莫弗纥何辰奉献，得班飨于诸国之末。归而相谓，言国家之美，心皆忻慕。于是东北群狄闻之，莫不思服。悉万丹部、何大何部、伏弗郁部、羽陵部、日连部、匹絜部、黎部、吐六于部等，各以其名马文皮入献天府，遂求为常。皆得交市于和龙、密云之间，贡献不绝。"这是契丹与中原王朝，即拓跋鲜卑建立的北魏王朝的交往情况。"心皆忻慕"，是契丹人向往中原的经济文化；"皆得交市于和龙、密云之间"，其中交市之物必然包括丝绸麻褐之类的衣料在内。"及世宗、肃宗时，恒遣使贡方物。熙平中，契丹使人祖真等三十人还，灵太后以其俗嫁娶之际，以青毡为上服，人给青毡两匹，赏其诚款之心，余依旧式。"这说明，在北朝时，契丹虽与中原发生贸易关系，但衣饰的主要原料还是皮毛，由青毡竟成了嫁娶时的上服衣料可知。青毡是契丹的特产之一，五代时还遗南唐以青毡帐，可知青毡为契丹传统产品之一。

隋唐以来，契丹日益强大，与中原王朝服叛不常。唐初，摩令与窟哥与李唐王室关系和好，窟哥被赐李姓，任松漠都督。唐太宗伐高丽还，"过营州，尽招其长窟哥及老人，差赐缯采。以窟哥为左武卫将军。"这所赐缯采，即色彩华丽的高级丝织品衣服原料，已与北魏所赐青毡完全不同，可知服饰的进步。

到唐朝晚期，"太祖（耶律阿保机）仲父述澜，以遥辇氏于越之官，占据潢河沃壤，始置城邑，为树艺、桑麻、组织之教，有辽王业之隆，其亦肇迹于此乎"。由此可知，光靠市场交易所得的布帛是不能满足服饰用料之需求的，为了从根本上满足契丹人民衣饰之需要，还必须亲自学习种植桑麻，学习纺织等手工业技术，以解决契丹民族的穿衣问题。

契丹建立辽王朝之后，对桑麻种植和纺织业的发展更加重视。卢文进投附契丹时，曾"驱虏数州士女，教其织纴工作，中国（汉地）所为者悉备"。上京有绫锦院，专门为皇室织造高级丝织品。契丹初年，曾向后梁进献过朝霞锦、云霞锦等精致的丝织品。契丹境内的纺织不仅在绫锦院，沿大凌河的灵、锦、宜、霸四州，专门生产蚕丝，各曰太后丝蚕户。中京白川州"地有桑柘，民知织纴之利。岁奉中国宋币帛，多书白州州程户所输云"。还把布当作通货交换的标准，可知纺织业的发展是有相当普遍性的。再加上与宋朝和周围各国的商业往来、输入输出，其中都有不少的织品和皮毛制品。这就为契丹族的服饰制度的改革奠定了物质基础。

契丹族的传统服饰，《契丹国志》与《辽史·仪卫制》里都有记载，但十分简略。《契丹国志》称"胡服"，《辽史》称国服，宋绶《契丹风俗》称"番服"。这里的"胡服""国服""番服"，都是指契丹族固有的、具有民族特点与地区特点的传统服饰。契丹族的传统服饰也包括头衣、身衣和足衣，即冠帽、衣裤和靴袜。外衣以长袍为主，衣无长短，一律左衽。

契丹族的服饰可分为两个时期，即完全穿着传统服饰的时期和传统服饰与汉族官服并用时期。

会同以前，全穿传统服饰；会同中，皇帝开始穿汉服。《辽史·仪卫志》"汉舆"载："太宗皇帝会同元年，晋使鸿道、刘煦等备车辂法物，上皇帝、皇太后尊号册礼。自此天子车服昉见于辽。"这就是说，从会同元年开始，由石敬瑭这个儿皇帝，派使者给契丹父皇辽太宗和述律太后送来了车辂法物，契丹皇帝才有了中原皇帝的服饰。由于同时献来燕云十六州的图籍，增加了广大的汉族农耕地区需要管理，这就在官吏的任用上也不得不发生一些必要的变化，以至三年"十二月，丙辰，诏契丹人授汉官者从汉仪，听与汉人婚姻"[1]。"会同中，太后、北面臣僚国服；皇帝、南面臣僚汉服。乾亨以后，大礼虽北面三品以上亦用汉服；重熙以后，大礼并汉服矣。常朝仍遵会同之制。"这就是契丹族在服饰穿着上的大致变化过程。

第三节　男子传统服饰

契丹男子的传统服饰，头上的冠饰，主要是毡冠和巾帻；身上的衣饰，上衣主要是窄袖、圆领左衽袍，腰束革带或丝带，下衣为裤和吊敦；足上穿皮靴。

一、冠饰

冠是汉族的特有称谓，是专指圈套、紧束头顶上发髻的东西而言。这里所说的冠饰是指帽子，并不是本来意义的冠饰。就本来意义来讲，契丹男子是不需要冠的，因为他们髡顶，无发髻可束，也就根本无需乎冠饰了。这里所谓的冠饰，就是指帽饰而言。

根据《契丹国志》和《辽史·仪卫志》的记载，契丹男子的冠饰有以下几种：

1）毡冠："蕃官戴毡冠，上以金华为饰或以珠玉翠毛，盖汉、魏时辽人步摇冠之遗象也。额后垂金花织成夹带，中贮发一总。"《辽史》所载基本相同。

2）纱冠："或有纱冠，制如乌纱帽，无檐，不撅双耳，额前缀金花，上结紫带，带末缀珠。"《辽史》所载亦同。

3）幅巾：或紫皂幅巾，或绿巾。

4）金冠："大祀，皇帝服金文金冠。"

5）硬帽："小祀，皇帝硬帽。"

6）实里薛衮冠：这是皇帝穿朝服所戴。

7）貂蝉冠："（辖底）异母兄罨古只为迭剌部夷离堇。故事，为夷离堇者，得行再生礼。罨古只方就帐易服，辖底遂取红袍、貂蝉冠，乘白马而出。乃令克人大呼曰：'夷离堇出矣！'众皆罗拜，因行柴册礼，自立为夷离堇。"[2]

以上七种冠饰即属于契丹族建国前后文献记载中所知的传统冠饰。这些冠饰只限文字记载，多数并无实物可对照，只有其中的"毡冠""纱冠"和"幅巾"还可以从已经发现的反映契丹族生活的墓葬壁画和传世绘画上作一些对照揣测。

辽庆陵东陵壁画南宫部分就有手执骨朵、头上戴冠的契丹族人形象。这种冠实为帽子的具体形状。帽字产生较晚，《说文》和《六书通》解释："'冃'（帽），小儿及蛮夷头衣也。"说明帽子最早为边疆少数民族所戴，其中当然亦应包括古代北方民族中的东胡。又《后汉书·服舆志》载："上古衣毛而冒皮。"这正是北方民族的生活特点。而东陵壁画上契丹人所戴的帽子，其形状正与古"冃"字的形象十分相似。这种帽子可能就是文献记载上的"毡冠"。有的认为是巾子[3]，有的认为是"纱或毡帽，但不见有金华结带之饰，恐亦画者简略。"[4]翁牛特旗解放营子辽墓壁画的《宴饮图》上，"正中墓主人席地而坐，头戴毡冠，前沿有金华缀饰，耳侧系带"[5]。而解放营子的毡冠与东陵的毡冠，形状是完全不同的。库伦旗奈林稿乡前勿布力格村七号辽墓壁画上，契丹族墓主人"右手端红色方口圆顶帽"[6]。文献［6］作者对该帽未作任何判断与推测。这是一顶形似覆斗、顶是圆弧、顶上并有装饰物的帽子，应为契丹族的传统冠饰，是否为毡冠之另一形式，尚待研究。

　　头裹幅巾的契丹男子，在已出土辽墓壁画里的契丹人物形象上尚未见到实例。只有胡瓌所画《卓歇图》中有不少头戴幅巾的契丹男子。幅巾由额前经两鬓向后，紧箍头顶，将额前、两鬓所披散下垂之发全收包于巾里，至脑后系结，有带结垂露。《卓歇图》为晚唐五代时所绘，反映出契丹男子在五代之前已有头裹幅巾的习尚。头裹巾子的习俗，中原汉族比契丹族为晚。据赵彦卫《云麓漫钞》卷四记载："宣政之间，人君始巾。在元祐间，独司马温公、伊川先生以屦弱恶风，始裁皂绸包首。当时只谓之温公帽、伊川帽，亦未有巾之名。至渡江方著紫衫，号为穿衫尽巾，公卿皂隶，下至闾阎贱夫，皆一律矣。巾之制有圆顶、方顶、砖顶、琴顶。秦伯阳又以砖顶去顶内之重纱，谓之四边净。外又有面袋等，则近于怪矣。魏道弼参政欲复衫帽，竟不能。"这是中原头裹巾子的流传情况。北宋后期司马光和程颐"始裁皂绸包首"，即裹幅巾，可能也是受了契丹族头裹幅巾的影响才出现的，只是不教明说罢了。因为，《宋史·服舆志五》里有这样的记载："（徽宗大观七年）又诏放为契丹服若毡笠、钓墩之类者，以违御笔论。"既然契丹族的毡冠、钓墩对宋朝的冠戴衣饰都产生了很大的影响，以至引起皇帝的下诏禁止，那么头裹幅巾这种十分轻便、又适宜中原人民的生活条件的装束，当然更会易于被接受。只是因怕说成是受契丹影响，只好假托因"屦弱恶风，始裁绸包首"，这就可以自由裹戴了。

　　纱冠，亦名幞头，乃中原汉族的冠式，虽被列入国服，实非契丹族的传统服饰。因此，除辽朝作为朝服为契丹官吏所戴外，对整个契丹族的冠饰并无多大影响。

　　貂蝉冠应为契丹族建国前部族首领夷离堇的冠饰，具有权力的象征，只是具体形制不详。貂蝉应为冠上之饰。《后汉书·朱穆传》载："假貂珰之饰，处常伯之任。"李贤注："珰以金为之，当冠前，附以金蝉也。"又《晋书·服舆志》载："武冠……左右侍臣及诸将军武官通服之。侍中、常侍则加金珰，附蝉为饰；插以貂毛，黄金为竿，侍中插左，常侍插右。"可知在汉代和晋朝已有用貂蝉装饰冠帽的习尚。王国维在《胡服考》中认为："若插貂蝉和鹖尾，则确出胡俗也。"可知汉、晋冠上饰貂蝉是受北方民族冠饰影响的结果。契丹夷离堇所戴貂蝉冠，乃是对胡冠的继承，是标准的传统冠饰。这貂蝉冠应为契丹皇帝在辽代祭山仪中所戴的金文金冠的前身或原形。

　　古代北方民族都有头戴金冠的习尚，契丹皇帝的金文金冠就是这一传统的表现。在奈曼旗青龙山镇辽墓中已发现陈国公主驸马萧绍矩随葬的鎏金银冠一顶。鎏金银冠用银丝连缀十六片镂雕鎏金薄银片制作而成。额前两片，脑后两片，左右两侧各三组，每组两片，共十二片。银片边缘多呈云朵形，唯脑后上边一片为桃叶形。额前下片正中錾刻一道教人物像，并錾刻云朵、凤凰。额前上片錾刻双凤。两侧下部两组银片上亦錾刻凤凰。脑后两片均刻双凤、云朵。鎏金银冠前面缀有十九件圆形、两件桃形鎏金银饰件，有的镂刻凤凰，有的镂刻花朵；还有一件宝珠形鎏金银牌饰和两件立雕鎏金银凤凰。冠的口部有一圈圆形冠沿，比冠体略小，口径 18 厘米，冠高 30.4 厘米。整个鎏金银冠，造型美观别致，工艺异常精湛，是契丹冠饰中难得的珍品。宋人孟元老在《东京梦华录》中记载："正旦大朝会，大辽大使顶金冠，后檐尖长如大莲叶。"以这件鎏金金冠后檐的形状与记载相照，颇有相似之处。这种冠饰《辽史》《契丹国志》中都没有记载，弥补了文献资料之不足，也为研究契丹服饰提供了新的可靠的实物资料。

契丹族建立辽国之后，不仅皇帝与臣僚在冠饰制度上有严格的区别，就是头上裹一块幅巾或巾子，也不是普通人随便可以裹的。《辽史·仪卫志》"国服"里明确记载："道宗清宁七年，诏非勋戚之后及夷离堇副使并承应有职事人，不带巾。"不消说辽代的一般贫穷的契丹人是不得戴巾子的，即使是富有的契丹人也只能髡头露顶，不许随便使用巾子。有钱豪富想取得戴巾子的资格，需要向政府缴纳大量牛羊，才可买得这种资格。难怪辽墓壁画上出现的许多契丹男子，传世绘画里的许多契丹男子，无论冬夏，都是髡头露顶。别说戴冠饰，就是戴一块巾子都成了契丹人身份与地位的标志。这种现象应该是契丹族进入阶级社会以后的事，当契丹族尚处于民族部落时期，恐怕是不会有这种等级森严的不合理制度的。

二、衣饰

契丹男子的衣饰，应包括外衣、内衣、上衣、下裤，应包括夏衣和冬衣，还应包括官服与民服。根据《契丹国志》记载，契丹男子的传统服装有"服紫窄袍，加义襕，系䩞鞢带，以黄红色绦裹革为之，用金玉、水晶、碧石缀饰"。"绿花窄袍，中单多红绿色。贵者被貂裘，貂以紫黑色为贵，青色为次，又有银鼠，尤洁白；贱者被貂毛、羊、鼠、沙狐裘。""以貂鼠或鸭项、鸭头为扞腰。"《辽史·志》卷二十六《仪卫志二》"国服"里记载："大祀，皇帝服金文金冠，白绫袍，红带，悬鱼，三山红垂。小祀，皇帝硬帽，红克丝龟文袍。""朝服：太祖丙寅岁即皇帝位，朝服衷甲，以备非常。其后行瑟瑟礼、大射柳，即此服……皇帝服……络缝红袍，垂饰犀玉带错，络缝靴，谓之国服衮冕。太宗更以锦袍、金带……公服：谓之'展裹'，著紫……皇帝紫皂幅巾，紫窄袍，玉束带，或衣红袄。"常服和朝服，臣僚所着与《契丹国志》同。"田猎服，皇帝幅巾，擐甲戎装，以貂鼠或鹅项、鸭头为扞腰。蕃汉诸司使以上并戎装，衣皆左衽，黑绿色。吊服，素服，乘赭白马。"根据以上记载，传统衣饰的主要特点是窄袍；猎服为戎装，左衽，黑绿色。

以传世绘画和辽墓壁画上所见的契丹男子所穿着的衣饰观察，不管尊卑贵贱，一律穿着一件窄袖、圆领、左衽过膝长袍。这种衣饰至今未见实物，只在画上见到。因为画上的圆领袍看不出衣衽关系，所以一般服饰史研究者都避而不谈；上海市戏曲学校中国服装史研究组编著的《中国历代服饰》"辽、金、元"部分辽代北班服饰所绘356图，就是一件左衽、窄袖、圆领长袍。这种窄袖、圆领袍怎么能断定它是左衽呢？库伦六号墓出猎图上，有两位髡发契丹男子正在交谈。架鹰者四分之三侧立，在束腰之下，窄袖圆领袍左侧的前襟向外翻卷，露出左衽的衣缘。另一位侧身站着，左侧腰带下的前襟也明显向外翻着。这种翻卷的情况，与汉族所穿右衽圆领袍左侧腰下的开衩情况不同，前者为左衣襟叠压右衣襟，后者则为衣衩两边分开，互不叠压。最能看清左衽的，是库伦一号墓归来图上，停放的驼车前有一位席地而坐的契丹髡发男子，圆领袍的上衣襟已解开下垂，完全说明了他所穿的是一件左衽、窄袖、圆领袍。唯有这个人物的衣襟，才能准确地说明契丹男子的窄袖圆领袍是左衽。由此可知，"衣皆左衽"的戎装田猎服也就是这种左衽、窄袖、圆领袍。因为，辽墓壁画上的出行图与归来图都是反映契丹田猎生活的；《卓歇图》《射骑图》《出猎图》等传世绘画也都反映契丹族的射猎生活的情景，射猎的契丹男子所着的也都是这种窄袖、左衽、圆领袍。猎服的戎装如此，二八地的放牧者、翁牛特旗山咀子三号墓的煮饪者、敖汉旗康营子墓的侍奉者（甬道西壁）和仪卫者、巴林左旗白音敖包墓的烹饪者、翁牛特旗解放营子墓宴饮图上头戴毡冠的宴饮者、辽庆陵东陵壁画上头戴毡冠手执骨朵者，也都是穿着这种左衽、窄袖、圆领袍。这里有达官贵人和贫贱者，不分上下尊卑，都着这一种袍服。由此可知，这左衽、窄袖、圆领袍，就是契丹族传统衣饰里最常穿的一种衣服。这种衣服在契丹建国前普遍穿着，在建国后仍然普遍穿着，这应该是契丹族最基本的国服。《契丹国志》所记的各种窄袍也应该是这种样式；《辽史》里说的各种袍也应为此式，只是质地、纹饰、颜色不同而已。

关于衣饰的颜色，文献记载是根据皇帝、臣僚之间不同的身份地位和品级而定的，这已是受了中原汉族官服颜色的制度的影响而出现的。传世绘画和墓葬壁画上衣饰的颜色比较丰富多彩，不大受地位与品级的限制。

穿在圆领袍里边的衣饰叫中单，文献记载上只有红、绿二色，而在传世绘画和墓葬壁画上所见的，未见红、绿，多为白色和米黄等浅淡颜色。中单均为交领，亦都左衽。

下衣均穿裤，裤脚全装入靴筒里。

三、腰带

袍服的腰部全束腰带，这是契丹男子传统服饰的一个有机组成部分，不可缺少。因为这是游牧民族生产、生活反映在服饰上所必需的东西。中国古代北方民族都有在腰上系革带的习俗，在带上还有各种特有的装饰品，还系带生产、生活及战斗所必须随身携带的小件物品。匈奴族有精致的腰带，东胡的各族也都有腰带，其中以鲜卑族的"鲜卑郭洛带"最为有名，以至传入中原，为中原华夏和汉族所爱好并加以吸收改造，发展成为汉族的腰带系统。契丹族是东胡的后裔、鲜卑的直接支系，又兴起于北方各族的腰带发展成熟定型为"蹀躞带"的时期，所以契丹族的腰带，特别是上层贵族的腰带，是十分考究的。文献记载上的腰带，只有一处，"系韠鞢带，以黄红色條裹革为之，用金、玉、水晶、碧石缀饰。"记载虽简略，但把主要特点及制作方法都概括说明了。随着考古发掘的不断发现，了解到的契丹男子腰带的具体形态和不同样式也越来越多，现根据传世与墓葬壁画上的腰带形状和考古发现的较完整的实物资料，按时代先后作一些概括的介绍。

五代时契丹男子所系的腰带，从《卓歇图》和《射骑图》上可以较清楚地看到，腰带较窄，基本相同，紧束在腹部，无系结的痕迹，带上也没有文献上说的装饰物，只在带的右侧悬挂射猎用的箭囊。这些腰带应为革带，但不是蹀躞带或韠鞢带，只是普通的革制腰带。与之同时的辽太宗耶律德光所系的腰带为"金带"，这应该属于用黄金饰件装饰的极其贵重豪华的腰带了。

辽附马赠卫国王的金蹀躞带，赤峰大营子契丹墓出土。入葬时间为应历九年（959年），属于辽代早期的契丹贵族男子的腰带。出土时革带基本完好，大部分金质带具连在一起，可以比较准确地看出蹀躞带的形制。革带长约80厘米，宽3.5厘米。带上缀有方形金带铐七件、心形金带铐两件、椭圆形金带铐一件及其他带具。方形金带铐的下部有横长条形"古眼"，下垂有佩系物品的小带，小带上缀有小带扣、带箍、铊尾，并有三件葫芦形金带饰。佩系物品有包银鞘铁匕首、包银鞘短剑、八角形包金银佩、四鱼纹银壁等。

辽陈国公主驸马萧绍矩的金蹀躞带，奈曼旗青龙山契丹墓出土。入葬时间为辽圣宗开泰七年（1018年），与赠卫国王的金蹀躞带相距将近60年，是一件迄今为止所见契丹贵族最完整的腰带。之所以能保存非常完整，是因为用银片代替了革鞓制作而成，故又叫金铐银蹀躞带。腰带长156厘米，宽3厘米，出土时还束在萧驸马的腰部。腰带前端缀方形金带扣，并配有金带箍；尾端缀圭形金铊尾一件。带身前部偏中缀方形金带铐十一件，后部缀桃形金带铐五件。方形铐与铊尾上都有锤鍱而凸起的浮雕形兽面纹饰。十一块方形铐下部都有长方形"古眼"，内穿十一条小窄银带，带上缀小金铐和铊尾，以备佩挂物件。前后小带内侧的两条小带上，一挂金花银囊，一挂倒悬金葫芦形饰。每条小带上的金铐、金铊尾均有兽面纹饰。带身悬挂多种佩饰与用具，右下腹挂有银鞘银刀、鎏金银鞘玉柄银锥各一件，左下腹除挂银鞘银刀外，还挂有琥珀小瓶、琥珀双鱼、琥珀鸳鸯各一件。这条精美绝伦、保存十分完整的金銙银蹀躞带及其佩饰充分展示了契丹贵族男子所系腰带的风采。

在这条金銙银蹀躞带里边还系有一条丝织品腰带，名曰大带，带身已朽，仅见其痕迹。大带是汉族传统的腰带，汉族在大带外系革带大约是赵武灵王学习"胡服骑射"，从北方游牧民族那里学来的系革带的风俗；而契丹族建立辽国，虽实行因俗而制，但在服饰制度上也吸收了不少汉族的东西，蹀躞带里束大带，即是带饰上所受的影响。

在萧驸马尸体右后侧还放着一条玉銙丝蹀躞带，即玉蹀躞带，可惜带身已朽，只存带具，有鎏金镶玉铜带扣一件、鎏金铜带籓一件、方形玉带銙十一件、桃形玉带銙三件、圭形玉铊尾一件。十一件方形玉带銙里有九件琢有"古眼"。还有九条小带的带具，有鎏金小铜带扣四件、鎏金小铜带籓九件、鎏金葫芦形铜带饰两件、桃形玉带銙十五件、圭形玉铊尾八件。所有玉饰均素面无纹。这又是一条未系在身上的契丹贵族男子的玉腰带。

与上述这三种蹀躞带相似的出土实物，还有奈曼旗奈林稿二号辽墓出土的金蹀躞带、敖汉旗李家营子辽墓出土的金蹀躞带、朝阳县前窗户村辽墓出土的鎏金银蹀躞带、翁牛特旗解放营子辽墓出土的玉蹀躞带、扶余县西山屯辽墓出土的玉蹀躞带和克什克腾旗二八地一号辽墓出土的铜蹀躞带等。这种蹀躞带的共同特点是：单带扣、单铊尾式，方銙上穿"古眼"，从"古眼"上系小带，小带上携挂佩带物件。每条带上方带銙的数目不一，有五、七、十一、十二等数种。"古眼"的多少也不同，扶余县的十二件方形玉带銙只有两件穿"古眼"，说明契丹男子的蹀躞带，即使是同一形式，也并非完全一样，而是有种种变化的。

还有一种有带銙而无"古眼"的蹀躞带，传世绘画、壁画人物上所见多，而出土实物少。《契丹人骑马出猎图》上绘侍卫和随从，就是腰系这种蹀躞带，佩带弓、箭囊和短棒等物。庆陵东陵壁画上所绘契丹人物，如墓道东壁第57号人物，手持骨朵，腰束红色革带，前缀一方形带銙，佩挂小刀一件；墓道西壁第71号人物，虽形象漫漶，仍可看出腰带上垂挂小刀；中室西甬道北壁第55号人物，腰系红鞓革带，右下方挂角锥一枚；前室北甬道东壁第17号人物，腰系红鞓革带，左下方佩带弓和箭囊。

库伦旗前勿力布格六号辽墓，墓道东壁所绘出行图上，正在俯首祈祷的墓主人身着窄袖圆领、左衽黄色长袍，内穿浅红色中单，腰束红鞓革带，带上缀圆形銙可见者七件，在左侧第二带銙下佩挂一件带鞘小刀，为这种无"古眼"的蹀躞带。

蹀躞带是契丹族里的官吏、贵族和豪富们所佩带的高级腰带，普通契丹男子是无钱问津的，他们只能在腰部系一条最普通的革带或丝麻制品的腰带，朴素无华，或腹前高结，或腰后、腰侧紧掖带头，然后把长袍的前襟撩起掖入腹部的腰带上，行动方便，干活儿利爽。库伦二号墓的引马契丹男子，驼车下蹲坐、扶车辕站立者的腰带，就是腹前系结，然后把腰带余头掖入左右两侧的样子。这是墓葬壁画上常见的普通契丹劳动男子的衣着腰带装束。

四、皮靴

契丹族男子脚上所穿的都是长勒皮靴。《辽史·仪卫志》"国服"上曰"络缝乌鞾"，或"络缝鞾"。"鞾"乃靴之本字。"络缝"不知何意。从壁画上所见契丹男子穿的长勒皮靴观察，靴勒的内外两侧正中都各有一条垂直的缝，靴脚背与靴勒连接处也有一条缝，这"络缝"是否指此而言？除此而外则不得其解。从壁画上所见到的长勒靴看，靴头较尖，靴底不明显，可能较薄而瘦，靴勒上宽下窄。在靴勒的上部还露着一圈内勒，颜色发白，与外穿的乌靴不同，是否为内套一层较软和的布靴或布袜子？在壁画上所见的靴色有黑、红、黄等，因此有的写作"络缝乌鞾"，指黑皮靴；有的只写作"络缝鞾"，而不说什么颜色，可知靴的颜色是不同的，但以"乌鞾"为多。可惜迄今未见到契丹皮靴的实物。近年陈国公主与驸马合葬墓中见到两双金花银靴，一男一女。驸马萧绍矩所穿的银靴，其外形样式与壁画上所见者相似。靴筒上宽下窄，也在靴勒左右两侧正中有接缝，靴勒与靴脚背连接处有接缝，靴头较尖，底细长微凹。因为这是用银薄片仿照生前皮靴的样子制成而已。所不同者，在靴筒錾刻四只凤凰，靴面錾刻两只凤凰，每只凤凰旁有四朵祥云，錾花处均鎏金。萧驸马的金凤凰银靴，底长 32 厘米，勒高 34 厘米，与实物大小一样，只是这是明器罢了。这双明器为我们研究契丹男子的靴饰提供了可供观察对照的实物依据。

穿皮靴是游牧狩猎民族骑马放牧或过狩猎鞍马生涯而在茂草中行走所必需，至今生活于牧区的民族还是如此，这正反映了契丹族生产、生活的民族特点。

第四节 妇女的传统服饰

契丹妇女的传统服饰，头上的冠饰有高巾或窝瓜形帽和高翅帽，上衣有长袍、短襦，下裳有长裙、裆裤与套裤，足穿长勒皮靴。

一、冠饰

契丹妇女的传统冠饰，《契丹国志》与《辽史》均无明确记载，在传世绘画《卓歇图》和墓葬壁画上有具体形象，在考古发掘中又有实物出土，为研究契丹妇女的冠饰提供了研究资料。

《卓歇图》上所见五位契丹妇女戴两种帽饰。与契丹男主人平行端坐者为契丹女主人，头戴一顶高高的黑色筒帽，《中国古代服饰研究》称之为"头戴高巾"。其旁边与身后站立的四位侍女，一律头戴光顶小黑帽，帽有一圈窄边，帽身色浅，脑后系带，有短带尾。前后头发全包入帽中。这是所能见到最早的契丹妇女的帽式。

在库伦一号墓、二号墓的壁画上共出现了四位契丹妇女，也都头戴帽饰。一号墓两位契丹妇女，一位执镜，一位照镜；执镜者头戴貂皮围沿黑帽，两侧的毛皮比前额为大；照镜者所戴之帽，《中国古代服饰史》称之为"爪拉帽"，又叫做"罩剌帽"。史载："辽主名查剌，有时戴此帽，所以后来转音为爪拉。"其实这位妇女所戴之帽，与《卓歇图》上四位站立侍女的帽式基本相同，只是这个顶部较圆，如同窝瓜，帽沿四周的浅色窄边也与之相同，系带也在脑后，只是余带比《卓歇图》者为长。二号墓两位妇女所戴帽式与一号墓照镜者完全相同，而且前后头发全部收入帽内。可知这是契丹妇女从辽代早期至晚期200年来所戴的大体相同的帽式，这应是她们传统帽饰里最常戴的一种式样。帽沿周围加皮毛者，乃北方御寒过冬之帽，样式基本相同，只是因里边有皮毛，显得肥大一些而已。

1974年春，辽宁省法库县叶茂台乡七号辽墓出土了一件契丹妇女的丝织品帽饰，名曰"高翅帽"。帽形外观如一"山"字，中为圆式帽顶，两旁有两只高大的立翅。圆帽顶为纱地绵胎，棕色，帽面锁绣。两立翅为刻丝包边，翅心向外的一面平绣双麒麟及缠枝花纹。这是迄今所见契丹妇女最具民族特色的一顶帽饰。

无独有偶，1985年7月在内蒙古哲里木盟奈曼旗青龙山镇的陈国公主墓里又发现了一件高翅鎏金银冠，为年仅18岁的陈国公主的冠饰。高翅鎏金银冠用缕雕鎏金薄银片制成。冠顶圆形，两旁各有一件高翅耸立，顶上还有一件鎏金道教造像。冠正面与高翅上均镂雕有相对的凤凰，周围衬托以云纹。冠顶之道教造像，高髻长髯，宽袍博袖，双手捧物盘膝而坐。下为双重镂空六瓣形花叶底座，像后有背光，边缘有九朵卷云，或似九枝灵芝。座底二孔与冠顶二孔完全吻合。道人坐像高4.4厘米，背光高6.1厘米，底座直径7厘米。银冠口径19.5厘米，冠体高26厘米，翅高30厘米，冠体与道教造像通高32.1厘米。这顶陈国公主的高翅鎏金银冠与叶茂台那件高翅绣花丝冠造型完全相同，说明这是契丹贵族妇女独特的传统民族冠饰。

陈国公主的高翅鎏金银冠顶上加有一座精致的道教造像，这说明陈国公主生前信仰崇拜道教，因此才把这件道教造像高高地加在传统民族冠饰的顶上。这是契丹族受中原汉族传统宗教文化影响的结果，是契丹冠饰受汉文化影响的表现。

二、衣饰

契丹妇女的衣饰，据《契丹国志》"衣服制度"记载，"国母与蕃官皆胡服"。仅此一句，无切实具体的衣饰内容。《辽史·仪卫志》中只有"小祀"一条，"皇后戴红帕，服络缝红袍，悬玉佩，双同心帕，络缝乌靴"，余皆缺如。契丹妇女和男子一样，都沿袭"契丹故俗，便于鞍马。随水草迁徙，则有毡车，任载有一大车，妇人乘马，亦有小车，富贵者加之华饰。禁制疏阔，贵适用而已。帝后加隆，势固然也"。所以契丹妇女也同契丹男子一样，善于鞍马驰骋，奔走于草原山林，与牛马周旋，同野兽为武。而所穿服饰，无不以适应这种生活为出发点。建立辽国之后，契丹皇帝与官吏改变了部分服饰传统，而皇后与普通妇女始终穿着"胡服"，坚持传统服饰制度。

早在北魏时，契丹妇女嫁娶时喜穿"青毡"所做之衣饰，可知当时契丹族物质生活之简陋。然而，其衣饰之形制、款式不得而知。现在所能见到最早的契丹妇女所穿衣饰的形象资料还是传世绘画《卓歇图》。以此与辽墓壁画上契丹妇女所穿衣饰对照，基本相同，均为左衽交领窄袖长袍。《卓歇图》上端坐的女主人与侍立的四位使女所穿袍服，除颜色不同外，款式完全一致。

辽宁法库叶茂台七号辽墓是一座辽代早期的墓葬，据发掘者推定，"其上限可能略晚于959年赤峰驸马墓，其下限一般不晚于986年的耶律延宁墓，最晚也不会晚到辽圣宗耶律隆绪统和后期"。这是一座契丹贵族妇女墓，随葬品丰富，保存完整，出土了一批完好的契丹妇女服饰，衣裳有十余件，上衣有长袍、短袄，皆左衽。外衣是绣花棉长袍，直领左衽，有疙瘩式襻扣。袍面为棕黄色罗地，通体刺绣；领绣二龙，身尾在前，龙头在后（已残）；肩、腹、腰部绣簪花骑凤羽人像，其余部位绣整枝桃花、蓼花、水鸟和蝴蝶，工艺异常精湛。根据所绣面积推算，一个熟练的刺绣女工亦需三四百个工日方可绣成。这是迄今为止所见的唯一契丹妇女的左衽袍服，与画上所见袍服的不同之处是宽袖。内上衣有半身衫等，亦左衽，但未公布具体资料，衣饰形制不得而知。

内蒙古察右前旗豪欠营六号辽墓是一座辽代中晚期的契丹女尸墓葬，女尸身上也保留了不少契丹妇女服饰，虽没有叶茂台七号墓的服饰那样完整，但也提供了一些可资研究的实物资料。契丹女尸身上共穿有三件绵袍、一件短绵袄、两件短衫，最里边还穿有一件棕色丝绵背心。

最外一件长袍是多褶大圆领绣花黄色罗地丝绵袍，罗面，绢里，内絮白色丝绵。罗面上用金黄色丝线通体满绣。所绣花纹，枝干为藤蔓状，并有卷曲盘绕的嫩丝，有如牵牛丝条；花叶碎小，颇富变化；花为五瓣，状类桃花。花瓣与花叶为平绣，枝蔓为绕指缠针线。针脚小而密，间隔1毫米。第二件为绛紫色罗地丝绵长袍，中絮棕色丝绵，黄色绢里。第三件为中黄色罗地丝绵袍。罗地为四绞经几何纹花罗，在经向单位1.8厘米、纬向单位1厘米的范围内有七朵小花散点排列，视觉上如现在的隐花或隐条。这隐花纹饰闪光耀眼，鲜艳如新。袍里为浅黄色绢，中絮白色丝绵。

三件短上衣中，一件为丝绵短袄，黄罗面，薄绢里，中絮白色丝绵。唯丝绵絮法与绵袍不同，即先用薄绢将丝绵絮好，做成绢胎，再把罗面缝上，如今天的活面棉袄。还有两件圆领窄袖短衫，一为轻如蝉翼的轻罗做成，一为绢地做成。

以上六件衣服，由于残破严重，所以有的衣领、衣缘已不大清楚，而衣袖均窄小。

还有一件贴身穿的丝绵背心，为后开襟，左襟压右襟，为左衽。这是一件具有地区特点与民族特点的贴身内衣。至今生活于北方广大地区的蒙汉各族人民，特别是农牧区的农牧民，都还穿有这种用于保暖腹部的棉腰子之类的衣物。

除上述出土的实物之外，在辽代晚期契丹墓葬壁画上所看到的契丹妇女所穿着的衣服多数为左衽长袍。例如，库伦一号墓为辽道宗大康六年（1080年）的墓葬，契丹妇女的外衣长袍与五代《卓歇图》上的基本相同，与叶茂台七号墓出土的服饰大体相似，也有直领左衽袍，只是袍袖宽窄略有区别。而契丹女尸的衣袖却都为窄袖，又与壁画相同。由此可知，契丹妇女的左衽窄袖长袍是这个民族长期穿着的传统衣饰。

在库伦一号墓壁画上能明确看出的妇女形象有十位，分三处绘制，其中头上戴帽者八位，梳髻者两位；能看清衣衽者四位，因侧立或遮挡或漫漶看不清衣衽者六位。衣衽清楚者，直领左衽与直领右衽者各两位。天井北壁自下而上第一层画侍女四人。"第二人头戴平顶黑色小帽，帽有竖格，缘系浅色巾带，有小结垂脑后，戴花式耳环。穿粉色内衣，外着直领右衽绿色长衫，系黄色腰带。双手捧一黄色方盒。"南壁归来图第一组里高轮大车右侧轮前也绘侍女二人。"左边侍女戴小黑帽，帽缘扎红色巾带。直领右衽紧袖长衫，绿色腰带，飘带下垂。手捧黄色圆钵，脚穿黑色平底勾脸小便鞋。"这两位侍女是契丹族还是汉族呢？在同辆车轮左侧，"一人双高髻，绿色直领左衽紧袖长衫，红带束腰，下垂飘带，眉目清秀，两手捧一红色包裹，侧身向墓室"，是契丹妇女还是汉族或其他族妇女？光凭长袍的衣衽或帽饰、发式，恐怕很难准确断定。这就向我们提出一个问题：到了辽代道宗年间，契丹与汉族妇女之间是否在服饰与发式上出现了互相融合或交互穿着的情况。

契丹妇女的下裳有裙和裤。

裙多穿于长袍之内，所以在墓葬壁画契丹妇女的衣着上不容易看见裙的样式，因为契丹妇女的袍子长至脚背，纵然穿裙，也因被袍遮挡而不会外露。叶茂台七号墓契丹妇女有裙，因未作具体介绍，形制不得而知。豪欠营契丹女尸亦穿着衣裙。因腰部已残，推测裙的样式有两种可能，即以绢幅拼接而成的长筒裙，或与现在的百褶裙一样的裙子。若为筒裙，裙长在115～120厘米；若为百褶裙，裙长在80～90厘米。其属于后者的可能性更大。

契丹妇女的下衣有裤，这从《卓歇图》端坐妇人的腿部即可看出。叶茂台七号墓出土的衣服中亦有裤，除有裆裤之外还穿有套裤，裤腿都装入靴筒里。

契丹女尸身上还发现一件裆布，是用绢絮丝绵制做而成的。其形状上半部为方形，下半部为梯形。通长 42 厘米，上边宽 28 厘米，下边宽 54 厘米。其用法是，宽部压于臀部之下，窄处兜入裤裆之内。由此可知，古代契丹妇女已经懂得使用月经带了。

三、手套与脚靴

叶茂台七号墓与豪欠营契丹女尸手上都发现了契丹妇女所戴的手套。叶茂台契丹妇女的手套为分指绣花包腕绵胎，面为罗地，中絮丝绵，五指分开，套口缚有带结，手套背上绣花。契丹女尸的手套为拇指单分式，绛紫色罗地，双层罗做成的夹手套，长 23 厘米。腕部有 1 厘米宽的丝带，两带在腕部上面相交，未系成死结。这说明契丹妇女已有了比较考究的五指单分式与拇指单分式两种手套样式，且有棉有夹，这是文献上所没有记载的。

文献记载，妇女与男子一样，脚上都穿络缝乌靴。传世绘画与壁画上的契丹妇女，因袍襟长而遮没靴面，故靴式不清。有几处也仅露靴头，腕部以上不得而知。叶茂台七号墓、陈国公主墓和契丹女尸墓都保存有契丹妇女所穿靴式的具体形状。

叶茂台七号墓老年契丹妇女所穿的是一双丝织品高筒软靴。靴口齐膝，为圆口两旁开衩式。靴为金线刻丝面，云水纹，罗地软底。

陈国公主所穿是一双金花银靴，与驸马萧绍矩的相同，只是图案略有不同，公主比驸马的略小一些而已。可知，契丹族男女的靴式完全相同，只是大小与纹饰有别罢了。

契丹女尸所穿是一双罗地丝绵半高筒软靴。靴面为黄色素罗，里子为浅黄色绢，中絮白色丝绵。靴为软底，靴筒与现在所见靴筒相似，靴筒高 19 厘米。

这三双靴，以筒分，为高筒与半高筒两种样式；银靴为明器，是仿皮革而做。可能辽代契丹妇女也有两种靴式，即皮靴与丝织品靴。

库伦一号墓还有两位妇女脚穿黑色平底勾脸小便鞋。其中一位穿右衽袍，戴黑小帽，不知为契丹妇女还是汉族妇女，因此所穿便鞋也就不好断定。

四、腰带

契丹妇女的腰间都系带，从传世绘画与墓葬壁画上看，皆为长长的丝织品腰带，色彩种类较多。其系法为，腰带由腰后绕至腰前，在前腰正中打结，所余两条带头下垂过膝。叶茂台七号墓契丹妇女所系腰带的实物也是这样。

陈国公主腰里所束的却是一条金蹀躞带。带身丝织，已朽。带上原在后腰及腰部两侧钉缀圭形龙纹金带銙 8 件，带銙大而厚重，锤鍱技艺精巧，銙上无"古眼"。腰带上佩挂着银鞘琥珀柄铁小刀、缕雕金荷包、八曲花式金盒、錾花金针筒、琥珀双鱼形盆各一件和工具形玉佩、动物形玉佩等。

契丹女尸腰部也束有一条宽 5.5 厘米的丝织腰带，原可分为四层，每层约 1 毫米。带身大部已朽，只有局部保存。在女尸腰部左侧佩挂一件朱漆木鞘玉柄铜刀，铜刀两把，刀形不同。

在墓葬壁画中契丹妇女所系丝带也有腰侧佩带饰件者。

由此可知，契丹妇女的腰带也有两种，一是常见的丝织长腰带，一是丝或革制的蹀躞带。蹀躞带上可佩挂多件装饰小件，长丝带上只能佩挂一两件装饰物，多数什么也不佩挂。

第五节 汉 服

契丹族主要以穿着本民族的传统服饰为主，但也有部分上层贵族在特定条件下开始穿着中原汉族的官服。契丹建国之前是否已有贵族穿着过汉族官服，史无确载。若以唐代推之，李唐王朝曾在契丹地区设立过松漠都督府，以窟哥、摩会等先后任都督之职，为唐王朝之命官，且赐皇室之李姓。既为唐室命官，就亦有唐室相应官职之服饰，亦必为汉服。因此，契丹贵族中的少数人，即被任命为都督等官职的契丹人，可能从窟哥以来就已开始穿着汉族的官服。

耶律阿保机于 907 年称帝，所穿的为契丹衣冠，为防御不测，在朝服里穿着甲胄，故曰"衷甲"。阿保机虽倾慕中原汉族文化，但由于戎马倥偬，无暇定衣冠之制，所以衣冠仍是契丹族固有的传统服饰。天显元年（926 年）七月，阿保机在灭渤海国后回师的途中，于扶余城病殁。皇太子东丹王耶律倍未能继皇位，由述律太后力主让次子耶律德光登上皇帝宝座，名曰太宗。太宗怕兄长夺走皇位，名义上为人皇王置仪卫，实际是置卫士阴伺动静。在这种情况下，东丹王倍于天显五年（930 年）十一月决定由海上出逃后唐，临行对左右说："我以天下让主上，今反见疑，不如适他国，以成吴太伯之名。"于是偕高美人和部分随从逃往后唐，受到后唐唐明宗的隆重迎接，并赐姓、赐名，封授官爵。始赐姓东丹，名慕华；后改赐姓李，名赞华。先后拜节度使、观察使等职。耶律倍及其随从的契丹人入后唐做汉官，他又素来十分倾慕汉族文化，耶律倍等入后唐定然改着中原汉族的官服。耶律倍应是建国后契丹贵族最早改穿汉族衣冠之人。

辽代的契丹皇帝是由耶律德光于会同年间开始穿着中原汉族皇帝的衣冠的。《辽史·仪卫志》"汉典"载："太宗皇帝会同元年（938 年），晋使冯道、刘昫等备车辂法物，上皇帝、皇太后尊号册礼。自此天子车服昉见于辽。"这应是辽代契丹皇帝用中原汉族皇帝车舆、法服的开始。又"汉服"载："会同中，太后、北面臣僚国服，皇帝、南面臣僚汉服。"可知这项穿着国服与汉服的制度在会同中已经形成。皇帝之外，穿汉服的南面臣僚也包括契丹族在内。据《辽史·太宗纪》载，会同三年（940年）十二月，"丙辰，诏契丹人授汉官者从汉仪，听与汉人婚姻"。这里的契丹人授汉官者，即指南面臣僚，不仅从汉仪，其中还包括穿汉服，而且可以与汉族通婚。因此，会同年间，除皇帝穿汉族皇帝的服饰外，契丹人当汉官者也已开始穿着汉族的官服。到会同末年，即辽太宗率大军南下灭后晋，入汴京，御崇元殿受百官朝贺，改元大同，并把后晋皇宫里的"图籍、历象、石经、铜人、明堂刻漏、太常乐谱、诸宫县、卤簿、法物及铠仗，悉送上京"[7]。从此，唐、晋的文物制度就被辽契丹皇室全部接收下来了。而"典服"中所记"辽国自太宗入晋之后，皇帝与南班汉官用汉服；太后与北班契丹臣僚用国服，其汉服即五代者之遗制也"。这里把辽国的国服与汉服制度推在了"太宗入晋之后"是不合实际的。一是与上述记载有矛盾，二是太宗入晋之后在返回途中已死，未能再回辽国，何以再定两种服饰制度呢？太宗死后，康王兀欲继主，为辽世宗。世宗在此返途中，与述律太后支持下的李胡为争夺皇位而兴兵交战，哪里还有时间讨论衣冠之制呢？因此，只能说，太宗入晋，运回晋皇室的文物之后，汉族服制更加完备，并非从此开始。

从会同开始，定南北朝官的两种官服制度；到辽圣宗乾亨五年（983年），"册承天太后，给三品以上法服"，即"大礼虽北面三品以上亦用汉服"。这就扩大了契丹族官员穿汉服的范围。到辽兴宗"重熙五年（应为元年）尊号册礼，皇帝服龙衮，北南臣僚并朝服，盖辽制。即大礼并汉服矣。"这就再次扩大了契丹族官员穿汉服的范围。由此可以看出辽代契丹贵族服饰的汉化过程。契丹皇帝、契丹官僚穿的汉服有祭服、朝服、公服和常服的不同。

一、祭服

辽代契丹皇帝穿用的汉服，主要是承袭唐代和五代时后晋的服饰制度，然而又未完全承袭，而是有选择地承袭。例如，以皇帝穿的祭服而论，就只承袭了一种，而未全部承袭。《通典》记载："大唐依周制，制天子之六冕。有大裘冕、衮冕、鷩冕、毳冕、絺冕、玄冕。"这六冕皆为祭服，即祭祀不同的对象穿着不同的冕服。而辽代的契丹皇帝只选择了其中的衮冕，别的一种不取。《辽史·仪卫志》"汉服"载："祭服：终辽之世，郊丘不建，大裘冕服不书"。辽代不在京都之郊建祭祀上天的圜丘，即天坛，并非不祭天地山川，而是以契丹族的传统形式来祭祀，并穿着传统的祭服，前边已述，不赘。

辽代契丹皇帝穿着的衮冕，即衮服与冕旒。

冕旒即皇帝祭祀时头上戴的冠冕。《辽史·仪卫志》"汉服"中关于冕旒的形制这样记载："金饰，垂白珠十二旒，以组为缨，色如其绶，黈纩充耳，玉簪等。"衮服即皇帝祭祀时身上穿的龙袍。关于衮服的形制这样记载:"玄衣、纁裳十二章:八章在衣,日、月、星、龙、华虫、火、山、宗彝;四章在裳,藻、粉米、黼、黻。衣褾,领为升龙,织成文,各为六等。龙、山以下,每章一行,行十二。白纱中单,黼领,青褾、襈、裾。黻、革带、大带,剑佩绶,舄加金饰。"上述有关衮冕的文字记载,与《旧唐书·舆服志》上的记载,冕几乎完全一样,只在珠前多一"白"字;衣也基本相同,稍加省略而已。由此可知,辽代的汉服衣冠完全承袭了唐代的衣冠之制,只是未全面承袭而已。

辽代契丹皇帝的衮冕是在"祭祀宗庙,遣上将出征、饮至、践阼、加元服、纳后、若元日受朝"时才穿用,其他场合是不穿的。文献记载,汉服是从会同年间首先由辽太宗开始穿着的,但不知汉服中有无衮冕,史无明载。只有"重熙五年尊号册礼,皇帝服龙衮"的记载。这就是说,衮冕是从辽兴宗耶律宗真才开始穿着的。《中国古代服饰史·辽代服饰》里是这样写的:"辽自会同十年,辽主始服通天冠,绛纱袍;至重熙五年服龙衮,即汉之法服(冕服)。"这个结论是值得商榷的。因为,会同元年,晋使冯道、刘昫等备车辂法物,奉献辽太宗与述律太后,"自此天子车服昉见于辽"。这敬献天子的车服中,竟能无冕服?而且会同元年既已献来中原汉天子的法物、车服,辽太宗岂会不用?因此,辽主始服通天冠的时间不应晚至会同十年,而是在会同元年或稍后即开始使用。既已定下皇帝与南班臣僚用汉服,而且是沿用唐制,那其中最重要的衮冕岂能不用?至于"重熙五年尊号册礼,皇帝服龙衮",那已不是祭祀所用,而是在朝服里也用龙衮而已。绝不能以此就得出重熙五年之前皇帝未用过衮冕的武断结论。

二、朝服

皇帝的朝服戴通天冠。"冠加金博山,附蝉十二。首施珠翠。黑介帻,发缨翠緌,玉若犀簪导。穿绛纱袍,白纱中单,褾、领,朱襈裾。白裙襦,绛蔽膝,白假带方心曲领。其革带佩剑绶,韈舄。"这也与唐朝皇帝的朝服相同。其服用的场合为"诸祭还及冬至、朔日受朝、临轩、拜王公、元会、冬会服之。"元日上寿仪也用此服。

皇太子冠服:戴远游三梁冠,加金,附蝉九首,施珠翠黑介帻,发缨翠緌,犀簪导。穿绛纱袍,白纱中单,皂领、褾、襈、裾,白裙襦,白假带,方心曲领,绛纱蔽膝。其革带剑佩绶,韈舄与上同,后改用白袜,黑鞋。其服用场合为谒庙还宫、元日、冬至、朔日入朝和册皇太子仪。

亲王与二品以上臣僚,在陪祭、朝飨、拜表、大事等场合也戴远游三梁冠,加金附蝉。黑介帻,青綾导。穿绛纱单衫,白纱中单,皂领、襈、裾,白裙襦,革带金钩䚢,假带,曲领方心,绛纱蔽膝,韈舄,剑佩绶。

诸王的远游三梁冠，只有黑介帻，青緌，而无上述金、玉装饰。三品以上戴三梁进贤冠，宝饰；五品以上戴二梁进贤冠，金饰；九品以上戴一梁进贤冠，无饰。七品以上去剑佩绶；八品以下同公服。

三、公服

皇帝戴翼善冠，穿柘黄袍，系九环带，白练裙襦，六合靴。

皇太子戴远游冠，穿绛纱单衣，白裙襦，革带金钩𪗭，假带，方心，纷，鞶囊，白袜，乌皮履。

一品以下，五品以上，冠帻缨，簪导；穿绛纱单衣，白裙襦，与皇太子服同。六品以下，冠服全同，只去纷、鞶囊。

四、常服

皇帝戴折上头巾，穿柘黄袍衫，系九环带，穿六合靴。皇太子戴进德冠，九琪，金饰，穿绛纱单衣，白裙襦，白袜，乌皮履。五品以上戴幞头，穿紫袍，牙笏，金玉带。文官佩手巾、算袋、刀子、砺石、金鱼袋；武官秙鞢七事，佩刀、刀子、磨石、契苾真、哕厥、针筒、火石袋，穿乌皮六合靴。

六品以下，戴幞头，着绯衣，木笏，银带，银鱼袋佩，靴同。

八品、九品，戴幞头，着绿袍，鍮石带，靴同。

以上所列辽代契丹皇帝、契丹部分臣僚和南班汉族臣僚所穿用的服饰，均未有实物发现，只能在辽代的墓葬壁画上见到一些头戴幞头、身着圆领袍服、腰束缀有饰物的革带、脚穿黑色皮靴的官员形象。其服色以绯色为多。这在庆陵东陵壁画上有，在库伦一号墓壁画上有，在宣化张世卿墓壁画上也有。属于汉服的腰带还发现了一些实物。其形制可分为三种样式。

1. 双带扣双铊尾带

带身分为两段，长的一段在中部缀方形带銙，两侧各缀桃形带銙，两端各缀一件铊尾；短的一段带身两端各缀一件带扣。束此带时，将短带两端带扣的卡销插入长带的桃形带銙的孔内。通辽县二林场辽墓出土的双带扣、双铊尾铜带饰就是这种腰带的带銙遗物。锦州市张扛村二、三号辽墓也各出土了一条双带扣、双铊尾的腰带。

2. 双带扣单铊尾带

这是用一条长带和一条短带组合而成的腰带。长带本身就是一条单带扣单铊尾带，带身中部缀方銙，其后缀桃形（或扁圆形）銙，前端缀带扣，尾端缀铊尾。短带的前端缀带扣，带鞓穿若干孔（或缀以桃形銙）。平时穿着较薄或腰围较细者束带时，无需用短带，仅束以长带即可。若加穿厚袍或腰围粗者束带时，将长带一端带扣上的卡销穿在短带革鞓的孔眼或桃形銙的中空内，便连成一条加长的腰带。朝阳县姑营子辽耿知新墓（一号墓）出土过一条，陈国公主墓也出土了一条双带扣单铊尾的玉带。

3. 单带扣单铊尾带

这是辽代汉服腰带中最基本的形式。

参 考 文 献

［1］脱脱，等.辽史·太宗纪［M］.北京：中华书局，1974.

［2］脱脱，等.辽史·逆臣传（上）［M］.北京：中华书局，1974.

［3］沈从文.中国古代服饰研究［M］.香港：商务印书馆香港分馆，1981：340.

［4］周锡保.中国古代服饰史［M］.北京：中国戏剧出版社，1984：336.

［5］项春松.辽宁昭乌达地区发现的辽墓绘画资料［J］.文物，1979（6）.

［6］内蒙古文物考古研究所，哲里木盟博物馆.内蒙古库伦旗七、八号辽墓［J］.文物，1987（7）.

［7］脱脱，等.辽史·本纪·太宗（下）［M］.北京：中华书局，1974.

古代北方游牧民族的腰带

腰带是服饰的组成部分，它伴随着服饰而产生，也伴随着服饰的发展变化而变化。中国古代北方民族服饰上的腰带，特别是草原游牧民族的腰带，富有古代民族文化艺术特色，尤为中外古代文化史研究者所瞩目。笔者有幸参与了毛庆沟、三道湾、豪欠营墓葬的考古发掘，目睹过许多遗留在尸骨上的腰带牌饰，深深为之吸引，并留下难以忘怀的印象。这里仅就考古发现的部分腰带形制、装饰及其所反映的生产生活和思想文化特点，及其对中原文化的相互影响等问题，印证文献记载，试作某些粗浅探索，不妥之处尚请专家指正。

一、考古发现的腰带资料

北方古代草原游牧民族的腰带牌饰，解放前在内蒙古鄂尔多斯地区已发现许多，曾引起过国内外收藏家的极大兴趣与重视，并已有一些研究，但因绝大多数为采集品，故对其用途众说不一。解放后，随着国内外科学发掘考古资料的不断获得，人们才愈来愈明确地认识了北方古代游牧民族特有的腰带及其工艺精湛、风格鲜明、造型别致的精美牌饰。现根据时代与族属，以其最有代表性的墓地与具体墓葬，分别予以介绍。

1. 北狄、林胡、匈奴墓地出土的腰带资料

代表性墓地有内蒙古乌兰察布盟凉城县毛庆沟墓地、饮牛沟墓地、崞县窑墓地、和林格尔县范家窑墓地、伊克昭盟杭锦旗桃红巴拉墓地、准格尔旗玉隆太墓地、西沟畔墓地、东胜县补洞沟墓地等。

2. 东胡、乌桓、鲜卑墓地出土的腰带资料

代表性墓地有内蒙古赤峰市敖汉旗周家墓地、辽宁省西丰县西沟墓地、吉林省榆树县老河沟墓地、内蒙古呼伦贝尔盟扎赉诺尔墓地、完工索木墓地、乌兰察布盟察右后旗二兰虎沟墓地、三道湾墓地、和林格尔县另皮窑墓地、呼和浩特市土默特左旗讨合气墓地等。

3. 辽代契丹墓地出土的腰带资料

代表性墓地有内蒙古哲里木盟青龙山陈国公主墓地、奈林稿墓地、通辽县二林场墓地、赤峰市大营子驸马墓地、翁牛特旗解放营子墓地、敖汉旗李家营子墓地、克什克腾

旗二八地墓地、乌兰察布盟察右前旗豪欠营墓地、吉林省扶余县西山屯墓地、辽宁省朝阳县前窗户村墓地等。此外还有辽代众多契丹墓葬出土的许多契丹壁画上所见的男女腰带样式。

这些不同时代、不同地区、不同民族的腰带实物资料都为研究北方古代游牧民族的生产生活、思想文化的共同性与特殊性提供了可靠的依据。

二、腰带的形制及牌饰种类

腰带的主要部件为带、扣、钩，别子装饰部件为各种形式的大小饰牌，附属部件为环。带是主体，主要用皮革制作，也有的用丝织品制作，极个别的有以金属制作者。带的长度不等，以束腰为限，最长者1637厘米，最短者估计约80厘米，一般在1米左右。带的宽度不一，最宽者5.5厘米，最窄者3厘米，多数在3～4厘米。带扣为腰带的主要部件，以金属制作为主，也有骨制的，有圆形、椭圆形、方形、长方形和长马蹄形等不同形状。有单带扣与双带扣，以单扣为多。圆形、椭圆形、方形带扣由环、钮孔和钩三部分构成。钮孔为固定带头处，扣环与环端的翘钩为穿扣腰带尾部处。马蹄形带扣由带钩与带扣两件扣合而成。晚期的带扣基本结构大体与现在皮带上所用者相似。在无带扣之时，用别子起带扣的作用。

腰带外面的装饰物主要由金属、玉、玛瑙制作。早期以金属为主牌饰，有大小两种。大牌饰以动物纹为主，也有人物牌饰，小牌饰有双鸟纹、联珠纹、双珠兽头纹、鸟头纹、兽头纹等，还有铜泡。

北狄、林胡、匈奴腰带以革带为主，带扣以圆、椭圆、方形单带扣为主。大牌饰以虎、狼和虎狼撕咬羊、麂驴、牛等动物纹为主；小牌饰以野兽头纹、鸟纹、联珠纹等为主。已发现各类腰带近20条。

东胡、乌桓、鲜卑腰带以革带为主，带扣以单、双长马蹄形为主，牌饰以马、飞马、牛、神兽纹为特征。大牌饰以单鹿、双鹿、三鹿为主，还有牛、马、羊、驼、龙等纹饰。小牌饰少见。东胡早期无带扣，用骨别子。已发现各类腰带10多条。

契丹的腰带有革带、丝带和金属带。带扣与现在所用相似。饰牌有金属、玉、玛瑙等质地，大带牌饰有龙、鹤、童戏纹，还有云纹等。带上附加重挂物多者11件，少者三件。契丹腰带名曰蹀躞带。已发现各类腰带近10条。

三、牌饰的构图、造型与工艺

牌饰以刻划动物为主，均为浮雕，属工艺美术品。牌饰构图完整而丰满，造型生动而形象，工艺精湛。

大牌饰主要有三种形式，包括长方形、长马蹄形和由单行动物体或组合动物体构成的不规则形。

长方形有横长与竖长两种，以前者为多。横长方牌饰四周都有边桓，刻以不同纹饰，中间浮雕画面以双牛、双马、双鹿、双羊、双驼、双兽、双鸟为多见，均以侧面相对或相背，还有双兽侧身相对交错互相咬斗者，以及三兽侧身并立者和单独侧身牛体。还有一件，中间偏右为两只大盘角侧面羊头，上边一排十个小侧面羊头。竖长方牌，四周亦有边框，无纹饰，中间画面由同类多体侧身动物组成。

牌饰均为浮雕。浮雕适宜表现动物侧面，避免突出。饰牌上的动物完全处理为侧体，充分体现了浮雕的特点。画面构图整体满布，厚薄均匀，不留空白，这也正是浮雕艺术构图区别于绘画构图的特殊规律，可知牌饰艺术的创造者已完全掌握了浮雕艺术构图的规律。

牌饰以表现动物形象为主。动物千姿百态，各有生相，各有性格。牌饰上浮雕动物造型都能抓住每种动物独特的侧面形象和特有的动态，并能表现出一动而百动的实际变化，又略作夸张，使浮雕动物活灵活现，栩栩如生。动物造型显得非常概括而集中，含蓄而有寓意，耐人寻味，有的又颇富象征意义，令人深思。这也正是浮雕艺术在造型上的特有要求。

浮雕是一种装饰艺术，而动物形浮雕牌饰是古代北方草原游牧民族腰带上小巧玲珑的艺术装饰品，因此，无论构图和造型，都要求富有装饰性。在构图上，除了以上特点外，还突出了左右对称这一装饰特点。造型上，在写实的基础上注意了某些局部，如角、眼的夸张与变形，加强装饰效果。

这些特点也表现在其他形式的大小牌饰上。

在浮雕形式上以浅浮雕与中浮雕为主。在工艺手法上，金属以特铸与锤鍱为主，玉、玛瑙、骨以雕刻、琢磨为主。有些浮雕的局部还采用了彩色宝石的镶嵌。有的牌饰采用镂空技术。总之，这一切都显示了制作牌饰的工匠的高超技艺。

四、带饰的质地、形制与人物身份

腰带本身的质地以皮革为主，还有丝织品，极个别者为银。形制也有宽窄、厚薄、长短的不同，但因多已腐朽，只剩残块，保存完整者，除金属带以外，已凤毛麟角。所以，质地尚知，形制已无法作具体比较，可能与人物身份有关，但已无实证。

腰带牌饰与附属佩件的质地可能分为不朽、不易朽与易朽三种。发现者多为前两种，易朽者已极罕见。牌饰为浮雕工艺品。浮雕本身对质地有严格要求：质地坚硬，纹理细密，色泽典雅。因之浮雕牌饰多以铜、金、铁、银、玉、玛瑙、骨、木制作。木易朽，发现极少。铁易锈蚀朽坏，虽多见，但造型已模糊。

北狄、林胡、匈奴墓地发现的腰带浮雕牌饰，质地以铜、铁多，金少；腰带浮雕牌饰以质地、大小牌饰组合、牌联多少和有无可分为四类，即大牌饰类、大小牌饰共同组合类、小牌饰共同组合类和无牌饰者。根据牌饰质地与组合类型，佐以随葬品的多少，可分出使用者贫富、贵贱的不同身份，即不同阶级地位。

东胡、乌桓、鲜卑墓地发现的腰带浮雕牌饰，质地也以铜、铁为多，金较少，骨、木更少，有宝石镶嵌，分类与前同，使用者身份亦然。

契丹蹀躞带，质地有铜、铁、金、银、玉、玛瑙、水晶、琥珀等，形制亦可分为五种，与使用者身份有关。

五、牌饰反映的生态环境与生活方式

文化艺术是社会经济生活和自然生态环境的形象反映。一块块小巧玲珑的动物形浮雕牌饰，可以透露出牌饰制作者与佩带者生存环境的自然生态与社会生态的某种信息。

腰带牌饰上所能看到的动物有野生与家养两种。野生动物有天上飞的、地上跑的。飞禽有鹰鹫、天鹅、大雁、水鸭、仙鹤和其他飞鸟，走兽有虎豹、狼、鹿、猪、刺猬等，还有爬行的蛇。家畜有牛、马、羊、驴、骆驼、狗等，无家禽。有的牌饰还有人物与车马。有的牌饰边缘还有枝叶繁茂的树木、花草与山石。如果再与腰带上垂挂的刀、剑柄上的动物纹装饰、车马等生活用具上的动物造型联系起来作综合观察，无论写实的浮雕、圆雕，还是变形的图案装饰，描绘的都是动物与花草。其中有山中玉虎、林中秀鹿、天空鹞鹰，草原骄子牛、马、羊，沙漠之舟骆驼。

阴山的自然生态环境是"草木茂盛，多禽兽"，是匈奴人的"苑囿"。匈奴人失阴山，过之未尝不哀悲也！阴山南北出土的大批动物纹牌，从商周，经春秋战国，直到西汉，生动地反映了北狄、林胡、匈奴等部族游牧、狩猎、食肉、衣皮的生产生活方式。以大兴安岭为主脉的呼伦贝尔草原与辽河流域出土的动物牌饰，不正是东胡、乌桓、鲜卑等北方民族的自然生态、社会生活的形象记录么？东汉末至北魏时，阴山地带以双鹿、三鹿为代表的动物纹牌饰与呼伦贝尔的双鹿、三鹿纹牌饰一脉相承，这不正是大兴安岭嘎仙洞——拓跋鲜卑旧墟石室的主人，由森林到草原，由东北草原而南迁匈奴故地的历史踪迹的反映么？拓跋鲜卑建立北魏，首先登上了中原王朝皇帝的宝座，后逐渐南迁，逐渐汉化，狩猎游牧的生活渐渐消失，动物牌饰也随之消失。

契丹是东胡的后裔，继鲜卑由游牧而建立辽王朝，使草原得到新的开发，把农业与城市引入草原，腰带依旧，牌饰已变，草原动物依稀可见，中原的龙纹突出而醒目，只

有垂挂在腰上的某些物件还透露着草原生活的气息。

一条窄窄的北方游牧民族的腰带上的牌饰，竟与大自然和人类社会生活产生了如此密切的关系。

六、牌饰反映的思想信仰与审美追求

动物牌饰是古代北方狩猎游牧民族创造的独特的造型艺术品。造型艺术是人类认识世界、反映世界的特殊手段和形式，它寄寓着人们的某种思想信仰，也集中体现着人们的审美趣味、审美观念、审美追求。

两千多年前，生活于阴山地带、大漠南北的北狄人、林胡人、匈奴人，生活于辽河流域、大兴安岭左右的东胡人、乌桓人、鲜卑人，他们的思想信仰是什么？有无审美追求？有关匈奴、乌桓、鲜卑的思想信仰，古籍里虽有若干零星的记载，异常珍贵，但恐怕已不可能反映其原貌，而其审美追求不得而知。考古发现佩带在他们身上的造型艺术品，他们精心创造的精神产品，是探寻他们的思想信仰与审美追求的很好的资料。

匈奴牌饰以虎、鹰、狼、马、牛、羊最有代表性，狮身虎头者最罕见。在动物世界，虎、鹰、狼是食肉者，虎为兽中之王，鹰乃鸟中之霸，狼亦凶悍，它们都是动物中的强者。狮非我国动物，亦兽中王，又是佛教神兽。马、牛、羊是食草者，是虎、狼捕食的对象，是弱者，尤其是羊。在自然界，生存竞争，优胜劣汰。弱肉强食，是千古不变的自然规律。以狩猎、游牧为经济基础的古代北方民族，特别是强悍的匈奴人，应已深谙此理。他们在牌饰上也对此进行描绘。特别是一件匈奴金冠，把这类内容表现得更为淋漓尽致。只有马与虎平列，给了马特殊的地位。难道这不是匈奴人思想信仰的一种生动体现么？《史记·匈奴列传》记载："其俗，宽则随畜，因射猎野兽为生业，急则人习攻战以侵伐，其天性也……利则进，不利则退，不羞遁走。苟利所在，不知礼义。""贵壮健，贱老弱。"此外还有"祭天金人"的记载。文献注释认为"金人"就是佛像，说明匈奴已信佛。文献记载与牌饰所寄寓的思想信仰互相印证、相得益彰。

鲜卑牌饰以鹿、马、牛、飞马与神兽为主要特征。扎赉诺尔墓还发现了一件人坐像牌饰，若佛中"施无畏"；两边侍立二人，若弟子礼佛状。鲜卑人早期居森林，温驯的鹿是其猎获与驯养的对象。其后迁徙草原大泽，已知崇佛。再度南迁，遭九难八阻，有其形类马、其声类牛的神兽导引方闯出困境。后建北魏，大造佛窟，将牌饰所寄托之思想信仰与文献记载及石窟造像印证，亦昭然可见。

古人的思想信仰离不开经济基础与生态环境，反映思想信仰、审美追求的造型艺术牌饰也是如此。古代北方狩猎、游牧民族，赖以生存的基础是动物，是野兽与家畜。他们为了捕捉野兽，须认识观察，揣摩其习性，熟知其生活规律，而后追踪射猎之。家畜

更是与人们朝夕相伴，逐水草而迁徙，其形、其性了然于心。先有物质生产规律的巧于把握，然后才能有精神艺术生产规律的巧于把握。在原始狩猎社会里，书写同时也就是绘画，狩猎生活自然要激起、发展和鼓舞原始画家的本能和才能。原始人用动物图形来装饰自己的武器、自己的劳动工具，甚至自己的身体，也同样是这种生活方式的简单而且自然的结果。我国古代北方狩猎、游牧民族的动物牌饰艺术也是这样产生和发展起来的，并且已达到了成熟与完美的境地，明确体现了他们的审美趣味、审美观念与审美追求。

他们的审美追求之一是求真，即真实地、准确地把握动物形象，在形似的基础上再达到神似。美以真为前提，离开真就无美可言。

表现强与强、强与弱的撕咬与搏斗，追求一种惊心动魄的狞厉之美。

表现家畜和睦相处，各具情态，追求一种友好安定的温驯善良之美。

把真实与幻想结合，表现对理想信念的追求与崇拜。

由于构图掌握了浮雕艺术的特殊要求与规律，所以能充分表现出浮雕艺术特有的美。

造型上写实与夸张、装饰巧妙结合，加强了装饰趣味。

充分注意了浮雕与工艺美术对所用材料的特殊要求，能把内容、形式和材料质地、纹理、色泽加以巧妙配合，给人一种和谐统一的美感。

七、腰带装饰对中原文化的影响

古代北方民族对中原文化曾产生过巨大影响，其中尤以匈奴、鲜卑、契丹更为显著，且不说别的，光服饰上的腰带就产生过深远的影响。

中原传统服饰为宽袍博带，北方游牧民族的服饰为窄袖贴身、革带紧束。战国时期的赵武灵王大胆改革，穿胡服，习骑射，在历史上产生了不可磨灭的影响，其中当然包括特有的腰带在内。《战国策·赵策》载："（赵武灵王）赐周绍胡服衣冠，具带，黄金师比。""师比"即鲜卑。

当鲜卑这个民族尚未被中原所知时，"鲜卑"一词作为腰带名称，已在中原各国流传。因"鲜卑"为东胡语的音译，故有种种不同写法，如犀比、师比、私鉥、犀毗、胥鉥等，都是鲜卑的异写。鲜卑的全称为"鲜卑郭洛带"。古代学者曾对"鲜卑"一词作过语义上的解释。《楚辞·大招》有句："小腰秀颈，若鲜卑只。"王逸注："鲜卑，衮带头也。言好女之状，腰支细少，颈锐秀长，靖然而特异，若以鲜卑之带，约而束之也。"《招魂》又有："晋制犀比，费白日些。"这"犀比"也是鲜卑，是指晋国制作的鲜卑郭洛带。《汉书·匈奴传》有："黄金犀毗"。孟康曰："腰中大带也"。张晏曰："鲜卑郭洛带,瑞兽名也,东胡好服之。"颜师古曰:"'犀比',胡带之钩,亦曰鲜卑。"汉初用黄金制作鲜卑郭洛带,送赠匈奴单于。可知鲜卑腰带在中原流布之广、影响之大。近代王国维先生在《胡服考》中说,"具带之饰,则于革上列置金玉,名曰校(铰)具,亦谓之䩞,亦谓之环。其初本以佩物,后但致饰而已",也是对胡服腰带的考释。

鲜卑族称帝汉化,鲜卑带亦随之消失。北方草原又兴起了小袖圆领衫与别致的蹀躞带。强大的盛唐再次引进胡服胡带,男女都穿着,西京长安风行一时。唐代墓葬里发现了许多身穿胡服、前腰系蹀躞带的壁画与石刻中的人物。草原民族的蹀躞带对中原的汉人不适用,以后才加以改变。从晚唐五代描绘的文人画上还可看到改变后的小袖圆领衫与腰带穿着在汉族文人学士的身上。

契丹是身穿小袖圆领衫、腰系蹀躞带的北方游牧民族。契丹建立过辽王朝,雄踞燕云十六州以北,长达二百余年。契丹虽讲因俗而治,但其服饰与腰带对生活在辽朝境内的各族人民都产生过直接影响是不言而喻的。

中原文化对北方草原游牧民族的影响更大,暂存而不论。

八、余论

古代北方游牧民族的一条小小的腰带上的动物牌装饰,不仅反映了一定时期草原文化中造型艺术的精华,而且对中原服饰产生过重大而久远的影响,对辽阔的西伯利亚地区也产生过直接的影响。

匈奴曾一度雄踞蒙古高原以至欧亚大陆,其影响所及自然广远。

鲜卑继匈奴而起,"西伯利亚"即"鲜卑"的音译。地名尚存,焉无文化衣饰之影响?那里出土的许多动物牌饰,既有匈奴的,也有鲜卑的。鲜卑与匈奴早已踏出了草原丝绸之路,沟通了中西文化的交流。

契丹所建之辽朝亦包括匈奴、鲜卑之故地,西伯利亚之赤塔即契丹,契丹之影响所及不会比匈奴、鲜卑更小。

可知,古代北方游牧民族的腰带牌饰影响波及欧亚,对古代世界产生过一定的影响,当然也会受到当时斯基泰、罗马、希腊、波斯等古代文化的影响。正因如此,我国古代北方游牧民族的腰带动物牌饰成了世界上许多学者关注与研究的课题,至今方兴未艾,争执不休。

面具与民俗
——古今民俗现象之一

面具是流传在我国和世界各地许多民族习俗中的现象之一，古今往来，传承不已。尤其是尚处于经济、文化不发达地区的民族，在传统性的群众文化和某些宗教活动中，佩戴面具的风尚更为盛行。本文就这一古今沿袭的民俗现象，试作一些粗浅的探索。

一、现代民俗中的面具活动

人类制造面具，佩戴或供奉面具，是一种极其古老的风俗习惯。在现代生活中，我们仍能看到佩戴面具的现象，主要是在传统节日的群众性集体活动中和有些宗教活动中，有时在舞蹈、戏剧、电影和美术作品中也能看到佩戴面具的现象，儿童游戏也有佩戴面具者。甚至在国际交往中，赠送礼品时，也有赠送面具的。

我国盛大的传统节日，莫过于春节和元宵节。甘肃、青海、四川一带的藏族，每逢春节到来时，在除夕这天，人人穿上艳丽的服饰，有的头戴奇形怪状的面具，成群结队，在鼓乐声中高歌狂舞。这是很早以前就留传下来的习俗，据说这样可以"驱邪降福"，保证一年人畜平安。如今，人们已赋予其新的意义，成了一种庆丰收、迎新岁的喜庆活动。元宵节既是灯节，又是传统的群众文娱活动的大荟萃。在高跷、龙灯、旱船、秧歌之外，在庞大的各色文艺队伍中，也有一些佩戴面具者，在行列中表演。面具形象有儿童、老翁、老妪，都喜眉笑目；也有孙悟空、猪八戒、沙僧和唐僧等，形象怪模怪样，表演风趣滑稽，逗人开心，引人发笑。

宗教活动佩戴面具的，在我国主要保留在鄂温克等族的萨满"跳神"和喇嘛"跳鬼"等活动中。

萨满施行巫术和"跳神"，由全氏族或家族的人参加，它是氏族活动的主要内容之一。萨满穿着奇异的神服，头戴鹿角神帽，脸上戴着假面具，就像京戏中的花脸或庙里的金刚神像一样，她的外形充满了神秘的色彩。她双目半闭半开，进入一种兴奋、激烈、近乎癫狂的状态中，口中念念有词，装作和鬼神说话或者她的灵魂到鬼神世界中去了。她模仿野兽的声音和动作，频频舞蹈，发出熊的咆哮声，蛇的爬行声。加上击神鼓之声，氏族的人一面被萨满的狂舞、怪叫所催眠，另一方面，伴随着萨满唱神歌、神曲，并复述萨满的咒语，形成萨满和氏族的整体。这种萨满"跳神"戴面具的活动，在鄂温克族中保留得最为明显。在狩猎、祭祀、祈福、集会、治病等活动中，萨满都要戴上面具"跳神"。居住在不同地区的鄂温克族，萨满所戴的面具也有不同。但有一点是共同的：人们都崇拜萨满所佩戴的面具，虔诚地加以供奉。例如，阿荣旗查巴奇的鄂温克人中，萨满和居民供奉的"德力格丁"神，就是用桦树皮或红铜做的面具；陈巴尔虎旗的萨满面具是金属制的，上面涂着白色颜料；鄂温克人供奉的"毛木铁"神，是用铁片剪成的人形面具，一个氏族中只供奉一个，而且是在氏族中最古老的家庭里供奉。鄂温克族举行一年一度的盛会——"奥来那楞"时，萨满戴上面具"跳神"，到第三天，萨满要把面具挂起来，要把人们献给萨满的东西都放在面具前，并在面具的嘴上贴上羊尾油，来祭祀面具。在内蒙古博物馆民族文物陈列馆里陈列着一套蒙古族萨满"跳神"时用的法器，其中就有一件铜制的面具，说明蒙古族中的萨满"跳神"时，有的也是要佩戴面具的。在达斡尔和鄂伦春人中，萨满虽然用流苏（穗子）代替了面具，但鄂伦春人仍保留有供奉面具的风俗习惯。

喇嘛跳"禅木"，也叫"跳鬼"。"禅木"是梵语，汉语译为"跳鬼"。内蒙古及其他地区的喇嘛庙，每年都有各自"跳鬼"的具体时间。内蒙古达茂旗百灵庙喇嘛"跳鬼"的活动，是在每年农历六月十四至十六日，举行三天。据说这也是一种攘除不祥、预祝平安的活动。这是一种有浓厚宗教色彩的番式舞蹈，由一些喇嘛头戴面具，扮作鬼神，身穿各种色彩艳丽的奇装异服，手执"降魔"宝剑或各种法器，跳所谓的"捉妖驱鬼"舞蹈。那狰狞的面具形象，令人望而生畏。

在传统的舞蹈活动中，新疆维吾尔自治区和广西壮族自治区解放前夕还流行有一种假面舞会。新疆库车县的假面舞是由古代龟兹乐中的一种名叫"苏幕遮"的假面舞发展来的。舞蹈者有戴怪兽面具的，有戴鬼神面具的，边舞边与围观者戏弄，或用泥水泼人，或用绳索套人，里里外外，男男女女，热闹风趣异常。这种假面舞唐代还传入中原，风靡一时，名曰"醉浑脱"，实际还是"苏幕遮"。"苏幕遮"后来还演变成唐宋的词牌和元明的曲牌。广西侗乡的侗族人民擅长舞蹈，在他们的民间舞蹈里的祀神舞蹈中就有假面舞。

在摄影艺术作品中也有拍摄的面具。吕厚民等四人的非洲纪行摄影作品中，有一幅在塞内加尔拍摄的题为《精雕细刻》的作品，拍摄的就是一幅非洲面具。

在国外有些民族中，面具既是演员的"戏剧"，又是他的财富。任何人都不能穿戴他的面具。特别神圣的面具时常是全部落的财富，是由部落中专门的技师定制的。如印第安人中的尼人，就把"卡特西纳"面具分为两类：一类是古老和永久性的"卡特西纳长老"，是扮演众神者所佩戴的，是全部落的财富；另一类是"舞蹈者的卡特西纳"，是集体舞蹈时所用，是任何买得起的富人都能定做的。这些面具在舞蹈之后，要拿到保存者的家中，用鹿皮或布包裹起来，以防尘土，有的悬挂，有的存放在罐中。危险的面具都要放在罐中保存。在这些民族的心目中，面具是决不能放在地上的，每餐还要给面具供饭。

除了舞蹈中用面具外，电影里也有戴面具的，如美国电影《游侠传奇》和英国电影《铁面人》中就出现了佩戴面具表演的镜头。

在外国绘画艺术中也有面具的反映，如17世纪法国画家雅克·斯泰拉的《密涅瓦与缪斯神在一起》的著名油画里就描绘有一副面具。画中描绘了九位缪斯——科学文艺女神迎接战争和智慧女神密涅瓦（右边穿铠甲者）。密涅瓦左手握着长矛和盾牌，右手指着放在地上的面具压着的短剑。这面具与短剑可能也是她作战用的战斗用具。

有趣的是，在墨西哥阿兹台克体育场举行的第十三届世界杯足球赛的开幕式上，首先出现了一位戴面具女郎跳舞的镜头，可见面具在墨西哥人心目中的神圣地位。

笔者参观过一个南美洲委内瑞拉民间艺术彩色摄影展览，其中许多作品反映了委内瑞拉人民佩戴各种面具进行群众舞蹈活动。如拉斯州的萨纳雷镇，人们穿着鲜艳夺目的服装，头戴各式各样的面具，参加这一具有地方特色的活动。人们用"萨拉戈萨斯"这一非常特别的名字来称呼这种娱乐活动。在米兰达州的圣佛朗西斯科德亚雷镇，人们用事先设计好的黏土模具制造面具，技术与材料因地而异。大家共同戴上这种色彩斑斓的奇形怪状的面具，跳魔鬼舞。库马纳魔鬼舞的面具形象，头上长角，利齿獠牙，丑陋不堪，令人生畏。这种面具形象与人们想象出来的传统的魔鬼形象一模一样。在阿拉瓜州的祖奥镇和卡塔镇，同另一些村镇一样流行这种集体魔鬼舞蹈，参加跳舞的人们还要到某些人或亲朋好友家门前表演。在预定的时间，要经"魔鬼"们摆设丰盛的筵席，筵毕，继续活动，要进行一整天。在有的地方，每年11月28日举行化妆表演。参加表演者称为"狂人"，而欢聚一堂的一群"狂人"叫做"洛卡伊纳斯"。这是一个历史悠久的习俗，有时在狂欢节也举行这类活动。在特鲁希列州的圣米格尔、德博科诺小镇，每年举行一种"牧人朝圣"活动，从6月4日开始，持续四天。在此期间，居民们兴高采烈地举行这一别具一格的庆祝活动。整个朝圣活动中，各种面具最为独特新颖，引人注目。总之，在委内瑞拉，有名目繁多的魔鬼舞，佩戴面具为其基本特征。一些研究人员认为，这一起源于欧洲的表演形式已吸收了一些非洲祭祀活动的特征。其中心主题在于表现善与恶及神仙与世俗之间的斗争。给魔鬼伴奏的唯一乐器是一种小鼓，人们把这种小鼓称为"盒鼓"，故而将其演奏者也称为"盒鼓手"。

美洲印第安人的不少活动中有佩戴面具的习俗，特别是举行男子成丁礼仪时，都以显示起源神话的核心秘密作为仪式的高潮，即与"卡特西纳"面具相联系的"真实"的故事。这种面具也出现在每年庆祝丰收的宴会中，代代相传。

非洲更是一个风行面具的地区。甚至有人把非洲和南非地区的农业社会名之曰"面具文化"。当他们举行仪式和表演时，面具是非常重要的元素。演宗教戏要戴面具，一般性的娱乐也有面具表演。有的部落的祭祀仪式中有许多面具，这些面具大都是崇拜"科科"（雨神）时才佩戴的。他们所戴的华丽的古老面具有115种之多，各有各的名称，都是以其装束上细节的差异来加以区别的。西非人民更是自古就有戴着各种面具边歌边舞的风俗。这些面具选用盛产在热带密林中的质地光洁坚硬的木料精工雕刻而成，面具形象鲜明、细致而生动。他们庆祝丰收祭祀时佩戴面具，举行男、女成丁礼时也要佩戴面具。男子成丁礼佩戴的魔鬼面具名叫"绍特"，人们认为它神通广大。女子成丁礼佩戴特殊的黑色木面具，面具上刻着卷状假发，还有一整套穿戴和化妆方法，以显示其超自然的威力。成丁的男女青年都要经历一番与戴面具的"魔鬼"搏斗的严酷考验。

在苏联西伯利亚地区居住的布里亚特人中发现的面具，早期是皮制的，后来是用木头或金属制做的；鞑靼人萨满的面具是用白桦皮做的；弗雅喀人的面具是木制的，在沿海举行捕鲸祭典时用草绲制面具。在北美的爱斯基摩人中，也盛行木制面具和皮面具。当他们夏天捕完鱼，都戴上木面具跳舞。阿留申人在12月举行宗教仪式时，把木制面具投入海中，第二年再做新的。他们还有把木面具盖在死人脸上的葬俗。

日本在传统的春季节日活动中也有佩戴各种奇形怪状面具的风俗。他们还撒黄豆以驱邪除祟，据说这也是一种很古老的习俗。在靳羽西女士主办的《世界各地》电视节目里就有这样的内容。

在现今世界上的有些国家，不仅民间有佩戴面具的风俗，而且把面具当作珍贵的外交礼品，赠送友好的国家。我国就得到过一批这样的礼品，如非洲的马里、喀麦隆、加蓬等国就赠送过我国大型的面具礼品。马里与加蓬的男女性别不同的面具，造型别致，构图繁复，用乌木或红木雕刻，是绝妙的艺术品；喀麦隆的铜铸面具，头顶之上有蜘蛛与双蛇盘绕，面部双目圆睁，呲牙咧嘴，金光闪亮，令人怵目惊心！加拿大赠送的印第安人节日面具，面部色彩斑斓，分为内外几层，可以左右开合活动。我们的友好邻邦泰国与柬埔寨也有面具赠送我国。泰国赠送我国的是两位戴面具的武士与一位天女搏斗的艺术品，面具一白一绿。柬埔寨的两件面具有些像京剧中的马武，面目狰狞，血口獠牙，甚是凶恶。

二、我国古代文献有关面具的记载和国内外考古发现的面具资料

我国古代民间与宫廷都有佩戴面具举行各种驱逐疫鬼的祭祀，称之为"大傩"。"按周礼有大傩，汉礼有侲子，要之原始于黄帝，而大抵周之旧制也。周官岁终命方相氏率百隶，索室驱以逐之，则驱傩之始也。"（《轩辕本纪》）这里所说的"方相氏"，即古代

佩戴"黄金四目"面具驱疫避邪的神像。据《周礼·夏官·方相氏》记载:"方相氏掌蒙熊皮,黄金四目,玄衣朱裳,执戈扬盾,帅百隶而时革佳(傩),以索室殴驱疫。"因此,以后方相就成了面具的代称。为什么方相氏要率百隶以索室驱疫呢?据《事物纪原》引《礼纬》曰:"高阳有三子,生而亡去为疫鬼,二居江水中为疟,一居人宫室区隅中,善惊小儿。于是以正岁十二月,命祀官特傩以索室中,而驱疫鬼。"这就是古代每年腊月最后一天,即除夕命方相氏索室驱疫的原因。春秋时期的鲁国民间也有驱傩的活动。在《论语·乡党》里就有关于孔子观看民间驱傩活动的记载:"乡人傩,朝服而立于阼阶。"

汉代的"大傩"也很盛行,《后汉书·礼仪志》有较具体的记载。其形式与先秦相似,但又有发展,规模比以前更大。这里就不俱抄录。

唐代段安节《乐府杂录》中也有关于这种活动的记载:"用方相四人戴冠及面具,黄金四目……侲子五百,小儿为之,衣米褶素襦,戴面具。"

宋代的大傩仪,无论宫廷还是民间,仍非常盛行。孟元老《东京梦华录·除夕》记载:"至除日,禁中呈大傩仪,并用皇城亲事官。诸班直戴面具,绣画衣色,执金枪龙旗。教坊使孟景初身品魁伟,贯金副金镀铜甲,装将军。用镇殿将军二人,亦甲胄,装门神。教坊南河炭丑恶魁肥,装判官。又装钟馗、小妹、土地、灶神之类,共千余人,自禁中驱祟出南薰门外转龙湾,为之埋祟而罢。"吴自牧《梦粱录·除夕》条也有相似的记载。这是说宫廷。宋周去非《岭外代答·乐器门》还有这样的记载:"桂林傩队,自承平时,名闻京师,曰静江诸军傩。而所在坊巷村落,又自有百姓傩,严身之具甚饰,进退言语,咸有可观,视中州装队仗似优也。推其所以然,盖桂人善制戏面,佳者一直万钱,他州贵之。"这是有关宋代桂林地区官府与民间面具活动的盛况。宋代桂林大约是制做面具的中心。难怪陆游在《老学庵笔记》中有这样的记载:"政和中大傩,下桂府进面具,比进到称'一副'。初讶其少,乃以八百枚为一副,老少妍陋,无一相似者,乃大惊。至今桂府作此者,皆致富,天下及外夷皆不能及。"从陆游的记载可知,当时宋朝版图内的不少地方都制做面具,宋朝周围的其他少数民族也制做面具,只是都赶不上桂府面具精彩。陈元靓《岁时广记》引《岁时杂记》:"除日作面具,或作鬼神,或作儿女形,或施于门楣,驱傩者以蔽其面,或小儿以为戏。"又洪迈《夷坚志补四·程氏诸孙》条下曰:"入郡适逢出廛市有摇小鼓而售戏面具者"。南宋《虏廷事实》载:"惟契丹一种,特有异焉……用金银为面具,铜丝络其手足。耶律德光之死,概用此法。"

据孙景琛同志介绍:"五十年代中,我们曾去江西、广西等地调查,当时桂林一带还存有大量宋刻的木面具,虽已不是'八百枚为一副',但数量仍很可观,一堂(以村为单位)面具一般都有三四十枚,多的有八十多枚(每枚代表一个神),雕工极精,真是老少妍陋，各具特色。值得注意的是，有的面具雕成两层甚至三层，每层都不同，戴上这样的面具，表演时就可以根据内容的需要而'变脸'。由此可见，'大傩'发展到了宋代，的确有了较大的变化，已更多地增加了娱人的成分了。"（见《文物》1982年第3期第71页）

清代的宫廷与民间可能已没有除夕举行大傩的祭仪了，只是在盛行的喇嘛教"打鬼"中保留了这一活动。清潘荣陛的《帝京岁时纪胜》和富察敦崇的《燕京岁时记》中记述了这一活动。《帝京岁时纪胜》载："初八日弘仁寺打鬼。其制：以长教喇嘛披黄锦衣乘车持钵，诸侍从各执仪仗法器拥护；又以小番僧各班第者，衣彩胄，戴黑白头盔，手执綵棒，随意挥洒白沙；前以鼓吹导引，众番僧执曲锤柄鼓，鸣锣吹角，演念经文，绕寺周匝，迎祥驱祟。念五日，德胜门外黄寺行玄如之。"《燕京岁时记》载："打鬼本西域佛法，并非怪异，即古者九门观傩之遗风，亦所以禳除不祥也。每至打鬼，各喇嘛僧等扮演诸天神将以驱逐邪魔，都人观者甚众，有万家空巷之风。朝廷重佛法，特遣一散秩大臣以临之，亦圣人朝服祚阼之命意。打鬼日期，黄寺在十五日，黑市在二十三日，雍和宫在三十日。"到了清代，完全变成了喇嘛教的活动，一直沿袭至今。只有甘肃、青海地区的藏族中仍保留了驱傩的古老风俗。

古代文献中除关于大傩戴面具的记载外，还有关于作战戴面具的记载。一为北齐兰陵王长恭，一为宋代狄青。据刘餗《隋唐嘉话》卷下记载："高齐兰陵王长恭，白类美妇人，乃着假面具以对敌，与周师战于金墉下，勇冠三军。齐人壮之，乃舞以效其指麾击杀之容，今大面是。""大面"别名"代面"，即现在的面具，它本是剧种之一，指戴面具表演的歌舞。北齐兰陵王高长恭才武而貌美，常着假面以对敌，以五百骑入敌阵，终克周师（约564年）。军中因谱兰陵王入阵曲，再由入阵曲发展为演故事的歌舞戏。这出戏又名《代面》（见《乐府杂录》）。《中国古代音乐简史》也记述了这出歌舞戏。这是由兰陵王戴面具作战大捷而创作出歌舞剧《代面》的情况。宋代狄青戴铜面具作战的事迹，《宋史·狄青传》中有记载："临敌被发，带铜面具，出入贼中，皆披靡莫敢当。"

以上便是我国古代文献中记载的有关佩戴面具的活动。古代诗歌中也有描绘，如隋薛道衡和许给事善心道场转韵诗中便有这样的诗句："假面饰金银，盛服摇珠玉。"活画出戴面具者表演时的盛况。诗歌的描绘与文献记载完全相合，这正是我国古代佩戴面具风俗的一种真实反映。

我国考古发掘也发现了不少有关古代面具的实物资料。1958年夏在安阳西郊王裕口村东南约半里的地方出土了一个人头的陶范，即陶制面具。范呈半圆形，目、口、鼻、颧骨等非常清楚，上额还有稀疏的头发，印出的人面长11.8厘米，宽8厘米，鼓鼻梁，高颧骨，小口，下颌尖，吊眼，似蒙古人种。另外，在侯家庄北岗子四百号大墓出土了一铜面具。重要的还有陕西省汉中地区城固县苏村出土的一批殷商晚期的窖藏青铜器中就有23件青铜面具。面具与人的面部大小相似，每件高16.6厘米，宽17.7厘米。面具形制基本相同，只是脸型有椭圆与圆形，双耳有长方和椭圆状之别。面具标本76∶147，呈凶煞貌，目眶深凹，眼球外凸，中有圆孔，孔径1.7厘米。两耳直立，悬鼻突起，透雕獠牙，耳有穿，鼻有孔。额部有一穿，脸壳外凸内凹，五官距离、位置与人面五官接近，各有通孔，可戴在面部。这是迄今发现的可佩戴于人面部的最古老的青铜面具。据研究者考证，汉中是古羌族的居地，这青铜面具应是羌族的遗物。

山东省沂南发掘的汉画像石墓中，前室北壁上横额有一幅石刻画像，画上刻划着十几位面目狰狞、身生羽毛的凶神，正在驱逐各种奇禽怪兽，有的正在追杀，有的正在吞食，而诸奇禽怪兽作四散逃奔状。这可能就是方相及十二神驱鬼逐疫的具体形象。据孙作云先生考证，这就是"大傩图"。

辽宁契丹族的墓葬里经常出土铜、银面具，有男有女，有老有少，甚至还有儿童面具出土。到现在，已出土有数十枚之多。这些面具都是覆盖于死者脸上的，所以有人也称之为"死面"。契丹面具的特点是，大小、形貌无有一件完全相同。其中特别应该一提的是，辽宁省朝阳地区前窗户村的一座辽代契丹墓葬里出土了一条鎏金银带銙，由四个正方形折缘组成，正面均铸印童戏图案。在第三方的正面有三童子，其中一童子脸戴面具，右手执令箭，呈屈膝蹦跳状。这是目前辽代考古发现的契丹儿童佩戴面具进行活动的唯一例证。已知契丹族里有一部分人死后要佩戴银、铜面具，但生前有无佩戴面具的习俗？《辽史》和《契丹国志》里均无记载。前窗户村辽墓的这一佩戴面具的童子形象给我们提了契丹人生前有佩戴面具风俗的生动例证。

在高句丽的墓葬中也出土有面具，只是数量很少。前面提到的桂林发现的宋代木制面具等，都是考古发现的重要实物证据。

在黑龙江上游石勒喀河和黑龙江下游的有些地方都发现了反映古代北方民族狩猎生活的岩画，其中在一个叫卡利普的村子共发现刻有岩画的石块103块，上面刻着面具和蛇、怪兽、虎、熊、鸟等动物形象，较集中地反映了通古斯人萨满教的动物崇拜内容，为研究萨满教提供了重要的实物资料。

1976年以来，内蒙古的考古工作者在阴山地区的许多地方发现了丰富多彩的岩画，其中与面具有关的，在狼山地区发现的岩画和海勃湾地区的岩画中有不少人面头像，有大有小，有圆有方，有尖下颌，有宽腮帮，有的头上有犄角，有的脸四周生毛发，有的光头秃顶，有的头戴尖帽，造型各异，五官奇特。考古工作者把这许多头像称为"美人像"，这些头像又分为人头像、圣像、神灵图三种。此外，在狼山岩画中还有许多跳舞的形象，有单人舞、双人舞、多人舞，袍服不同，头部形状奇特。海勃湾岩画中的这种奇形怪状的人面形象更为突出。其实这许多光刻有面部的所谓"类人像"正好与考古发现的和流传至今的各种怪异面具造型十分相似。它们很可能与古代北方民族中的萨满教"跳神"的面具有关，是一种对面具崇拜的再现。其中有的舞蹈可能正是萨满在"跳神"。

在我国的古文字中，即考古发现的甲骨文和金文中，也保留了不少有关戴面具形象跳舞的象形文字。康殷先生在其《文字源流浅说》一书中专列一节"化装假面舞人形"。他列举了不少像人形的象形字，如"冀"字，金文像头戴怪兽头形假面具而舞蹈的人形。金文和甲骨文中"冀"字有不同写法，但都是有双角双眼孔、下挂饰物铃等面具的省略。"黑"字上部也是"冀"字上部面具头形的异形，只是失去了双角。而黑字上部黑边的田形，有"方相氏黄金四目"之意，身边的八条，像挂的饰物或表示身上涂色化装之意，后世引申而称黑色，古称幽、玄，而不称黑，声与"冀"仍近。"鬼"字头亦由此面具形省转。这类化装假面舞流行于大部分较原始的氏族地区，是宗教活动，也是娱乐，殷人也是如此。文献记载太迟、太少，古文字形中却有不少反映，事隔几千年，我们幸可由此欣赏一点盛况。《文字源流浅说》还列举了头戴虎形假面舞人之状的字，像戴大耳怪兽形面具人形的字，像戴鱼形假面舞人的字等。这种假面舞，春秋时还普遍流行，甚至流行于乡村，已近于戏，到宋代都称为"傩"，后来转为其他形式，如戏曲、赛会，藏族尚存"跳鬼"等。

从这许多考古发现的面具，与古人文献记载相印证，足以充分说明，我国古代从华夏族到以后的汉族及周围的许多少数民族，都普遍风行过佩戴各种面具的习俗。

国外有关面具的文献记载，笔者虽尚未见到，但"假面剧"却是古代欧洲比较流行的剧种之一。如古代希腊的假面歌舞剧、古罗马的闹剧和意大利的即兴喜剧等，都是演员佩戴假面具进行表演的剧种。14～16世纪流行于欧洲各国宫廷的一种假面剧，题材大多为寓言或牧歌，结构简单，演员有的戴面具，以音乐歌唱为主，有时插入舞蹈。日本的能乐也是一种假面剧，这与我国的《代面》有相似之处。

国外考古发掘中也发现过不少有关面具的实物资料。日本滨田耕作在其《古银铜面考》一文中列举了世界各国考古发现的许多面具资料，这里就不再重复，仅就笔者近年来所见到的一些有关考古发现的面具新资料略作介绍。

联合国教科文组织主办的巡回展览——"拉丁美洲艺术"展览中就有不少面具资料。这里有安第斯山脉中段的秘鲁出土的公元前700—前300年恰汶文化影响下制造的金面具，以及1000年奇穆人的金制面具，有墨西哥出土的300—650年间的黑陶土制做的殉葬面具和绿松石镶嵌面具，还有哥伦比亚加利马出土的黄金遗体面具、危地马拉的木制面具，以及安第斯山脉中部出土的石制面具。这些面具质地不同，造型各异。在墨西哥的科洪利希城，考古学家发现了一个作为建筑装饰的巨型灰泥面具，即太阳神面具。面具典型地雕画出该城大金塔的太阳神形象，大眼圆睁，嘴角两边还蟠屈着蛇。难怪在第十三届世界杯足球赛的开幕式上会有戴面具的女郎出场表演。

非洲的尼日利亚曾发行过一张"文物"纪念邮票，上面印制的就是一枚 15 世纪贝宁时代的木刻面具。这种神态毕肖、栩栩如生的面具，既反映了古代非洲人民的信仰，也表现出非洲木雕的高超艺术水平。

有关人类佩戴面具活动的最早的资料，要算 1940 年在西班牙由四个少年发现的拉斯柯克斯洞穴绘画中绘的戴面具人形。"艾伯特斯基瓦认为拉斯柯克斯洞穴有力地告诉我们，那里存在着人的形象。虽然这些人的形象不再是披着兽皮、戴着兽冠的巫师，他们已经抛弃了这些模仿动物的装饰，但仍然给自己戴上了动物的面具。'驯鹿时代的人们留给我们的是既奇妙又忠实的动物绘画，但是，他们几乎总是把自己的面貌隐藏在动物面具的后面。'"拉斯柯古斯洞穴的鸟头"果子"，以及阿尔塔米拉洞穴顶壁上奥瑞那时期的一些侧面像也曾被布吕叶看作戴了面具的人的形象。他还指出，莱·特洛亚·费莱尔洞穴中野牛头形象也是一个戴了动物面具的人，他跳跃、舞蹈，而且自己正在弹奏一张"音乐的弓"。这个洞穴中的另一个著名的鹿角巫师则被布吕叶称为"特洛亚·费莱尔神"。

在旧石器时代晚期洞穴中发现的崖壁上的绘画，表现了旨在使猎物（如野牛、野猪、熊和鹿）大量增加的丰收舞蹈。这些画严守自然主义风格。其中的演员是部落的巫师或巫医，戴着代表不同猎物的各种面具。今天代表旧石器时代人类文化水平的原始部落，如澳大利亚人、维达大、火地人和布须曼人的部落，有同样的模仿舞蹈……演员可多可少，亲朋好友用五颜六色的彩画和羽毛把演员装饰起来，这起着面具的作用。

由此可知，面具的起源是相当古老的，它伴随着人类的狩猎生产而产生，伴随着人类原始信仰的发展而发展，它与原始宗教活动——萨满巫师的巫术活动密切相关而不可分离。所以，探讨面具与民俗的关系，是一个沿续时代久、涉及范围广的很大的课题。

朱元璋的"奉天诰命"

1980年五月，乌兰察布盟文物工作站在卓资县征集到一帧明朝洪武二十八年（1395年）皇帝加封马林夫妇的"奉天诰命"。马家将此视为传家珍宝，代代相传，年年供奉，一直保存到"文化大革命"时期，在"造反"派的强令下，才不得不交了出来。由于他们对这件保存了五百多年的"圣旨"一直珍爱之至，经再三请求，"造反派"才答应把有字的部分剪走，只把无字的部分留下。这截被剪走的"诰命"，后来辗转到了县公安局。粉碎"四人帮"以后，公安局清理"文化大革命"集中来的东西时，将它清理出来，准备作为废旧无用之物，付之一炬。当时，县委宣传部的徐昌旺同志因公在场，他发现后，便保存了起来。他懂得这是件比较珍贵的历史文物，后来又转交于乌兰察布盟文物工作站妥善保存。乌兰察布盟文物工作站征集到这截传世文物后，便派人带着去访问了物主马林的后裔——马五老人。老人已年逾八旬，他在有生之年有幸见到相传了五百多年的"珍宝"，真是喜出望外！老人又将珍藏的那截无字的部分取了出来，交给了文物工作站的工作人员，使这件传世文物合成完璧。

受"诰命"者马林并无军功，而是来源于他的祖父马德。马德与朱元璋同乡，他比朱元璋晚一年参加了元朝末年的农民起义，跟随朱元璋率领的红巾军南征北战，出生入死，战斗经历颇不平凡。他为大明帝国的建立、朱元璋的登极立过汗马功劳。尽管他始终官小位卑，史籍无名，但同样受到了皇帝的诰封，从这件"诰命"里可以看出朱元璋对军队和兵卫制度的重视；马德的战斗经历也能反映出朱元璋率领的农民起义军的主要战斗进程，它对于研究元末明初的历史是一件不可多得的实物资料。

一、"诰命"的颜色、质地与尺寸

明洪武二十八年的"奉天诰命"是一条长长的五色织锦。它的五种颜色是黄、白、黑、蓝、红。它把每种颜色织成一段，段段衔接，色色相连，构成统一的整体。"诰命"五色织锦的上下两端各织一条宽3厘米多的龙、云纹花边。龙的造型为竖发五爪龙。龙身长9.5厘米、高约2厘米，云纹长约9厘米、高2厘米。龙与云两种花纹交错连续。左右两端是单一的云纹图案，花边的宽窄与上下相同。"诰命"织锦为五色，而龙、云图案则为统一的白色。织锦的龙、云纹花边有的部分已残破。

"诰命"的首段为黄色，长约94厘米，残宽24～29厘米。这一段残破严重，颜色变黑，系烟气熏染、油水浸渍所致。这正是数百年来马家世代春节祭祖时供奉的结果。这一段上面织有"奉天诰命"四字，本色篆书，每字高4～5厘米、宽3.5厘米。"奉天诰命"左右各织一条竖发五爪金龙，龙头朝下，龙尾向上，张牙舞爪，护卫着"诰命"。龙与"诰命"的右下方有一13厘米大小的红色印痕，由于丝织残破，印迹模糊，字体已无法辨认。往下便是用黑色丝线织成的"诰命"正文。

第二段为白色，长93.7厘米、宽30.5厘米。第二段的54厘米处被剪断，前一截为有字部分，曾被"造反派"所抄走；后一截为无字部分，仍留马家保存。

第三段为黑色，长96.6厘米、宽29.5厘米。第四段为蓝色，长94.7厘米、宽31厘米。第五段为红色，实际是橘红色，长94.5厘米、宽30.7厘米。"诰命"五色织锦全长471.5厘米。

"诰命"的织锦为什么要织成黄、白、黑、蓝、红五种颜色呢？

我国古代便产生了五行观念，即水、火、木、金、土。这五行实际上是古代思想家对构成物质世界的本源的一种探索。之后又产生了上方五帝之说，即东方为青帝，西方为白帝，南方为赤帝，北方为黑帝，中原为黄帝。此外还有五方五土之谓，即东方为青土，西方为白土，南方为红土，北方为黑土，中原为黄土。五行也同五帝、五土相对应，深深的水潭是黝黑的，火光的颜色是红艳艳的，树木的色彩是苍翠的，金属是亮晶晶的，中原的泥土是黄色的。于是，把唯心与唯物相混，迷信与科学杂糅，把五行、五帝、五方五土的复杂观念变为单纯的五色。因此，"诰命"这五种颜色正是五行、五帝、五方五土等复杂观念的概括，也是华夏舆地的标志，更是朱明王朝国家社稷的象征。这正如北京中山公园里的社稷坛一样，后者是明朝皇帝修筑的祭祀土地的祭坛，也是由这五种颜色组成的。社稷坛的五色与"奉天诰命"的五色，其用意是一致的。

"诰命"还有一块包装用纸，纸长约68厘米、宽约31厘米，纸质偏厚，色泽发黄，近似皮纸，也已残破。纸的外面下侧印有小字两行：洪武贰拾陆年夏季表褙□□，织匠黄正三，□□。由此可以断定，这批"诰命"是洪武二十六年（1394年）织造，二十八年正式颁发的（图1）。

图1　明洪武二十八年颁发的"奉天诰命"

二、"诰命"原文与释读

"诰命"全文共 15 行，92 字。第一行一字，第二行三字，第三行八字，第四至第十四行每行七字，最后一行三字，字体为楷书，全用黑色丝线织就，每字字径 2.5～3 厘米。织字采用黑丝线，因年代久远，有的已风化朽断，脱落殆尽；虽字迹模糊，但犹可辨认释读。现将原文抄录于下。为释读方便，按今体书写，并加标点。

奉天承运。

皇帝制曰：昔者圣王之治天下也，必须威武以安黔黎，未尝专修文而不演武。朕特仿古制，设武职以卫治功。受斯任者，必忠以立身，仁以抚众，智以察微，防奸御侮，机无暇时能此，则荣及前人，福延后嗣，而身家永昌矣。敬之勿怠。

"诰命"是封建社会皇帝颁赐爵位所用的一种诏令，凡是"诰命"，都有预先撰定的文字，使用时按品填写。《明会典》载："洪武十七年奏定，有封爵者给诰如一品之制；二十六年定一品至六品，皆受以诰命。诰用制诰之宝。"这件"奉天诰命"就属于明洪武二十六年所定的那一种。明洪武二十八年颁发时，上面加盖的印玺正是"制诰之宝"。"制诰之宝"高 13 厘米，宽 12.6 厘米，朱文篆书。朱元璋是"以武功定天下"的，所以对有军功者特别重视。这件"诰命"就是专门颁赐给有军功的武官的。

朱元璋虽然出身寒微，但他借助农民起义的力量推翻了蒙汉地主阶级联合政权元朝，之后又建立了一个新旧地主阶级的封建政权，他成了封建地主阶级的最高代表。他当上皇帝之后，把他办公的正殿叫做"奉天殿"，把他所颁发的诰命叫做"奉天诰命"，而且还明确规定，凡是皇帝诏书的开头都必须用"奉天承运"四字。这就表示，他的一切行动都是"奉天"而行的，他的皇朝也是承方兴之"运"的。

"皇帝制曰"，制是帝王的命令。《史记·秦始皇本纪》载："命为制。"这就是皇帝称"制"的来历。

"昔者圣王之治天下也，必须威武以安黔黎，未尝专修文而不演武。""黔黎"即老百姓。《史记·秦始皇本纪》载："更名民曰黔首。"秦谓民"黔首"，周谓"黎民"。以后"黔黎"合称，就是指老百姓了。朱元璋说，古代圣明的国王治理天下，一定要依靠强大的军队来安定（其实就是镇压）百姓，没有只讲文治而不用武力的。朱元璋首先开宗明义地讲了军队对安邦治国的重要意义。

"朕特仿古制，设武职以卫治功"。朱元璋说他是特地仿效古来的制度，设置武官以保卫治国的成果。《明史·兵志》载："明以武功定天下，革元旧制，自京师达于都县，皆立卫所。外统之都司，内统于五军都督府……征伐则命将充总兵官，调卫所军领之；既旋则将上所佩印，官军各回卫所。盖得唐府兵遗志。"由此可知，朱元璋的卫所制是仿效唐朝的府兵制的。当至正十六年（1356 年）春，大军渡江攻克集庆路（今南京市）

以后，朱元璋便与刘基着手研究、总结古代的兵制，创立卫所制度。到至正二十五年（1365年）四月，立部伍法。

《明史·志》载："革诸将袭元旧制枢密、平章、元帅、总管、万户诸官号，而核其所部兵五千人为指挥，千人为千户，百人为百户，五十人为总旗，十人为小旗。"到明朝建立以后，"度要害地，系一郡者设所，连郡者设卫。大率五千六百人为卫，千一百二十人为千户所，百十有二人为百户所。所设总旗二，小旗十，大小联比以成军"。这就是明初朱元璋的卫所制度。

接着讲了担负这个任务的武官必须具备的条件（"忠以立身，仁以抚众，智以察微"）和应担负的任务（"防奸御侮，机无暇时"）。能做到这些，就可以"荣及前人，福延后嗣，而身家永昌矣"。加封诰命的大小武官，都要全心全意地按照诰命的要求去做，一点儿也不能懈怠。

三、马德的战斗经历与加封爵位

受"诰命"者马林，祖孙在"诰命"上先后填写过两次。第一次为洪武二十八年（1396年）十二月初五日加封"诰命"时所填写。马林的祖父马德的战斗经历与加封爵位是在第一次填写"诰命"时追述的。填写的字体为墨书小楷，共十行，每行十六字，末行八字，共计280字。填写后，有骑缝印，编号与骑缝印玺。编号是"□□肆百捌拾玖号"，印玺是"之玺"二字，字为九叠朱文。印高5厘米，半宽2.5厘米。上面还有"查考相同，并无涂改"两行墨书小字。第二次是马林之嫡孙袭职二十年后所填写，时间是弘治十一年（1498年）五月。墨书小楷七行，首行十七字，二至六行皆十六字，末行十一字，共计108字。尾端的骑缝编号为"□□肆百伍拾号"，骑缝印玺为半块朱文篆书"之宝"二字。仍有"查考相同，并无涂改"小字两行。印玺高11.5厘米，半宽5厘米。两次填写的原文如下（标点为笔者所加）：

马林（旧名佛寿）年二十三岁，凤阳府虹县人，系马德（旧名德兴）嫡孙。有高祖。癸巳年九月于本府张元帅下从军，取定远县。甲午年取泗州、淮安、安东、海州。丙申年，渡江到南台，取广德等处。丁酉年取长兴。甲辰年十月，编伍选充长兴卫小旗。丙午年取湖州。吴元年，取苏州、上虞、余姚、明州等处，征福州。洪武元年，收捕兰、秀二山，征迤北，取泽、潞、平阳、太原等处。洪武二年取陕西。洪武三年五月，选充西安卫总旗，后调西安中卫。洪武九年十一月，除太原前卫流官百户。洪武十年上月，授世袭职事。洪武十一年四月，改设太原左护卫右所；七月，授世袭敕命。洪武二十一年三月十八日，病故。林于洪武二十五年十二月十五日，钦依袭除昭信校尉本卫所，世袭百户。父马彦中，封昭信校尉，管军百户。母刘氏，封安人。妻周氏，封安人。

马骏年四十四岁，系林孙。祖马柱。故父马拳，年幼优给，宣德二年，出幼袭职，调山西都司镇西卫中所，年老。骏系嫡长男，年幼优给；成化十四年六月，出幼袭职；弘治十一年五月，改调宁武千户所，今授昭信校尉。父马拳，赠昭信校尉，管军百户。母高氏，封太安人。妻华氏，封安人。

从第一次填写的内容里可以清楚地看出，马林的祖籍是安徽省凤阳府，他与朱元璋是同乡。元顺帝至正十一年（1351年）五月，江淮流域的贫苦农民——元朝蒙汉地主阶级特别歧视的南人，短衣草履，头包红巾，揭竿而起，杀官僚，占城邑，敲响了元朝政府的丧钟，这就是历史上有名的红巾军起义。首先起义的是刘福通，接着各地纷纷响应。至正十二年二月濠州（凤阳府）定远县郭子兴也举起了义旗。闰三月，朱元璋参加了郭子兴的起义军。癸巳年即至正十三年九月，马林的祖父马德也到凤阳府张元帅部下参加了起义军。张元帅即郭子兴的内弟张天祐。马德参加起义军后，首先攻克了郭子兴的家乡定远县。甲午年，即至正十四年，又参加了夺取泗州、淮安、安东、海州的战斗。至正十五年三月，元帅郭子兴死后，其子郭天叙当了元帅，张天祐任右付元帅，朱元璋任左付元帅。同年九月，攻打集庆（今南京），郭天叙与张天祐都战死，郭子兴的部下都归到了朱元璋的手里，朱元璋便成了这支起义军名实相符的大元帅，原来投军张元帅（张天祐）部下的马德当然也就成了朱元璋起义军的一员。

丙申年，即至正十六年（1356年），马德跟随朱元璋的起义大军横渡长江，朱元璋的主力攻克了集庆，将其改名为应天府。马德渡江后，随军占领了南台，攻取了广德等处。

丁酉年，即至正十七年（1357年），二月，朱元璋命令部将耿炳文攻取长兴，马德参加了这次战斗。长兴位居太湖口，陆路可通广德诸郡，是重要的军事据点，朱元璋让耿炳文镇守，马德便成了长兴的守卒。从丁酉年至甲辰年，即从至正十七年到至正二十四年十月，耿炳文始终在长兴。在这七年里，长兴有过三次激烈的保卫战。至正二十年九月是第一次，二十一年十月是第二次，二十四年十月是第三次。耿炳文的守卒只有七千人，而来犯之敌多达十万人，围攻逾月，守城的艰苦便可想而知，马德就是在第三次守长兴的战斗里被提拔为小旗的。至正二十五年春正月，还有过一次守长兴的激战。耿炳文守长兴十年，孤城血战，卒保无虞，被誉为东南屏障，其中也有马德的一份功劳。

丙午年，即至正二十六年（1366年），马德参加了攻取湖州的战斗。湖州之战是朱元璋亲自决策的一次重大战役，这是打败东吴张士诚的关键一战。

吴元年，即至正二十七年，马德参加了攻克苏州（平江）的战役。苏州是张士诚的都城。朱元璋的主要将领都汇集在这里。"徐达军葑门，常遇春军虎丘，郭兴军娄门，华云龙军胥门,汤和军阊门,王弼军盘门,张温军西门,康茂才军北门,耿炳文军城东北,仇成军城西南,何文辉军城西北,四面筑长围困之。"最终张士诚被俘,东吴被灭。朱元璋称吴王,并定年号为吴元年。接着,徐达、常遇春北伐,汤和、吴祯率常州、长兴、宜兴、江阴诸军南征。马德跟随南征大军参加了攻取上窟、余姚、明州(即庆元府,现在的宁波市)等处的战斗,又从明州乘战船,驾东北风,不数日,直达福州五虎门,参加了攻克福州的战斗。洪武元年(1368年)南征大军挥师北上,马德又参加了平定山西的战斗,攻取了泽(今山西晋阳)、潞(今山西长治)、平阳府(今山西临汾)和太原等处。洪武二年三月,西征军入奉元路(西安),改奉元路为西安府,留耿炳文守西安。耿炳文在西安,"修筑泾阳洪渠诸堰十万一千余丈,民便利之。大军西征,供亿繁急,炳文输饷五千石赴巩昌,军食赖以足。"马德也跟随耿炳文留在了西安,第二年,即洪武三年五月,由小旗"选充西安卫总旗",后又调西安中卫。马德在西安又驻守了九年,到洪武九年(1376年)十一月,调到太原"前卫",提拔为"流官百户"。"前卫"即本队前方的卫队,其任务为搜索警戒,除去路上之小障碍,驱逐较少之敌兵,遇大部之敌,须竭力抵抗,使本队从容展开。前卫的主力部队叫前卫本队。"流官百户",百户是军官的职位,而流官则是区别于土官而言,凡是受政府任命而能随时调动的官吏,都是流官。马德所担任的就是"流官百户"。洪武十年(1377年)六月,马德授世袭职事。洪武十一年四月,改设太原右护卫右所,七月,授世袭"敕命"。"敕命"是皇帝颁赐爵位所用的诰命。《正字通》载:"明制,凡褒嘉责让并用敕,词皆散文;六品以下官,赠封称敕命,始用四六。"马德的官职是百户,为正六品。《明史·志官职五》载:"所,千户所,正千户一人,正五品,副千户二人,从五品,镇抚二人,从六品……所辖百户所凡十,共百户十人,正六品。"马德的最高官职是掌管着一百零二人的百户。皇帝加封的最高爵位是正六品,比县太爷高一品。而更重要的是"世袭敕命",即子孙后代都可以当六品官。

四、子孙袭职的情况

马德于洪武二十一年(1388年)三月十八日病故。他死之后,正式袭职的是其嫡长孙马林。"林于洪武二十五年(1392年)十二月十五日,钦依袭除(拜官曰除)昭信校尉本卫所,世袭百户。父马彦中,封昭信校尉,管军百户。母刘氏,封安人。妻周氏,封安人。"这就是说,不仅马德的嫡长子与嫡长孙都受封居官,连妻子也都封为"安人"。"安人"是封建社会命妇的一种封号。明、清两朝,凡六品官的妻子都封安人。马林袭职时,年龄只有20岁。

马林的长子马拳也是"年幼优给,宣德二年(1427年),出幼袭职,调山西都司镇西卫中所。"宣德是明宣宗朱瞻基的年号，他是明朝的第五个皇帝。马林袭职长达36年，经历了明太祖朱元璋、明惠帝朱允炆、明成祖朱棣、明仁宗朱高炽等五个皇帝。马拳袭职长达51年之久，又经历了明宣宗朱瞻基、明英宗朱祁镇、明代宗朱祁钰、明宪宗朱见深等五个皇帝。因为年老，又让其嫡长男马骏袭职。马骏同样是"年幼优给"，"成化十四年（1478年）六月，出幼袭职"。马骏袭职时也年仅24岁，到弘治十一年（1498年）五月，改调宁武守御千户所，授昭信校尉时已44岁了。就在这一年，又在"奉天诰命"上填写了一次受封的情况。其父马拳已死，因此在填写时用了"父马拳，赠昭信校尉，管军百户"的"赠"字。母高氏，封太安人。妻华氏，封安人。其依然享受着六品官爵的俸禄。马骏以后的袭职情况如何，因没有明确记载，已不得而知。但截止到马骏袭印第二次填写的弘治十一年，从马林袭职的洪武二十五年算起，已经长达105年之久了。这也够得上"福延后嗣，身家永昌了"。当然，马家的袭职不只105年，而很可能延续到明朝末年，因为他们有朱元璋的"奉天诰命"在手，明代的朱家王朝是不会不让袭职的，所以，他们也就异常珍重这份"诰命"，并作为传家宝，世代相传，精心保护，与祖先一起供奉。

与"奉天诰命"伴随的还有一对据说是马林夫妇的木头雕像。"诰命"是皇帝颁赐的，雕像是马家请艺人雕刻的，这两样东西是马家每年春节祭祖时供奉的偶物。"诰命"已是不可多得的珍贵文物，而木雕偶像也已具有一定的文物价值，它是研究当时的男女服式和木雕艺术可靠的资料。

五、结语

马家这份明洪武二十八年的"奉天诰命"，虽然受"诰命"者官小位卑，史籍无名，在明代历史上无重大影响，因而研究价值似乎显得小了一些，但毕竟是一件不可多得的珍贵文物。它对于研究明代的诰封和兵卫制度、元末朱元璋所领导的农民起义军的发展过程和进军路线、封建社会的世袭制度、明代纺织业的织锦技艺、造纸水平等来说，都是一件珍贵的实物资料。

乌兰察布文物史地研究

乌盟地区的古代城市遗址
——兼谈城址的历史沿革

城市是人类社会经济、政治发展到一定水平的必然产物，是人类社会步入文明的一种标志。我国是世界四大文明古国之一，在距今四千年左右的夏代已出现初具规模的城市。经多次考古发掘的河南洛阳附近的偃师二里头发现了一座相当于夏代的古城遗址，这是迄今为止在我国发现的最早的城址。这就是说，在距今四千年左右的夏代，我国已经出现了城市建筑。乌兰察布盟（以下简称乌盟）虽地处祖国的北部边陲，似乎旷古荒芜，殊不知在古远的时代，这里也同中原一样，胼手胝足的古代先民们便在这块土地上揭开了农、牧、手工业生产和文化艺术活动的序幕，升起了文明的曙光。

继举世闻名、沿用最久的呼和浩特东郊大青山地区大窑旧石器制造场之后，在乌盟的武川县、卓资县和四子王旗等地也发现了四处石器制造场，它们是武川县大青山乡二道洼村东北的石器制造场、卓资县三道营乡后营子村西北的石器制造场和哈达图乡火石窑沟的石器制造场、四子王旗供济堂乡阿玛乌苏村北的石器制造场。当时来这些地方采制石器的先民们主要还是过着狩猎兼采集的原始生活，当然不可能出现什么城市，但这是城市出现的前奏。

继石器制造场之后，在乌盟前山地区的清水河、凉城和察右前旗又先后发现了新石器时代的村落遗址和墓葬，在后山地区的四子王旗和察右中旗也先后发现了中石器和新石器时期的细石器文化遗址，它们是后山四子王旗江岸二队的细石器文化遗址和察右中旗大义发泉的细石器文化遗址。这些细石器文化遗址代表了一种典型的草原狩猎与牧业文化。前山清水河县喇嘛湾乡的白泥窑子、台子梁、棋子峁、田家石畔和常家河等地的新石器时代仰韶文化类型的村落遗址，其中以白泥窑子遗址保存最好、出土遗物最丰富，最有代表性。此外还有凉城县永兴乡的老虎山遗址、察右前旗新丰乡庙子沟的新石器时代墓葬遗址。

老虎山位于蛮汗山的南麓，山不高，坡度较大，一座远古时代的村落遗址便坐落在山坡上。半地窖式的方形房屋由上到下，一排排栉比鳞次，布局有序。屋内用白灰抹地面，门向东南开。村落周围构筑有城墙，村东北面一段保存较好。城墙用石块砌筑，由坡下一直砌到坡顶，长约数百米，宽1米左右，残高约1米。城墙包围的村落面积有

13多万平方米。在城的西南角还发现了三处烧制陶器的手土窑场,制作陶坯、烧制陶器的火膛都保存较好。这座围有城垣的村落遗址距今四五千年。这是目前所知我国最古老的城垣建筑遗址,为全国考古学界所瞩目。文化部文物局对这一发现十分重视,并拨款予以重点保护。老虎山遗址的城垣还不能叫做正式的城市,只是一种城市出现之前的雏形建筑。

　　乌盟地区真正的城市建筑是战国以来才逐渐出现的。大凡一座比较重要的城市,其所占地理位置和自然条件都比较优越,或经济、或政治、或军事、或文化、或民族关系、或交通等,无论某一方面或某些方面以至所有方面,均占有相当的优势。因此,它往往为前后数代延续使用,不断扩建,这便造成了前后代相继叠压,最表层的文化遗物常常是最后一个朝代使用这座城市时的遗物,其余朝代的文化遗物以其先后顺序一层层叠压于城市遗址的下面。要想真正摸清一处城址的历史,只有经过大规模的科学发掘,一层层彻底揭露,至少要进行局部勘探或试掘,没有别的办法。一般调查只能解决这处城址表面的一些问题,有时结合文献记载和历史、地理的考察还可以作一些大胆的推测。近些年来,乌盟地区经过考古调查已经发现了从战国以来历代的古城遗址20多座。结合这些古城遗址和文献资料,可以大致看出乌盟地区历朝历代各族劳动人民的开发与建设情况,也可以为研究乌盟地区的历史沿革提供一些可靠的实物证据。乌盟境内发现的古城遗址是研究乌盟地方史志不可或缺的一批可靠资料。但是,乌盟的许多古代城址绝大多数还停留在一般性的调查上,真正进行科学发掘或试掘的只有少数几座比较重要的城址。因此,本文对乌盟地区古代城址的介绍也不想平均使用笔墨,而是有详有略,按照朝代顺序结合文献记载有重点地作一些扼要的介绍。

一、战国时期的古城遗址

　　战国时期,乌盟所属大青山以南地区,即兴和、丰镇、察右前旗、凉城、和林、清水河和卓资县的一部分,是当时战国七雄之一赵国的势力范围。《史记·匈奴列传》记载:"而赵武灵王(公元前325—前299年)亦变俗胡服,习骑射,北破林胡、楼烦。筑长城,自代并阴山下,至高阙为塞,而置云中、雁门、代郡。"当时的赵国,赵武灵王为了富国强兵,在国内从上到下实行了重大的改革,即"胡服骑射"。所谓"胡服",就是从国王、大臣到士兵,都脱下原来传统的宽袍博带的华夏服饰,而穿上了北方草原地区游牧民族的精干服装;所谓"骑射",就是把原来笨重的战车都变成了纵横驰骋、往来倏忽、轻便灵活的战马骑射。赵武灵王下定决心,经过这样一番重大的改革,一举打败了经常骚扰边境的林胡、楼烦及强大的匈奴,把赵国的势力范围一直扩展到阴山以南的河套地区。赵国在这片新开辟的地区设立了云中、雁门和代郡。乌盟中南部地区主要属雁门郡管辖，其中两边的清水河与和林、卓资的一部分在云中郡的管辖范围之内，兴和和丰镇的一部分地区则在代郡的管辖范围之内。为了防御阴山以北的匈奴继续侵扰这一地区，赵国东起代，横穿兴和、前旗、卓资等县，沿大青山，直到河套狼山的高阙，修筑了一条长城，即"赵长城"。调查发现，在察右前旗黄旗海北和巴音塔拉乡土城子古城北的山坡上有长城遗迹，呼和乌素也有保存较好的石筑长城遗迹。卓资县哈达图马盖图乡也有长城遗迹，福生庄、三道营、旗下营之间的山上也都有长城遗迹，且保存有边堡与烽火台，构筑雄伟。出陶卜齐山口，长城沿大青山南麓向西，经呼和浩特、包头，直到河套地区的两狼山口为止。这条长城东起"代"，即今河北省西北部的蔚县，进入兴和县与前旗的长城相连而西去，直至两狼山口的"高阙"。这条长城就是战国时期赵国的赵武灵王修筑的"赵长城"。北魏地理学家郦道元在《水经注》里曾绘声绘色地对大黑河以北大青山下的这条长城进行过描写，他这样写道："芒干水（今大黑河）又西南经白道谷口，有城在右，萦带长城……顾瞻左右，山椒之上，有垣若颓基焉，沿溪亘岭，东西无极，疑赵武灵王之所筑也。"这就是1500多年前郦道元亲眼目睹过的赵长城。

在察哈尔北部还有一条古老的长城遗迹，蜿蜒起伏，横贯东西。这条长城西起四子王旗的查干补力格乡，经察右中旗北部的圐圙乡、察右后旗洪格尔图乡的赵家房子村南，向东经过商都县、化德县、康保县、太仆寺旗、正蓝旗和多伦县，然后一直向东延伸而去。这就是燕国的燕昭王沿燕山北麓修筑的"燕长城"。长城研究专家陆思贤在《长城话古》一书中对这条长城这样描写道："长城遗迹在张北康保县，东西横亘于内蒙古草原的南侧。这里是阴山、燕山两大山脉之间的丘陵地带，长城缺少依凭的峭壁沟崖，在盆地或岗阜上直驰而过，都用夯土版筑，基宽四五米，残高一二米。东经正蓝旗和多伦县的南部，长城建筑在燕山北麓的崇山峻岭之上。这里俗称'坝上'，坝南千山万壑，郁郁葱葱，一山低于一山，极目远眺，犹如惊涛骇浪，一泻千里而去。坝北山势渐趋低平，相连着丘陵与草原，辽阔无穷，因此人们站在坝上，有被托举到空中的感觉。站在高山之巅向左右遥望，长城由远处奔腾而来，翻山越岭，又相向疾驰而去，如乌龙横贯长空，壮气凌云。"这就是西起"造阳"东抵"襄平"的战国燕长城。

燕昭王、赵武灵王向北开疆拓土，在察哈尔的土地上留下了两条古老的长城遗迹。赵武灵王不仅筑长城，还在这里设置行政机构，建立了代、雁门和云中三郡。察哈尔南部就在雁门郡和代郡的属地之内，因此在卓资、凉城等地就出现了战国的古城遗址和村落遗址及战国的重要文物。古城有卓资县三道营土城子古城、六苏木乡的城卜子古城、凉城县的双古城和丰镇县红沙坝车站附近的古城，均为战国时代的古城遗址。

三道营古城位于三道营车站东南4千米的土城村东北。古城分东西二城，东城为以后增筑，西城为战国古城，西城又分南北城。城墙由黄土夯筑，夯层厚8～12厘米，基宽 10～12 米，残高 5～7 米。西城为不规则长方形，西墙长 690 米，东墙长 570 米，北墙长 580 米，南墙长 468 米。城墙外没有马面，四角有角楼，南墙偏东为城门。城墙因夯筑坚实，保存的高度较高，当地老乡多利用城墙开挖窑洞而居住。城内地表散布有绳纹陶片和瓦片，出土过铁、铜箭头，近年还出土了上百件石头小夯锤，可能是夯筑城墙时的遗物。站立城头，放眼四望，北城墙下有沙河自东向西而来，流入大黑河后向西奔流而去；北山之巅有赵长城的烽火台和墙垣向东西蜿蜒而去；古城东西两侧各有一段长城南伸，环抱古城，成为古城的坚固屏障。由此可以知道这座古城与赵长城的关系甚为密切。

卓资县的土城子古城也属于战国时期的城市遗址，这可能与守卫赵长城有关。凉城县南部的西双古城遗址也是战国的古城遗址。卓资县、察右前旗、凉城县战国时曾为赵国雁门郡的属地，因此在这里经常出土战国时期的文物。1957 年春季，岱海东北边的麦胡图乡前益村出土了一件造型精美的战国铜鼎。鼎高 26.3 厘米，体呈圆形，上下略扁；口两侧有方形双耳，腹下有兽蹄形三足；口上有弧形盖，盖顶正中有圆形铜环，环周铸有三牺，故名"三牺铜鼎"。铜鼎保存完整，至今仍在内蒙古博物馆陈列。1958 年，凉城县城关镇出土了一瓮战国窖藏钱币，重几十斤；近年麦胡图乡目胜村和双古城遗址西南又出土了战国钱币约 50 斤。这几批钱币中包括了赵、燕、魏等国的主要货币，有布币和刀币。1970 年，崞县窑出土了一件纹饰铸造异常精美的战国铜壶，现在也在内蒙古博物馆陈列。在丰镇县的红沙坝出土过战国时期赵国的"安阳"布币和"邯"字刀币。在凉城发现的战国村落遗址里，战国的陶片俯拾皆是，也有完整的粗绳陶鬲、陶甗和陶罐出土。

考古调查发现，和林格尔北 10 千米的那座古城遗址，南城下面就叠压着战国的城址，其中出土有战国时期的遗物。在清水河县喇嘛湾乡拐子上紧临黄河北岸的山坡上也发现一座古城遗址，城内曾出土了一批战国晚期的青铜兵器，其中有戈和矛，有的戈和矛上还有铭文，经初步鉴定，是秦始皇的丞相吕不韦监造的。根据这一线索，推测这座黄河要隘上的古城遗址可能是战国晚期的一座古城遗址。

战国时期乌盟地区已出现了农业民族与游牧民族杂居共处的局面，而且农业与畜牧业都已有了相当的发展，商业也有了一定发展，货币已开始流通。

二、两汉时期的古城遗址

乌盟境内已发现的两汉时期的古城遗址有和林格尔县土城子古城、新店子榆林古城叠压的汉代古城，清水河县上城湾古城、古城坡古城和拐子上古城，凉城县西双古城、天成乡古城，卓资县三道营土城村古城，武川县庙沟古城和莎尔墩古城，察右后旗的克里孟古城等。这些古城遗址有的是郡治所在地，有的是郡所属的县治所在地，有的则属于军事上的城障。

和林格尔土城子古城在乌盟地区来说是一座历史悠久、规模宏大的古城，它具有很高的考古发掘与历史研究价值，因此被列为自治区级首批重点文物保护单位加以保护。和林格尔土城子由于所处地理位置非常重要，所以为历代不断沿用和扩建。西汉时期其为定襄郡的郡治所在地，同时也是定襄郡所属的成乐县的治所。到了东汉，定襄郡治所南徙山西境内，和林格尔土城子古城又变成了云中郡（托克托古城）所属的成乐县所在地。

和林格尔土城子古城遗址可分为南区、中区和北区三部分，即由三座古城遗址组成。南区为汉代古城遗址，上限可到战国时代。汉代古城尚保存着南城墙、东城墙的大部和北城墙的少部，东北角和西北角被北区的东南角打破，西城墙的南端因宝贝河河水的常年侵蚀而坍塌殆尽。城墙平均宽度为 14 米，残高约 2.75 米，夯土层厚约 10 厘米。这座城比较小，南北长 255 米，东西残宽 670 米。南区城内地下埋藏的遗址、遗物多为西汉时期的，也有少量东汉、北魏早期和唐代的遗存。1960 年春，为配合水利渠道工程建设，对这座古城的南区进行了重点清理试掘。南区汉城试掘的出土遗物主要有残铁犁铧、铁铲、铁镢、铁镰刀、铁锤、铁刀、铁矛、铁轴心、铁钩、铁钉、铁锛、铁片等；铜器较少，主要有铜车饰、铜镞；陶器较多，属于建筑材料的主要有卷云纹瓦当、绳纹子母口筒瓦、绳纹板瓦等；生活用具主要有碗、钵、罐、瓮、扑满、豆、甑、盆、釜、壶、纺轮等；还有骨器和牛、羊、猪、马等家畜的骨骼。

由出土遗物和地层关系看，第二发掘区上层应属东汉以后至北魏时期，下层的年代可上溯到西汉早、中期。第一发掘区上层堆积关系较复杂，包括的时代亦较多，同时因距地表过近，破坏较大。上层为西汉晚期，下层为西汉中、早期，个别地区为唐及北朝所打破。由此证明，南区确为一座西汉时期的古城遗址。从下层出土的部分遗物判断，其年代上限可能早到战国而下限则到魏晋隋唐。

和林格尔县境内应该还有定襄、武进二县的城址，但至今尚未发现。经考古调查和试掘发现，新店子乡榆林古城南部及南部城墙外叠压着一座汉代古城，这座城应是东汉定襄郡所属的武成县所在地。在这座城址以西约 3 千米发现的东汉壁画墓，其后室北壁就绘有一幅武成图，全图绘出了武成县的概貌。这座壁画墓的主人就是武成县人，死后归葬故里，并把故里的县城画入了墓内的后室。清代以来，虽有一些方志对武成县的位置作过考证，如《山西通志》说它的位置在今山西省右玉县、平鲁县一带，而杨守敬的《后汉郡国图》又把它标绘于现在的清水河境内，但这都是缺乏考古证据的凭空推测。现在根据东汉墓的武成图和榆林城叠压的汉城印证，才确定了武成县的具体位置。随着武成县位置确定，确定定襄郡的骆县和桐过县的位置也就有了依据。

据《水经注》记载，河水"又南过定襄桐过县西"。孙星衍认为桐过在河东岸，属山西，而董佑城则认为桐过县在今"托克托城西南乌兰偏河之北"。这些说法均无任何考古依据，纯属推测之辞。根据考古调查，在清水河县浑河与黄河的汇合处，即浑河南岸、黄河东岸发现了一座汉代古城遗址，即上城湾古城。这座古城应是定襄郡桐过县的故城遗址。关于骆县的地理位置，《水经注》没有记载。由武成县与桐过县的地理位置看，骆县故城遗址的位置只能暂定于浑河流域的清水河县古城坡汉代古城。

卓资县三道营土城村古城由三座面积相等的古城联结组成，平面呈"品"字形，环绕一周约3千米，下层是战国秦汉的遗物，表明其原为战国古城，到汉代继续沿袭使用。古城的北山上有战国赵长城和烽火台遗址，山下就是滚滚西流的大黑河，即古之芒干水。据《水经注》记载，"其水（指芒干水）西南径武皋县"，因此三道营土城村古城遗址可能就是汉代的武皋县城故址。武皋县也是西汉定襄郡所属的县城之一。这就是说，现在的卓资县汉代是武皋县的属地。在旗下营西边的斗金山村西一里地左右的耕地里还有一座汉代古城遗址，城址面积不大，东西长约400米，南北已不清，有文化层的约130米。城内有汉代的遗存，可能是汉代守卫长城的城堡。

武川县的两处汉代城址均在大青山北麓的要隘，应是军事性的城堡。莎尔墩口子遗址位于武川县可可以力更镇南5千米处，地扼南北交通要道咽喉之处。遗址南北长约183米，东西向长度已无法勘查清楚，因已被耕土与住宅扰乱。庙沟古城在武川西南60余千米的大青山内，东通万家沟，即古之塞水，西南通美岱沟，北达百灵庙，是一处沟通大青山南北、四通八达的重要之地。古城不大，东西约180米，南北约200米，仅东面有一城门可供出入。城内除出土了汉代陶片外，还出土了铁镞、三棱铜镞和铁尾有圆孔以安装镞柄的战斗武器，可见该古城亦为汉代的军事城堡。

除凉城、卓资、中旗、前旗已发现近百处汉代村落遗址外，凉城、前旗、后旗、化德又发现了五座汉代古城，也就是凉城的天成古城、前旗的呼和乌素古城、后旗韩勿拉的克里孟古城和化德的两座古城，再加上战国已筑的四座古城，汉代继续沿用，察哈尔西四旗境内就发展为九座汉代古城。这九座古城大小不一，各有特点，其中以克里孟古城最值得一提。

凉城县天城镇天成乡西2.5千米有个古城村，村西北一处方圆约1千米的土地上有古代文化遗物。这里除出土了陶器外，还出土了大批刀币和汉代"五铢"钱币。古城遗址已被耕土所扰，城墙的痕迹已模糊不清。从文化遗物看，这座古城属汉代古城。这座古城遗址可能是西汉雁门郡的属邑，或东汉定襄郡的某一个县城所在地。西双古城在战国时已使用，到汉代继续沿用，具体归属还不能确指，有待进一步调查研究。

克里孟古城位于韩勿拉乡的克里孟村附近，东邻韩勿拉山，西为丘陵地。古城四周的城墙尚清晰可见，残高约2米。古城略呈长方形，南北长约500米，东西宽约1300

米。古城地势东西高而中部低。城外四周相距 15 米处有一周土梁，当为原防护古城的壕堑。因古城中部低洼，所以洪水冲破南北两端的城墙，形成一条自北而南、穿城而过的小河，河床宽约 200 米，把古城劈为东西两半。从小河两岸的部分断面上可看出灰土瓦砾的堆积厚度约有 2 米。城内地表散布着绳纹砖和绳纹陶片。古城东部有建筑遗址，中央有一个面积约 9000 平方米的房屋基址，地表散布着很多素面布纹瓦片和滴水等物，表明当年这里有过高大的建筑。该城年代上限可能到东汉晚期。这座古城与在内蒙古西部地区发现的汉代古城有许多不同之处，特别是在阴山以北地区，这样的建筑规模与形式十分罕见，可能与北方少数民族的历史特别是鲜卑族的历史有一定关系，具有古代北方民族历史的重要研究价值。1961 年，这座古城遗址被列为内蒙古自治区级重点文物保护单位。

三、魏晋南北朝时期的古城遗址

从东汉后期以来，乌盟地区主要是以鲜卑特别是拓跋鲜卑为主体的民族活动的区域，由于拓跋鲜卑仍处于游牧部落联盟阶段，所以在魏晋时期乌盟地区基本没有新的城市建设。只有在拓跋鲜卑建立北魏政权之后，为了防御柔然的内侵，才在阴山以北的草原地带构筑了一些以屯兵为主的城堡，即北魏六镇，六镇之外还有一些城市的建筑。

魏晋以来乌盟境内被延续使用的主要城址是和林格尔土城子。258 年，曹魏甘露三年，拓跋力微由五原迁都定襄盛乐，即和林格尔土城子。从力微开始，经过他的嫡孙猗卢称代王，到拓跋珪称帝建立北魏仍定都于此，直到 398 年迁都平城（今山西大同市），拓跋鲜卑的活动中心始终在这里。《元和郡县图志·关内道四》记载："后魏都盛乐，亦谓此城。"又"天宝四年（745 年），节度使王忠嗣移于此城内，置县曰金河，即后魏什翼犍所都盛乐之地。道武帝迁都平城，则今云州所理（治）是也。"

和林格尔土城子古城坐落在一个山口地带，北面和西面是平川，南面和东面是起伏的丘陵和连绵的群山，城旁有宝贝河（唐代叫金河）由东南向西北沿城墙边而过，流出山口，折而向西，汇入大黑河，然后归汇黄河。古城的地势东南高而西北低，宝贝河从古城东南流来，向西急拐，洪水年年吞噬着城墙，因此，古城的南部城墙破坏严重，已不复存在。这种地理形势与唐代史书的记载大体相符。据《唐书·裴行俭传》记载，"大军已处单于府北立营，复命移营高岗之上，连夜风雨骤至，初立营之地，水深丈余"。如今，每逢雨季到来，山洪暴涨，漫溢古城，低洼之处仍积水成潭，仿佛当年。古城东侧有条南北公路，直通呼和浩特、大同等地，往来车辆络绎不绝。这条公路正是沟通蒙古高原与内地的一条重要古道，汉唐以来所谓"出盛乐道"就是指的这条路。古代不知有多少人、多少民族，在这条漫漫古道上日夜驰驱奔波。经拓跋力微惨淡经营，到拓跋珪建都于此，始而迁都平城，继而迁都洛阳，他们所奔走的恐怕也就是这条路吧。

和林格尔土城子古城遗址可分为南区、中区和北区三部分，即由三座古城遗址组成。北区面积最大，为后建的唐代古城，南区为汉魏古城。汉魏古城东西长670米，南北宽655米，城内文化堆积较厚，1960年试掘时发现了大量汉代建筑瓦件、生活用具、铁制农具和兵器，同时出土有马、牛、羊、猪骨和骨器，还有较多的北魏晚期的黑色厚瓦。从发掘的资料和文献对照看，3世纪中叶力微迁居这里时这是一处有着农耕基础的地点，说明拓跋部在游牧的同时已更多地注意了农耕。中区的古城遗址面积不大，南北长470米，略呈方形。至今人们对这座古城尚无明确认识。也有学者认为这座城址可能是盛乐故城遗址。这有待做进一步的调查发掘后再作出科学的结论。

据《魏书·序纪》记载，"六年（313年），城盛乐以为北都，修故平城以为南都"。这就是西晋时猗卢称代王时的都城所在地。"昭成皇帝讳什翼犍立……三年春（340年），移都於云中之盛乐宫。四年秋九月，筑盛乐城于故城南八里。"这就是说，什翼犍在原来盛乐城南八里还修筑过一个新的盛乐城。这座文献上有明确记载的城址尚未得到考古调查的证实。

拓跋珪，史称太祖道武皇帝。据《魏书·帝纪·太祖纪》记载，"登国元年（386年），春正月戊申，帝即代王位"。"二月，幸定襄之盛乐。息众课农。""夏四月，改称魏王。"皇始元年（396年），"秋七月，始建天子号，正式称帝"。天兴元年（398年），"秋七月，迁都平城，始营宫室，建宗庙，立社稷"。从此以后，和林格尔土城子古城即盛乐才不再是拓跋鲜卑的正式都城，而变成了朔州的云中郡盛乐。这座古城仍继续使用，直到北齐的敕勒人斛律金作朔州州官的时候，高唱《敕勒歌》也是在这一带。因此，魏晋南北朝时期，和林格尔土城子作为拓跋鲜卑的政治、经济、军事中心始终被沿用着。

北魏的鲜卑皇帝为了保卫首都平城，在阴山以北除筑长城外还修建了北魏六镇，其中的武川镇、抚冥镇和柔玄镇都在乌盟境内的大青山北麓。经考古调查和文献资料对照印证，这三座北魏古城的位置大致是可以确定的。

武川镇遗址在武川县西乌兰不浪土城梁村。遗址分南北二城。南城小，南北长约130米，东西宽约百米，南城墙正中开有城门。北城大，南北长400余米，东西宽约300米。两城相距50米。城内外散布有北魏时代的布纹瓦、筒瓦和兽面瓦当，还有"万岁富贵"隶书铭文瓦当和铜、铁镞及铁犁铧等。该城的地理位置相当重要，它扼守南入大青山"白道中溪"的西侧。抚冥镇遗址在今四子王旗乌兰花土城子。遗址东南为大青山之余脉，西北2千米有圆形土山，土山西北即茫茫的乌兰察布大草原。这座古城也分为南北二部，东西长约800米，南北宽约200米，出土的遗物与武川镇相似。柔玄镇在今察右后旗白音查干古城，城内出土的遗物与上述二城相似。关于柔玄镇遗址，有的文献认为在兴和县境内、与尚义县交界处，这与《魏书》记载的魏孝文帝巡视北魏六镇的行程不符，应以白音查干古城为是。况且该城正在北魏国都平城的正北，军事地位也十分重要。

除这三座古城遗址而外，北魏时期在乌盟境内还修筑过三座古城，两座为新建，一座是四子王旗库伦图的城卜子古城，另一座是察右中旗的塔布胡同古城。城卜子古城长、宽均为500余米，城内出土的文物属于北魏时期。此外，察右后旗的克里孟古城这一时期仍继续使用，城内有不少北魏时期的文化遗物。

由此可知，魏晋以来，特别是北魏时期，拓跋鲜卑对于乌盟地区特别是大青山以北的草原地带的开发与建设是做出了一定贡献的。

四、隋唐时期的古城遗址

隋唐时期乌盟地区虽然是在中原杨、李王朝的管辖之内，但活动在这一带的族群主要是突厥人。突厥人从6世纪中期起逐渐移居内蒙古自治区境内乌盟和林格尔一带，这里是他们活动的中心。他们当时过着游牧生活，并和隋王朝发生了密切的联系。沙钵略可汗上书表示，"天无二日，土无二主"，承认"大隋皇帝，真皇帝也"。隋文帝也向全国颁发诏书，说隋和突厥，"今作君臣，便是一体"。隋文帝开皇十九年（599年），漠北的突利可汗又南下投隋，隋文帝封他为意利珍豆启民可汗，并在乌盟和林格尔土城子为他修筑大利城，又把义成公主嫁给他为妻。突厥人民"或南入长城，或住白道，人民羊马，遍满山谷"。漠北突厥各部都很羡慕，不断南下投隋，归附启民可汗。大业三年（607年），隋炀帝杨广还特地到胜州（又称榆林郡，今准格尔旗十二连城）会见启民可汗，并随同启民可汗北上，沿金河（今大黑河）向东北，率领着异常豪华宏大的仪仗队伍，亲临启民可汗的牙帐所在地——大利城，即和林格尔土城子。隋王朝还在这里设置过云州总管府、定襄郡治所及其所属的大利县。

解放前在和林格尔县曾发现过隋代陈郡君残石刻，上面的铭文记载，石刻是大世四年（608年）住在金河县的陈氏刻的。这说明隋代金河县的位置就在这里，并说明这一带也是突厥与汉族杂居的地区。

李唐王朝建立以后，突厥的颉利、突利二可汗曾发兵大举进攻中原，唐太宗李世民派兵大破突厥于阴山（大青山），生擒颉利可汗，并把颉利可汗管辖之地分为六州，左置定襄郡都督府，右置云中都督府；龙朔三年（663年），又把这一地区改设为云中都护府，其府治即在和林格尔土城子，统一管辖漠南一带的府州。从此，突厥人民又重新统一于唐王朝。他们在唐王朝的统一领导下不单发展了畜牧业，还学会了农耕技术，出现了"畜收蓄息""年谷丰登"的新局面。《资治通鉴》记载"元和中，振武垦田四千八百顷，收谷四十余万斛"。振武军节度使治所就在和林格尔西北，可见唐朝时期这里的农业生产发展状况也是相当可观的。

和林格尔土城子古城在唐代经过了一次新的扩建。古城遗址的北区为唐代古城，面积最大，南北长1700米，东西宽1550米。南城墙东段压于汉城遗址上，中段已被河水吞没，西段由东南斜向西北，由断面量得残高约10米，基宽约15米。西城墙比南城墙较低，角楼基高约7米，西城墙南段设有一城门，瓮城南向。北城墙保存最高，原来设置有马面的地方，残高约10米，它与西城墙形成的夹角为86°。城门设于东段，瓮城西向。东城墙最矮处尚存1.2米，由西北向东南，与北城墙的夹角成114.5°，又内收折为三段。城门设于北段的南端，瓮城南向。除北城墙与东城墙筑有马面外，西、南城墙未见马面。城墙系用灰黄色含有细沙的黏土夯筑，夯层厚15～20厘米。在唐城内的中央有一高大土台，俗称大煤山。东西大街由大土台前横穿而过，与东西城门连接；北大街在大土台的东侧，直通北门；南大街正对大土台，向南延伸至宝贝河断崖而被河水切断，南城门已不存在。按照古代的城市布局，这个名曰大煤山的土台废墟可能是当年这座繁华古城的鼓楼所在。城里的大型建筑遗迹主要分布于北街以西、鼓楼以北。这一带瓦砾遍地，残砖叠叠，文化堆积厚达2～3米。虽全城早被开垦耕种，唯独这里至今荒弃，不能耕作。推测当年单于府的主要衙署和唐代第一任都护殷王李旭轮的王府就建在这里。北街以东和南街以西为一般居民和商铺的建筑遗迹。南街以东其他遗迹甚少，只有一尊残破石刻卧狮零落其间。离宝贝河岸不远，大体与鼓楼遗址南北遥相呼应的地方又有一座建筑台基，俗名小煤山。据说这里曾有过石碑一通，已被洪水卷走，甚为可惜。在宝贝河冲刷的断崖上可以看到各种遗迹，有墙基、砖地的断面，有窖穴、水井和灰层的痕迹，等等。农民在古城里耕地时曾发现过满瓮的铜钱，内藏"开元通宝"等钱币，重约500千克。古城外出土的李玉祥墓志所说的"弘政里私第"和仇府君墓志上所记的"德义坊和第"等，都应该是这座古城里的私人住所。北区古城中出土的遗物以陶瓷片为多。陶片以泥质灰胎素面为主，有盆、缸、瓮等器形，在陶盆的内壁常有细小的几何纹饰。瓷片以白瓷小碗为主，也有少量黑釉或白釉的瓷器，有注、盂、罐等。建筑材料有筒瓦、板瓦、长方砖和莲花纹方砖等。1960年在沿东城墙开挖渠道的发掘中曾出土有铁农具和铁甲残片。在这里征集到的文物大多与1960年墓葬发掘中出土的遗物相似，其中印花白瓷大盘、大型琉璃塔形器、孔雀蓝鎏金银步摇等较为少见。这些出土遗物具体地反映了唐代人们的生产与生活面貌。和林格尔土城子古城在唐代是乌盟地区甚至内蒙古地区的一座最重要的城市，是当时这一地区政治、经济、军事及文化最集中、最繁华的地方。

出古城遗址的西门或北门，在城西北方向的十余里范围之内便是汉唐以来的墓葬区。除 1960 年进行的有计划的发掘外，当地老乡在修盖房屋等动土中也经常挖见古墓葬，其中还有彩绘的石棺出土。在这座唐代古城的周围，特别是西北一带，出土过不少重要碑铭，如"唐振武节度使单于大都护府张惟清德政碑""唐振武节度使墓碑""唐故振武节度衙前虞侯游击将军试太常南郡仇府君墓铭并序""唐故禅师大德诺诚碣铭""唐单于府开元寺悉达多禅师碣铭"和"唐振武军节度使李玉祥墓志铭"等。这些碑铭为我们研究这座古城遗址提供了可靠的文字资料。

这座唐代古城，从唐龙朔三年（663 年）在这里设立云中都护府开始，麟德元年（664 年）改为单于大都护府，垂拱二年（686 年）改为镇守使，圣历元年（698 年）改为安北都护府，开元七年（719 年）划归东受降城（今托克托县城）管辖，开元八年（720 年）复置单于大都护府，直到唐朝灭亡，始终统领着晋北至河套、大青山南北漠南地区突厥人所居住的府州。这里又是振武军节度使的驻地，原来振武军设于东受降城，天宝四年（745 年）迁到这里。当时城内还设置了金河县府衙，管理当地政务。由此可知和林格尔土城子古城在唐代具有重要地位。

单于都护府的设置因古有匈奴单于、后有突厥可汗之名而来，故单于府亦可理解为"可汗府"，是专门与突厥可汗进行友好往来的处所。"都护"是这个地区的最高长官，一般由唐王室的诸王兼领，它承袭汉代西域的都护制而来。在唐代它的职能是"掌所统诸蕃慰抚、征讨、斥堠、安辑藩人及诸赏罚叙录勋功，总判府事"。有关民族交往中的政治、经济、军事、文化等，都需管理。在民族关系处理上以突厥为主，薛延陀、回鹘诸部都有，因此都护府实际是李唐王朝中央专管民族事务的一个派出机构。在这个机构里既有汉人又有突厥人参与政事管理，因此单于府也是一个与突厥人共同处理民族事务的友好府，是我国统一的多民族国家的一个民族友好产物和象征。

和林格尔土城子古城从战国、两汉、魏晋南北朝到隋唐一直延续使用并不断扩建，是乌盟地区一处具有重大历史研究价值的古城遗址，是自治区一级的文物保护单位。隋唐以后，该城仍在继续使用。

乌盟地区历史文物概述

自从乌兰察布盟（以下简称乌盟）文物工作站恢复以来，有不少同志曾以怀疑的口吻向我们提出过这样的问题："乌盟地区还有文物吗？"我们只好回答说："有，还不少。"他们也只好将信将疑地以"噢噢"之声了之。

是啊！也难怪同志们产生如此疑问。中华人民共和国成立已经30年了，乌盟地区也曾出土过不少文物，但这许多出土文物从来没有和乌盟地区的群众见过面，他们怎么能够知道呢？他们既不会知道几千年来乌兰察布的历史沿革，更不会知道乌兰察布有哪些民族曾在这块土地上居住、劳动、生息和繁衍。为了弥补这一缺憾，我们根据内蒙古文物工作队在乌盟地区调查、发掘的文物资料，并参考有关乌盟地区的其他资料，对乌盟地区的历史文物向大家作一概括介绍。

在乌盟这块土地上，究竟什么时候才有人类在这里居住、劳动、生息、繁衍呢？要回答这个问题，只有通过考古调查和考古发掘。

一、乌盟地区石器时代的文化遗物

石器时代是考古学家对早期人类历史分期的第一个时代。

根据出土石器的粗、精变化，以及在同这些石器共存的地层中发现的人类使用过的其他文化遗物或遗迹，诸如兽骨、灰土、骨器、陶器、谷物、装饰品等的不同，又把石器时代划分为旧石器和新石器两大时代，把二者之间的过渡阶段叫做中石器时代，每个时代又有早、中、晚之分。石器时代大约经过了多长时间呢？根据我国的考古发现，云南的元谋人大约生活在距今一百七十万年的时候，陕西的蓝田人生活在距今七十万年的时候，北京人生活在距今五十万年的时候，我们的右邻山西丁村人与北京人的时代大约相当，在考古学分期上定为旧石器时代的初期。内蒙古自治区的河套人是生活在距今二十万年至十万年之间的，属于旧石器时代的中期，有的已跨进晚期。北京的山顶洞人则是旧石器时代晚期的典型代表，大约生活于距今五万年的时候。1973年我区考古工作者在呼和浩特市（以下简称呼市）东郊三十多里的山地里发现了两个石器制造场，一个在保合少公社的大窑村南山，另一个在榆林公社的前乃莫板村的脑包梁，经过考古发掘和科学鉴定，它们属于旧石器时代晚期的石器制造场。

在我们乌盟地区，旧石器时代的完整遗址尚未发现，但旧石器时代的文化遗物有所发现，四子王旗的红格尔已经发现了属于旧石器时代晚期的文化遗存，有待进一步调查发掘。呼市东部的两处旧石器时代的石器制造场与我盟三旗县比邻，不可能没有旧石器时代的人类在这里活动，只是尚未作深入调查，还没有发现而已。

在乌盟范围内，属于新石器时代的文化遗存比较多，细石器文化遗存在后山地区也不断发现。

在清水河县靠近黄河的不少地方发现了新石器时代的文化遗址，有棋子峁遗址、田家石畔遗址、常家河遗址、白泥窑子遗址、台子梁遗址。这些都是新石器时代人类在这里劳动、生活、繁衍过的村落遗址。在这些遗址出土的文化遗物主要是陶器和石器。陶器有细泥彩陶、粗砂红陶、夹砂灰陶。器物有大小不同的瓮、盆、碗、瓶、壶、鬲、钵等。纹饰有篮纹、细绳纹、篦纹、波浪纹和附加堆纹等。彩陶上的纹饰有花草纹、方格纹、鱼鳞纹、弧线纹、锯齿纹等。也有没加任何纹饰的素面陶器。石器有磨光石斧、斜刃石斧、磨光石铲，还有带孔的磨光小石锛、双孔石手镰、石磨棒、盘状器、球状器、锤状器、刮削器、尖状器、石刀、石镞、石纺轮、石核、石琏、石环、砺石等，其中包含细石器。

从出土的石器看，当时这里已有农业生产出现。

这里出土的彩陶与河南渑池县仰韶村出土的红黑彩陶花纹类似。因为最早在仰韶村发现这种彩陶，后来在多地又不断发现了同样性质的文化遗存，所以就把这种文化遗存叫做"仰韶文化"。仰韶文化是新石器时代晚期的一种典型的文化形态，距今大约四五千年。根据大量的考古发现判断，仰韶文化时期的社会组织，还处于母系氏族时期。

在清水河县文化遗址出土的文物中也包含龙山文化的遗物。1928年在山东历城县龙山镇城子崖发现一种薄黑而有光泽的陶片与石器、骨器共存，考古工作者就把这种特殊的文化定名为"龙山文化"。后来，凡是与龙山文化类型相同的文化遗存都称为龙山文化。清水河县文化遗址里出土的灰陶器物，从篦纹、绳纹到附加堆纹等纹饰与器形都属于龙山文化类型，因此应属于龙山文化。龙山文化是比仰韶文化晚的一种新石器文化类型，农业生产有进一步的发展，社会组织已由母系氏族过渡到了父系氏族时期。

在乌盟大青山以北的广大地区散布着许多以细石器为主要遗物的文化遗存。其时代包括中石器时代至金石并用的时代，是一种以畜牧经济为主要特征的原始社会的文化遗存。乌盟江岸二队等地发现了单纯的细石器地层出土有较原始的船底形石核，可能属于中石器或新石器早期遗存。察右中期义发泉遗址出土有石片、石核等物，没有发现陶器。西苏旗二道井公社发现的一处新石器时代文化遗存，除了在一般遗址中可见的石器、陶器之外，还有骨刀残器一件，上有凹槽，原来是镶嵌石叶作为刮刀之用的。这件骨刀残件的发现说明了石叶的使用方法。在硇矿也发现了新石器遗址。一位来西苏旗工作的同志曾发现不少地方有石器时代的文化遗存，他保存了几木箱，因交通不便，只好寄存在牧民家，后因牧民倒场，木箱不知下落。

什么叫细石器文化呢？所谓细石器，主要是用燧石、石髓和玛瑙作原料，打制成一种细小的石器，常见的有石核、石叶、小石片、刮削器、圆刮器、短刮器、尖状器、石镞、石锛等。原先认为这种文化是我国北方地区的一种新石器时代的文化遗存，现在中原地区也发现了典型的细石器文化，并把时代提到细石器的晚期，当然也包括了中石器到新石器时代。这种文化北方地区在河道地带较多，常与其他大型石器和陶器相混杂。总之，在乌盟范围内，不断发现石器时代的文化遗存，这说明在遥远的古代我们的祖先就在这块土地上劳动、生息、繁衍，开创着人类社会的文化，并与中原地区的文化有着一定的联系。关于石器时代的文化遗存，今后还需要在乌盟地区作进一步的调查，这对于研究我国北方地区少数民族的早期历史有重要意义。

二、乌盟地区先秦时代的文化遗物

根据考古发掘的材料已确切知道石器时代在乌盟范围内已有人类在这里活动，并留下了他们使用过的遗物。然而，迄今为止，夏、商、西周和春秋时代的文化遗存尚未发现。夏代的文化遗物在全国考古发掘上还是空白。殷商、西周和春秋时期的文化遗物内蒙古自治区西部地区也发现甚少，乌盟就更不待说了。原因何在？是由于这段历史时期这里没有人居住了吗？否。是对于这一时期先民们使用的东西未能确切认识吗？这种可能性是有的。这样一来，我们只能查考历史文献了。

《史记·五帝本纪第一》中记载，黄帝曾"此逐荤粥"。《匈奴传》记载："唐虞以上有山戎、猃狁、荤粥，居于北蛮。"据《史记·索隐》考究，"荤粥"即匈奴的别名。又说："唐虞以上曰山戎，亦曰熏粥（荤音薰，粥音肖），夏曰淳维，殷曰鬼方，周曰獫狁，汉曰匈奴。"《诗经·商颂》里有这样的诗句："禹敷下土方。"春秋时有"戎狄"。总之，从这些记载里可以知道，从传说中的黄帝以来，北方地区是有先民居住着的，并与中原地区不断地发生着联系和冲突。当然，乌盟地区就包括在这北方之内。

战国时期，乌盟中部、南部地区是当时七雄之一赵国的势力范围。赵国在西起河套、沿阴山山脉到乌盟东南部设立了云中、雁门和代三郡。乌盟的中、南部主要属雁门郡管辖。云中郡在今托克托县古城公社所在地，和林和清水河的一部分地区当在其管辖之内。乌盟北部地区应是匈奴居住之地。为了防备匈奴的侵扰，赵武灵王曾沿大青山西至狼山修筑了长城以设防。这段长城在秦统一六国之后便成了秦始皇修筑的万里长城里的一段。所以，乌盟至今还有古老的赵、秦长城的遗迹，横亘于大青山至集宁之间。中华人民共和国成立以来，乌盟已发现不少战国时代的遗址和遗物。其中，除赵、秦长城外，和林格尔县土城子古城、凉城县西双古城、卓资县土城子古城都是战国古城遗址。在这些古城遗址中都出土了战国时期的文化遗物。

在乌盟凉城县，1957年在麦胡图公社出土了一件战国铜鼎。1958年在县城关镇出土了一瓮战国钱币，其中有赵、燕、魏等国的钱币，重几十斤。1958年还出土了一批蹲踞动物铜饰件，也是战国匈奴遗物。1970年崞县窑出土了一件纹饰精致的战国铜壶。1979年又在永兴公社的毛庆沟梁上出土了大批战国匈奴文物。

1958年，在和林格尔县樊家窑公社出土了一批战国匈奴文物，有铜戈、铜刀、铜短剑，还有两个动物铜牌饰，其中一个是半蹲的老虎正在吞食小兽，另一个是蜷伏的动物形象。

在乌盟丰镇县，察右中旗、和林格尔县等地都发现过战国的钱币，其中以赵国的钱币居多。

从这些已出土的文物里可以清楚地看到战国时期在乌盟居住的匈奴便与中原有频繁的接触，经济文化的交流甚为密切。

三、乌盟地区汉代的文化遗物

从西汉初年起，汉王朝便和匈奴有了比较密切的交往。汉武帝刘彻时，在阴山之南建立云中、定襄、五原、朔方、上郡、西河、雁门和代共八郡，乌盟中南部在云中、定襄、雁门和代郡的管辖范围之内，其中定襄郡属盛乐县治便设于和林格尔县北土城子古城里，定襄郡一度也设立于此。因此，在乌盟之内发现了不少汉代文化遗址，其中有汉代古城和墓葬。

在乌盟发现的汉代古城遗址有和林格尔县土城子古城、清水河县上城湾古城、凉城县天城公社古城、卓资县土城村古城、武川县庙沟古城和莎尔墩遗址、察右后旗克里孟古城。这些古城遗址，有的是当时的郡治（和林格尔土城子）或郡属县治（上城湾、天成古城）所在地，有的则是军事上的城堡（莎尔墩遗址）。在这些古城遗址里分别有汉代及其以后的遗物出土，其中有汉代绳纹陶片、绳纹瓦当、回纹方砖、铁和铜镞、五铢钱币等物。

在乌盟发现的汉代古墓，除在汉代古城遗址附近外，最重要的有两处，一是察右后旗二兰虎沟的汉代匈奴古墓群，二是和林格尔县东汉壁画墓。

二兰虎沟在韩勿拉公社。当地有韩勿拉山，山下有条东西向的大沟，古墓群就在沟北的山坡和平川上，沟中心比较集中，面积达1000平方米左右。1950年这里出土了一大批富有民族特色的匈奴文物,还有中原的汉代文物。匈奴文物有铜鍑、铜勺、护心镜、三鹿纹铜饰件、双龙纹铜饰件、双鹿纹铜饰件、网格纹铜饰件、鎏金铜饰件、铜戒指、铜泡等铜器,有铁剑、铁镞等铁器,有双耳红陶罐、粗砂红陶壶、褐陶尊、三耳陶尊、红褐陶尊、双耳小陶缸等陶器,还有料珠、燧石珠、玛瑙珠、铅丸、角锥等。中原汉代文物有带有汉字的"日光"铜镜、"长宜子孙"铜镜和四乳纹铜镜,有"大吉"铜铃,还有绳纹陶甑和陶壶等。

克里孟古城离距二兰虎沟古墓群只有4千米,可能二者有一定关系,因为古城地下埋有汉代陶片,并有老乡挖出过与二兰虎沟类似的文物。这有待进一步调查与发掘。在距二兰虎沟不远的洪格尔公社的赵家房子大队有一个匈奴古墓群,其中有许多金马、金鹿饰件等贵重文物,但是被毁掉了,实在可惜!

和林格尔县东汉壁画墓是一个重要发现,它引起了全国考古界的注意,也引起了世界上一些国家的重视。壁画内容相当丰富,提供了研究东汉时期北方地区特别是内蒙古地区政治、经济、军事、文化、民族关系等的形象材料。因另有文章介绍,这里从略。

四、乌盟地区西晋和北魏时代的文化遗物

魏晋南北朝时期,在乌盟地区除汉族外,先后居住着匈奴、鲜卑、乌丸、柔然、丁零、突厥等民族,其中拓跋鲜卑建立的北魏王朝统治的时间最长。

西晋时(265—316年),鲜卑族的拓跋部居住在今河北北部、山西北部及乌盟大青山以南地带。295年,拓跋禄官继承大酋长位,把拓跋部分为三部,他自己率领一部居住在上谷北濡源西(今河北平宁、张北、沽源)一带,禄官兄沙漠汗的长子猗㐌(音医驼)率领一部居住于参合陂(今山西大同市西北和乌盟凉城、丰镇)一带;猗㐌弟猗卢率领一部居住在盛乐(和林格尔土城子古城)一带,乌丸与鲜卑族杂居于这一地区。

1956年在乌盟凉城县小坝子滩出土的一批文物就是西晋时乌丸和鲜卑族的。这批文物中有西晋王朝颁发的"晋鲜卑归义侯""晋乌丸归义侯"金印和"晋鲜卑率善中郎将"银印,并有金饰牌、饰件和戒指等。这些牌饰都做成了各种动物形状或以动物纹为装饰图样,富有民族特色。其中一件动物形铭牌的背面刻有"猗㐌金"三字,"猗㐌"应是文献上记载的"猗㐌",出土文物的地点正是猗㐌管领的地区,证实了文献记载的可靠性。这批珍贵文物也证实了西晋时鲜卑、乌丸都在接受晋王朝的封号,鲜卑、乌丸都和西晋王朝保持臣属关系,当时管理乌丸的首领有鲜卑族也有乌丸族。因此,在凉城县同时出土了管理他们的首领的金、银官印。鲜卑与乌丸的习俗相同,以动物形或动物纹饰为特征的金饰件或饰牌都是他们共同爱好的富有民族特色的饰物。

西晋末年,封建统治集团内部崩溃,各族与多地封建王侯起兵割据,出现了四分

五裂的五胡十六国的纷乱局面，拓跋鲜卑首领拓跋珪于386年建立割据政权，国号魏，历史上叫做北魏。北魏首先建都于盛乐，后迁都平城（今山西大同市东），到拓跋焘时（439年）统一了北方，结束了北方分裂割据的局面。拓跋鲜卑在其迁都平城以前的100多年里便一直以盛乐作为居住的中心。乌盟和林格尔土城子古城里就有盛乐古城遗址。拓跋鲜卑曾在这里修筑都城，建立"代"政权，招揽人才，发展农牧业生产，然后，以此为出发点，迁都平城、洛阳，为北方的统一做出了卓越的贡献。

北魏建国以后，虽征服了北方的许多民族，但并没有征服柔然族。柔然陆续壮大，征服高车（丁零）等部，称雄于大青山以北的蒙古高原地带，成为北魏北面的强大威胁。北魏王朝欲南进，就得防御柔然的袭击，以免腹背受敌。为此，北魏修缮了阴山下的秦汉长城，并在北方沿长城附近的险要地方设置镇戍，驻兵屯守。沃野、怀朔、武川、抚冥、柔玄和怀荒就是著名的北魏六镇。根据考古调查，乌盟四子王旗乌兰花土城子和库伦图城卜子、察右中旗塔布胡同和察右后旗白音查干等地都有北魏古城，出土有莲瓣纹瓦当和"岁岁富贵"文字瓦当等富有特征的文物，它们可能与六镇中的怀朔、抚冥、柔玄等镇有关。武川镇遗址在武川县西乌兰不浪土城梁村。城中出土有隶书"万岁富贵"文字瓦当，城南附近散布有大量与城中相同的文化遗物。北魏在乌盟中南部地区统治长达百年之久。据文献记载，北魏初皇帝的金陵就在盛乐附近，但至今没有发现。其他墓葬在乌盟也没有发现。这是我们今后考古调查努力的方向之一。

五、乌盟地区隋、唐时期的文化遗物

从6世纪中期起，突厥人逐渐移居内蒙古自治区境内，乌盟和林格尔一带成了突厥人活动的中心。他们当时过着游牧生活，并和隋王朝发生了密切的联系。突厥沙钵略可汗上书表示"天无二日，土无二主"，承认"大隋皇帝，真皇帝也"。隋文帝也向全国颁发诏书，说隋和突厥"今作君臣，便是一体"。隋文帝十九年，漠北的突利可汗南下投隋，隋封他为意利珍豆启民可汗，并在乌盟和林格尔土城子为他修筑大利城，又将义成公主许给他为妻。突厥人民"或南入长城，或住白道，人民牛羊，遍满山谷"。漠北突厥多部都很羡慕，不断南下投隋，归附启民可汗。大业三年（607年），隋炀帝杨广还特地到胜州（又称榆林郡，今准格尔旗十二连城）会见启民可汗，并沿金河（今宝贝河）向东北走，到过启民可汗牙帐所在地，即和林格尔土城子。隋王朝还在乌盟和林格尔县境内设置过云州。

解放前在乌盟和林格尔县曾发现隋代陈郡君残石刻，上面的铭文记载，石刻是大业四年（608年）住在金河县的陈氏刻的，这说明了金河县的位置在乌盟和林格尔县境内，当时这一带是突厥和汉族杂居的地方。

唐王朝建立后，突厥颉利、突利二可汗曾发兵大举进攻中原，唐太宗派兵大破突厥于阴山（大青山），擒颉利可汗，并把颉利可汗管辖之地分为六州，左置定襄都督府，右置云中都督府，龙朔三年（663年），又把这一地区改设为云中都护府（和林格尔土城子），统一管辖漠南的府州。从此，突厥人民又重新统一于唐王朝。突厥人民在唐王朝的统一领导下不单发展了畜牧业，还学会了农耕技术，出现了"畜牧蕃息""年谷丰登"的新局面。在乌盟和林格尔周围，唐王朝还开辟良田约"四千八百顷"，"收谷四十余万斛"。可见，唐朝时期这里的农业生产也是相当可观的。

乌盟和林格尔土城子古城在唐朝是内蒙古地区的一个主要城市，麟德元年（664年）改为单于大都护府，垂拱二年（686年）改为镇守使，圣历元年（698年）改为安北都护，开元七年（719年）划归东受降城（今托克托县城）管辖，开元八年（720年）复置单于大都护府，直到唐王朝灭亡，统领着漠南突厥人所住地区的府州。这里也是振武军节度使的驻地，原先振武军设在东受降城，天宝四年（745年）迁到这里。城内还设置了金河县，管辖当地的行政事务。由此可以想见唐朝时期和林格尔土城子在这一地区的重要性。

在和林格尔土城子古城附近有许多唐代墓葬，当地老乡常常挖出。因此，除正式发掘之外，流散在当地老乡家里的唐代文物也很多。这里出土的唐代文物主要有朱绘塔形陶器、陶罐、印纹陶罐、陶瓶、陶灯、酱褐划纹陶瓶、鹦鹉形陶提壶等陶器，白瓷注、白瓷碗、白瓷盘、乳青白瓷碗等瓷器，铁勺、铁犁铧、铜钗、铜簪、铜带饰、铜带扣等铁器和铜器，开元通宝，还有银钏一副、兽首石斧一件、砖制灯座一件。乌盟凉城县永兴公社也发现过唐墓，已被盗掘一空。其他地方唐代墓葬不多。突厥人的墓葬有其特点，是用石片竖砌成为方形墓地，并用两块大而较方的石片竖立于南方正中，作为墓门。突厥贵族的墓葬前往往竖立有石人像，因此又被人们称为"石人墓"。

六、乌盟地区辽、金、元时期的文化遗物

唐朝在农民起义中灭亡以后，我国又出现五代十国的分裂局面。经过五十年左右的混战，中原地区由赵匡胤统一，建立了赵宋王朝。北方地区先后出现了辽、西夏和金王朝。在宋朝时期，乌盟属辽管辖，金灭辽后又成了金的地盘。接着北方兴起的蒙古族灭西夏、灭金，最后灭南宋，建立了统一的元王朝。因此，在乌盟范围内留下了许多辽、金、元的文化遗物。

辽王朝是由五代时期后我国东北的契丹族建立的。在辽王朝统治时期，乌盟大青山以北的地区属上京道管辖，是契丹族和其他少数民族的牧地。

乌盟大青山以南的地区属西京道管辖，设立有州、军、县城。乌盟和林格尔县土城

子是振武县所在地，属丰州（白塔村古城）管辖，乌盟清水河县下城湾古城是辽的宁边州所在地。

在乌盟凉城县南马莲滩东发现了一处辽代古城遗址。古城为长方形，东西长约370米，南北宽近360米。城墙大部为耕地所平，仅南面断续有约半里长的城墙依稀可辨。出土物有石磨盘、车架子、铜流星、铁刀和"治平通宝""明道通宝""熙宁通宝""元丰通宝""至和通宝""元符通宝"等北宋钱币。辽虽建立了自己的王朝，但宋钱仍可普遍流通使用，因此在辽代遗址里经常有宋钱出土。金代也是一样。由此可以看出辽、金与当时的赵宋王朝有着不可分割的关系。

金王朝是由我国东北地区兴起的女真族建立的，它先灭辽，后灭北宋。淮河以北的广大地区都是金王朝统治的地区。

金代在乌盟后山地区又建立了新的州县，四子王旗城卜子村开始是天山县，后升为净州，这里曾出土过南京（在今北京市）铸造的铜权，是当时这一地区商业经济发展的实物资料。四子王旗红格尔公社是砂井总管府所在地，并领有砂井县。

在大青山里发现了三处金代遗址，一处在武川县朱家湾村，其余两处在察右中旗哈拉孟村和榆树沟村。这三处遗址中除出土有北宋钱币外还出土有铜镜、铜饰牌、砖、瓦、瓷器和铁质生产工具等物。

在乌盟集宁市东15千米的白海乡有一座小土城，是金代古城遗址，有不少文化遗物出土。

在清水河县下城湾古城也出土过金代的双鱼纹铜镜。在县城还有泰和年间的石幢，上面刻着人物，能使我们形象地看到当时人们的衣饰、风俗的真实情况。

在凉城、丰镇县境内也常有大批北宋末年的钱币出土，应为金代的遗迹。

在乌盟的北部地区还有一条金代的长城遗址，名曰"界壕"。金界壕与历代长城有别，它内筑墙垣，外挖壕堑，以防备北方鞍马驰驱者的袭扰。金界壕中的主要一线，东起大兴安岭之南麓，西止武川县大青山之背阴，蜿蜒起伏于山峦丘陵、荒漠草原之上。它横贯乌盟的化德县、商都县、苏尼特右旗、察右中旗、四子王旗、达茂旗和武川县。这段壕属金西北路及西南路招讨司管辖，由当时居住在这一带的汪古惕部行守护。

元代乌盟地区属中书省管辖，这里还设立了不少路、州、县城。在乌盟地区保留的有名城址有察右前旗土城子的集宁路遗址、四子王旗红格尔公社的砂井总管府遗址、四子王旗城卜子村的净州路遗址、达茂联合旗阿伦苏木的汪古部赵王城遗址、察右中旗西北广义隆土城子的德宁路遗址等。此外还有一些中小城址，如察右后旗的察汗不浪古城、红崖子古城、兴和县西北的魏家村古城、台基庙古城、凉城县淤泥城卜子古城、和林格尔县小红城古城、清水河县下城湾古城等。还发现了一些元代村落遗址，如凉城县双台子沟元代遗址、陈兴堂元代遗址、毫庆苏木元代遗址、卓资县八苏木元代遗址等。

集宁路遗址是一座正方形的城市，分内外两重城，内城在外城之东北角内，是官署所在地，外城是工商交易场所。城墙南北宽850米，东西长912米。周围有护城河遗迹。古城中部偏北有方形院墙一处，里面竖有石碑一座，上刻"集宁文宣王庙学碑"，说明这是当时的孔庙所在地；碑上还刻有"集宁总督府"，说明这座古城就是当年集宁总管府所在地。据《太元史·地理志》记载，"集宁路领县一，集宁"，说明也是集宁县所在地。集宁路古城内出土的器物非常丰富，除"集宁路总管府印"外，有坩埚、炼铜铁的炉渣和木炭，有皮革加工工具和骨制范，有铁犁、镂铧、耙齿、锄头和车马具，有木工用的锛、斧、凿、锯，有制陶模具，还有大量生活用具，包括各种陶、瓷器和儿童玩具——马、牛、羊、狮子、骑士等，以及封建迷信用品等。

1976年在集宁路附近发现了一瓮窖藏的纺织物，计有烫金花纱罗上衣、赭褐色绣花纱罗上衣、黄色短裙、烫金长袍、烫金提花褥面、提花织棉被面，保存完好，还有深黄提花丝织品及绣花、平纹、提花丝织品残片等。这批丝织品，不仅在乌盟，即使在全国也是罕见的。

近年来在达茂联合旗、四子王旗等地发现了一些元代景教徒的遗物，如四子王旗乌兰花西南景教徒的陵园上面散置着刻有叙利亚文的景教墓顶石，还出土了铁十字架，为研究中西文化交流提供了资料。

近年来在武川县东土城古城出土了一方"监国公主行宣差河北都总管之印"，为汉文，正中有回鹘式蒙古文。"监国公主"本名阿剌海别乞（或称阿里黑），她是成吉思汗的第三女，曾先后嫁给汪古部的首领不颜惜班、镇国、孛要合，后来她自己出任汪古部首领。因为她同时为漠南监国，故称"监国公主"。当时漠北监国是成吉思汗的儿子拖雷，阿剌海别乞所监的是漠南国事。监国公主的权力很大，可以直接任命漠南地区的地方官吏，这颗印就是监国公主发给"河北都省"的官印。这颗印对研究汪古部的历史和当时的民族关系有一定意义。

元代在乌盟地区的遗址和遗物很多，多旗县不断发现，因此有待进一步调查、发掘，为研究元代历史提供更多的新资料。

七、乌盟地区明、清时期的文化遗物

明代初年，明朝政府的军队进入乌盟地区以后曾利用元代城市设置了宣宁卫，其遗址就在现在的凉城县淤泥滩城卜子村，后又增设玉林卫和方川卫。

乌盟和林格尔县新店子公社榆林城就是玉林卫遗址，大红城就是云州卫遗址。玉林卫后来迁到大同右卫城内，金亦称做右玉林卫，简称右玉卫，清代改为右云县，现在山西省的右玉县就是右玉林卫旧址。云州卫后来迁到大同左卫城内，合并改称为左云州卫，简称左云卫，清代改为左云县，即现在山西省的左云县。

明代在乌盟南部地区修筑有三道长城，即当地老乡所说的头道边、二道边和三道边。这些长城主要在凉城、丰镇和兴和县境内。这些古城，根据国家文物局意见，也应加以保护。

在凉城县南部的明代长城废墟里曾出土洪武五年的铜炮，这是我国现存较早的火炮之一。

清代在乌盟范围内建立了和林格尔厅（今和林格尔县）、清水河厅（今清水河县）、丰镇厅（今丰镇县）、兴和厅（今兴和县）、武川厅（今武川县）、宁元厅（今凉城县）、陶林厅（今察右中旗）。在北部地区建立了苏尼特右翼旗、四子部落一旗、茂明安部一旗，同时设立了乌兰察布盟。乾隆十三年（1749年）四月，礼部铸制颁发了"乌兰察布盟盟长之印"。

从以上材料可知，乌盟地区不但有文物，而且相当丰富。有许多古城遗址只做过一些地面调查，尚未正式发掘；少数城址只是进行了局部试掘，因此还有待今后进一步有计划地进行深入调查发掘。古墓葬还需要做深入细致的调查工作。因为有许多古墓葬地表已无封土，只有向当地群众作深入调查，方能找到线索。总之，我们应该在原有工作的基础上，在广大群众的协助下，进一步做好乌盟历史文物的调查与发掘工作。

乌盟地区古代交通述略

鲁迅先生说得好，"其实地上本没有路，不过走的人多了，也便成了路。"[1]鲁迅先生这句富有深刻哲理的话也道破了人类活动与道路——交通的密切关系。

乌兰察布盟（以下简称乌盟）地区古代的交通状况首先取决于古代人类在这块土地上的活动情况。这种活动有经济的、军事的、民族关系的，等等。这些活动，不管什么民族，都会或多或少地留下遗迹和遗物，有的活动在古代文献上也留下了一些记载。本文就根据乌盟地区已经发现的考古资料，并结合查阅到的有关文献记载，对乌盟地区的古代交通情况试作一些大胆的探索，以就教于关心乌盟地区古代交通史的同志们。

一、乌盟的地理位置及其在古代交通上的重要地位

乌盟地处内蒙古高原的中部，横贯东西的阴山山脉把它分成了南北两大部分，山的北边是暴露在寒冷的北风之中的起伏不大的波状高原。据《汉书·匈奴传》记载，这一带在古代就是一个"少草木，多大沙"的地方。[2]山南，乌盟境内的平原虽不多，多为丘陵山地，但自然条件与气候比山北要湿润得多，而阴山本身在古代则是一个"草木茂盛，多禽兽"的地方，是匈奴人的"苑囿"，又是一道天然的军事屏障，乌盟与古代中原王朝的心脏京师遥遥相对。从西周开始，经过春秋、战国、秦汉、魏晋南北朝，直到隋唐五代，多数封建王朝的京师是在长安与洛阳，乌盟地区安定与否对中原王朝是一种直接威胁。历史上的古代北方游牧民族如果想进入中原，就必须首先占领这块地方（当然要占领的是中心）。历史上的匈奴、鲜卑、突厥、契丹和蒙古等民族都是这样做的。而中原王朝要想保住长安或洛阳的安全，就必须以阴山为屏障，用军事力量挡住南下的北方民族，或者采取民族友好与和亲政策，以改善民族关系，使这里成为一个民族交往、错居杂处的和平地区，以发展这里的经济与文化。这许多活动，无论经济的、军事的或民族关系的，都必然要产生与内地即中原王朝的交通问题，这就产生了乌盟地区南北走向的交通要道。在乌盟地区生活的古代民族也有与左右两翼即东西两边的其他地区互相往来的联系，或本民族之间的联系等，这就产生了乌盟地区东西走向的交通问题。下文试就乌盟南北与东西的主要交通以时代先后为序作一些探讨。

二、远古至春秋时期乌盟地区的交通情况

战国之前，古代文献里明确记载与乌盟地区有直接关系的几乎没有，只是说北方夏代有荤粥与前族为邻。鬼方、土方、羌方与殷商王朝发生过关系，其中提到武丁之妻妇好领兵与鬼方征战过三年，是否已到达今乌盟地区，不得而知。西周时与北方的獫狁发生过战争，《诗经》里有"靡室靡家，獫狁之故"的诗句。春秋时期称北方民族为"戎"或"狄"。这些记载表明了北方民族与中原发生过关系，但具体情况都不得而知，所以靠古代文献记载，想了解战国之前乌盟地区的交通问题是不可能的。

近年来，乌盟地区不断出现许多新的考古发现，这些发现告诉了我们远古时代人类在这里活动居处的确切地点，为我们研究古代人类的交通问题提供了若干大小的交通枢纽。为了研究方便，我们把呼和浩特市（以下简称呼市）、包头两个地区的考古发现联系起来进行考察。

呼市郊区保合少乡大窑村发现的旧石器制造场即"大窑文化"所在地[3]就是与乌盟地区古代交通有密切关系的一个重要枢纽。活动在这一地区的原始人群，从距今五六十万年前开始，到距今万年左右，先后五六十万年之内，都来这里打制他们生产、生活所必需的各种石器，其中主要有一种龟背形刮削器。远近来往的人群便踏出了通往这里的一条条道路。在乌盟境内的卓资、武川、四子王等旗县也发现了四处石器制造场，它们的具体地点是：卓资县三道营乡后营子村西北和哈达图乡的火石沟，武川县大青山乡的二道洼村火石站，四子王旗公济堂乡的阿玛苏村北[4]。这四处石器制造场和大窑石器制造场相似，只是因尚未进行正式考古发掘，只能把时间大约断在距今万年左右。但至少可以肯定，在距今万年左右的乌盟境内，原始人群已在这四个地点从远近各处来开采石器，这四个地点便成了当时连接道路的交通中心。

从旧石器时代晚期经过中石器时代而进入新石器时代，乌盟境内也有人类活动的遗迹被发现。在大青山后的草原地区发现了大量细石器文化遗迹，其中有重要的标本，如四子王旗江岸二队出土的船底形石核，以及察右中旗大义发泉发掘的细石器文化遗址等[5]，就是最好的例证。前者经考古专家鉴定为中石器时代或新石器时代早期的遗物，后者属于新石器时代晚期的遗物。在大青山以南的清水河、和林凉城和察右前旗境内已发现新石器时代村落遗址近百处。清水河主要分布在黄河沿岸各地。和林主要分布在红河两岸各地。凉城主要分布在岱海周围的山前各地。察右前旗主要分布在黄旗海南边的山间各地。其时代大约为从距今七千年到四五千年左右。这些地方当时已经有了人类定居的大小村落，村里有了大小不同的半地穴式房屋，有的村落的房屋已经开始用白灰抹地面和下半截墙壁，室内有了储藏东西的窖穴，在村落附近有陶窑和墓地。村落已比较密集，如清水河的村落遗址相距五六里，凉城岱海周围的村落相距八九里，察右前

旗黄旗海南的村落相距六七里。在这些遗址里有大量陶器和石器出土。陶器中有煮食用的炊具，有饮食用的碗、钵、盒、盘，有储藏用的罐、瓮，有汲水用的小口尖底瓶和陶壶等。陶器外表已有各种装饰，其中有色彩鲜明的彩绘花纹。石器已磨制精细，种类较多，有石斧、石锛、石刀等生产工具，还有石臼、石杵、石磨棒等粮食加工工具。这些石器与陶器在造型特征上有许多共同之处，说明生活在这里的人们有互相学习与影响的关系。不仅这些地方的陶器有相同之处，而且其与包头的河善遗址、伊盟以至西安半坡、河南仰韶的许多陶器也有相似与相同之处。这说明当时生活于乌盟地区的原始居民与中原或其他地区的原始居民并不是处于隔绝状态，而是互相有一定直接与间接的交往的，也就是有交通关系与交通往来。这就是说，在距今四千至七千年左右，乌盟地区的原始居民在本地与外地之间踩踏出了互相交往的许多原始的道路，有些可能就是我们至今仍在延续使用的道路。因为陆地上的各种大小道路都是受一定的地理条件即山川河流的限制的，今天行走方便的道路在古代也是比较方便行走的，这个道理是显而易见的。

进入前商周以后乌盟地区的考古发现是比较少的，在前山地区发现新石器时代遗址的地方偶而也有可能属于前商时期的文化遗物。这个时期的文献，有关方面的记载仅提到这一地区有什么民族活动，确切地点都不能确指，更何况交通问题了。这就只好留待今后继续探讨。

三、战国秦汉时期乌盟地区的交通情况

战国秦汉时期乌盟地区的交通情况，无论文献记载还是考古发现，都比以前要明确和具体得多。首先，当时活动在这里的主要民族是明确的，这就是称雄一时的匈奴。这是一个对当时的中国与欧亚历史都产生过重大影响的民族，今天的乌盟地区就是匈奴与中原王朝互相争夺与抗衡的重要地区之一。匈奴单于的王庭也曾安设在这里，这里便成了乌盟草原上南北东西主要交通的枢纽所在。其次，与乌盟交通有密切关系的几件重大历史事件相继在这里发生：其一是赵长城、秦汉长城在乌盟地区的修筑；其二是郡县的设立与城市的出现；其三是秦汉之间的战争与和平交往的频繁进行；其四是国王与皇帝的巡边等。下面按时代顺序分别加以叙述。

（一）战国时期

战国时期在乌盟地区活动的主要民族是匈奴，在南部地区还有林胡和楼烦。这些北方游牧民族的主要交通工具是马匹。匈奴的骑兵非常厉害，对当时战国七雄中的燕、赵、秦三国的北部边境有着很大的骚扰与威胁，"当楚之时，冠带战国七，而三国边于匈奴"[6]。公元前312年，"二匈奴驱驰于楼烦之下"[7]。

楼烦在今山西宁武一带。其中，对赵国的威胁最大。所以，赵武灵王继位之后，于公元前30年提出了全国实行"胡服骑射"的重大改革决策，一举打败了林胡、楼烦，把疆土一直扩展到阴山以南的河套平原。《史记·匈奴列传》记载："而赵武灵王亦俗胡服，习骑射，北破林胡、楼烦。筑长城，自代并阴山下，至高阙为塞，而置云中、雁门、代郡。"从此，乌盟阴山以南的地区就成了赵国的辖地。赵武灵王为了阻挡匈奴南下，东起代（今河北省蔚县），进入兴和县，经过察右前旗、卓资县向西，到土默川便沿大青山南麓，直到狼山口，修筑起了一条赵国的长城。北魏时期地理学家郦道元曾经来这里看到过这条长城，在《水经注》里有过具体描述。考古调查证实了文献记载的可靠性。这条长城基宽在3.5～4米，工程量十分浩大[8]。为了修筑这条长城，须调动多少万劳动力来这里兴建，又须派多少兵士来这里戍守，其中包括大批粮秣的不断运输。这就必须兴修道路，创造交通运输条件。同时，在这里又新设置了云中、雁门、代三郡，乌盟赵长城以南的地区就分别归这三郡管辖。云中郡遗址在今托克托县北古城乡古城村[9]。雁门郡遗址在山西省右玉县境内。经考古调查发现了四座战国时代的古城遗址，它们是和林北的土城子古城、卓资县三道营古城、凉城县双古城[9]和清水河的拐子上古城。这些古城应该是当时连接主要交通线的枢纽。此外，在凉城麦胡图发现过战国三牺铜鼎，在崞县窑发现过战国时期有着精美纹饰的铜壶，在凉城县城关镇发现过一瓮窖藏战国钱币，这些钱币主要是赵、燕、魏三国的，重几十斤。同时，在永兴乡的毛庆沟、饮牛沟发现了战国的墓群，有匈奴墓葬，也有中原汉族墓葬[10]。在和林、清水河也都发现过战国的文物，有些文物是从中原传来的。这说明当时的乌盟南部地区与中原的关系已相当密切，主要的交通路线应已初步得到开辟。当时建立在阴山以南土默川平原上的第一个行政机构云中郡应是这一地区政治、经济、军事、文化的中心，当然也是起着枢纽作用的交通中心。它向北或东北应该有通往长城要隘的道路，当然也应该有通往卓资县三道营古城的道路；向南应有通往黄河渡口的道路，如通往清水河喇嘛湾拐子上古城的道路；向西应有一条通往包头西九原和河套地区的道路；向东应有经由和林土城子古城折而向东南出杀虎口，与雁门郡相通的大道，然后由雁门郡向东与代郡和赵国的都城邯郸直接相通。这应该是乌盟与中原互相交往的第一条主要交通要道，从公元前300年左右一直使用到现在。与这条主要道路相连的还应有一条从雁门郡通往凉城县双古城的道路，再由双古城通往岱海边上的麦胡图、县城关镇及崞县窑。这些地方出土的重要战国时代的文物就是有道路相通的最好证据。兴和、察右前旗境内，沿赵长城附近也应有道路出现，否则戍守长城的军队如何与内地经常联系呢？赵长城主要是阻挡匈奴骑兵南下的障塞。赵武灵王在占领土默川平原之后还把呼市东边的一片平旷的土地开辟为牧养马匹的军马场，以作为北御匈奴、南袭强秦的军事基地。为了实现这一计划，赵武灵王曾带领一部分人马从这条主要道路经过雁门、云中，从九原直接南下，入秦国作为使者，探听秦国的虚实。到公元前 296 年，"灭中山，迁其王于肤施，起灵寿，北地方从，代道大通"[11]。这"代道大通"四字足以说明代郡的交通已相当发达。

公元前 265 年，"赵将李牧驻守代郡、雁门备御匈奴，大破杀匈奴十余万骑，单于奔走，其后十余岁，匈奴不敢近赵边城"[12]。这既说明了赵长城的作用，也表现了李牧治军与作战有方，还可以看出交通运输的方便。

（二）秦朝时期

秦王朝虽然只有 12 年的短暂历史，但在开辟建设阴山以南地区上的作用不小，其中交通也得到了进一步的开辟与发展。秦始皇于公元前 221 年统一六国。由于匈奴头曼单于骑兵南下骚扰，便于公元前 215 年派大将蒙恬"发兵三十万人北击胡，略取河南地"[13]。河南地即现在的伊克昭盟地区。秦军渡过黄河，控制了阴山以南地区，设立了九原郡，并沿黄河下设 34 座县城，由内地迁徙大批人民来这里垦植。为了完全控制这个地区，又西起临洮，沿阴山向东，在赵、燕长城的基础上新筑了一条万里长城。"这条长城从固阳北面的昆都仑河上游向东，由固阴县的银号公社、大庙公社的北部，经武川县南部的哈拉门独公社、哈拉合少公社、纳令沟公社、蘑菇窑公社，再向东由大青山公社的大白彦山向南折，进入山里。然后，在呼和浩特市北面红山口东侧称为坡粮底的山湾出山，与大青山南侧的赵长城会合。此外，在卓资县北部，今大黑河上游，喇嘛洞湾东山有长城遗迹。南面的一道斜向东南，与赵长城会合。北面的一道由喇嘛洞湾东山向东，经察哈尔右翼中旗的南部，又经卓资县的东北部，到察哈尔右翼前旗的北部。由此再向东的走向则不清楚。"[7]"在乌兰察布盟的中部和东部、锡林郭勒盟的南部，还有一条长城遗迹。这段长城现在知道的最西点是察哈尔右翼后旗洪格尔图公社赵家房子村南的遗迹。再向西，可能到察哈尔右翼中旗北部的圈圐公社、四子王旗中南部的查干补力格公社。具体情况有待进一步的调查。"[7]这段长城向东，经过商都县、化德县，越过河北省的康保县，复至内蒙古的太仆寺旗、正蓝旗和多伦县，继经河北省围场县而进入昭乌达盟和哲里木盟的南部。"在一个戍守遗址的山坡上，有灰色素面、里面压有暗纹的陶片一件，是一般常见的汉式陶碗残片，说明这段长城可能初建于燕，秦汉时期延续使用并加以增筑。"[7]

从上述两条与秦有关的长城建筑就可以看出阴山以北的地区亦应有新的交通道路出现。

秦始皇为了对付匈奴，修筑长城的同时还修筑了一条直道。这条直道南从云阴甘泉宫出发，纵贯陕北与鄂尔多斯高原，跨过黄河，直抵九原郡。现在保存较好的地段，路面残宽 22 米左右，路基断面现高 1～1.5 米。这条大道虽未直接修入乌盟境内，但与乌盟的交通有密切的联系，根据文献中记载的两件与乌盟交通有关的事就可以清楚地看出。

第一件是秦始皇于公元前215年东临碣石，然后由北边沿长城地带返回咸阳。《史记》中是这样记载的："始皇巡北边，从上郡入。"对秦始皇"巡北边"的具体路线，学者有不同理解。《中国历史地图集·古代史部分》"秦國统一图"上是这样画的，即从碣石向西，经由北平、渔阳、上谷、代、雁门、云中而到九原，然后从九原过黄河南返咸阳[14]。有的同志认为秦始皇北巡的路线是"从渤海西岸绕道北边，沿着燕、赵长城地带西行，从今鄂尔多斯高原与陕北黄土高原的上郡回到都城咸阳，考察了北部边疆的军事形势"[15]。不管哪一说，秦始皇的巡游队伍都是经过乌盟地区而从包头一带返回咸阳的。这与秦始皇修长城、开直道都有直接关系。

第二件是秦始皇于公元前210年南巡，计划返回时，还要由北部经九原南下，从直道回去。"七月丙寅，始皇崩于沙丘平台。"赵高、李斯与胡亥封锁死讯，假传圣旨，杀死了在上郡守边的扶苏与蒙恬，然后，"行，遂从井陉抵九原。会暑，上辒车臭，乃诏从官令车载一石鲍鱼，以乱其臭。行从直道至咸阳，发表"。这就是说，秦始皇死后的保密丧车也是经过乌盟南部的和林境内而从九原南下回到咸阳的。

由秦始皇北巡经过乌盟南部地区这两个重大事件可知当时和林这条道路已修筑到了一定水平。

此外，在清水河喇嘛湾拐子上古城遗址中出土了11件青铜戈、矛，其中有的矛有铭文，表明为秦国丞相吕不韦监造。铭文的记载为公元前344—前343年。这些戈、矛是秦始皇统一以前的遗物，这说明秦朝时期这座扼守黄河渡口的城市与准格尔和乌盟地区在交通上具有重要地位，这是显而易见的。

（三）两汉时期

两汉时期，乌盟地区的交通在战国与秦的基础上有了进一步的发展。这包括两个方面：一是匈奴对草原地带交通的开辟，二是匈奴之间的频繁交往和汉代在这个地区城障建设的进一步发展。

秦汉之际，即公元前216年，匈奴在冒顿单于的统帅下，"遂大破灭东胡王，而虏其人民及畜产，既归，西击走月氏，南并楼烦、白泽河南王，北服浑庾、屈射、丁灵、鬲昆、薪犁诸族；侵燕、代，悉收秦前所取匈奴地，与汉关故河南塞，常侵至朝那、肤施（今陕西榆林县西南）"[6]。从此，匈奴单于成了北方草原地区最强大的统治者。匈奴设立了一整套政权机构，分三部分：

一是单于庭（首脑部），它直辖的地区在匈奴中部，其南对着汉地的代郡和云中郡。乌盟地区主要在单于庭的直接管辖范围之内。这时的单于庭设在大漠以南，即阴山北部的乌兰察布草原上。关于单于庭的具体地点，史家历来说法不一，有的说在四子王旗境内❶，有的说在别处[16]，总之是在乌盟北部地区。

二是左贤王庭（东部），它管辖的地区在匈奴东部，其南对着汉地的上谷郡（今河北怀来县一带），东西连接秽貊。

三是右贤王庭（西部），它管辖的地区在匈奴西部，其南对着汉地的上郡（今陕西榆林县一带），西面接连月氏和氐、羌。

匈奴政权的设置与向东、西、南、北的征伐必然会在广大的草原地区，踏踩出通往东、西、南、北的主要道路。此外，匈奴每年要举行三次大的集会：正月，诸首长小会单于庭举行春祭；五月，大会茏城，祭其祖先、天地、鬼神；秋，马肥，大会蹛林，课校人畜。每当举行这些活动，单于庭直接的下属、左右王庭的下属都要向集中地会集，每年如此，必然也会有其比较固定的行走的道路，因为当时的匈奴除骑马而外也有了车辆。匈奴人懂得造车，并已广泛应用车辆作为军事运输和日常交通的工具，这在文献中有明确记载。《盐铁论·散不足》篇说："胡车（匈奴车）相随而鸣。"《汉书·杨雄传》载《长城赋》说："砰輶辒（音奔温），破穹庐。"这"輶辒"就是匈奴车。109年，汉兵在常山、中山（今河北北部）击败南单于，获其穹庐及车千余辆。可见，匈奴的造车业已相当发达[17]。有车，当然就会有比较固定的道路。这就是说，匈奴人在开辟草原上的交通方面做出过很大的贡献。关于具体的道路位置，由于单于庭和左右贤王庭及茏城、蹛林的具体地点尚未确定，所以道路的走向现在还不能确定，还有待进一步调查研究。

西汉大体可分为前后两个时期，即汉初至武帝为前期，为匈奴和亲时期；武帝以后为后期，为匈奴战争时期。

两汉时期，如果说阴山以北广大草原地区（包括乌兰察布盟草原）的交通，主要是由活动在这里的匈奴人所开辟，那么阴山和阴山以南地区的交通就主要是由中原王朝和生活在这里的汉族人民所开辟了。汉王朝建立之后，在秦王朝的基础上，在乌盟境内和相邻地区又设置了郡县机构，兴建了许多城池堡塞，使这里的政治、经济、文化都得到了很大的发展，人口有了很大的增加，交通也得到了相当的发展。

西汉时期，在原来设置的云中、雁门和代郡的基础上又新增设了定襄郡。定襄郡设在和林格尔境内，郡址在和林县北边的土城子古城遗址。由于定襄郡址的地理位置十分重要，是扼守南北交通要道的咽喉，所以被以后几个朝代沿用并扩建，以至成了阴山以南政治、经济、军事、文化、民族关系和交通的中心。据《汉书·地理志》记载："定襄郡，户二万八千五百五十九，口十六万三千一百四十四。县一十二：成乐、桐过、都武、武进、襄阳、武皋、骆、定陶、武城、武要、定襄、复陆。"这12县所在的地点，

---

❶《绥远通志稿·盟旗疆域沿革》载，四子王旗，"亦即匈奴中部单于庭所在处也"。

除都武、襄阳、复陆三县的具体地点不能确指外，其余九县的位置大体都可以确定，有的与考古发现的古城遗址相吻合。定襄郡所管辖的范围主要包括和林和清水河全县、卓资和凉城二县的西部，还有呼和浩特市东郊黄合少乡的一部分。

经考古调查发现的汉代古城遗址与定襄郡所属县有关的，乌盟和林县内有两处：一是和林格尔土城子古城，为定襄郡治所和所属成乐县所在地；二是新甸子乡发现的榆林城下叠压的汉代古城遗址，为武城县故址[18]。清水河县有两处：一是城坡古城，为骆县故址；二是上城湾古城，为桐过县故址[19]。卓资县有一处，即三道营古城，为武要县故址。呼市郊区有三处：黄合少乡古城，为定襄县故址；二十家子古城，为安陶县故址；拐角铺古城，为武皋县故址[9]。二十家子古城遗址在考古发掘中曾出土过"安陶丞印"和"武进丞印"等重要文物。武进县的遗址虽尚未发现，但《中国历史地图集》（第二册）将其标在了定襄郡治的东面，即和林与凉城交界处。

凉城、丰镇、察右前旗和卓资的一部分属雁门郡管辖。雁门郡管辖14县，其中沃阳、强阴二县在凉城境内。经考古调查，凉城发现两座汉代古城遗址：一为双古城，是沃阳县故址；二为天成乡古城，是强阴县故址。察右前旗呼和乌素也发现了一座汉代古城遗址，是古代的什么城址尚待考证。

兴和和丰镇的东部属代郡管辖。代郡辖18县，其中有且如、延陵二县，可能在兴和境内。丰镇、兴和尚未进行文物普查，故未发现汉代古城遗址，二县的具体位置尚未找到考古发现的依据。

除此以外，乌盟境内的武川县、沿阴山北麓的山口要隘外和秦汉长城附近，在考古调查中也发现了数座汉代古城遗址，有庙沟乡古城、哈拉门独古城、大青山乡莎尔墩古城、车铺乡卯独沁古城。察右后旗韩勿拉乡发现一座克里孟古城，根据城内的遗物看，也是一座汉代古城。乌盟地区的这些汉代古城遗址都是汉代交通线上的重要连接点或枢纽。

与乌盟交通密切相连的呼和浩特、包头二市所辖的地区，汉代分别属云中和五原二郡管辖。据《汉书·地理志》记载："云中郡，户三万八千三百三，口十七万三千二百七十。县十一：云中、咸阳、陶林、桢陵、犊和、沙陵、原阳、沙南、北舆、武泉、阳寿。"云中郡、县与考古发现的汉代城址相对应，多数已能确定具体位置。托县古城村古城为云中郡和所属云中县故址；托县西北4千米的哈拉板申古城为沙陵县故址；托县南中滩乡蒲滩拐村古城为阳寿县故址；托县东南燕山营乡章盖营古城为桢陵县故址；呼市郊区的坝口子古城为北舆县故址；陶卜齐古城为陶林县故址；塔布陀罗海古城为武泉县故址；八拜古城为原阳县故址；土右旗苏卜盖乡东老丈营子古城为咸阳县故址。除此而外，呼市地区沿大青山南麓的重要沟口处，如哈拉沁沟古城、坎口子古城、毕克齐古城、万家沟古城，这些古城与大青山北麓武川的古城正好相对应，成为扼守大青山南北通道的重要城堡。

包头市和固阳县也发现了几座汉代古城。包头市的麻池古城可能为稒阳塞故址；古城湾古城可能为塞泉城故址[20]。固阳县东银号乡三元成城梁古城可能为五原塞故址[21]；固阳西梅令山古城也是一座汉代城堡。

以上这36座汉代古城遗址分布在阴山以南土默川和乌盟几个旗县境内，构成了这个地区的交通网。根据《汉书》的统计，定襄、云中二郡的人口已达336 414人，再加上雁门郡沃阳、强阴二县，代郡且如、延陵二县的人口（估计约有7万人），总计达40万人左右。若以今和林、凉城文物普查中发现的战国秦汉以来的村落遗址看（和林□□处，凉城80多处），当时这两县的村庄也已达到了相当的密度。由此即可想见当时这里已是大小道路纵横交错、四通八达。现在乌盟地区的一些主要交通干线大约在汉代业已初步形成。

当时有两条南北走向的大道与汉王朝的国都长安相通：一条由长安向北通陕北高原、鄂尔多斯高原，与包头附近的五原郡相连，即秦朝修筑的直道；另一条由长安向东，跨过风陵渡北上，经晋阳、雁门郡而与定襄郡相连。这两条道路便是汉代中央王朝与北部边防连系的主要交通干线，无论政治交往、经济运输还是军事出动，都离不开这两条干线。定襄郡又是通往东西南北各地的交通中心。

以定襄郡为中心，向北经原阳（八拜古城）、五泉（塔布陀罗海古城），入山口经车铺乡卯独沁古城，可直达四子王旗境内；还可经原阳、北舆（坝口子古城）过蜈蚣坝经莎尔墩古城出山口而直通达茂；向东北经定襄（黄合少古城）、安陶（二十家子古城）、陶林（陶卜齐古城）、武皋（拐角铺古城），向东与武要（三道营古城）相连；向西经云中郡（古城村古城）、咸阳（东老丈营子古城）、塞泉（古城湾古城）、稒阳塞（麻池古城）与五原郡相通；向南经骆县（城坡古城）而与桐过（上城湾古城）相连。由雁门郡（善无县）向东，经武州（左云县）、平城（大同）可达代郡（蔚县）。由武州向北经沃阳（双古城）可到强阴（天成镇古城）。由平城向北经呼和乌素古城可达克里孟古城。平城与强阴也可能相通。呼和乌素向西是否也可与武要相通，也可推测。总之，以定襄郡为中心，汉代乌盟南部地区已初步形成一个交通网。这从汉代的一些与交通有关的重大活动即可得到证实。

平城白登之战是西汉初最大的一次战役，这次战役与乌盟地区的交通密切相关。匈奴冒顿单于调动了四十万骑兵，由阴山以北的草原地带南下马邑、晋阳，诱汉高祖刘邦的三十万步兵北上平城以东的白登山，以四十万骑兵将汉军团团围住，围困了七天七夜。后汉军用陈平之计，方得解围退兵而还。这是发生在公元前200年的事。当时匈奴的四十万骑兵南下的道路恐怕不只一条，前之所说的与阴山南北相通的几条通道可能都会走。当然，穿过阴山后，主要还是走定襄、雁门这条大路，由克里孟、呼和乌素到平城这条道也会走。由西沟门经石匣子沟到凉城岱海这条路是否已通不得而知。总之，匈奴这次军事行动可能涉及了乌盟地区所有的主要交通路线。

由于刘邦在白登失败，不得不定下了与匈奴和亲的国策。从此以后，到汉武帝继位的六七十年里，一是公主下嫁匈奴，每年还要运输大量的絮、缯、酒、米等物品，经过这里送往阴山以北的单于王庭；二是汉朝开放"关市"，沿长城地带，匈奴和汉地人民可以互相交易，密切了匈奴和汉地人民的经济文化交往；三是汉与匈奴结为兄弟，相约以长城为界，北面"引弓"之地为匈奴的游牧地带，归匈奴管辖，南面"冠带之室"是汉族耕织的领域，由汉帝统治。这样就使得阴山以南地区得到进一步开发，交通运输也相应得到了发展。

由于汉朝岁赠物品、通关市也满足不了匈奴奴隶主的要求，所以匈奴单于还常常派骑兵越过长城和阴山，南下云中、雁门、代郡大肆杀掠。史书里这样的记载很多，所以到武帝继位，国力强盛，变"和亲"而为战争，主动出击，攻打匈奴，其中与乌盟地区交通有关的几次重大军事行动略述于后。

《资治通鉴·汉纪》记载，公元前128年，汉武帝元朔元年，"秋，匈奴……又入渔阳、雁门，各杀略千余人……汉遣车骑将军卫青将三万骑出雁门，将军李息出代，击胡；青斩首虏数千人"。

《汉书·匈奴传》记载，公元前125年，汉武帝元朔四年，"夏，匈奴入代郡、定襄、上郡（陕北榆林）各三万骑，杀略数千人"。公元前123年，"春二月，大将军卫青将六将军兵十余万骑出定襄击匈奴，斩首三千余级而还，休士马于定襄、云中、雁门。夏四月，卫青复将六将军再出定襄击匈奴，斩首虏万余人，汉亦亡两将军及三千余骑。右将军苏建只身亡归；前将军赵信叛降匈奴"。

《汉书·匈奴传》记载，公元前120年，"秋，匈奴入右北平、定襄，各数万骑，杀略千余人"。公元前119年，"夏，武帝与诸将廷议，以翕侯赵信为单于画计，常以为汉兵不能度幕（漠）轻留，今大发士卒，其势必得所欲。乃粟马（以粟秣马）十万，令大将军卫青出定襄。骠骑将军霍去病出代，各将五万骑。私负从马（私人自备衣装及马匹随从出征）复四万匹，步兵转（转运辎重）者踵军后又数十万人。咸绝幕击匈奴。青出塞千余里，度幕，与单于接战。单于见汉兵多而士马强，自度不能胜汉兵，遂遁走。青追至阗颜山赵信城而还，得匈奴积粟食军，留一日始归。去病出塞二千余里，绝大幕，与匈奴左贤王接战，左贤王败走。汉得首虏七万余级。去病封狼居胥山，禅于衍山，登临翰海而还。时汉士卒物故亦数万，军马死者十余万。是后匈奴远遁，幕南无王庭"。

汉武帝从公元前138—前119年，前后用了近20年时间，以卫青、霍去病二位年轻的将军为统帅，终于打败了匈奴，迫使匈奴把单于王庭从漠南迁往大漠以北。这几次主要战役的出征地都在定襄、云中、雁门和代郡，其中又以定襄郡最重要。数万或数十万大军在这里集结、出发或休整，多数都与乌盟地区有密切关系，而出发以后所行走的主要道路多数也与乌盟地区有关。文献虽未作具体记载，但定襄道向北的走向还是比较清楚的，这里不再重复。雁门道应主要经凉城和丰镇北上。云中道可能与定襄道相近，西边可能从包头北上而经达茂。只有代郡道主要可能在张家口一带，但也不排除从兴和境内通过。总之，这几次大战的南北通道多数在乌盟境内。

汉武帝在与匈奴作战的同时，为了加强北部的防御，在维修秦长城的基础上又新筑了许多障塞，其中与乌盟地区有关的有两处，一是"五原塞"，一是造阳地以南的汉长城。"在苏建修缮长城的时候，从大青山东段向东，就离开了原来的秦长城，从今卓资县、集宁市，向东直奔张家口，长城向南迁移了数百里。"[7] "述由卓资县喇嘛洞东山的南支长城遗迹东南走向，与原来的赵长城遗迹会合，说明汉代南迁后的长城遗迹，有一部分依赵长城之旧。"[7] 这是汉代在乌盟境内修缮战国、秦长城的情况。此外，汉武帝还派徐自为在蒙古高原上新修长城。据《史记·匈奴传》记载：大初三年（公元前102年），"汉使光禄徐自为出五原塞数百里，远者千余里，筑城障列亭，至庐朐"。经考古调查，"北面一支长城，由桑根达来公社进入达茂联合旗的红旗牧场，可能由达茂联合旗旗府的北面，向东南折入武川县的西部，与阴山北麓的长城会合。南面一支长城，由新忽热公社进入达茂联合旗的新宝力格公社，又到武川县的西部，与阴山北麓的长城会合。在今武川县的哈拉合少公社和哈拉门独公社，有三条长城的会合点，这里应是'出五原塞'的起点"[7]。这些长城的修筑与阴山以北交通的开辟也不无关系。

由于战争的胜利、国家的富强，汉武帝带大队人马北巡。公元前110年，他自任巡行总指挥，统帅12部将军，骑兵18万人，从云阳出发，走秦始皇的直道，经上郡、西河、五原三郡，北出长城，登上了单于台。然后由狼山北麓西行，饱览了长城塞外的风光。回到长安后，又起程东行，封泰山，登碣石，然后沿秦长城向西巡行。从燕山北麓而进入阴山北麓，横穿乌盟北部地区，由固阳南下顺直道回到长安。汉武帝的大队出巡人马在阴山背后定又踏出了一条通畅的大道。

两汉后期，匈奴失掉了阴山这块"苑囿"之后，政治中心向北向西迁移，牧场缩小，水草大不如前，加之灾荒连年，人畜锐减，匈奴内部出现了四分五裂的局面。呼韩邪单于内附，昭君出塞，使匈汉关系和好，交通往来密切，人畜得以发展。到东汉以来，乌盟地区成了南匈奴与汉族人民错居杂处的地方，交通情况与西汉时大体相同，不再细说。

89年，在汉军与南匈奴联军的攻击下，北匈奴彻底失败，不得不西迁欧亚。二十余万未走的北匈奴余众与南匈奴一样，全部南徙内附东汉王朝。阴山以南的五原、云中、定襄、雁门、代郡布满了匈奴人。北方广大的草原地带成了鲜卑人的天下。到2世纪中叶，鲜卑出了个著名的首领檀石槐，以乌盟北部地区为统治中心，建立起了鲜卑族的第一个军事大联盟,对乌盟地区的交通发展产生了重大影响。

据《后汉书》记载,檀石槐所建军事大联盟的统治中心——牙帐设在高柳北300余里的弹汗山。高柳就是现在山西省的阳高县。阳高北的300余里正在乌盟东部境内。这弹汉山究竟是现在的什么山,学术界至今未找到确凿证据,因此说法不一。《中国古代历史地图集》把弹汗山标了兴和境内的大青山附近,把歠池水定为了东洋河。《中国古代北方各民族简史》把弹汗山确定在商都附近。经过考古调查与发掘,在察右后旗境内的韩勿拉乡二兰虎沟、红格图乡赵家房子和南二海村三道湾先后发现过三处规模很大的鲜卑墓群,每处都在百座以上,而且出土了许多黄金制作的鲜卑牌饰。商都也出土过鲜卑的重要文物,而兴和境内至今尚未发现鲜卑的遗物。所以,由文献记载与考古发现相印证,檀石槐的牙帐设在商都西与察右后旗交界的地带的说法比较可信。弹汗山与歠池水可能是现在察右后旗东北20多里的黑石崖,山势雄伟,山的附近又有连续不断的海子。檀石槐的军事大联盟以弹汗山为中心活动了30多年。弹汗山应是东汉后期乌盟境内的又一个交通中心。据《后汉书·鲜卑传》记载:他(檀石槐)"南抄缘边,北拒丁零,东却扶余,西击乌孙,尽据匈奴故地,东西万四千余里,南北七千余里"。弹汗山鲜卑牙帐是这个广大地区的首脑居所。檀石槐为了便于统辖广大草原,把这一广大地区分为东、中、西三部。北军以东至辽东为东部,共二十余邑;北平以西至上谷十余邑为中部;上谷以西至敦煌、乌孙,共二十余邑,为西部。乌盟地区居西部,是统治中心所在地,也是东西南北的交通中心所在地。以此为中心,西可到敦煌,东可达辽东,南与平城相连,北抵大漠以北。现在这条通蒙古、苏联的集二线路那时可能也是鲜卑人的交通要道。鲜卑抄掠东汉边境的主要目标是缘边九郡,其中与乌盟地区有关的还是代、雁门、定襄、云中四郡。其南下的道路与西汉相似,只是与平城这条道路相比可能显得更重要。

四、魏晋北魏时期的交通情况

到三国曹魏甘露三年(258年),拓跋鲜卑的始祖力微统帅二十余万骑兵,由五原迁定襄盛乐,即和林格尔土城子。力微以盛乐为中心,又形成了以拓跋鲜卑为主体的新的部落联盟。在这年的夏四月举行了祭天大会。各部君长都来助祭,唯白部大人观望不至,于是征而杀之,远近肃然,莫不震慑。力微总结历史经验,作出了与中原友好相处的重要决策。他于261年派自己的儿子沙漠汗去魏都(洛阳)学习,了解中原地区人民先进的文化、生产技术及风土人情。在他执政的时期,真正做到了"魏晋禅代,和好如初"。这时期(258—295年)和林格尔土城子又成了乌盟地区的交通中心。不过由于中原经过东汉末至三国初的连年混战,乌盟地区汉代兴建起来的许多城市多数已毁弃,经济与交通的繁荣情况已大不如前。当时的乌盟境内又以游牧经济为主，农业已处于很次要的地位，这对交通的发展当然影响就很大了。

295 年，力微的儿子禄官继位之后，又把鲜卑统辖的地区分为东、中、西三部。上谷以北、濡源以西为东部，由禄官统领，与乌盟地区无关；代郡的参合以北为中部，由沙漠汗长子猗㐌统领；定襄盛乐以西为西部，由猗㐌之弟猗卢统领。这样一来，除原来的盛乐仍旧是交通中心外，参合又成了另一个交通中心。参合县在凉城境内的双古城北；参合陂在岱海南岸。当时的猗㐌对凉城境内与南北的交通有进一步的开辟。他曾由参合陂出发度过大漠北巡，西略诸国，有二十余部降附，过了五年之久才又返回参合陂。这时凉城向北的交通有新的开辟。现在凉城向北通行的两条公路可能也是那时猗㐌北巡的通道。302 年，猗㐌率十万骑兵南下支援苏州（今太原）的司马腾抵御匈奴刘渊的入侵，凉城到左云的这条路大约也是当时的重要孔道。所以，猗㐌对凉城南北交通的进一步开辟是有过一定贡献的。由于猗㐌出兵支援西晋王朝有功，晋惠帝曾赠给猗㐌金印紫绶。解放后，凉城小坝子滩发现过"晋鲜卑归义侯"金印和刻有"猗㐌金"三字的金饰牌，这证实了凉城在西晋和南北朝时期就是参合陂所在地，即猗㐌统领的根据地所在。

禄官、猗㐌死后，三部又都归猗卢统辖。310 年，猗卢应刘琨之请，出兵二万救援，大败白部大人和铁弗匈奴刘虎，西晋把句注山陉岭以北之地（今山西省代县、朔县、繁峙一带）赠给了猗卢。从此，猗卢地盘扩大，乃以盛乐为北部，平城（今大同）为南部。315 年猗卢自称代王，建立代政权。由此可以看出，盛乐与平城之间的道路更加重要了。338 年，什翼犍即代王位。他曾在后赵的都城（邺城）当过十年质子，对中原文化十分谙熟。第二年五月，他在参合陂朝会诸部大人，议定都之事，由于其母反对，未形成决议。第三年，又到盛乐建新都。可见，当时凉城与和林之间的关系已十分密切，二者之间的交通来往亦应非常频繁。当时的道路可能就是由西沟门经石匣子沟过田家镇、参合县、双古城而到岱海南的参合陂，再由此向东可达平城，这条道路那时应该已经出现。

386 年，拓跋珪正月大会于牛川（今四子王旗锡拉木伦河），即代王位。二月建都盛乐，息众课农。四月，改称魏王。于 396 年建天子号，398 年迁都平城，遂称皇帝，史称北魏。盛乐是北魏的第一个都城，平城乃第二个都城。这两个城市都是当时北魏前期的交通中心。拓跋珪又在乌盟境内频繁活动，或出征打仗，或巡游故地，由此也可以更清楚地看出北魏时期乌盟境内的交通状况。

386—398 年，以盛乐为国都的这 12 年内，拓跋珪在乌盟境内经常来往的几个主要地点是阴山以北的中川（四子王旗锡拉木伦河）、纽垤川（达茂的艾不盖河）、于延水（兴和的东洋河）、参合陂等地。

386年拓跋珪由盛乐北逾阴山，暂退贺兰部（达茂境内）。冬十月，自弩山经过牛川到于延水南屯兵，然后出代谷（丰镇对九沟到阳高的山谷），会贺驎于高柳（阳高）。

387—390年，拓跋珪三次到牛川活动。391年，二月至纽垤川，进牛川，还行纽垤川。九月率兵攻五原，把粮食运往纽垤川。

395年，拓跋珪由五原渡过黄河，经土默川，率二万轻骑，穿过参合陉（西沟门石匣沟），追至参合陂，围歼慕容宝的数万大军。

拓跋珪于398年迁都平城。389年三路大军东路出长川（兴和），中路出驳髯水，西路出牛川，到漠北攻打高车敕勒，俘9万余人，马35余万匹、牛羊160余万头，高轮大车20余万辆，回师牛川，庆功行赏。这三条出兵的路线都在乌盟境内，东路兴和，西路四子王，中路应该是平城、丰镇、前旗、后旗。

拓跋珪迁都平城后到乌盟活动最多的地方是豺山宫、参合陂、青牛山、九十九泉和于延水。

403年，秋七月由平城车驾北巡，筑离宫于豺山，故名豺山宫。据《丰镇县志》载，豺山宫就在大庄科与兴和交界的狼头山。406年，春正月，车驾北巡，幸豺山宫。夏四月，复幸豺山宫。八月甲辰，行幸豺山宫，遂至青牛山。青牛山在今集宁东前旗与后旗的交界处。"丙辰，西登武要北原，观九十九泉，造石亭，遂之石漠。"武要北部即今灰腾梁。九十九泉即灰腾梁上的种马场附近的旅游点。之后他的儿子也常来九十九泉。407年，夏五月，先来参合陂，东过蟠羊山（丰镇境内）。秋七月，又车驾自濡源（滦河）向西来参合陂。八月又幸豺山宫。408年，春正月，行幸豺山宫，遂如参合陂，再观渔于延水。从这些频繁的活动可以看出拓跋珪在乌盟地区所行走的道路。

拓跋珪的儿子拓跋嗣即皇帝位，是为太宗。拓跋嗣也经常到乌盟的上述地方巡幸，这里不再细述。现将他于413年的一次西巡路线具体介绍如下。《魏书·太宗纪》载："四月乙卯车驾西巡。""五月乙亥行幸云中旧宫之大室。""六月""西幸五原。""七月己巳，还幸薄山。""丙戌车驾自大室西南巡诸部落……遂南次定襄大落城，东逾七岭山，田于善无川。""八月癸卯，车驾还宫。"其西巡路线以今天的地名对应是：平城（大同）—左云—右玉—杀虎口—新店子—和林—土城子（盛乐）—托县古城村古城（云中旧宫之大室）—五原。再由五原返回大室，由大室向西南经托县—清水河县大罗村（大落城西骆县）—善无川—平城。这条巡行的道路与今天的道路也是大体吻合的。

北魏时，乌盟阴山以南主要属朔州（和林土城子）和恒州（大同）管辖。今和林、清水河二县属朔州，凉城、丰镇、前旗、兴和、卓资南部属恒州。恒州领八郡，其中凉城郡辖参合、旋鸿二县；沃阳（双古城）属善无郡；丰镇、兴和属高柳（阳高）郡。阴山以北主要归北魏六镇中的武川镇、抚冥镇、柔玄镇统领。这些郡县、镇戍之间当然也都有交通运输道路互相连接。

到493年，魏孝文帝拓跋宏又由平城迁都洛阳，他也常来乌盟境内北巡。当时由于柔然对北魏的威胁很大，为防柔然南下侵扰，沿阴山背后修筑了一条北魏长城，并建立了北魏六镇，驻军防守。

北魏长城始建于明元皇帝拓跋嗣逝世的那年（423年）。史载："二月戊辰，筑长于长川之南，起自赤城（张家口东北部），西至五原，延袤二千余里，备置戍卫。"这条长城施工草率，只用两个月的时间就修完了。它横穿乌盟北部的广大地区，傍长城内又设沃野、怀朔、武川、抚冥、柔玄、怀荒六镇，其中有三镇在乌盟境内，即武川、抚冥、柔玄。经考古调查发现，武川镇在武川县二份子乡城滩古城，抚冥镇在四子王旗土城子古城，柔玄镇在察右后旗白音查干土城子。494年，秋七月，魏孝文帝由洛阳出发北上，进入乌盟和林境内，先拜谒了祖先金陵，再到朔州，即盛乐。八月甲辰，离开盛乐，来到阴山下，观览云川，即土默。然后由包头北上，进入固阳。"癸丑，幸怀朔镇（今固阳县白灵淖尔乡城圐圙古城）。己未，幸武川镇。辛酉，幸抚冥镇。甲子，幸柔玄镇。丁丑南还。"魏孝文帝这次的行程路线非常明确，而且有一镇到另一镇的具体日程。他还带着地理学家郦道元。郦道元在《水经注》一书中对这里的赵长城遗址、山川形势及北魏的行宫都有具体的描述。

北魏皇帝在大青山里建过几次行宫。其中，坝口子有北魏的白道城遗址[22]。现在的蜈蚣坝北魏叫做白道岭，在那里即现在17公里处的山沟里也发现了北魏皇帝的行宫遗址。在大青山乡南乌兰不浪有北魏土城梁古城遗址，过去认为这是武川镇遗址[22]，其实它应是与行宫有关的大型遗址建筑群。在武川境内还发现了几处北魏的遗址。这说明，北魏时期，盛乐—白道城—土城梁古城—二分子城滩古城这条路是一条重要的南北通道。由于乌盟地区是北魏皇帝发迹的根据地，所以这里的交通在北魏时期是有进一步的发展的。

五、隋唐时期的交通情况

589年，隋文帝杨坚灭陈，统一全国。这时乌盟地区又进入以突厥人为主的时期。突厥兴起于西北的新疆地区，到6世纪中叶，其势力愈来愈强大，逐渐移居阴山南北，和林格尔土城子一带成了突厥人活动的中心。沙钵略可汗曾向隋文帝上书表示"天无二日，土无二王"，"大隋皇帝，真皇帝也"。隋文帝也向全国颁发诏书，说隋与突厥"今作君臣，便是一体"。开皇十九年（599年），漠北的突利可汗南下投隋，隋文帝封他为意利珍豆启民可汗，并为他在朔州筑大利城（和林格尔土城子），又把义成公主下嫁于他，让他们在大利城居住。从此，突厥人民"或南入长城（阴山上的长城），或住白道（土默川），人民羊马，遍满山谷"[23]。这时的大利城即和林格尔土城子仍是隋朝时期乌盟南北的交通中心。

隋炀帝是中国历史上有名的荒淫之君。他即位第三年，即607年，曾由洛阳出发，到乌盟和林格尔的大利城北巡。他的路线是这样的：他的大队巡行人马从陉井北上，发动河北十一郡的青壮年男子在太行山内凿山开路，修筑驰道。六月，炀帝经雁门、马邑到达连谷，而后沿黄河到达榆林郡，即今伊盟准格尔旗十二连城。启民可汗和义成公主前往迎贺。同时，隋炀帝又命令做好游乐启民可汗牙帐大利城的准备。其中有两项内容：一是以榆林黄河东岸为起点，到紫河（今红河）岸畔修筑一条长城。紫河发源于杀虎口附近，西抵榆林黄河岸边200余里。今和林县羊群沟乡红河南岸发现的长城遗迹是否为隋长城还有待进一步调查。二是沿长城外修筑御道，宽百步，东抵河北平原的蓟县，长约2000里。两项工程征调民工百万人，限令20天完工。工程给人民带来了莫大的灾难，因劳苦饥饿而死者有一半以上[15]。

长城与御道基本告成，炀帝便于八月由榆林过黄河沿御道，溯金河（今大黑河）而上。随从仪仗人民五十余万，排成一个个方阵，居中一个方阵是"观风竹殿"，上面是用活动支架构成的帐篷式殿宇，下面有大轮轴，畜力挽行，里面可坐数百人，炀帝、皇后、宫妃和大臣等都在这里。沿途一百数十里，旌旗辎重，络绎不绝。《乐府诗集》中收录炀帝作《饮马长城窟行示从征群臣》："萧萧秋风起，悠悠行万里。万里何所行，横漠筑长城……"全诗三十行，150字。在大利城举行了欢庆仪式。从十二连城到和林土城子这条路是一条新开辟的道路。接着由北南下，入楼烦关而抵太原。

608年，炀帝于三月乙丑车驾幸五原，接着由五原出塞，沿长城进行巡视。炀帝又在乌盟阴山以北的长城地带巡游而过。

隋朝武川、和林、卓资和清水河的一部分属定襄郡，郡址设在和林土城子，领县一，户仅374。前旗、丰镇、凉城全部和和林、清水河一部分，属马邑郡（今山西省朔县），兴和属雁门郡（今山西省代县）。当时这些地区，人烟已比较稀少，交通情况远不如北魏初期发达与繁忙。

唐朝建立以后，乌盟地区主要还是突厥统治的游牧地，突厥内部众叛亲离，矛盾尖锐。唐高祖武德九年（626年），颉利和突利二可汗为了转移矛盾，曾调发四十万骑兵，大举进攻中原，兵临渭水桥北岸，直逼唐都长安。李世民出面解围，接着于贞观三年（629年）发兵六路，大破突厥于阴山，生擒颉利可汗，并把颉利管辖之地分为六州，右置云中都督府，左置定襄都督府，并封阿史那思摩为可汗，赐姓李，即李思摩，率领突厥十万余众出隋长城外，在古定襄城，即和林格尔土城子建立牙帐，统领突厥诸部。

到唐高宗时，在唐朝做官的突厥人阿史德趁高宗封第八子李旭轮（后改名旦）为殷王之际，请求任命为单于大都护，在古定襄建立单于大都护府，总领北方民族事务。麟德元年（664年）建单于大都护府。大都护府城规模巨大，现保存遗址，东城墙长1750

米，北城墙长 1250 米，北城墙残高约 5 米。城里街道纵横文化堆积层达二三米，出土的唐代文物异常丰富。1960 年出土一陶瓷"开元通宝"，重约千斤。此外还有铜印、铜镜、铜造像、瓷器等。这一切都表明了单于大都护府往日的繁荣。唐代单于大都护府城内的居民，户二千一百五十五，口六千八百七十七。这还不包括驻扎在这里的军队。城市建好后，李旦来此任职，与默啜可汗建立了深厚的友谊，后来他继承了皇位，即唐睿宗。由此也可以看出这座古城在唐代北方地区具有重要地位。后来，其名称虽几经变化，但从开元八年（720 年）复置单于大都护府后，直到唐王朝灭亡，它始终统领着阴山南北（即西至阿拉善盟所在地，包括宁夏回族自治区在内，东至锡林郭勒盟，北到蒙古国境内）广大地区的州府，其中乌盟和林格尔土城子是中心，它在交通上的位置不言而喻。

在军事上，它又是振武军节度使的驻地。振武军节度使原设于东受降城。东受降城的位置，根据考古发现，在托县东岗古城。据《元和郡县图志》记载，东受降城在胜州东北八里。唐胜州即今准格尔旗十二连城，位于东岗古城西南黄河对岸，两古城遥遥相望，相距约八里。天宝四年（745 年）振武军节度使由东受降城迁到了单于大都护府。在和林格尔土城子附近先后出土了"唐单于府开元寺悉达多禅师碣铭""唐振武节度使单于大都护府张惟清德政碑""唐故振武节度衙前虞候游击将军试太常南郡仇府君墓铭并序""唐振武军节度使墓碑""唐振武军节度使李玉祥墓志铭"等重要文物。

唐代在单于大都护府的辖地之内共有三座受降城，即东受降城、中受降城和西受降城。东受降城上文已介绍，中受降城在巴彦淖尔盟乌拉特前旗东部黄河北岸包头市附近，西受降城在巴彦淖尔盟乌拉特中后联合旗境内的乌加河附近。三受降城都修筑在黄河北岸、阴山南面通往山北面的交通要道上，处于政治、军事要地和经济、文化交流的枢纽地带。中受降城又处于通往阴山背后各州府的交通要道"参天可汗道"上，这条陆路是唐王朝与全国四面交通的五大干线之一。三受降城向东又都与单于大都护府相连，是唐代阴山以南、黄河以北东西交通的要道。单于都护府向北，经过黑城（坝口子附近），过白道岭，可以直通漠北的安北都护府。

安北都护府是唐代设于大漠以北的一个行政机构，其府后设于今蒙古国境内的哈拉和林古城北边，在那里曾发现唐代的"阙特勤碑"，那里也叫瀚海都督府。它管辖着蒙古国和西伯利亚贝加尔湖以北的广大地区，北达北极圈附近。单于都护府这条南北交通大道，向北可直达大漠以北的安北都护府，向南可直抵京师长安，是阴山以南最重要的交通枢纽。

在单于都护府北阴山南麓的毕克齐水磨沟和坝口子古城出土过拜占庭金币和波斯萨珊王朝的四枚银币[24]，武川县西乌兰不浪也出土过一枚金币。拜占庭金币两面都有图像和铭文。由图像与铭文看，是东罗马皇帝列奥一世（457—474 年）时所铸，相当于我国北魏文成帝至考文帝初期。发现金币处还发现尸骨一具，并有金冠饰一件，镶嵌紫、黑宝石的金戒指各一件，上刻长发全身人像，还有牙签、刀鞘、铜环、高足银杯、牛骨等。据分析，死者可能是一位暴死于路途的商队商人。银币中的一枚为萨珊朝第十九代国王卡瓦德一世复位后铸造（499—531年），另三枚为库思老一世（531—579年）时铸造，约相当于我国北齐、北周时期。根据其他汉、唐遗物看，银币可能埋藏于唐代建筑的窖穴之中。

唐代是我国中西交通最畅通的朝代。唐灭西突厥后，与西方各国的经济、文化交流更加频繁。波斯乃当时西方之大国，唐初即有使臣来唐，咸京年间（670—673年），波斯国王卑路斯曾来长安访问，并有不少波斯人居住中国。东罗马与唐的关系也很密切，仅唐前期，东罗马使者七次来访，中国人也到过东罗马。两国金、银币等物的出现正是经济、文化频繁交流的物证。其出土地点即阴山南麓两条沟的南口正是当时的交通要冲。

唐与回纥间的贸易很繁盛，回纥向唐出售马匹，并从唐换回茶叶与丝绸。贸易的商路通过阴山。当时通过阴山的大道主要有三条：一是参天可汗道，647年唐曾开辟过一条驿路，分置六十八驿，准备了马匹和酒肉供使者来往使用；二是自中受降城入回纥道，《新唐书·地理志》里引有贾耽《边州入四夷道里记》；三是自延州通大同云中道，系由长安（或洛阳）至夏州（伊盟乌审旗与陕西交界处的白城子，即十六国时的统万城），途经东受降城、古云中城、单于都护府，至回纥。《新唐书·地理志》载"……三曰夏州塞外通大同云中道……夏州北渡乌水，经贺麟泽、拔利于泽，过沙……二百七里至古云中城……皆灵、以北蕃落所居"即指第三条路。

坝口子不仅控扼阴山的咽喉，又是沿阴山南麓东去或西行的必经之地，是商旅大道畅通四方的枢纽。水磨沟口东至坝口子约50里，又是通往武川的南口之一，加之武川也出土了同样的金币，更说明过阴山经乌兰察布盟通往西域的这条茶绸之路唐代业已出现，而单于大都护府又是阴山南北的重要贸易中心和交通中心。

在阴山北麓的察右中旗西北约35公里土城子乡的园山子发现了一座唐代古城[25]，古城东西宽347米，南北长445米，出土的文物有素面大型柏瓦和少量莲花纹瓦当，有"开元通宝"和"海兽葡萄铜镜"等，这是典型的唐代文物。这座唐城也应是沟通阴山南北、与单于大都护府相连接的一个重要交通点。

唐代中期，为解决振武军（单于大都护府）的饥荒问题，曾招募农民来这里垦种。据《新唐书·食货志》记载："因寡人十五屯，每屯百三十人，人耕百亩，就高为堡，东起振武，西逾云州，极于中受降城，刃六百余里，列栅二十，垦田三千八百余顷，岁收粟二十万石，省度支钱二千余万缗。"随着农业的发展，交通运输也必然会得到相应的发展。唐代中期以后，从振武军到中受降城，阴山与黄河之间的土默川平原上的交通运输已达到了相当的水平。

六、辽、金时代的交通情况

辽是契丹族建立的封建王朝。辽代与五代和北宋共始终，比北宋早灭亡两年。乌盟地区在辽代属西京道管辖，辽西京是现在的大同市。

乌盟地区正式纳入辽的版图是在916年（神册元年）。辽太祖耶律阿保机由今赤峰市的巴林左旗出发，率数万大军来到了阴山南北。"秋七月壬申，亲征突厥、吐浑、党项、小蕃、沙陀诸部，皆平之。俘其酋长及其户万五千六百，铠甲、兵仗、器服九十余万，宝货、驼马、牛羊不可胜算。八月，拔朔州，擒节度使李嗣本。勒石记功于青冢（昭君坟）南……置西南面招讨司，选有功者领之。"[26]随后于920、922年还连续征讨过几次。从此，乌盟地区就成了辽王朝的辖地。当时在这一地带包括呼市地区在内设置了州、县等行政机构。

当时设在乌盟境内的州、县有凉城岱海东北边的德州、清水河的宁边州。经与考古发现的辽代古城相对照，德州可能在麦胡图乡的淤泥滩古城，也叫小围子古城。宁边州即清水河县的下城湾古城。和林格尔土城子到辽代成了振武县，属丰州（呼市东郊白塔古城遗址）管辖，丰州还领有富民县，就设于丰州城内。现在的和林、武川、中旗、后旗和集宁一带都在丰州的管辖之内。前旗、兴和、商都、化德归奉圣州（今河北省涿鹿县）管辖。四子王和达茂属倒塌岭节度使管辖。在呼市的托县境内还设有云内州和东胜州。东胜州遗址在托克托古城。云内州遗址在托县古城乡西白塔古城。这些辽代古城遗址是乌盟地区辽代的交通枢纽。除此而外，乌盟地区的九十九泉、黄旗海和岱海在辽代交通上也占有相当重要的地位。夹山（武川南边的大青山）也是辽活动的重要地带。

关于乌盟地区辽代的交通情况，根据上述城址，再结合辽皇帝几次在阴山南北的重要活动，即可看出当时的交通路线。

950年，辽世宗由上京（巴林左旗）两次到九十九泉。他经过锡盟草原，路过鸳鸯泊（今河北省西北的安固里淖，这是辽代皇帝常去游猎的地方），然后经商都、集宁而到九十九泉（灰腾梁种马场一带）。"与酋长议於九十九泉，诸部皆不欲南，帝强之。行至新州之火神淀（今河北省宣化），燕王述轧及伟王之子大宁王沤僧等率兵作乱，弑帝。"[27]《辽史·世宗纪》是这样记载的："九月庚甲朔（初一），自将南伐，壬戌（初三），次归化州（宣化）祥古山。"由九十九泉南下的路线是经集宁、兴和、张家口而到宣化一带。

1044年，即辽兴宗重熙十三年，兴宗为了征讨西夏（今伊盟和宁夏一带），首先把各路大军集中于九十九泉，然后由此向西出发，经过旗下营、土默川而到达河套地区。

这是由九十九泉向西的另一条路线[28]。

《辽史·本纪》记载，1122年（保大二年），辽代最后一个皇帝天祚，被金兵追赶得由南京"出居庸关，至鸳鸯泺。闻伊都到金兵罗素奄至，用肖奉先言，赐晋王死。由是人心解体。伊都引金兵通行宫，帝率卫兵五千余骑幸云中，遗传国玺于桑乾河。三月辛酉（初二），上闻金师将出西岭，遂趋白水泺（今黄旗海）……丙寅（初七），上至女古底仓，闻金兵将近，计不知所出，乘轻骑入夹山"。这是天祚逃跑的路线：由鸳鸯泺经乌盟地区南到大同，然后由大同北上白水泺，再由白水泺向西经过女古底仓，之后乘轻骑跑入武川的大青山里。

《辽史·本纪》记载，1124年（保大四年），"秋七月，天祚既得耶律大石兵归，又得阴山室韦谟葛失兵，自谓得助，再谋出兵，收复燕、云"。大石林牙力谏，不从。"上（天祚）遂率诸军出夹山，下渔阳岭（今蜈蚣坝），取天德（白塔古城）、东胜（托县古城）、宁边（清水河下城湾古城）、云内（托县古城乡白塔古城）等州，南下武州（今山西省神池），遇金人。战于奄遏下水（岱海），复溃。直趋山阴（山金司）。"天祚出夹山下渔阳岭经过丰州、云内、东胜、宁边而至武州，由武州北逃凉城岱海，被金人打败，又北上逃回了阴山里管理开采金矿的山金司。其地可能在中旗的金盆一带，即女古底仓附近。

耶律大石与天祚分道扬镳，也由夹山向北。《辽史·本纪》里记载，耶律大石"率铁骑二百宵遁。北行三日，过黑水（今达茂艾不盖河），见白达达详稳床古儿。床古儿献马四百，驼二十，羊若干。"然后其率所部西去，西至可敦城（蒙古国古回鹘城镇州），建立了西辽王朝。笔者推测耶律大石北上和西行路线是原来的茶绸之路。

通过上述的几次重要活动可以看出辽代在乌盟地区的几条主要路线。

女真族推翻了契丹族建立的辽王朝，建立了金王朝，乌盟地区属西京路管辖。各旗县的具体归属与辽代相比有所变化。达茂旗南部属云内州。四子王旗南部、武川县与和林县属丰州。四子王旗设有净州和沙井总管府。和林土城子降为振武镇。清水河县为宁边州，丰镇、凉城、卓资、中旗、后旗和集宁属大同府。辽代的德州（凉城）改为宣宁，并在岱海南岸新设一下水镇。兴和、前旗、商都、化德归宣德州（宣化）。前旗黄旗海北边设立集宁为春市场，其遗址即元代集宁路古城遗址。另外在白海乡还发现了一座金代古城遗址[29]。

四子王旗境内发现有三座金代古城遗址。旗府城北的城卜子古城开始是天山县，后升为净州，这里曾出土过南京（今北京）铸造的铜权，这是当时商业贸易的物证。在红格尔地区发现了大庙古城和腊哈达古城遗址，并发现了金代墓葬[30]。大庙古城可能就是沙井总管府的故址。据《金史·地理志》记载，净州的户数已达5938户。在四子王旗红格尔的金代遗址里发现有石槽碾、石碌碡、石臼等农业生产和加工粮食的工具，说明这里已经有了农业居民。在武川县的朱家湾和东土城乡发现了金代的村落遗址和墓葬，在中旗的哈拉孟、榆树沟村也发现了金代的村落遗址，并出土有铁犁铧和四耳铁锅等文物[31]。在清水河县城还发现了金代的经幢、双鱼纹铜镜和糜黍颗粒等文物。前山地区不少元代城址里杂有金代的遗物。

在商都、四子王旗、达茂旗和武川县境内都发现了金代的长城——金代叫"堑壕。"1190年，完颜璟即皇帝位，派宗浩主持修筑堑壕，史称"明昌堑壕"。从武川县庙沟乡的大青山主峰（金称天山）向北，经达茂向东北经四子王旗、苏尼特右旗进入锡林郭勒盟草原。还有一条从商都大库伦分岔，向东北行，经镶黄旗、镶白旗、正蓝旗的北部，被流沙淹没。大庙古城正在金堑壕之内，是守堑壕之地。这条堑壕本来是为了防止蒙古部族南下而修筑的。但到成吉思汗统一蒙古各部落后，1211—1215年，率部向净州一带的金长城进发。为金守长城的汪古部首领给成吉思汗领路，使其一举突破金堑壕，占据丰州滩，直指金王朝的心脏。因为汪古部首领1207年就成为成吉思汗的驸马，是成吉思汗三女儿阿剌海别乞的丈夫，所以被成吉思汗封为赵王。成吉思汗在达茂百灵庙东北60余里处的黑水（艾不盖河）岸边为他修了黑水新城，即今阿伦苏木古城，亦名赵王城[32]。从此，汪古部便管辖了阴山南北的乌盟地区。成吉思汗的三女儿当过"监国公主"，在武川东土城五家村还发现了一方"监国公主行宣差河北都总管之印"[33]，说明在金朝灭亡之前乌盟地区已是赵王和监国公主统领的地方了。所以，这里的交通与漠北成吉思汗的根据地是相当密切的，其时与中原各地也有密切的往来。

1227年，成吉思汗在征西夏途中逝世，其三子窝阔台继承王位。窝阔台继位之时正是蒙古向金王朝大举用兵之际。《元史》记载："三年（1231年），夏五月，避暑于九十九泉。命拖雷出师宝鸡。"由于窝阔台的大帐设在灰腾梁上的九十九泉一带，这里自然成为指挥对金作战的心脏，其交通往来的频繁情况可想而知。

乌盟地区汉代以后的古代城址和村落遗址发现得最多，城址有20多座，村落遗址仅武川、和林、凉城、前旗四个旗县就达600多处，当时的人口密度可想而知。所以，辽、金、元时期乌盟地区城乡间的大小道路已初步形成了交通网，辽、金为元代交通的发展打下了一定的基础，元代可以说是古代交通发展的高峰时期。

综上所述，可以看出乌盟在元代以前的交通经历了一个从不固定到比较固定、从连接村落的乡间小路逐渐发展为连接城市的通衢大道的过程，也可以看出交通的发展与政治稳定、经济繁荣有着密切的关系。

参 考 文 献

[1] 鲁迅.故乡[M]//鲁迅.呐喊.北京：人民文学出版社，1979.

[2] 翦伯赞.内蒙访古[M].北京：文物出版社，1963.

[3] 内蒙古博物馆，内蒙古自治区文物工作队.呼和浩特东郊旧石器时代石器制造场发掘报告[R].文物，1977（5）.

[4] 汪宇平.内蒙古阴山地带的石器制造场[J].内蒙古文物与考古，1981（1）.

[5] 内蒙古博物馆，内蒙古自治区文物工作队.察右中旗大义发泉村细石器文化遗址调查和试掘[J].考古，1975（1）.

[6] 司马迁.史记·匈奴列传[M].北京：中华书局，1982.

[7] 刘向.说苑·君道[M].北京：中华书局，1982.

[8] 盖山林，陆思贤.内蒙古境内战国秦汉长城遗址[G]//中国考古学会.中国考古学会第一次年会论文集.北京：文物出版社，1980.

[9] 托克托县志编委会.托克托县县志·文物古迹（修订稿）[M].1984.

[10] 内蒙古自治区文物工作队.凉城饮牛沟墓葬清理简报[J].内蒙古文物与考古，1984（3）.

[11] 司马迁.史记[M].北京：中华书局，1982.

[12] 司马迁.史记·李牧列传[M].北京：中华书局，1982.

[13] 司马迁.史记·秦始皇本纪[M].北京：中华书局，1982.

[14] 顾颉刚，章巽.中国历史地图集·古代史部分[M].北京：地图出版社，1955.

[15] 陆思贤.长城话古[M].呼和浩特：内蒙古人民出版社，1986.

[16] 黄文弼.前汉匈奴单于建庭考[M]//黄文弼.西北史地论丛.上海：上海人民出版社，1981.

[17] 林幹.匈奴史[M].2版.呼和浩特：内蒙古人民出版社，1979.

[18] 黄盛璋.再论和林格尔汉墓壁画的地理与年代问题[M]//黄盛璋.历史地理论集.北京：人民出版社，1982：531.

[19] 李逸友.和林格尔壁画墓所反映的东汉定襄郡武城县城的地望[J].考古与文物，1985（1）.

[20] 陆思贤.包头市龙城湾村的古城与古墓[J].包头文物资料，1983.

[21] 张郁.固阳县东之汉代长城古塞[J].包头文物资料，1983.

[22] 张郁.内蒙古大青山后东汉北魏古城遗址调查记[J].考古通讯，1958（3）.

[23] 魏徵.隋书·列传·突厥[M].北京：中华书局，1982.

[24] 内蒙古自治区文物工作队，内蒙古博物馆.呼和浩特市附近出土的外国银币[J].考古，1975（3）.

[25] 张郁.内蒙古察右中旗国山子唐代古城[J].考古，1962（11）.

[26] 脱脱，等.辽史·太祖纪[M].北京：中华书局，1974.

[27] 叶隆礼.契丹国志[M].上海：上海古籍出版社，1985.

[28] 脱脱，等.辽史·兴宗纪[M].北京：中华书局，1974.

[29] 张郁.集宁市白海乡金代遗址[M]//内蒙古自治区文物工作队.内蒙文物资料选辑.呼和浩特：内蒙古人民出版社，1964.

［30］田广金.四子王旗红格尔地区金代遗址和墓葬［J］.内蒙古文物与考古，1981（创刊号）.

［31］佚名.大青山里的金代遗址［J］.文物参考资料，1956（11）.

［32］杜承武.赵王城的由来［N］.乌兰察布盟日报，1982-05-26.

［33］丁学芸.监国公主铜印与汪古部遗存［J］.内蒙古文物与考古，1984（3）.

从考古发现看古代乌盟地区的经济发展状况

乌盟经济开发战略讨论会筹备办公室：

　　这篇粗糙的论文尚未成形与公开发表，但它是我在乌盟地区多年来从事文物考古工作，根据 1985 年之前的有限资料得出的一个初步认识。经过 1986、1987 两年的文物普查，九个旗县已发现千余处古代文化遗址，特别是新石器遗址大量发现，其中又有庙子沟、园子沟的重要发掘和察右后旗细石器遗址的发现。这许多丰富多彩的新考古资料证实了我这个初步认识的正确性。为了以后进一步全面研究探讨这个课题，现在不揣冒昧，提交评委审议指导。

1985 年 8 月于集宁

　　任何地区的经济发展都是伴随着人类的生产活动而开始的，而人类的生产活动又无不受着一定的自然环境和社会条件所制约。愈是远古时代，人类的生产活动愈受着自然条件的限制。地处祖国北部边疆、内蒙古高原的乌兰察布盟（以下简称乌盟）地区，在地理位置、自然面貌、气候条件、民族关系诸方面，都有着自身的某些特点，因此，在古代的经济发展上也定然会形成某些自身的特点。研究、探索古代乌盟地区的经济发展状况及其特点，对于现在的建设和未来的发展可能会有一定的借鉴意义。研究、探索的方法有多种，但由于笔者近年来接触乌盟地区的考古资料较多，因此想从考古发现入手，并参考一些文献记载，试图对这一问题作一些大胆探讨，以供描绘乌盟经济开发、经济腾飞蓝图时作一点参考。笔者深知这是一个异常复杂而困难的课题，非一篇文章能说得清楚，而况考古发现与历史文献资料又十分有限，再加上自己的孤陋寡闻，谬误之处，尚请大家多批评指正。

一、原始居民的拓荒生活（约距今一万—四千年）

　　乌兰察布盟地处祖国的北部边疆，位于内蒙古高原的中部地段。关于它古代的自然条件，我国著名的历史学家翦伯赞教授在他的《内蒙访古》一文里有过生动具体的描述。他这样写道："过了集宁，就隐隐望见了一条从东北向西南伸展的山脉，这就是古代的阴山，现在的大青山。大青山是一条并不很高但很阔的山脉，这条山脉像一道墙壁把集宁以西的内蒙分成两边。值得注意的是山的南北，自然条件迥乎不同。山的北边是暴露在寒冷的北风之中的起伏不大的波状高原。据《汉书·匈奴传》载，这一带在古代就是一个'少草木，多大沙'的地方。山的南边，则是在阴山屏障之下的一个狭长的平原。"这里虽然说的是内蒙古西部，但整个乌盟地区正是在这个范围之内。山南的狭长平原虽然主要不在乌盟境内，但即使是丘陵地带，也比山北的自然条件要好。其中"少草木，多大沙"的范围，恐怕要比现在乌盟山北地区广阔得多。接着，他对古代大青山的自然面貌又作了描述："现在的大青山，树木不多，但据《汉书·匈奴传》载，这里在汉代却是一个'草木茂盛，多禽兽'的地方，古代的匈奴人曾经把这个地方当作自己的苑囿。一直到蒙古人来到阴山的时候，这里的自然条件还没有什么改变……直到十三世纪或者更晚的时候，这里还是一个有森林、有草原、有鹿群出没的地方。"从汉到元以至明末清初，大青山依然是一个"草木茂盛，多禽兽"的地方，那么汉以前直到远古时候就更是如此了。这就告诉我们，古代生活于乌盟大青山南北的先民们，他们极其简单的生产工具与经济生活，无不受到这种特定的自然条件的限制。乌盟地区石器时代和以后的考古发现为我们探索这一地区古代的经济发展状况提供了最可靠的线索与证据。

（一）乌盟地区最古老的工厂——大青山地区石器制造场的发现

乌盟地区究竟从什么时候就开始有人类在这里劳动、生息、繁衍呢？要回答这个问题，只有通过考古发现，别的办法是没有的。经过考古工作者多年的调查、发掘，首先在呼和浩特市东郊30多千米的大青山里发现了两个石器制造场，一个在保合少公社的大窑村南山，另一个在榆林公社的前乃莫板村的脑包梁。这两处石器制造场，不仅规模大，而且沿用时间很长。大窑村南山石器制造场面积达200万平方米。其沿用时间从旧石器时代早期到晚期，至少有五六十万年之久。经过考古发掘和科学鉴定，已正式定名为"大窑文化"，而且为全国首次发现。"经地质科学研究院地质矿产研究所对两地土样孢粉进行分析，两地的孢粉组合均以草本植物孢粉占优势，其中以蒿属为主，其次有藜科和十字花科；木本植物较少，有云杉属、松属和桦属等。发现的哺乳动物化石，尽管很少，但有普氏羚羊和两种鹿类，表明当时既有深山，又有小片森林和林间灌木地带。而大片的坡地和平川，野草生长茂盛，这种自然环境，是适于当时人类生活的。"[1]这与《汉书·匈奴传》记载的大青山地区的自然面貌是一致的。

这样一个石器制造场虽在呼和浩特市郊区，但与乌盟的卓资县、和林格尔县、凉城县相距不远，这一带邻近的居民很可能在这里采集、制造过锋利的石器。

继大窑石器制造场的发现，考古工作者又先后在阴山地带发现了八处新的石器制造场，其中有四处在乌盟地区。这四处是：卓资县三道营公社后营子村西北方的石器制造场和哈达图公社火石窑沟的石器制造场，武川县大青山公社二道洼村东北方的石器制造场，四子王旗供济堂公社阿玛乌苏村北的石器制造场。这些石器制造场的历史年代大约属于旧石器时代晚期到新石器时代早期[2]。

这些石器制造场打制的石器与大窑基本相似，主要以各种形式的刮削器为主，还有砍砸器、尖状器、石片和石核等。这些石器的用途，刮削器较小，主要用于刮削木棒或兽皮；砍砸器较大，主要用于砍砸树木、劈柴和制造狩猎用的棍棒；尖状器主要用于割剥兽皮。由于这些石器石料主要是火石，硬度很大，所以刃部非常锋利。由已发现的石器制造场推测，在距今八千到一万年以前，乌盟地区不仅有了人类，而且当时的人类已经懂得了开采制造经济生活中所必需的生产工具——石器，过着以狩猎为主的生活。这四处石器制造场是迄今为止所知道的乌盟地区最早的工厂，即人类最早制造生产工具的场所。

（二）乌盟地区最古老的村庄——原始农业的出现

在乌盟清水河县靠近黄河的不少地方发现了新石器时代的文化遗址，有棋子峁遗址、田家石畔遗址、常家河遗址、台子梁遗址和白泥窑子遗址等。白泥窑子遗址已经过正式发掘，发现了人类居住的半地穴式的圆形房屋，屋里有火灶和陶器。通过发掘证实，这些遗址都是新石器时代人类居住的村落遗址。这是目前所知道的乌盟地区最古老的村庄。在这些村落遗址里发现了当时人们用过的许多陶器和石器。陶器有细泥彩陶、粗砂红陶和夹砂灰陶。陶器主要是炊具和容器。石器有磨光石斧、斜刃石斧、磨光石铲（有带孔的）、小石锛、双孔石手镰、石磨棒、石刀、石镞、石纺轮、石璜、石环、砺石等，其中还包含有细石器[3]。

从这些陶器和石器看，当时的清水河县沿黄河地带已经有了农业生产。石铲与石锛是掘土翻地的工具，石镰是收割庄稼的工具，石磨棒是加工粮食时去皮的工具，这些都是与农耕直接相关的农业工具。石斧可以砍伐树木，既可制作农业工具的木柄，又可制作修盖房屋的木料。石镞是狩猎的工具，石纺轮是纺线的工具，石璜与石环是装饰用品，砺石是修整磨砺工具的必需物品。陶器里的瓮、盆、鬲、罐、壶、瓶、碗、钵等器皿，也都与食用和储存粮食有关。

将这里出土的陶器与中原地区出土的陶器相比较，发现既有仰韶文化的类型，又有龙山文化的特点，也有本地区的特色。其时代距今四五千年。由此可知，早在距今五千年左右，大青山南部地区的清水河县境内就有了以农业经济为主的居民，他们是乌盟地区农业生产的第一批开拓者。

在大青山以南出现农业经济的同时,在大青山以北的广大草原地区,以狩猎与畜牧为主要经济形态的游牧民族也可能已经出现。

(三)细石器文化的发现

在大青山以北的广大草原地带,考古工作者发现了一种分布非常广泛的细石器文化。这种细石器主要以燧石、石髓和玛瑙作原料,打制成一种非常细小的石器,常见的有石核、石叶、小石片、石钻、石镞、刮削器、尖状器等。四子王旗江岸二队等地发现了单纯的细石器地层,出土有较原始的船底形石核,可能属于中石器或新石器时代早期的遗存。察右中旗大义发泉村发现了一处细石器文化遗址,并进行了调查和试掘,共采集到75件标本。其中,石器类型主要为各种形式的刮削器和石核。刮削器有陡尖、直刃、多边、凹刃等,石核有圆锥形和扇面形。这些石器的原料多为火石,虽然这里遍布玛瑙,却很少使用;类型简单,技术也较粗糙,可能所代表的时代较早。根据地层中孢子花粉的分析,当时的大义发泉地区仍是"荒漠草原",由于受自然环境和气候条件的限制,经济生活的来源只能以狩猎为主[4]。

细石器文化是一种以游牧经济为主要特征的原始文化。乌盟地区的游牧经济起源于何时,尚难断言。有的同志经综合研究认为,"在我国北部、西北和东北某些地区,由于水草较多,气候适宜,当地的原始居民从很早的年代起就发展了畜牧业,兼营渔猎经济。饲养牧畜和皮革加工,不需要复杂的生产工具,所以当地的细石器延续很久。人们用弓箭保护牧群,以石刀、刮削器和石片剥取兽皮,并对皮革进行加工"[5]。还有的同志认为,"到了公元前二千年,亚、非、欧三洲的干燥地区和沙漠地带,饲养牛、羊和马成了主要的经济来源,开始采取放牧的方式,后来发展成为游牧"[6]。由此推测,乌盟地区的畜牧业,大约在距今四千年,已经在山北的草原地带发展了起来。

(四)陶窑的发现——手工业的雏形

陶器的发明是原始人与自然作斗争的一大创造。清水河县新石器时代村落遗址已出土的许多陶器说明当地的居民已熟练地掌握了制陶业,但清水河遗址至今尚未发现陶窑。在凉城县永兴乡的老虎山遗址旁边发现了一处烧陶窑址,这是乌盟地区发现的最早的陶窑,距今在四千年左右。据古代文献记载:"神农耕而作陶。"[7]这说明陶器的发明是与农业的出现密切联系着的。大量的考古资料证明,农业发达的部落,陶器都比较丰富,而游牧部落则在很晚的时代才有了粗糙陶器。

在老虎山遗址的房屋里还发现了白灰面抹的地面与墙壁,说明远在四千年前,乌盟地区的居民已经掌握了烧制石灰的技术。

综上所述,生活在乌盟地区的远古居民,他们根据不同的自然条件和生活需要,不仅发明了原始的农业与牧业，而且发明了制陶业和烧制石灰的技术，这就为乌盟地区的经济发展拉开了序幕，奠定了基础。

二、先秦两汉——匈奴与汉族人民共同开发的时期（约公元前4世纪—2世纪）

从乌盟地区的考古发现看，正当中原地区出现了灿烂辉煌的青铜时代，这里却成了缺环。这就是说，商周考古在乌盟地区还没有什么发现。这是为什么呢？石器时代之后，目前，乌盟地区最早的考古发现只有春秋晚期的墓葬。战国和秦汉的文物古迹已发现不少。现在就根据这些考古发现，对这个时期的经济发展状况作一些探索。

（一）春秋战国时期的考古发现

春秋战国时期的考古发现主要还是集中在乌盟的前山地区。下面从墓葬、长城、城址和其他出土文物几方面分别加以介绍。

1. 古墓葬

属于春秋晚期到战国的古墓葬已发现两处，一处是凉城县永兴乡毛庆沟的匈奴墓群❶，一处是和林格尔县范家窑子的匈奴墓[3]。前者规模大，已发掘80座墓葬，出土文物较丰富，沿用时间也较长，是乌盟地区的一个重大发现。后者虽只有一座墓葬，但出土文物也很珍贵，有较高的研究价值。属于战国中晚期的墓葬还有永兴乡的饮牛沟古墓葬[8]和崞县窑子古墓葬。

2. 赵长城遗址

据《史记·匈奴列传》记载："而赵武灵王（公元前325—前299年）亦变俗胡服，习骑射，北破林胡、楼烦。筑长城，自代并阴山下，至高阙为塞，而置云中、雁门、代郡。"这条长城东起"代"，即今河北省西北部的蔚县，进入乌盟兴和县境内，经察右前旗黄旗海之北的山上，西至卓资县三道营乡土城村北面的山岭，再经旗下营，出陶卜齐山口，沿大青山南麓向西直到河套地区临河县东北的两狼山口为止，这就是战国的赵长城。这虽然只是一条长城，但对乌盟地区的经济发展产生过重大影响。

3. 古城遗址

随着赵长城的出现，乌盟大青山南部地区出现了第一批城市。现在已发现有战国文化遗物的城址有三处，即和林格尔县土城子古城，南面的一座汉城遗址下所叠压的就是战国城址；凉城县西双古城遗址也可以早到战国时期；还有卓资县三道营乡的土城村战国古城遗址[9]。此外，清水河县喇嘛湾乡拐子上村，在紧临黄河岸边的山坡上也发现了

---

❶ 相关资料尚未发表，笔者参与过发掘。

一座古城遗址，城内发现了有吕不韦铭文的青铜戈、矛。这座古城也可能在战国晚期就已出现❶。城市的出现会对当地的经济发展有更直接的影响。

4. 其他文化遗物的发现

1957年在凉城县麦胡图乡出土了一件三牺纹战国铜鼎。1958年在凉城县城关镇出土了一瓮战国钱币，其中主要是赵、燕、魏三国的货币，重几十斤。同年还出土了一批蹲踞式动物纹铜饰件，可能也是战国时期的匈奴文物。1970年在崞县窑出土了一件纹饰非常精致的战国铜壶。此外，在丰镇县、和林格尔县和察右中旗等地都发现过战国的钱币，其中又以赵国的钱币为多[10]。

根据上述已发现的考古资料，对春秋战国或春秋之前商周时期乌盟地区的经济发展状况可以作出如下的分析。

先秦时期乌盟地区的经济发展大致可以分为两个阶段，即以游牧经济为主要形态的发展阶段和农牧结合的发展阶段。这两个阶段的分界线就是赵武灵王修筑的那条横贯乌盟境内的赵长城。当时赵武灵王不顾宗室贵族和守旧大臣们的激烈反对，竟然决心推行"胡服骑射"，在国内实行了重大的改革，从而一举打败了北方的林胡、楼烦及匈奴等游牧民族，以致把他的势力范围扩展到了阴山以南，并设立了云中、雁门和代三郡。为了阻挡匈奴南下，便沿阴山修筑了长城。这条长城虽然不能阻止或隔断匈奴与中原人民的经济来往，但却使乌盟地区阴山南北的经济发展产生了重大的变化。

毛庆沟和范家窑子匈奴墓葬出土的文物可以代表第一阶段的经济发展水平，即以游牧经济为主的发展时期。毛庆沟墓地的出土遗物，除了青铜短剑（还有铁短剑）、铜镞、刀、矛、戈、马衔、铁鹤嘴斧等兵器、工具和马具外，还有铜扣、管状饰物等小件装饰品。特别是以各种鸟形饰牌、联珠状饰、铜扣等与铜带扣组成的腰带饰最为突出，几乎是每墓必出。此外还出土了许多陶器。这些出土遗物，不仅反映了游牧民族的经济生活特点，有骑马、打仗、射猎用的武器和工具，以及游牧民族特有的装饰品，而且反映出当时的游牧经济已经发展到了相当的水平。

在毛庆沟附近还发现了与墓地有关的遗址和窑址。遗址中出土了与匈奴墓相同的遗物，如箭头、铁刀和陶器等。在墓地中发现的陶器都是当地的陶窑烧造的，说明这可能是一处手工业作坊遗址。这是匈奴考古中的首次发现，具有特殊的重要意义。

特别值得提出的是，在毛庆沟墓地发现了两种不同类型的墓葬，即匈奴墓和汉人墓，相互交错地分布于同一墓地。这说明在毛庆沟地区至少从战国时期就已经存在着匈汉杂居的事实[11]。

范家窑子匈奴墓出土的青铜短剑、戈、刀和动物纹饰件与毛庆沟墓地的出土遗物

---

❶ 相关资料未发表，为笔者调查研究结果。

非常相似，都是同一时期的文物，也反映着相同的经济生活。由此可以推断，赵武灵王进入乌盟南部以前，整个乌盟地区已发展到了一个比较发达的游牧经济阶段，这才出现了比较强大的匈奴部落。匈奴族是我国古代北方地区的一个游牧部族。它兴起于战国时期，春秋时期叫"戎狄"，两周叫"獫狁"，殷商叫"鬼方"，夏朝叫"淳维"，唐虞以上叫"山戎"，也叫"熏粥"。据《史记·五帝本纪》载，说黄帝"北逐荤粥"。据《史记索隐》考证，"荤粥"即"匈奴"的别名。王国维的《鬼方昆夷獫狁考》也是这样的主张。由此可以推断，自从新石器时代以来，乌盟前山地区出现了农业，后山地区出现了牧业，随着牧业民族的逐渐发展，游牧经济由后山向南发展，进入了前山地区，经过夏、商、周，直到春秋战国，才发展成了以毛庆沟为代表的游牧经济形态。后来，由于遭到了赵武灵王的打击，匈奴的游牧部落才又不得不撤退到了阴山以北的广大草原地带。阴山以南又出现了汉匈错居杂处、农耕与畜牧同时发展的局面。

赵武灵王为了修筑工程浩大的长城，须从赵国调动众多的人民来乌盟境内服劳役，又需调不少军队到长城下戍守。他在阴山以南又设置了三个郡，也必须委派官吏来治理。为了保证军队与官吏的粮饷，不得不从中原迁徙农民来这里垦植。这样，在当时的乌盟南部地区就增加了许多中原地区的人民，相应地也就带来了许多中原地区比较先进的生产技术和生活用具。战国的铜鼎、铜壶和大批货币的出现都不是偶然的，而是与中原地区经济文化密切往来的物证。特别是饮牛沟匈、汉（当时称华夏）两族共同墓地的发现，更是一个有力的证据。饮牛沟墓地虽不大，但同一墓地有着截然不同的两种葬俗，一种为东西向，另一种为南北向。两种墓葬集中分布，排列均匀，互不叠压。由此说明，墓地是由采用两种不同葬俗的人共同使用的，其埋葬时间亦当在同一时期。东西向的墓葬出土的遗物有铁短剑、铁鹤嘴斧、动物形饰牌和双珠兽头饰件，这是匈奴墓常出土的遗物。而南北向墓葬，除有棺椁葬具外，还出土了铜、铁带钩和石环，而琴面形铜带钩则是典型的中原地区华夏族的遗物。由此可进一步推断，东西向的墓可能是匈奴势力北辙后，继续留在当地的匈奴人的一支的墓，而南北向的墓则可能是赵国势力北上后，进入原匈奴驻地的华夏族的墓。这是匈汉两族人民长期友好相处、共同劳动与生活，达到了亲密无间程度的一种反映。其中还有一座东西向的墓葬，动物纹牌饰与琴面形铜带钩同时出土，同时还出土了成排的猪、羊头骨和狐狸头骨。这个墓葬不仅说明了匈奴人与华夏族密切交融的关系，也说明有的匈奴人已开始经营农业，向农业民族转化。因为猪这种家畜只有农业居民才饲养，这也是当时乌盟南部地区农业发展到一定水平的一种标志，尤其是城市的出现，不仅标志着农牧业的发展水平，而且说明手工业与商业也已达到了相当的水平。大量中原货币的发现就是商业流通的证据。

（二）秦汉时期的考古发现

这个时期的考古发现主要是城址和墓葬，大青山后虽出现了秦始皇和汉武帝时修筑的长城，但与乌盟地区的经济发展关系不太直接，这里不作具体介绍。

秦汉时期，乌盟地区发现的古城遗址，除战国时期已经出现的那四座古城仍继续沿用外，新的城址还有清水河县上城湾古城和古城坡古城、和林格尔县新店子榆林古城下叠压的武城县古城、凉城县天成乡古城、武川县庙沟古城和莎尔墩古城、察右后旗克里孟古城[3]。这些古城遗址，有的是郡治所在地，有的是郡所属的县治所在地，有的则属于军事上的城堡。这些城址虽然都有汉代的遗物，但由于绝大多数都没有进行正式发掘，所以能说明经济发展状况的文物很少。只有和林格尔土城子进行过试掘，这才出土了一些与农业生产有关的工具，如废铁犁铧、铁锄、铁铲、铁钁、铁镐、铁镰刀、铁钩、铁锤等；与军事有关的武器，如铁刀、铁矛、铁镞等。另外，发现了许多陶器，有生活上用的盆、罐、壶、碗、釜、甑等，有建筑上用的大型板瓦和筒瓦等；发现了房屋基址、窖穴和烧制陶器的窑址；还发现了猪、狗、羊、马、牛的骨骸。这里出土的陶器与瓦片，在其他城址里也都有发现，同时，城址里还常常可以捡到汉代的五铢钱。

除这些城址外，在旗下营西的斗金山村和莎尔墩城址附近发现了汉代村落遗址，地上的碎瓦残陶分布很密。

如果作一横向联系，与乌盟紧挨的呼和浩特市东郊也发现了不少汉代古城遗址，如陶卜齐古城、拐角铺古城、美岱二十家子古城、黄合少乡城墙村古城、白塔汉代古城、塔布陀罗汉代古城和哈拉沁沟口的汉代古城。其中，二十家子古城也进行过试掘，出土文物与和林格尔汉城的基本相同；还出土有封泥"安陶丞印""定襄丞印"和西汉的"半两""五铢"等钱币。

和林格尔土城子汉代古城为西汉定襄郡治所和东汉成乐县所在地，是汉代乌盟地区的政治、经济、军事和文化中心。从以上出土遗物可以清楚地看出当时和林地区的经济发展状况。农具已全部为铁制，是汉代最先进的生产工具；陶窑不仅生产生活用具，而且烧制大型的板瓦、筒瓦等建筑材料，不仅反映出手工业的规模已扩大，而且可以看出当时城市房屋建筑的水平（发现了东西向20米、南北向50米的大面积居住基址）；由家畜骨骸的种类可以看出农区的畜牧业已得到了全面的发展。随着农业、畜牧业和手工业的发展，商业的发展是可想而知的。关于和林地区汉代的经济发展状况，除了出土的考古实物资料外，还可以在新店子乡发现的东汉壁画墓里看到生动具体的形象资料。

和林格尔东汉壁画墓是一座规模较大的汉代墓葬[12]。墓主人是一位东汉的护乌桓校尉，是代表中央王朝管理北方少数民族事务的高级官员。墓葬由于早期被盗，所以出土文物很少，但满壁内容丰富的绘画为研究东汉时期的政治、经济、文化教育及城市布局和民族关系等提供了非常生动形象的资料。我们从墓葬中的农耕图、牧马图、牧羊图和庄园图上能够看到当时具体的生产状况和经济面貌。它是东汉时期红河两岸新店子地区生产情况的真实写照，也是当时乌盟地区农牧业发展状况的一个缩影。马、牛、羊已经实行分群放牧、分圈管理。牛、马已成了拉车、骑乘和耕地的主要役使牲畜。以农耕来说，已经出现了"二牛抬扛"的先进农耕技术，这不要说在当时的乌盟地区，就是在中原地区，也是最先进的犁耕技术。这种牛耕场面在农耕图和庄园图上都可以看到。庄园图上还画有种植蔬菜、沤制青麻、采摘桑叶的劳动场面，还有马、牛、羊的棚圈和猪、鸡觅食活动。山丘上还长满了林木。这一切都具体地反映出当时乌盟的前山地区，至少在红河两岸，并非今天的荒山秃岭，而是树木葱茏，水草丰美，土地肥沃，宜农、宜林、宜牧。同时也说明，至迟从东汉开始，乌盟南部地区已不是单一的经济形态，而是农、林、牧、副各业都有了相当的发展，出现了多种经营的生产局面。汉墓的壁画使和林格尔汉代古城遗址出土的铁农具和家畜骨骼得到了生动的再现。这说明战国以后，从西汉到东汉，乌盟南部地区的农牧业已有了很大的发展。乌盟后山地区的经济情况又如何呢？

从先秦到西汉，乌盟后山广大地区还没有什么重大的考古发现，只有到东汉晚期，才在察右后旗和达茂联合旗发现了四处属于鲜卑族的古代墓葬和一座古城遗址。这些墓葬资料计划放在下一节讲，这里只谈谈匈奴人对乌盟地区的经济发展究竟有些什么贡献。

匈奴到战国晚期已非常强大，虽然再次被秦朝大将蒙恬的三十万大军打败，又撤退到阴山背后的大漠地带，然而随着秦朝的灭亡又很快进入了阴山以南。匈奴的冒顿单于，东败东胡，西击月氏，北并丁零，南败刘邦，在北方草原建立起一个强大的匈奴帝国，与中原的汉王朝抗衡。刘邦兵败白登，与匈奴订下了和亲之约，直到汉武帝刘彻采取了强硬政策，发大军三次北击匈奴，才把匈奴又赶到了阴山以北的大漠地带。从此，匈奴才逐渐走向衰落。到东汉匈奴分裂为南北二部，南匈奴内附，又回到了阴山南北，与当地的汉族杂居，共同建设，共同生活。在这个过程中，乌盟地区的情况也不例外。西汉初年匈奴如此强大，是与它的牧业经济得到很大的发展密切相关的。乌盟地区虽暂无考古资料证实，但从白登之战匈奴的四十万骑兵阵容就可以看出匈奴畜牧业的繁荣景象。西汉前期，即汉武帝之前的六七十年，匈汉之间大体是和平相处，汉室送公主下嫁匈奴单于并奉送大批金、帛、米、酒等物；通"关市"，两族人民互相交易，进行经济文化交流；并相约以长城为界，北面"引弓"之区是匈奴的游牧地带，归单于管领，南面"冠带之室"是汉族耕织的领域，由汉朝统治[13]。这样，才基本保证了西汉前期乌盟前后山地区农牧业经济的蓬勃发展及商业和手工业的繁荣。有人推断这时匈奴的单于庭就在阴山背后的乌盟境内。匈奴不仅畜牧业有很大发展，而且手工业，无论是冶铁、铸铜还是制陶业，都已达到相当高的水平。特别是弓矢、车辆、木楯和穹庐的制造，是匈奴非常急需的一个重要的手工业部门。弓矢、车辆、木楯和穹庐的制造都离不了木材，草木茂盛的大青山就是冒顿单于依附其中治作弓矢的"苑囿"，同时也是制作穹庐和车辆的场所。同时认为，这一时期匈奴的毛织业和皮革业也很普及，穿井、筑城、治楼以藏谷的农业和建筑业也有相应的发展。这对单一的游牧经济有很大的助益[14]。

武帝以后的西汉后期，由于呼韩邪单于的内附与昭君出塞，又出现过一个匈汉人民共同发展这一地区经济的繁荣时期，就不再评述。东汉以后，北匈奴西迁，南匈奴大批迁入大青山南北，匈汉人民更是互相学习、互相融合，共同进行生产建设与经济文化交流。随着匈奴的衰落和北匈奴的西迁，阴山以北的广大草原上又来了新的主人——鲜卑族。鲜卑族军事大联盟的首领檀石槐的牙帐可能就建立在乌盟地区的商都或后旗境内[14]，这才在后旗和达茂旗发现大批鲜卑人的墓葬。乌盟地区从东汉晚期到魏晋和北朝，又成了鲜卑族活动的主要地区，这就又出现了鲜卑、汉族与其他各族人民共同开发的新的历史阶段。

三、魏晋与北朝——拓跋鲜卑、汉族与其他民族共同开发的时期（3—6世纪）

随着封建王朝的更换、战争的破坏和新的游牧民族的到来，在相当长一段时间里，生产建设、经济发展必然会遭到一定破坏，会出现暂时倒退的局面。从东汉末年到魏晋时期，乌盟地区就出现过这种倒退的情况，至少在农业和手工业发展上是如此。畜牧业的情况可能还好一些。这是因为鲜卑族里的拓跋部还是一个处于比较原始阶段的游牧部族，不可能一下就会认识到发展农业的重要性，要有一个逐步认识的过程。实践证明，拓跋鲜卑还是一个善于向先进的生产力学习、重视与中原王朝搞好关系，并愿意同汉族一道共同进行生产建设的民族。这从乌盟地区的考古发现与古代文献记载上都可以得到证明。

1. 古墓葬

古墓葬有察右后旗韩勿拉乡二兰虎沟的鲜卑墓群、红格尔图乡的赵家房子墓群和南二海三道湾古墓群，还有达茂旗百灵庙附近的鲜卑墓群，这批墓群可能属于东汉晚期的檀石槐迄轲比能时期拓跋鲜卑的遗迹[15]。❶ 和林格尔县三道营乡另皮窑村发现的一座古墓可能是北魏时期的墓葬[16]。

---

❶ 其中三道湾墓群由笔者主持发掘，资料尚未发表。赵家房子墓群被当作匈奴墓曾于1977年在《考古》上发表相关资料，其实应该是鲜卑墓葬，与二兰虎沟的墓葬相同。

2. 古城遗址

已发现的有和林格尔土城子盛乐古城遗址、武川县乌兰不浪乡土城村古城遗址、四子王旗乌兰花土城子古城遗址和库伦图城卜子古城遗址[3]，还有察右后旗白音察干古城遗址[17]。

3. 其他文物

凉城县东十号乡小坝子滩出土了一批鲜卑文物，有"晋鲜卑归义侯""晋乌丸归义侯"金印和"晋鲜卑率善中郎将"银印；还出土有动物纹透雕金饰牌、饰件和戒指等，其中一件动物纹金牌饰背面刻有"猗㐌金"三字[18]。商都县大库伦乡石豁子村西南出土的窖藏文物，其中有素面双耳大铜壶一件、鎏金三足大铜盘一件、马蹄形三足铁熏炉一件、铁犁铧三件、铁犁镜五件❶。此外还有达茂西河子公社西河子大队出土的金龙和牛头鹿角、马头鹿角、金步摇四件[19]。

后旗、达茂这四处墓葬的形制、方向、葬式和出土遗物，与呼伦贝尔盟完工索木、扎赉诺尔和昭乌达盟南杨家营子鲜卑墓葬的相似，说明都是拓跋鲜卑的墓葬。这四处墓葬出土有陶器、金器、铜器、铁器和珠饰等。陶器有手制与轮制两类，前者为鲜卑自己烧制，后者可能来源于中原地区。金器、铜器多为动物纹饰牌和铜釜，具有民族特点，是鲜卑族所铸造和雕刻的，而其中的"日光"镜、"长宜子孙"镜、柿蒂纹镜、四乳镜和铸"大吉"二字的铜铃等是中原的文物。铁制刀、剑、矛、镞等可能是鲜卑人自己打制的，但金、铜、铁等原料却可能也来源于中原。这说明来到匈奴故地的鲜卑人与中原的联系还是很密切的。当然，上述原料，东汉王朝也是禁止外流的，但是由于东汉王朝腐败，也就控制不住了。正如《后汉书·鲜卑列传》记载的那样："自匈奴遁逃，鲜卑强盛，据其故地，称兵十万，才力劲健，意志益生。加以关塞不严，禁网多漏，精金良铁，皆为贼有；汉人逋逃，为之谋主，兵利马疾，过于匈奴。"从文献记载反映鲜卑的强盛可以窥见其游牧经济发达，手工业也达到一定的水平，而对中原逃亡过来的汉族人民也是给予重用的。这反映了东汉末到三国初，即檀石槐的军事联盟到轲比能的军事联盟时期的经济情况。特别值得注意的是达茂旗三号墓陶壶中存有较多的稷粒，说明在鲜卑人里可能已开始注意农业生产，出现了农业的因素。陶壶肩部还刻划出类似汉字的文字，五号墓出土了剪轮五铢等，都显示了汉族影响的日益加深。

随着轲比能被曹魏所刺杀，轲比能的联盟也就土崩瓦解了。从此，乌盟地区便进入了拓跋鲜卑统辖的时期。

拓跋鲜卑的始祖力微在没鹿回部大人窦宾的允许下，率部北居长川，经过十几年的经营，逐渐强大起来，统帅的骑兵有二十余万。其于258年，即曹魏甘露三年，由五原

---

❶ 笔者征集，相关资料尚未发表。

迁都定襄盛乐，即和林格尔土城子。力微以盛乐为中心，形成了以拓跋鲜卑为主体的新的部落大联盟。在祭天大会上，他对诸部大人说："我历观前世匈奴、踏顿（乌桓首领）之徒，苟贪财利，抄掠边民，虽有所获，而其死伤不足相补，更招寇仇，百姓涂炭，非长计也。"于是与魏和亲[20]。力微的主张是正确的，是符合当时鲜卑与汉族人民利益的。他为了实践自己的诺言，于261年派自己的儿子沙漠汗去魏都学习，了解中原地区汉族人民先进的文化、生产技术和风土人情。在他执政的时期，与魏晋的关系真正做到了"魏晋禅代，和好如初"。而在实际行动上，力微选择迁都盛乐，也是因为这是一处农业经济长期占重要地位的地区，说明拓跋部有可能更多地注意了农业。当然，其时游牧经济还占着重要地位。力微的儿子禄官于295年继位之后，把管辖的地区分为三部，他统领上谷以北、濡源以西，即东部；猗㐌统领代郡的参合陂北，即凉城等地，即中部；猗卢统领盛乐一带，即西部。由于他们继续推行与中原王朝友好相处、互不侵扰的政策，广大的北方地区，包括乌盟在内，出现了"百姓又安，财畜富实，控弦骑士四十余万"的繁荣强盛局面。

302年，匈奴别种刘渊反晋朝，并州刺史司马腾向猗㐌求援，猗㐌率十万骑兵大败刘渊。第二年刘渊又攻打司马腾，腾又向猗㐌请求援兵，猗㐌再次打败刘渊。晋惠帝感谢猗㐌，便假桓帝（猗㐌）金印紫绶。小坝子出土的"晋鲜卑归义侯"金印和"晋鲜卑率善中郎将"银印可能就是晋惠帝赐予的。由此便可看出猗㐌与西晋王朝的密切关系。小坝子出土的刻有"猗㐌金"三字的金饰牌就是猗㐌的遗物。因为这里正是他统领的中心地带。不久猗㐌与禄官相继去世，三部便由猗卢统一管辖。猗卢又应并州刺史刘琨之请，出兵援助打败了铁弗匈奴刘虎和白部大人，被晋怀帝封为大单于，并封为代公。刘琨为了表示感谢，又从猗卢之请，把句注山陉岭以北之地赠给了猗卢。从此，猗卢地盘扩大，实力雄厚，乃以盛乐为北都，平城为南都，后又自称代王，建立了代政权。代政权到什翼犍的手里才得到了进一步的巩固与完善。由于和中原王朝的关系长期稳定友好，所以畜牧与农业才都会有较大的发展。这从另皮窑墓葬出土的大型双耳铜釜和野猪纹金带扣等贵重文物上也能得到反映。这是经济实力雄厚的标志。特别是石豁子出土的铁犁铧，说明当时的农业又有了较大的发展，远到商都北部已有农耕出现。从小坝子金戒指、石豁子鎏金熊足铜盘和另皮窑金带扣的镶嵌技术看，它们都很相似，应是同一时代、同一民族的镶嵌风格。况且镶嵌技术也有其时代特点，正如著名考古学家夏鼐所说："镶嵌之术，先秦已经产生，但镶嵌宝石、珠饰以晋代为盛，并有镶金刚石者，是为希腊、罗马东向输入我国和东南亚。"可见西晋以来，在中西文化交流的影响下，不光中原地区兴盛镶嵌，当时乌盟地区的鲜卑民族里也已出现了如此精湛的镶嵌物，这正好说明了经济发展水平已达到了可观的程度。

拓跋珪复国称代王、迁都盛乐的第一件事，便是确定了"息众课农"，大力发展农业生产的方针。经过七八年的实践，为了扩大农业生产，便推广到了五原和固阳塞外，在那里实行屯田。据《魏书·昭成子孙拓跋仪传》记载："（太祖）命（仪）督屯田于河北（河套），自五原至固阳塞外，大得人心。"又据《资治通鉴》（卷108）记载，晋太元二十年（395年）七月，"燕军至五原，降魏别部三万余家，收穄田百余万斛"。"穄"就是牧民做炒米用的糜子，是河套地区的主要农作物。可见，北魏时已开始种植，而且每年能有"百余万斛"的收获，因此"大得民心"。

拓跋珪迁都平城之后在农业上进一步实行了"计口授田"的新政策。据《魏书·太祖纪》记载，天兴元年（398年）正月，"徙山东六州民吏及徒何、高丽杂夷三十六万，百工伎巧十万余口以充京师"。"二月（太祖）车驾自中山幸繁畤宫。更迭屯田，诏给内徙新民耕牛，计口授田。"这是把征服的几十万懂农业、手工业的降民迁徙到首都平城周围，按人口分配耕牛和土地，从事农业和手工业生产。这三十六万各族农民，在东至代郡、西及善无、南及阴馆、北尽参合的广大京郊从事农耕。在京郊之外的地区，称为"郊甸"，它的范围更大，东、西、南不说，北边到达五原，可知现在的乌盟地区，除南部已划入京郊外，其他大部地区也都在"郊甸"之内。在郊甸之内，同样有不少人在从事"计口授田"式的农业生产。因此，在后山地区的北魏古城遗址附近都有铁犁铧等农业工具出土，商都也出了窖藏农具。这都有力地证实了文献记载的可靠性。

拓跋珪在实行"计口授田"农业政策的同时，在畜牧业上也采取了新的措施，实行了"离散诸部，分土定居"的政策。这一措施从他称代王时就开始推行了，但大规模的推行还是迁都平城以后。"离散诸部"，就是把原来加入联盟的游牧部落分散开来，编入民户，划定放牧范围，和农民一样，进行定居放牧。有些原来的部落大人也编为民户，变成了普通居民。这样一来，在京郊或郊甸之内，各族农牧民错居杂处，互相学习，互相影响，出现了民族融合的局面。由此可知，远在北魏时期，乌盟地区不仅再次出现了广泛的农耕，还出现了定居放牧。这对乌盟地区的经济发展是有过很大贡献的。阴山南北、敕勒川上的畜牧业又出现过空前繁荣的局面。五部敕勒为了庆祝畜牧业丰收，曾在这一带举行隆重的庆祝大会。他们"合聚祭天，众至数万，大会走马，杀牲游绕，歌吟忻忻"。有名的《敕勒歌》就是敕勒民族留下来的一首千古绝唱。拓跋珪这一政策到拓跋宏手里得到了更进一步的发展，这就是著名的"均田制"的推行。这一制度不仅对北魏，而且对隋唐都产生过深远的影响。这一时期手工业和商业也有相当的发展[21]。特别是金银器皿的制造，已十分精致。西河子出土的金龙项链和金步摇，其造型之美、工艺之精、民族特色之浓，都达到了极高的水平和完美的程度。

拓跋鲜卑以乌盟地区为根据地，由于拓跋珪在政治、经济上采取了一系列正确的政策，从一个落后的游牧部落向封建化作了飞跃的过渡，对后世产生过很大的影响。但愈到后期，愈深入中原，各级官吏愈贪暴成性，出现了军府镇将"初来单马执鞭，返去从车百辆"的局面。各族人民都不能再忍受这种剥削和压迫，特别是阴山背后的六镇人民更不堪忍受，便暴发了北魏六镇起义。起义的烽火曾在武川镇（乌兰不浪古城）熊熊燃烧。起义虽在内外夹攻下失败了，但北魏王朝也终于从此一蹶不振，走上了灭亡的道路。

四、隋唐——突厥、回纥与汉族人民共同开发的时期（6世纪末—9世纪）

隋唐时期，乌盟地区虽然都是在杨、李封建王朝的管辖之下，但活动在这里的北方游牧民族，先是突厥，后来有回纥、沙陀突厥和阴山鞑靼，当然这里始终都有汉族人民与之杂居，又同在这里进行农牧业生产建设。各族人民在这里长期活动，都应该遗留下他们的文化遗迹。然而迄今为止，属于这个时期的考古发现，乌盟地区还非常有限。这就只能与文献结合起来探讨这个时期的经济发展状况。

隋朝的考古发现只有一件陈郡君残石刻，是解放前在和林格尔出土的。据上面铭文记载，为大业四年（608年）居住在金河县的陈氏所刻。这说明隋代的金河县就在今天的和林格尔境内。

在和林格尔土城子附近出土过不少重要碑铭，有"唐振武节度使单于大都护府张惟清德政碑""唐振武节度使墓碑""唐故振武节度衙前虞侯游击将军试太常南郡仇府君墓铭并序""唐故禅师大德诺诚碣铭""唐单于府开元寺悉达多禅师碣铭"和"唐振武军节使李玉祥墓志铭"等。这些碑铭为我们研究和林格尔土城子在唐代的重要地位提供了最可靠的文字依据。在土城子周围还发掘过11座唐代墓葬，征集过不少唐代文物。有关突厥的文物遗迹，乌盟前山地区尚未发现。在达茂、四子王旗的草原上发现了一种"石人墓"，这便是突厥人的墓葬[3]。属于唐代的城市遗址也只有一座，即在和林格尔土城子扩建的单于大都护府。史载隋为突厥启民可汗修筑过大利城，可能也在这里。因此，和林格尔土城子又成了隋唐时期乌盟以至内蒙古地区的政治、经济和文化的中心。这里的经济发展状况也就是隋唐以来乌盟地区经济发展状况的集中表现。

6世纪中叶，即隋朝时期，由西北兴起的突厥人逐渐移居阴山南北，和林格尔一带便成了突厥人活动的中心。他们以游牧为主，与隋王朝发生了密切联系。沙钵略可汗曾向隋文帝上书表示"天无二日，土无二王"，承认"大隋皇帝，真皇帝也"。隋文帝也向全国颁发诏书，说隋和突厥"今作君臣，便是一体"。开皇十九年（599年），漠北的突利可汗又南下投隋，隋文帝封他为意利珍豆启民可汗，并为他在朔州筑大利城，又把义成公主嫁于他，让他们在大利城居住。从此，突厥人民"或南入长城（阴山上的长城），或住白道（土默川），人民羊马，遍满山谷"[22]。漠北突厥各部都很羡慕，不断南下投隋，归附启民可汗。大业三年（607年），隋炀帝杨广还特地到胜州（又称榆林郡，今准格尔旗十二连城）会见启民可汗，并随同启民可汗北上，沿金河（今大黑河）向东北走，率领着异常豪华宏大的仪仗队伍，来到启民可汗的牙帐所在地——大利城。在大利城，即和林格尔土城子举行了隆重的欢迎仪式。隋朝还在这里设置过云州总管府、定襄郡治所及其所属的大利县。隋朝乌盟地区的畜牧业发展情况于此可见一斑。

唐朝建立以后，突厥的颉利、突利二可汗曾发兵大举进攻中原，唐太宗大破突厥于阴山，生擒颉利可汗，并把颉利管辖之地分为六州，左置定襄郡都督府，右置云中都督府。龙朔三年（663年）又把云中都护府设在和林格尔土城子，麟德元年（664年）又改为单于大都护府。中间虽还有过名称变化，但从开元八年（720年）复置单于大都护府后，直到唐朝灭亡，它始终统领着晋北至河套和大青山南北漠南地区突厥、回纥和其他各族居住的府州。这里同时又是振武军节度使的驻地。振武军节度使原设于东受降城，天宝四年（745年）迁到这里。当时城内还设置了金河县府衙，管理当地政务。唐代这里商业、手工业的繁盛情况可想而知。单于都护府城的规模也最大，南北长1700米，将近四里。城里大街纵横，瓦砾遍地，文化堆积厚达二三米。街心的鼓楼以北有许多大型建筑基础。这一切都诉说着往日的繁荣。自从由单于都护府统一管理漠南的府州以来，突厥和以后的回纥等民族，不单与汉族一道继续发展了畜牧业，出现了"畜牧繁息"，还学会了农耕技术，出现了"年谷丰登"的新局面。在和林格尔一带唐王朝还组织人力开辟良田约"四千八百顷，收谷四十万斛"。唐代乌盟南部地区的农业发展水平已相当可观。

单于都护府的设置，因古有匈奴单于，今有突厥可汗之名而来，故单于府亦可理解为"可汗府"，是专门与突厥等民族首领进行友好交往的处所。"都护"是这个地区的最高长官，一般由唐王室的诸王兼领。它是承袭汉代西域的都护制而来。在唐代，它的职能是"掌所统诸藩慰抚、征讨、斥侯、安辑藩人及诸赏罚叙录勋功，总判府事"。有关民族交往中的政治、经济、军事、文化等，都需管理。因此，单于都护府实际是李唐王朝中央管理民族事务的一个派出机构。这个机构里既有汉人，又有突厥等少数民族。因此，单于府是一个汉族与突厥等少数民族共同处理民族事务的友好府，是唐代统一的多民族国家的一个友好产物和友好象征。这个府设在乌盟地区，也是乌盟地区的光荣。

10座墓葬中出土的80件遗物，有陶、釉陶、瓷和铜铁器，大多为生活用品，也有铁犁铧。有些陶、瓷器与中原出土的相似，说明了与中原经济的密切联系[23]。

五、辽、金、元——契丹、汪古部、蒙古与汉族人民共同开发的时期（10—14世纪中叶）

唐朝在农民起义中灭亡之后，中原出现了五代十国的分裂局面。经过约半世纪的混战，中原地区由赵匡胤统一，建立了赵宋王朝。北方地区先后出现了辽、西夏和金王朝。在五代和北宋时期，乌盟地属辽，金灭辽和北宋，乌盟又成了金的辖地。接着蒙古族崛起于漠北，灭西夏，灭金，最后灭南宋，建立了统一的元王朝。因此，在乌盟境内遗留下许多辽、金、元的文化遗迹，这些文化遗迹和遗物便成了探索辽、金、元时期乌盟地区经济发展状况的物证。

（一）辽代的考古发现与经济状况

辽王朝是由世居我国北方辽河上游锡拉木伦河一带的契丹族建立的。大约从916年开始，乌盟地区就纳入了辽的版图。辽朝的末代皇帝最后逃到乌盟地区的"夹山"（今武川与土左旗之间的大青山）而终于被女真族建立的金王朝的军队俘虏。在辽朝统治时期，乌盟地区统属西京道管辖。后山的达茂、四子王旗属倒塌岭节度使司管辖。武川、和林格尔、中旗、后旗和前旗的西部属丰州（白塔古城）管辖，和林格尔土城子是振武县所在地。清水河县属云内州管辖，下城湾古城是辽宁边州所在地。凉城、丰镇、卓资县属大同府管辖，辽德州设在凉城岱海附近。化德、商都、兴和和前旗的东部属奉圣州管辖。由于西京道与北宋和西夏邻接，不断有军事摩擦，所以在军事上占据着重要地位。这就决定了它要为西南路招讨司（设丰州）提供足够的军马物资，所以乌盟地区在辽代的经济主要是群牧，农业、手工业则处于次要地位。乌盟辽代考古发现目前还比较少，只有几处墓葬和城址。

辽代墓葬已发现的有察右前旗固尔班乡豪欠营契丹墓地[24]、兴和县二台子乡尖山子契丹墓葬、卓资县旗下营忽洞坝墓、武川县蘑菇窑乡大顺城辽墓和察右后旗红格图乡的辽墓❶。这些墓葬里的出土文物为研究乌盟地区辽代的经济提供了信息。属于辽代的城址目前只有凉城县马莲滩古城遗址。辽代的村落遗址，豪欠营附近已发现了几处[25]。

在这些墓葬里发现了陶瓷器、铜铁器、银器、漆器、丝织品等，也发现了构筑墓葬用的大批砖石料、白灰和木材。前者为生活用品，除陶器和部分铜铁器具可能为当地产品外，瓷器、漆器、银器和丝织品多数是外来品，即辽以外的地区和中原地区的产品，如豪欠营五号墓出土的影青瓷器就是景德镇的产品，四号、六号墓出土的漆器也属中原南方产品。而大批的砖、石等建筑材料是当地烧制与加工的。在村落遗址里除发现了陶瓷片外，还有不少石臼，还有北宋的钱币等。也发现了房屋基址。直接用于农耕的生产工具尚未发现。

从以上考古发现可以看出，辽代的遗迹遗物乌盟前后山地区都已发现，而且发现了契丹人从辽初到辽晚期的墓葬，有的契丹人也开始过定居生活。除与中原有商业交往

---

❶ 以上几处墓葬资料均未正式发表。

外，本地也有了水平很高的砖窑、石灰窑开采、加工石料、烧制的工人。木材的砍伐与加工也有了相当的水平。由此可以推断，辽代的乌盟地区可能是游牧为主，农业与手工业也有了一定的比重。当时大青山里的树木还很多，大顺城一座墓所用的松杉之类的稍事加工的原木就有五六立方米之多，豪欠营辽墓也使用了不少木料，这许多木料如果当地或附近没有，是不可能从很远的山区运输来的。这从《辽史》里也可以得到佐证，辽兴宗于重熙十三年率领大批人马在阴山里举行过围猎活动[26]。他狩猎的地点可能就在今天的灰腾梁一带。如果这里没有相当多的乔木和灌木林，野兽是无法生存的，也就不可能进行大规模的围猎。

从《辽史》的记载看，辽代在乌盟阴山地带就开采过金矿，并设置过专门的管理机构，即"山金司"。辽圣宗太平七年，"五月，清暑永安山。西南路招讨司奏阴山中产金银，请置冶，从之"。又《辽史·食货志》载，"圣宗太平间，于潢河北、阴山及辽河之源，各得金、银矿，兴冶采炼。自此以迄天祚，国家皆赖其利"。可见金矿开采时间之久和作用之大。又《辽史·国语解》载，"山金司，以阴山产金，置冶采炼，故以名司，后改统军司"。今天乌盟大青山地区发现如此多的金矿进行开采，而如果要找阴山金矿的开采源头，至少可以早到辽代中期。

辽代有过国营牧场，乌盟地区是当时的辽王朝的这种牧场的所在地之一。辽代管理国营牧场的机构和官吏叫"群牧使"。当时的"西路群牧使司""倒塌岭西路群牧使司"和"漠南马群司"所管辖的国营牧场，有些大约就在乌盟地区。辽代末年，天祚被金兵追赶逃到了白水泺（今黄旗海）一带，"乙丑，群牧使谟鲁斡降金"，这位降金的群牧使可能就在乌盟东部地区。

（二）金代的考古发现与经济状况

乌盟地区属金代的西京路。目前主要的考古发现有集宁市东15里的白海乡金代古城遗址、四子王旗大庙古城和思腊哈达古城遗址，还有四处村落遗址，包括大青山一带的武川县朱家湾村和察右中旗哈拉孟村、榆树沟村三处金代村落遗址。在化德、商都、中旗、四子王旗、达茂和武川县发现了金代的长城，即"金界壕"遗址。四子王旗的村落遗址附近发现了三处金代墓葬。在前山地区的不少地方也有金代文物被发现，常常混杂于辽和元的遗址里。

金代遗址与墓葬的遗物多属生活和装饰用品，也有不少中原的瓷器等。金代的铜镜比辽代多，但并非金朝铸造，而是把唐代的铜镜由官方刻上边款继续使用。值得注意的是中旗巴尔嘎斯泰乡哈拉孟村金代遗址，出土有铁犁铧、四耳铁锅等，说明金代中旗该地区已有过农业生产。尤其值得注意的是四子王旗红格尔地区金代遗址和墓葬的发现[27]，遗址里发现有石槽碾、石碌碡和石臼等。石碌碡是农业生产工具，石槽碾、石臼是加工粮食的工具。这说明金代四子王旗北部的锡拉木伦河一带已经有了定居的农业居民和农业生产。据考古工作者考证,"大庙古城可能就是沙井故城"。据文献记载,金代在乌盟后山地区建立过新的府县,四子王旗城卜子古城开始是天山县,后升为净州,这里曾出土过南京(今北京)铸造的铜权,是当时商业经济发展的物证。沙井总管府也是金代设立在这里的行政机构,并领有沙井县,这大庙古城可能就是它的故城遗址。大庙古城又正在"金界壕"之内,正是戍守界壕之地。金代为其戍守界壕的主要是汪古部人。汪古部即白鞑靼,从唐宋以来就是阴山地带的主要游牧部落。因此,这里发现的金代墓葬也被判断为汪古部人的墓葬,这个判断可能是正确的。由此可知,到金代,乌盟后山地区可能已有少数经营农业的汉人与当地的游牧民族汪古部人杂居,并共同开发了这一地区的畜牧业和农业。同时也有了相应的商业和手工业。前山地区的情况大体与辽代相当,这里不赘述。但金代重视恢复和发展北方生产的政策,而且农业工具也与中原相似,农业生产水平已远远超过辽代末年的水平[28]。

金代修筑的长城,东北起大兴安岭南麓,西南到武川庙沟的大青山巅,长达数千里,蜿蜒起伏于内蒙古草原上。它是为阻挡、防御北方兴起的蒙古部落的南下侵扰而修筑。经过乌盟地区的这段金界壕属西北路和西南路招讨司管辖,由汪古部守卫,然而还是被成吉思汗的铁骑所踏破。

(三)元代的考古发现与经济发展

元代,乌盟地区属中书省管辖,既是它的腹里所在,又是通往大漠以北和林的必经之地,所以在元代有了比辽、金时更大的发展。这从考古发现与文献记载都可以得到印证。

先看今人的研究成果。

"蒙古地区在忽必烈统一中国时,封建化过程大体完成。这时,蒙古地区畜牧业有显著发展……农业也有所发展。忽必烈时常派汉人向蒙古人传授耕作技术,鼓励蒙古人在牧养繁殖驼马牛羊之外也要种田。忽必烈还在蒙古地区大规模实行屯田,促进了当地农业经济的发展。"[29]

元朝建立以前,1214年阴山以北新占领的金朝土地,成吉思汗都分封给"五投下"和汗的弟侄作牧场。元朝建立,1324年,中书省确定了一个区分蒙古牧民穷富的标准:凡马、骆驼不够二十匹,羊不满五十只者,即属贫困。为了保证官牧场牲畜的饲料,元朝几次颁布"劝农"条画,其中一条就是规定农村各社"布种苜蓿,喂养头匹"。由于官牧场牲畜极多,牧人的分工就更为专业化,见于记载的有羯羊倌(亦儿哥赤)、山羊倌(亦马赤)、羊倌(火你赤)、骒马倌(苛赤)、骟马倌(阿塔赤)、一岁马驹倌(兀奴忽赤)、马倌(阿都赤)等名目。

漠南地区本来已有农业，元朝时又从汉人聚居区扩展到北面蒙古族聚居的牧业区。当时乌盟后山地区也出现了大面积的农业。"砂井、净州以至延安府境的汪古部人多从事农业，当时人称为'种田白达达'。"原来漠北几乎没有农业，元朝建立之后，为供军需，曾多次派军队、从淮河以南调派汉族农民携带农具前往屯垦。所以，漠南漠北都出现了农业经济。

在漠南地区，辽、金时就广设州县，城堡很多。成吉思汗多所破坏。元代又逐渐得到恢复，出现了许多新的城镇[30]。乌盟地区的元代考古发现就完全可以说明。

内蒙古地区已发现的元代古城遗址有24座，其中在乌盟地区的就有13座，它们是察右前旗巴音塔拉乡土城子集宁路遗址、达茂旗阿伦苏木古城"赵王城"遗址、四子王旗城卜子村的净州路古城遗址和红格尔乡的砂井总管府古城遗址、察右中旗广益隆古城遗址、察右后旗的察汗不浪古城和红崖子古城遗址、兴和县的魏家村古城和台基庙古城遗址、凉城县的淤泥滩城卜子古城和麦胡图乡的小围子古城遗址、和林格尔县的小红城古城遗址、清水河县的下城湾古城遗址。此外还发现了不少元代村落遗址，就不一一列举了。

在集宁路古城附近清理发掘了27座金末和元代的墓葬，出土了141件遗物。集宁路古城遗址出土的文物非常丰富，有发掘品，还不断有窖藏文物出土。其中比较重要的有"集宁文宣王庙学碑""集宁路总管府印"，有冶炼铜、铁用的坩埚、炉渣和木炭，有加工皮革的工具和骨制品，有铁制的犁铧、耧铧、耙齿、锄头和车马具，有铁制的锛、斧、凿、锯、铜胶锅等木工用具，有制陶模具，还有大量陶瓷制作的生活用具，从大瓮到小玩具，应有尽有，有精致的丝织品衣物，有铁权、铜镇尺、铁镞、铁熨斗，有建筑物用的材料，如兽头瓦当、长方板瓦、花纹砖、鸱尾和黄绿釉琉璃砖瓦，还有各种装饰件和封建迷信活动用品[3]。

阿伦苏木古城里出土过重要石碑"王傅德风堂记"，它订正了《元史》中有关赵王世家的记载及钱大昕的《元史氏族表》，为研究汪古部的历史提供了珍贵的实物资料。同时，在城址周围还发现了景教徒的墓葬和刻有叙利亚文的景教墓顶石、铁十字架，为研究中西文化交流提供了物证。城里有十几处高大的建筑基址，散布着釉色鲜艳的琉璃瓦、兽脊、鸱尾等，还有雕刻花纹的石刻及陶瓷碎片，比比皆是。其中釉色晶莹的青花瓷片最多，磁州窑的黑花瓷也不少，还有景德镇的影青印花瓷盘等残片。这座古城在今天百灵庙东北60多里之外的乌兰察布草原深处。据说，达茂旗的草原上还遗留着许多石碌碡，正是元代在那里进行农垦遗留下的农业遗物。

其他元代城址里也出土过类似的遗物，由于数量过大，这里就不再一一介绍。

最值得一提的是，还有一件武川县东土城出土的"监国公主"铜印。印面正中有两行回鹘式蒙古文，意即"总管文印"；周围篆刻汉字"监国公主行宣差河北都总管"。经考证，这是成吉思汗下嫁汪古部首领的三女儿用过的印，它为研究早期蒙古和汪古部的历史及当时的民族友好关系提供了新的物证[31]。

此外，在兴和县五股泉乡五甲地村发现了几座元代墓葬，出土了高足金杯、平底金杯、铁马镫、铁镞和铁刀及鎏金铜饰件等遗物。据研究，这可能是汪古部人的墓葬。

近几年来，察右前旗和兴和县出土了三次窖藏钱币，每次都在几十斤以上，其中大部分是北宋钱币，也有少量唐以前和金元的钱币。据说 50 年代后期，丰镇县大庄科出土的一次窖藏钱币，有数胶皮大车之多，但已被全部化铜毁掉了。这样大数量的钱币，也只能是辽金元时期的窖藏。

从以上城址、墓葬和窖藏出土的文物来看，元代的乌盟地区，无论畜牧业、农业、手工业、建筑业还是商业，都有了空前的发展。

畜牧业的发展情况虽从考古上拿不出多少实物证据，但从文献记载上已可以清楚地看出，不仅牲畜数量与质量都有增加与提高，而且已总结出了一套行之有效的科学放养办法。农业的发展已深入大草原的深处，这是今天也办不到的。当然，这并不一定符合实际，但是也表现出元代蒙古族重视发展农业的一种伟大气魄。这种开拓和进取精神是非常可取的。关于手工业的发展情况，集宁路遗址出土的冶炼工具、木匠工具、制革工具、制陶模具等也说明一个城市里已有了如此多的手工业作坊（而且这绝不是手工业的全部），手工业的发展水平已大大超过以前了。大批城镇的出现便是商业贸易繁荣的标志；许多精美的瓷器和丝织品都是从江南或中原地区运输来的，这是具体的商品；而窖藏货币又如此多，这都是商业兴隆、交通运输发达的物证。至于城址里的琉璃砖瓦建筑材料，不要说元代，今天也是少见的。乌盟地区能有几处使用琉璃瓦材料的建筑？而比百灵庙还远 70 里的阿伦苏木古城里就散布了很多的琉璃瓦建筑构件。由此可以想见这座 700 年前的古城当年是一种何等灿烂辉煌的壮丽景象！在那座城里，不光居住着蒙古人、汪古部人和汉人，还有西方前来传教和经商的叙利亚人。这不是空想，许多景教墓和墓石上刻的叙利亚文就是最好的说明。

所以，从乌盟地区已发现的元代文物和文献资料互相印证，可以清楚地看出，当年乌盟地区，不论前山还是后山草原地区，农业、畜牧业都有了巨大的发展。手工业的门类已大大增多，商业与内地的联系也更加密切与频繁。可以说，元代是古代乌盟地区经济发展最繁荣昌盛的时期。

六、明清——从荒芜到重新开发时期（14 世纪中叶—20 世纪初）

随着元朝的灭亡，战争的破坏，蒙古贵族与朱明王朝的严重对立，乌盟地区与整个内蒙古草原一样，城市焚毁了，村镇倒闭了，农田荒芜了，只有蒙古族奴隶为王公贵族放牧。这个时期整个大漠南北地区出现了凋敝的景况[32]。这种状态一直延续到明代中叶。到16世纪中期,俺达汗崛起进入了丰州滩(土默川),与明王朝恢复了友好关系,才又把这里逐渐开发成半农半牧区,建起了"三娘子城",即今天的呼和浩特市。

到清代中叶,由于关内汉族人民不堪忍受满清的残酷剥削和压迫,再加上灾荒遍地,无法生活,便出现了"走西口"的局面。从此,汉族人民又不断到乌盟地区,与蒙古人民共同开垦农田,收放牲畜。真正有组织的大批放垦还是清末民初。所以,乌盟以至整个内蒙古地区的重新开发还是近几百年的事情。因为这个时期考古材料几乎是空白,所以就不作具体论述了。

七、几点认识

通过乌盟地区已发现的非常有限的考古资料,再结合一些文献资料加以对照,对于古代经济发展的面貌,已可以勾勒出一个不很准确的粗大轮廓,从这个轮廓里可以得出这样几点认识:

(1)乌盟地区与中原地区一样,从远古时代起就已经有我们中华民族的祖先在这里,他们胼手胝足,披荆斩棘,刀耕火种,不顾生命的危险与野兽接触并加以驯养,开始了农业与畜牧业的生产活动,为乌盟地区的经济发展奠定了第一块基石。

(2)乌盟地区与中原的联系很早就开始了,而两地人民的相互交往以至朝夕错居杂处,至迟从战国时期便开始了。不管历代封建王朝如何更替,也不管古代北方民族怎样兴衰,汉族与各兄弟民族错居杂处的情况始终未变。不但未变,而且愈来愈密切。这反映了历史上民族之间的一种不可分离的关系和谁也离不开谁的特点。

(3)纵观历史上乌盟地区农牧业生产的繁荣与衰落、前进与倒退,都与中原王朝和北方民族上层统治者之间的政策有决定性关系,凡是平等相待、友好相处的时期,经济就发展、就繁荣,反之,凡是相互对立、相互封锁以至兵刃相见的时候,经济就衰落、就倒退,各族人民也都跟着遭殃。元末明初给乌盟地区带来的灾难就是血的教训!

(4)经济的发展与自然条件有一定关系,古代各族人民从生产实践中已逐渐认识了这一真理。因此,他们总是根据不同的自然条件,从事相应的生产活动。历史上前山地区以农为主,后山地区以牧为主,就是按照以上规律办事的。古代的大青山地区是个草木茂盛的地方,这对前后山地区的自然面貌与气候变化可能有一定的影响。如果能恢复生态平衡,农、林、牧再结合起来,将会对乌盟地区的经济发展有百利而无一害。

(5)乌盟地区的农牧业生产技术,从两千年左右的汉代开始到解放前夕,恐怕没有什么太大的发展变化,那时的牛耕技术可能比解放前夕也落后不了多少。解放后虽然有了相当的发展,但在某些偏僻地区,依然保留着古老的生产方式。现如今的畜牧业放养的方法和元代的放养方法也还是值得进行比较研究的。

（6）乌盟地区手工业的发展历史可以上溯到距今四千年以前，那时凉城县的先民们就已经掌握了烧制陶器和白灰的技术。至少到辽代中期，阴山地区就已发现并采炼黄金了。

（7）乌盟地区很早就出现了商业。到了元代，商业经济已开始达到了繁荣的局面。它不仅与内地有频繁的联系与密切的交往，而且与欧亚大陆发生了一定的联系。马可·波罗就是友好的使者之一。这种经济文化联系会带来新的技术与新的信息。这种情况可能从北朝时期就显露出端倪了，这才出现了技术精湛的镶嵌工艺品。

我们应该通过对乌盟地区经济社会发展的历史回顾，找到一种同心协力、坚定不移开发乌盟的精神力量。

参 考 文 献

［1］内蒙古博物馆，内蒙古自治区文物工作队.呼和浩特东郊旧石器时代制造场发掘报告［J］.文物，1977（5）.

［2］汪宇平.内蒙古阴山地带的石器制造场［J］.内蒙古文物与考古，1981（创刊号）.

［3］内蒙古自治区文物工作队.内蒙文物资料选集［M］.呼和浩特：内蒙古人民出版社，1964.

［4］内蒙古博物馆，内蒙古自治区文物工作队.察右中旗大义发泉村细石器文化遗址调查和试掘［J］.考古，1975（1）.

［5］宋兆麟，等.中国原始社会史［M］.北京：文物出版社，1983：144.

［6］林耀华.原始社会史［M］.北京：中华书局，1984：236.

［7］李昉，等.太平御览［M］.北京：中华书局，1960.

［8］内蒙古自治区文物工作队.凉城饮牛沟墓葬清理简报［J］.内蒙古文物与考古，1984（3）.

［9］盖山林，陆思贤.内蒙古境内战国秦汉长城遗迹［M］//中国考古学会.中国考古学会第一次年会论文集，北京：文物出版社，1980.

［10］内蒙古大学蒙古史研究室.内蒙古文物古迹简述［M］.呼和浩特：内蒙古人民出版社，1976.

［11］田广金.近年来内蒙地区的匈奴考古发现及研究［M］//伊克昭盟文物站.鄂尔多斯文物考古文集.内蒙古农牧局，1981.

［12］内蒙古博物馆，内蒙古自治区文物工作队.和林格尔东汉墓壁画［M］.北京：文物出版社，1978.

［13］林幹.匈奴史［M］.呼和浩特：内蒙古人民出版社，1979.

［14］舒振邦.内蒙古在先秦两汉时期的发展与各族人民的贡献［M］//北方民族关系史论丛（第一辑）.呼和浩特：内蒙古人民出版社，1984.

［15］宿白.东北、内蒙古地区的鲜卑遗迹——鲜卑遗辑之一［J］.文物，1977（5）.

［16］内蒙古自治区博物馆，和林格尔县文化馆.和林格尔县另皮窑村北魏墓出土的金器［J］.内蒙古文物与考古，1984（3）.

［17］陆思贤.魏孝文帝阴山北麓之行——兼谈北魏六镇的地理位置［N］.内蒙古日报，1983-11-03（3）.

［18］内蒙古自治区文物工作队.内蒙古出土文物选集［M］.北京：文物出版社，1963.

［19］陆思贤，等.达茂旗出土的古代北方民族金饰件［J］.文物，1984（1）.

［20］魏收.魏书·序纪［M］.北京：中华书局，1974.

［21］韩国磐.魏晋南北朝史纲［M］.北京：人民出版社，1983：432.

［22］魏徵.隋书·列传·突厥［M］.北京：中华书局，1982.

［23］李逸友.和林格尔县土城子汉墓［J］.文物，1961（9）.

［24］乌兰察布盟文物工作站.察右前旗豪欠营第六号辽墓清理简报［J］.文物，1983（9）.

［25］杜承武，等.豪欠营辽墓附近遗址调查［J］.乌兰察布文物，1982（2）.

［26］脱脱，等.辽史·游幸表［M］.北京：中华书局，1974.

［27］田广金.四子王旗红格尔地区金代遗址和墓葬［J］.内蒙古文物与考古，1981（创刊号）.

［28］张博泉.金史简编［M］.沈阳：辽宁人民出版社，1984：197.

［29］白寿彝.中国通史纲要［M］.上海：上海人民出版社，1980：285.

［30］蔡美彪，等.中国通史（第七册）［M］.北京：人民出版社，1983：318-330.

［31］丁学芸.监国公主铜印与汪古部遗存［J］.内蒙古文物与考古，1984（3）.

［32］P·R·符拉基米尔佐夫.蒙古社会制度史［M］.刘荣焌，译.北京：中国社会科学出版社，1980：199-200.

乌盟境内鲜卑的活动与文化遗迹

鲜卑是我国古代北方的少数民族之一，属于东胡系统的一支。秦汉之际，东胡王恃强称骄，屡向匈奴王无理勒索，结果被匈奴冒顿单于大败，部众四散逃奔，其中一支"别依鲜卑山，故因号焉"[1]。

鲜卑山有二，居北者曰大鲜卑山，居南者曰小鲜卑山，二山之地望，其说不一，至今不能确指。1980 年考古工作者发现了拓跋鲜卑的"旧墟石室"，洞内石壁上发现了北魏太平真君四年（443 年）的石刻，内容是北魏第三代皇帝拓跋焘派遣中书侍郎李敞到那里致祭时所刻的祝文。这一发现为大鲜卑山地理位置的考证提供了可靠的依据。"旧墟石室"今名嘎仙洞，在呼伦贝尔盟鄂伦春自治旗阿里河镇西北 10 千米，地处大兴安岭北段顶巅之东麓。历史上活动于乌兰察布盟（以下简称乌盟）境内的鲜卑人主要是由那里迁徙而来的拓跋鲜卑。

东胡被匈奴灭亡，其部众都成了匈奴政权的部奴，鲜卑也不例外。直到 87 年，北匈奴大败西迁，鲜卑便乘势南下，进入匈奴故地，"匈奴余种留者尚有十余万落，皆自号鲜卑。鲜卑由此渐盛"[1]。从东汉末年到魏晋以来，鲜卑便成了北方地区主要的少数民族。下面把这一时期乌盟地区鲜卑的活动和有关文化遗迹分三个时期加以扼要叙述。

一、从檀石槐到轲比能时期

檀石槐是鲜卑的杰出首领。他十四五岁就"勇健有智略"，敢单骑追击抢外祖父家牛羊的异部大人，所向无前，把被抢走的牛羊全部追回，并能"施法禁，平曲直，无敢犯者"。于是，部落人民无不敬畏宾服，便一致推举檀石槐当了鲜卑大人。他上任之后首先在弹汗山歠（音啜 chuò）仇水上建立牙帐，兵强马壮，势力甚盛，东西部大人都来归服。他"南抄缘边，北推丁零，东却扶余，西击乌孙，尽据匈奴故地，东西万四千余里，南北七千余里"，建立起了鲜卑第一个强大的军事大联盟。他把广大的统辖地区划分为东、中、西三部：从右北平以东至辽东，接扶余、濊貊二十余邑为东部；从右北平以西至上谷十余邑为中部；从上谷以西至敦煌、乌孙二十余邑为西部，各置大人领之，都归檀石槐管辖。

檀石槐所建立的鲜卑军事大联盟牙帐所在地弹汗山就在乌盟境内。弹汗山在高柳北边三百余里的地方，高柳即现在山西省阳高县，阳高北三百多里大约在商都县或察右后旗一带。这就是说，东汉末年鲜卑首领檀石槐的统治中心可能就在商都、后旗一带。在后旗、商都和达茂旗都发现了鲜卑的许多文化遗迹。

察右后旗已先后发现鲜卑的三个大古墓群，即二兰虎沟、赵家房子和南二海三道湾鲜卑墓群。

二兰虎沟在韩勿拉公社。那里有高大雄伟的韩勿拉山，山下有条东西向的大沟，古墓群分布于沟北的山坡和平川上，沟中心比较集中，面积大约有 1000 平方米。1950 年，二兰虎沟古墓群出土了许多鲜卑的文化遗物，富有鲜明的民族特色，其中也有属于中原地区的汉民族的文物。当时把这个古墓群误定为匈奴墓群，把这批文物也误定为匈奴文物。

二兰虎沟的墓葬形式一般都是土坑单室墓，深者 2 米，浅者 1 米左右，长约 2 米，宽约 1 米。尸体多为东西向，仰身单人葬，无葬具，随葬的陶壶、陶罐都放在尸体的头部之后，铜饰件等多在尸体身上。出土的文物有陶器、铜器、铁器和珠饰等。陶器有双耳红陶罐、粗砂红陶壶、褐陶尊、三耳陶尊、红褐陶尊和双耳小陶罐等，红或褐色夹砂陶器都是手制，也有少量灰色细泥轮制的。铜器有双耳铜釜、铜勺，有三鹿纹、双鹿纹、双龙纹和网格纹铜饰牌、鎏金铜指环、伞盖形饰物等，还有"日光"镜、"长宜子孙"镜、四乳镜和铸有"大吉"铭文的铜铃。铁器有铁剑、铁镞和外包铅皮的铁弹丸。不少墓中都散有珠饰，珠饰以浅绿色和翠绿色的玻璃质的料珠最多，也有用燧石和玛瑙制作的。

赵家房子在红格图公社西约 5 千米。1969 年春天，在村南约 1 千米发现了一处鲜卑墓群。墓地四周环山，中间为一盆地。墓群东西长约 500 米，南北宽约 200 米。地表为土质松软的黑砂土。墓葬形制均为竖穴土坑墓，距地表深 1～3 米不等，内填黄色沙土。墓内有的有棺木，有的没有。葬式大都为仰身直肢葬，头向西北，多数面部朝上，也有面部朝向侧边或朝下的。有些墓中只有人骨，没有随葬品。据发现的人讲，墓中随葬的铁刀、剑等武器放在背部，金饰片含在口中，陶罐放在头部，有的在头下还枕一块石头。

出土的随葬器物有陶器、铜器、金器、铁器、珠饰和钱币等。陶器有夹砂红褐色陶罐、夹砂黑陶罐，有一件在罐的腹部有用细棍划的两个人形，有泥质灰陶罐（有平底和圜底），还有泥质灰陶壶（腹部饰有铺首衔环，肩部刻有"春"字）。铜器有铜釜、铜饰牌、铜手镯、铜带扣、铜串珠、三棱形铜镞、圆筒形铜剑把套、柿蒂形铜饰件、喇叭形帽状铜器等。铜镜有"长宜子孙"镜、"日光"镜、重环纹镜、鸟纹镜等。金器有鹿纹和马形金饰牌、金叶、金花、金簪等。铁器有铁刀、铁矛、铁剑等，有的铁矛安有木柲，上有铜箍，銎部有孔。有的刀、剑附有皮鞘。还有一件扁平长条形砺石，上部有一圆孔，长14.4厘米，顺长轴有磨痕。珠饰有白玉圈和绿松石、玛瑙、琥珀、碧玉、水晶制作的圆珠和管状珠，颜色有黄红、红、黑、白、淡绿或孔雀绿等色。据说这些装饰品原发现于死者的头部，可能是一些头饰。钱币有七枚五铢钱和一些字迹不清的剪边五铢钱。这里出土的随葬品与二兰虎沟出土的随葬品很相似。

南二海村也属红格图公社，在赵家房子的北边，两村相距1.5千米左右。南二海村北有一东西走向的山梁，山前有六道大的山湾，三道湾正在南二海村后。1983年秋季，在三道湾发现了一处古代墓群。墓群距南二海村约3千米，与赵家房子古墓群相距5千米多。三道湾是一条较大的沟谷，入口处开阔，进入沟掌比较狭窄，墓地便坐落于偏东北的一个小沟岔里。这里东、西、北三面环山，南边为出口，中间形成一个南北长、东西窄的狭长盆地。盆地南北长约150米，东西宽约40米。墓葬从西山梁的半坡一直延续到盆地上，北坡与东坡上未发现墓葬。盆地上的墓葬分布疏密不匀，中部偏东有一处墓葬非常密集，且有上下互相叠压的墓葬。墓葬的形式以竖穴土圹为主，也有少数土洞墓。墓穴深浅不同，最深的2.5米左右，最浅的1.3米左右。墓坑的长短不一，最长者2.2米，最短者1.3米。墓坑的宽窄也不同，最宽的1.2米，最窄的只有40厘米，其中单人葬的宽度多数在60厘米左右。墓圹与尸体的方向都是西北东南向，头朝西北，足在东南，多数是仰身直肢单人葬，也有个别俯身葬、侧身葬，还有合葬和丛葬的。合葬墓中有的属于二次葬。单葬墓也有二次葬的。其中，有的墓葬只有身体骨架，无头骨；有的在头骨部位放一面铜镜；有的又只有头骨而无身体四肢，其中有一个墓穴里就埋有七个头骨。有的墓葬有棺木，多数墓葬无棺木。其中，合葬墓有棺木的多，单葬墓有棺木的少。随葬的陶壶、陶罐多数放在尸体头后或左侧，也有放在右臂旁或脚下的。刀、矛多在左右侧，饰牌多在腰部或上身，珠饰多在颈部或头的左右两侧，手镯还套在手臂上，戒指还戴在指骨上，等等。墓葬里有的有随葬品，有的无随葬品；有的随葬品多，有的随葬品少；有的随葬品是贵重的金饰牌、金耳坠、金花饰，有的只有一个陶罐。从墓葬中可以看出明显的贫富差别。

出土的随葬品有陶器、铜器、金器、铁器、骨器、漆木器、钱币、皮革和珠饰等。陶器有夹砂陶和泥质陶两种。夹砂陶罐有红褐色和黑灰色两种，多为手制，器表有烟痕，是炊具；泥质陶有双耳罐、陶壶、陶杯，有轮制也有手制，都是青灰色。铜器有马纹、双鹿纹、网格纹铜饰牌，有铜手镯、铜指环、铜耳坠，有"长宜子孙、位至三公"铜镜、柿蒂纹铜镜、飞马纹铜镜、蝙蝠纹铜镜，有大铜铃、小铜铃和铜串珠等。金器有三鹿纹、双马纹、透雕驼纹、刺猬纹金饰牌，有包金、鎏金饰牌，有盘旋形金花饰、圭形金饰片及桃叶形、棱形、凉盆帽式、方形金饰件等。铁器有长剑、矛、小刀、圆环、带扣，还有铁铲等。骨器有骨镞、弓弭、骨弭、圆点纹灌角等。漆木器有红黑釉残漆盘、桦皮圆器盖、木制圆腰饰牌和放铜网格纹饰牌小木架等。钱币有东汉五铢钱。皮革有衣袖皮革残片、皮剑穗等。珠饰种类和数量很多，质地有玉、石、玛瑙、玻璃、骨头等；形状有圆形、管状、鼓形、多棱形、扁圆形等；颜色有红色、白色、紫色、浅绿色、翠绿色、金黄色等；大小也变化很大，有指头大的，也有绿豆大的。此外，还出土有羊头骨、马头骨、马蹄骨和牛肩胛骨等，以及指头肚大小的黑色石头子数十枚。

察右后旗已发现的三座古墓群，从墓葬形式、葬式和出土文物来看，有许多共同之处，是同一时代、同一民族的遗迹。

商都县三面井公社瓜房子村，1965年打大井时曾挖出过一件马纹黄金饰牌，这也很可能是鲜卑的文物。但由于当时群众不知道这是珍贵文物，就把它拿到集宁市卖给银行后被毁掉了。这说明商都境内不仅有鲜卑文物，而且还有很重要的珍贵文物。

达茂联合旗也发现了一处类似的古墓群。墓葬也是竖穴土坑，为西北东南向的仰身单人葬，无葬具，陶器置放于头部两侧。墓穴比二兰虎沟的墓穴为浅，随葬器物较少。出土的随葬品有陶器、铜器、金器、铁器和珠饰。陶器都是手制夹砂陶，有陶壶、陶罐，无轮制泥质陶器。铜器有手镯、指环、饰片和剪轮五铢钱币。金器有金饰片。铁器有小刀和铁镞。珠饰有釉陶珠、玻璃珠、骨珠、翡翠珠、玛瑙珠和石质不明的珠饰。此外还出土有皮革残片等。在这座墓地的三号墓陶壶中还保存有较多的稗粒，说明当地已有了一定的农业生产。

以上四座古墓群的形制、葬式和出土文物与呼伦贝尔盟完工索木、扎赉诺尔东汉鲜卑墓群及赤峰市巴林左旗南杨家营子鲜卑墓群的形制、葬式方向和出土文物有许多相似之处，特别是南二海三道湾古墓群，相似之处更多。这说明这四处墓地都是活动于乌盟境内的鲜卑人的遗迹。从墓地的出土文物判断，大约是东汉末年的鲜卑墓葬。东汉末年，乌盟的商都、后旗是鲜卑活动的中心地带，檀石槐的牙帐可能就设在这里。据初步调查，白音查干东北二十多里处有一座气势磅礴的大山，名曰黑石崖，山的周围有连续不断的海子，这黑石崖可能就是东汉时期檀石槐建牙帐的弹汗山，而山下的海子可能就是歠仇水。黑石崖虽然已发现了古代的遗迹和遗物，但还须做进一步的调查。后旗的三处鲜卑墓地和达茂旗的一处鲜卑墓地可能就是檀石槐统治时期所遗留的鲜卑文化遗迹。据《后汉书·乌桓鲜卑列传》记载："自匈奴遁逃，鲜卑强盛，据其故地，称兵十万，才力劲健，意志益生。加以关塞不严，禁网多漏，精金良铁，皆为贼有；汉人逋逃，为之谋主，兵利马疾，过于匈奴。"这就足以说明檀石槐时期鲜卑势力之大。其中"精金良铁"是来源于中原地区的。墓葬中出土了许多金、铜饰件和铁制刀、剑、矛之类的武器，也正与此相合。墓葬中又有不少有身无头、有头无身的尸体，可能是战死的兵士。这些情况也与历史记载相吻合。因为东汉末年，土地兼并严重，外戚执政，宦官专权，政治极端腐败，矛盾异常尖锐，封建王朝危若累卵，岌岌可危，而鲜卑寇抄边郡，所向无敌；王朝内部，是和是打，争议不休。到汉灵帝熹平六年（177年），朝廷勉强凑集三万骑兵，分三路北进，夏育出高柳（今山西阳高县），田晏出云中（今托县），臧旻出雁门，结果均被檀石槐打得惨败而归。

檀石槐所统辖的军事大联盟不仅包括东部的慕容鲜卑和宇文鲜卑，还包括拓跋鲜卑的数十余邑。他们都有各自的分地和大人，互相独立，并不完全统一。178—183年，檀石槐死了之后，他的子孙已无力控制军事联盟，便出现了四分五裂的局面。西部的拓跋鲜卑、秃发鲜卑和乞伏鲜卑相继叛去。自云中以东（包括乌盟在内），又分裂为三个集团，即度步根集团、轲比能集团和东部鲜卑集团。度步根是檀石槐的后裔，拥有数万部落之众，统辖云中、雁门以东地带，乌盟的大部分地区在这个集团的势力范围之内。轲比能集团又称"小种鲜卑"，骑兵十余万，势力最大，兵力最强，控制着高柳以东的代郡、上谷边塞内外各地，乌盟东部的兴和一带都在这个集团的统治之内。曹魏初年（220年），轲比能得到曹丕的支持，便于228—233年吞并了度步根集团和东部鲜卑，漠南地区得以统一，除西部鲜卑外，暂时恢复了原来的联盟。然而，刚统一了两三年，轲比能就被曹魏派人刺杀，随之联盟也就又土崩瓦解了。以后乌盟境内便进入了拓跋鲜卑的首领——力微活动与统辖的时期。

二、从力微到什翼犍时期

力微是拓跋鲜卑在乌盟境内建立政权的第一人，他是完成南迁使命的主要人物诘汾之子。

为了解拓跋鲜卑进入乌盟地区的来龙去脉，需简要叙述拓跋鲜卑南迁的大致经过。《魏书·帝纪·序纪》记载："推寅立。南迁大泽，方千余里，厥土昏冥沮洳。谋更南徙，未行而崩。"这里记载的是拓跋鲜卑的祖先推寅从原来的居住地大兴安岭嘎仙洞一带向陈巴尔虎旗的完工索木和新巴尔虎右旗的扎赉诺尔第一次南迁的情况。"大泽"可能是现在的呼伦湖。"厥土昏冥沮洳"，是说那里是一片沼泽地带，迄今还是这样。拓跋鲜卑人在完工索木和扎赉诺尔都留下了他们的墓葬遗迹。经过了六七代，传到了邻，又准备进行第二次南徙，由于邻年老力衰，便把这一任务交给了儿子诘汾去完成。诘汾接受了父亲南迁的任务，在迁徙途中，所遇到的道路是"山谷高深，九难八阻，于是欲止"，即由于困难太大，南迁了一段，就又停留下来。这时可能到了大兴安岭中段以南巴林左旗一带，南杨家营子也留下了他们的墓葬遗迹。他们在这里作了短暂的停留，随后又"有神兽，其形似马，其声类牛，先行导引，历年乃出。始居匈奴之故地"。这才由诘汾带领着部众，在神兽的导引下，来到了匈奴的老家，即今大青山南北的乌兰察布盟一带。《三国志·魏志·乌丸鲜卑东夷传》裴注引王沈《魏书》记载："联盟西部二十余邑，其大人有日律、推演、宴荔游等，皆为大帅，而统属檀石槐。"这里说的"推演"即"推寅"。《魏书·帝纪·序纪》载："其迁徙策略，多出宣（推寅）、献（邻）二帝，故人并号曰'推寅'，盖俗云'钻研'之义。"可知，参加檀石槐联盟的拓跋鲜卑大人推寅就是诘汾之父邻，也叫第二推寅。诘汾带领着大批拓跋鲜卑人来到了乌盟境内的后山草原地带，留下了二兰虎沟、赵家房子、三道湾和达茂旗四批拓跋鲜卑的墓葬。诘汾死后，由其子力微统领着拓跋鲜卑的部众继续在乌盟境内活动，引出了以后代政权和北魏王朝的建立。

力微出生于迁徙匈奴故地的途中，关于力微的出生还有一段染着神话色彩的故事。

当初，力微的父亲诘汾正带领着广大部族向南迁移，在行路途中，有一天，诘汾率领着数万骑士到高山大泽里打猎，突然望见一队车马自天而降。等车马来到跟前，走出一位非常美丽的女子，后边还跟随着一大群侍从与奴婢。诘汾非常奇怪，便向女子发问。女子回答诘汾说："我是天女，奉天帝的命令来跟你结成夫妻。"于是二人同住一宿。第二天太阳出来时，天女要回去了，临走时向诘汾留话说："明年的这一天，咱们再来这里相会吧。"说完就如风雨一般飘然而去。等到第二年的这一天，诘汾来到去年打猎的地方，果然又与天女相见。天女把生下的一个男孩交给了诘汾，说："这是你的儿子，好好抚养他成长。子孙相承，会世世代代当帝王的。"说罢又离别而去。这个天女生的孩子就是力微。当时还留传下了这样两句谚语："诘汾皇帝无妇家，力微皇帝无舅家。"这段故事不过是为后来拓跋鲜卑称帝、建立北魏王朝所编撰的一段假托。历来登极的封建帝王都要编造一些异兆或假托，以表明不同于常人，是上天的旨意。

力微是鲜卑中的一位老寿星，活了104岁。他在乌盟境内开始活动的时候大约正是檀石槐的军事大联盟崩溃之后。到220年，即轲比能与曹魏相好之时，正是力微遭到西部鲜卑侵袭之际，他的部众逃散，无奈之下，他只好投奔占据着五原河套一带的没鹿回部大人窦宾。后来，由于他对窦宾有救命之恩，深得窦宾的感恩与信任，他便请求率部北居长川，经过十几年的时间，离散的旧部又都回到了他的身边。248年窦宾一死，其子就想谋害力微，结果谋害未成，反而被力微所杀。这样一来，诸部大人便都来归服力微，于是力微手下的兵马便有了二十余万。

258年，即曹魏甘露三年，力微便由五原迁都定襄盛乐。定襄盛乐就是现在乌盟的和林格尔土城子古城遗址。他以盛乐为中心，形成了以拓跋鲜卑为主体的新的部落大联盟。《魏书·帝纪·序纪》记载："夏四月，祭天，诸部君长皆来助祭，唯白部大人观望不至，于是征而戮之，远近肃然，莫不震慑。"始祖（力微）乃告诸大人曰："我历观前世匈奴、蹋顿（乌桓的首领）之徒，苟贪财利，抄掠边民，虽有所得，而其死伤不足相补，更招寇仇，百姓涂炭，非长计也。"于是与魏和亲。这就是力微在盛乐举行部落联盟成立大会上所发表的施政方针。他的这个政策是正确的，符合当时国家和各民族人民的利益。他为了实践自己的诺言，于 261 年派自己的儿子沙漠汗去魏都学习，了解中原地区汉族人民先进的文化和生产技术及风土人情。在他执政的时期，真正做到了"魏晋禅代，和好如初"。后来，由于诸部大人中的保守势力与晋朝边将互相勾结利用，怕沙漠汗回来按照中原的先进文化进行改革，他们在力微面前说了沙漠汗的一些坏话，沙漠汗还没等回国，就被奸臣们杀掉了。后来，力微非常后悔，但已悔之晚矣。不久，他就死了。他死了以后，继位的子孙控制不了局面，造成了"诸部离叛，国内纷扰"的混乱局面。十几年里连换了三次首领，四传而到禄官手里，才又稳定下来。

禄官也是力微的儿子。他在 295 年上台以后就把拓跋鲜卑统辖的地区又分为三部。从上谷以北、濡源以西，东接宇文鲜卑，为东部，由他亲自统领；代郡的参合陂北，即现在乌盟境内的凉城、丰镇县以北一带由沙漠汗的长子猗㐌统领；原定襄盛乐故城一带，即现在乌盟的和林、清水河和卓资县以北以西的地带由猗㐌之弟猗卢统领。由于力微以来拓跋鲜卑与中原的魏、晋王朝实行了友好相处、互不侵扰的正确方针，广大的北方地区包括乌盟境内出现了"百姓又安，财畜富实，控弦骑士四十余万"的繁荣强盛局面。

在 295 年，以盛乐为根据地的猗卢（称穆帝）"始出并州（今山西太原），迁杂胡北徙云中、五原、朔方。又西渡河击匈奴、乌桓诸部。自杏城以北八十里，迄长城原，夹道立碣，与晋分界"。

297 年，猗㐌（称桓帝）穿过大漠北巡，西略诸国，有二十余国降附，用了五年之久才返回参合陂。302 年，匈奴别种刘渊反晋朝，并州刺史马腾向猗㐌求援，猗㐌率领十万骑兵大败刘渊。第二年刘渊又攻打司马腾，腾又向猗㐌请求出兵，猗㐌再次打败了刘渊。晋惠帝感谢猗㐌，便授其金印紫绶。由此可以看出猗㐌与西晋王朝的密切关系。不久猗㐌与禄官相继去世，猗卢便把原来分开的东、中、西三部统一起来，由他统一领导。

310 年，铁弗匈奴刘虎与白部鲜卑大人合兵攻打并州刺史刘琨，琨向猗卢求援。猗卢出兵两万，帮助刘琨大破白部与刘虎。晋怀帝进封猗卢为大单于，并封为代公。刘琨为了表示感谢，又从猗卢之请，把句注山陉岭（在今山西代县西；句音勾，陉音刑）以北之地（包括现在的代县、朔县和繁峙一带）赠给了猗卢。猗卢从此疆域扩大，实力雄厚，乃以盛乐为北都，平城（今山西大同）为南都，于 315 年自称代王，建立了"代"政权。第二年，猗卢被其子六修所杀，拓跋部遂又内乱，互相残杀，一度又酿成了混乱局面。

338 年，什翼犍即代王位于繁峙（今山西浑源县西）之北，时年 19 岁。他"生而奇伟，宽仁大度，喜怒不形于色，身高八尺，隆准龙颜，立发委地，卧则乳垂至席"。他少年时曾在后赵的都城（邺城）当过十年质子，因此深受中原汉文化的影响，并在那里学得了中原的不少典章制度。他即位后始置百官，分掌众职，制定法律，建全制度，代政权才始具规模，并得以稳定。第二年夏五月，在参合陂朝会诸部大人，并议定都之事，连日不决。三年春，又迁都盛乐，回到了和林格尔土城子。这时代政权的疆域以现在的乌盟为中心，大约跨有今内蒙古自治区中南部和山西省北部，部众数十万人。

当时代政权的劲敌是前秦苻坚，还有刘虎王孙刘卫辰据朔方塞外，即今河套地区，部落千余户，控地东西千里，势力较强。刘卫辰所据之地与前秦和代相邻，双方都想拉拢和控制他。367和376年，什翼犍以刘卫辰投靠苻坚为理由，先后两次出兵攻打刘卫辰，苻坚发幽、冀、并三州之兵，约三十万之众，分三路攻击什翼犍，结果兵败失利，逃亡阴山之北，又遭到高车杂种的四面寇抄，不能驻牧，只好回到漠南，入居云中，不久被其子君实所杀。于是代政权内部大乱，前秦苻坚的军队占领云中，执杀君实，代政权遂亡。乌盟境内一度又纳入了苻坚政权的统治之下。

从力微迁都盛乐到什翼犍的代政权灭亡，拓跋鲜卑以盛乐为中心，在乌盟境内又活动了将近120年之久，遗留下了不少文化遗迹，已经发现的有以下几处。

盛乐故城遗址。这是拓跋鲜卑遗留在乌盟境内的重要遗迹之一，先后沿用达200余年。城址位于和林格尔县治所北10千米，其地北通呼和浩特市，南通清水河，东南出杀虎口与大同、太原相连，是汉代定襄郡成乐县旧址。据《元和郡县图志·关内道四》记载："本汉定襄郡之盛乐县也，后魏都盛乐，亦谓此城。"又金河县，"即后魏什翼犍所都盛乐之地。道武帝迁都平成，则今云州所理（治）是也"。城址北面平川，南背群山，东西两侧有丘陵起伏，城旁有宝贝河由东南而西北流出山口。古城可分为南区、中区和北区三大部分。南区是汉魏古城，年代上限可到战国。北区为唐代以来的建筑。南区的汉魏城址，东西残长670米，南北宽655米，城内文化层堆积较厚，1960年试掘时发现大量汉代建筑瓦件、生活用具和铁制农具、兵器，同时出土了马、牛、羊、猪骨和骨器，还有较多的北魏晚期的黑色厚瓦。根据发掘的资料和文献对照，说明3世纪中叶力微选择的迁居点是一处较长时期农业经济占重要地位的地点，当时拓跋部有可能更多地注意了农业。当然游牧经济还占有重要的地位。推测从事农业生产的可能是拓跋部统治下的汉族人民。由于这座古城尚未进行大规模的科学发掘，所以拓跋鲜卑的文化遗物发现的还不多。

1982年8月，和林格尔县三道营乡另皮窑村发现了一座拓跋鲜卑的古墓。古墓位于两条沟谷交叉处的东北坡上。墓葬由于被破坏，形制与葬式已不清楚。该墓共出土28件文物，有陶器、铜器、金器、银器和玉器等。陶器有大型陶罐一件。铜器有双耳铜鍑、铜熏炉等。其中，双耳铜鍑是一件非常珍贵的鲜卑文物。铜鍑高44.3厘米，口径35.5厘米，敛口，鼓圆腹，小圈足，肩部两侧有双耳，双耳呈方柄圆环状，环上各有蘑菇状短柱三个。鍑身高大厚重，内壁有锅垢，外壁有烟炱，是一件经过长久使用的炊具。出土时簋里还装着一个很大的肩胛骨。金器有金碗一件、条形金片一件、管状金饰两件、野猪纹金饰牌四件、纠结纹金饰牌两件、纽形金饰五颗、金花叶一件，其中最有民族特色的是野猪纹金饰牌。饰牌用黄金铸成，十分厚重，一大一小，大的为带钩，小的为带扣，带钩长10.5厘米、宽6.5厘米，带扣高8厘米、横宽6.8厘米。二者的主体纹饰都是一头半浮雕状的野猪，猪头前伸，双眼圆睁，鬃毛直竖，獠牙外翘，四蹄呈奔跑状，颇富野性。猪的造型结构匀称、生动自然，堪称古代艺术杰作，充分显示了鲜卑艺术家们横溢的才华。这座墓葬出土了很多贵重的文物，表明它很可能是拓跋鲜卑贵族的墓葬。这与当时的都城盛乐有着密切的联系。在呼和浩特市郊区也发现了与盛乐有关的鲜卑文物。

1982年8月，在商都县大库伦公社石豁子村西南1千米处的半山坡上，社员耕地时发现了一处窖藏文物。山的坡度不大，坡上有耕地，文物在耕地边上被犁耕出来。共出土11件文物，其中铜器两件，铁器九件。

铜器中有素面双耳大铜壶一件，直口，方唇，短颈略有弧度，平底，鼓腹，广肩，肩部镌刻有篆体"大圆"二字；高33厘米，口径14厘米，最大腹径37.5厘米；肩部有双耳，耳呈桥形钮，钮上各穿套圆环一枚，环径9.3厘米。还有鎏金三足铜盘一件，敞口，折沿，薄圆唇；浅腹，腹壁陡直，壁深2厘米；大平底，底径42.5厘米；底部外沿下有三足。三足的造型为跤坐的熊，熊背直立，熊头前缩，后项扛着铜盘，呲牙裂嘴，表现出一种不堪重负的憨直情态；其两条后腿蜷屈跤坐，前腿自然弯曲，双蹄指爪各扶于后大腿上，造型写实，神志自然，惟妙惟肖，栩栩如生。熊体各部雕刻细腻，长毛短毛，纤毫毕露；全身除眼、耳外，还有27个镶嵌点，原来通体鎏金，如今大面上的鎏金已被擦磨掉，只有局部保留，保留处仍金光闪闪。铜盘外壁刻有细线纹样，并用鎏金装饰，与金光耀眼的三只熊足形成一个艺术整体。

铁器中有马蹄形三足铁熏炉一件，已残；铁铧三件，铁犁五件，均用生铁铸造而成。铁铧保存完整，呈三角形，两边略有弧度，平底，面上起脊，中间有銎，銎高4.5厘米、深19厘米、外宽23厘米，脊长23.3厘米、底长28.2厘米、宽30.2厘米。铁犁分大小两种，大犁四件，其中三件有残；小犁一件，完整。根据铜壶、铜盘、熏炉的器形特点和装饰风格综合分析，它们可能是西晋到北朝的文物。西晋至北朝时期，活动于这一地带的主要是拓跋鲜卑，推测应该是拓跋鲜卑的遗物。在一处窖藏里同时出土了这么多农耕工具，说明西晋到北朝时期，在乌盟境内不仅有了农业生产，而且已发展到相当高的水平。檀石槐时期已开始注意农耕，达茂鲜卑墓陶罐中保存的稗子和后旗三道湾出土的铁铲就是最好的说明。力微迁都盛乐，这更是一个早有农耕基础的地区，而拓跋鲜卑比檀石槐更加重视农耕，商都县石豁子出土的窖藏犁铧就是最有力的证据。

1956年秋，凉城县东十号乡小坝子滩发现了一批与力微之孙猗㐌有关系的重要文物。史载猗㐌以参合陂为中心活动，小坝子滩就在参合陂境内。这里同时出土的文物有四兽形金饰牌、双兽形金饰件、兽形金饰牌和兽形饰金戒指、镶嵌杂宝石兽形金饰件，还有驼钮"晋鲜卑归义侯"、"晋乌丸归义侯"金印和"晋鲜卑率善中郎将"银印。其中，四兽形金饰牌的背面刻有"猗㐌金"三字，"猗㐌"应是《魏书》上记载的猗㐌。出土文物的地点正是猗㐌管辖的中心地带，证实了文献记载的可靠。《魏书》还记载，昭皇帝十一年，即303年，因猗㐌应司马腾之请攻打刘渊有功，晋惠帝曾赐予猗㐌"金印紫绶"，以示褒奖。这里出土的"晋鲜卑归义侯"金印很可能就是晋朝颁赐的金印。由此可以进一步说明，凉城岱海以北的蛮汗山一带就是古史中所说的参合陂。

小坝子滩出土的镶嵌杂宝石金饰件与商部石豁子出土的鎏金三足铜盘上的熊的镶嵌手法基本相同，都是圆形和桃形镶嵌口，应是同一时代、同一民族的镶嵌风格。镶嵌技术也有其时代特点，正如考古学家夏鼐所说："镶嵌之术，先秦已经产生，但镶嵌宝石、珠饰以晋代为盛，并有镶金刚石者，是为希腊、罗马东向输入我国和东南亚。"另皮窑出土的野猪纹、纠结纹金饰牌上都有突出的宝石镶嵌，可见西晋以来，在中西文化交流的影响下，不仅中原地区镶嵌兴盛，连塞外的少数民族地区镶嵌装饰也如此精湛、如此兴盛。

三、从拓跋珪到元宏时期

拓跋珪是使拓跋鲜卑被覆灭的代政权得以复兴，进而以乌盟地区为主要依托建立北魏王朝的第一代皇帝，史称魏道武帝。他是历史上一个道地的乌盟人。他出生于凉城的岱海附近，即古之参合陂；他称代王于四子王旗的锡拉木伦河，即古之牛川；他建都于和林格尔土城子，即古之定襄盛乐。

拓跋珪是什翼犍的嫡孙，在他六岁那年，什翼犍所建的代政权被苻坚所灭。苻坚接受什翼犍长史燕凤的意见，把原拓跋鲜卑统治的地域分为东西两部，黄河以西的朔方一带即河套地区归刘卫辰统辖；黄河以东的云中、雁门一带，包括现在的乌盟地区，由什翼犍的外甥独孤部的刘库仁掌管。什翼犍的小儿子被苻坚迁往前秦的首都长安，幼小的拓跋珪只好跟随母亲投靠刘库仁，过着寄人篱下的流亡生活。珪虽年幼，已显露出卓然不群的锋芒，刘库仁颇有觉察。383年十月，号称投鞭断流的苻坚从淝水败下阵来，残兵败将，一路风声鹤唳，草木皆兵，溃败之势不堪收拾。也就在这个月，刘库仁被慕容文等所杀。广大的北方地区又四分五裂，一片混乱。胸怀大志的拓跋珪乘此时机收集旧部，东山再起，于386年大会于牛川，即代王位，建元登国。这时的拓跋珪只有16岁，真是少年英杰！同年二月，迁都盛乐，"息众课农"，确定了发展农业生产的大政方针。"夏四月，改称魏王。"拓跋鲜卑由此而中兴。拓跋珪立马横刀，率部驰骋于阴山南北,"殪刘显,屠卫辰,平慕容,定中夏",用了十年的时间,征服了周围各部,统一了北方。其于396年建天子号,398年由盛乐迁都平城,即现在的大同市,遂称皇帝,史称北魏。

在征战的这十年中,乌盟境内的不少地方留下了拓跋珪活动的足迹。

登国元年(386年),"八月,刘显遣弟亢泥迎窟咄(被苻坚徙于长安的珪之叔父),以兵随之,来逼南境。于是诸部骚动,人心顾望……帝(珪)虑内难,乃北踰阴山,幸贺兰部,阻山为固"。"冬十月……帝自驾山迁幸牛川,屯于延水(兴和县境内)南,出代谷,会贺麟于高柳,大破窟咄。窟咄奔卫辰,卫辰杀之,帝悉收其众。"

二年,十二月,珪"巡松漠,还幸牛川"。

五年,"夏四月,行幸意辛山(四子王旗北境),与贺驎讨贺兰、纥突邻、纥奚诸部落,大破之"。"六月还幸牛川……八月,还幸牛川。"

六年"春二月,牵纽垤川(今百灵庙的艾不盖河)……秋七月壬申,讲武于牛川,行还纽垤川……九月,帝袭五原,屠之。收其积谷,还纽垤川。于椆杨塞北,树碑记功。十一月,还幸纽垤川。戊寅,卫辰遣子直力鞮寇南部。己卯,车驾出讨……擒直力鞮。十有二月,获卫辰尸,斩以徇,遂灭之。"

七年春正月,幸木根山(兴和境内)。

十年,十一月,乙酉夕,至参合陂。

这是《魏书》中所记载的从登国元年到十年拓跋珪在乌盟境内的活动。

398年迁都平城以后,拓跋珪还经常来乌盟境内活动。

天兴二年,"春正月,分三路大军,东道出长川,西道出牛川,中道自驳髯水出,大袭高车(敕勒)。二月丁亥朔,诸军同会,破高车杂种三十余部,获七万余口,马三千余万匹,牛羊百四十余万。骠骑大将军、卫王仪督三万骑别从西北绝漠千余里,破其遗迸七部,获二万余口,马五万余匹,牛羊二十余万头,高车二十余万乘,并服玩诸物"。大军凯旋归来,驻扎于牛川和薄山,庆功行赏,并刻石记功。从此以后,就把高车人(敕勒人)安置在阴山南北游牧,乌盟境内便有了新的居民——敕勒人。

天兴六年,秋七月,珪"车驾北巡,筑离宫于犳山,纵土校猎,东北踰鬻岭,出参合、代谷"。犳山,据《丰镇县志》,可能就是大庄科东北的狼头山,离宫就建在那里。这是拓跋珪以后常来之地。但这里至今尚未发现离宫的遗迹。不过,犳山宫即使不在丰镇县的狼头山,也不会出了乌盟境内。

天锡元年(404年),十二月,珪车驾幸犳山宫。

三年,"春正月甲申,车驾北巡,幸犳山宫。夏四月庚申,復幸犳山宫。八月甲辰,行幸犳山宫,遂至青牛山"。这青牛山在今集宁市东北百里左右。"丙辰,西登武要北原,观九十九泉,造石亭,遂之石漠。"武要北原即现在卓资县与察右中旗之间的灰腾梁。九十九泉即现在的种马场所在地。九十九泉是古代北方民族的帝王常来观览的风景区，在我国历史上颇有名气，而史书上确有记载的第一个到九十九泉观光的就是拓跋珪。

四年，"夏五月，北巡。自参合陂东过蟠羊山，大雨，暴水流辎重数乘，杀百余人"。这蟠羊山也在丰镇县境内。秋七月，车驾自濡源西幸参合陂。八月，幸豺山宫。

五年，"春正月，行幸豺山宫，遂如参合陂，观渔于延水"。

拓跋珪迁都平城以后的这些北巡活动都在乌盟境内，可见他对自己的出生地和祖先的发迹地念念不忘，很有感情。天锡六年，即409年，十月，拓跋珪驾崩，时年39岁。

拓跋珪的儿子拓跋嗣继位之后也常来乌盟境内活动。416年夏六月，他由平城出发，车驾北巡，直抵今四子王旗境内。"秋七月，甲申，帝自白鹿陂西行，大狝于牛川"，即先在锡拉木伦河一带进行了一场规模浩大的秋季围猎活动。接着他东"登釜山，临殷繁水而南，观于九十九泉"[2]。其他活动就不再一一记述。他除巡游之外，为了防御漠北的柔然犯塞，于423年二月"筑长城于长川之南，起自赤城，西至五原，延袤二千余里，备置戍卫"。这条北魏长城横穿乌盟境内，蜿蜒而西，因未做详细调查，至今还不能确指。拓跋嗣就在这一年死去，由其长子拓跋焘继位。

拓跋焘生而体貌瓌异，长而聪明大度，即皇帝位，便"除禁锢，释嫌怨，开仓库，赈穷乏，河南流民相率内属者甚众"。他是北魏皇帝中的一位有为之君。他登极不久，漠北的柔然便率六万铁骑闯入云中，攻陷盛乐，杀掠吏民。他挥师北讨，柔然逃遁。为了征服柔然等四邻强敌，他在乌盟地区的长川于祁山筑马射台，戏马驰射，演兵习武，并派军士进阴山伐木，大造攻城战具。他群帅文武，荷戈披甲，栉风沐雨，蹈履锋刃，先后攻灭赫连夏、冯氏北燕和沮渠北凉，统一了北方，结束了北方为时百余年的分裂状态，与南朝刘宋王朝形成了南北对峙的局面。随后他又西逐吐谷浑，北降柔然，西域诸族前来朝贡，北魏王朝日益兴盛。

拓跋焘四传至拓跋宏，即魏孝文帝。他立志改革，坚决走进一步彻底汉化的道路。493年他由平城迁都洛阳，不久改姓元氏，拓跋宏变成元宏，北魏改称元魏。就在他迁都洛阳这年，秋七月壬辰，东驾北巡。戊戌，谒金陵。辛丑，幸朔州（和林土城子）。"八月甲辰，行幸阴山，观云川……癸丑，幸怀朔镇。己未，幸武川镇。辛酉，幸抚冥镇。甲子，幸柔玄镇。乙丑，南还。"这是他从洛阳来到乌盟境内的一次重要活动。他这次北巡还带着地理学家郦道元。郦道元在《水经注》一书中有关于这次北巡的详细描述，其中有不少记述涉及乌盟境内的山川形势。拓跋宏谒金陵（先帝的陵墓）、幸朔州、观云川（今土默川）之后，便来到阴山背后，视察了北魏六镇里居中的四镇。北魏六镇也是拓跋鲜卑的重要遗迹，而六镇里的三镇就在乌盟境内。

北魏初期，为了保卫首都平城，防御称雄漠北的柔然的侵扰，先修缮秦汉长城，后兴建北魏长城，在阴山背后、长城之外的军事要地又设置了六个军事据点，构筑城池，屯兵驻守，名曰六镇，分别是沃野镇、怀朔镇、武川镇、抚冥镇、柔玄镇和怀荒镇。沃野镇遗址在乌盟乌拉特前旗苏独仑公社根场古城。怀朔镇遗址在大青山后固阳县白灵淖尔公社城圐圙古城，即魏孝文帝八月癸丑这一天到的第一个镇戍。孝文帝由怀朔镇东行，经过五天，到己未这一天到达武川镇。武川镇遗址在今武川县西南20余千米的乌兰不浪土城梁。该城分南北两城。南城小，其南北壁长约130米，东西壁短，东壁约百米，西壁90余米，南壁正中开门。城内中部偏北保存有长35米、宽30米、高7米的建筑台基，附近分布有北魏时期的布纹瓦、筒瓦、兽面瓦当、"富贵万岁"隶书铭瓦当，还出土有铜镞、铁镞和铁犁等物。城外东、西、北三面散布着和城内相同的瓦片、瓦当。北城面积大，南北长400余米，东西宽300余米，位于南城正北，与南城相距50米，城内遗物略与南城同。该城扼南入大青山"白道中溪"的西侧，城南、东南和西南皆为大青山主脉所环绕，地理位置非常重要。由怀朔镇到武川镇，中间车马行程有三天已足，却走了五天，沿途定有停留。据《北史·高车传》记载，孝文帝曾与高车族有接触，"召高车之众，随车驾南讨"。这就是多费日程的原因。从武川镇到抚冥镇，中间只隔了一天的时间，第二天即辛酉这天就到了。抚冥镇遗址在今四子王旗乌兰花土城子。该古城位于乌兰花镇东南7千米处的沙河南岸。城东南为大青山之余脉，西北2千米有圆形土山，再往西北即茫茫的乌兰察布草原。古城池分南北二部，东西长约800米，南北宽约200米。南北中部各有城门一个。城西北土丘附近碎散瓦片较多。城内无建筑遗物，出土有布纹板瓦、角瓦、莲花纹瓦当和兽面瓦当。西城外还出土过铁犁铧等。由抚冥东行，经过两天行程，第三天甲子这天便到了柔玄镇。今后旗白音查干古城与乌兰花古城相距230余里，与车马行程相合，而且这座古城也出土有北魏时期的文物，与武川、抚冥相似。这里可能就是柔玄镇。孝文帝视察完这四镇之后便南行回洛阳。怀荒镇因在张北境内，就不细说了。

在乌盟境内，除以上三镇外还有三座北魏的古城遗址，即四子王旗库伦图城卜子古城、后旗二兰虎沟附近的克里孟古城和中旗的塔布胡同古城。

除这些北魏城址而外，1981年秋季，在达茂旗西河公社前河大队出土了五件非常珍贵的鲜卑文物，一件金龙佩饰，四件兽头步摇。金龙佩饰拇指般粗细，1.82米长。龙身用细金丝扭成桃形小环，一个个连缀圈套而成，周围一圈共七个环扣，环环相连，层层圈扣，状若闪光的金鳞。其柔软自如，曲屈盘绕，恰似自由腾翔的蛟龙。龙体上没有舞动的龙爪，却有七件小巧玲珑的佩饰，有规律地挂在身上。其中，有弧背形金梳二件，月牙形金斧钺二件（一件遗失），金戟两件，一直一弯，龟背形金盾牌两件。佩饰周沿与中间全用极小的连珠纹装饰，统一而有变化，增加了美感。龙体两端各有龙头一个，龙头用薄金片裁制卷裹而成，圆弧形的嘴巴，桃叶形的鼻孔，溜圆的双眼，弯弯的长眉，并拢的双耳，平行倒向脑后的双角，造型巧妙，布局适宜，英姿勃勃，活灵活现。龙角用金丝缠做，五官七窍用小金珠与彩色宝石镶嵌而成。两个龙嘴，一衔金环，一衔金勾（已失落），环勾相扣，龙嘴吻合，便形成一个金光灿烂、柔软异常的金项链。整个项链构思之妙、造型之奇、工艺之精、形象之美，无与伦比。

与金龙项链同时出土的还有四件兽头步摇，两件牛头鹿角，两件鹿头鹿角，也用黄金制作、宝石镶嵌而成。牛头鹿角者，圆首宽额，两颊平展，酷似牛脸。鹿头鹿角者，双耳耸立，面颊瘦长，逼肖鹿形。双角并树，各分枝岔，岔头顶端各悬挂一片桃形金叶，犄角一动，金叶便晃，金光闪烁，瑟瑟作响。《晋书·慕容廆》记载："莫护跋，魏初率其诸部入居辽西……时燕、代多冠步摇，莫护跋见而好之，乃钦发袭冠，诸部因呼之为步摇，期后音讹，遂为慕容焉。"由此可知连"慕容"二字都是因"步摇"音转而来，可以想象慕容鲜卑喜戴步摇冠的风俗已到何种程度。慕容鲜卑戴步摇的记载已得到考古发掘的证实，而达茂出土的兽头步摇又与辽西出土的花树状步摇极为相似，可知活动在这里的拓跋鲜卑的上层贵族也有佩戴步摇冠的风习。在北魏建造的大同云冈石窟的佛像上也能看到金龙佩饰的踪迹。《魏书·释老志》记载："和平初（460—465年）……昙曜白帝，于京西武州塞，凿山石壁，开窟五所，镌建佛像各一，高者七十尺，次六十尺，雕饰奇伟，冠于一世。"这五所石窟就是北魏文成帝拓跋濬让高僧昙曜主持开凿的，即现在所说的"昙曜五窟"，也就是现在的云岗第 16～20 号石窟。据说这五座石窟中的主体佛像都是按照北魏皇帝的形象雕造的。第 16 窟对应当时还在位的文成帝拓跋濬，第 17 窟对应没有即位就死去的拓跋晃，其被追封为景穆帝，而第 18、19、20 窟则应分别对应已去世的太武帝拓跋焘、明元帝拓跋嗣和道武帝拓跋珪。而在第 17 窟仿照拓跋晃雕刻的交脚弥勒像上，颈部就垂挂着一条金龙式的项链。由此可知，北魏拓跋鲜卑的上层贵族不仅有喜戴兽头步摇的风气，还有佩挂金龙项链的习俗。

这五件珍贵的文物何以会留落在前河大队荒野里不足 1 米深的地下呢？而且周围再无任何其他遗物伴随，只用修长的金龙把四件兽头步摇缠裹在一起，埋于土中。这是否可能因为北魏后期六镇起义的烽火首先点燃于沃野镇，接着起义军攻占了武川、怀朔二镇，鲜卑贵族的上层统治者仓皇出逃时唯恐失落，便在逃跑途中埋于地下？

北魏后期，由于政治中心南移，贵族权奸争权夺利，纲纪坏乱，享乐腐化之风日炽，对各族人民的经济盘剥与政统奴役越发严重，民不堪命；北魏六镇原来的地位逐渐旁落，镇将对边民戍卒残酷榨取。据《魏书·公孙表附子轨传》记载，军府镇将"初来单马执鞭，返去从车百辆"，掠夺搜刮戍卒、民财之酷烈可见一斑。523 年，因受贬而做怀荒镇将的于景，柔然入寇，镇民请粮，于景不给，激起镇民的愤怒，起兵杀掉于景。接着，沃野镇民匈奴人破六韩拔陵高举义旗，杀镇将，建号"真王"，各镇的汉族和少数民族人民纷纷起来响应。拔陵命别部卫可孤围武川镇，又攻怀朔镇，经过一年的围攻,怀朔与武川二镇均被起义军攻下。六镇起义的烈火在大青山南北的大地上熊熊燃烧,元魏的军队已无力镇压起义的军民。元魏统治者为了挽救其灭亡的命运,转而向漠北的柔然奴隶主贵族求援。525年,柔然主阿那瓌(音规)率十万之众南下,向起义军发动进攻。在南元魏、北柔然军的夹攻之下,破六韩拔陵在率义军南移时壮烈牺牲。这次起义虽然失败了,但给了元魏统治者极其沉重的打击,使之一蹶不振。发现金龙与兽头步摇的地点正在怀朔镇北大约二十几千米的地方。

  乌盟地区是一块历史的宝地,古代有许多少数民族在这里活动过,鲜卑只是其中之一。鲜卑,特别是拓跋鲜卑,在这里活动了将近四个世纪。在这将近400年漫长的岁月里,他们曾在这里表演过许多伟武壮阔的活剧,在这一出出活剧里有许多各色各样的人物和丰富多彩的事件,上文所叙述的,有的只是这许多活剧中的一些粗略轮廓,有的只点了一下题目,还有许多连题目也未点。他们的活动,史籍里虽有过一些记载,但多语焉不详,有待考古发现来做补充。他们既然在这里有过长期的活动,必然会遗留下丰富多彩的文化遗迹。上文对已发现的有关遗迹和文化遗物作了一些概括的介绍,由此可初步窥见这个民族的物质文化面貌,然而毕竟还非常有限。随着全盟文物普查工作的全面、深入开展,必将会有更多的鲜卑文化遗迹遗物被发现,以补充历史记载的不足。到那时,鲜卑,特别是拓跋鲜卑的文化面貌,会更加生动、形象、丰富、具体地呈现在我们面前。

参 考 文 献

[1] 范晔.后汉书·乌桓鲜卑列传[M].北京:中华书局,1965.
[2] 魏收.魏书·太宗纪[M].北京:中华书局,1974.

乌兰察布文物古迹掠影

在乌兰察布这块八万四千多平方千米的土地上，文物考古工作者经过多年辛勤的努力，特别是1986年以来，年轻的文物考古工作者组成的文物考察团队冒着料峭春寒，顶着严寒酷暑，携带着沉重的考古工具与实物标本，迈开两只脚，风里来，雨里去，走遍了十五个旗县市的279个乡镇苏木，2265个行政村，15 599个自然村的山山水水、沟沟岔岔，走遍了每一块有古代文化遗迹、遗物的土地，发现了2300多处历史文化遗存，其中有历代古村落1941个、古墓葬137座处、古城址111处、古庙址100处、窑址12处及大量古岩画，出土了上万件古代文化遗物，其中有的遗物光彩夺目，举世罕见，令人叹为观止。这次大规模的文物普查发现的2300多处历史文化遗存具体地告诉人们，地处祖国北部边疆的乌兰察布，它的历史与祖国同样悠久，人类文明的曙光早已从这里升起。

横贯乌兰察布东西的大青山是远古人类赖以生存的主要活动场所之一。在呼和浩特市东郊大青山发现的大窑文化遗址，经科学发掘证明，人类在这里活动的历史与北京猿人同样古老。人类利用那里丰富的火石打制石器，延续使用的时间长达五六十万年之久。乌兰察布与呼和浩特市相毗连。由大窑沿大青山向东，在卓资县发现了两处石器制造场遗址；由大窑沿大青山向西，在武川县二道洼村即蜈蚣坝顶上发现了一处石器制造场遗址；在大青山以北的四子王旗供济堂乡阿玛乌苏村的小山梁上也发现了一处石器制造场遗址。这是乌兰察布土地上已知人类活动遗留下的最早的遗迹。因遗址尚未正式发掘，人类在此活动的时间能早到何时还不能枉说，根据地表采集的石器看，其时代大约在距今万年左右。

许多考古发现告诉我们，人类的足迹大约是从高山、丘陵、台地而逐渐走向平原的，这是人类认识并征服自然所走过的一路漫长而艰难的历程。乌兰察布已发现的近百处新石器时代村落遗址也证实了这一点。山是古代人类的依托，水是生命的源泉，远古人类的生存离不开山，更离不开水。在清水河县黄河东岸，在和林格尔县红河两岸，在凉城县岱海南北，在察右前旗黄旗海南边的山丘上，都发现了新石器时代人类居住过的村落遗址，而且有的还很密集，相距十来里即有一处。从1980年以来，已经先后正式进行考古发掘的遗址有四处，即清水河县喇嘛湾乡的白泥窑子、凉城县永兴乡的老虎山和三苏木乡的园子沟、察右前旗新风乡的庙子沟。这几处遗址多数还在续继发掘中。这些遗址中的房屋多为半地穴式，有的已用白灰抹面。房屋里出土的遗物多者上百件，有磨制精良的石铲、石斧、石锛、石刀、石镰、石磨棒等，陶器有红陶和灰陶，红陶中有仰韶文化早期的小口夹底瓶和精美的彩陶钵、盆和罐等，灰陶中有直口瓮、小口双耳鼓腹罐和三足器等。其时代从仰韶早期到龙山晚期，即从距今七千年至四千年左右。特别是老虎山遗址，在其近十三万平方米的遗址周围砌筑有一道宽1米左右的石头墙垣，保护着村落中的居民。这是一处距今已有五千年历史的古代村落遗址，它的墙垣是迄今为止考古发现的最早的墙垣建筑。它生动地告诉我们，五千年前，在内蒙古高原的乌兰察布大地上，已经出现了城垣建筑的雏形，人类文明的曙光已从这里升起。

在乌兰察布北部的草原地带，不仅发现了分布广泛的细石器文化，还发现了有地层关系的细石器文化遗址点，一处在四子王旗最北部距中蒙边境不远的江岸二队，另一处在察右中旗的大义发泉。江岸二队发现的单纯细石器地层出土有较原始的船底形石核，可能属于中石器时代或新石器时代早期的遗存。大义发泉经试掘和所采集的细石器标本及地层中孢子花粉的分析，当时这里仍是"荒漠草原"，人类生活的主要来源还没能靠狩猎。细石器文化是古代游牧经济的标志。乌兰察布前后山地区两种不同类型文化遗址的分布正与这两个地区不同的气候与自然条件相吻合。这说明，远古时代的先民们已经在长期的生产实践中认识到了因地制宜的重要。

随着生产力的发展和私有制的产生，剥削阶级出现，乌兰察布这块土地上也出现过较大的风浪。留在乌兰察布土地上的一道道长城就是这些风浪的痕迹。在大青山上有战国时期赵武灵王"胡服骑射"修筑的赵长城，有秦始皇走马修边墙留下的秦长城，还有汉武帝北逐匈奴而留下的汉代长城障塞。拓跋鲜卑以乌兰察布为根据地，建立北魏王朝，称帝中原之后，为了防止柔然南下侵扰，除在大青山以北的草原上修筑武川、抚冥（今四子王旗）和柔玄（今察右后旗）三镇外，还在三镇以北修了一道北魏长城。女真人建立金王朝之后，为了防止蒙古部落南下，东起大兴安岭南麓，横跨茫茫草原，经乌兰察布北部草原，到武川庙沟的大青山顶，修筑了一条金长城。因外挖壕堑、内筑城墙，故亦名"金界壕"。这些长城遗迹都清楚地留在乌兰察布草原上。在乌兰察布与山西雁北地区的交界处，东起兴和县与河北省交界的马市口，西抵清水河县与偏关县交界的老牛湾，全长980华里，有一段明朝修筑的长城，俗称"大边"或"正边"。在大边之外的乌盟境内，西起清水河县单台子乡的青草崄，与大边分岔，向东北经和林格尔县、凉城县、丰镇县的隆盛社，进入兴和县的平顶山，全长约700华里，是明长城的分支，俗称"次边"。乌兰察布境内的历代长城遗址总长近万里。在这些长城遗址附近出土的铜镞、戈、矛、刀、剑和火铳等，都是历史风浪的见证。

更多的古代遗址和出土文物都在具体地诉说着历代各族人民在这块土地上错居杂

处、共同开发建设的历程。在乌兰察布发现的从战国到元代的古城遗址已有50余处，其中战国的有六处，汉代的有十四五处，北魏的有六处，隋唐的有二处，其余绝大部分为辽金元时期的古城，其中元代古城最多。有的元代古城已修筑到了如今的草原深处，如达茂联合旗的阿伦斯木古城就坐落在百灵庙以北60多里处的草原上。古城内有许多大型建筑基址，各色残破琉璃砖瓦等建筑材料俯拾皆是。城内还出土过重要的碑刻和刻有叙利亚文的景教遗物。在这许多古城里又以和林格尔土城子古城规模最大，历代沿用时间最长，从战国到辽国，延续使用达一千五六百年之久。它曾是西汉的定襄郡、北魏的都城盛乐、隋的大利城、唐的单于大都护府和辽的振武县。鲜卑、乌桓、突厥、回鹘、契丹等民族都曾在这里与汉族人民共同生活过。城内有丰富的文化堆积，城外有众多的历代墓葬，都出土过不少有特色的重要文物。它曾经是这一地区的政治、经济、军事、文化和各民族友好相处、友好往来的中心。

在乌兰察布的古代城址和村落附近已发掘清理了部分历代重要墓葬，其中有相当数量的北方古代民族墓葬。这里有庙子沟新石器时代墓葬，有和林格尔县范家窑子、凉城县毛庆沟、饮牛沟的大批春秋到战国时期的匈奴墓葬，有和林格尔县新店子的大型东汉壁画墓，有察右后旗二兰虎沟、赵家房子南二海三道湾、达茂旗的百灵庙附近、和林格尔另皮窑的许多东汉末期到北魏的鲜卑墓葬，有察右前旗豪欠营、兴和县尖山子、卓资县忽洞坝辽代和契丹墓葬，有武川县东土城蘑菇窑大顺城、四子王旗红格尔地区的金代墓葬，有察右前旗集宁路古城、兴和县五股泉的元代墓葬。这些墓葬都出土了多个不同时代和具有不同民族风格并包含中原文化因素的文物。其中，光毛庆沟80座匈奴墓就出土了上千件文物。豪欠营辽墓出土的契丹女尸及随葬品对研究人类学、民族学、历史学、医学都提供了重要的实物资料。契丹女尸在全国多地巡回展览，受到了欢迎，参观人数已超过二百余万。

出土的文物里有许多精品，其中达茂旗西河子出土的五件北魏时期的金器，无论奇特的造型、精湛工艺还是浓郁民族特色，都堪称举世罕见。这五件文物中一件为金龙项链。乍一看它那修长的身躯，俨然是一条闪着耀眼金光的长蛇。它的躯体只有拇指般粗细，而长度却为182厘米。躯体部分全部用金线索扭成的桃形小环扣连缀而成，一圈共七个环扣。整个龙身环环相扣、层层圈连，状若闪烁的片片金鳞，柔软自如，曲屈盘绕，恰似能自由腾翔的蛟龙。龙体上没有舞动的利爪，却有七件小巧玲珑的佩饰，由内向外对称排列，悬挂于龙体上，它们是：弧背形金梳两件；月牙形金斧钺一件（另一件遗失）；金戟两件，一弯一直；龟背形金盾牌两件。佩饰的周沿和中间都用直径约1毫米大的金珠密排镶嵌，构成既统一又有变化的连珠纹饰，增强了佩饰的美感。龙体两端各有一个龙头，是用薄金片裁制卷裹而成的，圆弧形的嘴，桃叶形的鼻孔，溜圆的双眼，弯弯的长眉，并拢的双耳，平行倒向脑后的双角，造型巧妙，布局适宜，英姿勃勃，栩栩如生。除龙角为金线缠成外，五官七窍全用极小的金珠与彩色宝石镶嵌而成。两只龙嘴，一衔金勾（勾已失落），一衔金环，勾环相扣，龙嘴吻合，便可结成一条光辉灿烂的颇富神秘气息的金龙项链。在云冈石窟第17窟那尊未来佛的颈项上就垂挂着这样一件类似的装饰物。

除金龙项链之外还有四件兽头步摇，也都是用黄金制作、宝石镶嵌而成的，二件为牛头鹿角，二件为鹿头鹿角。牛头鹿角者，圆首宽额，两颊平展，酷似牛脸，双眼、双眉、双耳和鼻头均用蓝色、白色、绿色宝石镶嵌，头上双角的枝岔上都缀有一片片桃形金叶，随着角的前后摇动闪闪发光，瑟瑟有声。鹿头鹿角者，面颊瘦长，双耳耸立，逼肖鹿形，眼、眉、鼻、耳和角的分岔上均以宝石与小金珠镶嵌。这四件金步摇中的三件，其右边皆有折断后又精心修复的痕迹，可知其为鲜卑贵族喜戴步摇冠者难得的传家瑰宝。

如此奇特的金步摇佩戴在头上，这般神奇的项链垂挂于胸前，骑着高头大马，驰骋于公元五六世纪那"天苍苍，野茫茫，风吹草低见牛羊"的乌兰察布草原上，将是一种何等的生活景象？再加上波荡于碧草之中那一块块光亮的岩石上摩刻着一幅幅新奇的岩画，有野兽，有家畜，有狩猎场面，有古代车辆，有单人独舞，有群集狂舞，有人的脚印，有兽的蹄迹……斑斑驳驳，琳琅满目，辽阔无际，博大雄宏，颇为壮观。岩画题材之广泛、内容之丰富、形象之生动、表现形式之活泼粗犷、生活气息之浓郁、跨越时代之久远，令人眼花缭乱，目不暇接。这是生活于乌兰察布草原上的古代游牧民族描绘他们多姿多彩生活的一个巨大的历史画廊，一座草原民族的露天艺术历史博物馆。

啊！乌兰察布，人类文明的摇篮，历史文物的宝库，北方古代民族的历史舞台，内蒙古自治区的明珠，伟大祖国的骄傲！

1987年6月于集宁

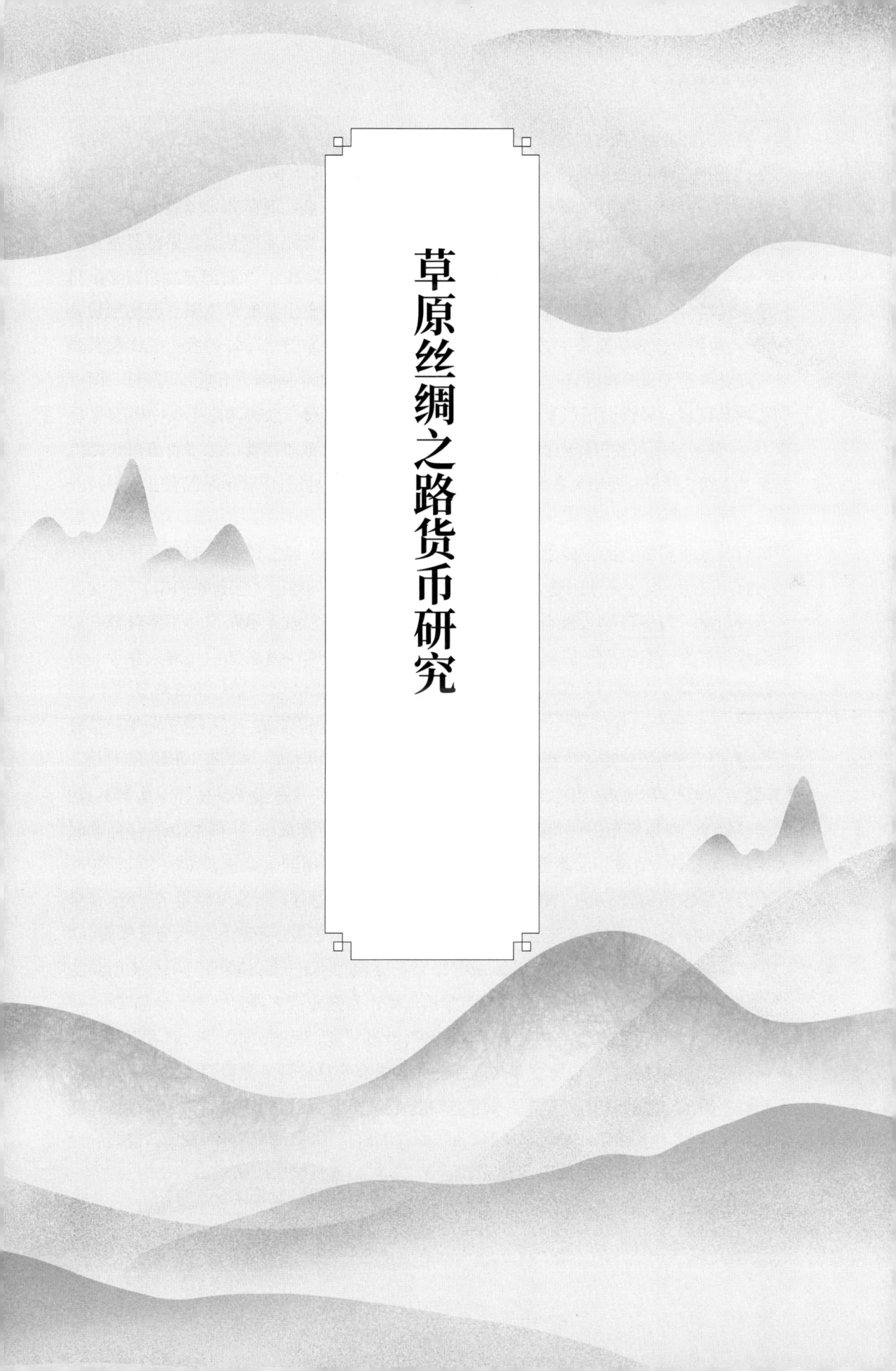

草原丝绸之路货币研究

鲜卑与草原丝绸之路贸易及货币

鲜卑是我国古代北方地区的一个游牧民族，属东胡的一支。这个民族，特别是其中的拓跋鲜卑，富有积极进取精神，重视并善于学习和吸收先进的生产技术和思想文化，在我国历史上产生过巨大的影响。鲜卑最早与中原汉王朝发生政治、经济联系是两汉之际。到东汉后期，他们进入匈奴之故地，成了北方草原地带的主要民族。魏晋南北朝时期，他们先后在黄河流域建立过许多割据政权，最后由拓跋鲜卑建立的北魏王朝所统一，形成了南北朝对峙的局面。鲜卑继匈奴之后，对于沿用、开通草原丝绸之路和丝绸之路贸易，并组织丝绸生产、经营、扩大丝绸之路贸易、发展使用丝绸之路货币等方面，特别是由此而沟通中西文化、科技交流，都有过巨大贡献，为隋的统一、唐的鼎盛创造了必要的条件。本文拟就草原丝绸之路、鲜卑与草原丝绸之路、鲜卑与草原丝绸之路贸易与货币等问题试作初步探讨，以就教于方家。

一、关于草原丝绸之路

丝绸之路是古代中西国际贸易之路，也是中西国际文化、艺术、科技交流之路。丝绸之路已成为当今世界关注的多学科重大研究课题。随着丝绸之路研究的深入开展，又有海上丝绸之路与草原丝绸之路提出[1-3]。地处古代草原丝绸之路必经之地的内蒙古自治区，理应对这个尚待深入探讨的课题作出较科学的回答。

丝绸之路是指西汉由张骞"凿空"，由长安出发，经河西走廊及塔里木盆地南北道，越葱岭而通向中亚、西亚和南亚的道路。草原丝绸之路则是指河西走廊之外，经过古代广大北方草原地带，经西域而通往中亚、西亚、南亚的道路。其时间，可上溯至春秋战国之前和西汉以来的各个历史时期。丝绸之路的外延宽，可包括草原丝绸之路和海上丝绸之路，而草原丝绸之路是一个特定的概念，即指运载丝绸的中外贸易，凡主要经由草原地带的道路而言。

草原丝绸之路的存在，苏（苏北海）、陆（陆思贤）、周（周锦章）、田（田广林）等同志的文章都做了有理有据的论述，这里不赘。这里想补充两点。一是，就中国境内的河西走廊而论，在张骞"凿空"之前，即西汉未设河西四郡之前，在月氏、乌孙和匈奴控制之时，纯属草原地带；四郡建立之后，在魏晋北朝、隋唐、辽、金、西夏时期，也曾断续为游牧民族所控制，也有时间长短不同的草原时期。二是，西域、中亚乃至西亚，也就是古代丝绸之路所经由的主要地带，亦多属草原、沙漠地带。西域在我国古代不同历史时期所包括的地域范围广狭不同。汉代西域都护府所辖范围是"在匈奴之西，乌孙之南，南北有大山，中央有河……东侧接汉隔以玉门、阳关，西侧限以葱岭"[4]，大体在今新疆的南疆范围之内。北魏时董琬通使西域返回，分西域为四域，自葱岭以东流沙以西为一域，自葱岭以西海曲以东为一域，者舌以南月氏以北为一域，西海之间、水泽之南为一域。北魏时的西域包括了中亚的许多地区。唐代的西域亦有广狭之分，广则包括敦煌以西的天山南北、中亚以至西亚，狭则指葱岭以西的中亚到波斯的广大地区。清代的西域主要指今新疆境内，西可及巴尔喀什湖一带。这里所说的西域亦主要指河西走廊以西的新疆境内而言。这一地区，古代虽逐渐有农耕开发，但主要属草原、沙漠地带。中亚即新疆以西苏联的中亚细亚地区，除东南山区和丘陵外，多为气候干燥的沙漠、草原地带。西亚，亦称西南亚，古代丝绸之路所经的地带，主要在伊朗高原和安纳托利亚高原上。这两大高原的许多地区亦为干旱的亚热带草原、沙漠地区。由此可知，古代丝绸之路进入河西走廊西去中亚、西亚的主要道路多属沙漠、草原地带，所以称之为草原丝绸之路是符合实际的。尽管如此，这里绝无用草原丝绸之路取代传统的丝绸之路之意，而是为了研究古代早已存在的我国北方广大草原地区与北方游牧民族紧密相连的那些中西贸易与文化交流的道路，即草原丝绸之路。

古代中西贸易以丝绸为代表，故以丝绸之路名之。草原上的古代游牧民族，食肉衣皮，何以也用草原丝绸之路名之？

一是因丝绸为西方古代奇货，可获重利，故北方游牧民族曾做转手贸易，倒卖丝绸，这是有据可查的。二是北方游牧民族所建立的封建王朝，如北魏、辽等地处北方草原地带，也从事丝绸的生产织造，当然也与西方进行丝绸贸易，而所运输之路要经由草原西去，故应名之为草原丝绸之路。三是在草原丝绸之路所经过的地带遗留下许多西方的器物、货币和受西方文化艺术影响而产生的文化艺术遗物，这些都是草原丝绸之路的产物。

二、鲜卑与草原丝绸之路

（一）东部鲜卑与草原丝绸之路

东部鲜卑，通常是指活动于辽河流域一带的宇文鲜卑、段氏鲜卑和慕容鲜卑而言。这里所说的东部鲜卑则包括了东汉以来鲜卑尚未明确分部和已经组成的檀石槐、轲比能两个军事大联盟时期的鲜卑。锡拉木伦河（汉称饶乐水）乃东部鲜卑的发祥地。匈奴冒顿单于灭东胡，其中一支逃依鲜卑山，因以为名。直至东汉初年，鲜卑仍受制于匈奴。48年，匈奴分裂为南北二部，南匈奴内附。东汉王朝为了孤立打击北匈奴，而与鲜卑联合，各部鲜卑大人于是纷纷归附，明、章二帝时，为之保塞有功，每年到辽东领高额赏赐。从此，鲜卑与中原王朝有了较密切的联系。自91年，北匈奴大败西迁，鲜卑乘势南下，进入匈奴故地。"匈奴余种留者尚有十万余落，皆自号鲜卑。鲜卑由此渐盛。"[5]后来东部鲜卑里的宇文部，即为匈奴余种演变而来。从此，大漠南北的广大草原地带及纵横交错的草原丝绸之路，便都在鲜卑的控制之下。由于鲜卑势盛，与东汉王朝的关系就时服时叛，叛服无常。直到2世纪中叶，即东汉晚期，檀石槐建立了鲜卑的第一个军事大联盟，他"南抄缘边，北拒丁零，东却扶余，西击乌孙，尽据匈奴故地，东西万四千余里，南北七千余里"[5]。檀石槐的牙帐设于"高柳北三百里"，高柳即今山西省阳高县。高柳北三百里，即在今乌兰察布盟东北的察右后旗、商都、兴和一带。檀石槐为了方便统辖这广袤的草原，将其分为东、中、西三部。从右北平至辽东，与扶余、濊貊接壤，为东部，共二十余邑；从右北平以西至上谷十余邑为中部；从上谷以西至敦煌、乌孙共二十余邑为西部。三部各有大人统领。檀石槐的牙帐设于西部的高柳北，正与东汉王朝的京师洛阳遥遥相对，既对东汉王朝造成了直接威胁，又控制了草原丝绸之路阴山至居延、敦煌、乌孙的南路，也控制了纵贯南北、连接草原丝绸中路和北路的要冲地段。在檀石槐设牙帐的地带发现了几处东汉晚期的鲜卑大墓群，出土了许多金饰牌、丝绸遗迹、汉五铢等文物。在西部二十余邑的鲜卑大人中，有个名叫"推寅"者，即为于呼伦池南迁而来的拓跋部首领。

181年，檀石槐死后，联盟逐渐瓦解，后为小种鲜卑轲比能统一，在曹魏初又建立起一个短暂的联盟。东部鲜卑中的宇文部、段部和慕容部即在此时期相继形成，直至五胡十六国时期，又相继由盛而衰。其中的慕容鲜卑在十六国时曾先后建立过前燕（337—370年）、后燕（384—407年）、西燕（384—394年）和南燕（398—410年）。在东部鲜卑活动的地区，也发现了不少与中原有关的遗物，其中北燕（407—436年）冯素弗墓还出土了西亚风格的玻璃器皿，说明东部鲜卑与西亚，经由草原丝绸之路，也有商业贸易的往来关系。属于慕容鲜卑的吐谷浑也正是经草原丝绸之路西迁的。

（二）拓跋鲜卑与草原丝绸之路

拓跋鲜卑是个肯钻研、善学习、能制定并坚持正确的施政纲领，又勇于改革、敢于开放的北方游牧民族。其原居于"幽都之北，广漠之野"，即今大兴安岭北部呼伦贝尔盟鄂伦春自治旗嘎仙洞（鲜卑旧墟石室）一带的大鲜卑山，后有两次南迁。第一次为推寅"南迁大泽"，大泽即今呼伦湖一带的完工索木和扎赉诺尔一带，在那里发现了其墓葬遗迹。第二次为邻（即第二推寅，"推寅"即"钻研"之意）令其子诘汾南迁，"始居匈奴之故地"。在今赤峰地区的南杨家营子、乌兰察布地区的二兰虎沟、赵家房子、三道湾和百灵庙等地发现了属于拓跋鲜卑的墓葬遗迹，其中出土有汉代铜镜与五铢钱币。诘汾的第二次南迁路线应为东汉时拓跋鲜卑所开辟的草原丝绸之路。南迁匈奴故地的拓跋部曾加入过檀石槐的军事大联盟。

力微是诘汾南迁途中所生之子，是拓跋鲜卑南迁阴山地带建立新的部落联盟的第一人，故被奉为始祖元皇帝。在三国曹魏初期，他曾遭"西部内侵，国民离散"之苦，后"依于没鹿回部大人窦宾"，居长川，经过十数年的惨淡经营，旧部复兴；又杀窦宾谋逆之子，"尽并其众，诸部大人，悉皆款服，控弦上马二十余万"。力微于258年，即曹魏甘露三年，由五原"迁于定襄之盛乐"，即今和林格尔土城子一带。力微以盛乐为中心，形成了以拓跋鲜卑为主体的新的部落联盟。《魏书·序纪》记载："夏四月，祭天，诸部君长皆来助祭，唯白部大人观望不至，于是征而戮之，远近肃然，莫不震慑。"始祖（力微）乃告诸部大人曰："我历观前世匈奴、踏顿（乌桓首领）之徒，苟贪财利，抄掠边民，虽有所得，而其死伤不足相补，更招寇仇，百姓涂炭，非长计也。"于是与魏和亲。这就是力微迁都盛乐在部落联盟大会上发表的卓有见地的施政纲领。不仅力微，而且其子孙后代都奉行这个施政纲领，始终不渝，从而不断发展壮大，先后建立代政权和北魏王朝，统一北方。力微居盛乐时，统领大漠南北，控制着纵横草原丝绸之路咽喉要隘。295年，力微幼子禄官继立，分国为三部。上谷以北，濡源以西，东接宇文鲜卑，为东部，由禄官统领；代郡之参合陂以北，为中部，由沙漠汗长子猗㐌统领；以猗㐌弟猗卢为西部，"居定襄之盛乐故城"。三部控弦骑士四十余万。猗卢控制云中、五原、朔方。猗㐌于297年，"度漠北巡，因西略诸国"，"诸降附者二十余国"，历时五年而还。这就打通了由参合陂经漠北而至西域的草原丝绸之路。

305—308年，猗㐌与禄官相继死去，遂由猗卢"总摄三部，以为统一"。310年，猗卢出兵援晋破刘虎有功，晋怀帝封猗卢为代公。312年，猗卢"城盛乐以为北都，修故平城以为南都。帝登平城西山，观望地势，乃更南百里，于灅水之阳黄瓜堆筑新平城，晋人谓之小平城，使子六修镇之，统领南部"[6]。314年，晋愍帝进封猗卢为代王，代政权已备雏形。316年，郁律继立，"西兼乌孙故地，东吞勿吉以西，控弦上马将有百万"[6]。338年，什翼犍继立，称建国元年。"二年春，始置百官，分掌众职。"[6]代政权至此具备了正式国家的规模。"三年（320年）春，移都于云中之盛乐宫。四年（321年）秋九月，筑盛乐城于故城南八里。"[6]而"东自濊貊，西及破洛那，莫不款附"[6]。这种关系一直保持到376年，代政权被前秦苻坚所灭。

由上述可知，魏晋以来的盛乐成了拓跋鲜卑南与中原、西与西域诸国、东与濊貊诸部交往的政治、经济和贸易中心。

拓跋珪是什翼犍之嫡孙。他乘前秦之亡，收拾旧部，东山再起，于386年建元登国，定都盛乐，始称魏王。他殪刘显，屠卫辰，平慕容，定中夏，用十年时间征服周围各部，统一北方，于398年迁都平城。立国之初，他忙于整顿内部，进据中原，无暇经营西域。《北史·西域传序》载："道武初，经营中原，未遑及于四表。既而西戎之贡不至，有司奏以汉氏故事，请通西域，可以振威德于荒外，又可致奇货于天府。帝曰：'汉氏不保境安人，乃远开西域，使海内虚耗，何利之有？今若通之，前弊复加百姓矣。'遂不从。历明元世，竟不招纳。"由此可知，立国之初，无暇顾及虽是客观原因所在，然而主要还是拓跋珪吸取了汉朝的消极教训所致。

拓跋焘是个富于雄才大略、有开拓精神的皇帝。他连年攻战，于431年（神䴥四年）攻灭赫连氏的夏国，扫清了通往西域的第一个大障碍。向东，于436年（太延二年）攻灭冯氏北燕。至此，北方的统一大业逐渐完成，国力强盛，影响远及西域。于是西域诸国纷纷遣使来北魏朝贡。《北史·西域传》这样记载："太延（435—439年）中，魏德益以远闻，西域龟兹、疏勒、乌孙、悦般、渴盘陀、鄯善、焉耆、车师、粟特诸国王，遣使来献。太武以西域汉世虽通，有求则卑辞而来，无欲则骄慢王令，此其自知绝远，大兵不可至故也。若报使往来，终无所益，欲不遣使。有司奏：'九国不惮遐险，远贡方物，当与其进，安可豫抑而来？'乃从之。于是，始遣行人王恩生、许纲等西使。恩生出流沙，为蠕蠕所执，竟不果达。又遣散骑侍郎董琬、高明等多赍锦帛，出鄯善，招抚九国，厚赐之。初，琬等受诏，便道之国，可往赴之……琬于是自向破洛那，遣明使者舌……已而，琬、明东还，乌孙、破洛那之属遣使与琬俱来贡献者，十有六国。"这里综合概述了太延元年至五年前北魏与西域通使的关系。

太延五年（439年）秋，北魏发现臣属的北凉政权有二心，使通西域的商道受阻，故出兵灭北凉。沮渠牧犍被俘至平城，而其弟沮渠无讳由酒泉西奔高昌，另一弟沮渠安周南奔吐谷浑。太平真君元年（440年），无讳回兵攻下酒泉郡。二年（441年），拓跋焘无奈，再出兵进攻酒泉，无讳退逃，命安周西击鄯善。三年（442年）四月，鄯善见比龙因惧安周而西奔且末，其世子降保周，无讳西度流沙而进占鄯善。自此，西域的南路被阻绝。同年八月，无讳又攻占高昌。从此，"乃断塞行路。西域贡献，历年不入。"当时，因北魏正忙于北与柔然、南与仇池及吐谷浑作战，无暇西顾。直到太平真君六年（445年）八月，万度归发凉州兵，以轻骑五千度流沙，直取鄯善，丝绸之路的南道方通。太平真君九年（448年），万度归率五千轻骑再克焉耆、龟兹，丝绸之路的中道也通。伊吾为北魏直接管辖之地，故北道门户也是敞开的，而这北道又是拓跋鲜卑新开辟的丝绸之路。至此，在拓跋焘的努力经营下，设镇、置府，不仅恢复了南、中二道，而且新辟北道，使中西通使与商旅往来不绝，畅通无阻。当时的北魏首都平城便成了与西域各国政治交往、经济贸易、文化科技交流的中心，也是草原丝绸之路的一个新的交汇中心。北魏的平城,在《魏书》和《北史·西域传》里皆称"代",西域有 55 国有里程远近记载,其中 54 国都是以代即平城作为里程计算终点的,而只有嚈哒一国是以长安作里程计算终点的。由此即可看出北魏前期首都平城在与西域各国通使贸易往来中所占据的重要地位。但因此时柔然兴起,控制漠北,草原丝绸之路的北、中二路,拓跋鲜卑已无法利用,平城时期只能走内蒙古境内的草原丝绸之路的南路和河西走廊上的丝绸之路,到北魏首都南迁洛阳以后,政治、经济、贸易和文化中心随之南移,与西域的交通主要是走丝绸之路了。草原丝绸之路则先被柔然、后为突厥所控制和使用。

(三) 西部鲜卑与草原丝绸之路

西部鲜卑是指魏晋以来徙居宁夏、甘肃、青海一带的鲜卑部落而言,其中主要有秃发鲜卑和乞伏鲜卑。吐谷浑也是活动在这里、与草原丝绸之路关系密切的鲜卑族,但一般不被列入西部鲜卑,本文为了叙述方便,也列入西部鲜卑一并介绍。又因他们都在河西走廊的东段,与丝绸之路关系密切,故叙述从略。

1. 秃发鲜卑

秃发鲜卑本与拓跋鲜卑同宗,其首领匹孤是拓跋诘汾之子、拓跋力微之长兄。东汉末其即从拓跋部游离出来。曹魏时因拓跋部被击溃散,匹孤便由阴山一带率部西迁,相继散居于宁夏、甘肃、青海一带。西晋初,秃发部已发展为有二十余万人口的强大部落。397 年(太初元年),秃发乌孤在西平(今青海西宁)建立了南凉割据政权,其辖地包括今武威在内,正当丝绸之路要冲地段。南凉政权共存在 17 年,于 414 年被乞伏鲜卑建立的西秦所灭。

2. 乞伏鲜卑

乞伏鲜卑又称陇西鲜卑。其最先由漠北南迁大阴山地带驻牧。西晋泰始初,继续由大阴山南迁宁夏、甘肃一带,先后吞并了十多万落异姓鲜卑,由此强盛起来。淝水之战后,苻坚败亡,乞伏国仁有众十余万,据秦河二州,自称大都督、大将军、大单于。387 年,国仁死,其弟乾归统部,被前秦主苻登封为金城(今兰州西北)王。394 年,苻登败死,乞伏乾归尽有陇西之地,自称秦王,史称西秦。后迁都苑川(今兰州东)。据《读史方略纪要》记载,其疆境"西逾浩亹(今青海乐都县东),东极陇坻(陇山),北距河,南略吐谷浑"。其扼据的河西走廊东端冲要,乃丝绸之路必经之地。西秦立国 47 年,于 431 年被赫连氏的大夏国所灭。

3. 吐谷浑

吐谷浑是古代丝绸之路上的一个重要的民族政权,位于甘肃洮河流域到青海湟水流域的广大地区。从 4 世纪前半叶建国,到 7 世纪后半叶灭亡,历时 350 多年。笔者通过对 19 个向北魏遣使朝贡五次以上的国家的对比,发现吐谷浑朝贡 64 次,是最多的,比排在第二位的宕昌的 23 次多约 2 倍。

吐谷浑是辽西鲜卑族慕容涉归的长子，他从父亲那儿分得部落 1700 户。涉归死后，因与其弟慕容魔部落相斗生隙，遂乘永嘉之乱，率部落西迁，越过陇山，占领了甘肃临夏和青海西宁等原来氐羌族居住的地方。到吐谷浑王拾寅时代，正当北魏孝文帝时，特别是在 474 年以后，吐谷浑进入一个大转变时期。吐谷浑王开始营造屋宇宫室，佛教也开始在国内流行，并与北魏的交往急剧加强。其王庭在青海湖西 15 里的伏俟城。吐谷浑向北魏遣使频繁，正是他们开展贸易的一种形式，是大规模开展国际贸易的需要。当时，中原和西域间的交通、贸易路线，除经由河西走廊而外，据青海的吐谷浑作为中继者乃至参与者也是很盛的，商胡、佛僧赖吐谷浑之导译而往来是很多的。

三、鲜卑与草原丝绸之路贸易

鲜卑是游牧民族，畜牧以马、牛、羊为主，猎物有野马、羱羊、端牛、貂、豹、鼲子等珍奇动物。名扬天下的"端角弓"即以端牛角为原料而制成。貂、豹、鼲子的皮毛柔软珍贵，"天下以为名裘"。鲜卑人食肉衣皮的生活无法长久维持，急需中原的丝绢等手工业品和粮食做补充。中原的农业经济也需要牧业产品。游牧民族与农业民族的互市贸易成为必然。这正如《魏书·临淮王谭附孚传》里所说："贸迁起于上古，交易行于中世。汉与胡通，亦立关市。今北人（柔然）阻饥，命悬沟壑，公给之外，必求市易。"因此，鲜卑与中原的草原丝绸之路贸易很早就开始了。远在呼伦贝尔盟的扎赉诺尔拓跋鲜卑墓群中出土的丝织品"如意织锦"就是最好的物证。

（一）东汉、魏、晋时鲜卑的丝绸之路贸易

54—90 年的三四十年间是鲜卑归附东汉时期，各部鲜卑大人为东汉"保塞无事"，每年得东汉王朝赏赐的钱币和缣帛。自 91 年北匈奴大败西迁，鲜卑势力渐盛，与东汉王朝的关系变成了或降或叛，叛服无常。107—113 年为归附时期，并允许鲜卑在上谷的宁城互市贸易。和林格尔东汉壁画墓的壁画中就反映了这方面的内容。在互市贸易中，鲜卑以马匹、皮毛易东汉的铁和缣帛等物。因此，在互市问题上，东汉王朝与鲜卑贵族之间的斗争内容也常常是在铁、缣帛和马匹的问题上相互向对方"禁市"。东汉禁市，鲜卑则叛，在缘边抄掠。从 2 世纪中期到 2 世纪末，檀石槐军事大联盟形成之后，对东汉缘边九郡主要采取抄掠政策，使得东汉缘边的"精金良铁，尽为贼有"。缣帛等民用财物更可想而知。鲜卑获得中原的大量缣帛之后，是否会通过草原丝绸之路与西域进行转手贸易，因史无明载，不好妄说。

258 年，即曹魏甘露三年，力微迁都盛乐后，"与魏和亲"，并派儿子沙漠汗"如

魏，且观风土"。沙漠汗"以国太子留洛阳，为魏宾之冠。聘问交市，往来不绝，魏人奉遗金帛缯絮，岁以万计"。"魏晋禅代，和好仍密。""晋遗帝锦、罽、缯、绵、绢、诸物，咸出丰厚，车牛百乘。"[6]由此可知，到魏晋时期，拓跋鲜卑与魏晋的关系是十分良好的，通过不绝的交市和赏赐所得的丝绸是很多的。到猗㐌、猗卢和什翼犍时期，与西晋的关系更为密切。西晋皇帝，始封猗㐌为大单于，赐金印紫绶，凉城县小坝子滩就发现过刻有"猗㐌"二字的金饰牌和"晋鲜卑归义侯"金印等珍贵文物。继封猗卢为代王，"置官属，食代、常山二郡"。文献上虽未记载西晋王室赏赐他们丝绸等珍贵物品的数量，但根据双方的亲密关系，这方面的赏赐只能比以前多，而不会比以前少。这是鲜卑与中原王朝的关系。鲜卑与周边各国的关系也相当密切。力微时，与邻国交接，都遐迩归仰；猗㐌时，西略降附者二十余国；什翼犍时，"东自濊貊，西及破洛那，莫不款附"。其间，拓跋鲜卑以盛乐为中心，通过草原丝绸之路与西域各国，既会有贡使馈赠，又会有一定的丝绸贸易往来。这从猗㐌与猗卢的两条有关资料中就可窥见一斑。据《水经注·河水》记载，猗㐌"西幸榆中，东行代地，洛阳大贾，赍金货随帝后行"。又据《魏书·英含传》记载，"猗卢时，大商人莫含，往来国中，穆帝爱其才，善待之"。由此就可看出鲜卑贵族对商业的重视。只因《魏书序纪》过分简略，这类内容失载了。只有到北魏建立后，中西贸易才达到了新水平。

（二）北魏时期鲜卑的丝绸之路贸易

拓跋鲜卑本属落后的游牧民族，但其建立北魏政权之后，不仅重视桑蚕养殖和手工业丝纺生产，而且重视中西丝绸之路贸易和文化科技交流。

1. 奖劝农桑，户调征帛，保证丝织业发展

拓跋鲜卑建立北魏王朝之后，首先制定了大力奖劝农桑、户调征帛的政策。朝廷劝课农桑的诏书不断颁发。永兴三年（411年）春二月戊戌，诏曰："衣食足，知荣辱。夫人饥寒切己，唯恐朝夕不济，所急者温饱而已，何暇及于仁义之事乎？王教之多违，盖由于此也。非夫耕妇织，内外相成，何以家给人足矣。"[7]神瑞二年（415年），"敕有司劝课留农者曰'……不蚕者，衣无帛。不绩者，丧无衰……教行嫔妇，化治丝枲。'……"[8]太和元年（477年）春正月诏曰："宜简以徭役，先之劝奖，相其水陆，务尽地利，使农夫外布，桑妇内勤。若轻有征发，致夺民时，以侵擅论。民有不从长教，惰于农桑者，加以罪刑。"[9]以上诏令均为定都平城时所颁布。495年迁都洛阳之后，世宗于景明三年（502年）十二月诏曰："民本农桑，国重蚕籍，粢盛所凭，冕织攸寄。比京邑初基，耕桑暂缺，遗规往旨，宜必只修。"[10]终北魏之世，重视农桑政策，始终如一。

在北魏时，绢帛不仅是主要的衣著材料，而且在当时还兼有货币的功能，是财富

的一种具体形态。正因如此，所以北魏的租税即户调制度有这样的规定："天下户以九品混通，户调帛二匹，絮二斤，丝一斤，粟二十石，又入帛一匹二丈，委之州库，以供调外之费。至是（太和八年，485年）户增帛三匹，粟二石九斗，以为官司之禄。后增调外帛满二匹。所调各随其土所出。"[11] 农户纳税需交丝帛，这就要求家家户户都要种桑、养蚕、缫丝、织帛。这必然推动丝织业的大力发展。这就必然促进家庭丝织业和官府丝织业的发展。

2. 北魏官府与民间手工丝织业

魏晋以来，特别是五胡十六国以来，中原大地战争频仍，各项生产事业都遭到严重破坏，手工业和其中的丝织业破坏更甚。因此，北魏初，竟出现了高官盗绢之事。《魏书》记载："时国中少缯帛，代人许谦盗绢二匹，守者以告，帝匿之，谓燕凤曰：'吾不忍视谦面，卿勿泄言，谦或惭而自杀，为财辱士，非也。'"因此，北魏建之初，就十分重视官府手工业的生产和手工业工匠的搜罗。"天兴元年（398年），徙山东六州民吏及徒何、高丽杂夷三十六万，百工使巧十万余口，以充京师。"[11] 这是从盛乐迁都平城当年，迁徙四十六万多口居民，其中有十万余口手工业工匠，当然也会有许多丝织业工匠在内，充实了京师平城。所迁工匠又主要来自山东。山东之齐自古就是一个丝织业中心，西汉时期就在齐设三服官，即因其地盛产"冰纨、方空縠、吹纶絮"[12]。到北齐，陈之康等在祖珽处赌博，"出山东大文绫、并连珠孔雀罗等百余匹，令诸妪掷樗蒲赌之，以为戏乐"[13]。可知山东丝织工匠技艺之精和人才之多。迁来如此众多的工匠，各项官营手工业生产，其中包括丝织业生产，在平城建都初年也就开始了。

接着，当拓跋焘灭赫连夏，破吴盖，进据长安城之后，于"太平真君七年（446年）三月，诏……徙长安城工巧二千家于京师"[9]。长安是历代都城，官私工匠必然很多。这二千家工匠更充实了北魏国都平城的官营手工业生产，其中丝织业工匠也不在少数。

北魏时期官办丝织业的形式有两种：一种是由官家设立作坊或工场，募集或迁徙工匠，按照官家要求的品种和花样进行织造、刺绣和染色。这种专职生产的作坊和工场多设在宫廷或京城之内。此外，在盛产蚕丝或有传统织造技术的地方设立丝局，如泾州丝局、定州丝局、雍州丝局等，组织当地的官办作坊织造丝绸。联系丝织业的染色工业，则有司染署，掌绫、罗、锦、绣的染色工作，又别领京坊、河东、信都三局。这样就组成了一个官营织造的纺织系统。

另一种组织形式是民间凡有织造丝织品工艺技术的人，皆须注籍为匠户，他们以服徭役的形式专为官家织造定额的丝织品。其办法是由所在地方衙署的主管部门把应用原料散发给注籍的匠户，匠户在自己的家中，用自己的生产工具，按照官府规定的品种、花样，织造官府规定的绫罗锦绣。织成后，将成品交给官府，经主管官吏验收合格后才能销差。这原是历来的传统办法，在北朝统治下的官匠户亦系按照此传统办法循例进行[14]。

再加上广大农村，家家户户为交纳绢税和自己穿用的养蚕纺织，丝织品生产可以说是遍布全国各地的。这从当时的诗歌中也可得到印证。如《木兰辞》中有："唧唧复唧唧，木兰当户织。"《古艳歌》云："为君作妻，中心恻悲；夜夜织作，不得下机；三日载匹，尚言吾迟。"[15]即可窥知古代妇女辛勤织造的一斑。当时的一匹是四丈，三天成匹，一天要织一丈三尺多，何等辛劳。北魏张丘建《算经》记载："今有女善织，月益功，疾，初日织五尺，今一月织九匹三丈，问日益几何？答曰：五寸二十九分寸之十五。"又载："今有女子不善织，日减功，迟，初日织五尺，末日织一尺，今三十日织讫，问织几何？答曰：二匹一丈。"九匹三丈，合三百九十尺，以三十天平均计算，一天可织一丈三尺，这是当时纺织生产的最高纪录；二匹一丈，合九十尺，以三十天平均计算，一天可织三尺，这应是当时纺织生产的最低纪录了[16]。由此可以看出北魏时期官府和民间丝织业的繁盛情况。

经过七八十年的发展，到太和十一年（487年）十一月，拓跋宏颁发了这样的诏令："罢尚方锦绣罗绮之工，四民欲造，任之无禁。其御府衣服、金银、珠玉、绫罗、锦绣、太官杂器、大仆车具、内库弓矢，出其太半，班赉百官及京师士庶，下至工商皂隶，逮于众镇戍士各有差。"[9]到这时，北魏的丝织品及整个手工业产品已出现供过于求的繁盛局面。绢价从北魏初年每匹千钱降到二三百钱。在府库中积聚的绢帛之多，达到魏晋以来的最高水平，一改建国初"国中少有绢帛"、高官为盗的困难情况。

到太和二十三年（499年）迁都洛阳之后，竟出现了绢帛山积、不可校数的盛况。以至胡太后打开库藏，令百官负绢，任意自取。"胡太后尝幸绢藏，命王公嫔主从行者百余人，各自负绢，称力取之，少者不减百余匹。尚书令仪同三司李崇、章武王融负绢过重，颠仆于地。崇伤腰，融伤足，太后夺其绢使空出，时人笑之……侍中崔光山取两匹，太后怪其少，对曰：'臣两手，唯堪两匹。'众人愧之。"[17]如此过盛的丝织品，就为北魏王朝进行丝绸之路贸易提供了充足的商品资源。

3. 草原丝绸之路和丝绸之路贸易

东汉后期至魏晋南北朝时期，北方遭受极其严重的破坏，北魏以前，广大农村生产凋敝，民间商业贸易衰落之至，即使到北魏统一北方，生产逐渐得到恢复，广大乡间的商业活动依然很不景气。史称："魏初至于太和，钱币无所周流。"[8]而崇尚奢靡之风的封建富豪与达官贵人则争奇斗胜，互相夸富，这便极大地刺激了远道商品贩运的兴盛，出现了许多官商与大商富贾。文献记载："帝族王侯，外戚公主，擅山海之富，居川林之饶，争修园宝，互相竞夸，崇门丰室，洞户连房，飞馆生风，重楼起雾，高台芳榭，家家而筑，花木曲池，园园而有……而河间王琛最为豪首，常与高阳争衡……遣使向西域求名马，远至波斯国，得千里马，号曰'追风赤骥'。次有七百里者十余匹，皆有名字，以银为槽，金为锁环，诸王服其豪富……琛常会宗室，陈诸宝器，金瓶银瓮百余口，瓯檠盘盆称是。自余酒器，有水晶钵、玛瑙盃、琉璃碗、赤玉巵数十枚，作工奇巧，中土所无，皆以西域而来。又陈女乐及诸名马，复引诸王按行府库，锦、罽、珠、玑、冰罗、雾縠，充积其内，绣、缬、紬、绫、丝、采、越、葛、钱、绢等，不可数计。"[18]这许多珍奇之物，多由西域丝绸之路或草原丝绸之路贩运而来，富商大贾从中牟取暴利，以发横财。这种情况，西晋时已出现。泰始二年（266年）诏曰："豪人富商，挟轻资，蕴重积，以管其利，故农夫苦其业，而末作不可禁也。"[19]因而产生了鲁褒的《钱神论》，尖锐讽刺了当时的统治者奢侈贪鄙、专爱金钱的丑恶嘴脸。当然，"买贱鬻贵"乃商业经营的基本原则，自古而然，只是贩运官僚贵族争慕的昂贵奇货，商人更可以一本万利，因此，即使在战乱频仍的五胡十六国之际，丝绸之路与草原丝绸之路的贸易往来也未完全中断。

据《晋书·刘隗传》记载，隗从弟畴"曾避乱坞壁，贾胡百数欲害之，畴无惧色，援笳而吹之，为出塞入塞之声，以动其游客之思，于是群胡皆垂泣而去之"。由此可知，在战乱之时，西域胡商，成群结队，数以百计，冒险而来中国，贩运丝绸，牟取暴利，通往西域的草原丝绸之路，商旅并未断绝。又据《晋书·四夷大宛传》记载，大宛人"善市贾，争分铢之利，得中国金银，辄为器物，不为币也"。大宛国在今苏联费尔干纳盆地，建都贵山城。大宛人深目多须，地产名骥汗血马。曹魏陈留王咸熙二年（265年），大宛王遣使献名马。晋武帝泰康六年（285年），遣杨颢出使大宛，赐大宛王首号蓝庚。蓝庚王死，其子继位，献西晋王朝汗血马。后与后赵、前秦均有通使商贸往来，从中国经由草原丝绸之路换回许多黄金、白银等贵金属，使我国的金银泄漏出境。

到拓跋鲜卑所建的北魏王朝统一了分裂的北方之后，这种与北邻边疆少数民族和西域的通商往来不仅得到恢复，而且有了很大的发展。据《北史·西域传》记载，从太延中开始，北魏与西域各国的交往十分密切，当时来献者，十有六国。自后相继而来，不间于岁，国使亦数十辈矣"。其实西域最早来北魏朝献的是焉耆与车师等国，时在太延元年（435年）二月。从这年二月开始，后又派董琬、高明出使西域，北魏与西域通使往来的关系便密切起来。从太延元年至太和十九年（495年），西域河西、北方与东北来平城朝献的大小国家达60多个，其中来自西域的有30余国，来自东北的有20余国。来自北方的主要为柔然，来自河西走廊的主要为吐谷浑。据魏书记载，这期间，西域来往较多的国家有粟特、龟兹各九次，疏勒七次，鄯善、于阗、破洛那、悉万斤各六次，波斯五次，焉耆、渴槃陀、车师、悉居半都在三次以上，而独不见东罗马帝国。据考证，十六国时期，罗马帝国在我国文献中译作"拂菻"。《太平御览·前凉录》记载："张轨时，西胡致金胡饼，皆拂菻作，奇状，并人高，二枚。"这里的拂菻即指罗马帝国。其中，研究者对"金胡餅"也有不同的理解。395年，罗马分裂为东西二部。到北魏时，《魏书》里又称东罗马为"普岚"。456、465、467年，东罗马帝国先后三次通使北魏王朝。而《北史》又将其译作"伏卢尼"。北魏与东罗马帝国开展大规模的直接贸易，文献记载始于456年，即文成帝拓跋濬太安二年。发现于内蒙古呼和浩特地区的两枚东罗马金币，一枚为狄奥多西斯二世（408—450年）时所铸的"索里得"[20]，另一枚为列奥一世（457—474年）时所铸[21]。两枚金币遗落在东罗马通往北魏首都平城不远的草原丝绸之路上，绝非偶然的巧合，而是两国通商的直接物证。而且东罗马遣使来北魏平城的第二年，已是列奥一世称帝执政。其后的接连两次遣使来平城，都是列奥一世执政时期，可知列奥一世执政时期与北魏的友好关系。这时东罗马与北魏所以能畅通无阻，是因为罗马与萨珊波斯经过两个世纪的战争后，终于在5世纪中叶达成了和平协议。北魏与东罗马的贸易，除经波斯过西亚的丝绸之路而外，还有一条经中亚至黑海的草原丝绸之路。这条路的开通，是东罗马商人为了摆脱波斯商人的垄断，而通过粟特人之手得到北魏丝绸，经由中亚草原地带的里海和伏尔加河而达黑海北岸。黑海北岸的刻赤曾出土过中国古代的丝绸，应是这方面的物证。波斯不仅企图垄断由中国运往西方的丝绸，而且还想方设法劫取中国养蚕缫丝织锦的技术。中原的蚕丝技术的西传，首先在葱岭以东新疆的于阗，到5世纪时天山以南的高昌、龟兹、疏勒已都能织锦。大约在5世纪时，这一技术已被波斯人掌握，因为南北朝时丝绸之路上已出现了波斯锦。不仅有波斯锦，还有贵族富豪们所欲求的金银和玻璃等器皿传入。这既有文献记载，更有实物出土。

　　北魏首都平城（大同）（396—493年）不断出土西亚风格的器物。1970年，大同市南郊北魏建筑遗址出土八曲银洗一件、刻花银碗一件、鎏金高足铜杯三件，还有石雕方砚一方[22]。五件金属器"可以试定为来自伊朗东部呼罗珊的萨珊器"[22]。石砚乃中国特产，但这件石砚的雕刻手法与纹饰不仅与云冈和司马金龙墓的石刻如出一手，而且显示了伊朗和中亚艺术的影响。1981年大同市北魏墓出土鎏金波斯银盘一件、银耳杯一件、高足银杯一件。银盘直径18厘米，圈足高1.4厘米，总高4.1厘米[23]。盘中央为一狩猎图，刻一位伊朗面型、手持矛的中年男子，其周围的芦苇里有三头野猪在活动。据夏鼐考证，该盘属于"皇家银盘"一类，是萨珊朝王室贵族宴会时所用。这种银盘存世者不过20件左右，图案以狩猎内容为多。狩猎对象为狮子、野猪、山羊和赤鹿[24]。这种"皇家银盘"出土于平城北魏墓，可知北魏与波斯的密切关系。更有趣的是，1982年又在盛乐附近的北魏墓里出土了一批金器，其中有三件野猪纹黄金带扣，两件的野猪造型风格与苏联列宁格勒冬宫博物馆收藏的萨珊银盘上的野猪造型十分相似[25]。这绝非偶然。1988年大同北魏墓群里又出土了波斯银碗和玻璃碗。"两件鎏金银碗与以前大同市南郊出土的同类器物在造型风格上非常一致。""其中一件玻璃碗，造型美观，晶莹透明，完整无损。""据研究，这些都是标准的伊朗高原产品，由波斯经丝绸之路辗转流入北魏平城地区。"[26]《南齐书·魏虏传》记载北魏宫廷里的陈设这样写道："坐施氍毹褥，前施金香炉、琉璃杯、金碗、盛杂食器，设客长盘一尺，御馔圆盘广一丈"。这里的有些器物很可能是西亚所产。北魏时出土的玻璃器皿，还有 1948 年河北景县封氏墓群出土的网纹玻璃杯[27]，1964 年河北定县塔基太和五年石函中发现的玻璃器[28]，1965 年辽宁北票北燕冯素弗墓出土的玻璃器，以及碗、杯、钵和鸭形注等[29]，都与草原丝绸之路有关。北魏时不仅传来玻璃器皿，还传来了烧造技术。据《魏书·西域》"大月氏国"记载："世祖（424—452 年）时，其国人商贩京师，自云能铸石为五色琉璃，于是采矿山中，于京师铸之。既成，光泽乃美于西方来者，乃诏为行殿，容百余人，光色映彻，观者见之，莫不惊骇，以为神明所作。自此中国琉璃遂贱，人不复珍之。"由此可知，北魏的平城曾引进过生产玻璃的先进技术。可知平城在草原丝绸之路上的重要地位。

魏孝文帝迁都洛阳之后，西域与缘边的少数民族和北魏王朝的贡使关系比以前更加密切。《洛阳伽蓝记》记载："自葱岭已西，至于大秦，百国千城，莫不款附，商胡贩客，日奔塞下，所谓尽天地之区矣。乐中国土风，因而宅者，不可胜数。是以附化之民，万有余家，门巷修整，阊阖填列，青槐荫柏，绿树垂庭，天下难得之货，悉咸在焉。"这是洛阳的情况。凉州也是西域诸国商人聚集的地点之一。终北朝一代，凉州一直是繁华的贸易中心，故寄居于此的西域商人甚多。

这样，既沟通了贡使关系，又沟通了贸易关系，贡使多兼事贸易，商贾亦随之俱来。《魏书·邢峦传》记载："世宗初，峦奏曰：'建景明之初（500 年），承升平之业，四疆清晏，远迩来同，于是蕃贡继路，商贾交入，诸所献贸，倍多于常，虽加节约，犹岁损万计。珍货常有余，国用恒不足，若不裁其分限，便恐无以支岁。自今非为要须，请皆不受。'世宗从之。"由此可知，献与贸是同时俱来的。到迁都洛阳之后，已出现"珍货常有余，国用恒不足，若不裁其分限，便恐无以支岁"的局面。这种以商贸充贡使的情况，不仅北魏如此，汉代亦然。《汉书·西域传》记载，杜钦说大将军王凤曰："……奉献者，皆行贾贱人，欲通货市买，以献为名，故烦使者送至县度，恐失实见欺。凡遣使送客者，欲为防护寇害也。"当然，这种以贾充使的情况肯定会有，且不会太少。因为这样一来，既可满足封建皇帝高傲自大的心理，给史官自吹自擂的机会，又可使胡商以贡为名，把商货变为贡品，以享受护送、免税、受赏赐等特殊礼遇，从而落得更大的好处和利益。

四、鲜卑与草原丝绸之路货币

从东汉后期至魏晋北朝时期，货币经济在国内来说是一个极度衰落的时期，黄金已退出货币流通领域，铜钱也很少铸造，布帛谷粟等实物又进入流通领域，占据了过去黄金、铜钱的位置，而成为主要的货币。这是就国内市场而言的。若以丝绸之路或草原丝绸之路来观察，已如上文所述，却出现了十分活跃和繁荣的局面，除主要为以物易物的贸易外，沿丝绸之路或草原丝绸之路的地区，仍有货币在流通使用。这种在丝绸之路上流通或使用的货币，不管它是本国的还是外国的，都可能成为丝绸之路货币。

在汉代，国内主要流通的货币，除黄金、白银外，主要是铜铸的五铢钱币。《后汉书·鲜卑传》记载："鲜卑大人皆来归附，并诣辽东受赏赐，青、徐二州给钱岁二亿七千万为常。"在鲜卑归附时期，中原王朝每年以二亿七千万枚五铢钱赐给鲜卑而流入草原地带，这些钱币必然要在草原地带流通。特别是当鲜卑与中原进行互市贸易时，主要应为以当地畜产品交换中原的丝绸等物，但是这些五铢钱也定会投入市场，买回其所必需的丝绸、铜镜等生活用品。生活在草原地带的鲜卑人可能不是以使用当时流通的五铢钱为主，但也不能排除他们已开始保存和使用货币。这从已发现的鲜卑墓葬里即可看出。例如，位于吉林省西部白城市南与内蒙古自治区兴安盟科尔沁右翼中旗相邻接的通榆县兴隆山鲜卑墓就出土了西汉五铢和齿贝，人们据此认为这些鲜卑墓的时代属西汉中晚期[30]。诚如此，说明鲜卑族尚处于匈奴奴役之下、与中原隔绝的时期，就已开始懂得保藏与使用货币。又如，位于今内蒙古赤峰市北的巴林左旗南杨家营子鲜卑墓葬[31]，位于乌兰察布盟集宁市北的察右后旗三道湾鲜卑墓葬❶，都有五铢钱出土。这些墓葬的时代大约属于东汉后期檀石槐军事大联盟统治时期。在达茂旗百灵庙一带的鲜卑墓中也出土有剪边五铢[32]。在呼和浩特市东南的八拜乡炼油厂工地的施工中，农民工挖出了一批剪边与綖环五铢钱，有七八斤❷，可能是东汉末或魏晋时的窖藏。这种剪轮五铢钱和钱范在新疆南北朝时期的遗迹中也有发现。当时这里也是鲜卑控制的地区，窖藏可能与鲜卑有关。上述墓葬出土的五铢钱，说明鲜卑人从西汉末到东汉末都在保藏和使用五铢钱。这些五铢钱都出土于草原丝绸之路上，可否认为是丝绸之路货币？

到曹魏时期，"魏文帝罢五铢钱，使百姓以谷帛为市，至明帝世，钱废。谷用既久，人间巧伪渐多……魏明帝乃更立五铢钱，至晋用之，不闻有所改造"[19]。故终西晋一代没有铸造过铜钱，只沿用曹魏的旧钱。

在晋世割据的十六国时期，金属货币基本已不流通，民间交易多用布帛，铜钱只在

---

❶ 由笔者主持发掘，相关资料尚未发表。
❷ 相关资料尚未发表。

个别地方偶然一用，如用于赏赐。据《晋书·张轨传》记载，永嘉中，轨据凉州，"太府参军索辅言于轨曰：'古以金贝皮币为货，息谷帛量度之耗。二汉制五铢钱，通易不滞。泰始中，河西荒废，遂不用钱，裂匹以为数段，缣布既坏，市易又难，徒坏女工，不任衣用，弊之甚也。今中州虽乱，此方安全，宜复五铢，以济通变之会。'轨纳之。立制：准布用钱。钱遂大行，人赖其利。"这是丝绸之路要冲凉州地区使用五铢的情况。

又据《晋书·慕容暐载记》记载，皝记室参军封裕谏重课民租。皝乃令曰："夫人臣关言于人主，至难也……封生謇謇，深得王臣之体……其赐钱五万。"这是慕容鲜卑建前燕后向大臣赏赐钱币的情况。又据《晋书·慕容暐载记》记载：秦将王猛引兵逼邺，太傅慕容"评性贪鄙，障固山泉，卖樵鬻水，积钱绢如丘陵，三军莫有斗志。暐遣其侍中兰伊让评曰：'王，高祖之子也，宜以宗庙社稷为忧，奈何不务抚养勋劳，专以聚敛为心乎？府藏之珍货，朕岂与王爱之？若寇军冒进，王持钱帛安所置也？皮之不存，毛将安傅。钱帛可散之三军，以平寇开旋之先也。'"这说明，慕容鲜卑还是用五铢钱的。

又据《晋书·沮渠蒙逊载记》记载，"蒙逊母车氏疾笃，蒙逊升南景门，散钱以赐百姓。"这说明，钱币在十六国时期的一些国家仍未失去货币作用。在十六国时期，只有石勒铸造过一次"丰货"钱。据《晋书·石勒载记》记载，石勒称帝元年（319年），"置挈壶署，铸丰货钱"。三年，"又没一鼎，容四升，中有大钱三十，文曰：'百当千，千当万'。鼎铭十三字，篆书，不可晓。藏之于永丰仓。因此，令公私行钱，而人情不乐。乃出公绢市钱，限中绢匹一千二百，下绢八百。然百姓私买中绢四千，下绢二千。巧剩者贱买私钱，贵卖于官，坐死者十数人，而钱始不行。"这就是十六国时期用钱的情况。由此可知，五铢的流通并未绝迹，只是百姓不乐意用而已。

拓跋鲜卑建立北魏王朝统一中原之后，也长期不用货币，"钱货无所周流"。直到元宏太和年间，始诏天下用钱，并于太和十九年（495年）铸"太和五铢"，这正是由平城迁都洛阳之时。"太和五铢"颁行天下后，官私皆可铸造，民间欲铸，可申请官炉依式铸造，而官炉所铸之钱，必须符合"铜必精炼，无所和杂"的要求。故太和五铢，钱质优良，大小适中。但因民间久不用钱，推广流通甚难，或拒用，或用旧钱，致使太和五铢的流通范围也只限于京城附近一带，外地州郡大多仍以布帛为市。钱币流通，阻力很大，太和五铢和永平新铸行用不久，即出现盗铸轻薄小钱的严重情况，这就更增加了推广用钱的阻力。于是，在庄帝永安二年（529年），又改铸"永安五铢"。"官自立炉，起自九月，至三年正月止。"[33]这就是北魏铸造行用钱币的情况。

北魏王朝分裂之后，北齐（当政27年）、北周（当政24年）都曾热衷于铸钱。

北齐文宣帝天保四年（553年），铸"常平五铢"，钱质精良，大小适中。

北周保定元年（561年）铸"布泉"，以一当五，与五铢并行。建德三年（574年）更铸"五行大布",以一当十,与"布泉"并行。四年,禁止"五行大布"出关。五年正月,废"布泉"。大象元年(579年)铸"永通万国",以一当十,与"五行大布"并行。北周在18年之内改铸了三次钱币。与此同时,在"河西诸郡,或用西域金银之钱,而官不禁"。可知,在丝绸之路所经的某些地区,东罗马金币与波斯银币是流通过的。

《北史·西域》所记75国中有用银、钱的记载,如龟兹国,去代一万二百八十里,"赋税,准地征租,无田者则税银"。又"俗性多淫,置女市,收男子钱以入官"。"阿钩羌国,在莎车西南,去代一万三千里……市用钱为货。""罽宾国,在波斯西南,去代一万四千二百里。其人工巧,雕文刻镂,织罽。有金、银、铜、锡,以为器物。市用钱。""女国,在葱岭南。其国世以女为王。其女王死,国中厚敛金钱。"以上诸国所说的"税银""收男子钱以入官""市用钱为货""市用钱"和"国中厚敛金钱"等,都是用银或钱的事例,说明有钱币流通。

除文献记载外,在我国,北朝时期的墓葬或遗址里也曾发现拜占庭的金币和波斯萨珊王朝的银币。

出土拜占庭金币的地点如下。

1959年夏,呼和浩特市西毕克齐大青山南麓的水磨沟里,在尸骨处发现拜占庭金币1枚。由币面上的图像与文字看,当为东罗马皇帝奥列一世,(457—474年)时所铸,其时代相当于我国北魏拓跋鲜卑文成帝至孝文帝初期。

1975—1976年,在河北省石家庄地区的赞皇县南邢郭发掘了东魏上党太守追赠司空李希宗(510—540年)夫妇的墓,在女性尸骨附近发现了三枚东罗马拜占庭金币。这女尸即李希宗妻子崔氏,死于北齐武平六年(576年)12月22日。这三枚随葬的金币,据夏鼐先生研究,"1号金币是狄奥多西斯二世(408—450年在位)时的金币'索里得'","2号金币,是查士丁一世舅甥共治时(527年)所铸的币"。3号金币基本与2号相同。

1983年在大青山北麓的武川县西乌兰不浪村,农民在河槽的砂中淘金时又发现一枚东罗马金币,据初步比较鉴定,与赞皇墓出土的1号金币索里得相同,为狄奥多西斯二世时所铸造。

1973年和1978年,在河北省磁县的东魏墓葬里先后发现三枚东罗马金币[34]。1973年里间氏墓出土一枚属查士丁与查士丁尼共治时期(518—565年)的铸造品;1978年邻和公主墓出土两枚金币,其一为阿那斯塔修斯时铸造,另一枚也是查士丁与查士丁尼共治时期的金币。公主墓金币入葬的时间在550年,已是北魏末年。由上述资料可知,北朝时期的东罗马金币共发现八枚,六枚在河北境内,两枚在内蒙古呼和浩特地区大青山南北的草原丝绸之路上。

出土波斯萨珊银币的地点如下。

1965年呼和浩特市北5千米处的大青山下坝口子白道古城遗址里出土四枚波斯萨

珊银币[20]。其中一枚为卡瓦德世（488—531年）时所铸，相当于北魏的孝文帝太和至节闵帝普泰时期。另外三枚同属于库思老一世（531—579年）时所铸，相当于北魏末、东魏、西魏、北齐、北周之际。白道古城遗址有北魏文化遗存[35]。

1964年河北定县北魏塔基太和五年（481年）石函里与西亚玻璃器同时出土41枚银币，其中卑路斯14年（472年）铸造的有37枚，伊斯提泽德二世（438—457年）时的有4枚[28]。从这些银币的入葬与铸造时间推算，仅相距十年。两地相隔如此遥远，新铸货币的流入如此之快，既说明两国间交往的密切与频繁，又说明草原丝绸之路上两国商业货币流通之迅速。

1981年宁夏固原西郊北魏墓出土一枚卑路斯银币[36]，据发现者研究认为，其入藏年代当在北魏孝文帝太和十年（486年）左右，上距波斯萨珊银币铸造时间也只有15年左右。

五、几点认识

（1）草原丝绸之路是以我国古代北方游牧民族为主所开辟并经营的边疆与国际贸易之路、货币流通之路，也是文化、科技交流之路。它早于绿洲丝绸之路而存在，汉武帝以后，它与后起的海上丝绸之路一样，同绿洲丝绸之路相辅而行，互相配合，互相补充，以扩大国际贸易的往来。位于古代蒙古高原上的草原丝绸之路，有纵有横，纵横交错，纵路不下十条，横路主要有北、中、南三条，其中南边一条在今内蒙古境内，汉以后称"居延道"，俗称"小草地路"。草原丝绸之路在我国古代各个不同历史时期主要由占据于此的各个不同民族所控制与经营。

（2）鲜卑是继匈奴西迁之后占据蒙古高原的主要民族。因此，从2世纪以来到隋统一之前，鲜卑是主要控制与经营草原丝绸之路和绿洲丝绸之路的民族，其中又以拓跋鲜卑更为重要。拓跋鲜卑南迁匈奴故地，开通了呼伦贝尔草原到阴山的草原丝绸之路；拓跋力微到什翼犍时以盛乐为中心保持了经草原丝绸之路与西域和东北的联系；北魏前期，以平城为中心与西域和东北经草原丝绸之路保持了密切的联系，同时开通了河西走廊和新疆天山以北的丝绸之路；北魏后期，以洛阳为中心，经丝绸之路与西域频繁交往，草原丝绸之路被柔然干扰和控制。西部鲜卑，特别是吐谷浑，对青海丝绸之路的开通有一定贡献。

（3）鲜卑与草原丝绸之路贸易，东汉至北魏早期均为间接转运贸易，北魏拓跋焘开始，与西域和边疆民族都采用直接贸易。其贸易中心有二：前期以平城为中心，主要走草原丝绸之路；后期以洛阳为中心，主要走绿洲丝绸之路。

（4）从文献记载与考古发现看，鲜卑族在两汉之际到北魏前都使用和保藏中原的五铢钱。北魏到北周，鲜卑统治时期又都铸造过钱币。同时也有西域的东罗马金币、波斯萨珊银币流入。由西域流入的金银币为草原丝绸之路或丝绸之路货币，争论不大；汉五铢或北朝铸币流入草原丝绸之路或丝绸之路上的，也应属于丝绸之路货币。当然，这两种丝绸之路或草原丝绸之路货币均非当时国际贸易或边疆贸易的主要货币。因为国际贸易和边疆贸易主要为易货贸易，纵然用货币，大宗的贸易只能用黄金、白银这种贵金属做货币，而不会用铸币去交易。上述铸币，只能作为草原丝绸之路或丝绸之路上来往商旅零星交易所用的货币。

参 考 文 献

［1］苏北海.自汉至唐的草原丝绸之路［J］.新疆史学，1980（1）.

［2］陆思贤.鲜卑考古中的新课题——鲜卑、西伯利、草原丝绸之路［M］//卢明辉.内蒙古文物古迹散记.呼和浩特：内蒙古人民出版社，1988：90.

［3］周锦章，田广林.草原丝路与契丹货币经济［J］.内蒙古金融研究，1989（10）.

［4］班固.汉书·西域传［M］.北京：中华书局，1962.

［5］范晔.后汉书·鲜卑传［M］.北京：中华书局，1965.

［6］魏收.魏书·帝纪·序纪［M］.北京：中华书局，1974.

［7］魏收.魏书·太宗纪［M］.北京：中华书局，1974.

［8］魏收.魏书·食货志［M］.北京：中华书局，1974.

［9］魏收.魏书·高祖纪［M］.北京：中华书局，1974.

［10］魏收.魏书·世宗纪［M］.北京：中华书局，1974.

［11］魏收.魏书·志［M］.北京：中华书局，1974.

［12］范晔.后汉书·章帝纪［M］.北京：中华书局，1965.

［13］李百药.北齐书·祖珽传［M］.北京：中华书局，1972.

［14］傅筑夫.中国封建社会经济史（第三册）［M］.北京：人民出版社，1984：337-339.

［15］李昉，等.太平御览（卷826）［M］.北京：中华书局，1960.

［16］童书业.中国手工业商业发展史［M］.济南：齐鲁书社，1981：67.

［17］司马光.资治通鉴（卷149）［M］.北京：中华书局，1976.

［18］杨衒之.洛阳伽蓝记·法云寺［M］.北京：中华书局，1963.

［19］房玄龄，等.晋书·食货志［M］.北京：中华书局，1974.

［20］盖山林.呼和浩特市附近出土的外国金银币［J］.考古，1975（3）.

［21］戴富杰，杨梧.水磨沟又出土东罗马金币［J］.呼和浩特文物，1987（1）.

［22］孙培良.略谈大同市南郊出土的几件银器和铜器［J］.文物，1977（9）.

［23］张玉基.大同市小站村花圪塔台北魏墓清理简报［J］.文物，1983（8）.

［24］夏鼐.北魏封和突墓出土萨珊银盘考［J］.文物，1983（3）.

［25］陆思贤.和林格尔县另皮窑村北魏墓出土的金器［J］.内蒙古文物与考古，1984（3）.

［26］佚名.大同北魏墓群出土文物甚丰［N］.中国文物报，1990-08-23.

［27］范世民，周宝中.网纹玻璃杯考略［J］.文物，1982（8）.

［28］夏鼐.河北定县北魏塔基舍利函中波斯萨珊朝银币［J］.考古，1966（5）.

［29］黎瑶渤.辽宁北票县西官营子北燕冯素弗墓［J］.文物，1973（3）.

［30］张中澎.通榆县兴隆山鲜卑墓清理简报［J］.黑龙江文物丛刊，1982（3）.

［31］中国科学院考古研究所驻内蒙古工作队.内蒙古巴林左旗南杨家营子的遗址和墓葬［J］.考古，1964（3）.

［32］江上波夫.内蒙古百灵庙砂凹地古墓［M］//东京大学东洋文化研究所.厂氵厂文化史研究·论考篇.1967.

［33］魏徵.隋书·食货志［M］.北京：中华书局，1982.

［34］朱全升.河北磁县东魏邻和公主墓［J］.文物，1984（4）.

［35］汪宇平.呼和浩特市郊地区与"白道"有关的文物古迹［J］.内蒙古文物与考古，1984（3）.

［36］宁夏固原博物馆.固原北魏墓漆棺画［M］.银川：宁夏人民出版社，1988.

鸦片战争与白银外流
——从道光前五十两元宝罕见谈起

今年（1990年）是鸦片战争150周年。鸦片战争是英国殖民主义者强行往我国盗运倾销鸦片毒品遭到反抗而引起的一场侵略战争，它使我国沦落于半封建半殖民地的深渊。从此，偌大的中国，割地赔款，丧权辱国，任列强宰割。入境的鸦片造成了国人的病态，外流的白银养肥了列强的便便大贾！中国贫穷、落后、挨打了！列强富强、先进、打人、杀人、食人了！这就是中国和世界的近代情况。

一、道光前的五十两元宝何以罕见？

元宝是我国用白银铸造的货币的一种主要形式，属称量货币。白银是贵金属之一，具有货币的天然本质，可在国际流通。白银在我国用作货币颇早，至迟在春秋战国时期已将白银用作货币。汉武帝与王莽都曾以白银作为货币使用。唐代，白银在支付、贮藏、保值上已逐渐取得重要货币的地位。然而，把白银铸成银锭、元宝的特殊形态还是宋、金、元以来的事。宋、金名为银锭。元改称元宝，有时亦仍叫银锭。为什么改称银锭为元宝？据说至元十三年（1276年）元兵征服了南宋，回到扬州，丞相伯颜下令搜检将士行装，把搜出的撒花银子熔铸成锭，又称元宝，每锭五十两，献给元世祖，再分赐将士，流通于市面。后来，政府也铸造，以后相沿习用。不过宋、金、元的银锭、元宝的形状主要为束腰形，到明、清才出现马蹄形（还有其他形状）。元宝以两计算，故亦称银两。迄今所知，元宝最大者为五百两。社会上一般通用的元宝，大者五十两，中者十两左右，小者为五至二两上下。一两以下者名碎银或滴珠。

元代虽流通纸钞，但以银为本。不仅借贷、俸饷、爵赏、大宗交易及税收用银，物价也用银表示，发行纸钞的准备金也是白银。因此，元代以白银铸成的元宝已成为主要通货。到明朝，洪武九年（1376年）政府明令允许百姓以银钱代纳粮税。嘉靖八年（1529年），上交中央政府的银两要求都铸成元宝，元宝面上镌刻有年月及官吏、银匠姓名，且有一定成色要求，已成为正式法定通货。元宝作为一种银两制度，至此已正式确立。清朝政府沿袭明朝的货币制度，更是"以银为主，铜钱为末"，"大数用银，小数用钱",银钱相辅而行。而银元宝的使用范围已更为广泛。因此,元宝的铸行数量在明清两代不仅与日俱增,更成了贪官污吏搜刮聚敛的主要对象,这从明、清籍没家产时的银两数量中便可窥见一斑。

明朝统治从武宗朱厚照(1491—1521年)正德年间开始即日趋腐败衰落。他1505年登基,宠信奸佞刘瑾、江彬、钱宁之流,他们侵夺民田,贪污受贿,镇压异己,引进私党,弄得朝纲紊乱,阶级矛盾激化。三个奸臣终遭处死,籍没家产。从宦官刘瑾家抄出元宝五百万锭,合白银二亿五千万两。从江彬家抄出白银四百四十万两。从钱宁家抄出四百九十八万两。

世宗朱厚熜即位(1521—1566年),改元嘉靖,故亦称嘉靖皇帝。嘉靖七年(1528年)他始重用严嵩(1480—1567年)。严嵩善迎合帝意,排斥异己,飞黄腾达,直任首辅,前后擅秉国政二十余年。他纵其子操纵国事,培植爪牙,吞没军饷,使战备废弛,罪大恶极。晚年因其子遭弹劾被杀,他也被革职。嘉靖四十四年(1565年)在籍没其家产时,抄出白银二百零一万三千四百七十八两九钱。

上列均为贪得无厌的奸臣国贼,而号称推行改革、裁汰冗员、竣治黄淮、加强防御,政绩卓著的张居正(1525—1582年)宰相,万历年间被抄家时也被抄没白银十万七千七百九十两。这正应了民间所说"三年清知府,十万雪花银"的俗谚。

清朝也有一个值得一提的例子,这就是深得圣明皇帝乾隆重用的和珅。和珅(1750—1799年)由侍卫擢户部侍郎兼军机大臣,操控国政二十多年,累官至文华殿大学士,封一等公。乾隆晚年对其倚任极专。其任职期间,植党营私,招权纳贿。乾隆第十五子受禅继位,庙号仁宗,年号嘉庆(1796—1820年)。其初尊乾隆为太上皇,政事仍由太上皇决定,嘉庆四年(1799年)始亲政。嘉庆皇帝早已恨和珅专横,等乾隆一死,立即下令逮捕惩治,宣布其罪状二十款,责令其自杀,抄没家产。其中,银、钱二项为:库银元宝五万五千六百枚,京锞五百八十三万枚,苏锞三百一十五万枚,银元五万八千元,制钱一百五十万贯。当时社会上流传有"和珅跌倒,嘉庆吃饱"的笑谈。

上述明、清两朝籍没家产中的银两数字既可反映出银两在货币流通中的地位,亦可由此推知明清两代元宝铸行数额之巨大。然而,当今的元宝收藏家与研究者都想搜求寻索到一些道光之前的元宝,特别是道光之前五十两的大元宝,但异常困难,难怪产生了"清代银锭所见嘉庆年者极稀,若乾隆以上更属凤毛麟角"的浩叹。近年我国台湾地区出版了两本有关我国银锭的专著,其一为张惠信先生的《中国银锭》,其二为陈鸿彬编著的《树荫堂收藏元宝千种图录》。前者为研究家,后者为收藏家。以上浩叹就由号称"元宝收藏宏富"的陈鸿彬先生所发。因为他收藏的千种元宝是五十两的大元宝,但道光前的一枚也没有;道光年间的只有七枚,其中属安徽省的有两枚,山西省的有五枚;山西的五枚中,与内蒙古地区有关的有两枚(图1)。

中华人民共和国成立以来，国内尚无收藏、研究元宝的图录和专著问世。道光之前的五十两大元宝尚有多少存世，至今不得而知。1989年，内蒙古金融研究所从现存杂银中捡选出近百枚大小元宝，其中清代同治前（包括明代）的元宝一枚未见。新近出版的《中国山西历代货币》和《云南历史货币》中，都收录了较多元宝信息。前者收录有明初五十两元宝两枚、清嘉庆年间的五十两元宝四枚（图2），以及道光时的元宝六枚，均为山西铸造。后者收录有明代五十两元宝四枚和清代顺治、嘉庆、道光年间的五十两元宝各一枚。顺治元宝上的铭文为"江阴县顺治年伍拾两匠王顺发"，长11.6厘米，重1825克，纯度为97%（图3）。这一枚顺治、五枚嘉庆五十两元宝填补了道光前大元宝收藏的空白。六枚明代五十两元宝也为明代元宝的收藏与研究提供了新的资料。然而，道光前的五十两元宝仍属于罕见之物，特别是康、乾世的大元宝，至今一枚未见，实为憾事。这大概与鸦片战争前后我国的白银源源不断大量外流有直接关系。

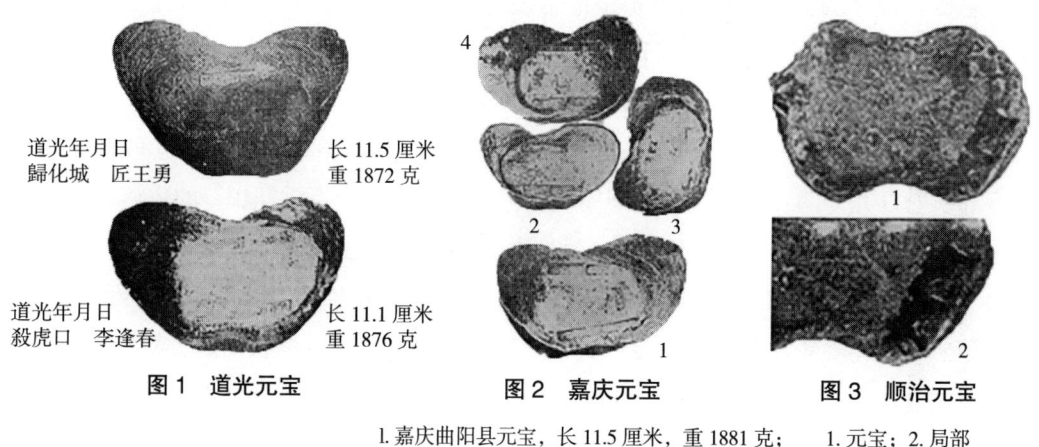

图1　道光元宝

道光年月日　归化城　匠王勇　长11.5厘米　重1872克

道光年月日　杀虎口　李逢春　长11.1厘米　重1876克

图2　嘉庆元宝

1. 嘉庆曲阳县元宝，长11.5厘米，重1881克；
2. 嘉庆徐闻县元宝，长11.5厘米，重1881克；
3. 嘉庆平遥县元宝，长11.7厘米，重1856克；
4. 嘉庆榆次县元宝，长11.6厘米，重1867克

图3　顺治元宝

1. 元宝；2. 局部

二、鸦片战争前的白银外流

鸦片战争前我国的白银外流出现于明末清初。明朝末年，随着国际贸易的发展，西方资本主义国家铸造的银元开始流入我国。由于银元质量形式划一，使用方便，不胫而走，并出现了用银元套购白银的现象，引起我国白银大量外流。不过这种外流属于以银易银、以少易多（在有的地区以7钱2分的一枚银元换一两纹银）、以劣易优（银元含银90%，纹银含银93.5%）的套购牟利。这种手段一旦被识破，即可采取自铸银元的对策加以抵制。清廷朝野也正是这样做的。

革命导师马克思指出："掠夺是一切资产阶级生存的原则。"英国资产阶级为了掠夺

我国的财富，搜取我国的白银，便使用了最阴险、最毒辣的鸦片贸易手段。因为鸦片是一种毒品，人一旦吸食成瘾，不但身体衰坏，懒惰成性，而且意志消沉，形同废物。一个个勤劳勇敢、体魄健壮的中国人都会变成西洋人所卑眈、讥讽的"东亚病夫"！关于这一点，连英国人蒙哥马利·马丁都这样说道："可不是吗，同鸦片贸易比较起来，奴隶贸易是仁慈的；我们没有摧残非洲人的肉体，因为我们的直接利益要求保持他们的生命；我们没有败坏他们的品格，没有腐蚀他们的思想，没有扼杀他们的灵魂。可是鸦片贩子在腐蚀、败坏和毁灭了不幸的罪人的精神世界以后，还折磨他们的肉体；贪得无厌的摩洛赫时时刻刻都要求给自己贡献更多的牺牲品，而充当凶手的英国人和吸毒自杀的中国人彼此竞争着向摩洛赫的祭台上贡献牺牲品"。在蒙哥马利眼里，英国殖民主义者在中国进行的鸦片贸易比在非洲进行的黑奴贸易更为残酷！当时的英国殖民主义者及其卵翼下的商人为了牟取高额利润，养肥自己，不惜用海盗船只进行武装走私，强行贩运鸦片、贩运毒品，倾销我国，毒害政府官员、毒害人民、毒害社会，在我国造成的直接危害难以估计。对英国殖民主义者这种罪恶行径，革命导师马克思曾给以深刻的揭露和无情的鞭挞。

马克思在《鸦片贸易史》一文中，在揭露英帝国"装出一副基督教的伪善面孔"后，又这样写道：英国东印度公司"严密地垄断了这种毒药的全部生产，借助大批官方侦探来监视一切：栽种罂粟，把罂粟交付到指定地点，使罂粟的蒸晒到鸦片的调制适合于中国鸦片吸食者的口味，把鸦片装入为便于偷运而特制的箱子，以及把鸦片运往加尔各答。在那里，鸦片由政府标价拍卖，国家官吏把鸦片移交给投机商人，然后又转给走私商人，由他们运往中国"。这就是英国殖民主义者鸦片战争前向中国走私鸦片所采取的狡猾手段。通过这种手段，英国殖民主义者究竟向中国贩运了多少鸦片？掠夺走多少白银？马克思在同一篇文章中曾作过这样的估计："东印度公司一手扶植的、虽经北京中央政府禁止而无效的鸦片贸易的规模日益增大。""在1767年以前，由印度推出的鸦片数量不超过200箱，每箱约重133磅。""1781年，孟加拉省政府派了一艘满载鸦片的武装商船驶往中国。而在1794年，东印度公司就派了一艘运载鸦片的大船停在黄埔——广州港的停泊处。""1800年，输入中国的鸦片已经达到2000箱。""到1816年，鸦片贸易总额已将近250万美元……1820年，输入中国的鸦片增加到5147箱，1821年达7000箱，而1824年达12 639箱。在这个时候，中国政府向外国商人提出严重抗议，同时也惩办了一些与外国商人同谋共犯的行商，大力查办了本国的鸦片吸食者，并且在本国海关内采取了更严厉的措施。所有这一切努力的最终结果，正像1794年一样，只是使鸦片堆栈由不可靠的地点转移到更适合于经营鸦片贸易的地点。鸦片堆栈从澳门和黄埔转到了珠江口附近的伶仃岛，在那里，具有全副武装设备的、配备有很多水手的船只，成了固定的鸦片栈。同样地，当中国政府得以暂时禁止广州原有的窑口（私卖鸦片烟的店铺）营业时，鸦片贸易只是转了一道手，转到比较小的商人手里，他们不惜冒一切危险和采用任何手段来进行这种贸易。在这些更有利于鸦片贸易的新条件下，鸦片贸易在1824年到1834年的十年当中，就由12 639箱增加到21 785箱……1834年……由于东印度公司从商务机关改组为纯粹的行政机关，对华贸易就完全转到了英国私人企业手里，他们干得非常起劲，以致不顾天朝的拼命抵制，在1837年就已将价值2500万美元的39 000箱鸦片顺利地偷运入中国。"1838—1839年，走私运入我国的鸦片竟多达四万多箱，共四百多万斤，价值三四千万两白银。鸦片战争前四十年中，英国殖民主义者走私运入我国的鸦片总计四十多万箱，共四千多万斤，价值三四亿两白银。这三四亿两白银即等于八九百万枚五十两重的大元宝。如此多的大元宝源源不断地流入英国殖民主义者手里，每年为它提供了七分之一的财政收入。这是世界近代史上用毒品拼命进行的骇人听闻的掠夺！

美国是追随英国贩运鸦片，在广州与英国互相竞争的二号凶恶强盗！它们装有大炮等武器的特制"鸦片飞剪船"在珠江口横冲直闯。中国的白银、元宝也流入了美国商贾的腰包。

三、鸦片战争后的白银外流

林则徐亲赴广州，掀起了雷厉风行的禁烟运动。他从1839年3月10日到广州，到5月18日，总共收缴鸦片一万九千一百八十七箱又二千一百十九袋（其中一千五百四十箱是美国烟贩的），计重二百三十七万六千二百五十四斤。从6月3日至25日，在虎门进行了23天的销烟，收缴的鸦片全部销毁。虎门销烟壮了我国的国威，也切断了掠夺者的财源。掠夺者岂能干休，于是他们撕掉了蒙在脸上的那张基督徒的伪善面孔，露出了凶恶的吃人本相，公然挑起了鸦片战争。

鸦片战争，英国的大炮打不开林则徐严密防卫的广州大门，于是侵略者绕道北上天津，吓坏了清朝政府里的软骨头和贪官污吏！鸦片战争在这些国贼的鼓噪下中国失败了！爱国英雄林则徐因此获罪，遭发配边疆！贪官污吏卖国贼，拱手向列强敌开国门，割地、赔款，丧权辱国，签订一个个不平等条约，使我国沦入半封建半殖民地社会的悲惨境地！

1840年第一次鸦片战争失败后，英国殖民主义者向中国索要赔款2100万两白银！从此之后，到清朝灭亡的前夕，清朝政府对外赔款的白银总计近13亿两之巨（其中包括偿还兵费、烟价、商欠和利息等）！若以五十两的元宝合计，共有二千六百万枚大元宝流入各列强手里，难怪中国清代早、中期的大元宝如此稀少，如此罕见！

中国明朝最大的镇库元宝在鸦片战争后已流入日本。最大的一枚元宝重五百两，上有"万历四十五年四月吉造，镇库宝银一锭重五百两"（图4）等阴刻文字。另一枚元宝无年号，上镌铭文为"三百两重二两"，应为三百零二两。据说这两枚我国最大的元宝是1900年八国联军进入北京时被日本侵略军抢夺而走，先流入日本大藏省收藏，后转交日本造币局保存。

　　这就是我国明、清大元宝的命运和下落。这就是鸦片战争给中国人民带来的屈辱与灾难！

1990年于呼和浩特

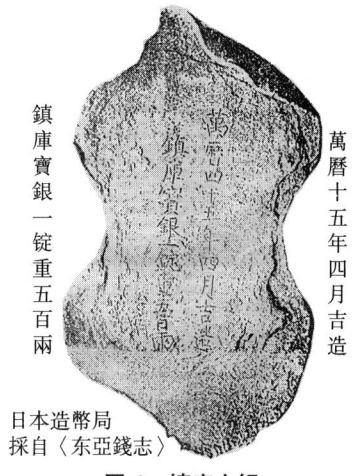

镇库寶銀一錠重五百两

萬曆十五年四月吉造

日本造幣局
採自〈東亞錢志〉

图4　镇库宝银

参 考 文 献

［1］千家驹，郭彦岗．中国货币史纲要［M］．上海：上海人民出版社，1986.

［2］中国人民银行《中国历代货币》编辑组．中国历代货币［M］．北京：新华出版社，1988.

［3］山西省钱币学会．中国山西历代货币［M］．太原：山西人民出版社，1989.

［4］汤国彦．云南历史货币［M］．昆明：云南人民出版社，1988.

［5］张惠信．中国银锭［M］．台北：齐格飞出版社，1988.

［6］陈鸿彬．树荫堂收藏元宝千种图录［M］．台北：齐格飞出版社，1988.

［7］马克思恩格斯全集（卷12）［M］．北京：人民出版社，1965.

［8］陈绍闻，郭庚林．中国近代经济简史［M］．上海：上海人民出版社，1984.

［9］陈庆华．近代中国简史［M］．北京：北京出版社，1983.

［10］吕登东．近代中国第一位民族英雄——林则徐与鸦片战争［M］//上海人民出版社．中国近代爱国者的故事．上海：上海人民出版社，1982.

［11］陶宗仪．南村辍耕录［J］//元明史料笔记丛刊．北京：中华书局，1959.

呼和浩特地区历史货币述略

呼和浩特市（以下简称呼市）地处土默川（古称敕勒川、白道川、丰州滩），北依阴山，南临黄河，土地平旷，气候温润，交通方便，宜农宜牧，宜工宜商，物产丰富，商贸繁荣，货币通畅，是内蒙古高原上漠南的一块肥美宝地，历来为中原王朝和北方各族所重视，逐渐形成了本地区以至整个内蒙古地区的政治、经济、军事、文化和民族交往、聚居与融合的中心。呼和浩特地区历史悠久，文物遗址众多，古钱币丰富。已发现的古遗址有千余处，其中旧石器遗址14处，新石器遗址100余处，古城址37处，古村落遗址440余处，古墓葬40余处，古建筑150余处，古碑刻200余件，古长城4条、300余华里，古摩崖石刻11处。已发现的古钱币窖藏20余处，从贝、刀布、半两、五铢、莽钱，到唐、宋、辽、金、元、明、清的通宝、元宝、重宝等钱币，基本都有，可谓品种繁多、绵延不断。还发现了铸造钱范和元代纸钞及西域和外国的钱币。这为我们研究和认识呼和浩特地区的古代货币流通情况提供了可靠的依据，为今天呼市地区的改革开放和金融事业的更大发展提供了可靠的历史依据。

一、原始货币海贝的发现

呼市所属的郊区和托克托县境内发现了磨背穿孔的海贝，这被认为是人类社会最古老的一种原始货币。尤其值得重视的是，东郊二十家子汉代古城的下层出土了有地层关系的海贝。目前发现的数量虽然很少，但是它给我们提供了一个可靠的信息，即在距今四千年左右的新石器时代晚期到夏商周时期，生活于呼和浩特地区的远古先民，如同全国大多数地区的先民一样，曾经以海贝作为交换的等价物，海贝曾在这里流通过。这种海贝在邻近呼和浩特地区的和林县、凉城县、察右前旗的庙子沟新石器时代遗址都有发现，在黄河对岸准格尔旗的十二连城和大口遗址也有发现，在那里除海贝之外还发现了石仿贝。有人说在卓资县农民手里还见过铜仿贝。这就说明郊区和托县海贝的发现不是偶然的和孤立的，而是历史上客观存在使用海贝的事实。东到赤峰，西到宁夏、甘肃、青海，南到山西、陕西和河南，从新石器时代晚期到夏商周的古遗址、墓葬，海贝和骨、石、陶、铜以至金仿贝都有成批的大量的发现。呼市地区的发现只是刚刚露头，还需要更多的有心人去留心，当然，主要还是寄希望于文物考古工作者的考古发现。

在呼市郊区、托县境内发现原始货币海贝为什么是必然的呢？因为这里远在五六千年前的新石器时代已经有了原始的村落，原始的居民，原始的农业、手工业和家畜饲养业，当然也就会出现原始的以物易物的交换。文物考古工作者已经在呼市境内的大青山南麓的沿山台地上、黄河北岸的土沙梁上及大黑河上游的沟岔坡梁上广泛发现新石器遗址点，逾百处之多。托县境内的海生不浪遗址就颇为有名。大青山南麓的阿善遗址已经发掘，出土的文物相当丰富，对认识新石器时代呼市地区的人类生活十分有益。关于新石器时代之前的考古发现，文物考古工作者还在呼市东郊的保合少乡发现并发掘了大窑文化遗址，这是一处远古人类来这里打制锋利石器的旧石器制造场，前后延续使用达六七十万年之久，是目前我国发现的最古老、保存地层剖面最完整的原始文化遗址之一，已蜚声海内外。大窑文化遗址的发现把呼和浩特地区的历史推向了五六十万年以前，与北京的周口店北京猿人同属一个时代。这虽然与历史货币无关，但是应该是历史货币产生的遥远源头。

二、战国刀布币的发现

呼和浩特地区曾出土了许多战国时期在燕、赵、韩、魏等地铸造流通的刀布币，其中以赵国的布币和刀币最多。早期的针首刀、尖首刀尚未发现，空首布也未发现。秦国早期的方孔圆钱半两有少量发现。在呼市郊区、托县和土默特左旗都有发现，呼市所辖以外的土默川境内也有发现。

（1）呼市东郊罗家营乡榆树沟村西的塔尔沟口的农田里，20世纪60年代农民耕作时发现了30多枚布币，后多数收藏于市博物馆，只有一枚"甘丹"（邯郸）平首、耸肩、尖足大布仍留在老乡手中，后被某人收藏并披露于世。这是一枚典型的战国时期赵国的货币。罗家营也发现有赵国的布币。

（2）土默特左旗哈素乡二十家子村北的水渠边上，1980年8月有位学生发现了两陶罐战国的刀布币，共计46斤8两。刀币均为直背刀，分有字与无字两种，有字的为"甘丹"（邯郸）、"白人""白化"。布币也分两种，即尖足与方足。尖足布又有大小两种，方足布也有大小两种。尖足大布的面文有武安、武平、平州、兹氏半和榆入北。方足大布面文有安阳、戈邑、梁三种。方足小布面文有安阳、平阳、梁、郆邑、宅阳、郎邑、北屈、中都、周邑、同是、涅、蔺、文贝、襄垣共14种。刀币属赵，布币以赵为主，也有韩、魏两国的。察索齐镇也发现有刀布币。

（3）托县五申乡杜千禾村1987年出土了战国布币6公斤，全为方足布，面文有安阳、中都、平阳、宅阳、梁邑、襄垣、露、高都、渔阳、戈邑、朱邑等12种。此外，在托县的张全营子、永圣域、把栅村和黑城等地也曾出土过战国货币。

（4）和林县巧什营乡忽通图村，1986年春在建砖窑时发现了20枚战国布币，有尖足布、方足布两种。尖足布有九枚，面文有中阳、兹氏、武平、平周、晋阳、邯郸等七种。方足布有大小两种，大方足布的面文有安阳、戈邑两种，各两枚；小方足布的面文有襄垣、梁邑、平阳、中都、长子、□邑等六种。忽通图在土默川的南缘，与土左旗紧密相邻。

（5）土默川的西部包头市南郊不仅出土有战国的布币和燕国的刀币，20世纪50年代在麻池乡的窝尔吐壕还出土了三件战国"安阳"布石范，而且这里是迄今为止三晋地区唯一出"安阳"布范的地点。这说明战国时期的土默川上不仅流通战国的刀布币，而且还有铸造"安阳"布币的可能。

为什么呼市地区、土默川上会出土如此多的战国货币，而且又以赵国货币为多呢？这是因为，公元前300年左右，赵武灵王为了对付强秦，在国内进行以军事为先导的大胆改革，实行"胡服骑射"。改革之后，于公元前300年（周赧王十五年）北破林胡、楼烦，开疆拓土，占领土默川，直抵河套狼山地区，然后由河北的代（今蔚县）沿阴山筑长城至高阙（狼山石拦计山口）为塞，以阻挡匈奴南下的威胁；在土默川上设立云中郡，建筑云中城，以开发土默川至河套地区，形成对秦国的包围形势。战国云中古城遗址位于今呼市西南60里的托县古城乡，城址规模宏大，是战国时期呼市地区的第一个政治、经济、文化和交通中心，也是货币流通的中心。在其辖境还设立了原阳（今呼市东南八拜乡）和九原（今包头西）两个县。在郡县的四周定然有许多村镇，出土战国货币的地点就是当年的村镇所在。在九原以西还设立了安阳县，称为西安阳。"安阳"布范的发现可能与西安阳有关。

三、秦汉半两、五铢的发现

秦统一全国后也统一了货币，定方孔圆钱"半两"为法定货币，流通全国。当时的呼市地区仍为云中郡，包头以西新设九原郡，云中郡的辖地比战国时缩小。由于秦朝统治的时间很短，所以秦半两发现较少。与黄合少乡相邻的和林县西沟门发现了一枚厚重的秦半两，时间可能会早到战国晚期；在托县境内发现有秦半两，还发现了一枚秦朝的"两甾"钱。

汉承秦制，西汉至武帝初仍沿用半两钱制，称西汉半两。西汉半两在一般晚期的窖藏中多有发现。20世纪60年代初在呼市东郊黄合少乡二十家子汉代古城发掘时，出土了115枚西汉半两，还出土了一块残半两石范，非常珍贵。汉城出土的半两可分为四种：一为吕后八铢半两，二为文帝四铢半两，三为武帝半两，四为吕后的五分钱和民间私铸的榆荚半两。一、四甚少，四铢半两最多。有些半两与出土石范上的钱形、文字完全吻合，说明该城曾铸造过四铢半两钱币。发掘时还出土了不少五铢钱。

汉武帝于元狩五年（公元前118年）废半两而改铸五铢，从此五铢流通全国，呼市地区多有发现，其中有过两起单一的五铢窖藏出土。20世纪70年代，土左旗哈素乡脑木汗村曾发现过一批五铢窖藏，当地老乡叫马镫钱，因篆字"五"与马镫形状十分相似，故名，可惜已全部散失。1984年托县南嶂营子出土有五铢窖藏，重约8斤。

西汉末年，王莽改制，铸造了不少新的钱币，其中以大泉五十和货泉为最多，小泉直一、大布黄千和货布也较多，在呼市地区多有发现。20世纪50年代内蒙古博物馆还从呼市征集到两件大泉五十铜母范，1986年和林县在文物普查中也征集到两件大泉五十铜母范。这说明，在新莽时期呼市地区也可能铸造过大泉五十钱币。

东汉时期仍流通五铢钱，只是形制略有变化，呼市地区也有出土。

汉代郡县制日益完善。呼市地区除云中郡而外，东南地区又新设定襄郡，治所在今和林县土城子古城，呼市东郊的一部分划入了定襄郡管辖范围之内，黄合少乡的二十家子古城即为定襄郡属县安陶县，因为城内发掘出土了封泥"安陶"。在今呼市地区已发现的汉代古城遗址，除云中郡外，县一级的城址有11座之多。在呼市东郊，除二十家子古城之外，黄合少古城为定襄县故址，拐角铺古城为武泉县故址。上述三城为定襄郡属县。白塔汉代古城为北舆县故址（有说在呼市市区者），陶卜齐古城为陶林县故址，塔布罗陀古城为武泉县故址，八拜古城为原阳县故址。托县境内发现的汉代古城，哈拉板申古城为沙陵县故址，蒲滩拐古城为阳寿县故址，章盖营古城为桢陵县故址，土右旗的东老丈营子古城为咸阳县故址。以上古城均为云中郡属县。此外，沿大青山南麓的重要沟口还有一些军事防卫性古城遗址。到新莽和东汉，呼市地区的郡县名称与归属又有变化，不述。从上述郡县林立的情况已可窥见两汉时期呼市地区城乡密布、交通成网的繁荣景象，半两、五铢等货币在这里普遍流通是情理中事。何况汉代曾有过郡国铸钱的时期，在这个地区出土汉代和新莽钱范也就不足为奇了。

四、魏晋北朝货币的发现

从东汉末年到魏晋北朝时期，是中国历史上一个社会大动荡、大分裂、战乱频仍、民族大迁徙与大融合的时期，货币经济倒退，谷帛又进入流通领域。整个大漠南北成了鲜卑族的天下，呼市地区以盛乐（和林土城子古城）为中心，逐渐成为拓跋鲜卑的北方疆域，建立了北魏王朝，并与西域各国建立了密切的关系，进一步沟通了与西域互市贸易的草原丝绸之路。在大青山南麓的坝口子、水磨沟口和黑牛沟口发现了北魏较大规模的遗址和"行宫"遗址；在东郊的美岱、添密梁、市区大学路北发现了北魏早晚期的鲜卑墓葬，出土了反映当地生产、生活和习俗的许多文物。

因为在这个漫长的时期货币使用很少，故在呼市地区也只有一些零星的发现。除曹魏沿用的汉五铢外，已发现的还有蜀汉的直百五铢、定平一百，孙吴的大泉五百，北魏的太和五铢、永安五铢，北齐的常平五铢，北周的布泉、五行大布和"永通万国"，以及东晋的沈郎五铢、南朝的四铢和太货六铢等。这些零星的发现只能说明这里流入过这种钱币，而不能说明它在货币流通中起过什么重要作用。除上述这些零星发现外，还有一次较大的窖藏出土。1990年八拜乡炼油厂施工中，一个民工挖出一批綖环与剪轮五铢，重七八斤，但大部分已流散。这批钱币可能与魏晋时期活动在这里的拓跋鲜卑有关，值得注意。

此外，在大青山麓的水磨沟和坝口子古城遗址，20世纪五六十年代曾先后发现过东罗马金币与萨珊王朝的银币。这些外国钱币可能是在北朝后期或隋唐流入。这是研究草原丝绸之路货币的物证。

郊区的添密梁、土左的讨合气、和林的另皮窑、凉城的小坝子滩等地出土过西晋到北魏时期拓跋鲜卑用过的大型黄金饰牌，虽非货币，但它们是贵金属，有很高的货币价值。

因为战乱与民族迁徙，战国秦汉时期兴建起的许多城市与村镇已大部荒废，呼市地区变成了敕勒川，成了由贝加尔湖一带迁来的敕勒人与当地的鲜卑人共同的牧场。北魏建立以后，农业才又逐渐得到了一些开发。总之，魏晋北朝时期是呼市地区货币经济大衰落、大倒退的时期。

五、隋唐货币的发现

由于隋唐时期的全国大统一，经济、文化有了大发展，呼市地区也逐渐得到一定的开发，但仍未恢复到汉代的盛况。这时的敕勒川改称白道川，为隋唐王朝安置东突厥人放牧的场所。在郊区罗家营乡乌兰不浪村发现过一套鎏金铜马具，制作考究，别具风格。以伴随出土的小五铢钱和马镫的演变规律看，其很可能为隋唐时期的文物。当然，此时在某些地区也有一定数量的农耕。当时的政治、经济、文化中心仍在云中和盛乐，到唐代主要在盛乐。唐王朝在原定襄郡和盛乐故址的基础上大规模扩建，形成规模宏大的单于大都护府，成了处理北方少数民族事务的中心和货币流通的中心。

隋朝仍沿用五铢，但形制已与汉五铢不同，称隋五铢。由于隋王朝短命，所以隋五铢在呼市地区虽有发现，但数量较少。唐高祖武德四年（621年）废五铢而始铸开元通宝，开通宝钱制之先河，一直沿用到清末。呼市地区发现开元通宝钱币的数量较大，凡辽金元的窖藏出土钱币中，开元钱的比例仅次于北宋钱。其中，单于大都护府古城遗址里，除不断零星发现外，七十年代一次窖藏出土一大陶瓮开元通宝和乾元重宝等唐钱，有上千斤之多，现藏内蒙古博物馆。这是研究唐代呼市地区货币经济的一批极其重要的实物资料。其次在托县境内也发现较多，除开元通宝外，还有乾元重宝、顺天元宝和会昌开元通宝。托县是唐代东受降城所在地，货币经济也会有一定的发展。

在托县古城和单于大都护府，各发现一枚突骑施钱币，这是唐代居住于西域的突厥人中的一支仿唐钱而用粟特文所铸的少数民族钱币。这种钱币见于报道的，只有准格尔旗十二连城和达拉特旗及甘肃的天水各发现一枚。这应与草原丝绸之路货币有关。

六、五代与宋辽金西夏元朝货币的发现

唐末五代十国时期，今天的呼市地区已纳入契丹族所建立的辽朝的版图，以白塔古城丰州为中心，一分为三，分属于丰州、云内州（原云中郡）和东胜州（托县古城），隶属西京道（今大同）。丰州为西南路招讨司所在地，在军事上地位十分重要，也是当时政治、经济、文化的中心。东胜州与云内州同西夏相邻，金变辽以后，属西京路（大同），仍为以上三州，只是丰州的辖地有所变化。元代，属大同路，仍隶属以上三州。故从辽到元，呼市地区有丰州滩之称。在辽金元三朝，呼市地区重新得到了更大的开发，政治、经济、文化、交通和民族关系都得到新的发展，货币流通量也进一步扩大。在众多的古城与村落遗址中，不断出土辽金元时期各种重要文物的窖藏，其中有不少重要窖藏货币被发现。

白塔丰州古城及其附近不断有老乡发现辽金元时期的古钱窖藏，出土最多的一次为在白塔修铁路时发现窖藏古钱币几麻袋，有数千斤之多，均已回收冶炼。

托县东胜州古城出土数量最多的是古钱币，出土次数和每次出土的数量都达到了惊人的地步。每次出土的古钱币有几斤、几十斤甚至几百斤，有的装在罐子里，有的装在大瓮内，大部分出土的古钱币都没有盛装器具，一堆堆放在一起。出土地点都在古城附近，有的埋在城里，有的藏在城外，还有相当一部分散落在土里。当地农民在田间耕作时常常能翻出不少古钱币。现在故城附近的村民家家户户或多或少都存有一部分东胜州故城出土的古钱币，可惜这许许多多的古钱币都被卖到土产废品回收站后运到冶炼厂熔化了！

属于云内州的土右、土左和包头，各地村镇也都出土过许多辽金西夏元时代的古钱币。20世纪80年代以来出土的部分古钱币才得到抢救与保护。1982年沙尔沁乡阿都赖村出土了万余枚西夏铁钱，得到了文物部门的抢救与保护。1986年土右旗吴坝乡大袄兑出土了元代窖藏古钱，也得到了保护。

这时期出土的古钱币窖藏，除少量的半两、五铢、莽钱、隋五铢之外，多为开元通

宝，百分之七八十为北宋钱，也有少量的五代十国辽、金、西夏和元朝钱币，其中又以辽钱最少。

呼市地区出土的五代十国钱币有后晋的天福元宝、后汉的汉元通宝、后周的周元通宝、前蜀的乾德元宝和咸康元宝、南唐的唐国通宝和开元通宝。出土的辽钱为大康通宝。出土的北宋钱有宋元通宝、太平通宝、淳化元宝、至道元宝、咸平元宝、景德元宝、祥符元宝、天禧通宝、天圣元宝、明道元宝、景祐元宝、皇宋通宝、庆历重宝、至和元宝、嘉祐元宝、治平元宝、熙宁元宝、熙宁重宝、元丰通宝、元祐通宝、绍圣通宝、元符通宝、圣宋元宝、崇宁通宝、崇宁重宝、大观通宝、宣和通宝、政和通宝等。其中，因同一种钱币用真、草、行、篆书体的不同和大小版别的不同，形成了更多的品种。

南宋钱币常出土的有建炎通宝、建炎重宝、绍兴通宝、隆庆元宝、乾道元宝、淳熙元宝、绍熙元宝、庆元通宝、嘉泰通宝、开禧通宝、嘉定通宝、淳祐元宝、皇宋元宝、景定元宝、咸淳元宝等。南宋钱币出土数量较少。

西夏钱币常出土的有乾祐元宝、天盛元宝和光定元宝，币材有铜、铁两种，以铁钱为多。

元代钱币常出土的有至大通宝、至正通宝和八思巴文大元通宝等。在丰州的白塔内出土了一张中统元宝交钞，异常珍贵。托县还出土有元末农民起义的大义通宝。

以上所列并非呼市地区出土钱币品种的全部，而是常见品种。

从出土地点之多、数量之大和品种之繁多即可看出辽、金、元时期呼市地区货币经济发达的情况。

七、明清货币的发现

元末明初，呼市地区的丰州城在元明战火中被焚毁，一度繁荣的丰州滩又开始沦入荒烟蔓草之中。只有托县的东胜州于明洪武四年（1371年）改置东胜卫，隶山西行都司。洪武二十五年（1392元）改东胜卫为东胜左卫，并筑东胜城，即今托克托古城。洪武二十六年（1393年）在今托县黑城置镇虏卫，永乐元年（1403年）徙走，宣德元年（1424年）还旧治，正统十四年（1449年）再次徙走，镇虏卫遂废，原辽金元时的云内州改为云内县（1426—1429年）。明代托县境内有两卫一县，辖地比现在大，而人口比现在少，军民合计六七万人。因此在托县境内还有明代的货币流通，东胜卫等明代古城遗址里常有明代钱币出土。

在托县境内出土的明代钱币有洪武通宝、永乐通宝、宣德通宝、弘治通宝、嘉靖通宝、隆庆通宝、万历通宝、泰昌通宝、天启通宝和崇祯通宝，还有南明钱币弘光通宝、隆武通宝和永历通宝出土。另外，还出土有明末清初起义地区的钱币，如李自成的永昌通宝、张献忠的大顺通宝、孙可望的兴朝通宝、云南吴三桂的利用通宝和昭武通宝、云南吴世璠的洪化通宝等。这些明代和清初的钱币只有呼市地区的托县出土较多，内蒙古其他地区少见。

丰州滩到明世宗嘉靖十一年（1532年），俺答汗率土默特部驻牧于此，逐渐与明朝建立了友好关系，土默川才又逐渐得到开发。明万历年间始建呼和浩特的旧城（即归化城，明廷赐名福化城），奠定了今天呼市的基础。清朝建立后再筑新城（即绥远城），进一步形成了今天呼市的城区格局。清政府在这里设归绥六厅，隶属山西。呼市地区为归化城厅、绥远城厅和托克托城厅，土左旗的一部分属萨拉齐厅。随着清政府设置六厅和土地的逐渐扩大放垦，土默川又出现了新的城镇和村庄，清代货币才在呼市地区广泛流通。随着与乌里雅苏台和当地商业贸易的兴盛，银炉与钱庄便在呼市应运而生。这里除了流通清代的制钱外，银元、元宝、铜元和纸币也都曾在呼市地区流通，就不一一作具体介绍了。

综上所述，可以看出从战国以来至清末历代货币在呼市地区的流通概况。这里只作了一些粗略的介绍，还有待钱币学会成立后组织广大会员作深入研究，以不断取得丰硕的研究成果，为呼市地区的改革开放服务。

人物传记

密谋发动兵变的耶律元宜

耶律元宜（？—1164年），契丹人，本名阿列，一名移特辇。其父耶律慎思为辽贵族。金天辅七年（1123年），因慎思降金有功，金统治者赐姓完颜氏，其亦名完颜元宜，官至仪同三司。由是，耶律元宜以辽人贵族子弟的身份跻身于金统治集团之中。他随海陵南下侵宋，于军前发动兵变，杀死海陵，率金兵北归，在金代历史发展转折的关头起了一定的作用。

耶律元宜能骑射、善击毬，皇统元年（1141年）充当金熙宗的护卫，累迁为瓯里本群牧使，入中央政权中为武库署令，转符宝郎。

九年十二月，海陵发动宫廷政变当上皇帝后，任他为兵部尚书。天德三年（1151年），海陵令凡赐姓者皆复本姓，他又改回本姓耶律氏。他历任顺义、昭义节度使，后复任兵部尚书、劝衣使。

正隆六年（1161年）九月，海陵发动大规模侵宋战争，耶律元宜随金兵南下，"以本官领神武军都总管，以大名路（今河北大名）骑兵万余益之"❶。其前锋渡过淮河，占据昭关，在拓皋遇到宋兵万人，耶律元宜率军力战却之。军进至和州，与宋兵十万相持。宋兵乘夜袭击其军营，耶律元宜率军奋战，击退宋兵。黎明，他又领军追及宋兵，杀死宋兵数万人，以功迁银青光禄大夫。时海陵增设浙西道都统制，耶律元宜领之。他深得海陵的信任，督诸军渡江，佩金牌，赐衣一袭。

同年十月，完颜雍趁海陵南侵之际发动政变，即皇帝位。金南征军闻之，军心浮动，多怀去就。海陵暴虐，军令惨急，急于渡江，"众欲亡归，决计於元宜"。耶律元宜在南侵金军中地位重要，操有决策权。在讨论去向的时候，猛安唐括乌野说："前阻淮渡，皆成擒矣。比闻辽阳新天子即位，不若共行大事，然后举军北还。"唐括乌野所谓举大事者，是欲举行兵变，杀死海陵。唐括乌野虽首倡此议，但决此重大事件者仍为耶律元宜。他回答说："待王祥至谋之。"王祥者，乃是耶律元宜之子，任骁骑副都指挥使，时在别军❷。密议之后，耶律元宜使人密召其子王祥至，遂定议诘旦卫军更番接待的时候发动兵变。为动员士兵支持兵变行动，耶律元宜先是欺骗众兵说："有令，尔辈皆

---

❶ 脱脱，等.金史·逆臣·完颜元宜传［M］.北京：中华书局，1975.以下凡引本传，均不另注。
❷ 宇文懋昭的《大金国志》（卷十五）（中华书局，1986年版），王祥作毋里谋，未知孰是，待考。

去马,诘旦渡江"。众兵惧怕舍马渡江,群情激愤,耶律元宜趁机告诉他们举行兵变事,士兵"皆许诺"。

十月乙未黎明时,耶律元宜、王祥与武胜军都总管徒单守素、猛安唐括乌野、谋克斡卢保、娄薛、温都长寿等率兵攻击海陵所在的御营。海陵闻乱作,揽衣遽起,但箭已射入其寝帐之中。海陵初以为宋军突袭来攻,待取箭一看,才惊愕地说:"乃我兵也。"随侍大庆山见局势紧急,劝海陵出寝帐躲避,正在商议和准备抵抗中,海陵中箭倒地。诸军冲入,延安少尹纳合斡鲁补先以刀斫海陵,海陵此时手足犹动,后遂缢杀之。时骁骑指挥使大磐闻乱作前来援救海陵,王祥则出语呼之,说:"海陵已死,援救'无及矣'。"大磐乃停止战斗。杀死海陵兵变终得成功。海陵死后,参加兵变的士兵乘机将行营中服用之物洗劫一空,于是诸人用大磐的衣巾裹住海陵的尸体用火焚化。兵变者又逮捕了尚书右丞李通、浙西道副统制郭安国、监军侍单永年、近侍局使梁琉、副使大庆山等海陵亲信,把他们都处死了。耶律元宜遂自行左领军副大都督事,为杜绝后患,又派使者去南京(今河南开封)杀死皇太子光英,南征军北还。

大定二年(1162年)春,耶律元宜进见金世宗,世宗拜其为御史大夫。未几,拜为平章政事,封冀国公,赐玉带、甲第一区,复赐姓完颜氏。

同年闰二月,耶律元宜被金世宗派往泰州路(今吉林洮安)规措镇压契丹人民起义事。耶律元宜派忠勇校尉李荣前去招降起义的重要领袖窝斡,但窝斡坚决拒绝,并杀李荣,其招安计划失败。

五月,金世宗听说耶律元宜将由泰州路返回京师,遣使前往制止。他乃留在泰州规划镇压契丹,直至窝斡起义被镇压下去之后,方回归。耶律元宜回朝后,为巩固金朝对边疆少数民族的统治,乃请求世宗为边境诸群牧增加铠甲,世宗批准了他的这个请求,"每群牧益二十副"。耶律元宜复请增加临潢(今巴林左旗林东镇波罗城)戍卒军士马匹,金世宗也允准之,下诏令给马600匹。

四年四月,耶律元宜罢去平章政事,任东京留守。未几,致仕,死于家。世宗闻其死,遣使致祭,"赙赠甚厚"。

耶律元宜一生中最重要的活动是在金南征军中定策诛海陵一事,对此金世宗不责之,归后,屡任要职,直任至平章政事,可见金世宗认为他处死海陵、率兵北归有功。元修《金史》将其列入《逆臣传》,持否定态度,但金世宗在统治初期确实是以"弑海陵者以为有功,赏以高爵",这反映了当时金统治集团内部争夺最高统治权斗争的激烈程度。

秉公执法的邢抱朴

邢抱朴，应州（今山西应县）人，其家大约是在石敬瑭割让燕云十六州入辽国籍的。邢抱朴出生在一个诗礼传家的仕宦门第，父为法官，母为才女。抱朴生年不详。他弟兄六人，排行第五。他自幼"性颖悟，好学博古"[1]，受到良好的家庭教育。抱朴的母亲陈氏出自五代名门司徒之家，她年方十五，"涉通经义，凡览诗赋，辄能诵，尤好吟咏，时以女秀才名之"。陈氏年二十，嫁于邢简，"闺门和睦，亲党推重"，堪称贤妻；她生育六子，"亲教以经"，后二子抱朴、抱质"并为贤相"。陈氏卒于统和十二年（994年），太后萧绰沉痛嗟悼，"赠鲁国夫人。刻石以表其行"[2]。据《大同府志》记载，应州城内的"一经楼"就是当年陈氏教子读书的处所。邢氏家庭，特别是母亲陈氏，对抱朴兄弟的全面健康成长起到了重要作用。其弟抱质官至南府宰相，并知南院枢密使[3]。其父任辽朝刑部郎中，这对抱朴后来从事断狱能秉公执法，名留青史，不无一定影响。

邢抱朴"保宁初（969年），为政事舍人，知制诰"[1]。景宗与圣宗嬗递之际，他任翰林学士。这些官职虽不甚显赫，但却一直在皇帝身边，掌握机要，为其出谋划策，草拟诏书和文件，并常常能够影响皇帝的某些决策。由此可见，景宗对邢抱朴还是相当信任的。

邢抱朴的仕宦生涯从辽景宗保宁初始，到辽圣宗统和二十二年（1004年）止，大约三十多年。这三十多年包括整个景宗朝和圣宗朝前期。此时正值萧绰由皇后为太后，由辅政变为执政。辽政权在她的主持下正在致力改革，封建化逐步加深。同时，在辽宋互相攻战中，辽取得一系列胜利，占据相当的优势。这时辽朝在政治、军事、经济和文化诸方面所取得的重大成就不能不归功于萧太后的决策有方，其中特别应当提及的是在用人方面。萧太后公开提出"诸部官惟在得人，岂得定以所部为限"的主张。于是，在圣宗朝出现了一个得心应手的核心领导机构，即由室昉、韩德让、耶律休哥、耶律斜轸等蕃汉大臣组成的核心班子。他们在萧太后的统御之下，"同心辅政，整析蠹弊，知无不言，务在息民薄赋，以故法度修明，朝无异议"[4]。邢抱朴就是在这样一种政治背景下成为萧太后和韩德让所赏识的重要大臣。他在处理一些比较棘手的政务上崭露头角，进一步发挥了才能。

统和四年（986年），发生宋辽战争。先是中路和东路的宋军取得重大胜利，攻占寰、朔、云、应四州，然而辽军很快转败为胜，宋军不得不全线撤退。西路杨业护寰、朔、云、应四州民南徙，中途多阻，杨业被俘。然而，战争给云、应等地区的民众带来的灾难是相当深重的。萧太后为了安定这个地区的民心，恢复遭受严重破坏的社会生产和生活秩序，采取了紧急措施。是年六月，"以节度使韩毗哥、翰林学士邢抱朴等充云州宣谕招抚使"[5]。耶律斜轸统帅大军前边攻战收复州县，邢抱朴随后招抚或镇抚。在招抚过程中，他发现禾稼无人收获，并报知宰相。"八月乙巳，韩德让奏宋兵所掠州郡，其逃民禾稼，宜募人收获，以其中半给收者，从之。"又"己未，用室昉、韩德让言，复山西今年租赋"。这两项重要的安民决策应与邢抱朴的招抚和建议有直接关系。又"冬十月乙亥，政事令室昉奏山西四州宋兵后，人民转徙，盗贼充斥，乞下有司禁止"[5]，这应是"镇抚"。由于邢抱朴这项战乱中的棘手工作完成得很出色，所以得到萧太后的提拔重用，"加户部尚书"。

不久，邢抱朴从翰林学士"迁翰林学士承旨"，成为翰林院的总管。同时又命他与北府宰相室昉撰修太祖、太宗、世宗、穆宗和景宗五朝《实录》。统和九年（991年）正月修成，共二十卷，上表进献，受到圣宗的褒奖。因为是圣宗统和年间修成，故又称《统和实录》。这是一项具有历史意义的工作，史学家冯家升言："此为辽修《实录》之第一次。"[6]它对其后三次续修《实录》及元修《辽史》均有深远的影响。

抱朴在兴办学校方面也颇有业绩。据《山西通志》和《大同府志》记载，统和年间，身为翰林学士的邢抱朴在故乡应州创建"首龙书院"。抱朴为发展辽朝应州境内的教育事业、普及文化、培养人才做出了贡献，并为当地人民所纪念，流芳千古。

统和十一年（993年）前后，经重臣枢密使韩德让举荐，由邢抱朴考核诸道守令，这是吏制整顿中的一项严肃而必要的措施，说明邢抱朴在韩德让、辽圣宗和萧太后心目中具有重要地位。

"任贤去邪"是萧太后一贯的用人政策，然而"认真招待焉"并非易事，它必然会触动某些官员的切身私得，因而会遭到他们或明或暗或软或硬的激烈反对，而邢抱朴置个人利害安危于不顾，坚决执行"贤者陟之，邪者黜之"的政策，收到"大协人望"[1]的效果，这对于辽朝契丹政权由中兴而走向鼎盛起到了一定的促进与保证作用。

在邢抱朴的政绩中，最为人注目、令人称道的还是两决滞狱。萧太后执政以后特别重视法制的改革，并亲自过问滞狱。统和二年（984年），"六月己卯朔，皇太后决狱，至月终"。次年"六月甲戌朔，皇太后亲决滞狱"[7]。这是邢抱朴能够两断滞狱取得显著成效的前提与基础。邢抱朴在保宁初就是政事舍人，后升任翰林学士。据辽朝规定，"往时大理寺狱讼，凡关覆奏者，以翰林学士、给事中、政事舍人详决"[8]。由此可知，邢抱朴早在景宗朝和圣宗朝初年就曾接触过这项工作。在他参与"详决"的过程中，定会积累一些处理狱讼的具体经验，何况抱朴又出生在一个从事法律工作的家庭，这一切是他能够胜任两决滞狱的有利条件。

统和九年（991年）闰二月，"遣翰林承旨邢抱朴、三司使李嗣、给事中刘京、政事舍人张干、南京副留守吴浩分决诸道滞狱"[9]。其中，邢抱朴负责决南京（今北京）滞狱。结果，"决南京滞狱还，仇诏褒美"，这是萧太后给他的最高评价。统和十年（992年），抱朴被擢升拔重用，"拜参知政事"，进了宰相府。四年之后，即统和十四年（996年），耶律休哥留守的南京"又多滞狱，复诏抱朴平决之"[1]。

当时，从辽朝来看，正值与北宋剑拔弩张的决战前夕，南京又是地处作战前线的指挥中心，及时平决滞狱，将使人心稳定。圣宗连续四次下诏催促之，而前往平决滞狱的人选又落到了邢抱朴头上。当时邢抱朴正因母丧居家守孝，但萧太后与圣宗仍"诏起视事。（抱朴）表乞终制，不从；宰相密谕上意乃视事"[1]，所视之事即有平决南京滞狱。抱朴秉公执法，不负众望，终于完成了艰巨的任务。"如邢抱朴之属所至，人自以为无冤"[8]。随之，邢抱朴升为南院枢密使，成为南面官系统中的最高执事官。

圣宗年间，由于从上至下非常重视滞狱的审决，又有邢抱朴等这样的秉公执法之臣，"于是国无幸民，纲纪修举，吏多奉职，人重犯法。故统和中，南京及易、平二州以狱空闻"[8]。

统和二十二年（1004年）二月，邢抱朴逝世。辽圣宗和萧太后特令"辍朝三日"，以示哀悼[10]，可见抱朴的地位与威望之高。

邢抱朴活跃于辽代中期，生逢萧太后重用人才的好时机。邢抱朴能为兵燹之灾中的百姓排忧解难，恢复生产，以安定民心；能在整顿吏制中，"甄别"诸道"守令"，陟贤黜邪，而"大惬人望"；能在两决南京滞狱中秉公执法，使"民无冤滥"[1]；能为民兴办学校，为国撰修《实录》，在文化教育上有所建树。邢抱朴堪称忠于职守、不谋私利、为国为民秉公办事的一代贤臣。

参 考 文 献

[1] 脱脱，等.辽史·邢抱朴传［M］.北京：中华书局，1974.

[2] 脱脱，等.辽史·邢简妻陈氏传［M］.北京：中华书局，1974.

[3] 脱脱，等.辽史·圣宗纪（六）［M］.北京：中华书局，1974.

[4] 脱脱，等.辽史·室昉传［M］.北京：中华书局，1974.

[5] 脱脱，等.辽史·圣宗纪（二）［M］.北京：中华书局，1974.

[6] 冯家昇.辽史证误三种［M］.北京：中华书局，1959.

[7] 脱脱，等.辽史·圣宗纪（一）［M］.北京：中华书局，1974.

[8] 脱脱，等.辽史·刑法志（上）［M］.北京：中华书局，1974.

[9] 脱脱，等.辽史·圣宗纪（四）［M］.北京：中华书局，1974.

[10] 脱脱，等.辽史·圣宗纪（七）［M］.北京：中华书局，1974.

立决疑狱的耶律韩八

耶律韩八（994—1048年），字嘲隐，出身于契丹贵族世家，是北院皮室详稳耶律古的五代孙。耶律古弟兄三人，兄铎臻，弟突吕不。他们弟兄三人都曾辅佐辽太祖耶律阿保机建功立业，深受器重。

韩八"倜傥有大志"，他"平居不屑细务，喜愠不形于色"[1]。韩八曾经把坐骑丢失，家僮以毛色相同的马代替，竟数月不觉。

韩八虽胸怀大志，但总得不到施展的机会。他虽已年方而立，但仍在家寂寞闲居。韩八不甘心虚度年华，于"太平中（1021—1030年），游京师，寓行宫侧，惟囊衣匹马而已"。"寓行宫侧"的目的无非是想与官府接近，打探谋求做官的消息。一天，韩八巧遇圣宗皇帝"微服出猎"，圣宗看他气度不凡，"见而问之曰：'汝为何人？'韩八初不识，漫应曰：'我北院部人韩八，来觅官耳。'帝与语，知有长才，阴识之"[2]。

此时，"北院奏南京疑狱久不决"[3]。圣宗登基以来，与母后萧绰共同主政，他们改革法制，除亲自过问"滞狱""冤狱"外，还数次派邢抱朴等使臣前往南京（今北京）及诸道处理滞狱。统和中（983—1011年），南京及易、平二州以狱空闻。至开泰五年（1016年），诸道皆狱空，有刑措之风焉。[2]然而，时隔不到十年，南京又出现了"疑狱不决"的严重情况。为了尽快审理久而不决的南京疑狱，圣宗委派耶律韩八以钦差身份"驰驿审录"，以致"举朝皆惊"。韩八"量情处理，人无冤者。上嘉之"[1]。圣宗于太平六年（1026年）颁发一道制止皇亲国戚干扰狱讼的诏令："朕以国家有契丹、汉人，故以南、北院分治之，盖欲去贪枉，除烦扰也；若贵贱异法，则怨必生。夫小民犯罪，必不能动有司以达于朝，惟内族、外戚多恃恩行贿，以图苟免，如是则法废矣。自今贵戚以事被告，不以事之大小，并令所在官司按问，具申北、南院覆问得实以闻，其不按辄申，及受请托为奏言者，以本犯人罪罪之。"[2]这道诏令所针对的正是内族、外戚中有犯法者通过托人情、走门子，官官相护，"恃恩行贿，以图苟免"，以致在社会上造成"贵贱异法，则怨必生"的严重后果。这恐怕正是造成"南京疑狱不决"的根源。而耶律韩八之所以能做到"量情处理，人无冤者"，正是因为他铁面无私，能公平执法，打破了官场上"贵贱异法""恃恩行贿"的腐败风气。这也是"举朝皆惊"的又一原因吧。

圣宗后又委任韩八清理整顿马政。"籍群牧马，阙其二，同事者考寻不已；韩八略不加诘，即先驰奏，帝益信任"[1]。韩八整饬群牧，登记马匹，所注重的是大事，对于细枝末节，既不放在心上，大惊小怪，追问不已，又不推卸责任，隐瞒欺骗，而是"即先驰奏"，如实申报。这种态度得到皇帝的赏识与信任。

韩八如此受到圣宗的信赖，但圣宗生前并未正式给他封官。他正式被封官是在兴宗景福元年（1031年）。兴宗先任命韩八"为左离毕"，掌管刑狱之事，接着又"徙北面林牙"，草拟有关皇帝的文翰诏令。这说明，韩八不仅精通律令，能公平执法，而且博通古今，谙熟文翰，得到兴宗皇帝"眷遇优异"的恩渥。重熙六年（1037年），韩八被擢拔为北院大王。北院大王是专门执掌契丹部族事务的首席官。韩八为官，"政务宽仁"[1]，深受部族拥戴。其后"复为左夷离毕"。重熙十二年（1043年）再为北院大王❶。韩八入朝觐见兴宗，"帝从容谓曰：'卿守边任重，当实府库、赈贫乏以报朕。'既受诏，愈竭忠谨，知无不言，便益为多。"[1]由此可知，耶律韩八在兴宗王朝里，无论是掌管刑狱、负责文翰，还是统领部族事务、守卫边防、充实府库、赈济贫乏，都能收到预期的良好效果，为推动辽朝的社会发展，加速辽朝向封建化发展的进程做出了贡献。耶律韩八不愧为辽朝契丹族中的一位有抱负、有才干、办事公道、廉洁正直的官员。

重熙十七年（1048年）十月，北院大王耶律韩八谢世，享年55岁。兴宗闻知深深为之悼惜。韩八死后，"箧无旧蓄，槂尤新衣"[1]。韩八身为多年的北院大王，家中如此清贫，连装殓用的葬具都是皇帝所赐予。由此看来，胸怀大志的耶律韩八"来觅官"不是为了个人升官发财，而是为国为民排忧解难。

参 考 文 献

［1］脱脱，等.辽史·耶律韩八传［M］.北京：中华书局，1974.
［2］脱脱，等.辽史·刑法志（上）［M］.北京：中华书局，1974.

---

❶《辽史·兴宗纪（二）》（中华书局，1974年版）中，重熙十二年春正月壬申，封"韩八南院大王"应为北院大王之误。

矫情媚上怙宠专权的萧革

萧革（？—1063年），小字滑哥，字胡突堇，是国舅大父房的后裔，国舅房林牙萧和尚之子。其父"忠直，多智略"[1]。辽圣宗开泰年间出使宋朝，争得了"以大国之使相礼"的荣耀地位，为辽朝争得光彩。萧革"警悟多智数"。圣宗太平初（1021年），萧革刚进官场，靠"游近习间，以谀悦相比昵，为流辈所称，由是名达于上"，而"累迁官职"[2]。景福元年（1031年）十月，萧革以"来岁贺宋正旦副使，与赵为果、耶律郁、马保业出使北宋"[3]。

萧革使宋回朝不久，即重熙初年（1032年）就被擢拔为北面林牙，成为契丹族翰林院的翰林学士，掌管文翰之事。这就使他得到了与年轻的兴宗及其近臣"游近习间，以谀悦相比昵"的更多机会。重熙十二年（1043年）正月，萧革跃居"北院枢密副使"，成了北枢密院的第四号人物。当时，"帝（兴宗）尝与近臣宴，请革曰：'朕知卿才，故自拔擢，卿宜勉力！'革曰：'臣不才，误蒙圣知，无以报万一，惟竭愚忠，安敢怠？'"[2]从这番亲密的对话里已可清楚地看出萧革平日处处谈悦媚上的情态，从而骗得了兴宗的宠爱，以致亲自擢拔。

重熙十三年（1044年）十月，兴宗在九十九泉（内蒙古察右中旗南灰腾梁）调兵亲征西夏李元昊的紧张时刻，萧革成了最活跃的人物。兴宗总是"诏北院枢密副使萧革迓之。壬子，军于河曲。革言元昊亲率党项三部来，诏革诘其纳叛背盟。元昊伏罪，赐酒，许以自新，遣之"[4]。萧革在战前的外交场合上成了压倒西夏李元昊的胜利者，给兴宗一种西夏软弱可欺的假象。结果，在战场上，兴宗遭到大败。仗打败了，萧革却"拜北府宰相"[2]。重熙十五年（1046年）十一月，又改"同知北院枢密使事"[4]，成了兴宗王朝政权机构里的实权人物。萧革充任北府宰相后，"怙宠专权，同僚具位而已"[2]。

萧革矫情媚上、怙宠专权，朝中大臣十分清楚，以夷离毕耶律义先为首的忠直之臣在兴宗面前以忠言直谏，并与萧革展开了面对面的尖锐斗争。"时萧革同知枢密院事，席庞擅权，义先疾之。因侍燕，言于帝曰：'革狡佞喜乱，一朝大用，必误国家！'言甚激切，不纳。"[5]他一针见血地揭露出了萧革的丑恶本质，然而已被阿谀取悦深深迷惑的兴宗毫不采纳。义先见兴宗不听，便寻找机会当面奚落萧革。一天，诸大臣陪侍兴宗饮宴，兴宗命群臣以投掷双陆为戏，并规定负者罚款一巨觥。兴宗为了调解耶律义先与萧革之间的矛盾，故意令义先与萧革巡掷。义先酒酣，当着兴宗面痛斥萧革道："臣备位大臣，纵不能进忠去佞，安能与贼博乎！"萧革早已对耶律义先衔恨在心，强压怒火，佯言曰："公相谑，不既甚乎！"义先仍"诟詈不已"，弄得兴宗勃然大怒。仁懿皇后解围道："义先酒狂，醒可治也。"这才使君臣之间剑拔弩张的紧张局面松弛下来。第二天，兴宗诏萧革说："义先无礼，可痛绳之。"萧革佯装宽宏大量说："义先之才，岂逃圣鉴！然天下皆知忠直，今以酒过为罪，恐咈人望。""帝以革犯而不较，眷遇益厚。其矫情媚上多类此。"[2]

萧革因此而博得兴宗更大的信任与重用。始而，拜萧革为南院枢密使，掌辽朝文铨、部族、丁赋之政；同时，还"诏班诸王之上，封吴王"。继而，"以南院枢密使萧革为北院枢密使"[5]，掌辽朝兵机、武铨、群牧之政，"进王郑、兼中书令"[2]。中书令乃中书省之最高行政长官。这是萧革以其"矫情媚上"的手段在兴宗朝得到显赫地位，也是他得以"怙宠专权，同僚具位而已"的原因所在。辽朝被称为"贤君"的兴宗竟然不识萧革"矫情媚上"的奸佞本质，忠臣直谏弗听，以致疾病大剧，还把萧革诏于面前嘱咐道："大位不可一日旷，朕若弗瘳，宜即令燕赵国王嗣位"[2]。燕赵国王即兴宗长子耶律洪基，其于重熙二十四年（1055年）即位，是为道宗，改元清宁。兴宗临死留给儿子的顾命大臣竟是佞臣萧革。

洪基即位初，"求直言，访治道"[6]，颇得民心，但也并未识破萧革之类奸佞之臣的狡猾伎俩，终于在任用萧阿剌与萧革的问题上产生矛盾，以致中了萧革奸计而错杀萧阿剌。

萧阿剌乃萧孝穆之子，自幼养宫中，与兴宗有着特别密切的关系，故"尤爱之"[2]。清宁元年（1055年），遗诏拜北府宰相，兼南院枢密使，进王韩。明年，改北院枢密使兼中书令。"清宁元年，复为南院枢密使，更王楚。复徙北院，与萧革同掌国政"[2]。萧革在兴宗朝已是北院枢密使兼中书令。萧阿剌"秉性忠果，晓世务，有经济才"[7]；而萧革"以佞见任，鬻爵纳贿"[8]，乃贪黩之徒，且"诡谀不法"，"多私挠"。萧阿剌"每裁正之，由是有隙"[2]。"阿剌争之不得，告归。上由是恶之，除东京留守。"[7] 萧革终于把萧阿剌排挤出北枢密院。

清宁七年（1061年）五月，因天旱在南郊举行瑟瑟礼，诏各路大臣都来聚会，"萧阿剌以例赴阙。帝访群臣以时务，阿剌陈利病，言甚激切"。萧革本来对阿剌仍怀恨于心，"伺帝意不悦，因潜曰：'阿剌恃宠，有慢上心，非臣子礼。'"[2] 道宗勃然大怒，"缢阿剌于殿下"。皇太后闻讯赶来，营救不及，放声恸哭道："阿剌问罪而遽见杀？"[7] 一位敢于同奸佞之徒作斗争的忠谏之臣竟这样被杀。此前，萧革为了陷害萧阿剌，曾与阿剌之弟萧胡睹阴相勾结，结党营私，共同作恶。"胡睹又欲要权，岁时献遗珍玩、畜产于革，二人相爱过于兄弟……及革搆陷其兄阿剌，胡睹阴为之助，时人丑之。"[9]这是权欲膨胀、利欲熏心、结党营私之徒的丑恶嘴脸。

萧阿剌因陈利病遭枉杀后，道宗方知中了萧革奸计，"宠遇渐衰"。清宁八年（1062年）三月，萧革致仕，大权被夺，门庭冷落。强烈的权欲和私利使萧革萌生更大的恶念，意欲勾结重元谋杀道宗，篡夺帝位，重掌大权。清宁九年秋，"革以其子为重元婿，革预其谋"[2]，即参与阴谋发动刺杀道宗的叛乱。阴谋败露，叛乱很快被彻底镇压。重元父子兵败身亡。同党萧胡睹投水死。五子同日被诛。萧革落了个"凌迟杀之"[2]的可耻下场。

参 考 文 献

[1] 脱脱，等.辽史·萧和尚传［M］.北京：中华书局，1974.

[2] 脱脱，等.辽史·萧革传［M］.北京：中华书局，1974.

[3] 脱脱，等.辽史·兴宗纪（一）［M］.北京：中华书局，1974.

[4] 脱脱，等.辽史·兴宗纪（二）［M］.北京：中华书局，1974.

[5] 脱脱，等.辽史·耶律仁先传［M］.北京：中华书局，1974.

[6] 脱脱，等.辽史·道宗纪（六）［M］.北京：中华书局，1974.

[7] 脱脱，等.辽史·萧阿剌传［M］.北京：中华书局，1974.

[8] 脱脱，等.辽史·耶律引吉传［M］.北京：中华书局，1974.

[9] 脱脱，等.辽史·萧胡睹传［M］.北京：中华书局，1974.

从奴隶到宰相的姚景行

姚景行，始名景禧，祖籍中原。祖父汉英，后周将领，应历（951—968年）初使辽，因使用后周礼，穆宗怒，被扣留，"隶汉人宫分"[1]。汉人宫分是由汉人俘户成立的皇庄，他们以耕织的劳动果实提供给皇家消费，在宫分人中地位最低[2]。从景宗至圣宗时辽代方逐渐封建化，对汉人宫分的地位也逐渐放宽，允许参加科举考试。"及景行既贵，始出籍，贯兴中县（今辽宁朝阳）"[1]。这就是说，姚家到重熙五年（1036年）后方获得完全自由，始离开汉人宫分户，成了兴中县的自由民。

兴宗"幼而聪明"，"好儒术，通音律"[3]。即位之后，他继承父皇圣宗的封建化改革主张，仍执行开科取士，擢人才。重熙元年（1032年）首举放进士57人。重熙五年（1036年）举行第二次科举考试，兴宗亲自到场主持。姚景行正是在这次考试中进士乙科，"为将作监"，即职掌宫室、宗庙、陵寝及其他土木营建之事。重熙十二年（1043年）八月，兴宗长子十二岁的洪基进封燕赵国王[4]，姚景行"改燕赵国王教授"[1]。景行所以能被兴宗选为太子洪基的教授，不仅因他"博学"，而且更重要的是因为他"性敦厚廉直，人归望之"。"不数年，到翰林学士，枢密副使"[1]。

重熙二十四年（1055年）八月，兴宗驾崩，道宗洪基即位。十二月，"以枢密副使姚景行为参知政事"[5]。景行"多被顾问，为北府宰相"[1]。"道宗初即位，求直言，访治道，劝农兴学，救灾恤患"，被誉为"灿然可观"[5]的这些治国安邦的正确主张应与姚景行有关。从道宗初年关于宰相任选的重大改革上也可看出姚景行在朝中的地位。在兴宗升遐的八月"戊戌，以（兴宗）遗诏，命西平郡王萧阿剌为北府宰相"。不知是萧阿剌难能胜此任，还是道宗只在形式上执行遗诏，萧阿剌的北府宰相只是挂名，实际上让他仍权知南院枢密使事，真正的北府宰相乃是道宗身边的权威顾问姚景行[6]。总之，道宗初期，姚景行在北府宰相任上所起的重大作用是显而易见的。

清宁九年（1063年）秋七月，北府宰相姚景行方以疾"告归，道闻重元乱，收集行旅得三百余骑勤王。比至，贼已平。帝嘉其忠，赐以逆人财产"[1]。重元之乱是发生于道宗朝前期皇族内部最重大的篡夺皇权的激烈斗争。姚景行带病勤王，行动果敢，耿耿忠心，昭然若揭。

咸雍元年（1065年），姚景行出任奉圣州（今河北涿鹿）武定军节度使。二年

（1066年）二月，道宗"驿召拜南院枢密使"。回宫后，道宗"从容问治道，引入内殿，出御书及太子书示之，赐什器车仗"[1]。由此可知姚景行在道宗心目中的特殊地位。

道宗即位后，与北宋发生过几次小的边界摩擦。清宁八年（1062年）六月，辽人入宋境砍伐山木积十余里，宋知代州刘永年"遗人纵火，一夕尽焚之"。十年（1064年）二月，在边界上又发生了辽人以盐船犯边禁而被沉没的纠纷。因边事，道宗有意伐宋，召景行问道："宋人好生边事，如何？"景行回答说："自圣宗皇帝以威德怀远，宋修职贡，迨今几六十年。若以细故用兵，恐违先帝成约。"[1]道宗接受了姚景行的正确谏言，使一场战争的灾难得以避免。

咸雍二年（1066年）七月，姚景行"致仕，不逾月复旧职。丁家艰，起复，兼中书令。"在此期间，道宗还经常向姚景行请教"古今儒士优劣，占对称旨"[1]。然而，从咸雍七年（1071年）二月之后，姚景行突然从南院枢密院和中书省调出（这可能与耶律乙辛排挤有关）。二月，"以南院枢密使姚景行知兴中府事"[5]"改朔方军节度使"。大康元年（1075年），徙镇辽兴，即平州。因"上京多滞狱，命为留守，不数月，以狱空闻"。在此期间，"累乞致政，不从。复请，许之，加守太师"。景行卒于何年，史无详载。道宗遣使吊祭，追封柳城（兴中府，今辽宁朝阳）郡王，谥文献。寿隆五年（1099年）"诏为立祠"[1]。

姚景行从一个汉人宫分户的奴隶后代，经科举而官至北府宰相、南院枢密使、中书令，深得道宗器重。清宁初，他高居相位，多被道宗顾问，言听计从，备受重用，对辽朝社会进一步向封建化发展、宰相制度的改革、辽宋边境关系的缓和都有一定贡献。其晚年虽多赴外任，调动频繁，但所到之处仍颇有政绩。

参 考 文 献

[1] 脱脱，等.辽史·姚景行传［M］.北京：中华书局，1974.

[2] 陈述.契丹经济史稿［M］.北京：三联书店，1978：56.

[3] 脱脱，等.辽史·兴宗纪［M］.北京：中华书局，1974.

[4] 脱脱，等.辽史·兴宗纪（三）［M］.北京：中华书局，1974.

[5] 脱脱，等.辽史·道宗纪（三）［M］.北京：中华书局，1974.

[6] 林荣贵.从房山石经题记论辽朝选相任使之沿革［M］//陈述.辽金史论集（第一集）.上海：上海古籍出版社，1987：47.

政绩卓著的马人望

马人望，字俨叔，出身于封建仕宦家庭。高祖胤卿是后晋王朝的青州（今山东益都）刺史。在契丹对后晋的战争中，马胤卿坚守青州，"城破被执，太宗义而释之，徙其族于医巫闾山（今辽宁北镇附近）因家焉"[1]。曾祖马廷煦，官至辽朝南京留守。父马诠，任中京文思使。文思使是文思院的主要官员，该院是制造宫廷所用的珍巧器物和装饰品的手工工场。由此可知，马氏家族在辽朝颇受重用。

从马胤卿被俘入辽，到马人望已近百余年。这就是说，马人望完全生活在辽朝。因为他出身于仕宦之家，自然会有良好的读书条件。他又生而"颖悟"，聪明过人，加上刻苦努力，所以"长以才学称"。当时，正是兴宗末期和道宗朝。契丹族和以契丹族为主体的辽朝的汉化、封建化逐步加深。基于这种情况，尤其需要儒家思想武装起来的知识分子。于是，便定期开科取士，为契丹统治者选拔治理国家的人才。道宗咸雍年间，马人望考取进士。据考证，马人望是在咸雍六年（1070年）六月中举的。

马人望通过科举进入仕途，任松山县（今内蒙古赤峰市西南）令。该县属中京松山州。这里地处松漠的东部边沿，是"商贾会冲"[2]之地。人望赴任后，发现中京留守加予该县人民的徭役过重，"岁运泽州（今河北平泉西南）官炭，独役松山"。人们苦于远途转运，但又不敢言。然而，马人望却"请于中京留守萧吐浑均役他邑。吐浑怒，下吏，系几百日；复引诘之，人望不屈"。马人望这种为民请命而不惧得罪上司的做法感动了中京留守萧吐浑。萧吐浑高兴地说："君为民如此，后必大用。"于是释放人望，并报朝廷，以引起朝廷对人望的重视。

不久，马人望改任南京道涿州（今河北涿县）新城县知县。新城县位于涿州南，与北宋疆域接壤。澶渊之盟以来，辽、宋结成以兄弟相称的友好邻邦南北交往、互派使臣，沟通双方的驿道由新城县境内通过，于是该县驿站就成了接待来往使臣的重要场所。人望在任期内"治不扰，吏民畏爱"，显然是治理得法，有条不紊。据清朝光绪年间所修《畿辅通志·学校》中记载，人望为普及文化教育而兴办了新城县学，这也是政治清明、经济发展、人心安定的一种反映。正因为如此，人望才能得到县吏与人民的敬畏。据初步统计，从大康元年（1075年）至大安元年（1085年），辽朝使臣每年来往于这条驿道最多七次，最少两次，多数在三四次。"近臣有聘宋还者，帝（道宗）问以外事，多荐之。"这说明马人望治下的新城县政绩给辽朝近臣留下了良好的印象，并因此而引起皇帝的重视。

马人望擢拔中京度支盐铁判官，负责中京道盐铁等专卖和生产。盐铁专卖是封建王朝的重要财政收入之一。人望理财由此开始。他由于成绩显著而转任南京三司度支判官，协助度支使掌管南京地区财政收支。由于工作认真、努力，"公私兼裕"。可见人望的理财能力是很强的。

当时，南京城内狱讼案卷堆积如山，滞狱严重，急需清理，于是迁人望为警巡使。偌多案件，经过他认真审理，"无一冤者"。辽朝的徭役、赋税是根据家产多少而定的，为此需要经常检查核对户口。在这项工作中也表现出了他的卓识和远见。他在不到二十天的时间里就完成了任务。南京同知留守萧保先怪而问之，马人望答："民产若括之无遗，他日必长厚敛之弊，大率十得六七足矣。"括产之中留有余地，显然是为了减轻人民的负担，以缓和日益尖锐的矛盾。对此，连萧保先也不得不说："公虑远，吾不及也。"

天祚即位后，辽政权更加腐朽、衰败。枢密院实权长时间掌握在两大权奸手里，一曰耶律阿思，一曰萧奉先，二人狼狈为奸。此外，还有"与萧奉先雅相厚善"[3]的南府宰相耶律俨。马人望参与了纠正耶律乙辛所制造的一系列冤假错案的工作。他能"平心以处，所活甚众"。在大肆杀伐之际，这是何等认真负责。然而，耶律阿思却不然，"录乙辛党人，罪重者当籍其家，阿思受赂，多所宽贷"[4]。得里底（萧奉先）"亦附会之"[5]。人望与阿思、萧奉先对比是何等鲜明，一忠一奸，一贤一邪，昭然若揭。

继之，人望"改上京副留守"。当时，各种矛盾日益尖锐，各族人民纷纷起义反抗辽王朝。其中，以赵钟哥为首的起义者"犯阙，劫宫女、御物"。作为忠心维护辽王朝利益的马人望，必然站在辽朝统治阶级立场上镇压起义者，夺回被劫走的宫女与御物。在这个过程中，人望身受箭伤，可见战斗是相当激烈的。同时，"令关津讥察行旅，悉获其盗"。由于马人望镇压人民起义"有功"，故"寻擢枢密都承旨"。

据考证，马人望是在南枢密院担任枢密都承旨。在其任内"宰相耶律俨恶人望与己异"，故二人矛盾颇为尖锐。那么"异"在何处？孰是孰非？因无具体材料可资分析，终难断定。然而，耶律俨"资猾性巧，善谀佞人，并与奉先蒙蔽为欺，以至于亡"。由此推断，马人望为是，耶律俨为非，马人望正确，耶律俨错误。然而，耶律俨是南府宰相，又深得天祚帝的宠信，所以也就有权排挤打击马人望。马人望遂改任南京诸宫提辖制置。不久，任保宁军节度使，该军治东京道鸭绿江边的定州。这里有两个"凶暴"的官吏，"民畏如虎。人望假以辞色，阴令发其事，黥配之"[3]。这就免除了不法官吏带来的干扰与灾难，使人民得以正常生产，"是岁诸处饥乏，惟人望所治粮食不阙，路不鸣桴"。这虽有夸张，但是不难看出马人望所崇奉的儒家之民本思想。由于他政绩显著，所以辽朝给了马人望一个遥授官职，即彰义军节度使。

当时中京财赋已是入不敷出，"府库皆空"。经济危机严重影响着这里的政治局势。在这种情况下，辽政权非常需要擅长理财的官员，以扭转局势。辽王朝最后选中了马人望。人望上任，"视事半岁，积粟十五万斛，钱二十万缗"，又变得钱粮充裕，甚至被誉为"辽之农谷至是为盛"[6]。这里难免有言过其实之处。不过许多事实证明，马人望确实是一位颇有能力的出色官吏。其随即"迁枢密直学士"。

天庆三年（1113年）十二月，马人望再次迁升，任参知政事，成为可以与宰相共同议政的"执政官"。当时，南京也发生了严重的财政问题，人望以判南京三司使事的身份前往处理。人望到任后，根据钱粟出纳之弊，采取相应措施，制定"临库"制度，加强管理，严密出入登记手续，从而消除混乱，堵塞漏洞。这样一来，就触动了那些奸人酷吏的利益，他们便给马人望到处制造谣言，说他已经年老不中用了。谣言传到京城，"朝论不察"，信以为真，于是撤掉其判南京三司使之职，改任南京宣徽使，"以示优老"。宣徽使是一个事简而官尊的职位，负责礼仪应酬之事，无任何治国安邦的实际权力。一年后，"天祚手书'宣马宣徽'四字诏之。既至，谕曰：'以卿为老，误听也'。遂拜南院枢密使"。这是南院最高的执事官。在其任期内有两件事应当提及。其一，在用人方面，"不敢于以私"，"必公议所当与者。如曹勇义、虞仲文尝为奸人所挤，人望推荐，皆为名臣"。然而，天祚从即位以来，实行亲奸佞、远忠臣的用人路线，使得奸臣从上到下，盘根错节，扭成一团，已是积重难返。面对这种腐败局面，被推荐的两位名臣本事再大也无补于事。当然，人望这种用人唯贤、敢于向权奸挑战的果敢行动还是值得称道的。其二，尽力减轻人民的负担。"当时民所甚患者，驿递、马牛、旗鼓、乡正、厅隶、仓司之役，至破产不能给。人望使民出钱，官至募役，时以为便。""久之请老，以守司徒、兼侍中致仕。""卒，谥曰文献。"马人望卒年不知，生年不详，可能死于天庆末年。

综观马人望的一生，为官五十余年，无私欲，有操守；为国尽职，为民谋利，力求"公私兼裕"。在理财、除弊和荐贤等方面，他做了许多有益的工作。他待人接物颇有修养，能做到"喜怒不形于色"。他既不拉帮结派搞团伙，又"未尝附丽求进"。对于官职的升降，他也能做到宠辱不惊。"初除执政，家人贺之，人望揪然曰：'得勿喜，失勿忧。抗之甚高，挤之必酷。'其畏慎如此。"在辽朝晚期，马人望确是一位政绩卓著、颇有人望的贤能官员。

参 考 文 献

[1]脱脱，等.辽史·马人望传[M].北京：中华书局，1974.

[2] 脱脱, 等. 辽史·地理志（三）[M]. 北京：中华书局, 1974.

[3] 叶隆礼. 契丹国志·李俨传[M]. 上海：上海古籍出版社, 1985.

[4] 脱脱, 等. 辽史·耶律阿思传[M]. 北京：中华书局, 1974.

[5] 脱脱, 等. 辽史·萧得里底传[M]. 北京：中华书局, 1974.

[6] 脱脱, 等. 辽史·食货志（上）[M]. 北京：中华书局, 1974.

亡国之君天祚耶律延禧

天祚名耶律延禧，字延宁，小字阿果，生于大康元年（1075年）闰四月。延禧不满三岁，其父被奸臣诬陷致死。父浚乃道宗独生子，"幼而能言，好学知书"，善射，深受道宗的夸赞与宠爱。其八岁被立为皇太子，十八岁兼领北南院枢密事。因其父年轻有为，位高权重，有碍耶律乙辛独揽大权，乙辛先害死其母，太子浚亦遭阴谋构陷，废为庶人，后被暗中盗杀[1]。道宗被乙辛奸党害得丧妻断子，几乎绝孙。多亏敢于冒死直谏的萧兀纳提醒了道宗皇帝，天祚这条年仅五岁的稚嫩生命才得保住。

大康六年（1080年）三月，"封皇孙延禧为梁王"。七月，"设旗鼓拽剌六人卫护之"。八年冬十月，"诏化哥傅导梁王延禧，加金吾大将军"。九年十一月，"进封梁王延禧为燕国王"。十年三月"命知制诰王师儒、牌印郎君耶律固傅导燕王延禧"[2]。大安元年（1085年），护卫太保耶律斡特剌"升燕王傅"[3]。二年九月，"出太祖、太宗所御铠仗示燕国王延禧，谕以创业征战之难"[2]。"十一月甲戌，为燕国延禧行再生礼，曲赦上京囚。"[2] 这是天祚十二岁前在宫廷里所受到的宠爱与教育。

天祚十岁，即大安三年（1087年），"宰相继先五世孙"萧夺里懒入宫。"明年，封燕国王妃"[4]。天祚十四岁与萧氏成婚。萧氏乃萧奉先之妹。当时萧奉先已是兴圣宫副使，兼同知中丞司事。六月，"命燕国王延禧知中丞司事"[2]，成了萧奉先的顶头上司。五年（1089年）十一月，"燕国王延禧生子，大赦，妃子族属进爵有差"[5]。七年冬十月，"命燕国王延禧为天下兵马大元帅，总南北院枢密使事"[5]。祖父道宗已开始把军政大权交给十七岁的皇孙延禧，让他学习驾御军政大臣的本领，用心可谓良苦。

道宗为了把延禧培养成理想的继承者，还特别选萧兀纳做他的教师，并对王师儒、耶律固等说："兀纳忠纯，虽狄仁杰辅唐、屋质立穆宗，无以过也。卿等宜达燕王知之"[6]。自是，令兀纳辅导燕王，益见优宠。道宗给皇孙延禧遗留下的是一个"群邪并兴，谗巧竞进；贼及骨肉，皇基寝危；众正论胥，诸部反侧；甲兵之用，无宁岁矣"[7]，"门下馈赂不绝"[8]，"无百万两黄金，不足为宰相家"[9]的腐败摊子。在这种腐败不堪的环境中，焉能孕育出一个励精图治的皇帝继承人！

一、好佞人，远忠直

寿隆七年（1101年）正月，道宗死，皇孙延禧奉遗诏即位，号天祚皇帝，二月改元乾统。天祚一即位，第一件事就是贬谪萧兀纳，重用佞臣耶律阿思与萧得里底，即萧奉先。"初，天祚在潜邸，兀纳数以直言忤旨。及嗣位，出为辽兴军节度使，守太傅。"[6]一下就撤掉了萧兀纳的北府宰相之职，并将其贬至地方。究其原因，就是兀纳敢于"直言忤旨"。由于天祚对北府宰相萧兀纳采取这样的行动，所以一个佛殿小底王华都敢诬告兀纳"借内府犀角"，天祚竟"诏鞠之"。"兀纳奏曰：'臣在先朝，诏许日取帑十万为私费，臣未尝妄取一钱，肯借犀角乎？'天祚愈怒，夺太傅官，降宁边州刺史，寻改临海军节度使。"[6]这就是天祚对敢于讲真话的忠直之臣的态度。

天祚贬萧兀纳的同时却重用佞臣耶律阿思与萧奉先。这本是道宗晚年留给天祚的两条祸根。一次道宗欲擢拔阿思为北枢密使，向大臣征求意见，萧陶隗曾直言不讳地当面指出："阿思有才而贪，将为祸基。不得已而用，败事犹胜祸基"。道宗非但不听，而且满含讥讽地挖苦说："陶陈虽魏徵不能过，但恨吾不及太宗尔"[10]。最后不仅以阿思为枢密使，还作出了"诏北院枢密使魏王耶律乙辛同母兄大奴、同母弟阿思世预北、南院枢密使之选"[11]的决定。阿思执掌大权后，不但伺机陷害萧陶隗父子，而且打击陷害一切敢于抵制、反对他们的人[12,13]。道宗临死时竟把这样贪婪的奸臣委以"顾命"重任。其实，天祚在即位前后与他祖父晚年一样，不光宠幸耶律阿思，更宠幸萧奉先。当时耶律阿思是北院枢密使，萧奉先是西北路招讨使。天祚一登极就让他二人全权主持处理耶律乙辛奸党一案，即为其母懿德皇后和父亲昭怀太子的冤案平反昭雪。"诏为耶律乙辛所诬陷害，复其官爵，籍没者出之，流放者还之。""诏诛乙辛党，徙其子孙于边；发乙辛、得里待之墓，剖棺，戮尸，以其家属分赐被杀之家。"[14]而在主持处理这一重大案件中，耶律阿思与萧奉先竟收受亲手杀害天祚之父的凶手萧达鲁古、耶律批不也等人的贿赂而"多出其罪"[15]以获赦免，使之逍遥法外。这样肆无忌惮的贪赃枉法行为，天祚非但不加追究、不去惩罚，反而还要加官晋爵，给耶律阿思加"于越"，萧奉先从西北路调回宫廷，开始知北院枢密使事，并很快擢为北院枢密使，成了宫中专权的宠臣。二人贪得无厌，成了导致辽朝灭亡的重要因素。

二、嗜畋猎，荒政事

辽朝建立后，契丹皇帝把畋猎与宫廷政治和习武结合起来，随春夏秋冬的季节变化，形成了四时捺钵。天祚五岁跟随祖父畋猎，终生不厌。他"身长六尺，善骑射。即位后，拒谏饰非，穷奢极侈，盘于游畋"[16]。几乎将全部时间与精力都耗费在畋游上了。天庆以降，女真已兴兵反辽，锐不可挡；各地纷纷起义，应顾不暇；叛亡事件，不断发生。天祚置国破家亡于不顾，依旧沉溺在弯弓射鹿的畋猎场上。甚至到保大元年（1121年）七月，半壁江山已失，时刻处于女真大军的追逐逃亡之中，他仍有心思入炭山射猎[17]。难怪《金史》里这样记载："辽主好畋猎，淫酗怠于政事，四方奏事往往不见省。"[18]天祚对"日蛊其心"[19]、纵欲畋游者的意见总是"悦而从之"，而对谏巡游的忠言却是充耳不闻。萧陶苏斡在刚平息了耶律章奴的叛亡事件后向天祚请曰："今边兵懈弛，若清暑岭西，则汉人啸聚，民心益摇。臣愚以为宜罢此行。"[13]天祚根本不听。

天祚为满足其"畋游无度"的嗜欲，派使者"捕海东青于女真之域，取细犬于萌骨之疆"[20]。乾统三年（1103年），"夏五月戊子，以猎人多亡，严立科禁"[14]。九月，"猎于吾剌里山，虎伤猎夫。庚子，射熊于善山"[14]。捕天鹅需要大量鹰鹘，其中又以海东青为俊健，最为名贵。"至天祚朝，赏刑潜滥，禽色俱荒。女真东北与五国部邻，五国之东邻大海，出名鹰自海东来者，谓之'海东青'，小而俊健，能擒鹅鹜，爪白者尤以为异，辽人酷爱之，岁岁求之女真，女真至五国战斗而后得，女真不胜其扰。及天祚嗣位，责贡尤苛。又天使所至，百般需索于部落，稍不奉命，召其长加杖，甚者诛之。"[19]又"银牌天使至女真，每夕必欲荐枕者。其国旧轮中下户作止宿处，以未出适女待之。后求海东青使者络绎，恃大国使命，惟择美好夫人，不问其有夫及阀阅高者。女真浸忿，遂叛。"[21]

不仅如此，天祚每年春正月到混同江凿冰钩鱼，大摆头鱼宴，还要求女真各部酋长必须到场为他献歌献舞，寻欢作乐。"天庆二年（1112年）春，天祚如混同江钓鱼，界外生女真酋长在千里内者，以故事皆来会。适遇头鱼酒筵，别具筵劳，酒半酣，天祚临轩，使诸酋次第歌舞为乐。次至阿骨打，端立直视，辞以不能，谕之再三，终不从。天祚密谓枢密使萧奉先曰：'阿骨打意气雄豪，顾视不常，当以事诛之，不然，恐贻后患。'奉先曰：'阿骨打诚服本朝，杀之，伤向化心。设有异志，蕞尔小国，何能为？'阿骨打有弟曰吴乞买、粘罕、胡舍辈，天祚岁入秋山，数人必从行，善作鹿鸣，呼鹿使天祚射之，或刺虎，或搏熊，天祚喜，辄加官爵，后至围场司差遣者有之。阿骨打会钓鱼而归，疑天祚知其意，即欲称兵。"[19]

这就是天祚因畋游无度、不恤政事而给各族人民特别是女真人民带来的深重灾难，以致逼得女真部落酋长阿骨打不得不下决心，率领女真人民兴兵反辽。

三、官逼民反，溃败奔逃

天祚登极后，由于他好畋游，贪享乐，拒谏饰非，不视朝政，又好奸佞，远忠直，亲小人，厌贤臣，所以在他周围就形成了一个以后族萧奉先为核心的统治集团。这些执掌权柄的奸邪小人又都是些利欲熏心、贪得无厌之徒，政治上为了争权，统治集团内部搞阴谋、搞诬陷，互相倾轧，闹得四分五裂、众叛亲离，而对各族人民，特别是敢于反抗者，残酷镇压。经济上，统治集团内部贪污成风，贿赂公行，对各族人民进行残酷的剥削与压榨，造成经济上的由盛而衰。尤其是宁江州契丹官吏对女真人民的盘剥激起女真人民更大的愤怒。"（宁江）州有榷场，女真以北珠、人参、生金、松实、白附子、蜜蜡、麻布之类为市，州人低其直，且拘辱之，谓之'女真'。"[19] 天祚统治集团对各族人民的压迫与聚敛弄得生灵涂炭，民不聊生，阶级矛盾与民族矛盾空前激化，女真人民率先发难，其他各族人民相继纷纷起义。

天祚对女真举兵反辽，始而骄傲自大，不屑一顾，继而连战连溃，手足无措，欲弃国而逃。当女真起兵，无一个名副其实的兵马大元帅坐镇指挥。一些有真知灼见的将领的意见天祚又不爱听，这就只好任凭那些只知贪而不知兵的佞臣来摆布了。

乾统二年（1102年）十月，萧海里叛亡女真的事件发生后，无辜遭贬的萧兀纳由临海军（今辽宁锦州）上书天祚："自萧海里亡入女直，彼有轻朝廷心，宜益兵以备不虞"。天庆元年（1111年），兀纳又从黄龙府（今吉林农安）上书："臣治与女真接境，观其所为，其志非小。宜先其未发，举兵图之"[6]。前者被北枢密院压而不报，后者章数上皆不听，贻误军机。天庆二年的头鱼宴上发生了阿骨打拒绝跳舞娱乐的顶撞事件，天祚虽看出了问题，但一经萧奉先解释，就放了过去，纵虎归山。阿骨打回到部落后立即起兵征讨邻近各部，阿鹘产与赵三前来报告，却被萧奉先作常事以闻，天祚仍未引起重视。天庆四年（1114年）阿骨打攻破宁江州，天祚在庆州秋山射猎场上闻此消息，依然不放在心上。召集群臣讨论对策时，萧陶苏斡分析了敌我形势，提出了正确主张，天祚不听，却轻信萧奉先骄傲自大的错误意见，结果招致萧嗣先的出河店之败、耶律斡里朵的达鲁古城之败、张琳的涞流河之败，以及天祚亲征，萧奉先为御营都统，在护步答冈一战，号称七十万大军的天祚被阿骨打的两万人马打得落花流水，狼狈而逃。从此，天祚一蹶不振，群下离心。各地的起义烈火烧得天祚焦头烂额，应顾不暇。

从天庆三年至天庆九年，在天祚王朝境内先后爆发的各族人民反辽大起义有：李弘的以左道聚众起义，渤海人古欲的饶州起义，东京裨将渤海人高永昌起义，汉人侯概的中京起义，南京易州的董庞儿起义，安生儿、张高儿聚众二十万的大起义和张撒八的射粮军起义。这些风起云涌的反辽斗争虽然都被辽朝军队镇压下去，但是都给天祚王朝以沉重打击，大大分散了天祚的兵力，有力地配合了女真起义军的进攻，加速了天祚灭亡的进程。

在各地义军攻打辽军的同时，女真军迅速推进，愈战愈勇。天庆六年（1156年），天祚命张琳募辽东饥民两万镇压高永昌，高永昌向女真军求援。阿骨打乘机进兵，张琳逃入沈州，被女真军攻陷，琳坠城而逃。女真军乘胜攻下东京（今辽宁辽阳），高永昌被擒，契丹贵族纷纷投降，东京等54州皆为女真所有。天祚聚敛的"二三万硕"军粮都成了女真军的战利品[22]。

张琳败后，天祚从契丹贵族之请，命耶律淳为都元帅，招募辽东饥民两万八千人，加上燕、云平路禁军和民兵数千人，组成"怨军"以抗女真，妄图挽救败局。天庆七年（1117年）冬十月，因"时寒无衣"，有两营怨军劫掠乾州（今辽宁北镇），反辽起义。耶律淳率怨军前往镇压，途与女真军遭遇，"未阵而溃"。十二月，耶律淳的怨军又遭蒺藜山大败。消息传到中京，天祚吓得魂飞魄散。他"昼夜忧惧，潜令内库三局官，打包珠玉、珍玩五百余囊，骏马二千匹，夜入飞龙院喂养为备。尝谓左右曰：'若女真必来，吾有日行三百五十里马若干，又与宋朝为兄弟，夏国舅甥，皆可以归，亦不失一生富贵。所忧者，军民受祸耳。'识者闻之，私相谓曰：'辽今亡矣！自古人主岂有弃军民自为谋身计者，其能享国乎？'"[19]天祚之亡，已成定局。

因阿骨打称帝，建元天辅（1117年），国号大金，求辽朝册封，天祚才又得到残喘之机。"萧奉先大喜，以为自此无患"，君臣的短见无知暴露无遗。结果，册封与议和失败，使臣"人笞百余"。至此，"天祚恶闻女真事。萧奉先已揣其意，皆不以闻，迁延久之，闻上京已破，和议遂寝"。天庆十年（1120年）五月，上京已失，祖坟被挖，"萧奉先皆抑而不奏。后天祚虽知，问及陵寝事，奉先对以初虽侵犯元宫，劫掠诸物，尚惧列圣威灵，不敢毁坏灵柩，已经指挥有司，修葺巡护"[23]。天祚明知这是搪塞欺蒙，既不苛责萧奉先，又不因祖坟被毁而发愤，与金兵决一死战，而仍有兴致"秋猎沙岭"，并在进谗言者的怂恿下于溃逃途中制造新的悲剧。

四、轻信谗言，诬杀妻儿

天庆五年（1115年）十二月，天祚亲征途中曾发生过前锋耶律章奴谋废天祚、另立魏国王耶律淳为皇帝的事件。章奴同谋者锦州刺史耶律术者被抓获，天祚亲自审问。术者厉声数天祚过恶，陈社稷危亡之本，被杀[24]。章奴被抓获，天祚命"腰斩于市，剖其心献祖庙，分送五路号令"[19]。这就是天祚对辽王朝内部敢于觊觎皇帝宝座者的态度。从此以后，他加倍提防废立事件的发生。

天祚有六子，即赵王习泥烈、晋王敖鲁斡、梁王雅里、燕王挞鲁、秦王定和许王宁，谁为储嗣，始终未定。其中，晋王敖鲁斡为文妃所生，秦王定、许王宁是萧奉先之妹元妃所生。文妃姊妹三人，姊嫁耶律挞葛里，妹嫁耶律余睹。文妃"善歌诗，女真乱作，日渐侵迫。帝畋游不恤，忠臣多被贬斥。妃作歌讽谏。"其中有这样的诗句："不如塞奸邪之路兮，选取贤臣"。又歌曰："丞相来朝兮剑佩鸣，千官侧目兮寂无声。养成外患兮嗟何及！祸尽忠臣兮罚不明。亲戚并居兮藩屏位，私门潜畜兮爪牙兵。可怜往代兮秦天子，犹向宫中兮望太平。"[4]这本是文妃向天祚托古讽谏，有褒有贬，爱憎分明，忧国忧民之情溢于言表，也是文妃献给天祚的一片忠贞之情，而天祚非但不理解，还衔恨于心。天祚诸子中晋王敖鲁斡"最贤"，国人深所属望。"元妃之兄枢密使萧奉先恐秦王不得立，潜图之。"[17]

保大元年（1121年）正月，文妃姊妹三人在军中相遇，被萧奉先看见，立刻就成了造谣、诬陷、进谗言、置人于死地的"证据"！"奉先讽人诬驸马萧昱及余睹等谋立晋王。"谣言传开，军心波动。轻信谗言的天祚，原本就对文妃衔恨，自然信以为真，于是一场诬陷杀人案便制造成功。"昱、挞葛里等伏诛，文妃亦赐死，独晋王未忍加诛。余睹在军中，闻之大惧，即率千余骑叛入金。"萧奉先劝天祚以封官晋爵来收买众心[17]，其实诸将之心早已叛了。

余睹降金，天祚的虚实已被女真完全掌握。金军以余睹为先锋，于保大二年（1122年）正月，向天祚发动新的进攻，首克中京，进下泽州。逃往南京的天祚如惊弓之鸟，穿过居庸关而疾奔鸳鸯泺。天祚听说余睹引金兵追来，惶恐万状。萧奉先为除最后的心腹之患，又见机向天祚编造新的谗言："余睹乃王子班之苗裔，此来欲立甥晋王耳。若为社稷计，不惜一子，明其罪诛之，可不战而余睹自回矣。"[17]正好风传耶律撒八、习骑撒跋等谋立晋王的谣言传入天祚耳里，于是天祚与奉先议论道："反者必以此儿为名，若不除去何以获安"[15]。天祚于是又赐晋王死。天祚"知敖鲁斡得人心，不忍加诛，令缢杀之。"[25]耶律撒八等均同时被杀。"王素有人望，诸军闻其死，无不流涕，由是人心解体。"[17]

45年前，即大康元年至三年（1075—1077年），天祚的祖父道宗皇帝轻信谗言，诬杀皇后与太子，制造了宫廷悲剧，天祚即位曾为之平反昭雪；45五年后，即保大元年至二年（1121—1122年），天祚重蹈其祖父的覆辙，也轻信谗言，诬杀文妃与晋王，制造了新的历史悲剧！

五、众叛亲离，天祚覆灭

天祚率五千残兵败将继续向西京大同而逃。三月初一，天祚闻"金师将出岭西，遂趋白水泺（今内蒙古察右前旗黄旗海）"。初六，群牧使谟鲁斡降金。初七，天祚至女古底仓。"闻金兵将近，计不知所出，乘轻骑入夹山，方悟奉先之不忠。怒曰：'汝父子误我至此，今欲诛汝，何益于事！恐军心忿怒，尔曹避敌苟安，祸必及我，其勿从行。'"[17]萧奉先下马，哭拜而去。父子三人行未数里，被左右缚送金兵。金兵斩其长子，把萧奉先和次子械送金主，途中又被辽兵夺回，送交天祚处决于夹山。

天祚逃入的夹山（今呼和浩特北的大青山）是一处山大沟深、内部回旋余地大、又可沟通阴山南北的广大地区，是一处极好的避难藏身的周旋之地，金兵一时找不到追捕的目标，只好攻打、招降山外的辽军。天祚"以诸局百工多亡，凡扈从不限吏民，皆官之"[17]。

南京李处温知天祚入夹山，数日命令不通，即与弟处能、子奭，外假怨军，内结都统萧干，拥立耶律淳为帝，改元建福，自号天锡，降封天祚为湘阴王，封妻普贤女为德妃，首叛天祚，史称北辽。淳死，德妃摄政，知处温父子奸谋不法，罪大恶极，处温赐死。十二月，金兵攻入南京，北辽亡。耶律大石、德妃和萧干率众出逃。

保大三年（1123年）正月，奚王萧干叛天祚称帝，自号大奚国，改元天复。五月南下兵败，萧干被部下所杀，大奚国亡。

二月，大石与德妃奔夹山会天祚。天祚杀德妃，降淳为庶人，并责问大石道："我在，汝何敢立淳？"大石答道："陛下以全国之势，不能一拒敌，弃国远遁，使黎民涂炭。即立十淳，皆太祖子孙，岂不胜乞命于他人耶？"天祚无言以对，只好"赐酒食，赦其罪"[26]。四月，天祚遭青冢（今呼和浩特南昭君坟）惨败，秦王、许王、诸妃、公主、从臣均被金兵俘虏而去，赵王习泥烈与萧道宁在白水泺被执，只有梁王雅里在硬寨太保特母哥的护卫下得脱。后雅里被队师耶律敌烈军夜劫北走，至沙岭，立雅里为帝，改元神历。十月，雅里死，兴宗孙术烈继立。十一月，术烈为众所杀[17]。

天祚兵败，五月渡黄河止金肃军北，十月渡河东还，居突吕不部。保大四年（1124年）正月，天祚赶都统耶律马哥军中，遇金兵来攻，"弃常北遁，马哥被执。谟葛失来迎，赆马、驼、羊，又率部人防卫。时侍从乏粮数日，以衣易羊。至乌古敌烈部，以都点检萧乙薛知北院枢密使事，封谟葛失为神于越王"[17]。二月，天祚内部谋叛，耶律遥设等十人被诛杀。

七月，天祚既得耶律大石兵归，又得阴山室韦谟葛失兵援，"自谓得天助，再谋出兵，复收燕、云"。耶律大石竭力谏道："自金人初陷长春、辽阳，则车驾不幸广平定，而都中京；及陷上京，则都燕山；及陷中京，则幸云中；自云中而播迁夹山。向以全师不谋战备，使全国汉地皆为金有。国势至此，而方求战，非计也。当养兵待时而动，不可轻举。"[17]天祚不听。大石与天祚分立，遂将天祚谋逆的亲信萧乙薛、坡里括杀掉，乘夜率部出夹山，由此而西，自立为王。至此，天祚已彻底众叛亲离，完全变成孤家寡人。天祚强率诸军出夹山，下渔阳岭，取天德（今呼和浩特白塔古城）、东胜（今托克托古城）、宁边、云内（今托县古城乡古城）等州。南下武州（今山西神池），遇金兵，回师北上，在奄遏下水（今凉城县岱海）中兀室的埋伏，谟葛失兵大惊失色，溃败而逃。"天祚奔窜入阴夹山"[23]。至此，天祚已彻底失败，连作垂死挣扎之力也丧失殆尽！然而，荒淫无耻的天祚，仍不忘寻欢作乐。"冬十月，纳突吕不部人讹哥之妻谙葛，以讹哥为本部节度使"[17]。先夺其妻，再封其官，这种皇帝，焉有不亡之理？难怪"十一月，从行者举兵乱"，被忠实奴才北护卫太保术者等所镇压[17]。术者萧仲恭，是特末和道宗梁宋国大长公主之子，天祚的表兄弟。

保大五年（1125年）正月辛巳，党项小斛禄派人请天祚亲临其地，即宁边州以南一带。戊子，天祚"趋天德，过沙漠，金兵忽至"。他惊慌失措，徒步落荒而跑。近侍尾追，见皇冠已丢，进献珠帽。天祚慌忙推开，爬上张仁贵的乘骑，策马逃奔，摆脱追兵，进入天德境内。次日，遇雪。逡巡如丧家之犬的天祚，在白茫茫一片的大风雪中，"术者以貂裘帽进；途次绝粮，术者进麨与枣；欲憩，术者即跪坐，倚之假寐。术者辈惟凿冰雪以济饥。过天德，至夜，将宿民家，给曰侦骑。其家知之，乃叩马首，跪而大恸，潜宿其家。居数日，嘉其忠，遥授以节度使，遂趋党项"[26]。天祚南下进入党项辖地，任命小斛禄为西南面招讨使，并总知军马事。天祚感到这里也并非久留之地，于是准备继续南下投奔宋朝。二月，至应州新城东六十里，值天雪，车马皆有辙迹，遂为完颜娄室所率的追兵循迹尾追而至，天祚被擒。

天祚被俘，摇尾乞怜，贪生怕死。他向金太宗吴乞买二上《降金表》、二上谢恩表，奴颜婢膝，丑态百出。第一封《降金表》是刚被俘而写，主要是求生免死，如"臣所恳也，乞谐轵道之留，免效新安之祸。战剽之至，仰干聪听，昧死谨言"。三月十八日，他盼来了金太宗的第一道招谕，感到求生有望，赶紧写了第二封《降金表》，再乞求免罪。四月八日，他又盼来了免罪诏书，更使他"欣幸越常"，再上《谢免罪表》。八月七日，当天祚又得到降封为海滨王的诏书，更是喜出望外，立即又上《谢封海滨王表》，吹捧颂扬之辞已至无以复加的程度，如"所幸得全性命，敢希天上之恩；何期不伍公侯，更赐日中之号！此盖皇帝陛下，大明编照，至德兼容。取乱侮亡，伏殷周之义；继绝兴灭，推唐虞之仁"[27]。如此等等，不一而足。

降封海滨王后，天祚被送往黑水白山以东盛产海东青之地囚居，于第二年，即天会四年（1126年）病死，终年五十四岁，在位二十四年。

参考文献

[1] 脱脱，等. 辽史·耶律浚传[M]. 北京：中华书局，1974.

[2] 脱脱，等. 辽史·道宗纪（四）[M]. 北京：中华书局，1974.

[3] 脱脱，等. 辽史·耶律斡特剌传[M]. 北京：中华书局，1974.

[4] 脱脱，等. 辽史·后妃传[M]. 北京：中华书局，1974.

[5] 脱脱，等. 辽史·道宗纪（五）[M]. 北京：中华书局，1974.

[6] 脱脱，等. 辽史·萧兀纳传[M]. 北京：中华书局，1974.

[7] 脱脱，等.辽史·道宗纪（六）[M].北京：中华书局，1974.

[8] 脱脱，等.辽史·耶律乙辛传[M].北京：中华书局，1974.

[9] 脱脱，等.辽史·张孝杰传[M].北京：中华书局，1974.

[10] 脱脱，等.辽史·萧陶隗传[M].北京：中华书局，1974.

[11] 脱脱，等.辽史·道宗纪（三）[M].北京：中华书局，1974.

[12] 脱脱，等.辽史·萧谋鲁斡传[M].北京：中华书局，1974.

[13] 脱脱，等.辽史·萧陶苏斡传[M].北京：中华书局，1974.

[14] 脱脱，等.辽史·天祚帝纪（一）[M].北京：中华书局，1974.

[15] 脱脱，等.辽史·萧得里底传[M].北京：中华书局，1974.

[16] 厉鹗.辽史拾遗（卷十二）[M].北京：中华书局，1985.

[17] 脱脱，等.辽史·天祚帝纪（三）[M].北京：中华书局，1974.

[18] 脱脱，等.金史·太祖纪[M].北京：中华书局，1975.

[19] 叶隆礼.契丹国志（卷十）[M].上海：上海古籍出版社，1985.

[20] 叶隆礼.契丹国志（卷十二）[M].上海：上海古籍出版社，1985.

[21] 洪皓.松漠纪闻[M].长春：吉林文史出版社，1986.

[22] 脱脱，等.辽史·食货志（上）[M].北京：中华书局，1974.

[23] 叶隆礼.契丹国志（卷十一）[M].上海：上海古籍出版社，1985.

[24] 脱脱，等.辽史·耶律术者传[M].北京：中华书局，1974.

[25] 脱脱，等.辽史·敖鲁斡传[M].北京：中华书局，1974.

[26] 脱脱，等.辽史·天祚帝纪（四）[M].北京：中华书局，1974.

[27] 陈述.全辽文（卷三）[M].北京：中华书局，1982.

叛立未遂的耶律章奴

耶律章奴，字特末衍，系大横帐季父房之后。其父"查刺，养高不仕"。章奴自幼聪明敏锐，善于言谈议论，有远大的政治抱负。道宗大安年间章奴始"补牌印郎君"，道宗死，皇孙燕国王延禧继位，章奴才开始得到提拔重用，升迁为北枢密院中丞司右丞，兼领牌印宿直事。乾统六年（1106年），章奴"以直宿不谨，降知内省事"。天庆四年（1114年），授东北路统军副使[1]。此前，章奴已是"同知南院枢密使事"[2]。

这年秋七月，女真族首领完颜阿骨打兴兵抗辽，下宁江州。十月，萧嗣先在出河店（今黑龙江省肇源）被女真军打得落荒而逃。耶律章奴就是在辽军连连溃败的情况下被推为东北路统军副使。当时，新任东北路统军使是原西北路招讨使耶律斡里朵，副使还有副点检萧乙薛。他们到任时，"咸、宾、祥三州及铁骊、兀惹皆叛入女真。乙薛往援宾州，南军诸将实娄、特烈等往援咸州，并为女真所败"[2]。

耶律章奴任军职后并未亲临前线与女真军对垒。由于咸州已叛入女真，援军又败，所以到天庆五年（1115年）又命章奴"改同知咸州路兵马事"，让他去收拾残局。此时，天祚下诏亲征女真，并派遣使臣持书与阿骨打和谈。三月，"遣耶律张家奴（耶律章奴）等六人赍书使女真，斥其主名，冀以速降"[3]。阿骨打以书辞侮慢留其五人，独遣章奴还，报书亦如之。五月，因阿骨打来书，又命章奴持国书前往。由于双方互相攻击，和谈没有结果。六月，章奴与被扣留的五名使者返回辽国，和谈破裂。

在和谈开始时，东北路都统耶律斡里朵等在达鲁古城与女真战，败绩；和谈结束后，又与女真军战于白马泺，再次败绩。斡里朵因兵败而免官。当时，耶律术者受诏监都统斡里朵战，两次兵败后，始迁银州刺史，续徙咸州凯将，与耶律章奴共事。章奴"明敏善谈论"，术者"魁伟雄辩"，二人相聚一起，见天祚昏庸腐败，便产生合谋立魏王淳为帝叛离天祚的主张。

天祚见和谈不成，作战屡败，于同年八月罢猎趋军中，决定重新任命统帅与将领，调集诸路大军征讨女真。天祚以萧胡笃为先锋都统，章奴为都监。九月女真军又攻陷军事要塞黄龙府（今吉林农安）。阿骨打送书天祚，"阳为卑哀之辞，实欲求战"。天祚大怒，下诏"女真作过，大军剪除"[3]。天祚才最后下决心率大军亲征。十一月，遣驸马萧特末、林牙萧察刺率骑兵五万、步兵四十万至斡邻泺；天祚自将七十万至驼门。十二月大军渡鸭子河，耶律章奴与魏国王耶律淳妻兄萧敌里及甥萧延留等谋立淳。章奴对同谋者说："天祚失道，皇叔燕王淳（淳俗呼燕王，实为魏王）亲贤，若废天祚而迎立燕王判燕京留守事，女真可不战而服也。"[4]章奴与同谋将卒三百余人亡归。天祚闻章奴叛亡，遂率部西追。十二月阿骨打知章奴叛，天祚军心不稳，乘机尾追天祚至护步答岗，两军接战，辽兵大溃，尽亡其辎重。耶律章奴得知天祚大败消息，遣萧敌里、萧延留驰报耶律淳："前日御营兵为女真所败，天祚不知所在，今天下无主，诸公幼弱，请王叔权知军国事。失此机会，奸雄窃发，未易图也。"耶律淳反问道："此非细事，天祚自有诸王当立，南北面大王不来，而汝等来，何也？"[4]耶律淳密令软禁二人。

天祚命驸马萧昱领兵诣广平淀保护后妃，同时急令行宫小底乙信持御书飞报魏王耶律淳。乙信把天祚亲笔信送交耶律淳，淳大惊失色，当即号啕大哭，以表明心迹；并立斩敌里、延留，首级奉献使者。淳单骑由小道而行，直奔广平淀天祚行在待罪。天祚打消疑虑，待之如初。

十二月，锦州刺史耶律术者听到章奴起事的消息立即响应，引麾下数人前往会合，不料在北上途中被辽朝游兵所执，径送天祚行在，术者悲壮而死[5]。

天庆六年（1116年），章奴只知耶律淳不从，而不知术者已落入天祚之手，于是，他只好单人独马，率领两千多名部下，并招纳数百名起义者，矛头直指上京（今内蒙古巴林左旗林东镇）。上京留守萧兀纳"发府库以赉士卒，谕以逆顺，完城池，以死拒战"[6]。章奴挥戈西南，直奔祖州（今内蒙古巴林左旗石房子村北）。耶律章奴率属告太祖库庙曰："我大辽基业，由太祖百战而成。今天下土崩，窃见兴宗皇帝孙魏王淳道德隆厚，能理世安民，臣等欲立以主社稷。会淳适好草甸（广平淀），大事未遂。迩来天祚惟耽乐是从，不恤万机；强敌肆侮，师徒败绩。加以盗贼蜂起，邦国危于累卵。臣等忝预族属，世蒙恩渥，上欲安庙之灵，下欲救万民之命，乃有此举。实出至诚，冀累圣垂。"[1]二月，侍御司徒挞不也等奉命追讨章奴，双方在祖州激战，挞不也败绩。

耶律章奴告别祖州，率部西去，直奔怀州（今内蒙古巴林右旗后岗岗庙古城）和庆州（今巴林右旗白塔子古城）。章奴在怀庆二州复祀诸庙，"仍述所以举兵之意"。他还把讨伐天祚的檄文散布于所属州县及守护陵寝的官吏，从此，"士卒稍稍属心"[1]。二月，天祚派汉人行宫都部署萧特末率诸将尾追而来。章奴甩掉追兵，挥师南下，径奔饶州（今内蒙古巴林左旗巴林桥西北）。

饶州是古欲反辽大起义的故乡。古欲起义虽被萧陶苏斡镇压下去，但人民反辽的情绪与火种并未熄灭。闻听耶律章奴起兵反对天祚，饶州人民便积极响应并迎接章奴的到来。辽驻东京裨将渤海人高永昌起兵，入据东京，自立为帝，成了当时声势、影响最大的一支起义军。高永昌亦与耶律章奴联系，互相声援。高永昌部将侯概在辽中京高州一带颇有影响，侯概听得章奴南下，便积极派人联系，互相支持，连成一气，众至数万。

二月，侯概与章奴两军联合，一举攻克高州，声威大震，乘胜挥师东向，直取天祚的行宫广平淀。在两军分道东进途中，侯概在川州被擒。章奴部属"耶律女古等暴横不法，劫掠妇女财富"，弄得沿途鸡犬不宁，失掉了民心。耶律章奴料定已无法完全控制部下，内心异常悔恨。四月初，又逢天祚亲征章奴。顺国女真阿鹘率三百骑一战而胜章奴。其部将耶律弥里直被杀，二百余名跟随的贵族被俘虏，"其妻子配役绣院，或散诸近侍为婢；余得脱者皆遁去"[1]。耶律章奴则诈使者，欲投奔女真，被辽朝巡逻兵抓获，缚送往天祚的行在，"腰斩于市，剖其心以献祖庙，支解以徇五路"[3]。这就是叛立未遂的耶律章奴在天祚朝争夺皇权斗争的最后结果。

耶律章奴之叛，非叛辽朝，而是叛天祚；非自立为帝，而是谋立耶律淳。他不忍心大辽二百年的基业被昏聩的天祚葬送，乃有此举。章奴此举，又是辽朝末朝党争，即皇族与后族争夺皇权斗争的继续。他叛天祚而谋立耶律淳，也是为了打败以萧奉先为代表的后族势力。他虽有胆略，也有一定见识，但因缺乏周密的行动计划、组织才能和应有的群众基础，所以很快身败名裂。

参 考 文 献

[1] 脱脱，等.辽史·耶律章奴传［M］.北京：中华书局，1974.

[2] 脱脱，等.辽史·天祚帝纪（一）［M］.北京：中华书局，1974.

[3] 脱脱，等.辽史·天祚帝纪（二）［M］.北京：中华书局，1974.

[4] 叶隆礼.契丹国志·天祚帝纪（上）［M］.上海：上海古籍出版社，1985.

[5] 脱脱，等.辽史·耶律术者传［M］.北京：中华书局，1974.

[6] 脱脱，等.辽史·萧兀纳传［M］.北京：中华书局，1974.

忠贞不贰的萧兀纳

萧兀纳，一名挞不也，字特免，六院部人。其先辈曾为西南面拽刺。

兀纳出生于辽兴宗重熙十八年（1049年）。他"魁伟简重，善骑射"。本传载"清宁初"（应为"咸雍初"），"兄图独以事入见，帝问族人可用者，图独以兀纳对，补祗候郎君"。兀纳为人忠实、单纯而持重，深得皇帝的信任，很快被提拔为"近侍敞史"，即保卫皇帝的北面御帐官，又升任"右护卫太保"[1]，成了北院护卫府掌管皇太后宫室护卫之事的头目。咸雍三年（1067年）三月，北宋皇帝赵曙中殂，遣使告哀。辽道宗"即遣右护卫太保萧挞不也、翰林学士陈觉等吊祭"[2]。年轻的兀纳以辽国使者的身份首次出使宋朝，可见道宗皇帝对他的信任。

萧兀纳是重元之乱后入宫登上仕途，涉足官场的。咸雍年间（1065—1074年）他所负责的主要是皇室后妃的祗应、护卫工作。"大康初（1075年），为北院宣徽使"[1]，他已掌管北院御前的祗应之事，有更多机会接触皇帝与高级官员。在此朝间，即大康元年发生了耶律乙辛谋诬杀宣懿皇后的宫廷悲剧，兀纳当为亲眼目睹者之一。这场惊心动魄的宫廷斗争在萧兀纳忠实、单纯的心灵上留下一片浓重的阴影和费解的疑团。大康二年（1076年）十二月，他远离宫廷，前往南京（今北京）任统军使。在这之前，他还当过一段管理刑狱之事的左夷离毕[3]。大康三年，太子浚被耶律乙辛奸党惨杀。一个个同乙辛斗争的忠勇正直之臣，或人头落地，或流放边陲。整个宫廷，耶律乙辛一手遮天，为所欲为，"群臣莫敢言"。萧兀纳于大康四年又被调回宫廷，任同知点检，担负保卫皇帝安全的特殊任务，同时他也密切注视着乙辛新的阴谋。他出于对皇帝和辽朝的满腔忠诚，也出于对耶律乙辛的强烈义愤，便置生死于度外，在道宗面前与耶律乙辛展开了针锋相对的斗争。当时，斗争的焦点是立谁为"储嗣"。"时乙辛已害太子，因言宋魏国王和鲁斡之子淳可为储嗣。群臣莫敢言，惟兀纳及夷离毕萧陶陈谏曰：'舍嫡不立，是以国与人也。'帝犹豫不决。"[1]

宋魏国王和鲁斡是辽道宗的叔父，其子耶律淳为道宗从弟。耶律乙辛为了控制道宗，先害死懿德皇后，后安插其奸党之妹为新皇后，又谋杀太子，再举荐淳为储嗣，其篡夺皇权的阴谋就可以完全得逞。恰在这个最关键的问题上遭到了萧兀纳与萧陶陈的激烈反对。兀纳所言"舍嫡不立"，是指太子浚之子、道宗嫡孙延禧。当时深受蒙蔽的道宗皇帝在立从弟或立嫡孙这个问题上一时还拿不定主意，而兀纳与乙辛斗争的焦点都集中在幼小的皇孙延禧身上。兀纳欲让道宗"立嫡"，就须时刻警惕延禧的安危；乙辛欲让道宗立从弟耶律淳，就非借机除掉皇孙延禧不可。于是，出现了大康五年正月新的斗争。

"五年（1079年），帝出猎，乙辛请留皇孙，帝欲不从。兀纳奏曰：'窃闻车驾出游，将留皇孙，苟保护非人，恐有他变。果留，臣请侍左右。'帝乃悟，命皇孙从行。由此，始疑乙辛。"[1]在这个事关重大的问题上，同知点检萧兀纳终于提醒了道宗皇帝，使乙辛的阴谋开始败露，乙辛由被疑而逐渐被疏远。而萧兀纳因道宗皇帝"嘉其忠"，被誉为"古社稷臣"。

"顷之，同知南院枢密使事，出乙辛、淳等。帝嘉其忠，封兰陵郡王，人谓近于古社稷臣，授殿前都点检。"[1]这里的"顷之"，当指大康五年五月之前，兀纳被任命为同知南院枢密使事，同年五月，被封为兰陵郡王。大康六年（1080年）十二月，兀纳任北府宰相[3]，次年五月又兼任殿前都点检。兀纳在道宗心目中的地位愈来愈高，职位也愈来愈显赫，而耶律乙辛的权势则开始下降、衰落。大康五年三月，耶律乙辛由北院枢密使降为知南院大王事，名加于越，实权已无；十月，由魏王降封混同江王。六年正月，出知兴中府事。七年十二月，变为来州（今辽宁绥中西南境）囚徒[3]。这就是萧兀纳与耶律乙辛斗争的结果。

在这场你死我活的斗争中，充分表现出萧兀纳忠贞不贰与凛然大义的高尚品质，深为道宗皇帝信任和钦佩。是兀纳提醒了蒙蔽中的道宗，解救并保护了皇孙。因此，道宗对皇孙延禧的师傅王师儒和耶律固等说："兀纳忠纯，虽狄仁杰辅唐、屋质立穆宗，无以过也。卿等宜达燕王知之。"[1]道宗又让兀纳当了皇孙延禧的师傅，"益见优宠"。大康八年（1082年）六月，"以萧挞不也兼知北院枢密使"。大安元年（1085年）六月，又让"萧挞不也兼南院枢密使事"[3]。同时，"诏尚越国公主，兀纳固辞"。冬十月，"改南院枢密使，奏请录史宜以岁月迁叙，从之"[1]。寿隆年间（1095—1096年），再拜北府宰相。

然而，道宗一咽气，延禧一继位，萧兀纳的地位立即大变，可谓一落千丈。

寿隆七年（1101年）正月道宗死，燕国王耶律延禧奉遗诏即帝位，是为天祚皇帝。天祚称帝伊始，作出两项重要决定：一是为耶律乙辛制造的冤狱平反昭雪，二是从北府宰相位上赶走萧兀纳。天祚委派主持平反昭雪的耶律阿思与萧得里底是两个贪赃枉法的奸佞之臣，而被赶走的萧兀纳却是效死力保护、精心辅导教育过天祚的恩师。"初，天祚在潜邸，兀纳数以直言忤旨，及嗣位，出为辽兴军节度使，守太傅。"[1]这"数以直言忤旨"就是兀纳得罪天祚而被赶走的唯一原因，而且还是在大祚即位之前。兀纳遭受的第一个打击是由北府宰相降为辽兴军节度使。接踵而来的竟是一个佛殿小底王华的诬告，说萧兀纳借走了内府的犀角，天祚竟然下诏"鞫之"。"兀纳奏曰：'臣在先朝，诏许日取帑钱十万为私费，臣未尝妄取一钱，肯借犀角乎！'天祚愈怒，夺太傅官，降宁边州刺史，寻改临海军节度使。"[1]

乾统二年（1102年）冬十月，辽朝发生了国舅萧海里"劫乾州（今辽宁北镇）武库器甲"叛入女真阿典部的事件[4]。当时，萧兀纳在临海军中了解到萧海里叛亡女真后女真内部的一些军事动态，便上书天祚道："自萧海里亡入女真，彼有轻朝廷心，宜益兵以备不虞。"[1]而位居北院枢密使的耶律阿思见到兀纳如此重要的奏章，非但不报天祚皇帝，还"讥其以金卖国云"。

天庆元年（1111年），又调兀纳知黄龙府事。黄龙府统辖益、威、清、安远等五州和黄龙、迁民、永平三县，其所辖地界与女真完颜部邻接，因此对女真动向非常清楚。不久，兀纳改任东北路统军使，担负着控制东北诸族即女真等五国部的重任。兀纳又将其所掌管的重要情况及时上书天祚说："臣治与女真接境，观其所为，其志非小。宜先其未发，举兵图之。"萧兀纳准确的军事情报和正确意见却落得个"章数上，皆不听"[1]的结果。天庆四年（1114年）六月，阿骨打已探知"辽主骄肆废弛之状"，决定起兵反辽。"使备冲要，建城堡，修戎器，以听后命。"到这时，辽朝统军司才引起注意，遣使问状。辽主才开始准备，命兀纳临时凑集乌合之众，仓促应战。阿骨打先发制人，进攻宁江州。"及金兵来侵，战于宁江州，其孙移敌赛死之，兀纳退走入城。留官属守御，自以三百骑渡混同江而西，城遂陷。"[1]

辽朝军败乃意料中之事。天庆四年冬十月，以萧嗣先为东北路都统，静江军节度使萧挞不也为副都统，在出河店与女真军一战，辽军大败。十一月，萧兀纳与萧敌里拒金兵于斡邻泺，"又为女真所袭，士卒死者甚众"[4]。兀纳等二人都因军败被免官。

天庆五年（1115年），天祚亲征，萧兀纳殿后。十二月，护步答岗一战，金军败亡，兀纳随逃。萧兀纳"后数日乃与百官入见，授上京留守"[1]。

天庆六年（1116年）初，萧兀纳刚赴上京任留不久，耶律章奴率军前来攻打上京。"兀纳发府库以赏士卒，谕以逆顺，完城池，以死拒战。章奴无所得而去。"[1]因兀纳守卫上京有功，于同年六月，授契丹行宫都部署兼副元帅[5]。然而，兀纳已年近古稀，虽忠贞不贰，但已力不从心。

天庆八年（1118年），萧兀纳保卫天祚逃至中京，闻都元帅大败，天祚"昼夜忧惧，潜令内库三局官，打包珠玉、珍玩五百余囊，骏马二千匹，夜入飞龙院喂养为备"，时刻准备逃奔宋朝或西夏[6]。身为行宫都部署兼副元帅的萧兀纳，焉能挽回此败局？天庆八年（1118年）十一月，萧兀纳病故，年七十。

参考文献

[1] 脱脱,等.辽史·萧兀纳传[M].北京:中华书局,1974.

[2] 脱脱,等.辽史·道宗纪(二)[M].北京:中华书局,1974.

[3] 脱脱,等.辽史·道宗纪(四)[M].北京:中华书局,1974.

[4] 脱脱,等.辽史·天祚帝纪(一)[M].北京:中华书局,1974.

[5] 脱脱,等.辽史·天祚帝纪(二)[M].北京:中华书局,1974.

[6] 叶隆礼.契丹国志·天祚帝纪(上)[M].上海:上海古籍出版社,1985.

奸佞贪欲祸国殃民的萧奉先

萧奉先，契丹名得里底❶，字纥邻，天祚皇帝元妃之兄。父撒钵，"历官使相"。祖父晋王萧孝先，"兴宗谅阴，钦哀弑仁德皇后与萧浞卜、萧匹敌等谋居多"[1]。

萧奉先对人表里不一，有时"外宽内忌"[1]，有时"外谨内倨"[2]。其于道宗时开始步入官场。大康中，补祗候郎君，属于内侍供奉；稍升兴圣宫副使，兼同知中丞司事。大安三年（1087年），奉先妹萧夺里懒被选入宫。"明年，封燕国王妃。"[3]燕国王为道宗嫡孙耶律延禧（天祚帝）。大安五年十一月丁卯朔，"燕国王延禧生子，大赦，妃之族属晋爵有差"[4]。萧奉先也从中丞司进为东京道贵德州（今辽宁抚顺）宁远军节度使、长宁宫使，"又为承旨，历吏部尚书叩"[5]。寿昌二年（1096年），萧奉先任讨伐达里得、拔思母二部的都监，因"多俘而还，改同知南京（今北京市）留守事"[6]。五年（1099年）十月，"以同知南京留守事萧得里底知北院枢密使事"[6]。

寿昌七年（1101年）正月，道宗驾崩，燕国王延禧即皇帝位，号天祚，奉先妹萧夺里懒册封为皇后。"兄奉先、保先等缘后宠柄任"[3]。

乾统元年（1101年）二月，"诏为耶律乙辛所诬陷者，复其官爵，籍没者出之，流放者还之"。"诏诛乙辛党，徙其子孙于边。发乙辛、得里特之墓，剖棺，戮尸；以其家属分赐被杀之家。"[7]天祚把这件冤案的处理交给北院枢密使耶律阿思和北面林牙、同知北院枢密使事萧奉先。耶律阿思与萧奉先在处理这一重大的案件时竟敢大肆贪污受贿，对一些罪大恶极的乙辛奸党宽大处理，使之逍遥法外。"如耶律挞不也、萧达鲁古等党人之尤凶狡者，皆以赂免。"[8]其中，萧达鲁古是直接杀害天祚父亲的刽子手。天祚帝反而给他们加官晋爵。耶律阿思加"于越"；萧奉先由西北路招讨使迁知北院枢密使事，进而为北院枢密使，又加守司徒，封兰陵郡王。他们终于成为天祚王朝中最受宠信的显赫权贵。

乾统四年（1104年），"夏王李乾顺为宋所攻，遣使请和解，诏得里底与南院枢密使牛温舒使宋平之。宋既许，得里底受书之日，乃曰：'始奉命取要约归，不见书辞，岂敢徒还。'遂对宋主发函而读。既还，朝议为是。"[2]这是萧奉先在天祚朝所做的唯

---

❶《辽史》（卷一〇〇）、《辽史》（卷一〇二）（中华书局，1974年版）分别列有《萧奉先传》和《萧得里底传》，实为一人。

一一件值得称道之事。

天祚帝本是一个"拒谏饰非,穷奢极侈,盘于游畋,信用谗谄"的昏君,他宠信萧奉先之类的奸邪之徒。天祚贬谪敢于忠言直谏的北府宰相萧兀纳,萧奉先打击"性坦率,好别白黑,人有不善,必尽言无隐,时号'强棠古'"的耶律棠古。"乾统三年(1103年),萧得里底为西北路招讨使,以后族慢侮僚吏。棠古不屈,乃罢之。棠古讼之朝,不省。"[9]萧奉先回朝,掌北院枢密使大权。萧兀纳从边地上书皇帝:"自萧海里亡入女真,彼有轻朝廷心,宜益兵以备不虞。"[10]如此重要的军机萧奉先竟扣押不报。天庆元年(1111年),萧兀纳知黄龙府(今吉林农安)事,又给天祚上书:"臣治与女真接境,观其所为,其志非小。宜先其未发,举兵图之。""章数上,皆不听"[10]。这些都反映了萧奉先傲慢的态度和对忠臣正确意见的反感。

天庆二年正月,天祚在混同江的头鱼宴上遇女真酋长阿骨打。"他日,上(天祚)密谓枢密使萧奉先曰:'前日之宴,阿骨打意气雄豪,顾视不常,可托以边事诛之。否则,恐贻后患。'奉先曰:'粗人不知礼义,无大过而杀之,恐伤向化之心。假有异志,又何能为?'"[7]天祚乃止。

混同江头鱼宴后,阿骨打首先吞并邻近各部,其中女真部赵三与阿鹘产率部抗拒阿骨打,掠其家属。二人来诉于咸州(今辽宁开原境)详稳司,详稳司送北枢密院,"时枢密使萧奉先,本戚里庸才,惧其生事,但作常事以闻。天祚指挥就送咸州取勘,欲使自新。阿骨打竟托病不至"[11]。这样重大的军事信息,因萧奉先怕惹出麻烦,只把它当作一小事向天祚说说,便搪塞过去,以致招来更大的祸患。

天庆四年(1114年)七月,阿骨打攻陷宁江州(今吉林省扶余县东南石头城子),天祚召集群臣讨论,萧陶苏斡说:"为今之计,莫若大发诸道兵,以威压之,庶可服也。"北院枢密使萧奉先反对说:"如陶苏之谋徒示弱耳。但发渣水(今浑河,哲里木盟呼林河)以北兵,足以拒之。"[12]萧奉先的错误主张被采纳,招来了军事上的一败涂地。

同年十月,萧奉先弟守司空、殿前都检点萧嗣先出任东北路都统,率七千多兵马屯军于出河店(今吉林扶余县境内),与女真军对垒。"是月,女真潜渡混同江,掩其不备,未阵击之。嗣先军溃,其家属金帛、牛羊、辎械悉为女真所得。"[11]"其获免其二有七人,萧奉先惧其弟嗣先获罪,辄奏东征溃军所至劫掠,若不肆赦,恐聚为患。上(天祚)从之,嗣先但免官而已。"[7]身为执掌军机大权的萧奉先,为了给弟弟开脱罪责,不顾国家安危和士气军心,而在天祚面前假报情况,在军事上造成了极端严重的后果。

天庆五年八月,天祚帝下诏亲征,命枢密使萧奉先为御营都统,号称七十万大军,兵分数路至驼门。都监耶律章奴早对天祚和萧奉先心怀不满,见天祚为女真军所败,遂率部起事。天祚与萧奉先挥师而西,追赶章奴,于护步答冈(今吉林农安西)与女真义军相遇，大败而逃。天祚退保长春州（今吉林前郭旗他虎城）。萧奉先闻知章奴谋立燕王淳，疑章奴与汉军同谋，遂禀报天祚。天祚当即派人诣汉军行营，宣布解散，诸军皆欢呼而逃。至此，"天祚随行卫兵，仅三五百人而已"[11]。经过这场大战，天祚手下的精锐辽军几乎丧失殆尽，南路的汉军亦皆散亡而去。失败的责任无疑应归罪于枢密使萧奉先。天祚谪萧奉先为西南面招讨使，而擢耶律大悲奴为北枢密使。但大悲奴不堪任用，再招萧奉先回北枢密院，重掌军政大权。

萧奉先为了增强实力，控制南府宰相，便恣意天祚，罢免吴庸、马人望、柴谊等南府宰相职位，举荐耶律俨佥李处温为宰相，直至辽亡。"（耶律）俨资猾性巧，善谀佞人"，"与萧奉先，相厚善"。"在天祚朝秉国枢柄凡十五年，女真连年之乱，俨与奉先蒙蔽为欺，以至于亡，天祚不悟也。俨尝与知枢密院事牛温舒有隙；各进所亲厚，朋党纷然，恃奉先为内主，温不能胜。"[13] 及俨死后，萧奉先重掌枢要，与其侄等奸佞之辈结成死党。

天庆七年（1117年）十二月，阿骨打称帝，请辽国册封。"天祚付群臣等议。萧奉先大喜，以为自此无患，差静江节度使萧习泥烈……册立阿骨打为东怀国至圣至明皇帝。"杨朴以仪物不全用天子之制，又东怀国乃小邦怀其德之义，仍无册为兄弟之文，"意似轻侮"。"阿骨打大怒，叱出使、副，欲腰斩之，粘罕诸人为谢乃解，尚人笞百余"。天庆九年（1119年）三月，阿骨打提出，"须称我大金国皇帝兄即已，能从我，今秋可至军前；不然，我提兵取上京矣！""天祚恶闻女真事。萧奉先揣其意，皆不以闻，迁延久之。"[11]

天庆十年（1120年）三月，议和几经反复，"金主怒，遂绝之"[14]。五月，阿骨打攻克辽上京，"大肆焚毁陵寝，盗掘珍宝"。萧奉先皆抑而不奏，后天祚虽知，问及陵寝事，奉先对以"初虽侵犯元宫，劫掠诸物，尚惧列圣灵，不敢毁坏灵柩，已经指挥有司，修葺巡护。奉先迎合诞谩，类皆如此"。"辽自金人侵犯以来，天下郡县所失几半，生灵涂炭，宗庙丘墟。"[15] 这就是萧奉先主持下与金议和所采取的手段和可悲的结局。

天祚有六子，其中晋王最得人心。其母文妃"聪慧娴雅，详重寡言"。"自少时工文墨，善歌诗，见女真之祸日日侵迫，而天祚醉心畋游，不能为意，一时忠臣多所疏斥，时作歌诗以讽谏。"[16] 萧奉先时时刻刻都在寻找陷害文妃母子的机会。

文妃姊妹三人，长适耶律挞葛里，次文妃，幼适耶律余睹。余睹颇有军事才能，为南军统帅，素来就瞧不起萧奉先之辈。文妃生晋王，萧奉先深知外甥秦王不如耶律余睹外甥晋王。"奉先恐秦王不得立，深忌余睹，将潜图之。"[17]

保大元年（1121年）正月，"一日，其姊妹俱会军前，奉先讽人诬驸马萧昱及余睹等谋立晋王，事觉，昱、若挞葛里等伏诛，文妃亦赐死，独晋王未忍加罪。余睹在军中，闻之大惧，即率千余骑叛入金"。天祚追讨余睹。诸将议曰："上信萧奉先言，奉先视吾辈蔑如也。余睹乃宗室豪俊，常不肯为奉先下。若擒余睹，他日吾党皆余睹也！不若纵之。"还，即绐曰："追袭不及。""奉先既见余睹之亡，恐后日诸校亦叛，遂劝骤加爵赏，以结众心。"[18] 萧奉先阴谋的第一步得逞了，天祚完全落进了萧奉先设下的圈套。他杀了无辜的文妃，逼走有雄才大略的余睹，擢拔了一批离心离德的将领，埋伏了新的更大祸端。

萧奉先逼余睹降金后，阿骨打完全掌握了辽朝的内幕。保大二年（1122年）正月，阿骨打以耶律余睹为先导，带领金兵攻克辽中京。天祚出居庸关，奔鸳鸯泺（今河北省张北县西北的安固里淖）。天祚又"闻余睹引金人娄室孛堇奄至"。萧奉先对天祚说："余睹用王子班之苗裔，此来欲立甥晋王耳。若为社稷计，不惜一子，明其罪诛之，可不战而余睹自回矣。"[18] 铁的事实揭破了萧奉先的阴谋诡计，耶律余睹并未因晋王被杀而退兵，而是依旧引金兵奔袭鸳鸯泺，进逼天祚行宫。天祚仓皇率卫兵五千余骑逃奔西京大同。

三月辛酉，"上闻金师将出西岭，遂趋白水泺（今内蒙古察右前旗黄旗海）。丙寅，上至女古底仓。闻金兵将近，计不知所出，乘轻骑入夹山（今呼和浩特市以北的大青山），方悟奉先之不忠，怒曰：'汝父子误我至此，今欲诛汝，何益于事！恐军心忿怒，尔曹避敌苟安，祸必及我，其勿从行。'奉先下马，哭拜而去。行未数里，左右执其父子，缚送金兵。金人斩其长子昂，以奉先及其次子昱械送金主。道遇辽军，夺以归国，遂并赐死"[18]。萧奉先父子三人在天祚朝中为了争权夺利，干尽了祸国殃民、伤天害理之事，真是罪大恶极，死有余辜。他们只想除掉晋王，让外甥秦王继承皇位，父子三人独揽大权，为所欲为，而万万没想到会被天祚抛弃，落得个可耻的下场，死无葬身之地。

参 考 文 献

[1] 脱脱，等.辽史·萧奉先传［M］.北京：中华书局，1974.

[2] 脱脱，等.辽史·萧得里底传［M］.北京：中华书局，1974.

[3] 脱脱，等.辽史·后妃传［M］.北京：中华书局，1974.

[4] 脱脱，等.辽史·道宗纪（五）［M］.北京：中华书局，1974.

[5] 叶隆礼.契丹国志·萧奉先传［M］.上海：上海古籍出版社，1985.

[6] 脱脱，等.辽史·道宗纪（六）［M］.北京：中华书局，1974.

[7] 脱脱，等.辽史·天祚帝纪（一）［M］.北京：中华书局，1974.

[8] 脱脱，等.辽史·刑法志（下）［M］.北京：中华书局，1974.

[9] 脱脱，等.辽史·耶律棠古传［M］.北京：中华书局，1974.

[10]脱脱，等.辽史·萧兀纳传[M].北京：中华书局，1974.

[11]叶隆礼.契丹国志·天祚帝纪（上）[M].上海：上海古籍出版社，1985.

[12]脱脱，等.辽史·萧陶苏斡传[M].北京：中华书局，1974.

[13]叶隆礼.契丹国志·李俨传[M].上海：上海古籍出版社，1985.

[14]脱脱，等.辽史·天祚帝纪（二）[M].北京：中华书局，1974.

[15]叶隆礼.契丹国志·天祚帝纪（中）[M].上海：上海古籍出版社，1985.

[16]叶隆礼.契丹国志·海滨王文妃传[M].上海：上海古籍出版社，1985.

[17]脱脱，等.辽史·耶律余睹传[M].北京：中华书局，1974.

[18]脱脱，等.辽史·天祚帝纪（三）[M].北京：中华书局，1974.

宋　濂　传

目　录

一、诗礼传家　世多巨儒…………………………………… 437

二、记忆非凡　号称神童…………………………………… 439

三、担簦远游　访求名师…………………………………… 440

四、麟溪执教　东明书院…………………………………… 445

五、慕孝迁居萝山…………………………………………… 449

六、入小龙门山著述………………………………………… 453

七、辞五经师　入礼贤馆…………………………………… 456

八、元璋顾问　世子经师…………………………………… 459

九、诏总裁《元史》　擢翰林学士………………………… 464

十、初降编修　再谪安远…………………………………… 470

十一、擢为赞善　诏修日历………………………………… 476

十二、进大明律表　赐醉学士歌…………………………… 479

十三、扈从太子　巡游中都………………………………… 483

十四、父子祖孙　同官内廷………………………………… 486

十五、致政还乡　培育英才………………………………… 489

十六、胡案株连　流放茂州………………………………… 493

十七、著述流布（未完成）

十八、宗经思想（未完成）

一、诗礼传家　世多巨儒

宋濂（1310—1381 年），字景濂，号潜溪，又号白牛生、仙华生、龙门子、元贞子、南山樵者，是元朝末年有名的文人，居明朝"开国文臣之首"。他出生于金华（今浙江金华市），后迁居浦江（今浙江浦江）。他的家庭曾经是一个"世多巨儒"的诗礼之家。

宋濂的先祖"世居京兆（今陕西西安市）"。唐朝初年，他家出过一位官居大理丞的宋宪。宪，字秉彝，精通易经，当时跟随他学习的弟子有数千人。在唐高祖李渊武德（618—626 年）年间，宋宪从京兆把家迁往江南的吴兴（今浙江吴兴）。吴兴又名湖州，位于太湖之南。湖州有两条河在这里汇合，一条名霅溪水（今西苕溪），另一条名余不溪（今东苕溪），然后向北注入太湖。宋家在吴兴历经唐朝和五代十国，相传十四代，又出了一位精通《尚书》和《春秋》的读书人，名荣，字体仁，私谥文通先生。这位文通先生很有才能，但不被当时的吴越王钱弘俶所用，便在后周广顺（951—953 年）中再次把家迁到了义乌（今浙江义乌市）的覆釜山，隐居起来。吴兴一直是吴越的辖地，唐朝灭亡之后，为什么不用吴越自己的年号，而要用后周的年号相称呢？这是因为吴越的地盘小，国力弱，经常受到吴国的威胁，这就不得不向北方五代的皇帝称臣纳贡，以取得支持与援助，所以多数沿用五代的年号相称。文通先生对宋家的家世影响颇大，从他以后的七代，代代都是巨儒。到南宋嘉定（1208—1224 年）初，宋侃的两个儿子永敷、柏又同时迁往金华（今浙江金华市）的潜溪定居。宋柏，字秉操，以兄永敷的儿子溥德为后。溥德子便是宋濂的曾祖父。

宋濂的祖父名守富，字德政，生于南宋末年，死于元重纪至元三年（1337 年）十二月。守富"性忠信，启口露肝胆，不肯作世俗软媚无实语。与人交，无二诺，友爱尤笃。与兄共执黑役，州家或有科徭至，挺身独任之曰：'毋以烦诸兄也。'"[1] 他的家境并不太富裕。特别是南宋灭亡，元朝刚统治江南一带的时期，"法制未定"，州县的官吏想尽一切办法搜刮民财。宋濂的祖父面对这种情况，只好把家室毁掉，与夫人金妙圆"棲迟小室，室中仅容榻案。夫人设灶于户外，朝携釜出炊，暮复持入。御纺砖直至四鼓，目稍瞑，即起，敲冰为盥嗽，又复从事"[2]。用这种办法，才把一家的生活维持下来。夫人金妙圆是位非常贤惠的妻子。她"粹然如玉，而廉隅不可犯。妇道母仪，可为女中师傅，行事暗合古烈女者甚众"[1]，是一位典型的封建社会的贤妻良母。她治家也有一套严格的封建礼法。"虽细微事，皆薄矩度。入其庭，上下祗肃，无敢大声疾呼者。岁时坐堂上，群子姓捧觞上寿，夫人历以畏天为戒，复记以近事曰：'某也善，孙子绳绳多；某也不善，人已犁其庭矣。'"[1] 守富有个本家侄子，从小死了父母，无人照管。同族人中有的看到这种情况，就想暗地害死这个孤儿，得这份家产。金妙圆与丈夫却把孤侄收留到自己身边，抚养成人，娶过妻室，把他父母遗留的财产都交给他。元朝大德十一年（1307年），江浙一带发生饥荒，金华出现了"恶人相食"的严重局面。当时，宋濂的祖父去杭州"出糴"，家里只留下夫人和大儿子文昭，即宋濂的父亲。"亡赖男子结为队伍，夜半椎人门，称相公。杀戮卤掠，呼号相闻，黑中惴惴不自保。"[1]文昭在母亲身旁，给母亲壮着胆。母亲与儿子定计，用物骗走了"群盗"。文昭又暗自跑去告知官府，派兵镇压，"尽计其众"。守富在杭州得知消息，赶回看望，"见夫人，悲喜交集，且曰：'吾意尔母子作鱼肉矣，尚在邪！'已而，传酒相慰庆，乡邻咸顿首谢曰：'微君家，吾屋入鬼录久矣！'"[1]守富共生了四男一女，四个儿子是文昭、文国、文馨、文隆。待儿子们都已长大成人，在他刚年满五十岁时就把家产交给儿子们管理。他每天"晴檐独坐，柱颊看山，世间升沉荣辱，已若不相关"，享年七十八岁，与世长辞。

宋濂的父亲名文昭，一名朝，字文霆，朝廷赐号曰"蓉峰处士"。他出生于南宋灭亡的动乱年代，家道因此衰落，竟到盐、醋有所不继。后来，由于母亲和他的共同努力，家境才逐渐好转。他为人明白坦荡，即使是三尺童子，也以诚相待。有上面来拜访的，他穿戴整齐，作揖相还。亲朋之间来往，不看贫富，一视同仁。人们与他一起相处，爱恋不忍离开。凡见他办事，人们都互相说："这是宋处士啊，这人无伪言伪行，不用怀疑，完全信得过。"当时那些达公显卿，慕其有隐德，或远致"饩牢"，或升堂而拜。他"一以礼接，又以义辞"[3]，被誉为一乡之善士。由于他不好做官，至正初，有上其名于朝者，皇帝赐给他一个"蓉峰处士"的雅号。他满意地说："这完全符合我的志向"。他"生平无厚嗜，衣取蔽体，食取充口，不见有忧愠之色"[3]。他在乡里担任里政，那时"徭役繁多，州司临门，急于星火"。每逢这种时候，他穿上麻草鞋就走，即使是暴露在野外，栉风沐雨，也不敢让父母知道。有时父母也怜悯他的辛劳，他总是说："在外亦差乐耳，不知劳也。"

宋濂的母亲姓陈，名贤时，是一位品行"淑茂柔明""事父甚孝"、操持家务"备极勤劳"的贤妻良母。她二十岁与文昭结婚，夫妻和睦相处，耐心抚养子女。她生二子、一女，长子名渊，次子名濂，女儿名蘷。在家道困难的时期，她"昼趋事，夜纫缀诸子衣。大暑夕，蚊蚋嘬扑，乃烧灯坐帐中久之，帐色为泼墨。"[4]她母亲早死，父亲孤单，常常惦念。只要得到一些较为可口的食品，自己不能亲自送去，也总要托人捎去，孝敬父亲。不把食物给父亲送去，自己不敢先吃。他们夫妻二人，在对待教育子女上意见完全一致。丈夫常常对她说："我们不置办多少好田地、好房舍遗留给儿子，只要能让他们学习得达到通一种经书，就满足了。"

宗濂的父亲在忙乱一般事务之外，有闲暇时间，也"雅志诗书"。他看见二儿子宋濂很爱读书，高兴地对宋濂说："我们家自文通先生以来，辈辈多出大读书人，深怕诗、礼之家的传统在我的手里不能继承，被人家大雅君子们笑话。我心里总是忧虑这件事，就是在睡梦中也不敢忘记。你应该跟随名师学习，千万不要辱没了咱们的祖宗。社会上的人们常常置买肥美的土地，修盖华丽的住宅，遗留给子孙，想让他们世代荣华富贵，可是有的转眼之间便卖得荡然无存。我不能做这种事。还有自以为有知识的，让子孙投靠于权贵的门下，借权贵的势力以邀荣宠，即使稍微沾上些做官的边，而对贪赃枉法的事不加戒备，到后来落个身辱家散的下场，也是有的。这样的事我也不能让你去干。我所希望你的是，做个孝子，做个贤弟，做个良师。读书人虽然贫穷，但是丝毫也没有遗憾。只要让地方上的人都指着你说：'宋家有好儿子了！'这是我的最大的愿望。'大抵门不欲其高，惟有德则崇；有子不欲其侈，惟欲其业之修。'你要好好记住这个意思！"丈夫这样教育儿子，妻子不仅完全同意，还把自己心爱的首饰卖掉，让儿子到远方拜访名师学习。宋濂就是在这样一个良好的家庭环境中出生和成长起来的。

二、记忆非凡　号称神童

宋濂于元武宗至大三年（1310年）十月十三日出生于金华潜溪。他自幼体质很弱，十日九病。他在母体中只怀胎七个月，就提前降生人世了。他在五岁前"百疾交攻"，而经常犯的是"手牵目瞪"的痉挛病。医生称之为"瘈疭"（chi zong），即小儿急慢性惊风之症。这病一发作，他几天几夜昏迷不醒，急得全家人坐卧不宁。尤其是祖母金妙圆和母亲陈贤时，更是提心吊胆，心急如焚，昼夜互相更替着把他搂抱在怀里，精心护理。这样，他才一次次脱出了虎口，闯过了难关。孱弱稚嫩的生命保住了，但长大之后，总是"筋骨弗强"[5]。

由于宗濂体弱多病，加之生日又与祖父的生日相同，阖家人，特别是祖父，对他分外怜爱。刚出生给他取名曰"寿"，后跟随哥哥的名字"渊"，才改名为"濂"。他四五岁时，祖父坐下，常把小孙儿放在膝上，边抚摸着他的头发边说："吾祖实宽厚长者，生平好施与，不求人知。吾父孝弟如古人，应物务以柔胜，亦以恤贫之故，致家之索。及吾，唯先训是式，每衡于心而勿敢忘。承吾之利者列于前，纷纷也。今耄矣，恐旦暮死，不能有以诏汝。汝固幼，幸听吾言，即听吾言，期树善无穷。"[1]说罢，"潸然而泣"。宋濂当时虽然还不能完全明白这些话的意思，但是聪明强记的宋濂还是把祖父的话句句记在了心里。

宋濂六岁入小学。祖父请来了最好的启蒙老师，开办了私塾，让所有的孙儿都入学受教育。老师姓包，名延藻，字文叔，自号南涧子，金华乌伤县（今浙江义乌市）人。包先生是宋朝合肥包拯的后裔，是"名动遐迩"的有名先生，又是他祖父的至交好友。包先生教授学生，"专以讲章旨为第一义"。他说："自先世逮吾，凡十世，皆以教授学徒为业。其所相传，不过如此而已。"[6]他为人豪爽，待人真诚，"出肺腑相示。人无贤不肖，皆乐亲之。"他爱饮酒，"虽至百觞不乱。当酣适之际，岸巾独坐，高歌八韵律赋，抑扬高下，音节极可听。闻者犹能识前进风致。"[6]包先生教宗濂他们的第一本书是李翰的《蒙求》。李翰是唐朝人，他把经传里的古人事迹，编为四言韵语，都以对偶成文，以便于儿童记诵。《蒙求》共三卷，2400多字，是一本唐朝以来教授儿童的启蒙读物。这样一本2000多字的书，宋濂一天就全背会了。从此以后，他"日记二千余言。诸生同隶小学者，日暮罢归，其所读书，景濂皆成诵"[7]。宋濂一上学就表现出了非凡的记忆力。他九岁开始学习作诗，不仅对诗有很大兴趣，而且显示出了作诗的突出才华。有位道士楼节翁来到潜溪，听说私塾里年仅九岁的宋濂会写诗，就请他写首诗赠送。宋濂提笔就写了一首七言诗，其中有"步罡随踢脚头斗，噀水能轰掌上雷"这样精彩的诗句。大家都认为这是个神童，宋濂的名声从此便传扬开了。乌伤的"豪俊之士"贾伯达听到宋濂的出众才华，就托人向宋家提亲，要把自己的爱女贾专许配宋濂。宋濂在包文叔先生的精心传授下，读书作诗都进步很快。到12岁时，"操觚赋诗，动辄十余首。南涧子酷爱之。"[6]

宋濂这样博闻强记，才华出众，乡间一般启蒙老师的教学已经远远满足不了他的要求。有的老师也就不敢再收他作弟子了。而宋濂家本来就比较贫寒，又无力量请名师大儒来家教授，所以，宗濂便投师无门了。宋濂从小体弱多病，农田里的体力劳动活都干不了，牵牛赶车的事也干不了。他又没有别的爱好，只好手不释卷地读书。在家待闷了，他常常骑着头白牛，往来于溪水之上，村人便给他起个"白牛生"的外号，他自己也就以"白牛生"自称。"自是，或作或辍者十年。"[7]包文叔先生知道这种情况后，很遗憾也很着急地写信给他父亲说："公之子，终成伟器，岂可使婴世利而志不专耶？外物去来，犹春花之开落，唯问学，乃身中之至宝耳！"[6]宋濂父亲"深悟其言"，才下决心让儿子到外地去求学。但是该去什么地方拜何人为师，一时又拿不定主意。正好同乡的张继祖教授从浏阳（今湖南浏阳市）官满归来，听说宋濂有这样好的记忆力，"亟延见于别墅。问四书正传，若干日可通背？景濂以一月为答。继之不之信，抽架上杂书，俾即纪五百余言。景濂以指爪逐行按之，按毕成诵，一字不遗。继之惊曰：有才为此，不可废也。城南闻公梦吉，乡贡进士也，吾引汝就学焉。"[7]热心爱才的张继祖教授宋濂，又对宋濂的父亲文昭说："是子天分非凡，当令从名师，即有成。尔乃携之入城府，俾受业闻人梦吉先生。"[7]

三、担簦远游 访求名师

宋濂的家乡潜溪是一个远离金华府城的较僻远的乡村，西距金华七十里。张继祖教授引荐的闻人梦吉先生讲习的地方在金华府城南。年方十五岁，身体又弱的宗濂，要远离家乡去求学，必须跋山涉水"担簦徒步"而行。张继祖虽是个儒生，但他性刚直，常以鲁仲连自况，极愿扶危济国，排难解纷。对于带宋濂进府城去投拜名师，成就宋濂的学业，这种好事，更是当仁不让。他甘愿去走一趟。闻人梦吉先生见了张教授和宋濂，能收这样一位记忆非凡的弟子，心里非常高兴，"遇之如子侄"[8]。

闻人梦吉是金华的一位纯粹的儒学先生。"言其讲学，则以四书、五经为标准，而非圣贤之书不习也。言其攻辞，则以文字从职为载道之用，而斥鉤章棘句为非学也。言其训人，则以真实不欺为凝道之端，而指出口入耳为小夫也。"[9]他教学的内容完全是程朱理学的一套儒家经典；写作练习又必须严格遵循"文以载道"的原则；讲品德修养，要做到学以致用，言行一致。他的教学目的与培养对象，主要是想让所教的学生能在科举考试中得中。宋濂在闻人梦吉先生的门下所接受的就是这样的封建教育。

梦吉先生对《尚书》和《春秋三传》有特别的研究，这对宋濂一生的治学和政治主张产生了深远的影响。"凡学《春秋》者，皆苦其岁月先后难记，景濂则并列国纪年能悉诵之。但举经中一事，即知为鲁公几年、几月，是年实当列国某君几年、几月。或俾书而覆之，无少爽者。适校乡行私试，景廉辄占前列。"[7]由此可知，宋濂在闻人梦吉先生这里，受过严格的训练，而且自己还创造了独到的学习记忆复杂年月的方法，成了学校里名列前茅的优秀学生。

梦吉先生在讲授这些深奥的经传时，无论义理和章句，都能做到条分缕析，讲解得非常明白。"义理所在，深体密察，微如蚕丝牛毛，剖析靡遗。""训诂之法，有分擘不定一者，公别其是非为辨白黑，四方学徒，或执诸经问辨，公为历陈众义，而折衷之，不烦余力。譬犹屠牛，坦一朝解十二牛，而芒刃不顿。"[8]他在教学生时，不仅讲授得非常清楚，而且还能做到因材施教。"下帷讲授，前后授学者数逾二十，各随其资而裁辅之。"[8]所以宋濂受益匪浅。

梦吉先生不仅在知识的传授上给宋濂打下了坚实的基础，留下了不可磨灭的印象，而且在以身作则的道德修养方面对宋濂也产生了很大影响。他给学生讲的，自己都身体力行。"公之学，一以诚为本，涵养既驯，内外一致。固其气貌，类元文之玉，温润而泽，绝无纤瑕。而孚尹焕发于外者，煜如白虹，能令人爱恋弗厌。"[8]在生活上，先生没有过高的要求，并谢绝一切达官贵人的邀请。他的"门庭之间，草积不剪，虽当铄金之暑，折膠之寒，正襟危坐，渊然若有所思，终日未尝倾侧"[8]。因此对学生的要求，也是"必先道德而后文艺"。梦吉先生的道德、为人和一整套教学主张在宋濂身上产生了重大影响，为宋濂成为元末明初一位颇有影响的儒学大师奠定了第一块基石。

宋元以来，金华是儒学的昌盛之地，曾出过不少颇有影响的儒学大师。吕祖谦与南宋的大儒朱熹是好朋友，曾参与过有名的"鹅湖之会"。他因病离官，回故里讲学，盛况空前，多称乐莱先生。他注重名实两个方面，强调义理之上，不可增减，古人为学，重在实践。他重视史论,主张读史从《尚书》始,再读《左传》和《资治通鉴》。这些主张都对以后的金华学派的形成产生了重大影响。吕祖谦之后,许谦是金华一带影响最大的理学家。他是金履祥的高足弟子。他在东阳八华山讲学四十年,自号"白云山人"。他强调伦理和人性,认为人有五伦,即君臣、父子、夫妇、长幼和朋友;性有五类,即仁、义、理、智、信。他把朱熹的"三纲""五常"归纳为"五伦""五性",其实质还是一样。因此,宋濂的老师黄溍在给许谦写的墓志铭中说:"程子之道得朱子而复明,朱子之道至先生而益尊。"由于许谦的直接传授和影响,所以在金华地区出现了一批程朱理学的忠实信徒,产生了闻人梦吉、柳贯、黄溍、吴莱等儒学名师。他们又精心培养出了儒学势力的代表人物和跃居"明初开国文臣之首"的宋濂。

当时,宋濂的家乡孝善里,到外地求学的,除他在金华城南闻人梦吉的门下学习之外,还有一位胡仲申在浦江跟随吴莱学习。胡仲申经常把吴莱先生的教学情况向宋濂作介绍,希望他也能到吴先生的门下求教。因为吴莱先生不仅学识渊博,谈贯古今,而且对古文辞特别有研究,是有名的古文家。于是宋濂又担簦远游,到浦江吴先生的门下学习。浦江在金华之北,相距有百里之遥。吴莱先生是浦江的名儒家,他不仅熟读经史,而且对诸子百家颇有研究。他"翻阅子书百余家,辨其正邪,较其真伪,援据皆的切"[10]。刻苦勤奋、博闻强记的宋濂投于吴莱先生的门下,"益取经史及诸子百家之书,而昼夜研究之。凡三代以来,古今文章之洪纤高下,音节之缓促,气焰之长短,脉络之流通,首尾之开阖变化,吴公所受于前人者,景濂莫不悉闻之。于是其学大进。"[7]

吴先生不光学问大,而且见识广。他游历了大江南北的名山大川,登临了古代有名的歌舞台榭和古战场。他"慷慨高歌,呼酒自慰,颇谓有司马子长遗风"。因此,"襟怀益疏朗,文章益雄宕,有奇气。尝谓人曰:'胸中无万卷书,眼中无天下奇山水,未必能文;纵能,亦儿女语耳。'"这就是他对写文章的精粹见解。他自己"工诗赋,尤喜论文"。他经常给学生讲授作文的道理,并以"兵法"作比。他说:"作文如用兵,兵法有正有奇。正是法度,要部伍分明;奇是不为法度所缚,举眼之顷,千变万化。坐作进退击刺,一时俱起;及其欲止,什自归什,伍自归伍,无不曾乱。"学生无不受到启发,而酷爱古文辞的宋濂受益更大。宋濂在吴先生的亲自指点下练习写作,并经常向吴先生请教作文的方法。吴先生告诉他说:"作文有篇联,欲其脉络贯通;有段联,欲其奇耦迭生;有句联,欲其长短合节;有字联,欲其宾主对待。"宋濂还向老师讨教了作赋的方法,老师也都一一作了具体的回答。他将作文、作赋的方法加以高度提炼,概括为三个字,即"皆不越生、承、还三者而已"。他还特别指出:"然而,辞有不齐,体亦不一,须必随其类而附之,不使玉瓒与瓦缶并陈,斯为得之。"[10]由此可知,宋濂的文章所以能写得那样好,常常受到文章大师柳贯和黄溍等人的夸赞,这和在吴莱先生那里得到了很大的教益,打下了坚实的写作基础是分不开的。

宋濂在后来回忆这段担簦远游的求学生涯时曾这样写道："当余之从师也，尝负箧曳屣，行深山巨谷中。穷冬烈风，大雪深数尺，足肤皲裂而不知。至舍，四肢僵劲不能动。媵人持汤沃灌，以衾拥覆，久而乃和。寓逆旅，主人日再食，无鲜肥滋味之享。"[11]他始从潜溪至金华城南、继而到浦江的麟溪，甚而至于远达浦江之北的诸暨（今浙江诸暨）等地，前后达十年之久，长途跋涉，顶烈风，踏深雪，衣履单薄，在深山巨谷中来往奔波。而住在旅店里，吃的是粗茶淡饭，"无鲜肥滋味"可谈。当进了学校里，"同舍生皆被绮绣，戴朱缨宝饰之帽，腰白玉之环。左佩刀，右备容臭，烨然若神人。余则缊袍敝衣处其间，略无慕艳意，以中有足乐者，不知口体之奉不若人也。"[11]在等级森严、贫富悬殊的封建社会里，年轻的宋濂杂处在这些衣冠鲜丽、香气横溢的纨绔之子中间，能做到一点儿也不自愧，不羡慕别人，其原因，就是他在这里能学到自己所渴求的知识。随着他年龄的增长、知识面的不断扩大，寻访名师、硕儒的心情，追求探索圣贤之道的愿望也更加迫切了。他年方二十的时候，"尝趋百里外，从乡之先达执经叩问。先达德隆望尊，门人弟子填其室，未尝稍降辞色。余立侍左右，援疑质理，俯身倾耳以请。或遇其叱咄，色愈恭，礼愈至，不敢出一言以复。俟其欣悦，则又请焉。故余虽愚，卒获有所闻。"[11]宋濂十五到二十岁前主要跟随闻人梦吉先生学儒家经典。二十岁后经胡仲申引见转到吴莱门下求教后，更眼界大开。在跟随吴莱先生学习的同时，又寻访了柳贯、黄溍等居官回乡的大师，登门求教。宋濂在吴莱门下，大约从二十岁学习到二十五岁，到吴莱在麟溪解馆为止。在此期间和以后相当长的一段时间里，是向柳贯、黄溍等名师大儒学习。宋濂从二十六岁起就继吴莱先生，主持了麟溪东明书院的教学活动，一边教书，一边向名师求教。

宋濂在25岁即元统三年（1335年）亲自去柳贯先生的"私第"拜访求教。柳先生是浦江县南二十里外的通化乡胡塘里人，时年已六十五岁高龄。他"满秩而归，杜门不出者，十余年。完庐数间，仅蔽风雨，而饘粥或不继，先生处之裕如也。"[12]柳先生精通儒家的性理之学，是朱熹学术思想的继承者金履祥❶的高足弟子。为了探求各方面的学问，他又先后拜访了当时远近闻名的许多饱学之士，因此"凡六经、百氏、兵刑、律历、数术、方技、异教外书，靡所不通"[13]。先生（柳贯）的文章，"沉郁舂容，涵肆演迤"，"开阖变化，无不如意"。宋濂从此以后，直到至正二年（1342年）五月柳先生逝世，先后向先生讨教、叩问达七八年之久。

宋濂在向柳先生学习的同时又向黄溍先生经常请教。黄溍，字晋卿，乌伤人。"溍天资介特，在州县唯以清白为治，月俸弗给，每鬻产以佐其费。及升朝行，挺立无所

---

❶ 金履祥（1232—1303年），世称"仁山先生"，浙东学派、金华学派中坚，著有《大学疏义》《论语集注考证》《孟子集注考证》等。

附，足不登钜公势人之门，君子称其清风高节，如冰壶玉尺，纤尘弗污。""潜之学，博极天下之书。而约之于至精，剖析经史疑难，及古今因革制度名物之属，旁引曲证，多先儒所未发。文辞布置谨严，援据精切，俯仰雍容，不大声色，譬之澄湖不波，一碧万顷，鱼鳌蛟龙，潜伏不动，而渊然之光，自不可犯。"[13]宋濂在黄先生门下求教时间最长，达二十年之久。而黄、柳二位先生，待宋濂"礼之如朋友。柳公曰：'吾邦文献，浙水东号为极盛。吾老矣，不足负荷此事。后来继者，所望唯景濂。以绝伦之识而济以精博之学，进之以不止，如驾风帆于大江中，其孰能御？'黄公曰："吾乡得景濂，斯文不乏人矣！'景濂所为文，多经二公所指授。柳公谓其雄浑可喜。黄公谓其雄丽而温雅。莆田陈君旅，知言士也。为之序曰：柳公之文，庞郁隆凝为泰山之云，层铺叠涌，省莫穷其端倪。黄公之文，清圆密切，动中法度，如孙武用兵，神出鬼没，而部伍不乱。景濂之文，其辞韵沉郁，类柳公体裁，简严类黄公。大哉！文乎其不可无渊源！盖以景濂能为兼二公之所长矣。"[7]由此可知，宋濂在吴莱门下打下了古文辞的坚实基础之后，经黄、柳二公的指点，学问与文章又有了更进一步的提高，而更臻于完美了。难怪当时有向柳、黄二公求文者，二公无暇写，就让宋濂代他们写就，然后署名赠送于求文者。

宋濂的求学，真是从无满足的时候，只要有名师，就算历尽千难万险也要去拜访。他听说东阳县太露洞有位隐士，是有名的大儒，名叫陈樵。因为他头戴华阳巾，身穿鹿皮衣，故号称鹿皮子。当时在元朝居官的有名文士如虞集、黄潜、欧阳玄等，都很仰慕他，还怕见不到他。宋濂在元统间（1333—1334年）亲自去拜访求教，还结识了陈先生的弟子吴子善。这位鹿皮子陈樵先生，对宋濂以后的入龙门山隐居著书不无一定的影响。"元统间，濂尝候君子洞中。君子步屣出迓，坐之海红花底，戒侍史治酒浆，菹醢，亲执斝献酬，歌古词以为欢。酒已，君子慨然曰：'秦汉而下，说经而善者，不传。传者，多不得其宗。淳熙（1174年）以来，群儒之说，尤与洙泗、伊洛❶不类，余悉屏去传注，独取遗经精思。至四十春秋，一旦神会心融，灼见圣贤之大指。'"[14]这就是鹿皮子研谈儒家经典的基本观点。宋濂在研究经学的主张上颇受其影响。"后三年，再谒先生，复见子善。时，先生年耄重听，或有所问，子善从旁书，濂言以对。及濂辞先生还，子善送至山高水长处，坐石共语，依上弗忍去。"[15]由此可知宋濂对鹿皮子先生的仰慕。

宋濂在二十多岁时曾到东阳南溪蒋季高家听方先生讲性理之学。方先生是文懿许公的弟子。从此他又结识了蒋季高父子。"时季高尚未冠，即能执经叩问，进退雍容，肌

---

❶ 孔子曾在洙水、泗水讲学，这里"洙泗"指代孔子及儒家；程颢、程颐曾在伊河、洛水讲学，这里"伊洛"指代程氏兄弟创立的理学。

肉若玉雪可爱。岁几何，既笑其父，今又笑季高焉。"[16]这就是宋濂担箧远游、访求名师的专注精神。经过这样长达十年之久的勤奋学习，宋濂的道德学问和文章已誉满金华。正值吴莱先生解馆，于是他便继任此职，开始了他一边执教、一边继续访求名师、一边潜心著述的隐居生涯。

四、麟溪执教　东明书院

宋濂经过多年担箧远游、访求名师的刻苦学习，对儒家经典有了深入的理解和成熟的看法，个人道德修养已日臻完善，学识也日益渊博，文章更为人称赞不已，名满金华。

元顺帝重纪至元元年（1335年），宋濂的老师吴莱先生向郑大和辞去白麟溪的执教任务，东明书院一时无人主持教学，于是便由宋濂继任。二十六岁的宋濂接受聘请，于正月十六日正式开学，先后在麟溪执教达二十年之久。

东明书院位于浦江县东二十五里的东明山下，山前有溪水流过，"曰左溪，曰白麟溪，郑义门所居也"[17]。因书院旁有"白麟溪"，故曰吴莱"执教于白麟溪上"，又曰宋濂"主教于麟溪"[18]，其实均指东明书院。书院所在的感德乡仁义里，乃郑氏家族的久居之地。郑氏是当地的名门大族，已"九叶同居"，是朝野闻名的所谓"孝友"之家，曾受过宋、元封建王朝的表彰。东明书院是郑氏家族为培养教育他家子孙而开办的私学。宋濂在《郑景彝传》里叙述过郑家聘吴莱先生的授学情况。"郑铭，字景彝……从父大和司家政，察其为人，可成远大器，聘乡先生吴公莱为之师。吴公授以春秋三传之学，发凡举例，会诸说而折衷中之。景彝即能领解其趣，有所质问，咸中肯綮。吴公极锺爱，遂相亲如父子。金华胡君翰，亦来从吴公游。景彝与之昼夜相摩切，凡天地万物之理，内圣外王之道，古今事会之变，无不及之。讲覈既久，精神发舒，大肆其力于古文辞。吴公品评至严，一辞稍不修，辄以诟病。故景彝之文，尺辐弘而体式备；胡君之文，意度密而波澜张，皆煜煜有光于时云……史官曰：濂闻浦阳郑氏九叶同居最多，令子弟而授经者之师，吴公先生又一时名士，心极倾之。后十五年，濂以非材来继吴公，后始得与景彝交。"[2]由此可知，吴莱曾在东明书院执教十五年，宋濂继之又执教二十年，师徒二人相继执教长达三十五年。

宋濂是由吴莱先生在东明书院训导出来的高足弟子，对书院的教学宗旨与教学传统有着切身的体验与清楚的了解。东明书院虽是一座名声不显的小书院，但它所接续的传统却是金华地区源远流长的名师传统。它既保留着"北山四先生"传递朱学的要旨，又继承着以吕祖谦为代表的浙江学派重视史论与文章的务实学风。宋濂所承继的吴莱、柳贯、黄溍等几位老师，又都是这一传统的杰出继承者，而文章尤为著名。他们又都是当时文章名家方凤的门徒。"方韶父见（吴莱）而叹曰：'明敏如此子，虽汝南应世叔不是过也。'悉以所学授焉。自是盖博极群书，至于制度沿革、阴阳律历、兵谋术数、山经地志、字学族谱之属，无所不通。"[19]吴莱之所长，也正是宋濂之所长。宋濂正是这一传统的最大继承者与传授者。他传授的重要场所便是东明书院。

宋濂主教东明书院，也有自己的一套教育主张，即包括教学目的、教学内容、教学方法三个方面。他的教学目的是"治心"或曰"正心"。用什么内容才能达到这个目的呢？唯有儒家的经典，即六经，所以教学目的与教学内容是密切联系而不可分割的。他自己虽然儒家经典之外无所不学，但是最崇奉的却是六经。他在《白牛生传》里这样写道："性多勤，他无所嗜，唯攻学不息。存诸心，著诸书，六经；与人言，亦六经。或厌其繁。生曰：'吾舍此不学也。六经其曜灵乎，一日无之，则冥冥夜行矣。生学在治心，道在五伦，自以为至易至简。'或笑其迂。生曰：'我岂迂哉？我若迂，孟子则迂之首矣！'生好著文，或以文人称之。则艴然怒曰：'吾文人乎哉？天地之理欲穷之而未尽也。至贤之道欲凝之而未成也。吾文人乎哉？'或求学文。生曰：'其孝弟乎？文则吾不知也。'"[2]这就是宋濂学习六经的态度。他对儒家经典坚信不疑，奉若神明，而且身体力行。当然，他在东明书院教授学生，也会以六经为主。这与元代书院以传授朱学为主的要求是完全一致的。

宋濂还认为："兴学在乎明经，明经在乎选傅。得良傅，则正鹄。设而射志，定土范；齐而铸器，良声流教，溢俗转风移。反之，则政堕矣。"[20]这里充分说明了选良傅对于明经的重要。他自在东明书院执教，当然会以良傅的标准来严格要求自己。以上他对待六经的态度也足以说明他自己就是一位合格的良傅。对于良傅，还有进一步的要求。他说："余闻古之学者必有师，师以传经为尚，术业有专攻，授业有源委。如田何之于《易》，夏侯胜之于《书》，浮丘伯之于《诗》，刘歆之于《礼》，张苍之于《春秋》，皆递相祖述，不敢妄为穿凿之说。"[21]这是说明在教授五经的时候还存在一个术业有专攻的问题，并非人人都能做到精通五经。

宋濂还强调讲授五经的目的，并非为了其他，而是为了"正心"。他认为："圣人一心皆理也。众人理虽本具，而欲则害之，盖有不得全其正者。故圣人复因其心之所有，而以六经教之。其人之温柔敦厚，则有得于《诗》之教焉；疏通智远，则有得于《书》之教焉；广博易良，则有得于《乐》之教焉；洁静精微，则有得于《易》之教焉；恭俭庄敏，则有得于《礼》之教焉；属辞比事，则有得于《春秋》之教焉。然虽有是六者之不同，无非教之以复其本心之正也。呜呼，圣人之道，唯在乎治心。心一正，则众事无不正。犹将百万之卒在于一帅，帅正则靡不从令；不正则奔溃角逐，无所不至矣，尚何望其能敌哉。大哉！心乎正则治，邪则乱，不可不慎也！"[22]这就把明经与正心、教学内容与教学目的二者之间的密切关系阐述得非常清楚了。

宋濂的这一套教学主张，是一套所谓复"三代圣人之学"的陈旧主张。他对于所谓"后世之学"，是完全否定和排斥的。"士有以理财为学者矣，有以听讼为学者矣，有以治兵为学者矣，有以文章为学者矣，有以训诂为学者矣，然皆非所谓学也。"[23]他把后世随着社会发展的需要而兴起的各种知识的学习都一概否定。在他看来，自孟轲以后，只有宋朝的程、朱理学才是继承并发扬了所谓三代圣贤的经学传统，才值得继承和肯定。除此而外，都不应列入书院的主要教学内容。他的这套主张与按照朱熹的"三纲""五常"严格治家教子的郑氏封建家庭的主张是完全一致的。因此，当时主持家政的郑大和才聘他主教麟溪，让他充当教育郑氏子孙的老师。郑氏"子弟年十六者，皆相从读书讲道东明山中，一门凡四十余人，始终越二十年。学成多有跻膴仕者。"[18]这正是宋濂所期望的教学目标，"学为圣贤有用之学，达则为公卿，使斯道行；不达则为师友，使斯道明。"[24]宋濂在东明书院教授的内容与学生的年龄，与程端礼《读书分年日程》第二阶段所要求的基本一致。这个阶段从十五岁至二十一岁，前三四年专力治经。先读《大学章句》《或问》，再依次读《论语集注》《孟子集注》，然后读本经，先治《周易》，继依次治《尚书》《诗》《礼记》《春秋》，都要先手抄经的正文，并以玩索精熟为度。治经时要求昼夜尽力，严格地做一番存养审查的功夫，认为这样才能把大本培植起来。这里所谓的培植大本，即正心。可见，宋濂以六经正心的教学主张，正是当时封建统治阶级所要求的，是完全为维护和巩固封建制度服务的。

宋濂所主张的教学方法，是"有问有答，亦必得愤悱而后告之耳"[25]。这里所说的"有问有答"，是指学生在自己刻苦钻研的基础上，确有自己解决不了的问题，然后向老师提出。老师等到学生"愤悱"，然后才会讲解。这是一种有的放矢的颇有启发性的教学方法。他的从弟宋景清从潜溪来东明书院跟随他学习，"景清则夷策而来，反复诘难，一字不解，辄沉思良久，期必通乃已"[24]，大约就是这种教学方法的体现。这也是宋濂对孔子教学方法的继承。宋濂在教学上反对那种不调动学生学习的主动性与积极性，而一味地满堂灌的教学方法。"今之师则不然，执卷危坐，牵引义例，以脑惑群所。健舌一鼓，聱聱几数千言而未止。初不待于问也，所以听之者欠伸思，睡而弗识的讲为何言也。"[25]

正因为宋濂是一位教育有方的"良傅"，所以才受到了郑氏家族从上至下的尊重与爱戴。宋濂与郑氏家族的许多子孙，年相若者，如郑铭、郑濂、郑涛、郑浚常、郑仲舒等，是同学与朋友；年岁比他小的晚辈，如郑渊、郑济、郑洧、郑溪、郑楷等，是他的门人弟子。郑涛官居经筵检讨权参赞，于至正十三年（1353年）曾为宋濂撰写《小传》，给予很高的评价。在《小传》中讲到他们之间的关系时这样写道："予少景濂五岁。初从吴公游，始识景濂。及再从柳、黄二公，而与景濂相从尤密。是则于学为同志，于师为同门，不可谓不知景濂也。"宋濂在讲到与郑浚常兄弟的交往时，又这样写道："始濂游学诸暨（今浙江诸暨）时，与乌伤楼君彦珍、浦阳宣君彦昭、郑君浚常、浚常弟仲舒，同集白门方民之义塾。塾师乃吴贞文公立夫，善了先生也。彦珍最先教，而濂与寿明、浚常兄弟讲学一期。当夜坐月白，候公熟寝，辄携手出步月下，时皆美少年，不涉事，竟跳踉偃仆为嬉戏。或相訾警，或角牴，其力至不胜乃止。独濂朴戆易侮，不敢时相逐为欢。"[26]这是宋濂与郑氏同学之间的亲密关系。宋濂与郑氏晚辈，郑渊父子的关系更加密切。渊字仲涵，事亲极孝，称贞孝处士。濂与渊"义则师友，情如父子"。郑渊为宋濂的文集所写的《序》里这样说："渊于卯角之岁，即洒扫潜溪先生之门，迨今二十年余，而所受教者，固非一日矣。先生之学博极天下群书。凡天文地理之要，礼乐刑政之译，治乱沿革之度，草木鱼虫之细，与夫百家之技之说，靡不宽心。"[2]这就表达了郑渊对老师的敬慕之情。而当宋濂听到郑渊早逝的噩耗，为郑渊写的墓志铭却又这样说："初予读书蒲阳山中，仲涵即从予游，先后十有余年。予初大益于仲涵，而仲涵之相助予者恒多。时予执经山长吴公，待制柳公。侍讲黄公之门，仲涵每侍予往拜三公，见其文亦以远大期之。""呜呼，自道废民散之后世之，如师弟子者，朝离书帐，夕若秦肥之视越瘠比比而是。有如仲涵之於予，义则师友，情如父子也。仲涵之死，予宁得不哀呼！"[27]郑渊之子郑铭，又从小师事宋濂，所以对宋濂更有着极深厚的感情，楷自垂髫时崇侍先公贞孝府君，斯先生于床下。先生以儿童子无知即寿，其而教之。亲可化育于落后年矣，第棋才质下属，学好器洋，有孤师父之教《行状》。宋濂与郑氏家族的亲密关系于此可见一斑。

宋濂与郑家的亲密关系还包括与当时主持家政的郑大和的往来，当时郑大和已年事很高，宋濂还年不满计，但是，他与大和往来甚密，"终日毅然宾主人尤高之"。(《行状》)宋濂对郑大和的评价甚高："大和性方正，不奉浮屠、老子教，冠、婚、丧、祭，必稽朱熹家礼而行。子孙从化孜孜孝谨，不识廛市嬉戏事。"[《郑氏孝友经》（卷四十）]而郑大和对宋濂也特别信任与尊重，有关治家之事，也多找他商量，向他请教。"方著家规于子孙其冠、婚、丧、祭仪制礼，父多参问先生（宋濂）。先生则据古今准酌时室，以成一家法。子孙世宋诗礼之教者，先生之力也。"(《行状》)由此可知，宋濂在麟溪执教之后，不仅在书院里以儒家经典来教育郑家的子孙，以正其心，而且还帮助郑家制定家规，以之约束郑氏子孙的行为。

宋濂与郑氏家族还有一层借阅藏书的关系。他嗜读书，但因家贫无书，从小养成借阅别人家藏书的习惯。"每假借于藏书之家，手自笔录，计日以还。天大寒，砚冰坚，手指不可屈伸，弗之怠。录毕走送之，不敢稍逾约。以是人多以书借余；余因得遍观群书。"[11]宋濂在潜溪老家时就是这样勤奋借书阅读，后来到浦江东明山求学与执教时期，得到了阅读郑家藏书的机会。"知宋子之劬学入青萝山中，不下书屋若干年，得郑氏所蓄书数万卷，书无不尽览，阅无不尽记。于是学成著书，凡若千万言。"（杨维贞

《翰苑集序》）这也算是宋濂与郑家的又一密切关系。宋濂如果得不到如此丰富的藏书条件，想做到博极天下群书是不可能的，郑家正好为他提供了这个方便条件。

重纪至元四年（1338年），二十九岁的宋濂首次参加乡试不中，从此再无仕进之意。次年，当他进入而立之年，便把家业交付子姓照管，自己在东明书院"朝夕惟从事书册间"。由于宋濂钦慕郑氏孝友传家、九叶同居的家风，产生了迁居青萝山的念头。

五、慕孝迁居萝山

宋濂对于儒家经典，不光是信仰，而且还要身体力行，用自己的行动去实践。其中最重要的是两个方面，即忠义与孝友。在他看来，若出仕居官，对君王国家要讲忠义；若居家事亲，则必须尽孝友之道。在宋濂看来，一个人生于世上，首先要从孝友做起，如果不讲孝道，其他也就谈不上了。他在《答郡守聘五经师书》中有这样一段话："古之通经者，非思腾簸口舌，以聋聩时俗，实欲学为忠孝。而孝者，又百行之冠冕。苟于孝道有阙，则分析经义如蚕丝牛毛，徒召辱耳。"所以他对自己的家庭和子孙的要求，首先是要讲孝道，并能做到以孝友传家。如同郑氏家族那样，做到九叶同居。他在《萝山迁居志》里明白地表达了这一思想："余世居金华孝善里之潜溪……元重纪至元元年（1335年）己亥正月十五日，授经浦江义门郑氏。久之，以其家九叶同居，乃愿卜鄰焉。相地于仁义里孝门桥上，其地直县东三十里，有山曰青萝。至正六年（1346年）丙戌十月二十七日，于此山建寝室三楹，间缭以周垣，前敞小门。十年（1350年）庚寅二月十五日，携家自金华来迁，揭其扁曰潜溪，永不忘本也。"这就是宋濂把家由金华潜溪迁往浦江青萝山的原因与经过。从此，宋濂就成了浦江人。宋濂迁居的时候，其母陈贤时已去世，家里还有他年近古稀的父亲蓉峰处士、妻子贾专、长子瓒、次子璲、长媳和长孙慎，还有他岳母也因家弟兄多，跟随他们一起生活多年。宋濂是孝子已不怠言，他的妻子贾专也是个贤惠而孝敬公婆的好媳妇。他母亲在世时，"二老人苍颜白发，共坐堂上，妾与君沽酒买鱼，以奉其欢。更阑烛尽，犹连觞引满，谈笑声不休。君时尝语妾曰：'吾虽贫，而老亲之欢如此，吾退而安寝矣。'"自从婆婆死后，贾专非常想念。"每念及此，辄涕泗交流，然恨无以自慰也。欲刻木为像以事之。凡遇蔬食菜羹必祭，使死者而有知，亦当翩然而来享也。虽然，此妾之感知哉，不过尽其心焉尔矣。"[28]宋濂家庭的孝道于此可见一斑。

宋濂处处讲自己家贫，看来这并非一句客套话，他的家庭的确并不富裕。从他把家迁到青萝山这件事可看出，他原籍潜溪的家产并不多，否则是不会轻易扔掉的。况且萝山的新居，也只有寝室三楹，九口人住在里面也是并不宽敞的。到至正十四年（1354年）十二月八日，才又"再构前轩如寝之数，东西荣之，以次告完，扁轩曰'青萝山房'。因旧山而志新筑也。"这就是宋濂在浦江的家业。当然，宋濂的家贫与一般贫苦农民的家贫还是有区别的，他毕竟还是属于当时的中小地主阶层。

宋濂虽然家贫，但是能做到安贫乐道。他认为富贵荣华乃身外之物，看得很淡。他所追求的是至道，至道乃人身之至宝。有人问他："君子何以处贫？"他的答复是"安之"。"未能也。请问其次，曰：忍之。"忍的办法就是看见比自己好的房屋、车辆、文服、饮食、妻妾，而不生羡慕之心。"忍之久则自然矣。能自然则安之矣。"[25]因为家贫，他"服一卉裘，十五年不更，绽裂则缝缀之。其友慕容支祈怜之，以狐白裘遗焉。"他不接受。朋友给他讲了一通"圣人之制衣裳，为身之彰"，"慎威仪，尊瞻视"的道理，他承认道理对，但还是固辞不受。他说："濂闻之先生长者，非心所安，一发不可受诸人。服膺此言，三十年余而弗敢坠地也。然则今何功乃敢享子侈赐乎？与其服狐裘而愧，不若被卉裘而安也。"慕容支祈又曰："子可谓守道者也。朋友之馈且不受，况非义者乎：挈裘而返。"[24]宋濂的志向"则欲尚友于千古。接人虽极其和，至于品裁优劣，则极慎许。可当其意者，盖十无一二焉。或狎而侮之，卒弗与校。人有乐于为善者，则竭其志虑而肋之，不啻若己事。故自家庭之近，至于州里之远，自公卿之贵，至于仆隶之卑，凡识景濂者，咸以为恺悌忠厚人也。景濂笃于伦品处，父子、兄弟、夫妇之间，皆无愧。性尤旷达，视一切外物，淡如也。"[7]这就是宋濂的为人与性格风貌。

宋濂迁居青萝山，不仅对邻居郑氏家族非常满意，对周围的自然风光也十分赞赏。"濂所居实浦汭青萝山，山中林樾苍润，孤猿野鹤，见人了无惊猜意，而梅花泉又极可饮。"[16]"梅花泉在东明山精舍中，有水一泉曰灵渊，渊之东百步许，有泉泠然，老梅如龙，横跂其上，曰'梅花泉'。"[17]附近有座玄麓山，山有飞泉，宋濂与郑渊数次去游览，并且写了一首《飞泉操》，书写在泉旁的崖石上。"飞泉兮浏浏，洗耳固非兮，谁饮我牛。覆谓我污兮，移彼上流。具人之形兮，奈何忘人之忧。""当天朗气清时，尝同二三子扪萝攀葛而上，俯瞰县北巖坑、仙华诸峰，如万马东行，或驻或跃。而浦江之水，蜿蜿蜒蜒，又如白龙南飞，一泻数十里，邀巖腹而去。周围原野，星罗棊布，诸池沼厕其中，真小瓯耳。方呼酒放歌，天风自东北区，四山鳞甲，一时皆动，同游或战掉不能留，诚天地间胜绝之地也。"[29]以抒发其隐逸志趣。

宋濂的新居与东明书院相距仅三里。平时宋濂就住在书院里，从事教学、读书和著述活动；有时清闲，宋濂沿白麟溪向东而行，踏过孝门桥，走不足百步，就回到了萝山新居，与家人团聚；每当夜深人静，还可听到从弟景清的读书声由萝山书室传出。

宋濂迁居萝山之前，吴、柳二位先生早已先后谢世，唯黄潜先生仍致仕家居，师徒过往密切。宋濂迁居萝山后，因黄先生久慕浦江仙华山之名，愿往一游，年近古稀的黄先生，从乌伤绣川动身，与宋濂父子相约偕行，来到了仙华山。仙华山距县北八里，传说"轩辕少女于此上升"，故名。"山有数岫若屏障，中有风穴，飕飕然。峰巅丹光闪闪,如芙蓉,如翠莲,绮绣妍丽;又如彩凤腾霄,翚彩掩映,又如万马西来,峰耸峦上,争献奇葩,不可攀缘,诚一邑之胜概。乃县治之主山也。"宋景濂门人曰:"浦阳江上有仙华山焉,其拔江起如旌旗,人迹之所罕至。其上多名药,绿纷绛叠可采,灵泉有倏鱼,时出没于中,可钓;沃壤数十亩,白云冉冉,恒覆其上,可耕;山多巨石,面正平,可坐可奕,可列觞豆而饮。"[17]苍翠万仞,钟灵毓秀,磅礴之气的仙华山,当然会给黄溍、宋濂这样不同凡响的游人留下难以忘怀的美好印象。难怪宋濂又以仙华生自况。

至正十六年(1356年)三月初之上巳节,郑彦真倡议要去仙华山北玄麓山下的桃花涧,举行修禊事。宋濂等当地有名的文人学士相约同行。沿途桃花夹岸,焰焰欲燃;奇石怒出,下临小潭;飞泉中泻,点点成晕;夹水而坐,临流举觞;操觚赋诗,情态各异。宋濂为这次活动写下了《桃花涧修禊诗序》,生动地记叙了山光水色与人物风貌,是一篇极优美的游记。他还为玄麓山八景题诗,并作小序:"予不作诗者十年。近寻兰至玄麓山,左泉右石,争献奇采。疑山灵欲钩致新句,故使人情思亹亹然也。因赋诗八景,用玄漆书诸崖石。别录其副,以俟同然者。"[30]

桃花涧

桃花满灵涧,树老不计春。
白云如可问,为觅种桃人。

凤箫台

箫史去已远,朱鸟不下来。
幸有山头月,怜来入酒杯。

钓雪矶

钓雪立苍矶,入夜鱼不食。
不食非水寒,自是钩太直。

翠露屏

古石不改色,绛绿自成围。
谁裁一片霞,为我制秋衣。

饮鹤川

渴鹤忽飞来,爱此一勺清。

五湖非不多，恐染凫鹥腥。

五折泉

一汲复一汲，有若步云梯。
终然投东意，万折不肯西。

飞雨间

飞泉洒成雨，洗净尘土胸。
欲持青芙蕖，去滔赤鳝公。

蕊珠岩

吟上蕊珠岩，诗成不敢写。
疑有绿毛仙，洗髓梅花下。

正当宋濂迁居青萝山以后，天下大乱。大江南北燃起的农民起义烈火愈燃愈烈，几年之后，终于烧到了浙江西部，烧到了浦江里，烧到了青萝山宋濂的家门边。

至正十八年春三月，朱元璋的起义军攻下睦州。浦江与睦州接壤，居民震惊，多扶老携幼，跑到邻县避难。宋濂也把妻子儿女安置到句无山中，家中只留下他一人。每日坐在家中无事可干，就凭记忆开始写《诸子辨》一文。到夏六月十五，才算脱稿。六月十八，李文忠的军队解放了浦江。"县之盛德乡有郑氏者，自宋聚族同居至元，旌表为义门。复其家至是，家众避难山谷间。文忠访得之，悉送还家。禁兵士毋侵犯。"[31]宋濂也带着文稿匆匆奔句无山，寻找老婆孩子。惊悸稍定，又让二儿子璲把《诸子辨》的文稿誊抄了一遍。接着又带着妻子贾专、二儿子璲和长孙慎来到了诸暨，暂住在陈宅之的西房里。一家人心惊胆战，好像丧家之犬。"宅之煦姬而轸存之，视濂犹兄弟，遇璲与慎若子孙。宅之内子蒋夫人，亦视专为姒娌然。濂安之百里之外，忘其流离颠沛之苦者，宅之夫妇力也。"[32]等到浦江稍微安定以后，宋濂才带着家小回到了青萝山。同年十月，朱元璋的军队占领浦江之后，虽然不抢掠，不杀人，安定生业，但是浦江和青萝山，正好处在军队行军打仗的要衢上，兵荒马乱，生活还很不安定，宋濂感到不好安居，便又决定迁回老家潜溪去住。于是于至正十九年（1359年）三月十五日回到了潜溪老屋。同年十月，朱元璋亲率大军攻占兰溪（今浙江兰溪），并攻打金华府城，远近大震。宋濂的妹妹宋蘷，与丈夫贾明善，由乌伤避乱逃入浦江城窦山中。未几，乡间贫苦农民纷纷聚众起义。十一月十四日，宋蘷逃往草莽中躲避，被游卒发现，跳崖而死。宋濂全家闻讯，痛哭不已。宋濂痛定之后，为妹妹写了篇《宋烈妇传》。其中这样写道："天乎，烈妇在家为淑女，归人为良妇，既淑且良，纵不备有胡福，其岂不得考终于寝乎。自古莫不有死。当是时，执法之大吏，秉钺之将帅，守土之二千石，或有不能，而死妇独能捐躯殉义。死固死矣，千载忧生。视彼弗死而若者何如也，纵遭兵祸又何伤焉！然而，妇之守贞，犹人之当孝，人臣之当忠也。烈妇之死，恒道尔，何足羡乎。"[2]宋濂以妹妹的壮烈行为与元朝的官吏将帅作对照，在关键时刻，他们都不如一个弱女子。

由于妹妹跳崖殉义，再加上青萝山一带兵荒马乱，不得安宁，还有郡守派执事强迫他去做五经师，这许多不顺心的事接踵而至。宋濂感到青萝山已不可久居，因此决定再迁回金华的潜溪老屋，这已是至正十九年三月十五日的事了。

六、入小龙门山著述

至正九年（1349年），翰林学士承旨危素等发现宋濂是位修史的良材，于是向元廷举荐，经朝廷核准，正式以佐郎翰林国史院编修录用。宋濂却以父亲年老，需在家孝敬侍奉为理由，固辞不赴。按理说，"自布衣入史馆为太史氏，此儒者之特选"[18]，那宋濂为什么不接受这个"特选"，而要继续在东明书院执教，不久又入小龙门山过起了隐居著述的清贫生活呢？宋濂真是不愿意做官，不想出仕吗？否。其实他早已是身居龙门，心在魏阙了。

宋濂之所以不接受元朝的特选，可能有两个原因。一是他感到既不是正式科举录取，又非真正的礼贤下士之举，因此不去赴任。二是他目睹了元朝政府的黑暗与腐败，弄得天下大乱，生灵涂炭，如江河日下，大有不可收拾之势。为此，他时时刻刻忧心如焚，哪里还会有心思去这样的官场居官。他学圣贤之学，居官为公卿，是为了行道，如果道不能行，居官为公卿也就无任何意义。因此，他固辞不赴。这也正是宋濂入小龙门山著述隐居的主要原因。

小龙门山位于青萝山之北，群山之中，一座峻峭的山峰兀立，"俗以其为冯翊夏阳之山，因号曰小龙门"[20]。那里地多空旷，环境分外幽静。三间草室便成了他隐居学道、读书著述的主要场所。他这些年从事写作，已养成一些特殊的习惯。每当操觚凝坐，不欲闻步履声。虽犬猫不使之近，近辄拊几大呼。"倘使章不就，击磬绕室中行。或使小苍头简发如捕虱状；或摩搔膺腹，使气隆隆然升降乃已。"平日，他"不耐修饬，乱发披肩，累日不冠。时同二三友，徒跣梅花下，轰笑竟日。不然，则解衣偃卧，看云出岩扉中，有透麋鹿然。"[20]这就是宋濂入小龙山前后隐居著述的生活情趣。

宋濂在入小龙门山之前已完成了《浦阳人物记》等不少著作，其中《浦阳人物记》经郑涛向翰林院推荐，已引起了翰林学士承旨、荣禄大夫、知制诰、兼修国史顾阳元的重视，并为之作《序》。顾阳元在《序》中写道："噫！立言之法，唯其公而已。唯其公也，非唯不因喜愠论人，亦不以穷达观人，但察其贤否为何如尔，苟或不然，则虽如帷幄，历台府，赞枢机，典藩翰，曾不若匹夫之所行者，固不少。世之文士好扬富贵，而没穷贱者，是果何道哉？景濂斯记，唯有关治教者则书，不问乎其他。此其学术之正，才识之高，岂易及耶？予甚教畏之，因志其所见与篇首。景濂为文，序事极有法，议论则开阖精神，气昌不少馁。复深惜其沈困在下，而未能遇也。"这大概正是危素举荐宋濂为国史编修的原因。至正十年，浦江县达鲁花赤廉阿年八哈即官之初，就为之刊印，得以传播。宋濂也是在至正十年后入小龙门山的。他入小龙门山后，最有代表性的著作便是《龙门子凝道记》。

《龙门子凝道记》是宋濂早期一部精心之作，是他三十年学道的思想结晶，其中涉及的问题很多，这里不作全面介绍，只就有关曲折反映元朝社会黑暗与腐败，借以表达他的忧世之情的方面作一些介绍，以便认识宋濂隐居的实质。

宋濂在《龙门子凝道记》第一篇《采苓符》中，借其友间卯生之口，讲出了他"寝疾数月不出"，而"为斯世病"的原因："夫子之病，非病己也，为斯世病也。今剑稍交横，白骨不葬，高如丘陵，一遇天阴，鬼夜哭相闻，是夫子之病也。宫室化为灰烬，生民流亡，伥伥无所依，以墟莽为楼馆，以橡芋为台虋，以崖广为床帷，以沼池为罍洗，以明月为灯烛，求生勾死，两无其谋，是夫子之病也。田野荒芜，五谷不生；猫豵成行，白昼出郊，行人鲜少，腥风秽雨，是夫子之病也。龙门子召门弟子谓曰：'我非人则应当亦人尔，何可不忧世哉！何可不忧世哉！'"[2]宋濂这里所忧、所病的，不正是元朝末年社会现实的集中反映吗？从至正以来，不堪忍受的贫苦农民，纷纷揭竿而起，到处掀起了反抗元朝统治者的革命战争。特别是至正十一年以来，以韩童山为代表的红巾军起义，声势更大，熊熊的革命烈火燃遍大江南北。江浙一带，北有朱元璋、张士诚，东有方珍，南有陈有定，西有徐寿辉和陈友谅，几大军事集团，群雄并立，抗击元军，互相争雄。其中以占应天（今江苏南京）为中心的朱元璋最有远大谋略，延揽儒士，运筹帷幄，施行仁义，不嗜杀人，最受民众的欢迎，固而发展很快。作为正统儒家思想代表的宋濂，对这场推翻元朝黑暗统治的农民战争不可能表示赞成，所以只能以忧虑的心情隐居在龙门山，予以观注。他在《秋风枢》里借用萧条的秋风给自然界带来的零虚景象表达了他同样的悲愤心情。

元朝社会，徇私舞弊，贪污受贿成风。元顺帝继位之后，也想加以惩治。至正五年（1345年）十月所颁的诏书里也有这样的话："声教未洽，风俗未淳，吏弊未祛，民瘼滋甚。"[33]他也想通过委派各路宣抚使，检查各地官吏，解决官吏中贪赃枉法的严重问题，但是这些宣抚使到了各地，借机合伙勒索，给人民带来了更大的灾难。当时江南有这样的民谣："奉使来时，惊天动地；奉使去时，乌天黑地；官吏都欢天喜地，百姓却啼天哭地。"又说："官吏黑漆皮灯笼，奉使来时漆一重。"人们指责宣抚使："赃吏贪婪而不问，良民涂炭而罔知。"上行下效，上下贪污成风。面对这种黑暗腐败的状况，宋濂焉能无动于衷？所以他在《五短符》的"五彝"之四的善谏一条里，借着平公时谏臣师旷之嘴，讲出了社会黑暗、贪赃枉法的"五墨墨"："群臣行赂，以求名誉，百姓侵冤，无所告诉，而君不悟，此一墨墨也。忠臣不用，用臣不忠，下才处高，不肖临贤，而君不悟，此二墨墨也。奸臣欺诈，空虚府库，以其小才，覆塞其恶，贤人逐，奸邪贵，而君不悟，此三墨墨也。国贫民罢，上下不和，而好财用兵，嗜欲无厌，谄谀之人，容容在旁，而君不悟，此四墨墨也。至道不明，法令不行，吏虐不止，百姓不安，而君不悟，此五墨墨也。国有五墨墨而不危者，未之有也。"这五墨墨，正是元朝末年官吏腐败的真实写照。

宋濂在《秋风枢》里还写了这样一则贪利者的故事："晋人有好利者，入市互焉，遇物即攫之，曰：'此吾可羞也。此吾可服也。此吾可资也。此吾可器也。'攫已即去。市伯随而索其值。晋人曰：'吾利火炽时，双目晕热，四海之物，皆若己所固有，不知为尔物也。尔幸与我，我若富贵，当尔偿。'市伯怒鞭之，夺其物以去。傍有哂之者。晋人戟手骂曰：'世人好利甚于我，往往百计，而阴夺之。吾犹取之白昼，岂不又贤于彼哉，何哂之有？'"元朝末年的官吏贪污，贿赂公行。叶子奇在《草木子·杂俎篇》里揭露说：元末官贪吏污，索取钱财，各有名目。属官始参曰拜见钱，无事白要曰撒花钱（人事钱），每节曰追节钱，生辰曰生日钱，管事而索曰常例钱，送迎曰人情钱，勾追曰赍发钱，论诉曰公事钱。各级官吏，多方珠求，以贪贿为能事。这不是和这则故事所反映的完全一样吗？

宋濂在同一篇文章里还写了这样一则寓言故事："卫人束氏，举世之物，咸无所好，唯好畜狸狌。狸狌，捕鼠兽也。畜至百余，家东西之鼠，捕且尽。狸狌无食，饥而嗥。束氏日市肉啖之。狸狌生子若孙，以啖肉故，竟不知世之有鼠。但饥，辄嗥嗥，辄得肉食。食已，与与如也，熙熙如也。南郭有士病鼠，鼠群行有堕瓮者。急从束氏假狸狌以去。狸狌见鼠，双耳耸，眼突露如漆。赤鬣又磔磔然，意为异物也。沿鼠行，不敢下。士怒推入之，狸狌怖甚，对之嗥嗥之。鼠度其无他技，龁甚足，狸狌奋掷而出。噫！武士世享重禄，遇盗则窜者，其亦狸狌哉！"这不是对元朝末年，军队朽败不堪，毫无战斗力的生动写照吗？元朝后期，驻在内地的蒙古军兵，军官例由贵族子孙世袭。他们日益沉迷声色，饮酒讴歌，只知道剥削聚敛，甚至不能弯弓骑射。兵士也多是老病幼弱，不习仗器，更不懂战阵。江南地区经济最为发达，这些地区的蒙古军兵也最为腐败。顺帝时有起义者三十六人聚集茅山道宫，出没作战。元朝调集三省兵上万人捕剿，被起义者打败。这不正是宋濂所说的"噫！武士世享重禄，遇盗则窜者，其亦狸狌哉！"

宋濂生活的元朝末年，政治黑暗，官吏贪污，军队腐败，人民处于水深火热之中，这必然会引起忧国忧民的宋濂的悲愤。怀着济世救民、安邦治国大志的宋濂，面对着政治黑暗、官吏贪污、军队腐败，人民处于水深火热之中的元朝社会，能不忧，能不悲？这恐怕正是宋濂固辞不赴的主要原因。

宋濂在《龙门子凝道记》里，按照儒家倡导的治国主张，设计了一套他自己治国平天下的蓝图。《龙门子凝道记》"四符"的第二篇"五矩符"就是他为君臣合作治国而提出的方略。他说："为君者当谨五矩，为臣者当行五彝，则天下治矣。"这为君者当谨的五矩是：一曰省忿，二曰受言，三曰尊士，四曰去骄，五曰推仁。为臣者当行的五彝是：一曰进贤，二曰任事，三曰守俭，四曰善谏，五曰知退。他最后说："夫忿不省，则心德有亏矣。言不受，则人情壅闭矣。士不尊，则大业弗立矣。骄不去，则贤者远避矣。仁不推，则贵贱罔附矣。贤不进，则国家空虚矣。事不任，则官旷职瘝矣。俭弗守，则穷欲极奢矣。谏不善，则扞格难入矣。退不知，则倖进失已矣。为君者当谨五矩，为臣者当行五彝，而天下治，此之谓也。"这正是宋濂身在龙门、心存魏阙的最好说明。宋濂自认为有治国平天下的最好方略，但得不到尊士的明君，更没有施展才能的机会，乡试不中，并非自己的文章不好，学问不深，而是考官昏庸，堵塞了入仕之途；虽经危素推荐，元朝也决定召用，但即非正式门路，又非礼贤之举，当然不能赴任。"君子未尝不欲救斯民也，又恶进不由礼也。礼丧则道丧矣！吾闻君子守道，终身弗屈者有之矣，未闻枉道，以徇人者也。"[25]这就只好暂时隐居在龙门山里著书立说，以等待着能真正礼贤下士的明君出现。如果没有真正礼贤下士的明君出现，他是愿这样："尚父不见西伯，老于渭水之滨耳；孔明不三顾，终于隆中之墟墟耳！"[25]宋濂在龙门山里时时做着姜子牙和诸葛亮的美梦。

七、辞五经师　入礼贤馆

宋濂看到元朝已危在旦夕，元朝的灭亡势不可挡。而大江南北，风起云涌，群雄割据，逐鹿中原，鹿落谁手，尚难预测。正在他隐居龙门山观望等待的时候，朱元璋率领的红巾军铺天盖地而来，席卷浙江西部的浦江与金华。元朝的军队望风披靡，文官武将，死的死，逃的逃，降的降。金华和浙西已成了朱元璋的地盘。他虽然亲眼看到朱元璋的军队不杀平民、不抢掠，而且也知道李文忠元帅还亲自到山路里寻找郑家逃难的人群，并把群众送回家予以安抚，但是，他对朱元璋的起义农民军还是抱着怀疑、观望和不信任的态度。正在这时，郡守聘他为五经师的书币已摆在他的面前。他感到这不是以礼相聘，更非礼贤下士，而颇有强迫之意，以至使他"闻命惊愕，不知所云"。他便写了《答郡守聘五经师书》予以回绝。

宋濂这封信写得酣畅淋漓、咄咄逼人。他首先肯定了"执事之意则甚善"，接着笔锋一转，先说明"选傅"的重要，接着从七个方面讲了自己不能做五经师的理由。其一说自己不"通经"。虽然因从小体弱多病，不能干体力劳动活，养成爱看古书的习惯，但家里和外界，谁也不认为他"知经""通经"。这样硬逼到讲堂上，"吾恐人无不笑之"。其二是说从孟子以后，社会上就没有兼通五经的。言外之意，你们聘五经师本身就是个错误。其三是说："古之通经者，非思腾簸口舌，实欲学为忠孝，而孝者，又百行之冠冕。"他表示自己有八十岁的父亲，需要尽孝，不能离开。其四是说"师严，然后道尊"，我却"习懒成癖"，"乱发披肩"，"欲危坐一刻，亦不可得"。自知不对，又改不了。这哪像做老师的样子！其五是说自己写不好文章，但"性乐之甚"，写文章时还养成了许多怕响动的习惯，如果"众人丛居"，"大鸣小噪，趣人兴趣。宁失万金之产乃不怨，苟废此乐，不如无生"。其六是说自己"平生朴憨"，对人世间的复杂关系应付不了。"或握手视肺肝，乃宿刀剑之惨；或斗争纷不可解，则暗敦玉帛之好。如此之类，不一而是。"再加上眼睛近视，"距寻尺间，白昼则不见人"，别人必然会认为他傲慢，会惹来祸端。何必自讨苦吃！其七是说自从遭祸患以来，"得怔忡疾"，怕见扛枪的兵，"若杵击上下，面无色泽，口噤不能对人"。加上年老体衰，常想睡觉，所以想在小龙门隐居。他讲了这七条不配当五经师的理由后，最后还讲了一个褚师到岐山想得到凤凰，结果买回只彩鹢，自夸为凤凰，而惹得"人皆笑之"的故事。金华是东莱倡道之邦，"据案谈经，比比皆是"，执事不去请，非要强迫我，"岂弃瑞凤而爱彩鹢乎？古人有云：经师易得，人师难遇。执事于易得者，尚不鉴其真伪，况所谓难遇者耶！窃为执事不取也。"你们"孜孜汲汲，以兴学为意"，这是好的，但选良师的做法，却有点儿"溺冠跨项"，让人受不了。你们"倘斁之不制，则黄冠野服，负亲而逃东海之上，岂能悖性徇物，矗矗随人作上下耶。"宋濂不受聘的态度如此强硬，既是对朱元璋所派执事不以礼相聘的回绝，又是对朱元璋是否真能礼贤下士的一种试探。

朱元璋自攻占应天（今江苏南京）之后，与儒士接触多了，认识到要想成就大事业，光靠武力不行，还必须延揽儒士，以敷陈治道，参谋军政。从此，他每占一地，即寻访儒士、宿耆，请教时事，罗致帷幄。他以应天为据点，先攻占周围的一些府县，站稳脚跟之后，便做出了攻占皖南与浙西的决策。师入浙西，他闻胡大海攻不下婺州（今浙江金华），便亲率杨璟等师十万大军往援。他由宁国（今安徽宁国）道经徽州（今安徽歙县），先请教唐仲实，后召问朱升。朱升的"高筑墙，广积粮，缓称王"给了他深刻的启示。他随即召朱升参与帷幄。朱元璋兵临兰溪（今浙江兰溪），派儒士王宗显侦察婺州军情。还报后，朱元璋说："我得婺州，命尔作知府。"至正十八年十二月二十日（甲申）攻占婺州，改婺州为宁越府，令王宗显任知府。

婺州既是浙西的粮仓，更是二百多年来的理学中心，这里儒士很多，颇有小邹鲁之称。对此朱元璋已早有所闻，他要以仁义迎合儒士，安定民心，教育部将。他严禁军队掳掠，并下令禁酒，发粮赈民。他召咨儒士，聘五经师，准备恢复郡学。朱元璋首先召见金华人范祖幹、叶仪。"祖幹持《大学》以进，言治国之道'不出是书'。"[34]继"召儒士许元、叶瓒玉、胡翰、汪仲山、李公常、金信、徐孳、童冀、戴良、吴履、张起敬、孙履和兰溪吴沉等十三人，皆会食省中，日令二人进讲经史，敷陈治道"[31]。唯独宋濂未到，但他并不强逼。朱元璋倾听了许多儒士的意见，对推行仁义有了更加深刻的认识。而最容易忽视这个问题的是统兵打仗的武将。因此，他召开诸将大会，谆谆告诫诸将说："仁义足以定天下，而威武不足以服人心。夫克城以武，而安民必以仁。吾师此入建康（今江苏南京），秋毫无犯，故一举而定。今新克婺城，民始获甦，政当抚恤，使民乐于归附，则彼未下郡县，亦必闻风而归。吾闻诸将下一城，得一郡，不妄杀人，辄喜不自胜。盖师旅之行，势如烈火，火烈则人必避之。故鸟不萃鹰鹯之林，兽不入网罗之野，民必归于宽厚之政。为将者能以不杀人为心，非唯国家所利，在己亦蒙其福，为之子孙者必昌盛。尔等从吾言，则事不难就，大功可成矣。"[31]从这一席话可以看出，朱元璋已对儒士所宣传的儒家思想开始产生兴趣，并感到这是他完成帝王大业不可缺少的一个组成部分，必须认真学习，积极宣传。所以在第二年正月，就命知府王宗显聘五经师，开办郡学。"延儒士叶仪、宋濂为五经师，戴良为学正，吴沉、徐原为训导。时丧乱之余，学校久废，至是始闻弦诵声。"[31]

宋濂这次总算应聘来了，做了金华郡学的五经老师。在此期间，朱元璋也召见过他，他也向朱元璋讲了安邦治国之道，但并未引起朱元璋对他的特别重视。所以他只在郡学教了三个月书，就又辞别回到了老家潜溪。这时，朱元璋尚未离开金华，宋濂的辞职他是会知道的，但并未挽留。等朱元璋于这年五月返回应天之后，五经师戴良与叶仪也相继离开了郡学。这说明，当时这些地主阶级的知识分子对朱元璋的政权仍抱有怀疑态度。而宋濂辞职的原因，除怀疑之外，主要还是由于朱元璋并未重用他，只让他在郡学里当个经学老师，这与他治国安邦的志向相距太远。宋濂的抱负很大，他"以周公、孔子为师，以颜渊、孟轲为友，以《易》《诗》《书》《春秋》为学，以经纶天下之务、以继千载之绝学为志"[25]。他在《秋风枢》里曾这样明白地表露过他的心迹："嘉禾既实，不荐粢盛，肯零坠于中野乎？色丝已染，不补衮衣之阙，肯备红女之纫裹衣乎？雅瑟已调，不入清庙，肯沦辱于伶人之手乎？"他的志向是"荐粢盛""补衮衣之阙""入清庙"，而在郡学当五经师，只不过是"零坠于中野""备红女之纫裹衣"和"沦辱于伶人之手"罢了。与其如此，还不如回家隐居的好，所以他又辞归潜溪。

一心关注国家治乱前途和命运的宋濂，回到潜溪之后，并非与世隔绝，而是在做进一步的观察与比较。张士诚、方国珍不重视儒士，不施行仁政，只懂得霸占一块地方，过享乐腐化的日子，而且地盘也在一天天缩小，在这方面，比不上朱元璋。朱元璋占领婺州以后，主动向金华地区的许多儒士学习请教，兴办学校，推行仁政，纪律严明，敢于以法严惩抢掠百姓和违反酒禁的官吏,受到了当地人民的欢迎。他很快又占领诸暨与处州等地,进逼杭州和绍兴,颇有雄心大志,颇像能得天下的仁义之师,只是对自己没有重用,还没有真正做到礼贤下士,所以才回潜溪再做进一步的观望与等待。宋濂在家等待了不到一年,朱元璋三顾潜溪征聘入应天的使者终于来了。

至正二十年(1350年)三月,经李善长举荐,朱元璋亲自从应天委派使者樊观,奉书币登门聘请宋濂入应天。这回宋濂幡然应诏,并对使者说:"昔闻,大乱极而真人生,今诚其时矣!"[18]这次同时应诏的还有刘基、叶琛和章溢。"初,元璋在婺州时即召见宋濂,及克处州,又有荐基及琛、溢者,元璋素闻诸人名,遂以总制处州孙炎任征聘事。基初不起,炎为书数千言,反复开陈,乃应召。至是,四人同至,元璋优礼之,曰:'我为天下屈四先生。'"[35]"上(元璋)甚喜,赐坐,从容问曰:'四海分争,何时而定?'溢起对曰:'天道无常,唯德是辅,惟不嗜杀人者能一之耳。'上善其言,甚礼貌之。"[36]这就是四人到应天后,第一次与朱元璋见面的情况。宋濂看见朱元璋对他们四人如此尊重,就不再有辞归之意,而是忠心耿耿地为朱元璋服务了。

因为宋濂明白,他们同来的四人,他与其他三人的情况还有不同。刘基是青田的大族,元朝的进士,做过高安丞和江浙儒学提举等官,又在方国珍和处州元将手下任过职。叶琛是丽水人,在元将石抹宜逊幕府做过行省元帅,与朱元璋的部下打过仗。章溢是龙泉人,是理学大师许谦的再传弟子,亦官至浙东都元帅府佥事。他们都是元朝的旧臣,而唯独自己是一介书生,未进入过任何仕途,对军务、政务的事情当然不能与他们相比,而只能在讲论古书、敷陈治道、笔墨文翰上尽职尽力。

朱元璋与四人接触一段时间后,对每个人的情况有了一些了解。有一天朱元璋问陶安说:"此四人者,于汝何如?"陶安回答说:"我谋略不如刘基,学问不及宋濂,治民之才不及章溢、叶琛。"朱元璋听了陶安的回答非常满意,感到这是一位知人能让的人啊。朱元璋经过一段时间的了解和实际考察之后,就决定了对宋濂等四人的具体任用问题。朱元璋决定让宋濂做自己的儒学顾问和长子的老师。

朱元璋为了能与这些请来的儒士有更多的学习讨论古今大事和经典的机会,更为了表示他对儒士的尊重,以便把天下更多的有识之士招揽到他的身边,于是命有司在他居室的西边新建了一座礼贤馆。陶安、刘基、宋濂、章溢、苏伯衡等首先进入了礼贤馆。李文忠驻守金华,又从金华地区举荐有声望的儒者王祎、许元、王天锡来到应天。王祎是宋濂的同学和要好的朋友。

八、元璋顾问 世子经师

至正二十年五月,朱元璋不光注意打仗和政权建设,同时把儒学教育也提到了议事日程。五月丁卯，正式设置儒学提举司，任命宋濂为儒学提举，同时决定让宋濂做朱元璋长子的经学老师。这样，宋濂就留在了朱元璋身边，既是朱元璋儿子的经学老师，又是朱元璋的儒学顾问。从至正二十年三月来到应天以后，到至正二十五年三月因病回潜溪休养前，这五年时间，宋濂一直生活在朱元璋周围。当时，朱元璋虽然还不是皇帝，但在宋濂这些儒士的心目中，是把元璋当作皇帝来对待的。他们在想尽一切办法，努力辅佐元璋成为皇帝。这正是宋濂学习研究儒家经典时朝思暮想的事情。他在退隐小龙门山中，对他的两个儿子瓒和璲讲宋家的家世和自己的遭遇时，曾讲过："于是尽弃解诂文辞之习，而学为大人之事。以周公、孔子为师，以颜渊、孟轲为友，以《易》《诗》《书》《春秋》为学，以经纶天下之务、以继千载之绝学为志，子贡、宰我而下盖不论也。学之积年而莫有用之者，其命也夫！其命也夫！今之入山著书，夫岂得已哉？皋、夔、稷、契不闻，假书以自见，为得行其志也。予志之不行矣！尔其识之哉！当求为用世之学，理乎内而勿骛于外，志于仁义而绝乎功利。虽然，文通君尝有遗训矣。富贵外物也，不可求也。天爵之贵，道德之富，当以之终身可也。尔其识之哉！予言止是而已！"[25]宋濂二十九岁参加元朝的科举考试不中，实现"以经纶天下之务"的大志幻灭了，第二年才决定入小龙山隐居著书，这是一种不得已的表现。"学之积年而莫有用之者，其命也夫！其命也夫！"他入山著书，还是在想实现自己的志向。他在《龙门子凝道记》的第一篇《采苓符》中首先表达了关心世事的急切心情。接着在第二篇《五矩符》里，就提出了"为君者当谨五矩，为臣者当行五彝，则天下治矣"的政治主张。以下的二十二篇，从各个不同方面，阐述了他的观点主张。其目的就是想用儒家经典实现治国安邦的大计。他入龙门山一待就是十八年，加上以前担簦远游，访求名师的十二年，整整花费了三十年的心血。所以他在《龙门子凝道记》的题辞里这样说："濂学道三十年，世不我知，不能见其一割之用，颠毛种种而老将至矣，于是入小龙门山著书。"接着又哀叹道："呜呼！德泽弗加于时，欲垂空言以诏来世，古志士之深悲也，仰观宇宙，操觚兀坐者久之。"这是宋濂至正十七年春正月初一在小龙门山真实感情的吐露。在他感到已完全绝望的情况下，突然在知天命之年朱元璋把他请到了应天，而且留在了身边，委以教太子、备顾问的重任，怎能不喜出望外呢？实现他"以经纶天下之务"的大志的时刻到了，实现他提出的为君的必须要做到五矩、为臣的要做到五彝的机会到了，他要按照五矩的要求教育世子，向朱元璋灌输。他也要按照五彝的要求在朱元璋身边做一位忠心耿耿的大臣。

至正二十四年，朱元璋设置了起居注这个记录皇帝言行的史官职务，又让宋濂担任，宋濂这就更经常陪侍在朱元璋的左右了。

至正二十五年正月二十五日，朱元璋的侄子朱文正有罪，朱元璋亲自前往南昌，将朱文正带至应天免官，要以国法严加处理，宋濂站出来为朱文正讲情。朱文正父亲早死，是跟随朱元璋长大的，他涉猎传记，有勇有谋，在渡江攻打集庆路立过功，当时朱元璋问他说："若欲何官？"文正回答说："叔父成大业，何患不富贵，爵赏先亲，何以服众。"朱元璋听了这话，越发宠爱他了。至正二十四年，朱元璋派他守江西。当时北线红巾军内讧，朱元璋要发兵救援，刘基劝阻不听，果不出刘基所料，陈友谅乘虚东下，舟师六十万来攻，围洪都（今江西南昌），朱文正率兵拼死坚守八十五天，城坏复完者数十丈。双方战斗激烈，伤亡惨重，孤城无援，稳如泰山，陈友谅大军不得前进半步。朱元璋闻讯，迅速回师南返，率二十万大军救援解围，并大败陈友谅。朱元璋与陈友谅决战鄱阳湖上，历时三十六天之久，终于大败汉军，陈友谅战死，朱元璋大获全胜。这是带有决定朱元璋命运的关键一仗。因此，宋濂以最大的激情，写了一篇《平汉江颂》，来歌颂这场大决战的胜利，歌颂朱元璋的英明。朱元璋回应天，封赏有功诸将士甚厚，因朱文正以前说过那样的话，虽然功很大，但没封赏，这样一来，朱文正就很不高兴，加上脾气又坏，这就更暴怒无常，甚至支使部下干出了抢夺民女的事情。朱元璋知道后，先遣使请责，后又告他有谋反之意图，朱元璋不得不亲自把他带回应天。朱元璋痛心地对他说："你为什么要干这种事？"群臣都上书要求按法律处置，朱元璋也要依法严惩。就在这关键时刻，宋濂却站出来对朱元璋说："文正固当死，陛下体亲亲之谊，置诸远地则善矣。"[36]再加上高后的力解，朱元璋便做出了免官安置桐城（今安徽桐城）的决定，朱文正不久就死了。

当时在朱元璋身边陪侍的主要是宋濂和孔克仁。朱元璋多次和他们议论天下形势及前代兴亡事，也请他们讲儒家经典。

至正二十年（1360年）八月的一天，朱元璋召宋濂讲《春秋左氏传》毕，宋濂起而对朱元璋说："《春秋》，乃孔子褒善贬恶之书。苟能遵行，则赏罚适中，天下可定也。"[37]宋濂特别重视儒家经典中的《春秋》与《尚书》。这是完全按照孔子的主张编撰的记载古代历史的文献。他在《春秋本末序》中这样写道："五经之有《春秋》，犹法律之有断例也。法律则用刑暴力，以为之范防；断例则斟酌物之是非，而定罪之轻重。是故，古之君臣无不习于《春秋》。使君而知《春秋》，方能尽代天理物之道；使臣而知《春秋》，方能尽事君如事天之诚。天衷以之而昭，民彝以之而正，何莫非《春秋》之教也。"这就是学习《春秋》的重大意义之所在，所以，他不仅对朱元璋强调学习《春秋》的重要性，向朱元璋的皇太子也一再强调学习《春秋》的重要性。

至正二十四年夏四月，中书省臣给朱元璋送上有关宗庙祭享及月朔荐新礼仪。朱元璋在白虎殿览毕，宋濂与孔克仁陪侍在侧。元璋退至殿西，步至戟门东，忽然悲怆泪流地对宋濂与孔克仁讲起了他过去因家贫，又遭饥馑，无力赡养双亲的往事。如今托祖宗保佑，化家为国，而二亲不及贻养，追思至此，痛不可言。同年五月，上朝罢，朱元璋退御白虎殿翻阅《汉书》，宋濂与孔克仁又在旁边。元璋回头对宋濂与孔克仁说："汉之治道，不能纯乎三代者，其故何也？"[36]在这种时候，宋濂一般很少发表意见，多数是孔克仁回答，但有时候宋濂却当仁不让，大胆陈述自己的意见。就在这年的四月五日，朱元璋赐宋濂七言诗一首："景濂家住金华东，满腹诗书宇宙中。自古圣贤多礼乐，训令法度旧家风。"朱元璋对宋濂渊博的学识和儒家的风度给予高度的评价与赞扬。

至正二十五年正月，朱元璋在端门上与宋濂讨论起了黄石写的《三略》，并且随口进行解释。宋濂听了，对《三略》避而不谈，却向朱元璋说："《尚书》、《二典》、《三谟》，帝王大经大典，毕具，愿留意讲明之。"朱元璋说："朕非不知典谟为治之道，但《三略》乃用兵攻取，时务所先耳。"[18]由此可知，宋濂对学习谈论非儒家经典是很不以为意的，即使是对朱元璋也敢提出异议。

朱元璋问宋濂说："帝王之学，何书为要？"宋濂回答说："请读真德秀《大学衍义》。"朱元璋读完之后，非常高兴。他命左右把《大学衍义》全部用毛笔抄写出来，张贴在大堂两边廊庑的墙壁上，让所有的人都随时可以看得见，以作为修身、齐家、治国、平天下的一面镜子。不一会儿，宋濂陪侍朱元璋来到西庑下，诸位大臣都集中在这里。元璋指着《衍义》中司马迁论黄、老事的部分，让宋濂讲解剖析，宋濂讲解完这段意思就接着说："汉武溺于方技谬悠之学，改文、景恭俭之风，民力既敝，然后严刑督之。人主诚以礼义治心，则邪说不入，以学校治民，则祸乱不兴，刑罚非所先也。"宋濂还经常对朱元璋进言说："天下以人心为本。苟得人心，币藏虽竭，无伤也；人心不固，虽有金帛，何补于国耶？"朱元璋听了宋濂的这番话，感到很对。治国的根本在于得民心，在于人民的拥护。于是，他把丞相李善长诏来，让他下令把江西军队中掳掠的耕牛统统都退还给农民。没有牛的，官府买牛给他们，并且不要取收他们的租税。李善长退出去后，朱元璋看着宋濂说："向所言事，当乎？"宋濂回答道："民富，则君不至独贫；民贫，则君何能独富。捐利于民，实兴邦之道也。"

宋濂一方面做朱元璋的儒学顾问，同时也认真地当朱元璋儿子的经学老师。朱元璋从小家境贫困，饭都吃不饱，哪里还有上学读书的机会。自己吃了小时候没机会读书的亏，因此他对儿子的教育特别重视。他与众多儒生交往接触之后，越来越认识到为儿子选择老师的重要。他经常对儒士们说："人有精金，必求良冶而范之；有美玉，必求良工而琢之。至于子弟有美质，必求明师教之，岂爱子弟不如金玉耶？盖师所以模范学者，使之成器，因其材各俾造就。朕诸子将有天下国家之责。功臣子弟，将有职任之寄。教之之道，当以正心为本。心正则万事皆理矣。苟导之不以其正，为众欲所攻，其害不可胜言。卿等宜辅以实学。毋徒效文士，记诵词章而已。"[31]正因为朱元璋对老师的重要性有如此之认识，所以他给子弟们选择老师特别严格，而给太子选老师就更严了。他给自己的长子选的第一位老师就是宋濂。

朱元璋的长子名标，至正十五年（1355年）九月初五马夫人所生。朱标出生的时候，正当元璋调集军队攻打集庆路（今江苏南京）的紧张时刻，第二年三月占领集庆路，改名应天府。从此，应天府就成了朱元璋向四处进军扩展地盘的主要根据地与政治中心。他的儿子朱标就是在应天府成长起来的。朱元璋请宋濂做朱标的老师这年，朱标刚六岁。宋濂也非常明白，他要教的虽然是个刚懂事的儿童，让他做启蒙老师，但是这绝非寻常的儿童、寻常的启蒙老师。这是未来皇帝的继承人，是封建王朝的根本大计。朱元璋托此重任给他，是对他的最大信任。所以宋濂接受这个任务后，每天"奉旨入内，授皇太子经。先生诚明严格，遇纲常大义，明白开陈，再三言之而不倦。上深嘉叹之。"[18]就这样，从至正二十年到二十五年，宋濂天天按时出入青宫，从不懈怠。朱标也已经十岁了。就在这年三月十五日，五十六岁的宋濂在京师官舍病倒了，六天没有去青宫授课，六天没有到朱元璋身边陪侍，完成他起居注记言的职责。朱元璋发现宋濂六天未到，就向身边的近臣黼打问道："老宋起居何久不见耶？"黼告诉说宋濂病了，并且把病情详细情况都作了汇报。朱元璋面带忧愁地说："宋起居纯饬之士，不参以分毫人伪。侍予五年犹一日也，不知何以而有斯疾乎？"过一天，又问："病势稍损否？"回答还是那样。过两天又问，还不见好。朱元璋同情地说："尔往传命，俾归养金华山中。父子视孙懂然同聚，疾必易愈。愈且速造朝，国家文翰，庶有赖哉。"

二十四日传达了朱元璋的决定。二十六日宋濂带病去告辞后，就做回家养病的准备。当时禁止百官坐轿，但是特地给宋濂准备了一辆"安车"，并派了六个健丁把宋濂护送回金华。朱元璋赐了金帛。二十八日朱标也派内臣来慰问，并送来了缯币和白银。三十日起程，四月十七日回到了金华潜溪故居。十八日宋濂上表谢恩，并给弟子朱标写信，"以离箴规之意"。朱元璋把宋濂给儿子的信连读了三遍，非常高兴，并对儿子说："此书汝当日诵一遍。"并且又给宋濂亲自回信：

书谕子师宋濂：六月初七日甲时，笺与子书同至。文章恳切，奈子性理未通，不能答。若令回书，恐为空文耳。予以谕代之，勿望回剳。

曩者教吾子，以严相训，是不吝以圣人文法，化俗言教之。是通所守者稳，所用者节，是得体。昔者古人，今为我见。先生初疾，予欲留京师医养。予想，身健尚思故乡，情犹不已，况先生在疾，父子夫妇处于异乡，汤粢之奉，岂不伤情。是令先生东归医养万全。去后，国事匆匆，不能遣使，以致师书先至。然此子虽不能答，来书之意，予谕亦在其中矣。

从这里可以清楚地看出，朱元璋对自己给儿子所选的老师，无论品德和学问，都是非常满意的。宋濂接到朱元璋的赐书，更是感激涕零。他在《恭题御赐书后》充分表达了这种心情。他说："窃伏自念，臣本一介书生，应聘而起，即典儒台未几，召入禁中，授太子经。由是峻登记言之职，赐服金紫。先后所承恩数不一，而是今以微疴之故，又勤宸念眷注，优异赐予。便蕃此固，上天雨露之滋一草一木，无不使遂其生成之性。而臣区区犬马之诚，所以思报效之者，何日而敢忘哉！"

这就是宋濂应聘入应天之后，与朱元璋之间结成的一种君臣之间的亲密关系。但这种关系由于宋濂因病回家休养，一去就是五年。宋濂在居家养病期间，年逾八旬的父亲病故，又在家守孝三年。所以，这种亲密的关系一度中断了。朱元璋开国前后的许多大事，宋濂都不在场，都未能直接参与谋划。宋濂在家期间，还骑着头毛驴，由潜溪出发，经过浦江而到诸暨陈宅之家，看望过一次避乱时结识的老友。他在《亡友陈宅之墓铭》中这样写道："时暨以病，予告东归，思宅之之心逾切，竟骑驴往见。宅之大喜，履齿殆将折。留连浃旬，椎羊豕以为飨。当夜半酒酣，叙兵火离合，语刺刺不能已。既而掀髯高歌，声调激烈，一吐壮年不平之气。濂复照其壮志不衰，然亦颓然老矣！居无何，濂起修《元史》，进官禁林。"这已经是洪武二年的事了。

九、诏总裁《元史》 擢翰林学士

至正二十八年（1368年）正月，朱元璋在应天即皇帝位，定国号曰大明，建元洪武。当时，元朝尚未灭亡，但朱元璋的大军已兵临大都，元顺帝危在旦夕，这时宋濂仍在潜溪守孝，突然接到皇帝朱元璋的诏书，让他赴京筹划纂修《元史》的工作。

闰七月，宋濂赶赴京师，在新落成不久的奉天殿里陛见大明皇帝朱元璋。他面对国家翻天覆地的巨大变化，颇有刮目相看之感，但是身为皇帝的朱元璋对他仍是优礼相待，一如既往，命他继续侍奉左右。朱元璋虽然日理万机，但是一有空闲，就把宋濂等儒臣召集在身边，与他们讲论历代兴亡的教训。朱元璋认为，历代"圣贤之君，知天下之难保也，故远声色，去奢靡，以图天下之安。后明中述亡主，当天下无事，伤心纵欲，鲜克有终。"他也不赞成秦始皇、"汉武帝的好尚神仙，以求长生"的无益有害行为，主张"清心寡欲，勤于政事"，"使民安田里，足衣食，熙熙皞皞"，"功业垂于简册，声名流于后世"。他认为这就是神仙，这就是长生不死。宋濂对朱元璋这样的认识极为赞赏。他说："陛下斯言，是以祛千古之惑也！"[31]他感到朱元璋正是他理想中能按"五矩"治国的贤明之君。新建的皇宫，都简朴不饰。奉天殿的廊庑上，重新把《大学衍义》书写壁上。这一切都表明，朱元璋是要以儒家经典作为治国安邦的根本，这就为他纂修《元史》找到了思想依据。

八月初一，朱元璋正式下诏以应天为南京，以开封为北京。初二，徐达统帅的大军攻克元大都，改名北平。将皇宫府库的图籍宝物全部封存、清点后，陆续妥善运往南京。"金匮之书，悉入于秘府。"十二月，诏前起居注宋濂、漳州通判王祎为总裁，"发其所藏，纂修《元史》，以成一代之典"[38]。

宋濂的修史也以五经里的《尚书》《春秋》为典范。他在《龙门子凝道记·大学微》

里这样写道：有人问龙门子曰："金华之学惟史最优，其于经则不密察矣。何居？"龙门子曰："何为经？"曰："《易》、《诗》、《书》、《春秋》是也。"曰："何为史？"曰："迁、固以来所著是也。"曰："子但知后世之史，而不知圣人之史也。《易》、《诗》固经矣。若《书》、若《春秋》庸非虞、交、商、周之史乎？古之人曷尝有经史之异哉！凡理足以庸民，事足以弼化，皆取之以为训耳。未可以歧而二之。谓优于史，而不密察于经，曲学之士，固亦有之，而非所以议金华也。"这是宋濂对经史的基本观点。因此他特别重视《尚书》与《春秋》。皇帝委以总裁修《元史》重任，当然尽量要以《春秋》为准绳，再参以历代史书合于《春秋》者，当然更要遵照皇帝的旨意去办。他清楚朱元璋平时常读的史书是《汉书》与《宋史》，所以宋濂与王祎在拟定《纂修元史凡例》时，就是以《春秋》《汉书》和《宋史》等为标准。《凡例》中明确提出：

1. 本纪

按：两汉本纪，事实与言辞并裁，兼有《书》《春秋》之义。及唐本纪，则书法严谨，全做乎《春秋》。今修《元史》，本纪准两汉史。

2. 志

按：历代史志，为法间有不同。至唐志，则悉以事实组织成篇，考教之际，学者惮之。惟近代《宋史》所志，条分件列，览者易见。今修《元史》，志准《宋史》。

历代史书，纪、志、表、传之末各有论赞之辞。今修《元史》，不作论赞，但据事直书，具文见意，使其善恶自见，准《春秋》及钦奉圣旨事意。

这就是宋濂主修《元史》的原则和主张，当然这是与王祎共同商量拟定的。

王祎，字子充，金华乌伤人，是宋濂青年时代的同窗好友，二人过从甚密，相知很深。宋濂在为王祎写的《华川书舍记》中这样写道："华川书舍者，乌伤王君子充学文之所也……上自群圣人之文，下逮诸子百家之文，咸萃舍中，日真抉而精玩之，大肆其力于文，愈出而愈无穷。以濂同受于侍讲黄先生之门也，请为记于舍壁。濂虽稍长于子充，视子充之辞锋横厉，百未能及一。纵欲强颜欲记之，将何以云耶？"宋濂大讲了一通他的天、地、圣人之文的道理之后，最后说："故，濂谓立言不能正民极，经国制，树彝伦，建大义者，皆不足为之文也。士无志于古则已，有志于古，舍群圣人之文，何以法焉？斯言也，侍讲先生尝言之，子充亦尝闻之。濂复取以为子充告者，诚以子充将以文知名于世，不可不以群圣人之文为勉也。"这是他们二人在青年时代对"为文""立言"所立定的志向。如今要共同主修《元史》，当然都要以此为准则。王祎在金华曾为朱元璋讲论过经史，后经朱文忠举荐，来到应天，入礼贤馆。在宋濂回家养病期间，他做过元璋的起居注，并经常侍奉左右，讲经史，备顾问，给朱元璋留下了很好的印象。朱元璋征江西，王祎献诗赞颂。朱元璋读后大喜道："江南有二儒，卿与宋濂耳。学问之博，卿不如濂。才思之雄，濂不如卿。"这就是朱元璋把纂修《元史》总裁官的重任委以宋濂、王袆的原因。

太祖朱元璋为了把《元史》修好，对纂修人选也提出了明确要求。他要"特诏遗逸之士，欲求论议之公"。在行文上，要求"文辞勿致于艰深，事迹务令于明白。苟善恶了然在目，庶劝惩有益于人"[39]。

根据这一原则，入选的纂修者为汪克宽、胡翰、宋僖、陶凯、陈基、赵壎、曾鲁、赵坊、张文海、徐尊生、黄篪、傅恕、王锜、傅著、谢徽、高启共十六人。

在正式开局修史之前，宋濂与王袆已做了大量的准备工作，除征召上述纂修人员外，从洪武元年冬十一月开始，他们就对元十三朝实录进行了初步的阅读与研究，为具体分科纂修提供方案。一切准备工作就绪之后，于明洪武二年二月初一日，正式开局修史时，明太祖朱元璋除了对廷臣讲话外，还专门对编修人员作了指示。他说："自古有天下国家者，行事见于当时，是非公于后世。故一代之兴衰，必有一代之史以载之。元主中国，始将百年。其初，君臣朴厚，政事简略，与民休息，时号小康。然昧于先王之道，酣游胡房之俗，制度疏阔，礼乐无闻。至其季世，嗣君荒淫，权臣跋扈。兵戈四起，民命颠危。虽间有贤智之臣，言不见用，用不见信，天下遂至土崩。然其间君臣行事，有善有否。贤人君子，或隐或显，其言行亦多可称者。今命尔等修纂，以备一代之史。务直述其事。毋溢美，毋隐恶，庶合公论，以重鉴戒。"[31]看来，朱元璋对这次修史是非常重视的，他从各个方面都提出了明确而具体的要求。

史局设于天界寺，由礼部统一管理，分科任事。因为"史事贵严"，所以"限绝内外，将以日视其成"[40]。修史所用的原始资料，完全是从元朝皇宫里得来的从元太祖成吉思汗到宁宗懿璘质班的十三朝实录，再加上《经世大典》等书以供参考。参加纂修的全体人员，夜以继日，辛勤劳作，从二月至七月，集中用了将近六个月的时间，完成了本纪三十七卷、志五十三卷、表六卷、列传六十三卷、目录二卷，共计一百六十一卷，凡一百三十万六千余字，僎写装潢成一百二十册，初步完成了《元史》第一期的编纂任务。《元史》的监修者左丞相宣国公李善长，率宋濂和参加纂修的诸史臣，把纂修告竣的一百二十册《元史》，向皇帝朱元璋进上，并把缺元顺帝三十六年史事的原因加以奏明。"顺帝之时，史官职废，皆无实录可征，因未得为完书。"[41]朱元璋听罢，为了把《元史》一气呵成，便说："史不可以不就也。宜遣使天下访求之。"这就又要选派人员到各地去征集元顺帝朝的史料，这个任务当然主要又须宋濂来具体承担。

因为修史是归礼部所管，所以研究派什么人、如何征集史料等问题，当然要由礼部出面与宋濂等人具体研究。于是，当时的礼部尚书崔亮、主事黄肃与宋濂等，发凡举例，制定了征集史料的原则和人选。要求各地州、府、县，凡"涉史事者，悉上送官"，并把北平、山东确定为征集的重点地区。"今之北平，乃元氏故都；山东亦重镇，一代典章文献，当有存者。特择有职于官者行，示不敢轻也。"[42]宋濂当然清楚征集史料与修史的密切关系，选派什么人，征集什么资料，这是修史成败的关键所在。当时决定选派有官职的欧阳佑、吕仲善、危於等十二人，编行天下，征集史料。宋濂清楚，"非精练博敏之士，未易以集其事"。所以他又从这十二人中，特地选派自己的好友吕仲善，前往北平、山东去完成重点征集任务。洪武二年七月癸卯（十一日）动身北去，到第二年三月壬寅，才返回南京，完成了使命。在吕仲善动身前，好友们聚会赋诗欢送，宋濂还为此写了《送吕仲善使北平采史序》，序中特别强调了这次修史不同寻常，责任异常重大。他这样写道："呜呼！传有之，国可灭，史不可灭。然既亡其国矣，而独谓史为不可废者，其故何哉？盖前王治忽之术，兴衰之由，得失之效，皆可为后王之法戒，史其可灭乎？然自汉以迄于近世，类多群臣奏请，始克辑成典籍。惟我皇帝，既承大统，即蔽自渊衷，孜孜以纂修《元史》为意，则其神谋睿断，卓冠百王，伟量深仁，与天同大。巍巍乎，不可尚已！仲善行哉，採石室之遗余，询名贤之纪录，俾信史免于阙文，传诸来世，其不有望于仲善矣呼！仲善行哉，弔齐鲁之故墟，抚幽燕之陈迹，呼酒长歌，拔剑起舞，将又不在于仲善矣乎？然则仲善此行亦壮矣！若予者逾六十，发白神耗，不能逐车尘马足之间，以撼写其中情，仰睇飞云，唯有慨然遐思而已！然而，铺张上德，以昭布四方，垂诸无穷者，史臣之事也。庸敢备书之以为序。而区区离别之怀，有不暇计也。"从这篇序文的字里行间可以清楚地看出宋濂对吕仲善的寄托之殷。

吕仲善深知责任之重大，也的确没有辜负朋友的厚望，圆满完成了征集的使命。

仲善于七月十一日"乘驿此去"，到八月初五日抵达北平，在北平展开了紧张的征集活动。他按照宋濂提出的征集范围，"凡诏令、章疏、拜罢、奏请布在方册者，悉辑为一。有涉于番书，则令译而成文。其不系公牍，若乘舆巡幸，宫中隐讳，时政善恶，民俗歌谣，以至忠孝、乱贼、灾祥之属，或见之野史，或登之碑碣，或载群儒家集，莫不悉心咨访。且遣儒生危於等，分行洓、燕南诸郡，示以期日，有慢令者，罪及之。"由于时间抓得这样紧，征集范围又这样广，所以经过六十多天的紧张工作，到十一月壬辰朔为止，就把北平地区的史料分类整理汇总为八十帙，赶送南京。紧接着于本月乙未，又踏着二三尺深的大雪，驾着牛车赶赴山东，大约经过二十天的颠簸，己未到达济南。到第二年春正月甲寅，"竣事成书又四十帙。所揭碑文，北平四百通，山东一百通"，还有各地征集的史料都相继送到。得到了这许多丰富的史料，宋濂与王祎又开始了第二期的纂修工作。《吕氏采史目录序》中，宋濂对吕仲善的贡献予以足够的肯定。他说："顺帝一纪，卒得完书，皆仲善之功无疑。人有功而不知，不智也；知而不言，不仁也。"宋濂这里是为吕仲善的采史目录作序，当然只能说吕的贡献。况且宋濂强调的主要是"顺帝一纪"，顺帝一朝的历史，不光是纪，还有其他内容，所以，凡前去采史的十二名使者，都会有各自的贡献。

明洪武三年（1370年）二月，重新组织纂修成员，重开史局。总裁官仍是宋濂、王祎，参与纂修者为赵壎、宋右、贝琼、朱世廉、王廉、王彝、张孟兼、高逊志、李懋、张宣、李汶、张简、杜寅、俞寅、殷弼共十五人。又集中用了五个月的时间，续编成了元顺帝朝的本记十卷、志五卷、表二卷、列传三十六卷，共计五十三卷。"然后合前后二书，釐分附丽，共成二百一十卷。全部编撰工作，历时只三百三十一天。"[43]刻印工作也进展很快，七月书成，十月便已"镂板讫功"。一部近一百八十万字的《元史》在不足一年的时间内纂修而成，主持总裁的宋濂所付出的劳动是很巨大的。他自己在《元史目录后记》中也说过"夙夜揣分，无任战兢"的话。这不会是浮夸之词，而是总修过程中的实际情况。在郑楷撰写的《行状》中这样写道："时编摩之士，皆山林布衣。发凡举例，一俾于先生。先生通练故事，笔其纲领，及纪、传之大者，同列敛手承命而已。逾年书成，先生之功居多。"明太祖朱元璋在诏诰中两次肯定了宋濂纂修《元史》的成绩。在《翰林学士诰》中说："迩者总修《元史》，尤究心于笔削。朕甚嘉之。"在《国子司业诰》中又说："朕以前元纪传，未及纂修，爰求其人，非汝弗称，故特俾居翰苑以任总裁。尔果能追迁、固之踪，成一代之史，朕用嘉焉。"这就是说，朱元璋对他总修《元史》的成绩还是十分满意的。

《元史》修成之后，宋濂自己有过一个自我评价。他在《送国子正苏君还金华山中序》里这样说："《元史》幸新修，纵有漏遗，十四朝之行事，亦颇灿然可视。有能蒐纂以续司马之书者（指司马光的《资治通鉴》），将不在今日乎。"这个自我评价也是基本符合实际的。后世的史学家对《元史》的缺点有过不少的批评，有些还是公允的。如指出《元史》中有些列传重出，甚至误把不同皇帝的后妃领取岁赐的名单，统统当作同一皇帝的后妃处理，以致在《后妃表》中将儿媳、曾孙媳、玄孙媳当成平列的妻妾。此外，译名不统一，年代史实的乖误等，也相当多。这都是修史者的责任，是无法开脱的。至于其他方面的问题，诸如繁简失当、剪裁无度、取舍无方、考核不精、体例不纯、不符合前史遗规等，有些是事实，但有些可能是属于修史者的主张不同所出现的分歧。谁是谁非，尚难断然而定。如有的批评《元史》是"明草成书"，"失之于繁芜陋劣"。站在封建主义者的修史立场上，认为这是大缺点；从我们今天研究历史要依据第一手资料的观点看，它恰恰成了《元史》的大优点。因为，唯独宋濂主修的《元史》，为我们保存了大量的原始资料，这不能不说是宋濂的功绩。

清人钱大昕对参加纂修《元史》者有过一个分析与评论。他说："金华、乌伤两公，本非史材。所选史官，又皆草泽迂生，不谙掌故；于蒙古语言文字，素未谙习，开口便错。即假以时日，犹不免秽史之讥，况盛书之期又不及一岁乎！"[44]王祎姑不去说他够不够史材，以宋濂而论，也不一定"本非史材"。宋濂站在崇奉儒家经典的立场上，对如何治史，还是有自己的一套见解的。除上面所引述《龙门子凝道记》中的基本见解外，他在《送国子正苏君还金华山中序》里还有过一番关于史学的论述。他说："古者,国有国史,下至闾巷之间,亦有闾史。皆据官宋,勿失纪善恶,以示劝戒。其国史之法,见乎《书》,备乎《春秋》。以事系日,以日系月,以月系时,以时系年,殆犹山岳之有定形,不可易者。太史迁别出新意,轻变编年之旧,创为十二纪,以序帝王,十表以贯岁月,八书以述政事,三十世家以录诸侯,七十列传以志士庶。历代史官遵之,而《春秋》之义类隐矣。荀悦、萧颖士颇讥之,而未能大有匡逮。至司马温国公光,始取法于《春秋》,采系国家盛衰,生民休戚之事,起周威烈王,讫于五代,成一家之言,号曰《资治通鉴》。刘恕直谓非迁之所可拟,盖公论云。然五代之后,而宋承之,宋之后而元承之。宋有李焘,虽尝著为编年,异同之论皆并存之。盖不敢当作者之任,特广记备言以俟删削。《元史》幸新修,纵有漏遗,十四朝之行事,亦颇灿然可观。有能蒐纂以续司马之书者,将不在今日乎。"应该说,这就是宋濂对于纂修史书的基本见解。他是把《春秋》奉为典范,把司马光的《资治通鉴》当作继承《春秋》传统的榜样,来加以全面肯定的,而对司马迁的创新体例撰写史书,还颇有微意。这是宋濂完全被儒家经典所囿的陈旧迂腐之处。但是这已成为历代纂修正史的定式,他纵然有自己的想法,也不敢断然弃之不用,而只能在这个体例中,尽量体现他效法《春秋》笔法的主张。因为他是按照明太祖朱元璋的旨意来主修《元史》的,他必须完全体现皇帝的意图。朱元璋出于他的政治需要,急于成书,所以也不可能允许他有更充裕的时间来细致编摩。他纵有良史之材,也无法施展,何况又为经学观点所囿呢!

《元史》在体例上与以前历代史书的不同之处是没有《艺文志》,又把儒林传与文苑传合并为《儒学》。前者可能是由于时间仓促,资料不全,无法成篇,故缺如。后者是他尊儒、崇儒思想主张的体现。这也可能包含着朱元璋的意图。《元史·儒学传》开头有这样一番话:"前代史传,皆以儒学之士,分而为二,以经艺颛门者为儒林,以文章名家为文苑。然儒之为学一也,《六经》者斯道之所在,而文则所以载夫道者也。"故经非文则无以发明其旨趣;而文不本于六艺,又乌足谓之文哉!由是而言,经艺文章,不可分为二也明矣。"这完全是宋濂思想主张的体现。

《元史》与其他历代史书一样,都是在儒家思想的指导下编纂的,充满封建迷信和儒家天命思想,是不言而喻的。至于把参与纂修《元史》的三十一名工作人员,都一概讥为"草泽迂生,不谙掌故",恐怕也有些言过其实。"于蒙古语言文字,素未谙习",这倒是事实。这些问题,又不全是宋濂的责任。所以对宋濂主修《元史》的认真负责精神,还是应该给予足够的肯定和应有的评价的。

由于宋濂和王祎在短时间内完成了《元史》的纂修任务,体现了朱元璋的意图,所以受到了朱元璋的提拔与重用。明洪武二年六月,"以宋濂为翰林学士,王祎为待制。"[31] 洪武三年正月,朱元璋正式颁布任命的诏诰。《翰林学士诰》中这样写道:"翰林之职,掌制作而备顾问,必择能文有学之士居焉。起居注宋濂,生于金华文献之邦,正学渊源，有自来矣。况侍朕岁久，深知其人。尝由儒台陈训东宫，记言右史。迩者，总修《元史》，尤究心于笔削。朕甚嘉之。是用陞擢，俾司代言。尔尚夙夜恭勤，务展所蕴，使文词通畅，治体昭明，庶副朕简拔之意。可授翰林学士、知制诰、兼修国史。宜令宋濂准此。"这是从皇帝的角度对宋濂跟随朱元璋以来所作的一个全面评价，也是提拔重用宋濂的依据。宋濂从此便登上了翰林学士的高位。

洪武二年十一月二十一日，明太祖朱元璋召集翰林学士宋濂等七位文臣，列坐左右，请他们吃御馔，饮黄封酒。朱元璋"屡命尽觞"，内官也"监勤甚力"。宋濂多次"以弗胜桮杓固辞"。朱元璋笑着说："卿但饮，虽醉无伤也。"饮罢酒，朱元璋亲自提笔赋诗，还写了小序。朱元璋命每人各赋诗一首。宋濂第一个写完，送上。其他几位也都先后呈给元璋。皇帝看了大家的诗章，非常高兴。宋濂把这件事与唐朝作了比较。他在《应制冬日诗序》中这样写道："臣濂闻之，在唐中世，当夏日炎蒸，君臣相与赋诗，不过以日长为可爱，凉生殿阁为足矜，后代多讥之。惟我皇上，励精图治，其于冬日冱寒之际，形诸篇翰，固不忘于听政。群臣赓歌，复以逸豫为戒，忧勤为劝。""揆之于唐初，不可同日而语也。"由此也可以看出朱元璋对宋濂的爱待和宋濂对朱元璋的一片忠诚。朱元璋与大臣之间的关系尽管如此密切，但是如果发现谁一旦有不尽职尽责的问题发生，就要给予降职的处分。宋濂与王祎，在洪武三年，最后完成《元史》的纂修任务不久，就受了这样的处分。

十、初降编修　再谪安远

洪武三年（1370年）七月一日，翰林学士宋濂率领着参加续修《元史》的编修人员，把缮写成册的《元史》向朱元璋送上。朱元璋除了下诏令刻板刊印之外，还以白银、文绮赏赐大家，并授予愿意留下的儒士以官职。时隔不到十天，宋濂与王祎两个总裁官，突然受到降职处分。"乙未，翰林学士宋濂、待制王祎，坐失朝，降为编修。"[31]《明史·宋濂传》中说是"失朝参"。"坐失朝"或"失朝参"的具体内容不知，而给的降职处分却很重。据《明太祖实录》洪武二年记载："春正月，定翰林官制，承旨正三品，学士从三品，侍讲学士正四品，侍读学士从四品……属官待制从五品……编修正八品。"宋濂由从三品，王祎由从五品，一下降为正八品，这样的降职处分不为不重。

这究竟是朱元璋的以猛以严治国，而对臣下严肃法纪的表现呢？还是淮西集团对浙东势力的继续打击呢？抑或是二者兼而有之呢？

"朱元璋为了巩固自己的统治权力，极力维护为统治阶级服务的法纪，触犯、违反法律的决不宽恕。"[45]他对胡大海的儿子、旧将赵仲中、叛降张士诚的谢再兴的两个弟弟都处以死刑。他为了维护自己制定的封建法纪，宁肯让前敌将领叛变，也非处死犯禁者不可。即使是功勋卓著的亲侄子，也都严格绳之以法。他说："奈何胡元以宽而失，朕收平中国，非猛不可。"[46]那么称帝建国之初，对有失职行为的臣下，给予严重的降职处分，也是完全可能的。然而对刚圆满完成修史任务的宋濂与王袆的处分，可能不光是朱元璋以猛治国的单一因素，而是以李善长为代表的淮西集团对又崭露头角的浙东势力的新的打击。

朱元璋是淮西人，他的主要战将和主要文臣李善长等都是淮西人。朱元璋攻占浙江的金华与处州之后，请来了以刘基、宋濂为代表的四先生。陆续又举荐来了王袆等儒士。刘基、宋濂都成了朱元璋的亲信谋士和儒学顾问。特别是刘基，为朱元璋统一天下制定了确实可行的方略，深为元璋信服。在紧张的统一战争中，李善长与刘基的矛盾还不明显，一旦政局稳定，皇帝登极之后，这一权力之争的矛盾便趋于尖锐化、白热化，终于在洪武元年，刘基以妻死为由，离开了应天，回到了青田。以李善长为首的淮西集团暂时打败了浙东集团。不料洪武元年闰七月，又诏回来了浙东集团的另一代表人物宋濂，为了修《元史》，又把已贬为漳州通判的金华人王袆也诏回，二人同任总裁，主修《元史》。参加纂修《元史》的隐逸之士，不少又是浙江文人，多数又留下做了官。洪武二年六月又提拔宋濂为翰林学士，王袆为翰林待制，又成了翰林院的主要角色。朱元璋又对宋、王十分器重，这样就又会对淮西集团造成新的威胁。如果与刘基联合起来，那就有可能挤垮淮西集团。因此，以李善长为首的淮西集团不能不对宋濂、王袆予以打击。抓宋濂与王袆的什么把柄呢？告他们"坐失朝"的罪，给个降职处分，这样打击浙东势力的目的不就达到了吗？事实也正是这样。宋濂同年七月降为编修，十二月又把他调离翰林院，到国子监去任国子司业，次年八月，又因"坐考祭孔子礼稽缓故"，贬为安远知县。一下从南京发配到江西最南端的一个偏远小县去了。虽然只让他去了三个月，就又以礼部主事从安远召回京师，但是打击浙东集团的目的已经完全实现了。原来的左丞相李善长虽然致仕，但刘基反对的淮西人胡惟庸，李善长的亲戚，当了左丞相；刘基也致仕还乡，四先生之一的章溢已死，王袆已"奉使吐蕃，未至，召还"，接着又派往云南，遇害而死。从这以后，浙东的势力也不过只剩下一个宋濂而已，即使有再大能量也已布不成阵了，何况宋濂又是一个办事十分谨慎，不肯多说话，政治上无太大野心的人呢。

宋濂在政治上遭受打击的这二三年里，除了朱元璋依旧请他参与一些事情的讨论之外，主要是命他参与了几场明朝初年的科举考试。

在洪武三年十一月大封功臣之前，宋濂虽然已被降为八品编修，可是朱元璋还是把他请来参加了封爵的讨论。"帝剖符功臣，召濂议五等封爵。宿大本堂，讨论达旦，历据汉、唐故实，量其中而奏之。"[36]由此可知，朱元璋对宋濂还是信任的，否则是不会让一个刚受降职处分的八品编修来参与如此重大的讨论活动。就在这次封爵中，左丞相李善长，虽无汗马功劳，"然事朕最久，供给军食，未尝缺乏，进封为韩国公，食禄四千石"。而功勋卓著的刘基，只封个诚意伯，食禄二百四十石。其悬殊之大，可想而知。宋濂对此，岂能无动于衷！但他已是降职之臣，也明白这中间的复杂斗争，焉敢启口。

明朝初年，朱元璋的大军四出征伐，占领的地盘愈来愈大，各地所急需的统治人材愈来愈多。原来的元朝旧官僚，有的逃，有的隐，甘心为新王朝服务者也有限。而况也不能全用这些旧臣，还必须有足够数量的完全按照朱元璋的旨意去统治各地的自己的官员，这样，政令方才贯彻，政权才能稳固。尽管朱元璋在洪武元年就颁布求贤诏，派人到各地去访求隐逸山林的封建知识分子，但仍不能满足这一要求。即使是应召参加了一段工作，为参与纂修《元史》的三十位儒士，也还未能全部留任官职。为了解决人材奇缺的矛盾，就采取了兴办学校和科举考试两项措施。洪武二年三月，诏增筑国子学舍。朱元璋感到原有的国子学舍规模太小，容纳不了多少人材，所以对中书省臣说："大学育贤之地，所以兴礼乐，明教化，贤人君子之所自出。古之帝王，建国君民，以此为重。朕承困弊之余，首建太学，招徕师儒，以教育生徒。今学者日众，斋舍卑隘，不足以居。其令工部增益学舍，必高明轩敞，俾讲习有所，游息有地，庶达材成德者，有可望焉。"[31]同年十月，又诏天下府、州、县都兴办学校，而且规定了教师和学员的统一数额以及学习的内容与要求。宋濂被降为编修不久，朱元璋很快就又任命他去担任国子司业。在《国子司业诰》中这样写道："国子学职，专教育人材，以备国家之用。必选明经有德者为之师，则模范正而学业进矣。翰林国史编修宋濂，学足以明道，文足以垂世。当朕创业之始，即入春官，训我储贰，则温文之资，实由辅导。继擢左史，掌我记注，则日侍左右，谏正为多。朕以前元纪传未及纂修，爱求其人，非尔弗称，故特俾居翰苑以任总裁。尔果能追迁、固之踪，成一代之史，朕用嘉焉。兹特命司成均之业，尔尚推明师道，以训诲诸生，必使见诸实用，则为称职矣。"这就是朱元璋让宋濂任国子监司业的原由。

国子监的前身是国子学，从至正二十五年就开始筹办。国子监的官员有祭酒、司业、博士、典簿、助教、学正、学录等。祭酒一人，从四品；司业一人，正六品。与宋濂同时任命的祭酒是侍读学士魏观。祭酒与司业掌国子学诸生训导之政令，是国子监的主要领导成员。祭酒与司业同时也任课。因为国子监是为皇帝直接培养官僚的学校，所以朱元璋对其要求特别严格。学生来源有二，一是官生，一是民生。官生又分二等，一等是品官子弟，一等是土司子弟和海外留学生。官生是由皇帝指派分发的，出自特恩；民生由各地方官保送。洪武四年国子监的官生与民生共计二千七百二十八名，其学校规格已相当可观。[47]洪武四年以前官生与民生的比例为二比一，官生是主体，民生是陪衬。明朝初年的国子监，主要是为培养官僚贵族子弟做官用的。

国子监根据学生程度分为六堂三等。教学内容主要是《御制大诰》《大明律令》《四书》《五经》和刘向的《说苑》等书。《四书》中的《孟子》，洪武三年朱元璋读后，发现其中有"民为贵，社稷次之，君为轻"等对皇帝实行封建专制主义不利的言论，便大为恼火，对侍臣说："这老头要是活到今天，非严办不可！"下令罢黜孔庙中对孟子的供奉。因此，老师给学生讲课也就得特别小心，对老师与学生的要求也特别严格，若有违犯纪律的，动用刑罚处理，最严重者以至杀头示众。宋濂担任司业之后，在国子监里，自己的一举一动都特别谨慎。他"莅之以庄，率之以正。日进诸生，立两序据坐，执经敷扬阃奥之旨，教以孝悌忠信之道。学者帖帖遵度，惟恐不得为先生弟子。"[18]宋濂虽然在国子监里能严格地按照规定的课程进行教学，但是他并不完全赞成。他在此期间还参加并主持过科举考试，与考生的接触交谈给他留下了这样的印象："自贡举法行，学者知以摘经拟题为志，其所最切者惟四子一经之笺，是钻是窥，余则漫不加省。与之交谈，两目瞪然视，舌木强不能对。"[48]这就是他对这种教学内容所培养出的人才的看法。

朱元璋命宋濂任编修和司业期间，还命他参加了三次京师地区的科举考试，为皇帝选拔人才效力。明初的科举考试制度分乡试与会试两种。乡试在省城举行，规定为子、午、卯、酉年八月进行；会试在京师举行，定于辰、戌、丑、未年二月开场。每试分三场，初场试四书义三道，经义四道；二场试论一道，判五道，诏诰表内科一道；三场试经史时务策五道。[49]洪武三年七月，宋濂刚受到降职处分，八月京师举行乡试时，以刘基、秦裕伯为主考官，命宋濂与詹同为同考官，参加了这次京畿乡闱的考试。第一场是初九日开始，过三日举行第二场，再隔三日举行第三场。考试地点在礼部。宋濂在《庚戌京畿乡闱纪录序》中这样写道："既受命，不敢宿于家，即相率诣试所，精白一心，以承休德。先期一日，夜漏下十刻，始命题，至次日黎明给之。兵后学废，不敢求备于人。其来试者，一百三十有三，在选者过半焉。""濂惟天下弗靖者几二十年，干戈相寻，曾无宁日。今得以涵濡文化，而囿于诗、书、礼、乐之中者，果谁之赐欤？是知帝德广被，其大难名，不可以一言而尽也。""凡为士者，尚思尽瘁报国，以无负于科目哉。"这就是宋濂参与第一次乡试的情况。

洪武四年（1371年）二月，在京师礼部举行会试。所谓会试，即乡试考上举人者会聚于礼部进行考试，中试者，皇帝亲策于廷，名曰廷试，也叫殿试。这是封建时代科举考试中最高一级的考试。宋濂又以国子司业的身份参与了这次主考。这次考试的知贡举官为右丞相汪广洋、左丞相胡惟庸。主司为礼部尚书陶凯、潘庭坚。主考为侍读学士詹同、国子司业宋濂、吏部员外郎原本、前贡士鲍恂。各地来参加会试的举人共二百人，京畿的七十二人，河南、陕西、北平、山东、山西、江西、湖广、浙江、广东、广西、福建等十一个行中书省，每省十一人，共一百二十二人，其余为高丽来的六人。

这场考试非常严肃认真，朱元璋把主持考试的礼部尚书亲自召至内廷，"亲谕以取舍之意。臣凯等受命而出，交相戒饬，期有以副上旨。遂议分经而考，互相参定，使无所憾，乃进主司。主司编观而后次第之。犹虑沧海有遗珠之叹，卷之已黜者，复覆视而致谨焉。昼尽其力，夜向午，烛影荧荧于簾几间，不敢自宁。士之就试者二百，黜者仅八十人。署名于榜，用鼓吹导至中书，揭而张焉。甚盛典也！"[50]"是月壬申，会闱试事方毕，癸酉即亲策于廷。甲戌胪传进士名午门外，即日谢恩。趋青宫听注授写职名为丸耦，进而分拈之。孝友得为平乡丞。戊寅锡宴中书堂，予被酒上马出，有从傍呼曰：'君非宋学士耶？'"宋濂遇上了二十三年前的老朋友叶瓒玉的儿子叶爱同了，于是下马互相握手相慰劳，祝贺他考上了进士。这就是宋濂参与主考的这次会试的紧张情况。宋濂对这次选拔贤才的会试，想尽量做到"野无遗贤，万邦咸宁"。过去人们把主考进士作为选将相来对待。"如以宋言之，深沉有德如王旦，而折廷争如寇准，出当方面如张詠，盖不可以胜数。至今科目，倚之以为重，与兹选擒者，当思以修自勖，以忠贞佐国家而致黎民。于变时雍之治，庶于明体适用之学，或无所愧。不然，则是录之行，他日将有指其名而议之者矣。可不慎欤！可不慎欤！"这就是宋濂对这场考试，以异常严肃认真的态度对待的原因。

按照常规，乡试与会试都是每三年举行一次。会试从各行省乡试中选拔出来的五百人中，五个人里再考选一名，而授之以官。如今急需人才，朱元璋便下令打破常规，从洪武四年起，乡试与会试都三年连续举行，每年选拔三百人授之以官。因此，二月会试之后，秋八月又接着举行乡试。京畿的乡试又命宋濂参加主考。"洪武辛亥秋八，浒当乡贡之期，凡畿内三州十七府之士，皆欢忻相告，裹粮而奔走。仪曹具以状闻上，亲选兵部尚书吴琳、国子司业宋濂，司考文之任，命即日莅事。而中书右丞相汪公、左丞相胡公复妙柬在廷之臣，廉慎而通文艺者，为受卷、誊录、对读、弥封军官，期各尽厥职，庶有以副上侧席求贤之意。其不轻也较然矣。"[51]

不管春闱或秋闱，皇帝交给宋濂主持科举考试的任务，主要是在为新建的大明王朝选拔有用的统治人才。在选拔人才问题上，宋濂也有自己的认识和主张。他在《京畿乡试策问》一文中，通过对儒与吏的区别以及今不如古的对比分析，阐述了他的观点。

宋濂认为，"儒守道艺，吏司法律，法律固不出乎道艺之外也。"这是儒与吏的区别及其隶属关系。然而，后世的儒所以变得"迂阔"而不会办实事，是因为"不以明体适用为学，而留情于章句文辞之间"所造成的。这些儒者，"峨冠博带，论议衮衮，非不可也。及授之以政，则迂阔于事，为群吏所卖。"宋濂在这里一针见血地指出了封建社会儒学教育与科举考试的弊端，即学习不是为了"经世致用"，而是为了"寻章摘句"。这种只会发议论，讲空话，而不能办实事的儒，当然只能被"群吏"所"卖"。而"为吏者，不以致君泽民为务，而溺志于簿书期会之末。承顺以为恭，奔走而效劳，非不能也，及察其所为，则黩货舞法，为民之大蠹。"这就是封建社会的吏弊。元朝又是以吏治天下的，因此吏弊已发展到了不堪收拾的地步。朱元璋虽推翻了元朝的黑暗统治，但"以吏弊未除，而为生民之害。乃征四方布衣之士，毕升于朝，命铨曹而官之。高者擢守令，次亦不失为州县之佐。圣德至涯，度越前代。其所以然者，欲使儒术革吏弊，而臻夫太平之治也。古语有之'法如牛毛，弊如蝥午'。革之道，果何先而何后？孰缓而孰急欤？考之周礼，士多而府吏少。今世之吏数倍于前，事繁政紊，按牍纷然，所以其弊为滋甚。"这是宋濂认为后世吏弊滋甚的原因。他提出革除吏弊的根本办法是："一则曰，在得人；二则曰，在得人。"关键是要选拔出贤能之人。这只不过是一种良好的愿望罢了。在那样一种教育制度与科举考试的桎梏下，怎么能培养出大批的贤能的有用之材呢？因此，宋濂在明朝初年，虽然为朱元璋在培养和选拔人才方面做了许多工作，也有不少贡献，但是，真正的贤能之才不可能选上多少。

宋濂就在这次秋闱考试一结束，又因"坐考孔子礼不以时奏"，而所奏又与朱元璋的旨义相违背，从国子监与魏观一起遭贬。"己亥（十九日）降国子祭酒，魏观为江西龙南县知县，司业宋濂为安远知县。坐考祭孔子礼稽缓故也。"[31]不过，这次谪安远的时间很短，可能刚到任不几天，就又被召回京师。"同年十一月己未（初十日）召龙南知县魏观、安远知县宋濂还京师，以为礼部主事。"[31]用他自己的话叫做"南宫散吏"，是礼部的一名闲散的官吏。

洪武五年（1372年）九月十五日，傍晚，宋濂与其仲子璲前往张孟兼住的大学宿舍里，秉烛相对，正用玉兔泉的水泡茶吃。不一会儿，熊鼎、刘崧、周子谅三人也来到。大家聚集在一起，"相与谈诗，至惬心处，辄抵掌笑谑。"吕仲善听说他们在这里谈诗，也欢然来会。大家品罢茶，孟兼把新造的玉兔泉铭拿出来背诵一遍，且曰"今夕何夕，胜友如云，不可无以为娱，请举泉联诗何如？"大家一致同意。他们七人中，宋濂年岁最大，所以他首先带头吟诗，然后每人相继吟哦，往复二遍，最后由宋濂以四句收尾，形成一篇四十六句的五言玉兔泉联句。大家各展诗才，"斗险据胜，閧閧弗能休。至二鼓诗成，各拥衾就榻。逮鸡再号，风雨凄迷，载途官事有程，皆不告而散。予亦骑驴去朝天矣！"

在这篇小引中，宋濂也微婉地吐露了受贬后的心情。他这样写道："于戏！人事聚散，如风中飞花，其回旋飘泊，曷尝有一定之迹？今幸得与二三君子，岸帻咏诗，輙然而一笑，岂非天哉！然七人之中，楚产者太半，独予父子与孟兼居越西，相距仅半舍。他时或后，先投簪而归，支九节筇访孟兼白石山房，溯咏诸贤立霄汉，欲一见不可得，取此卷之阅，恍如聚首成均时。宁不有慰于寂寥之乡也耶？"[52]这正好把这几年的漂泊不定的生活婉曲地表达出来了。对于未来，也有些渺茫之感。这正是宋濂当时真实心情的写照。

十一、擢为赞善　诏修日历

宋濂以其忠心不贰的实际行动得到了朱元璋对他的更大信任。朱元璋门下的儒士不为不多，教过太子的人也不少，但以道德与学问全面要求，真正配做太子老师的人还是很难选到。朱元璋经过长期的比较最后还是把培养教育太子的重大任务交给了宋濂，任命他为"太子赞善大夫"。诰文是这样写的："朕以太子为天下之本，其东宫官属，必选文学行能之士，以后其任焉。承事郎礼部主事宋濂，尔以纯谨之资，老成之学，执笔柱下，视草词林，继司业乎胄监，复考礼于仪曹，皆称其职。况辅导东宫，历年已久，擢为赞善，孰曰不宜。尔尚守职惟恭，思尽忠益之道而辅赞之，庶称朕委任之意。"这是洪武五年（1372年）十二月下旬的诏令。从礼部主事改任太子赞善，就官职的品级而论，还是正六品，不算什么升级提拔；但从礼部主事这个"散官"而变成皇帝继承者的赞善，就其地位来说是一个莫大的变化。赞善在詹事府的属官中，其地位并非太主要的，然而宋濂这位赞善大夫，却不比寻常的赞善大夫。《明史·官职二》讲到太子詹事府的官职时，有这样一句评价宋濂的话："自明初宋濂诸人后，官僚莫盛于此。"可知宋濂这位太子赞善在明朝初年的影响与身望之重，也可知宋濂在朱元璋心目中的地位。宋濂任太子赞善大夫是他遭受贬谪以来的一个重大转折。

在诏令宋濂任太子赞善大夫几天之后，就是洪武六年的新春正月。在正月初四（丙午）上午巳时，朱元璋在武楼之便阁召见宋濂和御史中丞陈宁，赐坐左右。"上谈嘉祥之应，勅中贵人取所储膏露于宫中。俄盛以翠罌（ying）跪进上前，皆玉洁珠圆，世所未觌。已而，诏界爨器至，用金杓炼水二升，火既匀，水势成涛。上起自龙帐中，亲启罂以投，须臾融化，与水为一。上取杓中泻，二内侍举幕承之，渣滓已净，重漉以绛纱囊。上饮一爵，分赐臣宁与臣濂焉。且曰：'此天地至和所凝也。卿等服之，去沉疴而衍遐龄。'臣宁等跪饮。其味甘如饴而弗腻，其气清于兰而不艳。一入口间，神观殊觉爽，越飘飘然，欲御风而行。"[53]这是宋濂被贬之后，授太子赞善几天后所得到的皇帝的第一次宠遇。宋濂感到莫大的荣幸，感恩颂德之外，"惟思孜孜以图报"[53]。

朱元璋把太子看成是"天下之本"或"国之大本"。因此，洪武初年，朱元璋把太子和诸王读书学习的场所名曰大本堂。"洪武初，置大本堂，言古今图集其中，召四方明儒训导太子、亲王。诸儒专经而授，分番夜直。已而，太子居文华堂，诸儒迭班侍从，又选才俊之士入充伴读，时时赐宴、赋诗，商榷古今，评论文学。"[54]宋濂接受的是一项塑造大本、培育皇帝的任务。他非常严肃认真地对待这项工作。他清楚皇太子朱标已长大成人，又在大本堂经过许多名儒的训导，各方面的知识、礼仪都已经学习，但是作为未来一国之主的皇帝，还需具有多方面的修养与应变能力，需要更加成熟。所以宋濂对皇太子的"一言一动，皆以礼法讽谕，使归于道。读书至切，于政教及前世兴亡之故，必拱手扬言曰：'君国子民之道，当如是，不当如彼。'且推人情物理以明其义。皇太子每敛容嘉纳，敬礼未尝少衰。言则曰：'师父师父云。'且书'旧学'二字以赐。"[18]教过太子的老师很多，但其中最著名的是宋濂，给太子、朱元璋和马皇后留下最为深刻印象的也是宋濂。朱元璋对教育太子、诸王最根本的要求是"正心"，而宋濂的教学训导也正是以"正心"为指归。他本人就是一位心地纯正、严格按照儒家经义要求自己的人，所以他的一言一行，都可以作为太子的楷模。朱标成年以后，温文儒雅，俨然是个儒生，这不能不说与宋濂的多年训导有很大关系。

与历代的所有封建皇帝一样，朱元璋设三宫六院，妃嫔很多，生育的子女自然也就很多，有二十六个儿子，十六个女儿。除长子封为太子，九子与二十六子夭亡以外，其余二十三个儿子均封王建国。诸王能否安分守己维护皇帝大业，将是一个严重问题。朱元璋为了训诫诸王，先命礼部尚书陶凯，后召秦王左傅文原吉等人编纂一本《昭鉴录》，并命宋濂为之写序，以颁赐诸王。宋濂在序文中有这样的话："然代天而理物者，天子也。佐天子谨藩制以壮磐石之宗者，诸王也。天子则元首，诸王则手足，是谓一体者也。其可不同心而同德者乎？昔之贤王有见于此，敬以修身，礼以齐家，政以驭众，夙夜战兢，唯恐不能尽屏翰之寄。故禄位传诸无穷，声光显于来世，其或不贤而弗之察，欲纵情逸且失其秉彝之性，而欲久享爵秩抑难哉！观录中所纪，历历盖可数也。传曰：'义胜欲者从，欲胜义者凶。'又曰：'惟命不于常道，善则得之，不善则失之矣！'呜呼！宝训具在，赫若日星之临，览是录者，其懋戒之哉！其懋戒之哉！"[55]这不是将《昭鉴录》的用意，已讲得非常清楚了吗！正如朱元璋对文原吉等说的："朕于诸子，常切谕之：一、举动戒其轻；一、言笑戒其妄；一、饮食戒其节；一、服用戒其俭。恐其不知民之寒饥也，尝使之少忍饥寒；恐其不知民之勤劳也，尝使之少服劳事。但人情易于纵恣，故令卿等编辑此书，必时时进说，使知所警戒。"[31]朱元璋尽管如此警戒，提早加以防范，但在他死后不久，还是发生了诸王向皇帝夺权的流血斗争！

朱元璋经过多年物色，认识到宋濂不仅是训导太子最理想的师傅，而且把为他培育急需人材的任务也同时交给了宋濂。宋濂虽在国子监和科举考试中已经为朱元璋做了不少培养和选拔人材的工作，但所选拔出来的科举人材，仍不能尽如人意。洪武六年二月，宣布暂停科举，命有司察举贤才。其中有这样的话："朕设科举以求天下贤才，务得经明行修、文质相称之士，以资任用。今有司所取，多后生少年，观其文词，若可与有为，及试用之，能以所学措诸行事者甚寡……今各处科举宜暂停罢，别令有司察举贤才，必以德行为本，而文艺次之，庶几天下学者知所向方，而士习归于务本。"还规定了察举的具体项目，于是罢科举十年。在罢科举后，为了培养合于朱元璋意图的官员，举人俱免会试，而直接赴京听选。于是以"举人张唯、王辉、李瑞、张翀为翰林编修，萧韶为秘书监直长；继又以王连、张凤、任敬、马亮、陈敏为编修。是时，天下举人至京，上欲造就其才，择其年少俊异者，皆擢编修，赐冠带衣服，令入禁中文华堂肄业，诏太子赞善大夫宋濂等为之师。"朱元璋在听政之余，有了闲暇功夫，就到文华堂，拿来他们的文章，亲自品评优劣。每天让宫廷里准备酒饭。吃饭时，皇太子和各位亲王轮流来主持宴会。冬天赐棉衣，夏季赐单衣，平时还赐白银、弓矢、鞍马等物，待遇特别优厚。宋濂除了辅导教育太子之外，还得承担起教育这些年轻官员的艰巨任务。这就该用他早已设计好的"五矩"来辅导太子，用"五彝"来教育未来的官员。看来朱元璋对宋濂训导太子和培养官员的工作非常满意，所以在洪武六年的七月就又任命宋濂为翰林院的侍讲学士，知制诰，同修国史，兼太子赞善大夫。九月正式颁发了诰命。诰文中有这样的话："奉议大夫，太子赞善大夫宋濂，以旧德之士，纯正之辞，事朕十有四年。其居左史职，词林佐成，均近侍于帷幄，黼黻于治道，论思于讲筵，所裨多矣。此任赞善之职，尤多辅导之功。"经过这一提拔，宋濂在翰林院的地位又接近于翰林学士的位置了，是在一步步高升。就在任命他为翰林侍讲学士不久，又交给他一项总裁纂修大明日历的新任务。

洪武六年八月十六日，朱元璋特诏宋濂和翰林学士承旨詹同，为编修大明日历的总裁官。命他二人组织人力，主持此事。参加编修日历者为，催纂官乐韶凤、纂修官吴伯宗、朱右、赵壎、朱廉、徐一夔、孙作、徐尊生共七人，雠校誊写除吴宗伯、朱廉兼任外，还有黄昶和陈孟旸二人。纂修官集中之后，从九月四日开局，到第二年五月初完成，共用了二百六十五天。

史馆设于皇宫之内，每日由宦官轮流守门，非有皇帝的诏令，任何其他官员都不准入内，非常严格。参加编修的工作人员，每天"昧爽而入，至日曛始出"，都集中住宿于翰林院内。恐怕有人把其中的内容泄漏给外人，所以不敢不谨慎。每天的膳食，都由太官供应。总裁官虽有詹同，但因詹同还担着吏部尚书的行政职任，不可能每天都来，所以，这里主要是由宋濂主持工作。宋濂每天与徐一夔二人相跟在一起，同入同出。

大明日历的编修具体内容是，从朱元璋在濠州起兵开始，到应天称帝后的洪武六年十二月为止，共计二十二年的历史。"凡兴王出治之典，命将行师之绩，采章文物之懿，律历刑法之详，咸以事系日，以日系月，以月系年，必商榷而谨书之。濂年加耄，不能有所猷，为唯发凡举例而已。其助我者，大章（徐一夔）之力居多。越四月书成，共一百卷。"[56]宋濂在《大明日历序》中还肯定了朱元璋在二十二年内所建立的六大功绩，并说明了日历在事实方面的可靠性。他说："然而，史事甚重，古称直笔，不溢美，不隐恶，务合乎天理人心之公。无其事而曲书之者，固非也；有其事而失书之者，尤非也。况英明之主不世出，而记注之官迁易不常，无以究夫圣德之高深。臣同暨濂，幸获日侍燕间十有余年，知之深，故察之精；察之精，则其书也颇谓得其实而无愧。"[57]可以看出宋濂对主持纂修《大明日历》是非常认真负责的。不仅在日历内容上如此谨慎，即使是膳写人选,也非常慎重,都经过朱元璋亲自批准,然后再任用。

宋濂经过认真选择,向朱元璋推荐了黄昶和陈孟旸。黄昶是黄溍的曾孙。十月二十六日昶到来,宋濂引见于西苑。朱元璋慰问良久,且曰:"尔何人之裔耶?"宋濂回答说:"文献公溍,昶之曾祖也。"朱元璋很高兴,还让钦等大本堂,会见了皇太子朱标。以后又让黄昶当了太子的伴读,并且还亲自写诗赐给黄昶[58]。黄昶与陈孟旸把《大明日历》一百卷缮写完成后,由詹同与宋濂二人,"率诸儒上进,命藏之金匮,其副藏于秘书监。濂等又言于上曰:'日历藏之天府,人欲见之有不可得,臣请如唐太宗《贞观政要》,分类更辑圣政为书,以传于天下后世。'上从之。于是分为四十类,自敬天至制蛮夷,厘为五卷,总四万五千五百余言,名曰《皇明宝训》。自是以后,凡有圣政,史官日记录之,随类增入。"[31]宋濂为修纂明朝初年的历史又做出了应有的贡献。

十二、进大明律表　赐醉学士歌

宋濂被诏为太子赞善大夫之后,朱元璋对他信任倍加,宠遇尤渥。宋濂对朱元璋当然更是忠心不贰,誓竭诚以报国。朱元璋在处理朝政之暇,中御两庑,或燕处武楼,或御斋室,或至后苑观获,或每令侍膳,在召的侍臣中,常常有宋濂。每逢朱元璋咨询治道,或论及古代帝王之事,宋濂凡所陈说,不为文饰隐蔽,多寓忠谏之意。

洪武六年二月,朱元璋来到书写着《大学衍义》的西庑,各位大臣皆侍坐左右。朱元璋指着衍义中司马迁论黄老事的一段文字,请宋濂讲析,让大家听听。宋濂讲解之后,又接着说:"汉武嗜神仙之学,好四彝之功,民力既竭,重刑罚以震服之。臣以为,人主能以义理养性,则邪说不能侵。兴学校教民,则祸乱无从作矣,刑罚非所先也。"[18]"以义理养性,兴学校教民",这就是宋濂治国兴邦的主张。朱元璋洪武八年诏天下立社学,命有司仿古代家塾之制,延师儒教育民间子弟,可能就是采纳了宋濂的意见。宋濂不赞成先用刑罚,也不赞成帝王嗜神仙之学的邪说。然而,朱元璋称帝之后,虽不信神仙之说,像秦始皇、汉武帝那样去求长生不死之药,但是利用对神仙或城隍的奉祀,以作为一种对人民的统治手段,还是不能不用的。因此,各地都修建庙宇,以时祭祀。朱元璋在这年三月中都城隍庙落成之后,派兵部尚书乐韶凤去祭祀,他亲自写了这样一段祝文:"古今有国家者,盛修四时之祀,以奉上下神祇。故凡建祠奠祀,所以教有功。朕今新造国家,建邦设都于江左,然去中原颇远,控制良难,遂择淮水之南以为中都。今城已完,城隍之祠虽备,而神未正名,庙未致祭。今遣官敬奉,神主安于庙庭,使神有所依,民有所瞻,奉神其享之。"朱元璋怕宋濂对此不大理解,因此他解释道:"朕立城隍神,使人知畏。人有所畏,则不敢妄为。朕则上畏天,下畏地,中畏人,自朝达暮,恒兢惕。夫人君,父天母地,而为民父母者也。苟所为不能合天地之道,是违父母之心。不能安斯民于宇内,是失天下之心矣。如此者,可不畏哉。"宋濂回答说:"陛下之心,古先哲之心也。《书》曰:'予临兆民,凛乎若朽索之御六马。'为人上者,奈何不敬,正谓此尔。愿陛下终始此心,则天下幸甚!"[31]

朱元璋御斋室,宋濂侍坐。朱元璋向宋濂问起了夏、商、周三代时的历数和封疆的长短、广狭。宋濂一一予以回答,并且说:"三代之治,天下也以仁义,故历年之多,后世莫及。"朱元璋又问道:"三代以上,所读何书?"宋濂对曰:"上古载籍未立,不专读诵,而尚躬行。人君兼治教之责,躬行以率之。天下有不从教化者乎?"朱元璋听罢,从容地对宋濂说:"皇太子留心治道,卿等宜常与论议,庶广识见,幸善调护之。"[18]宋濂表示,一定要按照皇帝的意思,尽心竭力去训导。宋濂对朱元璋所讲论的中心,就是要以仁义治天下,这个用意是无可厚非的。然而,他对一些古代历史事实的分析与解释,有的是对的,有的却完全是错的,比如对夏、商、周三代以仁义治天下的错误说法,是显而易见的。因为他只能被儒家的传统说法所囿,而不可能认识到所谓三代的社会本质。

为了关心农事,朱元璋特意在后苑里栽种了庄稼。如今已到了收获的季节,宋濂陪朱元璋至后苑观看收割庄稼。朱元璋曰:"农事成矣。"宋濂对曰:"国以民为本,民以食为天。陛下知稼穑之艰难,而念民生之良苦,实盛德也!"

同年五月,朱元璋为了教育太子和诸王以及子孙后代,使他们能够永远保持皇帝大业,特撰《祖训录》成,共分十三个篇目:曰《箴戒》,曰《持守》,曰《严祭祀》,曰《谨出入》,曰《慎国政》,曰《礼仪》,曰《法律》,曰《内令》,曰《内宫》,曰《职制》,曰《民卫》,曰《营缮》,曰《供用》。除自己作序之外,还请宋濂为之写序。宋濂很理解朱元璋的用意,所以在序言中历言帝王治道与皇帝创业之艰难,以致箴戒之意于后人。朱元璋读后,连连称善,命刻于篇端。

宋濂起自布衣,入禁林之后,受到朱元璋的如此宠遇,甘愿以竭诚报国。他的所长,无非是书册文翰之事。他在朝廷里担负着撰写诏、诰的任务。因此,凡皇帝有所任使,他便"靡昼靡夜,躬阅载册,书于牍进之。或覆视于册,一字不遗。"[18]明朝初年,朝廷上举凡郊社宗庙山川百神之祀典,朝会宴享礼乐律历衣冠之制,四裔朝贡赏赉之仪,以及元勋臣卿碑记刻石之辞,皆由宋濂草定。

宋濂还参与了刊定《洪武正韵》的工作,勒成一十六卷,计七十六韵,共七十万言的巨著。他在序文中这样写道:"司马光有云,备万物之体用者,莫过于字;包众字之形声者,莫过于韵。所谓三才之道,性命道德之奥,礼乐刑政之原,皆有系于此,诚不可不慎也。"[59]

宋濂虽然未参与明朝初年《大明律》的具体制定工作,但是,当洪武六年闰十一月决定把《大明律》颁行天下的时候,主持这项工作的刑部尚书刘惟谦把《进大明律表》

的撰写任务委托给宋濂。这一方面是因为宋濂的文章写得好，所以请他代写，更主要的还是知道他对历代法律有相当的研究，也明白朱元璋制订《大明律》的意图，所以才请他草定。宋濂在《进大明律表》中，先扼要概括刑律产生之由和它的任务性质，再简述明代以前历代法律发展形成与完备的过程，即"历代之律至于唐，亦可谓集厥大成矣"。宋濂知道朱元璋对唐代法律是很重视、很有研究的。称帝之前，朱元璋已注意了对《唐律》的学习，并着手了制定法律的工作。洪武元年令大臣和刑官讲解《唐律》，日进二十条。李善长上言："历代之律，皆以汉九章为宗，至唐始集其大成，今制宜遵唐旧。"[60]是故，洪武六年诏定《大明律》"篇目皆准于唐"，"采用已颁旧律二百八十八条，掇《唐律》以补遗一百二十三条，合六百有六，分为三十卷，其间或损或益，或仍其旧，务合轻重之宜云"[61]。这里"或仍其旧"的"旧"是指《唐律》而言。宋濂也知道朱元璋是要采取以猛治国的方略，重视法律的刊定与实行。而宋濂是主张以仁义治国，要以教育为主，刑律不可为先。所以在多次进言谈到刑律的问题时，也是向朱元璋强调这一点。在《进大明律序》中，也通过突出朱元璋的慈爱仁厚之意，再次阐述了这重意思。他这样写道："洪惟皇帝陛下，受上天亿兆君师之命，登大宝位，保乂臣民，孳孳弗怠。其训迪群臣，谆复数千言，唯恐其有犯，慈爱仁厚之意每见于言外，是大舜惟刑之恤之义也。矜悯愚民无知，陷于罪戾，法司奏谳，辄恻然弗自宁，多所宽宥，是神禹见辜而泣之心也。唯贪墨之吏，承踵元弊，不异白粲中之沙砾，禾黍中之稂莠，乃不得已假峻去以绳之。是以临御以来，屡诏大臣更定新律至五六而弗倦者，凡欲生斯民也。今又特勒刑部尚书刘惟谦，重会众律以协厥中，而近代此例之繁，奸吏可资为出入者，咸痛革之。每一篇成，辄缮书上奏，揭于西庑之壁，亲御翰墨，为之裁定。由是，仰见陛下仁民爱物之心，与虞夏帝王同一哀矜也。"[62]其中突出强调了朱元璋在制定法律过程中，主要罚办的对象是"贪墨之吏"，甚至把法律中可供奸吏营私舞弊的繁琐条例"咸痛革之"。这是洪武六年所颁行的《大明律》的主要特点，它体现了明朝初年朱元璋以法治国的基本主张。

尽管宋濂对朱元璋如此忠诚，尽心竭力，不辞辛劳地工作，朱元璋对他信任，也重用，但还是有些猜疑，有些不放心。朱元璋为了掌握每位大臣的思想和行动，亲自派锦衣卫去暗地侦察。宋濂为人诚实，谨慎，又不爱饮酒，唯书嗜好，很少请人吃酒饮宴。他在皇帝周围用事，从不说别人一句坏话。自己居住的官邸，室内书写"温树"二字挂于壁上。有客人来，问到了皇宫里的事，他就指着壁上的字，什么也不说。有一次，锦衣卫侦察到宋濂家请客饮酒，第二天朱元璋就问宋濂说："昨饮酒否？坐客为谁？馔何物？"宋濂具以实对。朱元璋笑道："卿饮时，朕令人视之，果如卿言。卿信不欺我。"[18]从此以后，朱元璋便更加信任宋濂对他的忠诚。在洪武六年九月，朱元璋想让宋濂参与大政，宋濂推辞说："臣少无他长，惟文墨是攻。今幸待罪禁林，陛下之恩大矣！臣诚不愿居职任也。"宋濂所以推辞，不想任有实权的官职，一方面是他确实不愿去做官，同时包含有一定的惧怕心理，朱元璋的猜疑心理他清楚，浙东派与淮西集团复杂斗争的教训他明白，刘基尚且失败，自己还能有何作为，所以只好推辞不做。这也就更取得了朱元璋对他的信任。从此以后，朱元璋每次宴见，必命茶赐坐；每天进膳，也请宋濂陪着吃。在吃饭中和吃饭以后，朱元璋向宋濂询问旧章，讲求治道，有时竟谈论到午夜才分手。朱元璋也向他询问朝廷周围大臣们的优劣，他讲起大臣们的好处就说个不停；又问否者为谁，宋濂总是这样回答："善者与臣友，故知之。否者纵有，臣不知也。"始终一句也不讲别人的坏处和短处。朱元璋有时命他赋诗作文，必寓忠告之意。曾经有一次奉朱元璋的旨意写首咏鹰诗，要求他七步之内写成，其中有"自古戒禽荒"之句。朱元璋高兴地说："卿可为善谏矣！"然而，宋濂绝不把这些事告诉别人，这种应制之作亦不留稿。

洪武七年秋，宋濂陪同朱元璋登上武楼，赐坐其侧。朱元璋从容问曰："天下虽定，朕犹垂意宿学之士，卿能知其人乎？"濂对曰："会稽（今浙江绍兴）有郭传者，其字为文远，寄迹释氏法中。其学有渊源，其文雄赡新丽，而精魄焜煌。其论议崇，欲皆根据乎六经，波澜相推，若不知其所穷，诚一代奇才也。"朱元璋点头表示赞成。过几天，又把宋濂请来对他说："郭传之文，卿可持至？朕将亲览焉。"当时，郭文远正好把一卷文章寄给了宋濂，就送给了朱元璋。朱元璋看完高兴地说："诚如卿言。"[63]就这样，一位和尚，经宋濂举荐，朱元璋亲自于谨身殿召见后，先授翰林应举，后为起居注，深受朱元璋的赏识与器重。这应该是宋濂的荐贤之功。

洪武八年三月末，朱元璋御乾清宫，召宋濂至。问刘基何日动身回家，宋濂告诉翌日。又问刘基的病情如何，能否自己回家，宋濂都做了回答。当时刘基在朝，得病后，经左丞相胡惟庸派御医给吃药后，病势愈重，朱元璋知道后，很有些同情，就命起居注郭传宣示手敕，让刘基回青田去休养。朱元璋还关心着刘基的病情，又把宋濂召来问了详细情况。问罢，朱元璋徒步走出宫门，宋濂随后跟至丹墀，朱元璋忽然回头对内史张渊说："汝往取新刊文集一部，赐学士宋濂。"于是宋濂跟随张渊至典礼纪察司，与司副李彬说明了皇帝的意思，把宋濂的姓名登记之后，才把文集授给了宋濂。这是朱元璋御制的文集，秘藏于皇宫里。当时受赐者只有太师韩国公李善长、中书左丞相胡惟庸和宋濂这三人。这是朱元璋对他们三人的特殊恩赐。由此可知当时宋濂在朱元璋心目中的地位。

同年八月初七日，朱元璋与众侍官观赏川流不息的江水有感。有人赋言不合于道，朱元璋亲自动手写成后召宫中群臣都来观看，并且说："卿等亦各撰赋以进。"宋濂率领大家，一起动手，"研精覃思，铺叙成章，诣东皇阁，次第投献"。朱元璋每篇都认真阅读，还加上了品评的意见。朱元璋兴致很高，请大家坐下，命太官摆开酒筵，筵席上所摆的都是天府奇珍。内臣给大家一一满上酒。干完第一杯，朱元璋看着宋濂说："卿何不尽饮？"宋濂赶紧站出来跪下说道："臣荷陛下圣慈，赐臣以醇醪，敢不如诏！第臣年衰迈，恐不胜杯酌，志不摄气，或愆于礼度，无以上承宠光尔！"朱元璋说："卿姑试之！"宋濂便鼓起勇气，跪在那里，硬着头皮饮完了这一杯。朱元璋看着宋濂饮酒的样子，又说："卿更宜釂一觞。"宋濂赶紧站起来坚决推辞。朱元璋又说："一觞岂能醉人乎？率领之。"宋濂把酒杯哆哆嗦嗦地举至口边，哆哆嗦嗦地又挪开，反复了三次。朱元璋笑着说："男子何不慷慨？"宋濂回答说："天威咫尺间，不敢重有所渎！"勉强一吸至尽。朱元璋大悦。宋濂顿时面红耳赤，精神退漂，摇摇摆摆，行若浮云中。朱元璋笑道："卿宜自述一诗，朕亦为卿赋醉歌。"二位奉御捧进黄绫、几案和文房四宝，朱元璋挥翰如飞，须臾成楚辞一章：

    西风飒飒兮金张，特会儒人兮举觞。
    目苍柳兮袅娜，阅澄江兮水洋洋。
    为斯悦而再酌，弄清波兮水光。
    玉海盈而馨透，泛琮罍兮银浆。
    宋生微饮兮早醉，忽周旋步兮跄跄。
    美秋景之乐，但有益于彼兮何伤！

宋濂既醉，下笔倾欹，字不成行列。刚缀成五韵，朱元璋把宋濂叫过来，命编修朱右，把他写的诗重书写一份赐给宋濂。他对宋濂说："卿藏之以示子孙。非惟见朕宠爱卿，亦可见一时君臣道合，共乐太平之盛也！"朱元璋还请在场的各位大臣，每人赋一首醉学士歌。

十三、扈从太子　巡游中都

宋濂担任太子赞善大夫之后，主要是向太子敷陈治道，广其视听，着重于正心修身方面的训导工作。朱元璋对培养太子的要求是，既重视讲论，也注意实践，既重视学文，也要求习武，旨在使其成为一个能文能武、善讲论会实施的全面人材。因此，除了让太子跟随宋濂等师傅学习讲经论道之外，还让他去适当地参与朝政的处理，进行多方面的实际锻炼。洪武八年十月壬子，决定让太子和秦王、晋王、楚王、靖江王去巡游中都，讲武校猎，观览古迹，并让宋濂陪同，沿途结合实际进行讲论，就是为了这个目的。

中都在临豪，即凤阳府，它是朱元璋的家乡。中都是朱元璋称帝之后兴建的一座规模宏大的帝王都城。朱元璋在应天称帝后，就多次讨论过定都何地为宜的问题。他感到应天"偏于江左,不便控制"全国,想建都汴梁(今河南开封),为此,洪武元年四月,他刚登极不久,即北上汴梁,进行实地考察。他看到经过二百年破坏的汴梁,民生凋敝,满目疮痍,水陆转运均很不便,感到建都非宜。当时群臣各持己见,有的说"关中险固",有的说"洛阳天下之中",有的说"北平宫室完备,就之可省民力",有的说"汴梁宋之旧京"。朱元璋说:"所言皆善,惟时有不同耳。金陵长江天堑,龙蟠虎踞,江南形胜之地,足以立国。临濠前江后淮,有险可恃,有水可漕,可为中都。"许多大臣一致附和称善,唯独刘基持不同意见。他对朱元璋说:"凤阳虽帝乡,然非天子所都之地。虽已置中都,不宜居。"朱元璋还是按照自己的意见,如京师之制,开始了中都的建设。为何叫中都呢?因为当时朱元璋以汴梁为北都,南京为南都,凤阳当然为中都。中都将要作为大明的正式国都所在。因此,它的建设规模与豪华程度远远超过了当时的南京和后来的北京。中都从洪武二年九月开始筹划,到洪武八年基本完工,前后用了六年时间。中都由外城、皇城和紫禁城三重构成。外城土筑,高三丈,城周四十五华里;皇城砖石砌制,高二丈,城周十三里半;紫禁城砖石砌筑,高四丈,城周六里。紫禁城内宫殿林立,布局井然,穷极侈丽,雕饰奇巧,充分体现了封建王权的淫威。中都的蟠龙石础,二百七十公分见方;而北京故宫金銮殿的柱础石,只有一百六十公分见方,是中都石础的三分之二。各种琉璃瓦,色彩绚烂,不仅有红、黄、蓝、白、黑,而且其中红琉璃瓦就有大红、朱红与玫瑰红之分,蓝琉璃瓦也有深蓝、浅蓝与孔雀蓝之别。这座异常豪华的皇家都城在凤阳府的三山一水间刚落成之际,朱元璋派宋濂陪着太子来巡游,来讲武,来校猎,来观览沿途与附近的山川风光,用意是很明白的。宋濂是一位饱学之士,对许多名胜古迹的来龙去脉都了如指掌,然而都停留在书本上,因为他一直得不到外出游览的机会。出仕之前,由于家贫、世乱,只能在金华地区活动,出仕之后,整天在禁林之中,围着朱元璋和太子转,更无外出游名山大川的机会。这次良机,岂可放过。所以,他想借此良机饱一次眼福。他与太子的关系又非寻常,太子对他特别尊重,总是言听计从,这就完全可以按照宋濂的意图来行动。

宋濂与太子、诸王由南京出发,横渡长江,向西北而行。与他们同行的还有太子正字桂彦良、秦王府长史林温、晋王府长史朱右、楚王府长史朱廉和靖江王府长史赵壎,还有太子和各王府的伴读。十一月戊午(初二日)到达滁州驿站。滁州是途经的名胜所在,不可不游。因此宋濂便向太子建议说:"臣闻琅琊山在州西南十里,晋元帝潜龙之地。帝常封琅琊王,山因以名。颇闻秀丽伟拔,为淮东奇观,厥一游焉,而未能也。敢请!"太子听罢,懽然允诺。于是年已六十六岁的宋濂,兴致勃勃地与四位长史相约,一同游琅琊山,并写了《琅琊山游记》,详尽地记述了这次游览过程。

宋濂怀着穷探琅琊山所有名胜古迹的心情,虽明知二十几座亭台,其中名驰遐迩如"醉翁亭"者,亦久已废毁,早湮没于凉烟白草之间,但依然峰回路转,蛇行罄折于黄茅白苇之间。沿途的一泉一石，一亭一洞，寺庙踪迹，舍利遗地，名人题款，均不放过。"是日天阴，雪花翩翩飘。伯清（朱廉）丞偈曰：'雪作矣，不还将何为？'濂游兴方浓，掉头去弗顾，其步若飞，历石径一里，所至回马岭。"赵壎冒雪追赶了上来，朱廉也相继而到。赵壎说："二客足力弱，不能从矣。"这二客即指朱右和林温。就这样，宋濂一直攀登到琅琊山的最深处，来到了唐大历中（766—779 年）刺史李幼卿与和尚法琛共同主持修建的开化禅院。他看到这里的山林也已被砍伐殆尽，几乎都变成了童山。欧阳修在《醉翁亭记》中所描绘的那种"蔚然""深秀"的风光，已不复存在，深深为之惋惜！这时，太子赞善孟益和秦、晋、楚王的三位伴读，听说宋濂入山，在龙兴院和尚德学的带领下，赶到了这里。楚王伴读告诉宋濂说："太子正字桂彦良憩六一泉上，亦是弱不能进，恐随二客归矣。"开化禅院的和尚绍宁请他们吃罢饭，又继续寻访古迹。宋濂沿山腰一直爬上了磨拖岭。"远望大江如练，钟阜若小青螺，在游气冥茫中。"这里的钟阜即南京的钟山也。

宋濂在这篇游记中，着重颂赞了唐代李幼卿和北宋欧阳修对开发建设琅琊山风景区的功绩。文中这样写道："自幼卿博求胜迹，凿石引泉以为溪，左右建上下坊，作禅室琴台。后人颇继其风，山中之亭几二十所，而日观、望月为尤胜。今荆榛弥望，虽遗迹亦无从求之。可叹哉！夫亭台废兴，乃物理之常，奚是深慨。所可慨者，世界奇山川如琅琊者何限，第处于偏州、下邑，无名胜士若幼卿者黼黻之，故潜伏而无闻焉尔。且幼卿固能使琅琊闻十一方，自非欧阳公之文，安足以达于天下，或谓文辞无关于兹，果定论耶？然公以道德师表一世，故人乐诵其文。不然，文虽工，未必能久传也。传不传，亦不是深论，独念当元季绛骚，窜伏荒土，朝不能谋夕。今得以厕身朝班，出陪帝子巡幸，而琅琊之胜，遂获穷探，岂非圣德广被，廓清海宇之所致耶！非惟濂等获沾化育生成之恩，而山中一泉一石，亦免震惊之患，是宜播之声歌，以侈上赐游观云乎哉！"这便是宋濂游琅琊山所产生的惋惜、感慨与感激之情。他游罢即随太子继续向中都前进。

他们行至池河驿，接到朱元璋派内使赶送来的一封公文。太子拆封一看，内装濠梁古迹一卷，令宋濂询访，随处讲论。太子大喜，以示宋濂。宋濂对太子说："临濠古迹，唯荆、塗二山最著。按《图经》，塗山在昔钟离县西九十五里，荆山亦在县西八十二里。二山本相联属，而淮水绕荆山之背，神禹凿开，使水流二山间。其疏凿之功故在，人思其功，迄今弗能忘。"太子说："至中都，当共往游焉。余将渡淮狩于王庄，先生宜诉流而上，属今怀远县治以俟。"于是他们约好了游荆塗二山的计划。

宋濂十一月己巳（十三日）从中都乘舟由淮河逆流而上，到第二天太阳落山时到达了怀远县城的西门外。太子已在离县城东门五里的地方驻下了。第三天宋濂见了太子，太子非常高兴，约定壬申（十六日）游荆塗二山。宋濂约好怀远县的文学掾王景彰同宿舟中，黎明櫂舟至塗山足，曳杖入山。攀登了七八里山路，登上了塗山之顶。顶上有禹庙，已毁，只有颓垣破础尚存。"游目四顾，长江西来，涡河北汇，而寿春、临濠、宿州之境，皆在冥茫昏杳中。缅想南北战争屯戍处，为感慨者久之！山之下聚落甚盛，庙史云禹会村，乃禹会诸侯之地。"[64]下山参观了"有夏皇祖之庙"和"启母石"。等鹤驾（太子之驾）不来，突然使者来告，因人马过不了河，太子不再来了。话未说完，只见旌旗如锦绣，摇摇摆摆上了荆山。宋濂也下山麓，入鲦庙，北经县城，折而东行三里左右，来到荆山。寻访卞和洞，观览广玉坡。太子的人马已去远郊游猎，宋濂只好登舟先回中都。

与宋濂同游荆塗二山者，有桂彦良、朱廉、朱右、吴府伴读王致远和王景彰五人。他游罢二山，结合历来对二山的不同记载，提出了自己的疑问与意见。结论还是："大抵山川遗迹，非本诸经史者，多不可信。"宋濂可真算得上经史的完全崇拜与信奉者了！

回到中都，宋濂与太子又观瞻了堂皇富丽的宫阙。"其他古迹，濂历历举之，因事进说，甚有规益。"[31]

这就是宋濂的中都之行。

中都的兴建，是明朝初年朱元璋不听取刘基的正确意见所做出的一项重大错误决策！它浪费了难以计数的人力与财力，用劳动人民的血汗凝结成一座豪华的废都！宋濂对此不知持何种态度？决策建中都之时，正是他降职倒霉之际，已无他明确表态的机会。如今中都已建成，命他陪同太子来游幸，他不写中都颂，却只写琅琊与荆塗二山的游记，这是否也是一种微妙的表态？

十四、父子祖孙 同官内廷

宋濂陪同太子、诸王畅游中都，返回京师，已是年终岁尾。宫廷里又在忙着迎接洪武九年正月初一的新春盛典了。盛典过后，朱元璋最关心的还是太子与诸王在宋濂等儒学老师训导下的成长情况。正月初二，朱元璋就把太子与诸王召来，询问"修德进贤之道"。太子谦恭地回答说："每闻儒臣讲说，知其略矣，未领其要。"于是朱元璋向他们讲了一通修德进贤的重要与二者的关系。他说："已德既修，自然足以服人。贤者汇进，而不肖者自去。能修德进贤，则天下国家未有不治。不知务此者，鲜不取败。夫货财声色，为戕德之斧斤；谗佞诐谀，乃杜贤之荆棘。当拒之如虎狼，畏之如蛇虺，苟溺于嗜好，则必为其所陷矣！汝等其慎之！"[31]这派言论，正是宋濂的主张。看来宋濂的言论，不仅对太子的成长产生了很大影响，而且在朱元璋身上也已产生了不小的作用。夸张些说，宋濂实际上在某些方面已成了皇帝与太子共同的老师了。朱元璋命宋濂与王府臣史朱右等人定议了王国所用的礼乐和丧服之制。

同年五月，朱元璋在奉天门对宋濂等讲起了选用隐逸山林的贤才问题。他说："自古有国家者，未有不资贤才而能独理也。秦之时，张良、陈平、韩信皆居隐约，汉高祖用以成帝业。朕初定天下，即延揽群才，相与图治，皆因其器而任使之。今山林岩穴，岂无超群拔众之才，欲致而用之。其道何由？"濂对曰："取士莫善于乡举里选，用人莫善于因能用官，用官莫善于久居不迁。古有是论，而陛下行之。得才之效，无过此矣！""上善其言。"[31]这就是宋濂为朱元璋提出的选才用人的主张。

朱元璋看到宋濂年事已高，常常对他说："朕以布衣为天子，卿亦起草莱列侍从，为开国文臣之首。俾世世与国同休，不亦美乎？"元璋几次提出让他的子孙进宫廷做官，宋濂却屡辞谢不敢奉诏。朱元璋对宋濂的家庭已很了解，为了实现"世世与国同休"的美好愿望，最后还是决定诏征他的子孙来内廷做官。先诏征宋濂大儿子瓒的长子慎，为殿廷仪礼司序班。接着又召其次子璲为中书舍人。这样一来，宋濂父子祖孙三代，同入内廷居官，成了宫廷里的一件美谈。

就在同年六月，朱元璋又颁发诏诰，提拔宋濂为翰林学士承旨。这是翰林院的最高职位，品级为正三品。朱元璋颁发的诰文这样写道："朕出自草莽，非兼备之才，蒙上天受命，位极两间。凡生民休息，百神祀事，尽赖文武辅导以成之。是致鬼神享而军民安，又九年矣。然文者，翰林院尚有首臣。朕于群儒中选，皆非真儒，人各虚名而已。独宋濂一人，侍朕左右，十有九年。虽才不兼文武，博通经史，文理幽深，可以黼黻肇造之规，宜堪承旨，宏灿明义，壮朕兴王。"这就是朱元璋对宋濂十九年来工作的一个比较公允的评价，并非溢美之词。对宋濂来说，自己荣升为文臣之首，子孙又特选进内廷为官，在封建时代，实在是人生最荣耀之事。然而，就在这荣宠的背后却潜伏了以后的灾难！也许这正是宋濂屡辞不受的隐微吧。

宋璲与宋慎进入内廷之后，官位虽低，却因有宋濂与朱元璋的特殊关系，所以朱元璋还是特殊对待的。宋璲在他父亲的直接熏陶下，"善诗，尤工书法"，又已逾不惑之年，各方面也比较成熟。而宋慎正方血气方刚，尚未成熟。他们来到皇宫任职后，皇帝一有余暇，就把他叔侄二人叫到身边，多次命题考试，测验他们的学问与见识，然后进行教育并加以戒饬。朱元璋笑着对宋濂说："卿为朕教太子诸王，朕亦教卿子孙矣。"[36]

从此以后，宋濂每逢上朝奏事，时间一长，朱元璋看见他出现疲倦的神色，就命璲与慎共同扶持着宋濂下殿。当父子祖孙三代从金銮宝殿走下，群臣都感到这是当朝的异事。朱元璋发现宋濂已老态龙钟，步履艰难，尽管有儿孙扶持，行动依然不便，于是特诏皇太子选良马以赐。太子朱标给老师选了一匹最好的白马，于洪武九年七月初一日，赠送宋濂上下朝骑乘。朱元璋兴致勃勃地亲题《白马歌》一首，赐于宋濂。歌曰：

赐卿白马白雪白，马疾穿云云不隔。

朝出清溪东，摇鞭来紫陌。

五漏禁城边，精神常赫赫。
　　撇鬣嘶秋风，康衢止过客。
　　四蹄发流星，乘此无危厄。
　　将军建大功，斯马真有益。

不久，又选一匹黄马赐宋濂。朱元璋又重赋一篇《黄马歌》：
　　闻卿黄马黄鹂黄，锦鞯铁衔声琅琅。
　　行途不速亦不疾，绛毛火衮飞扬扬。
　　暑系柳阴浓，寒常露立霜。
　　秋风四蹄轻，咆哮雄腾骧。
　　将军横戈矛，折衡孰敢当？
　　罢兵致轻车，学士乘尤良。

　　朱元璋还命群臣都赋诗，以记载宋濂所受到的恩宠与荣耀。宋濂面对如此特殊的宠遇，越发感激不能自宁，常戒子孙说："上德犹天地也，将何以为报？独有诚敬忠勤，略可自效万一耳！"[18]

　　朱元璋看到宋濂确实年事已高，不能再让他继续担任繁重的政事，十一月有致政之诏。同时，对宋濂的父亲、祖父等，都一一加封，并亲自为之撰写诰辞。诰辞中称赞宋濂："德量之宏，如千顷陂，澄之不清，挠之不浊。"这是朱元璋对宋濂的最高评价。人们都感到朱元璋知人之明。宋濂既已决定致仕还乡，不久就会动身。朱元璋眷念尤深，见宋濂就问："卿去何时复来见朕乎？幸相侍数日，姑徐徐行。"因此，"朝夕左右者累月"。

　　朱元璋曾下诏让群臣上书言事。就在这年十二月初，朱元璋收到一封一万多字的疏奏，是刑部主事茹太素所写。朱元璋让中书郎王敏给诵读，虚文多而实事少，越听越厌烦。朱元璋面带怒色，有加罪之意，就把文章交给群臣，看如何处理。有一些阿谀奉承者，指着文章的个别字句说："此不敬！此诋谤！罪当诛。"这就更激怒了朱元璋，立即下令把茹太素召来，用杖笞之。打完，朱元璋仍余怒未解，召宋濂，想听听宋濂的意见。宋濂说："彼应诏上疏，其心为上耳。乌可深罪乎？"朱元璋默然无语。过了不久，又把茹太素的万言疏认真听了一遍，发现其中的确有四条意见值得采纳。这四条意见有五百字就完全可以说清楚。于是朱元璋立定了上书陈言的格式，尽量不用虚文浮词。接着将阿谀者召来，骂道："吾怒时，若等不能谏，乃激吾诛之！何异以膏沃火？向非宋景濂之言，几不误罪言者耶？"经过这件事，朱元璋曾在朝廷里赞誉宋濂说："古之人，太上为圣，其次为贤，其次为君子。若宋景濂者，事朕十有九年，而未尝有一言之伪，诮一人之疑，宠辱不惊，始终无异。其诚所谓君子人乎！抑可谓之贤者矣。"[18]当时在朝的廷臣，听了朱元璋对宋濂的评价，都认为确实是这样。第二年正月，宋濂便动身致仕还乡。

十五、致政还乡　培育英才

洪武十年（1377年）正月，宋濂准备动身还乡。初六日上殿陛辞，朱元璋命赐宋濂纸币、文绮和御制文集。皇太子朱标赠送老师三套衣服。朱元璋对宋濂说："朕最慎于赏予，嘉卿忠诚可贯金石，故以是赐卿。卿今年几何矣？"宋濂回答说："六十有八。"朱元璋说："藏此绮，俟三十二年后作百岁衣也。"又嘱咐说："大江涨，不可舟。卿宜循内河达家，庶几无虞。"[18]初十日由秦淮河发舟，让长孙慎陪同护送，二十七日回到浦阳青萝山的"潜溪"老屋。二月初三日，去墓地祭告祖先。乡里亲朋，都来看望，相互赞叹，羡慕不已。二月十二日，宋濂写《致政谢恩表》与《致政谢恩笺》，派长孙慎带上《表》《笺》回南京诣阙称谢。同时也上笺皇太子，申明正心治国之要。宋濂在《致政谢恩表》中向皇帝说了许多感恩戴德的话，在《致政谢恩笺》中又向太子进言道："臣闻古圣人有言曰：为君所谓难，其难者何也？然以四海之广，生民之众，受寄于一人，敬则治，急则否；勤则治，荒则否；亲君子则治，近小人则否。其机甚微，其发至于不可遏，不可不谨也。所以二帝三王，相传心法：曰德，曰仁，曰敬，曰诚。无非用功于此也。治忽之间，由心之存不存何如耳！"又说："皇太子殿下，仁孝温恭，出言制行，动合至道。中外无不仰望，而臣犹以二帝三王相传心法为言者，诚以为君之难也。臣虽退居田里，而忠爱之心弥切，旦夕不忘。于是敢贡刍荛之言，伏望殿下察臣所言而笃行之，则天下幸甚！"这是老师对学生的期望，也正是皇帝对太子的期望。所以朱元璋看了《表》《笺》非常满意，认为"言无虚谬"。于是召其孙慎询问宋濂回家之后的情况。又问："除此之外，他有何乐？"慎回答说："足不他往，但建一容足之室，题名曰'静轩'，曰居是而澄方寸，更访国政，倘知一二，虽在休官，尚欲实封为陛下补阙耳。""朕听斯言，倏然感动。于戏忠哉！良臣有若是耶！"因为之诗焉。诗曰：

闻卿归去乐天然，轩静应当效老禅。
不语久之知贯道，此心尝著觉还便。
从前事业功尤著，向后文章迹必传。
千古仲尼名不息，休官终老尔惟全。

这就是朱元璋读了《致政谢恩表》后赐宋濂的诗并《序》。

宋濂在辞归时就向朱元璋说过，每年要来朝一次。同年十月初八，宋濂来朝，朱元璋在皇城上新落成的"观心亭"接见了宋濂。后又在端门接见。皇太子、诸王听说老师来了，满面笑容地来看望。让礼部安排了住宿和醪膳。"自是日，侍上游历，观阙盘旋禁禦，询咨备至。便殿侍食，日晏始退，恩礼之优，群臣莫敢望。上尝喟然叹曰：'纯臣哉尔濂！纯臣哉尔濂！方今四彝皆知卿名，卿其自爱。先生避席不敢当。'"上至朝廷百官，下至寺人卫卒，见宋濂都非常尊敬。宋濂来朝已二月有余，朱元璋还不想让他回去，宋濂以岁暮力辞，朱元璋又亲自为他安排了回去的路钱，才让动身。

宋濂已走数天，朱元璋问宋璲道："尔父道中无恙否？"璲回答一路平安无事。不几天，元璋又向璲说："朕畴昔之夜，梦见尔父笑谈如，曩时。尔父虽去，其容仪俨然在朕目中也。"璲叩头谢道："非陛下垂念臣父之至，何以形诸梦寐。"中书舍人史靖可、太子正字桂良彦等，听说皇帝梦中见到了宋濂，都赋诗以纪其事，颂扬皇帝眷念宋濂久久不忘的深厚感情。

洪武十一年十二月中旬，宋濂再次来朝。朱元璋听了宋濂所谈论的地方情况，感奋不已，又赋一首《题宋承旨越中来歌》：

　　　　学士越中来，我恐驰程苦。
　　　　拜毕诣阶前，精神盛归觐。
　　　　气宇比秋鸿，文章真太古。
　　　　试问民何如？天下通商贾。
　　　　不但越中乐，将军明队伍。
　　　　塘河便小舟，旅店从欲沽。
　　　　近来荷君德，中原无胡虏。
　　　　贤人诵言多，黼黻皇猷补。
　　　　寰宇足清宁，人人皆乐土。

宋濂致仕还乡之后，在青萝山新开辟一间书斋，名曰"静轩"。他在生活上仍十分俭朴，布衣疏食，无异贫士；在家业上，不事生产，不置田宅。有人劝他为子孙后代着想，也应置买一些田产，而宋濂却说："富贵岂一家物哉？吾乃所以遗之也。"他只是专心一意于学习，从小到老，未曾一时离开书不看。他致政回到了青萝山，终日闭户纂述，不与外人接触。他告诫自己的子孙，切勿到城市与豪门达官连姻。有人以郡县事委托他的，他都一律谢绝。有人谈及时事，他就离开不与谈论。而对于民间的疾苦，他却非常关心与同情，凡能帮助的，就尽力予以帮助。

宋濂在道德品质上和为人处事上，对自己要求特别严格。他德尊而不居，位显而弥恭。遇人拜，即使是三尺童子，必屈膝而首下焉。至于公侯贵人，则未尝降下，也不认识他们的门从哪儿开。他曾在翰林院位居文臣之首，公认为当时天下文章第一，又掌握着起草文翰之事的权柄。当时登门向他求文章的人络绎不绝，甚至高丽、安南和日本都在争相购买他的文章与文集。面对这种情况，他待人却十分谦虚，好像一位不善言辞的人，而在正经场合讨论重大问题，却引经据典，侃侃而谈，一点儿也不退让。他所注重的是"性命之理"，到晚年"益究其极"。对于那些外物的往来，视之若不相干。他常说："古人之为学，使心正身修，措之行事，俯仰无愧而已。繁辞复说，道之蔽也。"所以他做事，不尚表面，而务合于义。他教人都根据每个人的不同情况，进行教导，使人于善，尤其要落实在道德品质上。他在处理父子、兄弟、夫妇之间的关系上，也都可以作为人们学习的榜样。他与外人交往，平等相待，以诚相见，不去做什么调查了解，即使被人所欺骗，亦不与计较。对于钱财，不是自己应该得到的，分文不取。他在自己门上写着这样两句话："宁可忍饿而死，不可苟利而生。"正直的人都把它当作至理名言。那些有权有势者，如果人品不好，即使装上满袋金银，求写一个字也不肯给。纵然迫不得已给写了，亦坚决不收其任何馈赠感谢之物。曾经有过这样一件事，日本使者奉皇帝朱元璋之命请他给写文章，以百金为献，宋濂却分文不收。朱元璋听说后，即问宋濂。他回答说："天朝侍从之官，而受小夷金，非所以崇国体也。"朱元璋一听，才知宋濂不收钱，是为了维护国家的尊严，一点儿都不考虑个人的私利！这样的大臣去哪儿找！宋濂的为官，是为了"行道"，而不是为了发财，因此，对那些贫贱之人，惟有可依，欲发潜振幽，欣然为之。宋濂确实可以称得上是一位封建时代不谋私利的人。

宋濂的不谋私利，还表现在他对学生的热心培养教育上。他的一生所从事的主要工作是教育工作。他对于年轻学子，只怕提携不到。对于那些勤奋好学，又有培养前途的青年，一旦从远方前来投师门下，他不但乐于收受，耐心教导，而且还为之提供食宿，虽久不衰。方孝孺就是其中最知名的一位。

方孝孺，至正十七年（1357年）生，一字希古，浙江宁海人。自幼好学成癖，心无旁骛。其父方克勤为官清廉正直，洪武八年因被同僚诬陷，远谪广东江浦，又因"空印案"，含冤被诛。年方弱冠的方孝孺，对这种不分青红皂白的严刑峻法很是不满，待学有所成，为父的沉冤昭雪。于是，他遵照父亲的遗言，决定投师宋濂。洪武九年，方孝孺远离家乡，前往京师，以文求见宋濂，濂"一览辄奇之。馆置左右，与其谈经历三时，乃去。"宋濂初览方孝孺的文章就喜不自胜，一个"奇"字，表现出了方孝孺的不同凡响。师生初次见面，一年近古稀，一年方弱冠，共同谈论儒家经典，竟可长达三个时辰，即六个小时之久，可见二人见解之投契。但由于宋濂尚有职事在身，无暇教授，方孝孺不得不暂时回宁海。第二年正月，宋濂致政还乡，方孝孺又来青萝山求教，宋濂"喜动于中"。

他对方孝孺的教学内容，是从方孝孺已有的实际水平出发的。"凡理学渊源之统，人文绝续之寄，盛衰几微之载，名物度数之变，无不肆言之。"名师与高徒之间的讲论，配合异常默契。老师"离析于丝",而学生便能"会归于大通"。老师"粗发其端",学生即能"逆推而进于极",最后达到"本末皆举,细大弗遗"。可以说在学问上,已经到了"豁然贯通"的境地。表现于写作方面,更是"文义森蔚,千变万态,不主故常,而辞义濯然常新,衮衮滔滔,未始有竭也"。方孝孺学习研究的成绩,"日有异而月不同。仅越四春秋而已,英发光著如斯,使后四春秋,则其所至又不知为何如!"这就是方孝孺从洪武十年到洪武十三年,在宋濂门下求学飞跃进步的情况。宋濂对学生的发展前途作出这样的预言:"以近代言之,欧阳少师(修),苏长公(轼)辈,姑置未论。自余诸子与之角逐于文艺之场,不识谁为后而孰为先也。予今为此说,人必疑事之过情也。后二十余年,当信其为知言,而称许生者非过也。虽然,予之所许生者,宁独文艺哉!"[65]宋濂对"精敏绝伦"的方孝孺的发展前途的估计,不仅文艺之场,自其诸子与他比较,孰后孰先,还说不定,其实就是说,方孝孺很可能会超过他们,在文艺之外的其他方面,诸如儒学方面,也会超过他们。宋濂对此非常自信。

这是洪武十五年秋,方孝孺要回宁海去看望祖母时,宋濂送他时写下的话。年逾古稀的宋濂,怀着恋恋不舍的惜别心情,写下一首长达一百零八行的五言古诗。他在诗前的序言里最后写道:"予深惜其去,为赋是诗。既扬其素有之善,而复勉以远大之业云。"

宋濂对方孝孺的预言,未到二十年果然都变成了事实。方孝孺在做人方面,"直以圣贤自任,一切世俗之事,皆不关怀。朋友以文辞相问者,必告之以道,谓文不足为也。入道之路,莫切于公私义利之辨;念虑之兴,当静以察之,舍此不治,是犹纵盗于其家,其余无可为力矣。其言周子之主静,主于仁义中正,则未有不静;非强制其本心,如木石然,而不能应物故也。故圣人未尝不动。"[66]在学术方面,"谓圣功始于小学,作《幼仪》二十首。谓化民必自正家始,作《宗仪》九篇。谓王治尚德而缓刑,作《深虑论》十篇。谓道体事而无不在,列《杂诫》以自警。持守之严,刚大之气,与紫阳(朱熹)真相伯仲,因为有明之学祖也。"[66]他继承老师宋濂的儒学主张,成了明初金华朱学的集大成者。

尽管方孝孺不以文章为务,但他仍是明初著名的古文大家。"孝孺工文章,醇深雄迈。每一篇出,海内争相传诵。"[67]他在文学上,同样继承老师宋濂"师古"的主张,成为明朝初年复古主义文学流派的重要代表人物,对明朝复古主义文学产生过很大影响。

方孝孺被称为"读书种子""正学先生"。他是宋濂从事教育事业四十年,所培养的众多门徒中最杰出的一个。宋濂从二十六岁到五十岁之前,在东明书院做乡先生;五十岁至七十一岁,从京师的青宫、国子监、大本堂、文华堂,又教到东明书院和萝山书室,任世子经师、国子司业和太子赞善大夫。这就是宋濂的教学生涯。宋濂还充当过明朝开国皇帝朱元璋儒学顾问的角色，实际也起着朱元璋儒学老师的作用。因此，宋濂在元末明初，除著述之外，主要起着教师的作用。从蒙童到博士，从太子到皇帝，他都教过，是一位名副其实的老师，而其中最得意的门生便是方孝孺，但他万万没想到，他写的《送方生还宁海诗并序》，成了他与方孝孺的诀别辞。

十六、胡案株连　流放茂州

人在家中坐，祸从天上来。七十一岁的宋濂在青萝山刚刚送走最得意的门生方孝孺不久，一场弥天大祸临头了。长孙宋慎已卷入胡惟庸一案，已于洪武十三年十一月在南京被斩，次子宋璲也受株连被斩。株连的罪名当然也会落到远离南京的宋濂全家老小的头上。就在这年的十一月，白发满头的宋濂及其全家被官府押解南京，等待着皇帝朱元璋的问罪开斩。这件事引起了马皇后与太子朱标的不安。

胡惟庸是个独揽大权、野心勃勃的宰相，朱元璋更是个权欲很重的皇帝。胡惟庸当朝以来，"尝以曲谨当上意，宠遇日盛，独相数岁，生杀黜陟，或不奏径行。内外诸司上封事，必先取阅，害己者，辄匿不以闻。四方躁进之徒及功臣武夫失职者，争走其门，馈遗金帛、名马、玩好，不可胜数。大将军徐达深疾其奸，从容言于帝。惟庸遂诱达阍者福寿以图达，为福寿所发。御史中丞刘基亦尝言其短。久之基病，帝遣惟庸挟医视，遂以毒中之。基死，益无所忌。与太师李善长相结，以兄女妻其从子佑。学士吴伯宗劾惟庸，几得危害。自是，势益炽。其定远旧宅井中，忽生石笋，出水数尺，谀者争引符瑞，又言其祖父三世塚上，夜有火光烛天。惟庸益喜自负，有异谋矣。"[68]朱元璋愈来愈有大权旁落之感，因此，与胡惟庸之间的矛盾日益尖锐。加之，"会惟庸子驰马于市，坠死车下，惟庸杀挽车者。帝怒，命偿其死。惟庸请以金帛给其家，不许。惟庸惧，乃与御史大夫陈宁、中丞涂节等谋起事，阴告四方及武臣从己者。"[68]十三年正月，"涂节遂上变，告惟庸……乃诛惟庸、宁并及节。"从十三年正月诛惟庸等之后，到二十三年，先后"词所加及坐诛者三万余人。"[68]宋濂是受胡案株连较早的人。

宋濂及其次子璲等，与胡案毫无关系，其长孙慎与胡案究竟关系大小，亦不知具体内容与情节。因此，宋濂及其家人，纯属无辜株连。宋濂与朱元璋的关系本非同一般。也正因为此，朱元璋对宋濂及其全家就更加愤恨，所以要严加惩治，开刀问斩。马皇后与太子再三向朱元璋力谏。

太子朱标对老师宋濂有着深厚的感情。他深知老师对朱家王朝毫无二心，绝不会干出一点儿有害于朱明王朝的事，以此被诛，纯属冤枉。而朱标自己又生性忠厚，经过宋濂等人长期的儒学教育，脑子里装满了仁义道德，深深种下了治国要推行仁政，讲究慈爱，不主张多杀人，更不该杀无辜之人。这就与他皇父朱元璋产生了矛盾。朱元璋要杀宋濂，他却为救老师向皇父哭谏。朱元璋动怒说："等你作皇帝救他！"皇太子朱标不忍见老师被斩，又救不得老师，便跑出去投水自杀，被左右拦阻得救。朱元璋对皇太子的行动既恼火又不能无动于衷，再加上马皇后与太子的意见完全一致。"学士宋濂坐孙慎罪，逮至，论死，后谏曰：民家为子弟延师，尚以礼全终始，况天子乎？且濂家居，必不知情。帝不听。会后侍帝食，不御酒肉。帝问故。对曰：'妾为宋先生作福事也。'帝恻然，投箸起。明日赦濂，安置茂州。"[69]宋濂在皇后与太子的力谏下，才算免做朱皇帝的刀下之鬼。

宋濂对朱元璋的为人与以猛治国的主张十分清楚。他出仕以来，处处小心谨慎，不愿让子孙入内廷为官，不许子孙进城与达官显宦连姻，不为子孙置买田产，不和任何人议论朝政，以"温树""静轩"自谨自励。他在《静室》二首中这样写道：

　　静室似僧庐，绝与黄尘隔。
　　引雀喜留黍，惜苔懒穿屐。
　　有时倚幽轩，情境一何寂。
　　只有岩花飞，随风亦无迹。

　　明月出东山，照见西林明。
　　龙蛇布满地，欲步还自惊。
　　试问夜何其？鸟喧自知更。
　　谁探千载意，寂然乃其情。

他正是按照皇帝的旨意致政还乡后过着一种效法老禅的"寂默"生活。他唯恐发生不能全忠的不测之事！然而这唯恐之事终于落到了他的头上！面对这种杀身之祸，他既不会向朱元璋为自己申诉辩解，更不会向朱元璋求情讨饶！他深知这个"赦"字的分量和它的来之不易！他对马皇后与太子向朱元璋为自己力谏求情会感到欣慰。他对太子的一片苦心、一片忠诚，总算没有白费，还有人理解，这也就足矣！然而，他那无限悲愤的心情因此能得以丝毫的消减或平静吗？根本不能。他要带"罪"远谪，流放茂州。

茂州（今四川茂汶羌族自治县）位于四川成都府西北五百五十里的偏僻山区。那里有终年积雪的岷山、咆哮奔腾的岷江。洪武十四年春天，宋濂带着"囚徒""罪犯"的恶名，怀着载不动的悲愁、洗不清的冤屈，溯江而上，奔赴茂州。宋濂对故乡有着特殊的感情。他在得意时，首次离开义门里，就曾写过一首《别义门》的诗，以抒发其深深眷恋之意：

　　平生无别念，念念只麟溪。
　　生则长相思，死当复来归。

如今，在他年逾古稀的垂暮之年，被朱元璋强逼着与义门里永诀。他的心情将是何等沉重！他那风烛残年的脆弱身体，岂能经得住这与日俱增永远无法解脱的沉重压力！他自幼体弱多病，成年之后，身体也不强壮，年近五十，更体衰多病。他有几首诗，如《始衰》《病怀》和《病痁新起》等，反映了这种情况。他在《病怀》一诗中有这样的诗句：

>人生老须至，在我不敢辞。
>老人多寿康，我胡病扰之？
>一从婴弱疴，筋力渐告疲。
>凌晨频揽镜，且复伤鬓丝。
>因知非金石，难可百年期。
>如何未五十，摧塌已不支？
>岂非蒲柳质，望秋辄先萎。

宋濂年近五十多病的原因，原是体质不好，抵抗力弱，但更主要的还是因当时的心境不佳，为国忧思所致。五十岁后，他应聘至应天，精神焕发，病也少了。虽然也因劳累过度，病过一场，但是洪武元年以来，已年近花甲，依旧精力充沛地日夜为国操劳。他年近古稀，致政还乡，仍精神健旺，潜心著述，热情栽培门生方孝孺。只因胡案株连，大祸临头之后，他的精神支柱被彻底摧垮，身体也从此一蹶不振。宋濂对游览祖国的名山大川本来有着极其浓厚的兴趣，但如今已再无任何心绪观览长江两岸的壮丽风光了。他溯江前往茂州的时令，正置"烟花三月下扬州"和"春来江水绿如蓝"的美好季节。长江两岸，风光旖旎。这如花似锦的景色与他戴罪发配的心境，形成了强烈对照，这只能更加深他那无限的惆怅！再经过那"猿啼三声泪沾裳"的漫长巫峡，"滟滪如象，瞿塘莫上"的瞿塘峡，当渡过急流险滩，绕过漩涡暗礁，闯出夔门，到达夔府时，宋濂再也前进不得半步！他病倒在夔府了。

夔府是三峡的门户。"白帝高为三峡镇，夔州险过百牢关。"夔府有宋濂最仰慕的孔明君臣的重要遗迹，有他最钦佩的诗人杜甫漂泊在此写下的许多诗章。刘备三顾茅庐，请出孔明，终成大业，君臣至死不渝。"章武三年（223年）春二月，丞相亮自成都到永安（夔府）……先主（刘备）病笃，托孤于丞相亮。"[70] 为了纪念刘备与孔明，夔府建有先主庙和孔明庙。杜甫在夔州时，写下这样的诗句："武侯祠堂不可忘，中有松柏参天长。""孔明庙前有老柏，柯如青铜根如石。霜皮溜雨四十围，黛色参天二千尺。君臣已与时际会，树木犹为人爱惜。"宋濂对这些歌颂孔明与刘备的诗章是熟知的。他在《清啸后稿序》里讲过他研究历代诗歌的情况："予也不敏，以荒唐之资，操褊迫之行，虽自汉魏至于近代，凡数百家之诗，无不穷研其旨趣，揣摩其声律，秋发披肩，卒不能闯其阃奥，而补于政治。"在《答章秀才论诗书》中，他对历代重要诗人都做了评论，其中对杜甫最为推崇。他说："开元天宝中，杜子美复继出，上薄风雅，下该沈宋，才夺苏李，气吞曹刘，掩颜谢之孤高，杂徐庾之流丽，真所谓集大成者。"他对杜甫晚年流落夔州写下的许多诗章，当然是熟悉的。如今他也流落到夔府，能不想到孔明与刘备的关系，能不想到杜甫的诗章与对孔明的赞颂？再看看自己与朱元璋的关系与结局，怎能不痛心疾首！因此，宋濂至夔门，"得疾，不食者三旬。书观化帖，端坐而逝"[7]。"洪武十四年（1381年）五月二十日，先生以疾卒于夔府。临殁，端坐敛手而逝。"[18] 当时，宋濂是寄宿于一座寺庙里。他那"不食者三旬"，"端坐敛手而逝"的行动，颇有些效法佛家的涅槃。时年七十二岁。

宋濂在夔府含恨而死之后，"夔之府首、官吏，皆来赙赠，哭奠，葬先生夔府之西莲华池山下。其经纪、丧葬、刻石表墓者，则知事桑以时也。"[36] "蜀献王慕濂名，复移茔华阳城东。"[36] 这就是说，宋濂死后，先葬于夔府西的莲华山下，后又迁葬于华阳城东。蜀献王是朱元璋的第十一子，名椿，洪武十一年封，十八年命驻凤阳，二十三年就藩成都。朱椿爱好文学，有'蜀秀才'之称。二十三年到成都后，慕宋濂弟子方孝孺之名，聘为世子傅，表其居曰"正学"。这就是朱椿何以要迁葬宋濂墓于华阳城东的原因了。其迁葬时间在二十三年之后。"弘治九年（1496年），四川巡抚马俊奏：'濂真儒翊运，述作可师，黼黻多功，辅导著绩。久死远戍，幽壤沉沦，乞加恤录。'下礼部议，复其官，春秋祭葬所。正德中（1506—1521年），追谥文宪。"[36] 宋濂的地位，从弘治以后才逐渐提高，才有了宋文宪公这个称谓。宋濂的际遇，正如全祖望所说："公初膺高皇帝殊眷，儤直内廷，宫袍侍宴，至尊为之强酒，至赋《醉学士歌》，可为遭际之隆。及其晚年失契，万里西行，垂老投窜于栈阁之间，亦已悲矣。君子所以致叹于永终之难也。"[71]

参 考 文 献

［1］宋濂. 宋文宪公全集·先大父府君神道表［M］. 中华书局聚珍仿宋版印.

［2］宋濂. 宋文宪公全集［M］. 中华书局聚珍仿宋版印.

［3］宋濂. 宋文宪公全集·先府君蓉峰处士阡表［M］. 中华书局聚珍仿宋版印.

［4］宋濂. 宋文宪公全集·先母夫人陈氏表［M］. 中华书局聚珍仿宋版印.

［5］宋濂. 宋文宪公全集·太乙玄征记［M］. 中华书局聚珍仿宋版印.

［6］宋濂. 宋文宪公全集·南涧子包公碣［M］. 中华书局聚珍仿宋版印.

［7］宋濂. 宋文宪公全集·小传［M］. 中华书局聚珍仿宋版印.

［8］宋濂. 宋文宪公全集·凝熙先生闻人公行状［M］. 中华书局聚珍仿宋版印.

［9］宋濂. 宋文宪公全集·凝熙先生私谥议［M］. 中华书局聚珍仿宋版印.

[10] 宋濂.宋文宪公全集·浦阳人物记[M].中华书局聚珍仿宋版印.

[11] 宋濂.宋文宪公全集·送东阳马生序[M].中华书局聚珍仿宋版印.

[12] 宋濂.宋文宪公全集·故翰林待制承务郎兼国史院编修官柳先生行状[M].中华书局聚珍仿宋版印.

[13] 宋濂,王祎,等.元史·黄溍[M].北京:中华书局,1976.

[14] 宋濂.宋文宪公全集·鹿皮子墓志铭[M].中华书局聚珍仿宋版印.

[15] 宋濂.宋文宪公全集·吴子善墓志铭[M].中华书局聚珍仿宋版印.

[16] 宋濂.宋文宪公全集·蒋季高哀辞[M].中华书局聚珍仿宋版印.

[17] 宋濂.宋文宪公全集·浦江志略[M].中华书局聚珍仿宋版印.

[18] 宋濂.宋文宪公全集·行状[M].中华书局聚珍仿宋版印.

[19] 宋濂.宋文宪公全集·宋元学案·龙川学案[M].中华书局聚珍仿宋版印.

[20] 宋濂.宋文宪公全集·答郡守聘五经师书[M].中华书局聚珍仿宋版印.

[21] 宋濂.宋文宪公全集·赠会稽韩伯时序[M].中华书局聚珍仿宋版印.

[22] 宋濂.宋文宪公全集·六经论[M].中华书局聚珍仿宋版印.

[23] 宋濂.宋文宪公全集·传幼学字说[M].中华书局聚珍仿宋版印.

[24] 宋濂.宋文宪公全集·送从弟景清还潜溪序[M].中华书局聚珍仿宋版印.

[25] 宋濂.宋文宪公全集·龙门子凝道记[M].中华书局聚珍仿宋版印.

[26] 宋濂.宋文宪公全集·故温州路总管府判官宣君墓志铭[M].中华书局聚珍仿宋版印.

[27] 宋濂.宋文宪公全集·郑仲涵墓志铭[M].中华书局聚珍仿宋版印.

[28] 宋濂.宋文宪公全集·先夫人木像记[M].中华书局聚珍仿宋版印.

[29] 宋濂.宋文宪公全集·官岩院碑[M].中华书局聚珍仿宋版印.

[30] 宋濂.宋文宪公全集·题玄麓山八景[M].中华书局聚珍仿宋版印.

[31] 明太祖实录[M].明朝历代官修编年体史书.

[32] 宋濂.宋文宪公全集·亡友陈宅之墓志铭[M].中华书局聚珍仿宋版印.

[33] 宋濂,王祎,等.元史·顺帝(四)[M].北京:中华书局,1976.

[34] 张廷玉,等.明史·儒林[M].北京:中华书局,1974.

[35] 孙正容.朱元璋系年要录[M].杭州:浙江人民出版社,1983.

[36] 张廷玉,等.明史·宋濂传[M].北京:中华书局,1974.

[37] 明太祖实录·明太祖宝训[M].明朝历代官修编年体史书.

[38] 宋濂,王祎,等.元史·宋濂目录后记[M].北京:中华书局,1976.

[39] 宋濂.宋文宪公全集·进元史表[M].中华书局聚珍仿宋版印.

[40] 宋濂.宋文宪公全集·寅斋后记[M].中华书局聚珍仿宋版印.

[41] 宋濂,王祎,等.元史目录后记[M].北京:中华书局,1976.

[42] 宋濂．宋文宪公全集·吕氏采史目录序［M］．中华书局聚珍仿宋版印．

[43] 宋濂，王祎，等．元史·出版说明［M］．北京：中华书局，1976．

[44] 宋濂．宋文宪公全集·潜研堂文集［M］．中华书局聚珍仿宋版印．

[45] 吴晗．朱元璋传［M］．上海：三联书店，1965．

[46] 宋濂．宋文宪公全集·诚意伯文集·皇帝手书［M］．中华书局聚珍仿宋版印．

[47] 宋濂．宋文宪公全集·南雍志［M］．中华书局聚珍仿宋版印．

[48] 宋濂．宋文宪公全集·礼部侍郎曾公神道碑铭［M］．中华书局聚珍仿宋版印．

[49] 张廷玉，等．明史·选举志［M］．北京：中华书局，1974．

[50] 宋濂．宋文宪公全集·会试纪录题辞［M］．中华书局聚珍仿宋版印．

[51] 宋濂．宋文宪公全集·辛亥京畿乡闱纪录序［M］．中华书局聚珍仿宋版印．

[52] 宋濂．宋文宪公全集·玉兔泉联句引［M］．中华书局聚珍仿宋版印．

[53] 宋濂．宋文宪公全集·御赐甘露浆诗序［M］．中华书局聚珍仿宋版印．

[54] 张廷玉，等．明史·职官（二）［M］．北京：中华书局，1974．

[55] 宋濂．宋文宪公全集·昭鉴录序［M］．中华书局聚珍仿宋版印．

[56] 宋濂．宋文宪公全集·送徐教授纂修日历还任序［M］．中华书局聚珍仿宋版印．

[57] 宋濂．宋文宪公全集·大明日历序［M］．中华书局聚珍仿宋版印．

[58] 宋濂．宋文宪公全集·恭题御诗后［M］．中华书局聚珍仿宋版印．

[59] 宋濂．宋文宪公全集·洪武正韵序［M］．中华书局聚珍仿宋版印．

[60] 张廷玉，等．明史·刑法（一）［M］．北京：中华书局，1974．

[61] 宋濂．宋文宪公全集·进大明律序［M］．中华书局聚珍仿宋版印．

[62] 宋濂．宋文宪公全集·进大明律表［M］．中华书局聚珍仿宋版印．

[63] 宋濂．宋文宪公全集·郭考功文集序［M］．中华书局聚珍仿宋版印．

[64] 宋濂．宋文宪公全集·游荆塗二山记［M］．中华书局聚珍仿宋版印．

[65] 宋濂．宋文宪公全集·送方生还宁海序［M］．中华书局聚珍仿宋版印．

[66] 宋濂．宋文宪公全集·明儒学案［M］．中华书局聚珍仿宋版印．

[67] 张廷玉，等．明史·方孝孺传［M］．北京：中华书局，1974．

[68] 张廷玉，等．明史·胡惟庸传［M］．北京：中华书局，1974．

[69] 张廷玉，等．明史·后妃［M］．北京：中华书局，1974．

[70] 陈寿．三国志·蜀书·先主传［M］．北京：中华书局，1959．

[71] 佚名．宋文宪公画像记［M］．济南：齐鲁书社，1982．

附录1　登黄山诗十三首和游杭州诗

登黄山诗十三首

（一）

登上观瀑亭，不闻水流声。
半月未落雨，瀑布已无踪。

（二）

我攀天梯上，一步一汗流。
不敢回头望，只身上天都。

（三）

登上天都峰，怪石竞峥嵘。
邂逅台画师，凝神正写生。

（四）

站在天都峰，凭栏四下望。
群山皆俯首，莲花正怒放。

（五）

不登天都峰，等于一场空。
此语非戏言，亲临切知真。

（六）

登上鲫鱼背，左右全绝壁。
置身千仞上，焉能不心悸。

（七）

前山下天都，更比后山陡。
一步一天梯，俯首默默走！

（八）

下到半山寺，回头望天都。
笔直千仞峰，其路在何处？

（九）

巧登始信峰，处处石悬空。
扶栏慢步挪，头晕心更惊！

（十）

悬空观奇峰，姿态各不同。
有的观下棋，有的背包行。
有的像罗汉，有的如石笋。
始信黄山美，涉险来登临。

（十一）

登上观景台，左见猴观海。
回首朝右望，罗汉朝南海。

（十二）

凌晨端坐曙光亭，双眼渴望朝霞红。
群峰托出鲜红日，满山一片欢呼声。

（十三）

排云楼前望西海，满心只盼云海来。
绣花仙女云端坐，打虎武松崖头在。
拉车文王越千年，晒靴仙女数万载。
雨雾迷蒙云飘忽，仿佛神仙游天外。

游杭州诗

（首1991年）

（一）

小坐湖心亭，孤山在望中。
文物和古迹，掩映绿树中。

（8月1日8时45分）

（二）

曲桥栏杆荷花中，小瀛洲上绿荫浓。
中外游人涌桥上，花影云影合人影。
三潭之前争拍照，绿竹丛中尚幽静。
游艇往来送游客，龙舟穿梭接外宾。

（8月1日10时5分）

（三）

古老香枫林，倒卧湖水滨。
游人坐其上，扶枝留倩影。

（8月1日10时6分）

（四）

漫步瀛洲上，耳闻知留声。
垂柳拂荷面，亭榭映水中。
游人水中走，白云荷底行。
随处可入画，爱煞旅游人。
断桥已不断，汽车亦可通。
白堤连孤山，有桥回西泠。

（五）

苏堤出口西南山，山麓新开纪念馆。
太炎世迹炳千古，义展救灾做捐献。

（午12时25分）

（六）
花港观鱼遗古迹，凿池北宋卢内侍。
康熙乾隆相继来，亲笔题词字雄伟。
（午2时45分）

（七）
花港公园大草坪，青松翠竹植其中。
待到秋来看枫叶，奇石四周一片红。
（午1日时50分）

（八）
花港观鱼处，群鱼水底游。
凭栏投饵食，红鱼水面浮。
（午2日时10分）

（九）
孤山有印社，其名曰西泠。
亭台与楼阁，山麓修至顶。
泉池有雅趣，竹树倍葱茏。
制印传古韵，方寸创新风。

外一首
那达慕前逢六旬，黄山归来兴致浓。
新华广场花似海，入夜人流如潮涌。

附录2　杜承武文章目录

（以发表或写作年代为序）

1.《试谈李煜词》,《前进》(内蒙古师范学院)1958年第八期

2.《德胜沟》,《乌兰察布盟日报》1979年5月20日

3.《大青山抗日司令部》,《乌兰花丛》1979年

4.《乌盟地区历史文物概述》,《乌兰察布文物》1979年第一期

5.《和林格尔县土城子古城》(合作),《乌兰察布文物》1979年第一期

6.《武川县德胜沟革命遗址》,《乌兰察布文物》1979年第一期

7.《继承革命传统，争当新长征突击手——介绍大青山革命文物〈八路军与青年〉》,《乌兰察布文物》1979年第一期

8.《我盟举办"大青山抗日根据地革命文物展览"》,《乌兰察布文物》1979年第一期

9.《凉城县永兴公社毛庆沟考古发掘与调查简讯》,《乌兰察布文物》1979年第一期

10.《贵在坚持》,《乌兰察布盟日报》1980年3月28日

11.《〈论修养〉在大青山抗日根据地》,《乌兰察布盟日报》1980年6月4日

12.《集宁古城遗址》,《乌兰察布盟日报》1981年3月26日

13.《集宁的变迁》,《乌兰察布盟日报》1981年4月29日

14.《和林格尔东汉壁画墓》,《乌兰察布盟日报》1981年11月6日

15.《韶山情思》,《百鸟》1981年第3期

16.《一本〈党的基本知识〉小册子》,《党的教育》1981年第4期

17.《我在绥中、绥东的一段经历》(口述史整理),《走向胜利》第一辑，乌兰察布盟文学艺术界联合会编，1981年

18.《漫话百灵庙》,《乌兰察布盟日报》1982年1月19日

19.《赵王城的由来》,《乌兰察布盟日报》1982年5月26日

20.《粽子·艾·五色线——端午节风俗溯源》,《乌兰察布盟日报》1982年6月24日

21.《契丹女尸在北京展出》,《内部通讯》(中国辽金及契丹女真史研究会)1982

年第 8 期

22.《揭开契丹女尸保存之谜》(合作),《北京科技报》1982 年 11 月 29 日

23.《访姚喆国志的警卫员薛春国同志》(合作),《乌兰察布文物》1982 年第二期

24.《朱元璋的"奉天诰命"》,《乌兰察布文物》1982 年第二期

25.《三号墓的仿木结构与壁画》,《乌兰察布文物》1982 年第二期

26.《豪欠营辽墓附近遗址调查》,《乌兰察布文物》1982 年第二期

27.《坚决制止破坏文物事件的发生》,《乌兰察布文物》1982 年第二期

28.《碧血横凝,青山永翠》(口述史整理),《走向胜利》第二辑,乌兰察布盟文学艺术界联合会编,1982 年

29.《姚喆同志二三事》(合作),《群众文化》1982 年

30.《闪光的马刀》,《群众文化》1982 年

31.《从农耕图看古代乌盟地区的农耕技术》,《科技园地》1982 年 1 期

32.《从"庄园图"看古代乌盟地区的综合经济》,《科技园地》1982 年 3 期

33.《面具·葬俗·宗教》,《内蒙古日报》1983 年 4 月 3 日

34.《契丹女尸在民族史研究上的意义》(合作),《内蒙古社会科学》1983 年第 5 期

35.《契丹女尸》(合作),《内蒙古妇女》1983 年第 5 期

36.《察右前旗豪欠营六号墓清理简报》(合作),《文物》1983 年第 9 期

37.《契丹女尸的研究》(合作),《文物》1983 年第 9 期

38.《察右前旗豪欠营辽墓清理报告》(合作),《内蒙古文物与考古》1983 年第三期

39.《豪欠营第六号墓出土的铜丝网络与鎏金面具》(合作),《内蒙古文物与考古》1983 年第三期

40.《豪欠营第六号墓女尸的启运与清理》(合作),《内蒙古文物与考古》1983 年第三期

41.《九十九泉》,《敕勒川》(乌兰察布盟文联)1985 年试刊号

42.《辽代墓葬出土的铜丝网络与面具》,《辽金史论集》(第一辑),上海古籍出版社,1987 年

43.《契丹与阴山》,《辽金史论集》(第二辑)书目文献出版社,1987 年

44.《契丹小袖圆领衫为左衽——兼谈圆领衫的起源发展与衣衽关系》,《辽金史论集》(第三辑)书目文献出版社,1987 年

45.《古代北方游牧民族的腰带》,古代北方民族文化史第二次学术讨论会论文,1988 年 7 月 22 日

46.《内蒙古察右前旗发现一方元代万户府铜印》,《北方文物》1988 年第 2 期

47.《鸦片战争与白银外流——从道光前五十两元宝罕见谈起》,《内蒙古金融研究》

1990 年第 6 期

48.《呼和浩特地区历史货币述略》(执笔)，内蒙古钱币学会钱币普查组，1991 年

49.《关于大青山抗日游击根据地的货币金融问题》，《东北革命根据地钞票》，辽沈书社，1991 年 6 月第 1 版

50.《中国北方民族文化史·民族文化卷》(合著)，黑龙江人民出版社，1993 年第 1 版

其他手稿：

《哀郢试译》，1957 年 1 月 2 日

《涉江试译》，1957 年 1 月 4 日

《在"六一"所想到的》，写于 20 世纪 60 年代

《春天和青年》，写于 20 世纪 60 年代

《从实际出发》，写于 20 世纪 60 年代

《散文笔谈》，写于 20 世纪 60 年代

《理想·现实·性格——读〈王若飞在狱中〉》，写于 20 世纪 60 年代

《我的哥哥》(未完成稿)，写于 20 世纪 70 年代

《三代人——我的家史》(约 5 万字)，写于 20 世纪 70 年代

《登上薛刚山》(诗歌)，20 世纪 70 年代

《新苗茁壮——读〈喜鹊村的孩子〉》，1976 年 11 月

《百灵庙漫游》(分六个章节：小序、百灵庙的由来、百灵庙的建筑艺术、百灵庙的喇嘛、吉得布是纪念碑、尾声，约 18000 字)，1978 年 5 月

《岱海感怀》，写于 20 世纪 80 年代

《文殊与普贤——介绍两件佛教文物》，写于 20 世纪 80 年代

《珊瑚化石与植物化石》，写于 20 世纪 80 年代

《大兴安岭》(诗歌)，写于 20 世纪 80 年代

《内蒙古考古漫记》(共分五章：瀚海奇观、寻驼遇险、黑将军的传说、邮递员的奇遇、苏兹洛夫的劫掠)(未完成稿)，写于 20 世纪 80 年代

《登黄山诗》(13 首)，写于 20 世纪 80 年代

注：部分收录在本书中的文稿未在本目录中列出

后　　记

　　筹划了三年多，父亲的文集终于出版了。这不仅是为了实现父亲生前未竟的心愿，也是为了完成我们多年来的一个愿望。

　　三十年前的一个寒冬，父亲意外离开了我们。此后，母亲坚强地在旧居独自生活了20多年。直到2017年底，为方便照顾母亲，我们购置到了一处紧邻姐姐家的住宅，逢年过节家人也可以同聚一堂。二哥退休后就与母亲住在了一起，负责日常家务，精心安排一日三餐，六年来全职照顾母亲的起居生活。而这，也都与他们家里另一半的理解、支持与付出分不开。在二哥和姐姐的照料下，年逾九旬的母亲依旧身体健朗，白天阅读书报和微信，晚上看看她喜欢的谍战剧和戏曲，也经常发微信同我们交流。这些年来，一贯节俭的母亲从未向我们提过什么要求，总是让我们几个在外工作的子女不要牵挂她，安心自己的事业。

母亲（中）与前来探望她的60年代的学生合影，左2为次子杜晓滨

　　本书收集了父亲1978年以来从事文物考古工作的著述，主要包括以乌兰察布地区为核心的考古与历史文物等研究文章、内蒙古地区的货币史及未完成稿《宋濂传》。从这些文字里，基本可以看出父亲的学术研究脉络及他的生活情趣。父亲的这些文字主要

写于二十世纪八九十年代，除了部分文本为正式出版物外，不少是油印资料和手写稿。由于成文年代较为久远，一些行文表述也与现在不同，许多引文注释还需重新查找有关书籍确认。在过去的大半年里，从文章的审阅到文字校对，姐姐花费了大量的时间和精力投入其中，保证了这本文集的如期出版。需要说明的是，书中前面的插页图片与正文内容并不完全匹配，我们希望通过对父亲工作经历的回顾，读者能够体会父亲一辈学者的不易。感谢出版社对此理解与认可。

本书在编辑出版过程中，复旦大学国土与文化资源研究中心的徐婉君为资料汇总和沟通联络做了大量工作，苏州大学的周孟圆博士费心绘制了封面的线描图，内蒙古博物院原院长塔拉、内蒙古钱币学会原会长张文芳均给予了帮助。

令我们至今难以忘怀的是，在父亲刚刚离开的那段日子，亲朋好友和父母的同事、学生的陪伴、慰问与关心，给了我们极大的安慰和温暖。借此机会，对大家一并表示深深的谢意！

父亲深爱自己的家乡。他的这些文字足以说明他对这块土地所饱含的深情。在父亲去世三十周年之际，把他的文字和心血集结成书，以此来表达我们的思念，也是对父亲最好的纪念。

杜晓帆
2023年12月于沪上仁德公寓